U0451635

听张居正讲论语

[明] 张居正 著

袁省吾 译

贵州出版集团
贵州人民出版社

图书在版编目（CIP）数据

听张居正讲论语 /（明）张居正著；袁省吾译. -- 贵阳：贵州人民出版社，2024.1
ISBN 978-7-221-17791-9

Ⅰ．①听… Ⅱ．①张… ②袁… Ⅲ．①《论语》—研究 Ⅳ．① B222.25

中国国家版本馆 CIP 数据核字（2023）第 155511 号

听张居正讲论语
TING ZHANG JUZHENG JIANG LUNYU

张居正 / 著　袁省吾 / 译

出 版 人	朱文迅
责任编辑	任蕴文
出版发行	贵州出版集团　贵州人民出版社
地　　址	贵阳市观山湖区会展东路 SOHO 办公区 A 座
邮　　编	550081
印　　刷	三河市宏达印刷有限公司
开　　本	787mm×1092mm　1/16
印　　张	35
字　　数	590 千字
版次印次	2024 年 1 月第 1 版　2024 年 1 月第 1 次印刷
书　　号	ISBN 978-7-221-17791-9
定　　价	69.00 元

如发现图书印装质量问题，请与印刷厂联系调换；版权所有，翻版必究；未经许可，不得转载。

目录

论语卷一
学而第一　001
为政第二　022
八佾第三　048

论语卷二
里仁第四　079
公冶长第五　102
雍也第六　136

论语卷三
述而第七　167
泰伯第八　205

论语卷四
子罕第九　231
乡党第十　264

论语卷五
先进第十一　287
颜渊第十二　316

论语卷六
子路第十三　347
宪问第十四　379

论语卷七

卫灵公第十五   424

季氏第十六   457

论语卷八

阳货第十七   479

微子第十八   507

论语卷九

子张第十九   522

尧曰第二十   545

编后记   556

论语卷一

学而第一

原文 子曰:"学[1]而时习[2]之,不亦说[3]乎!"

今译 孔子说:"学了能按时温习和练习,不也很快乐吗?"

张居正讲评 学是仿效。凡致知力行,皆仿效圣贤之所为,以明善而复其初也。习是温习。说是喜悦。孔子说道:"人之为学,常苦其难而不悦者,以其学之不熟,而未见意趣也。若既学矣,又能时时温习而不间断其功,则所学者熟,义理浃洽,中心喜好,而其进自不能已矣,所以说不亦说乎!"

张居正讲评译释 学习丰富的知识,努力去行动、实践,这些都是效仿圣贤的行为,可以让人恢复人性最初的善良。孔子说:"人们学习的时候,经常因为学习的困难而苦恼难过,这是因为他们没有深入地学习,体会不到学习的乐趣。如果学习了之后又能够经常温习,熟悉了学习的内容,融会贯通其中的道理,找到自己的喜好,学习自然就会不断深入,所以说学习知识并按时温习不是很快乐吗?"

原文 "有朋自远方来,不亦乐[4]乎?"

今译 "有志同道合的朋友从远方而来,不也令人愉快吗?"

张居正讲评 朋是朋友。乐是欢乐。夫学既有得,人自信从,将见那同类的朋友皆自远方而来,以求吾之教诲矣。然则吾德不孤,斯道有传,得英才而教育之,自然情意宣畅可乐,莫大乎此也。所以说不亦乐乎!

张居正讲评译释 学习有了收获,人就会变得自信。从远方而来的朋友都来听从自己的教诲。既然自己有高洁的品德,又得到杰出的人才去传播道义,自然就心情舒畅,感到快乐,没有比这更让人高兴的事了。所以说有朋友从远方而来,不是很令人愉快吗?

原文 "人不知而不愠[5]，不亦君子[6]乎！"

今译 "别人不了解我，我能够不怨恨、不恼怒，不也是一个君子吗？"

张居正讲评 愠是含怒的意思。君子是成德的人。夫以善及人，固为可乐，苟以人或不见知而遂有不乐焉，则犹有近名之累，其德未至，未足以为君子也。是以虽名誉不著而人不我知，亦惟处之泰然，略无一毫含怒之意。如此，则其心纯乎为己，而不求人知，其学诚在于内，而不愿乎外，识趣广大，志向高明，盖粹然成德之人也。所以说不亦君子乎！夫学，由悦以至于乐，而至于能为君子，则希贤希圣之能事毕矣！

张居正讲评译释 做了好事，自己当然会感到高兴，假如因为做好事没有被别人知道就感到不高兴，就是受到了名声的劳累，品德没有达到君子的水平。因此没有名气、不被人知晓也要泰然处之，毫不恼怒；要用平常心对待自己，不追求名声显著；要诚心地学习，不超出本分。这样就能让自己变得见识宽广，志向远大，成为品德高尚的人。所以说别人不了解我，我能够不怨恨、不恼怒，这样不也是君子吗？从喜欢学习到从学习中获得欢乐，再成为品德高尚、接近圣贤的人，学习能够实现的事就是这些了吧！

原文 有子[7]曰："其为人也孝弟[8]，而好犯上者，鲜[9]矣；不好犯上，而好作乱者，未之有也。"

今译 有子说："孝顺父母，尊敬兄长，但是经常冒犯上级的人，非常少见；从不冒犯上级，但是喜欢造反作乱的人，从未有过。"

张居正讲评 有子是孔子弟子，姓有，名若。善事父母叫做孝；善事兄长叫做弟。犯是干犯。鲜是少。作乱是悖逆争斗的事。有子说："天下的人莫不有父母兄长，则莫不有孝弟的良心。人惟不能孝弟，则其心不和不顺，小而犯上，大而作乱，无所不至矣。若使他平昔为人，于父母则能孝，尽得为子的道理，于兄长则能弟，尽得卑幼的道理，则心里常是和顺，而所为自是循礼，若说他敢去干犯那在上的人，这样事断然少矣。"夫犯上，是不顺之小者，且不敢为，却乃好为悖逆争斗大不顺的事，天下岂有是理哉！夫人能孝弟而自不为非如此，可以见孝弟之当务矣。

张居正讲评译释 有子说："天下没有无父母兄长的人，也没有不孝顺父母、不尊敬兄长的天性。如果一个人不孝顺父母、不尊敬兄长，他的内心就不会平和顺畅，小到冒犯上级，大到造反作乱，没有他不做的事。如果一个人平时孝顺父母、尊敬兄长，知道做儿子、做弟弟的事理，那么他的内心就会平和顺畅，他的所作所为就自然会遵循礼制，这样的人很少会去冒犯上级。"冒犯上级这种小错都不敢犯，却喜欢造反作乱，天底下怎么会有这样的事呢！孝顺父母、尊敬兄长的人自然不会做出犯上作乱这种坏事，由此能够看到孝顺父母、尊敬兄长是当前最紧要的事呀。

原文 "君子务[10]本[11]，本立而道[12]生。孝弟也者，其为仁之本与！"

今译 "君子会专心致力于根本事务，根本确立了，道也就形成了。孝顺父母，尊敬兄长，就是仁道的根本吧！"

张居正讲评 务是专力。本是根本。为仁是行仁。有子又说："天下之事，有本有末，若徒务其末，则博而寡要，劳而无功。所以君子凡事只在根本切要处专用其力。根本既立，则事事物物处之各当，道理自然发生，譬如树木一般。根本牢固，则枝叶未有不茂盛者，本之当务如此。则吾所谓孝弟也者，乃是行仁之本与。盖仁具于心，只是恻怛慈爱的道理，施之爱亲敬长，固是此心；推之仁民爱物，亦是此心，人能孝弟，则亲吾之亲可以及人之亲，长吾之长可以及人之长，至于抚安万民，养育万物，都从此充拓出来，而仁不可胜用矣！然则行仁之本，岂有外于孝弟乎！学者务此，则仁道自此而生矣！"《孝经》孔子说："爱敬尽于事亲，而德教加于百姓，刑于四海，此天子之孝也。"有若之言，其有得于孔子之训欤？

张居正讲评译释 有子又说："天下间的事有因有果，如果只关注结果，即使学识丰富也难以得到要领，花费了力气也难以收到成效。这就是君子只在关键的地方集中力量的原因。树立了根本之后，根据事物各自要求解决问题，自然就会符合事理，这就像树木的生长一样。树木的根本牢固了之后，枝叶就一定会繁荣茂盛，应该像这样先树立根本。我所说的孝顺父母、尊敬兄长，就是实行仁的根本呀。仁就是恻怛慈爱，具体实施的话就是关爱亲人、尊敬长辈，仁民爱物也是根据这些推广而来的。人人都能孝敬父母、尊敬兄长，那么亲近自己的亲人就可以推及亲近别人的亲人，尊敬自己的长辈可以推及尊敬别人的长辈，甚至推及安定万民万物，这样仁就会无穷无尽了。既然这样，实行仁的根本，怎么会是孝顺父母、尊敬兄长之外的事呢？求学的人致力于孝敬父母、尊敬兄长，仁就能产生了呀！"孔子在《孝经》里说："亲爱恭敬、尽心尽力地侍奉双亲，而将德行教化施之于黎民百姓，使天下百姓遵从刑法，这就是天子的孝道呀！"有子这么说，是从孔子那里得到的教诲吧！

原文 子曰："巧[13]言令[14]色，鲜矣仁！"

今译 孔子说："花言巧语，摆出一副伪善的脸孔，这种人几乎就不具备仁义了。"

张居正讲评 巧是好。令是善。鲜字解做少字。仁是心之德。孔子说："辞气容色，乃心之符，最可以观人。那有德的人，辞色自无不正。若巧善为甘美之辞，迁就是非，便佞阿谀，而使听之者喜，这便是巧言。善为卑谄之色，柔顺侧媚，迎合人意，而使见之者悦，这便是令色。这等的人，其仁必然少矣。"盖仁乃本心之德，心存则仁存也。今徒致饰于外，务以悦人，则心驰于外，而天理之斫丧者多矣，岂不鲜仁矣乎！然孔子所谓鲜仁，特言其丧德于己耳。若究其害，则反足以丧人之德。盖人之常情，莫不喜于顺己，彼巧言令色之人，最能逢迎取悦，阿徇取容，人之听其言见其貌者，未有不喜而近之者也。既喜之而不觉其奸，由是变乱是非，中伤善类，以至覆人之邦家者，往往有之矣！夫以尧舜至圣，尚畏夫巧言令色之孔壬，况其他乎！用人者不可不察也。

张居正讲评译释 孔子说："语气容貌神色都是人内心的征兆，最能用来观察一个人。那些有德行的人，说话刚毅正直。如果一个人擅长说赞美的话，总是曲意迎合、巧言善辩、阿谀逢迎，让别人高兴欢喜，这就是虚言假语；如果一个人总是神色谄媚，用不正当的手段讨好别人，使人高兴，这就是虚伪。这样的人一定不仁德。"因为仁是人本性上的美德，心在，仁德就在。如今人们只用外表取悦别人，而缺乏内心的美德，这不就是缺少仁吗？然而孔子所说的缺少仁，特别指那些自己缺乏品德，又会让别人也失去美德的人。因为正常情况下，人都会喜欢顺从自己的人，那些巧言令色的人最会阿谀奉承迎合别人；人在听别人说话、看别人的神态时，都喜欢迎合自己的人。既然喜欢就不会察觉这个人的奸诈，因此就有了很多更改是非、陷害忠良，以至于毁人家国的人。像尧舜这样贤明的人，尚且畏惧巧言令色的孔壬，更何况其他人呢！君主在用人的时候不能不考查清楚呀。

原文 曾子[15]曰："吾日三省[16]吾身，为人谋而不忠[17]乎？与朋友交而不信乎？传[18]不习乎？"

今译 曾子说:"每天,我都会多次自我反省,为他人办事时是否做到了竭尽全力?与朋友交往时是否做到了以诚相待?老师传授给我的知识是否经常复习?"

张居正讲评 曾子是孔子弟子,名参。省是省察。忠是尽心的意思。信是诚实。传是传授。习是习熟。曾子说:"我于一日之间,常以三件事省察己身。三者维何?凡人自己谋事,未有不尽其心者,至于为他人谋,便苟且粗略而不肯尽心,是不忠也。我尝自省,为人谋事,或亦有不尽其心者乎?交友之道,贵于信,若徒面交而不以实心相与,是不信也。我尝自省,与朋友交,或亦有虚情假意而不信于人者乎?受业于师,便当习熟于己,若徒面听,而不肯着实学习,是负师之教也。我尝自省,受之于师者,或亦有因循怠惰而不加学习者乎?以此三者自省察其身,有则改之,无则加勉,盖未尝敢以一日而少懈也。"盖曾子之学,随事精察而力行之,故其用功之密如此。然古之帝王,若尧之兢兢,舜之业业,成汤之日新又新,检身不及,亦此心也,此学也。故《大学》曰:"自天子以至于庶人,一是皆以修身为本。"从事于圣学者,可不知所务哉!

张居正讲评译释 曾子说:"我每天都用三件事反省检查自己。哪三件事呢?人只要给自己做事,没有不尽心尽力的,给别人办事,就敷衍了事、马马虎虎,不肯尽心尽力,这就是不尽心。我会反省自己,为别人做事,有时也不尽心尽力吗?交友的方法,可贵的地方在于诚信,如果只是表面结交,没有真情实意,这就是不诚信。我会反省自己,和朋友交往,有时也虚情假意不讲诚信吗?从老师那儿接受教育,就应该熟练学习,如果只是当面听一下,却不踏实学习,这是辜负了老师的教育。我会反省自己,从老师那儿学习,有懒惰怠慢不踏实学习的时候吗?我在这三件事上反省自己,有则改正,没有就提醒自己不要犯这样的错误,一天也不敢松懈。"曾子做学问,对任何事情都是精心考察、尽力而为的,所以他才会如此勤勉用功。古时候的帝王,像尧、舜这样兢兢业业的人,像成汤这样不断完善自己的品德,改正自己的不足的人,都是这样的想法,这就是学问。所以《大学》说:"上自天子,下至平民,一切都要以修身为做人处事的根本。"想要学习圣人学问的人,能不知道自己应该怎么做吗!

原文 子曰:"道[19]千乘[20]之国,敬事而信,节用而爱人,使民以时[21]。"

今译 孔子说:"治理一个拥有千乘兵车的国家,就要慎重、认真地处理国家事务,并且要恪守信用,在节约财政开支的同时爱护官吏,役使百姓要不误了农时。"

张居正讲评 道是治。乘是兵车。四马驾一车,叫做一乘。千乘之国,是地方百里可出兵车千乘的大国。时是农工间暇之时。孔子说:"千乘的大国,事务繁难,人民众多,不易治也。若欲治之,其要道有五件,其一要敬事。盖人君日有万几,一念不敬,或贻四海之忧,一时不敬,或致千百年之患。必须兢兢业业,事无大小,皆极其敬慎,不敢有怠忽之心,则所处皆当,而自无有于败事矣。其一要信。盖信者,人君之大宝,若赏罚不信,则人不服从,号令不信,则人难遵守。必须诚实不二,凡一言一动都要内外相乎,始终一致,而足以取信于人,则人皆用情而自不至于欺罔矣。其一要节用。盖天地生财只有此数,用若不节,岂能常盈。必须量入为出,加意撙节。凡奢侈的用度,冗滥的廪禄,不急的兴作,无名的赏赐都裁省了。只是用其所当用,则财常有余,而不至于匮乏矣。其一要爱人。盖君者,民之父母,不能爱人,何以使众。必须视之如伤,保之如赤子,凡鳏寡孤独、穷苦无依的,水旱灾伤、饥寒失所的,都加意周恤,使皆得遂其生,则人心爱戴,而仰之如父母矣。其一要使民以时。盖国家有造作营建,兴师动众的事,固不免于使民,然使之不以其时,则妨民之业而竭民之力矣。必待那农事已毕之后,才役使他,不误他的耕种,不碍他的收成,则务本之民,皆得以尽力于田亩,而五谷不可胜食矣。"这五者都是治国的要道,君能体而行之,则四海之广,兆民之众,治之无难,岂特千乘之国而已哉!为人君者所当深念也。

张居正讲评译释 孔子说:"有兵车千乘的国家,人多事杂,不容易治理。要想治理好,有五条关键的措施:一条是要谨慎处事。一国之君每天有很多事务需要处理,一个想法不慎重,就会给国家带来灾祸,一时的不慎重,就会造成长久的灾祸。所以必须要兢兢业业,不管事情大小,都要十分小心,不能有任何怠慢,这样才算是处置得当,自然不会产生灾祸。一条是要诚信。诚信是君主宝贵的品质,如果赏罚不讲究信用,就不能让人服从号令、遵守命令。所以一定要诚实守信,一言一行都要前后内外保持一致,这样才能够让人信任,才会使人不欺瞒自己。一条是要节约。天地间产生的财物是有一定的数量的,如果不节约,怎么能够用呢。所以一定要根据收获的多少来使用,注意节约。要把奢侈的花费、多余过度的俸禄、不急切的工程、没有名目的赏赐都给削减节省了。如果只把财物用在该用的地方，就会经常有剩余，不至于缺乏。一条是要爱护人民。君主是百姓的父母，不爱护百姓，怎么能管理他们呢？一定要把他们当作受伤了一样对待，要像保护子女一样保护他们，凡是鳏寡孤独、穷苦无依的，受水旱灾伤、饥寒失所的百姓，都要留心地周济、抚恤他们，让他们都能够生存下来，这样就能使民众像对待父母一样地爱戴自己。一条是要使百姓要不误农时。国家如果有兴建土木这样劳师动众的事，免不了要役使百姓，如果时机不合适，就会妨碍百姓的生产，让民力枯竭。所以一定要等到农业生产结束了之后，再役使他们，不耽误他们的耕种，妨碍他们的收成，这样从事本业的百姓，都能够在田地里尽力生产，就能有丰裕的收成了。"这五点都是治理国家的关键方法，如果能实行下去，再宽广的国土，再多的百姓，治理起来都能很容易，更何况只有千辆战车的国家呢！君主应当好好考虑这些呀！

原文 子曰："弟子[22]入则孝，出则弟，谨[23]而信，泛[24]爱众而亲仁。行有余力，则以学文[25]。"

今译 孔子说："晚辈在家就要孝顺父母，出门在外，就要遵从兄长，谨慎守信，要广爱众人并且亲近那些有仁德的人。如果还有余力，那么就要再学习一些知识。"

张居正讲评 弟子是指凡为弟为子的说。谨是行的有常。信是言的有实。泛字解做广字。众是众人。亲是亲近。仁是仁厚有德的人。余力是余剩的工夫。文是《诗》《书》六艺之文。孔子教人说："但凡为人弟为人子的，入在家庭之内，要善事父母以尽其孝，出在宗族乡党之间，要善事兄长以尽其弟。凡行一件事，必慎始慎终而行之有常。凡说一句话，必由中达外而发之信实。于那寻常的众人都一体爱之，不要有憎嫌忌刻之心。于那有德的仁人却更加亲厚，务资其熏陶切磋之益。这六件是身心切要的工夫，学者须要着实用力，而不可少有一时之懈。若六事之外，尚有余力，则学夫《诗》《书》六艺之文。"盖《诗》《书》所载，皆圣贤教人为人之道，而礼、乐、射、御、书、数亦日用之不可阙者。未有余力，固不暇为此，既有余工，则又不可不博求广览，以为修德之助也。先德行而后文艺，弟子之职，当如此矣。然孔子此言虽泛为弟子者说，要之上下皆通。古之帝王，自为世子时，而问安视膳，入学让齿，以至前后左右莫非正人，礼乐诗书皆有正业，亦不过孝弟、谨信、爱众、亲仁与夫学文之事也。至其习与性成，而元良之德具，万邦之贞由此出矣。孔子之言岂非万世之明训哉！

张居正讲评译释 孔子教育别人说："年轻人在家里要好好侍奉父母，尽自己的孝心；在家族里要恭敬地对待兄长。做每一件事都要始终小心，按规矩行动；说每一句话都要发自内心，发自实情；对普通人也要一视同仁地去爱护，不要有嫌弃嫉妒的想法；对那些有品德的人要更加亲切，在同他们交流中获得进步。这六件事是关键的功夫，要努力学习，一点儿也不能松懈。做到这六点之后，还有余力的话，就学学《诗》《书》和六艺的知识。"《诗》《书》记载的都是圣贤教人如何做人的道理，其中讲述的礼、乐、射、御、书、数也是日常必不可少的技能。没有余力，当然没有时间学习，既然有了空余的工夫，就要多学多看，提高自己的德行。先修习品德再学习文艺，这应该是兄弟、子女应该尽到的本分。孔子的这些话虽然是对做兄弟、做子女的人说的，但是其中的精髓是通用的。古时候的帝王，在做儿子的时候，问候尊长起居，检查长辈膳食，学习谦让长者，周围的人都认为他是正直的人。他对礼、乐、诗、书都有正当的学习，这都没有超出孝悌、谨信、爱众、亲仁和学习文化这些事。当他学问和性情形成，大善至德完备的时候，一个伟大的国家就产生了。孔子的话，难道不是能够流传万世的教诲吗！

原文 子夏曰："贤贤易色[26]，事[27]父母能竭[28]其力，事君能致[29]其身，与朋友交言而有信。虽曰未学，吾必谓之学矣。"

今译 子夏说："一个人看重贤德，而不看重女色，竭尽全力地侍奉父母，服侍君主，能够为国献身，与朋友相交，说话诚实守信。这样的人即使自己说没有学习过，我一定说他已经学习了。"

张居正讲评 子夏是孔子弟子，姓卜名商，字子夏。上一个贤字解做好字，下一个贤字是有德的贤人。易是移易。竭是尽。致其身是委致其身，不宜爱惜的意思。子夏说："人之为学，只在纲常伦理上见得明白，纯是根本切要的工夫。如人之见贤，谁不知好，但不能着实去好他，若使贤人之贤，而能移易其好色之心，大贤则事之为师，次贤则亲之为友，真知笃信，就如好好色的一般，则好善极其诚矣。人于父母，谁无孝心，但未能着实去尽孝，若使委曲承顺，尽那为子的道理，凡力量做得的去处，都竭尽而无遗，则事亲极其诚矣。事君不可以不忠，但必都自爱其身，则其忠必不尽。若能实心任事，把自家的身子，委弃于君，虽烦剧也不辞，虽患难也不避，一心只是要忠君报国而不肯求便其身图，则事君极其诚矣。交友不可以不信，但轻诺者多，全信者少，若能诚心相与，但与朋友说的都是着实的言语，内不欺己，外不欺人，虽久远而不至于失信，则交友极其诚矣。这四件都是人伦之大者，而行之皆尽其诚，这就是见道分明，践履笃实的去处，学问之道不过如此。人虽说他未曾为学，我必谓之已学矣。若使未尝学问，而但出资性之聪明，则不过一事之偶合，一时之袭取而已，岂能事事尽美，而厚于人伦如是乎。"此可见古人之为学，皆用力于根本切要之地，而不专在于言语文字之末也。

张居正讲评译释　子夏说："人在学习时，只有明白纲常伦理，才是最根本、最重要的事。人都喜爱贤明的人，但是不能够深入去喜欢。如果一个人通过学习圣贤的贤德，改变自己对美色的偏爱，把最贤德的人当作老师，把贤德的人当作朋友，对正确而深刻的认识坚信不疑，就如同喜好美色一样，那么这个人对善的喜爱就是真诚的。人都知道孝敬父母，但是未必能踏实地尽孝心，如果能委屈自己顺从父母，尽到子女的本分，能够做到的事尽力去做，这就是诚心孝顺父母。臣子对待君主不能够不忠心，但是必定都更爱自己，不能尽心地忠于君主。如果能实心办事，把自己献给国家，即使事务繁重也不推辞，碰到困难也不躲避，只想着忠君报国，而不为自身寻求方便，那么就是诚心忠于君主。交友一定要诚信，但是轻易许诺的人多，诚实守信的人少，如果能够诚信对待朋友，对朋友说诚实的话，不自欺欺人，不失信于人，那么就是诚心交友。这四件都是人与人之间的道德关系中很重要的事，都诚心诚意地去处理，这就是明白事理、踏实行动，做学问的方法就是这些。做到这些的人即使说自己没有学习过，我也认为他一定学习过了。如果没有学习过这些，而只是凭借天资的聪明，只能一时一事碰巧符合事理，怎么会每件事都如此完美，怎么会像这样符合人伦道德呢！"从这些可以看出古人做学问，都在关键重要的地方努力，而不只是专注在文字语言这些细枝末节的地方。

原文　子曰："君子不重[30]则不威，学则不固。主忠信，无友不如己者。过则勿惮[31]改。"

今译　孔子说："君子如果不庄重就没有威信，所学也不坚固。要以忠和信两种道德为主，不同不如自己的人交朋友。出了错就不要怕改正。"

张居正讲评　重是厚重。威是威严。固是坚固。忠信是诚实。无字、勿字都是禁止之辞。惮是畏难的意思。孔子说："君子为学必养成个深厚凝重的气质,然后外貌威严,而所学的道理自然坚固。若是轻浮浅露,不能厚重,则见于外者,无威之可畏,而其所学者亦不能实有诸己,虽得之,必失之矣。岂能以坚固乎!然立身固要厚重,而存心又在忠信。人不忠信,则事皆无实,何以为学。故又当以诚实不欺为重,而无一毫之虚伪,然后可以进德也。所交的朋友必胜过我的人,方为有益。若是不如我的,或便佞善柔之类,这样的人不但无益而且有损,切不可与之为友也。人不能无过,而贵于能改。过而惮改,则过将日甚矣。所以但遇有过,或闻人谏正,或自家知觉,便当急急改之,不可畏其难改,而苟且以自安也。以厚重为质,以忠信为主,又辅之以胜己之人,行之以改过之勇,则内外人己交养互发,而自修之功全矣。学者可不勉哉!"

张居正讲评译释 孔子说:"君子做学问一定要养成深厚凝重的气质,这样在神态上才能庄重威严,学到的道理自然也会十分牢固。如果言行随便,不能做到温厚稳重,在别人看来就没有值得信服的威严,所学的东西也不能让自己充实,学到的东西一定会再次失去。怎么能认为这样的人知识牢固呢!为人处世固然需要温厚庄重,也更要忠厚诚信。人没有忠信,做事就不实在,拿什么去做学问呢?所以更应当把诚实不欺当作根本,不要有任何的虚伪,这样才能够增进品德。所结交的朋友一定要胜过自己,这样对自己才有所帮助。如果不如自己,或者是心术不正、阿谀奉承的人,和这样的人结交,不但没有益处,反而会损害自己,所以一定不能跟这种人做朋友。人都会犯错误,可贵的地方在于能改正错误。犯了错害怕改正,这些过错就会一天比一天更严重。所以只要犯了错,不管是受到别人劝谏,还是自己发觉,都应当立刻改正,不能因为害怕难以改正而敷衍了事、自谋安乐。把温厚庄重当作自身的品质,把忠厚诚信当作做人的根本,再加上有比自己优秀的人的协助,有改正错误的勇气,由内到外、由己到人相互帮助、相互进步,就有比较完备的自我修养了。求学的人能不以此来勉励自己吗!"

原文 曾子曰:"慎终追[32]远,民德归[33]厚矣。"

今译 曾子说:"慎重对待父母的去世,追念久远的祖先,必然会使百姓变得忠诚厚道。"

张居正讲评 慎是谨慎。终是亲之既没。追是追思。曾子说:"人伦以亲为重,人之事生,或有能孝者,至于送终,则以亲为已死也,而丧葬之事不能尽礼者,多矣。初丧之时,或有能思念者,至于岁时既远,则其心遂忘,而祭祀之礼，不能尽诚者多矣。此皆民心之薄，由在上之人无以倡之也。若为上者能致谨于亲终之时，不徒哀而已，而每事尽礼，不使少有后日之悔，又能追思于久远之后，不徒祭而已，而致其诚敬，不敢少有玩怠之心，则己之德厚矣。由是百姓每自然感化，皆兴仁孝之心。丧也，尽其礼；祭也，尽其诚，而其德亦归于厚矣。此可见孝者，人心之所同。上者，下民之表率。欲化民成俗者，可不知所以自尽也哉！"

张居正讲评译释 曾子说："父母是伦理关系中最为重要的部分，父母在世的时候，人们都能够孝敬地侍奉他们，到了给父母送终的时候，就有很多人因为父母已经去世，在丧葬上就没有严格遵循礼数。父母刚去世的时候，或许会有所怀念，过了一段时间后，就把这件事忘了，没有诚心实意地祭奠他们，这样的人也很多。这些都是人心浅薄的表现，都是上位者没有尽力做表率的缘故。如果上位者能够在父母临终的时候恭敬对待，而不只是表面上哀伤，每件事也都严格按照礼数去做，不让自己在日后留下遗憾，在父母去世很久之后还能追思怀念，不只是祭奠他们，还表达自己的真诚恭敬不敢有一丝玩闹懈怠，这就是品德高深的人。百姓看到之后，自然会有所感触，能够受到感化，兴起仁孝之心。在安葬父母的时候，能完全依照礼数，在祭奠亲人的时候，能诚心实意，百姓们的德行也就变得高深了。从这里可以看出，孝敬父母是人们共同的追求呀。上位者，是下层百姓的表率，想要教化百姓，使他们形成良好的风尚，能不知道自己应该如何尽力吗！"

原文 子禽[34]问于子贡[35]曰："夫子至于是[36]邦也，必闻其政，求之与，抑[37]与之与？"

今译 子禽问子贡说："老师每到一个国家，必定听得到那个国家的政事，这是他自己求得的，还是别人主动告诉他的呢？"

张居正讲评 子禽姓陈名亢，子贡姓端木名赐，都是孔子弟子。抑是反语辞。与是疑词。子禽问于子贡说："夫子周流四方，每到一国必然就闻这一国的政事，果是夫子访求于人，然后得而闻之与？或是各国的君自以其政事说与夫子而知之与？"子禽之问，盖亦不善观圣人者矣！

张居正讲评译释 子禽问子贡："老师周游各国，每到一个国家一定了解这个国家的政事，那么究竟是老师向别人打听后知道的，还是各国的国君自己把政事告诉老师的呢？"子禽这么问，是没有仔细地观察孔子呀！

原文　子贡曰:"夫子温、良、恭、俭、让以得之,夫子之求之也,其诸[38]异乎人之求之与!"

今译　子贡说:"老师是靠自己的温和、善良、恭敬、俭约、谦逊才得到的,但是老师求的方法,或许和别人的求法不同吧!"

张居正讲评　其诸是语词。子贡答子禽说:"夫子所以得闻国政,不是夫子有心去求,也不是时君无故而与。盖夫子盛德充积于中,而光辉自发于外。故其容貌词气之间,但见其温而和厚,无一些粗暴;良而易直,无一些矫饰;恭而庄敬,无一些惰慢;俭而节制,无一些纵弛;让而谦逊,无一些骄傲。有这五者德容之盛,感动乎人,所以各国的君,自然敬之而不忽,信之而不疑,都把他国中的政事,可因可革的,来访问于夫子,故夫子因而闻之耳。就汝所谓求者而论之,这等样求,岂不异于他人之求之者与。盖他人之求必待访问于人而后得。夫子之闻政,则以盛德感人而自致,岂可以一概论哉!"子贡之言,不惟足以破子禽之疑,而使万世之下犹可以想见圣人之气象,此所以为善言德行也。

张居正讲评译释　子贡回答子禽说:"老师之所以知道所在国家的政事,不是特意去问的,也不是国君无缘无故告诉他的。这是因为老师内在的品德高深,这些光辉的品质表现了出来。他的容貌和说话语气之间只有温和厚重,没有一点儿粗俗暴躁;只有善良正直,没有一点儿虚伪做作;只有端庄恭敬,没有一点儿懈怠不满;只有勤俭节制,没有一点儿纵容松弛;只有谦逊礼让,没有一点儿骄纵自负。有了这五点让人感叹动容的高尚品德,各国国君自然十分敬重他,对他深信不疑,把他们国家需要保持或者需要改革的政事,都拿来向老师请教,所以老师才知道的。如果像你所说的那样是询问而知的话,不就和别人一样了吗?他人一定需要向别人询问才能了解政事,而老师对政事的了解,是凭借着高尚的品德感动别人之后自然得到的,他们之间怎么能够一概而论呢!"子贡的话,不仅仅回答了子禽的疑惑,更是使后人也可以感受到圣人的气度风范,所以说他擅长阐述德行呀!

原文　子曰:"父在观其志,父没观其行,三年无改于父之道,可谓孝矣。"

今译　孔子说:"当父亲活着的时候,要观察儿子的志向;在父亲去世后,要考察儿子的行为;做儿子的若对父亲的正道长期不加以改变,那么这样的人可以说是孝了。"

张居正讲评 志是志向。行是行事。三年是言其久。孔子说："人子事亲，有承受而无专擅，有巽顺而无违拂，故当其父在之日，凡事皆禀命而行，不敢自专，即欲知其人，亦但观其志向何如耳，其行事不可概见也。至于父没之后，则分得以自专，然后其行事居然可见，得就其行而观之焉。然父没之后，虽凡事得以自专，而其所行，犹如父在之时，至于三年之久，亦不敢有所改易。斯则思亲之念，不渝于始终，顺亲之心，无间于存没，如是而后可谓之为孝也。否则虽能致敬于亲在之时，而不能不变于亲终之后，岂所谓终身而慕者乎。"抑孔子所谓无改于父之道，亦自其合于道，而可以未改者言之耳。若于道有未合焉，则虽速改可也。何待三年！故善述其事孝也，克盖前愆亦孝也。观圣人之言者，不可以执一求之。

张居正讲评译释 孔子说："做子女侍奉双亲，需要承担事务但是不能擅自做主，只能顺从不能忤逆，所以当父亲在世的时候，所有的事都要听从父亲的命令，不敢自己做主，即使想要知道一个人的品德操行，也只能观察他的志向，但不能从他的行为处事上看出他的为人。父亲去世之后，儿女虽然独自做决定，但是行为举止还和父亲在世时保持一致，并且长久地保持不变。这就是对父亲的思念，始终没有改变；对父亲的顺从，一点儿没有减少，这样才能称作是孝。否则父亲在世时虽然能尊重孝敬，但父亲去世之后就失去孝心，这怎么是终身仰慕呢！"孔子所说的不改变侍奉父亲的方法，是因为这种方法符合正道，所以才不用改变。如果做事方法和正道不符合，那么就可以迅速改正，而不用等到父亲去世很久之后。所以，遵从父亲去世前正确的行为是孝，改正父亲去世前错误的行为也是孝。学习圣人教诲的人，不能在某一方面过于偏执呀。

原文 有子曰："礼之用，和为贵，先王之道斯为美，小大由[39]之。"

今译 有子说："礼的应用就是以和谐为贵。古代帝王的治世之道最宝贵的地方就在这里，无论大小事都要按照和谐的方法去做。"

张居正讲评 礼是尊卑上下的礼节。和是从容不迫的意思。斯字解做此字，指和说。小大是小事大事。由是行。有子说："礼之在人，如尊卑上下，等级隆杀，一定而不可易，其体固是至严。然其为用，必和顺从容，无勉强乖戾之意，乃为可贵。如君尊臣卑，固有定分，然情意也要流通；父坐子立，固有常规，然欢爱也要浃洽，这才是顺乎天理，合乎人情，而为礼之所贵者也。古先圣王之制礼，惟其皆出于和，此所以尽善尽美，万事无弊。凡天下之事，小而动静食息之间，大而纲常伦理之际，都率而行之，无所阻滞，礼之贵于和如此。"

张居正讲评译释 有子说："礼对于人来说非常重要，尊卑上下的等级一经制定就不能更改，应该严格遵守，其作为体制本来就是非常严格的。但是在具体使用中，一定要顺从自然，不要有不合情理的地方，这才是最重要的。就像君臣之间，本来就有尊卑关系，但是也要有情意上的交流沟通；虽然有父坐子立这样严厉的礼法规范，但是父子之间的感情交流也要融洽，这才能顺应天理、符合人情，才是礼法关键的地方。古代圣明的君王制定礼，是因为它们都符合中和，所以才能够尽善尽美，没有弊端。只要是天下间的事，小到呼吸动静，大至纲常伦理，都遵从礼的规则，没有阻碍，这就是和对于礼的重要之处。"

原文 "有所不行，知和而和，不以礼节[40]之，亦不可行也。"

今译 "但是也有行不通的时候，这是因为为了和谐而和谐，不用礼来制约和谐，也是不行的。"

张居正讲评 承上文说，礼贵于和，则宜无不可行者。然也有行不得的，这是为何？盖所谓和者，是在品节限制之中，有从容自然之意，所以可行。若但知和之为贵而一于和，率意任情，侈然自肆，全不把那礼体来节制他，则是流荡忘返，而尊卑上下皆失其伦矣。如何可以行之哉？此可见礼之体虽严，而不至于拘迫，其用虽和，而亦不至于放纵。古之圣王，能以礼治身，而又能推之以治天下者，用此道也。

张居正讲评译释 接着上文说，礼重要的地方在于和，做到和就应该没有不可行的事了。但还是有行不通的情况，这是为什么？这是因为我们所说的和，是在品级礼节的限制下从容自然，所以说可行。如果只知道和重要而只专注于和，率意任性、娇纵自大，一点儿也不用礼去约束，这就是放纵自己，失去了尊卑上下的秩序，这怎么能行呢？由此可以看出礼的体制虽然严格，但是不能拘泥束缚，礼的实施虽然灵活，但也不能放荡骄纵。古时候圣贤的君王，既能用礼约束自己，又能把礼推广开来去治理天下，用的就是这种方法。

原文 有子曰:"信近于义,言可复[41]也。恭近于礼,远耻辱也。因不失其亲,亦可宗[42]也。"

今译 有子说:"守信用要符合于义,这样一来,说出的话才有实施的意义。恭敬要接近于礼,这样才能避免招致耻辱。所依靠的人都是亲密的人,也就可靠了。"

张居正讲评 信是约信。义是事理之宜,复是践言。恭是恭敬。礼是礼节。因是依倚人的意思。亲是有道义可亲近的人。宗是主。有子说:"天下之事,必须谨之于初,而后可善其后。"如与人以言语相约,本是要践行其言,但其所言者,若不合于义理之宜,将来行不得去,则必至爽约失信矣!故起初与人相约之时,就要思量,必其所言者皆合乎天理之宜,而与义相近,则今日所言的,他日皆可见之于行,而自不至于失信矣。所以说言可复也。待人之礼,固当恭敬,然亦自有当然之节。若恭不中礼,则为足恭,而反以致人之轻贱矣。故凡施敬于人之时,就要斟酌,务合乎礼之节文,而不过其则。则内不失己,外不失人,自不至于卑贱而取羞辱矣。所以说远耻辱也。与人则依,本图交久,但所依的不是好人,则始虽暂合,终必乖离。故当其结交之初,就要审择,不可失了那有道义可亲近的人,则不但一时相依,日后亦倚靠得着,可以为宗而主之矣。所以说亦可宗也。此可见人之言行交际皆当谨之于始,而虑其所终。不然,则因循苟且之间,将有不胜其自失之悔者矣。

张居正讲评译释 有子说:"做任何事,一定要在开始时就谨慎小心,之后才能妥善地处理后续问题。"比如和别人有约定,本来应当履行诺言,但如果因为做出的约定不符合道义,而不去履行诺言的话,就一定会爽约失信。所以一开始在和别人做约定的时候,就要思考度量,做出的约定一定要符合天理、道义,这样所做的约定,将来才能够去履行,这样就自然不会失信于人。所以说这种情况下的诺言可以履行。待人的时候,自然应当恭敬,但也要遵守相应的礼节。如果过于恭敬以至于不符合礼节,就成了过度谦敬、取媚于人,反而会让别人轻视。所以在向别人表示恭敬时,要斟酌自己的行为,一定要符合礼节,不能过于谦敬。做到这两点,就能内不失己,外不失人,不会导致别人看轻自己而自取其辱,所以说这样可以避免招致耻辱。我们和朋友交往时,都希望能长久结交,但如果结交的不是好人,即使开始时情投意合,最后也一定会分离。所以在结交之初,就要慎重选择,不可以错失了有道义的人,和有道义的人结交不但能在当前相互依靠,之后也可以相互扶持,这样的人才值得尊敬、交往。由此可以看出人的行为举止由始至终都要谨慎小心，不然在敷衍应付之中，将会产生无尽的悔恨。

原文 子曰："君子食无求饱，居无求安，敏于事而慎于言，就[43]有道而正焉，可谓好学也已。"

今译 孔子说："君子饮食不求饱足，居住不追求舒适，对工作敏捷且注意言语谨慎，到有道的人那里端正自己的态度，这样可以说是好学了。"

张居正讲评 敏是急速的意思。就是亲近。有道是有道德的贤人。正是考正。孔子说："凡人之为学，厌怠者多，笃好者少，所以不能成就。惟君子之于学，专心致志，无一毫外慕之私。就是食以养体也不去求饱；居以容身也不去求安。盖志有所在而不暇及也。行事常患其不足，则勉力自强，汲汲然见之于行，不敢有一些怠缓。言语常患其有余，则谨慎收敛，讱讱然如不出口，不敢有一些放肆。这等样着实用功，必然有所得了。然犹不敢自以为是，又必亲近那有道德的贤人，以考正吾之是非，凡一言一行都要讲究得道理明白，不至于差谬而后已焉。夫志向已是精专，功夫已是切实，而又加以谦抑之心，常存不足之虑，盖真见夫义理之无穷，学问之真趣，其心欣慕爱乐，有不能自己者，这才是好学的人，所以说可谓好学也已。"学而至于能好，则聪明日开，闻见日广，进而为贤为圣，何难之有哉！《商书·说命篇》说："惟学逊志，务时敏。"《周颂》说："学有缉熙于光明。"皆是此意，可见"好学"二字，不但学者之所当知，为人君者尤不可不加之意也。

张居正讲评译释 孔子说："平庸之人求学，厌倦懈怠的人多，勤奋好学的人少，所以难以取得成就。只有君子在求学时，专心致志，没有任何私心杂念。吃东西时也不去追求美味，居住时也不追求安逸，这是因为为了实现远大的志向，没有时间去顾及这些。办事经常忧虑不足的地方，努力让自己变得强大，急切地付诸行动，不敢有一点儿懈怠。说话时经常担心多说，谨慎收敛，就像没有开口说话一样，不敢有一点儿放肆。像这样去用功求学，一定会有所收获。然而君子做到这些也仍然不敢自以为是，一定要亲近那些道德高尚的贤人，来考察订正自己行为的对错，要完全弄明白言行之间的道理，使自己不至于出现差错。志向精纯专一，功夫切合实际，为人踏实又谦逊低调，经常思考不足之处，能发现义理的无穷和学问的有趣之处，不能抑制自己内心对学问的爱慕，这才是好学的君子，做到这些就可以说是好学了。"一个人到了好学的境界，智慧就能持续增加，见识也会更加宽广，坚持下去成为圣贤又有什么难的！《商书·说命篇》里说："谦虚好学，要时刻策励自己。"《周颂》里说："不断地学习，就能达到无比光明的境界。"都是这个意思，由此可以看出"好学"二字，不只是求学的人应当知道，做君主的更加需要注意呀。

原文 子贡曰："贫而无谄，富而无骄，何如？"子曰："可也。未若贫而乐，富而好礼者也。"

今译 子贡说："贫困却不谄媚，富有而不狂妄自大，怎么样？"孔子说："这也算可以了。但是还不如贫困却乐于道，虽富有却好礼的人。"

张居正讲评 谄是卑屈。骄是矜肆。可是仅可而有所未尽之辞。乐是安乐。好礼是喜好礼节，自然循理的意思。子贡问于孔子说："凡人贫者，易至于卑谄，富者易至于矜骄，此人情之常也。若能处贫而无卑屈之意，处富而无矜肆之心，这等的人其所得为何如？"孔子答说："常人溺于贫富之中，多不能有以自守，故必有谄骄之病。今曰无谄无骄，则能自守，而于学亦有得矣，是亦可也，然而非其至者。盖贫而无谄，虽不为贫所困，然犹知有贫也，不如那贫而乐的人，心广体胖，欣然自安其贫，是身虽处乎贫之中，而心已超于贫之外也。此岂无谄者之可及乎？富而无骄，虽不为富所溺，然犹知有富也。不如那富而好礼的人，乐善循理，初不自知其富，是身虽处乎富之中，而心已超乎富之外也。此岂无骄者之可及乎？"夫子答子贡之问如此，善许其所已能，而勉其所未至也。

张居正讲评译释 子贡请教孔子说："贫穷的人，容易变得低声下气、谄媚奉承，富裕的人容易变得骄纵自大，这是很正常的事。如果在贫困的时候不卑屈，富裕的时候不骄纵，这样的人怎么样？"孔子回答说："平常人在贫穷或富贵的时候，大多不能保持自己的操守，所以一定有谄媚骄纵的毛病。如果不谄媚、不骄纵，这就是能保持自己的操守，在学习上也会有收获，这样的人也还不错，但是不是最好的。贫困而不谄媚，虽然没有受到贫困的困扰，但是仍然知道自己贫困，不如生活贫困却乐于求道的人，这样的人心胸开阔、外貌安详、欣然自乐，能忘记自己的贫困，虽然身在贫困中，而心已经超出贫困之外了。这岂是不谄媚的人能达到的境界？富贵而不骄纵，虽然没有沉溺于富贵，但是仍然在意自己的富贵。不如那些富贵而依然有礼节的人，他们喜欢做善事遵循天理，不知道自己的富贵，这就是虽然身在富贵中，但是心已经超脱出富贵外了。这岂是不骄纵的人能比得上的？"孔子这样回答子贡的问题，是对他能做到的表示赞扬，未能做到的表示勉励。

原文 子贡曰："《诗》云：'如切如磋，如琢如磨。'[44] 其斯之谓与？"

今译 子贡说："《诗》上说：'要像对待骨、角、象牙、玉石那样，切开它，磋磨它，细刻它，磨光它。'讲的就是这个意思吧？"

张居正讲评 《诗》是《卫风·淇澳》之篇。孔子既教子贡以贫而无谄者之不如贫而乐，富而无骄者之不如好礼。子贡闻言而悟，遂引《诗》以证之，说道："《卫风·淇澳》之诗有言，君子之学，就如治骨角的，既切以刀锯，又磋以镞锡，是已精而益求其精也。又如治玉石的，既琢以椎凿，又磨以沙石，是已密而益求其密也。诗人之言如此，其即夫子所言之谓与。"盖贫而无谄，我固自以为至矣，岂知无谄之外，更有所谓乐乎。富而无骄，我亦自以为足矣，岂知无骄之外，更有所谓好礼乎！可见道理本无终穷，学问不可自足，必如治骨角玉石者，求到至精至密之地而后可，《诗》言圣教何以异乎！子贡因学而知《诗》如此，真可谓善悟者矣。

张居正讲评译释 孔子教导子贡贫穷而不谄媚的人不如贫穷却乐于求道的人，富贵而不骄纵的人不如富贵好礼的人。子贡听了孔子的话后有所领悟，就引用了《诗》来验证，说："《卫风·淇澳》里说，君子做学问，就像治骨角一样，既要用刀锯切，又要用镞锡磋，是精益求精。又像治玉石一样，既用椎凿琢，又用沙石磨，是密更求密。诗人说的话，也就是老师所说要表达的意思吧。"贫穷却不谄媚，自己本来以为这已经是最好的了，谁知道不谄媚之外还有乐道呢。富贵却不骄纵，自己也以为足够了，怎么知道不骄纵之外还有好礼呢！可以看出道理没有穷尽的时候，做学问不可以自我满足，一定要像治骨角玉石一样，到至精至密的地步才可以，《诗经》里的话和圣人的教诲有什么不一样的呢！子贡在谈论学问时像这样体会到了《诗经》里的意思，真可以说是善于领悟的人呀。

原文 子曰："赐[45]也，始可与言《诗》已矣，告诸往而知来者。"

今译 孔子说："赐啊！我现在可以和你谈《诗》了，你可以从我讲过的话语中领会到我还没有说到的意思。"

张居正讲评 赐是子贡的名。往是已曾说过的。来是未曾言及的。孔子因子贡引《诗》证学，遂称赞之说："《诗》有三百篇之多，其言词微远，意味深长，非有颖悟之资者，不足以语此也。如赐也才可与言诗也已矣。"盖处贫处富的道理，是我所已言的，切磋琢磨的意思，是我所未言的。今因我已言的道理，就知我未言的意思，这等样聪明的人，与之论诗，必能触类旁通，而不至于以词害意矣！岂不可与言《诗》矣乎。然子贡悟性虽高，而学力未至，犹不得闻性与天道之妙，此可见美质之难恃，而学问之当勉也。

张居正讲评译释 孔子因为子贡引用《诗》来论证学问，于是赞许他说："《诗经》有三百篇之多，里面的诗言辞深远，意味深长，如果不是天资聪颖的人，就不值得和他说这些。像赐这样的才学，可以和他谈《诗》了。"处贫处富的道理是孔子已经讲过的，切磋琢磨的意思是孔子还没有讲到的。现在子贡根据孔子已经说过的道理，就知道了孔子还没有讲到的知识，和子贡这样聪明的人谈论诗，他一定能触类旁通，而不会因为拘泥于辞义而曲解作者的原意。难道不能同他谈论《诗》吗？然而子贡悟性虽然高，但是学力没有达到，仍然不能知道事物的本性和天道的妙处，由此可以看出人不能只凭借天资的聪慧，而是应该勉励自己追求学问呀。

原文 子曰："不患[46]人之不己知，患不知人也。"

今译 孔子说："不担心别人不了解自己，只怕自己不了解别人。"

张居正讲评 患是忧患。孔子说："君子之学，专务为己，而不求人知。"如上不见知于君，而爵位不显；下不见知于友，而名誉不彰。此务外好名者之所忧患也。君子则以为学问在己，知与不知在人，何患之有。惟是我不知人，则贤否混淆，是非颠倒。在上而用人，则不能辨其孰为可进，孰为可退。在下而交友，则不能辨其孰为有损，孰为有益。这是理有不明，心有所蔽，岂非人之所当深患者乎。然人才固未易知，知人最为难事，必居敬穷理，使此心至公至明，然后如镜之照物，好丑毕呈，如秤之称物，低昂自定。欲知人者，尤当以清心为本也。

张居正讲评译释 孔子说："君子求学时，专心致力于自身的提升，而不求被别人知道。"上没有被君主知道，不能获得显赫的爵位；下没有被朋友了解，不能取得显著的名誉。这些都是务外好名的人担心的事。君子认为学问在于自身，被人知道或者不知道在于别人，没什么好担心的。只是自己不了解别人，就会分不清其是否贤明，容易颠倒是非。用人的时候不能分辨谁忠谁奸；交友时不能分辨谁好谁坏，这就是不明事理，受到了蒙蔽，这难道不应当担心吗？人才本来就不容易被人了解，而了解别人又是最困难的事，所以一定要保持谨慎敬重的态度，探究事物的道理，让自己的内心达到至公至明的境界，然后才能像明镜照物一样，使其美丑迅速展现出来，像称重一样，使其轻重明确地确定下来。想要了解别人，尤其应当保持自身没有杂念啊。

注释：

[1]学：学习，效仿。

[2]习：复习，温习。

[3]说：通"悦"，喜悦，高兴。

[4]乐：欢乐。

[5]愠：生气，发怒。

[6]君子：品德高尚的人。

[7]有子：孔子的弟子，姓有，名若。

[8]孝弟：亦作"孝悌"。孝顺父母，敬爱兄长。

[9]鲜：少。

[10]务：从事，致力于。

[11]本：根本，根基，基础。

[12]道：道理，事理。

[13]巧：巧诈，虚伪不实。

[14]令：好，善。

[15]曾子：孔子的弟子，名参，字子舆，鲁国南武城人。

[16]省：反省，检查。

[17]忠：尽心竭力做好分内的事。

[18]传：老师的传授。

[19]道：通"导"，治理。

[20]乘：古代一车四马为一乘。

[21]时：季节，时节。

[22]弟子：年纪幼小的人，晚辈。

[23]谨：谨慎，小心。

[24]泛：广泛，普遍。

[25]文：文化，知识。

[26]贤贤易色：第一个贤字为尊重的意思；第二个贤字是贤者的意思。易，更改，变更。色，表情或态度。

[27]事：侍奉，服侍。

[28]竭：竭尽，用尽。

[29]致：奉献，献纳。

[30]重：庄重。

[31]惮：忌惮，害怕。

[32]追：追思，追念。

[33]归：趋向，去往。

[34]子禽：孔子的弟子，姓陈，名亢，字子禽。

[35]子贡：端木赐，复姓端木，字子贡，孔子的得意门生，"孔门十哲"之一，"受业身通"的弟子之一，孔子曾称其为"瑚琏之器"。

[36]是：凡是，所有的。

[37]抑：表示选择，可译为"或者""还是"。

[38]其诸：犹或者，表示测度的语气。

[39]由：顺随，听从。

[40]节：节制，约束。

[41]复：履行，实践。

[42]宗：主，可靠。

[43]就：接近，靠近。

[44]切、磋、琢、磨：指把骨头、角、象牙、玉石等加工制成器物的动作。

[45]赐：子贡名端木赐。

[46]患：担心。

为政第二

原文 子曰："为政以德，譬如北辰，居其所而众星共[1]之。"

今译 孔子说："通过道德教化来治理国家，就像北极星一样居于一定的方位，而群星都要围绕着它。"

张居正讲评 政是法令，所以正人之不正者。德是躬行心得的道理。北辰是天上的北极。共是向。孔子说："人君居万民之上，务欲那不正的人都归于正，必有法制禁令以统治之，这叫做政。然使不务修德以为行政之本，则己身不正，安能正人，虽令而不从矣。所以人君为政，惟要躬行实践，以身先之。如纲常伦理，先自家体备于身，然后敷教以化导天下，纪纲法度，先自家持守于上，然后立法以整齐天下，这才是以德而为政。如此，则出治有本，感化有机。由是身不出乎九重，而天下的百姓，自然心悦诚服，率从其教化。譬如北极，居天下之中，凝然不动，只见那天上许多星宿，四面旋绕，都拱向他。是人君修德于上，而恭己南面，就如北辰之居所一般，万民之观感于下，而倾心向化，就如众星之拱极一般。"此古之帝王所以笃恭而天下平者，用此道也。图治者可不务修德以端，出治之本哉！

张居正讲评译释 孔子说："君主居于万民之上，要使那些走上邪路的人都回归到正途，一定要用法制禁令去管理他们，这叫作政治。如果不把提高自身品德当作行政的根本，那么自己不正，如何去端正别人呢？即使发出号令别人也不会遵从。所以君主治理国家，要身体力行，自己先亲身实践。比如纲常伦理，只有自身具备了，然后才能布施教化天下；纲纪法度，先自己保持遵守，然后才能树立法度使天下有秩序，这才是实施德政。这样，治理国家时就有本可依，感化百姓时就有德政可以依仗。这样君主不必出宫城，天下的百姓自然就能心悦诚服，顺从教化。就好像北极星，在上天的中心，一动也不动，而天上的星宿都四面环绕拱向他。君主在上修行德政，庄严端正地坐在朝廷的王位上，就像北极星一般，万民在下观看感受君主的德政，向往归顺，就像众星拱卫北极星一样。"古时候的帝王之所以纯厚恭敬却能使天下安定，都是这个原因。想要励精图治的君主能不实施德政，能不在根本上治理国家吗？

原文 子曰："《诗》三百，一言以蔽[2]之，曰思无邪。"

今译 孔子说："《诗》三百篇，可以用一句话来概括，那就是思想纯正。"

张居正讲评 诗是《诗经》。蔽字是解做盖字。思是心思。无邪是心思之正。孔子说："《诗》之为经，凡三百篇。一篇自为一事，一事自有一义，可谓多矣。然就中一句言语足以尽盖其义而无余。《鲁颂·駉》篇之词有曰：思无邪。"是说人之思念皆出于天理之正，而无人欲之邪曲也。只这一言就足以尽盖三百篇之义。盖诗人之言有美有刺，善者美之，所以感发人之善心，恶者刺之，所以惩创人之逸志。只是要人为善去恶，得其性情之正而已。人之心若能念念皆正，而无邪曲之私，则其所为，自然有善而无恶，有可美而无可刺，而诗人之所为以劝以惩者，包括而无遗矣。然则思无邪之一言，岂不可以尽盖三百篇之义乎？此可见学者必务知要，而其功莫切于慎思也。

张居正讲评译释 孔子说："《诗经》被称为经，一共有三百篇。每一篇自成一件事，每一件事有要阐述的道理，可以说是内容丰富呀。然而其中有一句话可以完全地概括它们的意思。就是《鲁颂·駉》篇里的这句诗：思无邪。"这句诗的意思是说《诗经》里人们纯正的思想都来自天理，没有包含任何欲望，只这一句话就可以把三百篇的意思都概括了。诗人作诗有赞美、有指责，赞美善良，用来感动启发人的善心；指责邪恶，用来惩戒人们的纵欲放荡之志。这么做只是让人远离恶行多做善事，树立好的性情罢了。人如果都心思端正，没有任何私心邪念，那么他的所作所为，自然只有善举没有恶行，值得赞扬而不需要指责，诗人对恶人的指责，对坏人的惩戒，都完整地包含在《诗经》里了。既然这样，"思无邪"一句话难道不能完全概括《诗经》三百篇的思想吗？由此可见，做学问的人一定要追求知识的要点，在用功的同时也要谨慎思考呀。

原文 子曰："道[3]之以政，齐[4]之以刑，民免而无耻。"

今译 孔子说："用行政命令引导百姓，用刑罚整顿他们，百姓只是免于犯罪受罚，却没有了羞耻之心。"

张居正讲评　道是率先引导的意思。政是法制禁令。齐是齐一。刑是刑罚。孔子说："人君之治天下，不过是要人为善，禁人为恶而已。"但出之有本，而致之有机。若不知本原所在，只把法制禁令去开导他。如事亲则禁约他不孝，事长则禁约他不弟，使之奉行遵守。其有违犯这令的，便加之以刑罚，使一齐都归于孝弟，无有违犯。这等样治民，虽则能使民不敢为恶，然只是惧怕刑罚，苟免于一时，而其中不知愧耻，为恶的心依旧还在，岂能久而不犯乎！所以说民免而无耻。

张居正讲评译释　孔子说："人君治理天下，不过就是鼓励人们做善事，禁止人们做坏事罢了。"但是治理需要有根据，并且实施的时机要合适恰当。如果不知道问题的根源在哪儿，只是用禁令去约束百姓。比如禁止百姓不孝敬父母、不尊敬兄长，让他们遵守这些禁令，如果没有遵从，就用刑罚去惩治他们，让他们都孝顺父母、尊敬兄长，没有违反。这样治理百姓，虽然能使百姓不敢做坏事，然而只是因为害怕受刑罚而短时间不敢作恶，却不知道应该为作恶而愧疚羞耻，所以作恶的想法就还会存在，这样怎么能长时间坚持不再做坏事呢！所以才说百姓求得的只是免于犯罪受罚，却没有了羞耻之心。

原文　"道之以德，齐之以礼，有耻且格[5]。"

今译　"用道德教化引导百姓，用礼仪整顿他们，这样百姓不仅会有羞耻之心，而且人心归服。"

张居正讲评　德是行道而有得。礼是制度品节。耻是愧耻。格是解做至字。孔子说，治以政刑，民固苟免而无耻矣。若使君之导民，不徒以其法也，而皆本于躬行之实，如欲民兴孝，必先自尽孝道以事亲，欲民兴弟，必先自尽弟道以事长，如此，则民既有所观感而兴起矣。而其间所得有浅深厚薄之不一者，则又有礼以齐之。亲疏上下，都有个节文。日用云为，都有个仪则。使贤者不得以太过，不肖者不得以不及，而皆协于一焉。这等样治民，将见那百姓每良心自然感发，不但知恶之可耻，而绝不肯为。又且知善之当为，而皆力行以至于善矣，岂特求苟免刑罚而已乎！所以说，有耻且格，盖德礼政刑，固皆所以适于治之路，而出之有本末，获效有浅深。故孔子第而言之，欲为人君者，审其本末轻重之辨也。

张居正讲评译释　孔子说，用刑罚治理国家，百姓求得的只是免于犯罪受罚，却没有了羞耻之心。如果让君主引导百姓，就不能只依靠法律去治理，而是要君主自己带头做表率，比如想要百姓孝敬父母，必须自己先孝敬地侍奉父母，想要百姓尊敬兄长，必须自己先尊敬地对待兄长，这样百姓就会感受到君主的德行，跟随着孝敬父母、尊敬兄长了。在这个过程中不同的人做到的程度不一样，就用礼仪使他们统一。和周围人的亲疏关系，都要依据制定的礼仪；每天的行为用度，都要符合礼仪规则。让贤达的人保持应有的礼仪标准不逾越，品行不好的人也达到基本的道德要求，从而达到和谐统一。这样治理百姓，就会发现百姓自然有所感动和启发，不但为恶行感到羞耻，绝对不肯做坏事，并且还会明白应该要做善事，努力达到至善的境地，这样怎么会只希望不受到刑罚呢！所以说，想要百姓有羞耻之心，而且守规矩，德行、礼仪、政令、刑法这些都要根据情况恰当地使用，根据不同的情形选择实施的顺序，这样最后获得的效用也会根据不同的情况有所不同。所以孔子接着说，想要成为贤明的君主，一定要仔细分辨事情的本末轻重。

原文　子曰："吾十有五而志于学，三十而立，四十而不惑，五十而知天命，六十而耳顺，七十而从[6]心所欲，不逾[7]矩。"

今译　孔子说："我十五岁立志于学习，三十岁时则可以自立，四十岁时能不被外界事物迷惑，五十岁懂得了天命，六十岁能够领悟听到的言论而不觉得不顺，七十岁则可以随心所欲但不逾越法度。"

张居正讲评　从字解做随字。逾是过。矩是为方的器具。孔子自序其从少至老进学的次第，说道："我从十五岁的时节，就有志于圣贤大学之道。凡致知力行之序，修己治人之方，都着实用功，至忘寝食，盖念念在此，而为之不厌矣。到三十的时节，学既有得，自家把捉得定，世间外物都摇动我不得，盖守之固，而无所事志矣。进而至于四十，则于事物当然之理，表里精粗，了然明白，无所疑惑。盖见之明，而无所事守矣。进而至于五十，则于天所赋性命之理，有以究其精微，探其本原，而知乎所以然之故矣。又进而至于六十，则涵养愈久，而知能通微。闻人之言，方入乎耳。而所言之理，即契于心，随感随悟，无有违逆而不通者矣。又进之至于七十，则工夫愈熟而行能入妙，凡有所为，随其心之所欲，不待检点，无所持循而自然不越于规矩法度之外，盖庶几乎浑化而无迹者矣。是吾自少至老，无一念而不在乎学，无一时而不在于学，故其所得与年而俱进。过此以往，未之或知矣。"夫圣人生知安行，本无积累之渐，犹自言其进德之序如此，然则希圣希天者，岂可少懈于日新之功哉!

张居正讲评译释 孔子给自己从幼到老求学的顺序排序,说:"我十五岁的时候就立志于学习圣贤高深的学问。在努力地学习一切知识,提高自身的学识水平方面都特别用功,到了废寝忘食的地步,因为自己的志向是这些,所以学习上没有满足。到三十岁的时候,学习上已经有所收获,能够把持住自己,外部的事物都不能让自己动摇,自己坚定的志向不会受到任何影响。到了四十岁的时候,对事物的原理,内外的精致和粗疏,全都清楚无疑。见识高明,自己的操守就不会受到影响了。到五十岁的时候,能够细致地研究上天赋予的生命之理,探究它的本源,知道它为什么是这个样子。到六十岁的时候,道德修养更加高深,智力也达到了洞察细微事物的境界,听到别人说话,就能明白话中的道理,立刻能领悟其中的意思,没有理解不了的。到了七十岁的时候,学问更加纯熟,达到了神妙的境地,凡所做的行为都随心所欲,没有约束、什么都不遵守也不会违反规矩,几乎浑然进入化境而没有痕迹。我从幼到老,每时每刻都在学习,所以收获也一直增加。超出这样的程度又继续向前进行,未来的迷惑也能知道了。"圣人生来就知道天下通行的大道,能从容安然地实现他们,本不需要慢慢地学习积累,他尚且认为自己应该这样增进道德,那么效法圣人、仰慕上天的人,怎么能在每天的学习上有所懈怠呢!

原文 孟懿子[8]问孝,子曰:"无违。"

今译 孟懿子问孔子什么是孝,孔子说:"孝就是不违背礼。"

张居正讲评 孟懿子是鲁国的大夫。违是违悖。孟懿子尝问于夫子说:"人子事亲,如何才叫做孝?"孔子答说:"孝亲之道,只在无违而已。"孔子所谓无违,是说人子事亲,有个当然不易的道理,不可有一些违悖,不是说从亲之令,便谓之孝也。只因懿子不能再问,故孔子未及明言其意耳。

张居正讲评译释 孟懿子曾经问孔子说:"儿女侍奉父母,怎么才能叫作孝顺呢?"孔子回答说:"孝敬父母,只是在于不违背礼罢了。"孔子说的不违背礼,是说儿女侍奉父母时要遵循道理,不是说顺从了父母的命令就可以称作孝顺。只是因为懿子不再问下去了,所以孔子没有明确地说明具体的意思。

原文 樊迟[9]御[10],子告之曰:"孟孙问孝于我。我对曰:'无违。'"

今译 樊迟为孔子驾车,孔子告诉他说:"孟孙问我什么是孝,我回答:'不违背礼便是孝。'"

张居正讲评 樊迟是孔子弟子。御是御车。孟孙即是懿子。孔子因懿子不能再问,怕他错认做从亲之令,便是无违。故因樊迟御车,乃告他说:"孟孙曾问孝于我,我对说孝在无违。"盖欲启樊迟之问,以发明所言之意也。

张居正讲评译释 因为孟懿子没有继续问下去,孔子害怕他错误地认为顺从父母的命令就是"无违"。所以趁着樊迟驾车的机会,告诉他说:"孟孙问我什么是孝,我回答说孝在于不违背礼。"这是为了启发樊迟接着问下去,自己来进一步说明这句话的意思。

原文 樊迟曰:"何谓也?"子曰:"生,事之以礼;死,葬之以礼,祭之以礼。"

今译 樊迟说:"不违背礼是什么意思?"孔子说:"父母在世的时候,要以礼侍奉他们;在他们去世后,则要以礼安葬他们,并以礼祭祀他们。"

张居正讲评 礼是天理之节文。樊迟闻孔子之言,就问说,如何叫做无违。孔子答说:"所谓无违,只是不违乎礼而已。"盖人子事亲,心虽无穷,而分则有限,随其尊卑上下,各有一定的礼节。如父母在生之时,凡朝夕定省,左右奉养,都依着这礼。亲没之时,凡殡葬之具,必诚必信,也都依着这礼。到祭祀之时,外则备物,内则尽志,又都依着这礼。自始至终,无一毫苟且之意,这才是无违,才叫做孝。若礼所当为而不宜为,则谓之简而不敬其亲。礼不当为而必欲为,则谓之僭,而陷亲于有过,是岂得谓之孝哉!当时鲁国大夫僭用君上之礼,故孔子以是箴之。盖自天子以至于庶人,皆当以孝为本,以礼为节,不可有太过不及之弊。

张居正讲评译释 樊迟听了孔子的话就问什么叫作不违背礼。孔子回答说:"我所说的无违,只是不违背礼仪了。"儿女侍奉父母,虽然要无比地孝敬,但是自己的职分是有限的,尊卑上下不同,需要的礼节也不一样。父母在世的时候,早晚请安、左右侍奉都依据礼。父母去世的时候,殡葬的安排置办都要诚心诚意,也都依据礼。到祭祀的时候,充分地准备祭祀的物品,竭尽自己的心志,这些也都要依据礼。从开始到结束,没有一点儿敷衍违逆的想法,这才叫作不违背礼,才叫作孝敬父母。如果应该遵从礼仪却不肯遵从,这是不孝敬父母。按礼不应当做却非要做,这就是僭越,是把父母置于有错的境地，这怎么能称作孝顺呢？当初鲁国的大夫僭越本分使用了国君的礼仪，所以孔子这样规诫他。从天子到普通百姓，都应该把孝敬父母当作本分，都应当严格地遵守礼仪，不能有僭越或者达不到礼仪要求的错误行为呀。

原文 孟武伯[11]问孝，子曰："父母惟[12]其疾之忧。"

今译 孟武伯向孔子请教什么是孝道，孔子说："父母唯恐其子女有疾病（因此子女在日常生活中要格外谨慎小心，就是孝）。"

张居正讲评 孟武伯是孟懿子之子，名彘，问于孔子说："人子事亲，如何才是孝。"孔子说："欲知人子事亲之理，当观父母爱子之心。凡人父母，未有不爱其子者，惟爱之也切，故忧之也深。常恐其有疾病，或起居之不时，或饮食之不节，或风寒暑湿之见侵，与夫少之未戒于色，壮之未戒于斗之类。凡足以致疾者，皆切切然以为忧。若为子者能体父母之心，慎起居，节饮食，戒色戒斗，兢兢焉不至于疾，以贻父母之忧，则自然身体康宁，而有以慰亲之心矣。岂不可谓之孝乎！"孔子之意，盖以武伯生于富贵之家，长于逸乐之地，易以致疾而忧其亲，故因问而警之如此。至若天子以一身而为天地神人之主，其所以培养寿命，而昌延国祚者，又当万倍于此矣。孔子之言，岂特为孟武伯告哉！

张居正讲评译释 孟武伯问孔子："儿女侍奉父母，怎么做才是孝顺？"孔子说："想要知道儿女侍奉父母的方法，就应该看一下父母怎么疼爱儿女。没有不疼爱儿女的父母，爱得越深，也就会越关心。父母经常会害怕子女有疾病，或者没有按时作息，或者饮食不规律，或者感染风寒、暑湿等疾病，还担心儿女在年轻的时候不能警惕美色，壮年的时候不能远离打斗等。凡是可以导致子女生病的事，父母都会十分担忧。如果儿女能够体会到父母的担心，做到按时起居，饮食规律，远离美色和打斗，小心谨慎地不让自己生病，用这些来回报父母的忧心，那么父母自然就会内心安定、身体健康，这就是儿女对父母的安慰。这怎么不能认为是孝呢！"孔子这么说，大概是因为孟武伯出生在富贵的家庭里，成长在安逸的环境中，容易产生疾病引起父母的担忧，所以这么警告孟武伯。天子作为天下的主人，他在养护百姓，让国运昌隆上的作用应当更加重要。孔子的话，岂止是在告诫孟武伯一个人呢！

原文 子游[13]问孝。子曰："今之孝者，是为[14]能养，至于犬马，皆能有养。不敬,何以别乎?"

今译 子游问孔子什么是孝,孔子说:"现在所说的孝,只是能够赡养父母就足够了,但是,即使犬马都能够得到饲养。如果不细心孝敬父母,那么用什么与饲养犬马进行区别呢?"

张居正讲评 子游是孔子弟子,姓言名偃。养是饮食供奉。别是分别。子游问于孔子说:"人子事亲,如何叫做孝?"孔子答说:"子之事亲,固要饮食供奉,以养其口体。然必内有尊敬的诚心,外有恭敬的礼节,然后可以言孝。如今世俗之所谓孝者,只是说能以饮食供奉父母便了,不知饮食供奉,岂但父母为然,虽至于犬马之贱,一般与他饮食,都能有以养之。若事亲者,不能尽尊敬奉承的道理,而徒以饮食供奉为事,则与那养犬马的何所分别乎?"然则世俗之谓孝者,不足以为孝也。夫子游圣门高弟,何至以犬马待其亲,而孔子犹告戒之如此者,盖凡父母之于子,怜悯姑息之情常胜,故子之于父母狎恩恃爱之意常多,其始虽无轻慢之心,其后渐成骄傲之习,遂至于无所忌惮,不顾父母者有之。孔子之言,所以深究人情之偏,而预防其渐也。若推其极,则必如帝舜之以天下养而夔夔斋栗,文王之问安视膳,而翼翼小心,然后谓之能敬,而为天下之大孝欤!

张居正讲评译释 子游问孔子说:"儿女侍奉父母,怎么才能叫作孝?"孔子回答说:"儿女侍奉父母,固然要在饮食上供养他们,让父母吃饱喝足。但是也要发自内心地尊敬他们,用恭敬的礼节对待他们,这样才可以谈论孝。如今被称作孝顺的人,只能说是在饮食上奉养父母罢了,他们不知道,单纯饮食上的侍奉和养牛养马有什么区别呢?即使是卑贱的犬马,只要给它们食物,也都能使它们活下去。如果侍奉父母的人不知道要恭敬地侍奉父母,而只是在饮食上供奉,那么和养犬马有什么分别?"所以说平常认为的孝敬父母,不值得被当作孝。子游是圣人门下优秀的弟子,怎么会像对待犬马一样侍奉父母呢,但是孔子仍然这么告诫他,因为父母都会因为怜爱而宽容子女,所以儿女会依仗这份爱而无所顾虑,即使刚开始没有轻视怠慢,之后也会慢慢形成骄傲自满的恶习,变得无所忌惮,就不再顾及父母了。孔子的话,能够深入到人性深处,在苗头处预防人们产生不孝敬父母的想法。孝敬父母的极致,就是像帝舜一样用天下所有的财物去恭敬地供养父母,像文王一样小心翼翼地问候父母的起居、用餐,这样才能叫作孝,这才是最孝敬父母的行为。

原文 子夏[15]问孝。子曰："色[16]难。有事，弟子服其劳；有酒食，先生[17]馔[18]，曾是以为孝乎？"

今译 子夏问孔子什么是孝，孔子说："对父母和颜悦色是最难做到的事。子女替父母做一些事情，有了酒饭，给长辈们享用，难道这就可以算作孝吗？"

张居正讲评 色是容。先生是父兄之称。子夏问于孔子说："人子事亲，如何才叫做孝？"孔子答说："事亲之际，惟是有那愉悦和婉的容色，最为难能。盖人之色，生于心者也。子于父母，必有深爱笃孝之心根于中，而后有愉悦和婉之色著于外。是凡事皆可以勉强，而色不可以伪为，所以为最难，事亲有此而后可谓之真孝也。若夫父兄有事，为子弟的替他代劳，子弟有酒饭，将来与父兄饮馔，此则力之所可勉，而事之无难为者，曾是而可以为孝乎！"前章子游问孝，夫子教以敬亲。此章子夏问孝，夫子教以爱亲。盖子游、子夏都是圣门高弟，其于服劳供奉之礼，不患其不尽，但恐其敬爱之心未能真切恳至耳，故皆言此以警之，使知事亲之道不在于文，而在于实，不当求之于外，而当求之于心也。凡为人子者，宜深思焉。

张居正讲评译释 子夏问孔子说："儿女侍奉父母，怎么才能叫作孝？"孔子回答说："侍奉父母的时候，最难的就是对父母和颜悦色。人的脸色是根据内心产生的，儿女只有发自内心地深爱孝敬父母，才会有愉悦和婉的脸色。所有的事都可以勉强，但是脸色不可以伪装，所以保持愉悦的脸色是最难的事，侍奉父母的人如果能够保持脸色的和婉，就能称作真正的孝顺了。做儿子、做弟弟的要尽力替父母兄长办事，要先给长辈们享用酒饭，能做到这些，并且没有面露难色，这就可以称作孝了。"前面一章里子游向孔子请教孝，孔子教导他要尊敬父母。这一章子夏请教孝，孔子教导他要亲近父母。子游、子夏都是孔子优秀的弟子，孔子不担心他们在供奉父母的礼节上做得不够，只是害怕他们不能够发自内心地敬爱父母，所以这么告诫他们，让他们知道侍奉父母不在于表面的礼节，更在于发自内心的孝敬，不应该向外部探寻，而是要探求自己的内心，反省自己有没有切实做到孝敬父母。作为子女，都应该深刻地思考这些啊！

原文 子曰："吾与回[19]言终日，不违如愚。退而省其私，亦足以发[20]，回也不愚。"

今译 孔子说："我终日给颜回讲授学问，他却从未提出疑义，就像个愚人。在他离开之后,我考察他私下里和其他学生讨论学问的言行,发现他对我所讲的内容有所发挥,可见他其实并不是愚人呀!"

张居正讲评 回是孔子弟子颜回。不违是意不相背。愚是昏愚。退是退去。省是察。私是私居。发是发明。孔门弟子,惟颜回最能悟道。故孔子抑扬其词,以称之说:"世间有上等聪明的人,凡事无所疑惑,不须问难也。有昏愚的人,心里不会疑惑,不知问难。这两等人,其心虽异,其迹则同。今我与颜回,终日间讲论道理,不止一端。他只是默然听受,不曾有一些相背,也未尝有一语问难。看他气象,却似那昏愚无知的一般。及其退去之时,我省察他闲居独处的去处。但见他一动一静,一语一默,都是我所言的道理,躬行实践,件件都发挥出来,乃知回之不违者,是必心领神会,见道分明,无所疑而不必问,非不能疑而不知问也。"然则回也岂真昏愚者哉!然颜子既是上智,又能好学,故其悟道之妙,至于如此。若未及颜子者,必待能疑而知问,然后可以讲明义理,开发聪明,而进于圣贤之域也。

张居正讲评译释 孔子门下的弟子中,只有颜回的悟性最高。所以孔子称赞他说:"世间有的人十分聪明,遇到任何事都没有疑惑,不需要诘问辩驳。也有人非常愚笨,不知道疑惑,不知道诘问辩驳。这两种人虽然心思不同,但是他们的表现是一致的。今天我和颜回交谈了一整天,涉及了很多方面。他都只是默默地听从接受,没有一点儿异议,也没有一点儿诘问辩驳,看起来就像是什么都不知道一样。在他离开之后,我考查他私下里的状况,看见他的言行举止,遵循的都是我讲述的道理,并亲身实行体验,除了我讲的道理外还都有自己的发挥,我这才知道颜回不诘问辩驳是因为他已经心领神会,明白了我所说的道理,没有了疑问自然就不必诘问,而不是不会产生疑问不知道诘问。"这么说颜回怎么是真的愚笨呢!颜回既是十分聪明的人,又能够勤奋好学,所以他能这样领悟到道理的奇妙。如果是比不上颜回的人,就一定要能够产生疑问并且知道询问,然后才能弄明白学问道理,发掘自己的聪明才智,进而达到圣贤的境界。

原文 子曰:"视其所以[21],观其所由[22],察其所安,人焉廋[23]哉?人焉廋哉?"

今译 孔子说:"(若要了解一个人,)看他的言行,了解他为达到一定目的所采用的方式方法,考察他所安的心境,这样一来,这个人还能隐瞒什么呢？怎么能隐藏得了呢？"

张居正讲评 以字解做为字。由是意所从来。安是心所喜乐。廋是藏匿。孔子说："人不可以不知人，而知之甚难，然亦自有个法则。"盖人之所为，非善则恶，必须先看他所为的何如，为善的便是君子。若为恶，便是小人，其大略可知也。所以说视其所以。夫所为之不善者，固不必言，而所为善者，亦未知其出于诚实否也。故又当观其意之所从来者何如？果真心实意而为己者欤？抑饰貌伪言以欺人者欤？果出于心之真实则善矣，不然，则亦伪矣，岂得为君子哉！夫所由之不善者，固不足言，而所谓善者，亦未知其出于自然否也。故又当察其心之所乐者何如？果中心好之而无所矫强者欤？抑或畏威怀利而有不得不然者欤？果出于心之所乐，则善矣，不然则亦暂为之耳，岂能久而不变哉！夫自以而由，而安，在人者既从外而深入其内。自视，而观而察，在我者又因略而渐致其详。虽是人藏其心，不可测度，然能饰所以而逃吾之视，必不能饰所由而逃吾之观，能饰所由而逃吾之观，必不能饰所安而逃吾之察。人何得而藏匿之哉？人何得而藏匿之哉？重言之者，以见其必不能隐也。孔子观人之法如此。人君明此以观察臣下之行事心术，则凡为正为邪，为忠为佞皆莫逃于坐照之下矣。

张居正讲评译释 孔子说："人不能不去了解别人，虽然了解别人很困难，但是也自然有相应的方法。"人的所作所为非善即恶，主要应该看他的目的是什么，为了善事的是君子，如果是为了作恶，那就是小人，这些大概都能够有所了解，所以说看一个人行为的动机。如果一个人目的不善，那自然就是坏人，而目的是善的人，也不知道他的想法是否真实，所以还应当观察他的经历怎么样，看他是真心实意做善事还是掩饰自己欺骗他人。如果是发自内心的真诚，这就是善良，不然就是虚伪，怎么能算是君子呢！之前经常做坏事，自然就是坏人，然而那些做好事的人，也不知道他的行为是否自然，所以还应该观察他喜欢什么，是真的喜爱做好事还是为了图谋私利、获取名誉？如果是真的喜欢做好事，那么就是真的善良，不然就只是暂时喜欢罢了，又怎么能坚持下去呢！从一个人做事的动机到他的经历，再到他的心境，对他人就要从外到内深入观察。反省检查自己时，也要逐渐从简略到详细。虽然说很难揣测别人的心意，但是即使一个人能掩饰自己的目的，掩饰过往的经历，也一定不能掩饰自己的内心。这样，这个人还怎么逃脱观察呢？怎么能隐藏自己呢？可以确切地说，他一定难以掩饰自己呀。这就是孔子观察别人的方法。君主用这个方法观察臣属的行为处事和内心心思，不管他们是正是邪、是忠是奸都难以逃脱这种观测。

原文 子曰："温故而知新，可以为师矣。"

今译 孔子说："在温习旧知识时，能有新的体会、发现，就能当老师了。"

张居正讲评 温是温习。故是旧所闻。新是今所得。师是师范。孔子谓："天下之义理无穷，而人之闻见有限。若徒靠记问，则胸中所得，能有几何？若能于旧日所闻的时时温习，如读过的《诗》《书》所道的讲论，都要反复玩味，而不使遗忘，又能触类旁通，每有新得，就是未曾知道的，也都渐渐理会得来。将见义理日益贯通，学问日益充足。人有来问的，便能与之应答而不竭。有疑惑的，便能与之剖析而无遗矣。岂不可以为人之师矣乎？"此可见君子之学，不以记诵为工，而在于能明乎理，不以闻见为博，而在于能反诸心，学者不可以不勉也。

张居正讲评译释 孔子说："天下间的道理无穷无尽，而人的见闻是有限的。如果只是依靠记忆和询问，那么学到的知识能有多少呢？如果能不断温习之前的所学，对读过的《诗》《书》，听过的讲论，都反复地揣摩、体会，不遗忘它们，又能够在掌握了某一知识后进而推知同类事物的规律，从而获得新的知识，这样即使是不知道的知识，也渐渐地都领会了。做到这些后就能看到自己对义理的理解一天比一天透彻，学问也越来越丰富。有人来请教自己时，就能够和他深入讨论而不至于无话可说。如果有人有了疑惑，也可以帮他细致地剖析事理。这不就是可以当老师了吗？"从这些可以看出君子做学问，不能把功夫浪费在记忆背诵上，而在于能够明白事理；不能只追求知识的广博，而在于能在不同的想法之间互相类推，做学问的人不能不这么勉励自己啊。

原文 子曰："君子不器[24]。"

今译 孔子说："君子不像器皿只有一种用途。"

张居正讲评 器是器皿。孔子说："人有一材一艺的，非无可用，然或宜于小，不宜于大。能于此，不能于彼。譬如器皿一般，虽各有用处，终是不能相通，非全才也。惟是君子的人，识见高明，涵养深邃，其体既无所不具，故其用自无所不周。大之可以任经纶匡济之业，小之可以理钱谷甲兵之事，守常达变，无往不宜，岂若器之各适于用，而不能相通者哉！所以说君子不器。夫此不器之君子，是乃天下之全才。人君得之固当大任，至于一材一艺者，亦必因人而器使之，不可过于求备也。"

张居正讲评译释 孔子说："只掌握某一种能力的人，不是没有用处，只不过有的人作用小，有的人作用大，在这一点儿有用，在另一个地方就没有用。就像器皿一样，虽然不同的器皿有不同的用途，但是终究不能通用，不是全能的。只有君子见识高明、涵养深邃，什么能力都具备，所以在什么地方都能起作用。大到可以处理国家大事，小到可以管理钱谷甲兵等小事，固守常法、通达变化都无所不能，怎么会像器皿一样只能适用各自的用途，而不能通用呢？所以说君子不像器皿。这种不像器皿的君子，是天下间的全才。君主得到这种全才后，可以给他们重要的任务，至于那些才能单一的人，也应该根据他们的才能去使用他们，不能够过于求全责备。"

原文 子贡问君子。子曰："先行其言，而后从之。"

今译 子贡问孔子如何成为君子。孔子说："对于你要说的话，等实施后再去说。"

张居正讲评 子贡问于孔子说："君子是成德之人。学者如何用功才到得这个地位？"孔子答说："凡人言常有余，行常不足。若未行而先言，则言行不相照顾，如何成得君子？惟君子的人，凡事务躬行实践。如子臣弟友之道，仁义礼智之德。凡是口所欲言的，一一先见之于行，无一毫亏欠，然后举所行者，从而言之，议论所发，件件都实有诸己，而不为空言也。是行常在于言前，言常在于言后，岂不为笃实之君子乎！"孔子因子贡多言，故警之以此，其实躬行君子常少，言不顾行者常多。学者之省身固当敏于行而慎于言，人君之用人，亦当听其言而观其行也。

张居正讲评译释 子贡问孔子说："君子是有高尚品德的人。求学的人怎么才能成为君子呢？"孔子回答说："人们经常说得多做得少。如果事还没做而先说了出来，万一言行不一致，怎么成为君子呢！君子会亲身实行每一件事，像是做子臣弟友的方法、仁义礼智的品德这些，只要想张口说出来，就会先付诸行动，没有一点儿欠缺的地方，完成之后才会谈论它们，所以他们所发出的言论才会完全符合事实，不会变成空话。说之前就行动，行动之后再谈论，这不就是忠诚老实的君子吗？"因为子贡话多，所以孔子才这么警示他。实际上亲身实践自己语言的君子很少，言行不一致的人很多。做学问的人固然应该在修身时多做事少说话，君主任用臣子时也应该在听了他的话之后，再观察一下他的行动呀。

原文 子曰："君子周[25]而不比[26]，小人比而不周。"

今译 孔子说："君子团结众人而不与人勾结，小人与人勾结而不团结众人。"

张居正讲评 周是普遍。比是偏党。孔子说："君子、小人，固皆有所亲厚，但其立心不同，故其所亲厚亦异。盖君子之心公，惟其公也，故能视天下犹一家，视众人犹一身，理所当爱的，皆有以爱之，而不必其附于己，恩所当施的，即有以施之，而不待其求于己。是其与人亲厚周偏广阔，而不为偏党之私，此所以为君子也。至于小人则不然，盖小人之心私，惟其私也，故惟有势者则附之，有利者则趋之，或喜其意见之偶同，而任情以为好，或乐其同恶之相济，而交结以为援，是其与人亲厚偏党私暱，而无有乎普遍之公，此所以为小人也。"夫周与比其迹相似，而其实不同，只在此心公私之间而已，欲辨君子、小人者，可不慎察于此哉！

张居正讲评译释 孔子说："君子小人都有自己亲近喜爱的人，只是他们的目的不一样，所以他们所亲近的人也不一样。君子的想法公允，因为他们一心为公，所以能够把天下看成一个家庭，一致地对待所有人，对应该怜爱的人，都给他们关爱，而不需要他们归附自己，应当给他们恩泽的，就给他们恩惠，不要求他们乞求自己。心胸宽阔，仁德宽厚，不偏爱自己的朋党，这就是君子的作为。小人就不是这样，他们只追求自己的私利，所以会依附于有势力、有利益可图的人，或者结交一些和自己臭味相投的人，共同作恶。只亲近自己的朋党，而没有关爱所有人的公心，这就是小人呀。"团结和勾结表面看起来相似，但是它们实际上并不一样，不一样的地方就在于内心是公正还是偏私，想要分辨君子和小人，就一定要谨慎仔细地分辨这些呀。

原文 子曰："学而不思则罔[27]，思而不学则殆[28]。"

今译 孔子说："只读书而不思考问题，就会迷惑而无所得；只空想而不读书，就会耽于幻想，这是很危险的。"

张居正讲评 罔是昏而无得。殆是危而不安。孔子教人说："天下的道理，散在万事，而统会于吾心。惟其散于万事，故必加致知格物、躬行实践的工夫，而后能实有诸己，这叫做学。惟其会于一心，故必加沉潜反覆，研究求索的工夫，而后能穷其精微，这叫做思。这两件阙一不可。若徒知务学，而不思索其义，则理不明于心，其所学者，不过卤莽之粗迹，终于昏昧而已，所以说学而不思则罔。若徒知思索，而不用力于学，则功不究其实，其所思者不过想像之虚见，终于危殆而已，所以说思而不学则殆。"可见学必要思，学了又能思，则所学的方才透彻；思必要学，思了又能学，则所思的方才着实。二者偏废，则各有其弊矣。求道者可不知所务哉！

张居正讲评译释 孔子教导说："天下间的道理，分散在很多事情中，最后会汇集在自己的心中。因为这些道理分散在每一件事中，所以一定要下功夫穷究事物原理获得知识，并亲自去实践检验，然后才能学到这些道理，这叫作学。因为要把这些道理融会在一起，所以一定要下功夫去反复地研究探索，这样才能发现其中精细微妙的地方，这叫作思。学和思这两件事缺少任何一个都不行。如果只知道读书，而不去思考，那么就不会明白书中的道理，那么学到的东西不过就是一些粗疏的东西，终究弄不明白书中的道理，所以说只读书而不思考，就会迷惑而无所得。如果只知道空想，而不努力读书，那么下的功夫就没用在实际的地方，所思考的东西也只是浮浅之见，终究会危害到自己，所以只空想而不读书，就会耽于幻想，这是很危险的。"从这些可以看出读书一定要思考，学习之后又能够思考书中的道理，那么学到的东西才通透明澈；思考之前一定要读书，能思考也知道看书，就知道应该思考什么。这两件事如果只偏向其中一个方面，就会产生各自的弊病，求学的人能不知道应该怎么做吗！

原文 子曰："攻[29]乎异端，斯害也已。"

今译 孔子说："专门研究那些非圣人学说的言论，这才是祸害呀！"

张居正讲评 攻是专治。非圣人之道而别为一端者叫做异端。如杨氏、墨氏，及今道家、佛家之类，皆是。害是伤害。孔子说："自古圣人继往开来，只是一个平正通达的道理，其伦为君臣、父子、夫妇、长幼、朋友，其德则仁、义、礼、智、信，其民则士、农、工、商，其事则礼、乐、刑、政。可以修己，可以治人。世道所以太平，人心所以归正，都由于此。舍此之外，便是异端，便与圣人之道相悖。人若惑于其术，专治而欲精之，造出一种议论，要高过乎人，别立一个教门，要大行于世，将见其心既已陷溺，其说必然偏邪，以之修己，便坏了自己的性情；以之治人，便坏了天下的风俗。世道必不太平，人心必不归正，其害有不可胜言者，所以说斯害也已。"当时杨、墨之道，犹未盛行，然孔子深恶而痛绝之如此。至于后世道家之说，全似杨朱；佛家之说，全似墨翟，尤足以眩惑人心，而伤害世道。深信而笃好，如宋徽宗、梁武帝者，不免丧身亡国，为后世之所非笑。则异端之为害，岂非万世之所当深戒哉！

张居正讲评译释 孔子说："自古圣人继承前人的事业，开辟未来的道路，依据的只是一个很正常通达的道理，不过就是维持好君臣、父子、夫妇、长幼、朋友之间的关系，树立仁、义、礼、智、信等品德，管理好士、农、工、商这些百姓，处理好礼、乐、刑、政等事务。做好这些之后，既能够提高自己的修养，又能够管理好百姓。世道太平，人心归正，都是从这里得到的。除了这些，都是和正统思想对立的异端邪说。人们如果被这些异端邪说迷惑，想要深入地研究，创造出一个新的比别人都高明的学说，另外创立一个门派，并想大力推行，就说明这个人陷入错误思想而无法自拔，这个学说自然是偏僻邪恶的学说。用这种异端学说来提升自己就会坏了自己的性情，用它们去治理百姓，就会破坏百姓正确的风俗礼节。这种异端邪说兴起之后，肯定会导致世道不平、人心难正，没有比这更坏的事了，所以说研究异端邪说的害处很大。"孔子说这些话的时候杨氏、墨氏的学说还没有盛行，但是孔子事先就对这种异端邪说如此深恶痛绝。后世道家的学说，全都像杨朱的学说一样，佛教的学说，都像墨子的学说一样，这些道家、佛家的学说会完全让人沉迷其中难以自拔，使社会风气受到损害。像宋徽宗、梁武帝等沉迷喜好这些学说的人，都免不了要丧身亡国，被后人非议讥笑。所以异端邪说难道不应该被万世警戒吗！

原文 子曰："由[30]，诲[31]女知之乎！知之为知之，不知为不知，是知[32]也。"

今译 孔子说："仲由，告诉你什么是知吧！知道就是知道，不知道就是不知道，这才是智慧啊！"

张居正讲评 由是孔子弟子仲由，字子路。诲是教诲。子路好勇，凡事只要胜人，盖有强不知以为知者。故孔子呼其名而告之："由也有志于知，我今教女，以求知之道乎。盖人于天下之义理有所知，必有所不知。自家心里本是明白，有不可得而自昧者，若但以有所不知为耻，而遮护隐讳，不论知不知，都强以为知，这便是欺了自家的心，而知有所蔽矣。女但于所知的，即认以为已知，于所不知的，即说是我尚未知。则虽不能尽知天下之理，而此心不敢自欺，于真知的本体，不曾昏昧，这就是知的道理了，何必无所不知而后谓之知乎？所以说是知也。"此可见天下之道理无穷，虽圣人亦有不能尽知者，但圣人之心，至虚至明，固不以不知者自强，亦不以已知者自是，故稽众从人，好问好察，此尧舜之知所以为大也。

张居正讲评译释　子路好逞勇武，什么事都要胜过别人，所以只知道强横霸道却不知道如何成为智者。所以孔子直呼其名告诉他说："你也想要成为智者，我今天就教你成为智者的方法。人们知道世间的一部分道理，但一定还有一些道理是人们不知道的。知道还是不知道，自己原本是很清楚明白的，如果有人把不知道当作耻辱，掩饰自己，不管自己知不知道，都以为自己知道，这就是自我欺骗，就是蒙蔽自己的良知。你对于知道的道理，就应该说自己知道，对于自己不知道的，就应该说自己现在还不知道。这样虽然说自己还没有完全明白天下间的道理，但是不自我欺骗，不蒙蔽自己的良知，这就是智慧啊，何必要无所不知才能说是智慧呢？所以说知道就是知道，不知道就是不知道，这就是智慧啊！"由此可见天下间的道理无穷无尽，即使是圣人也不可能无所不知，但是圣人心胸坦荡、充满智慧，既不因为不知道而自我欺骗，也不因知道而自以为是。所以多向别人请教学习，多看多问，这就是尧舜具有大智慧的原因。

原文　子张[33]学干[34]禄[35]。

今译　子张向孔子学习求取官职取得俸禄的途径。

张居正讲评　子张是孔子弟子，姓颛孙，名师。干是求。昔子张从学于圣门，以干求俸禄为意。

张居正讲评译释　昔日子张在孔子门下求学，他的目的是求取做官的方法。

原文　子曰："多闻阙[36]疑，慎言其余，则寡尤[37]；多见阙殆，慎行其余，则寡悔。言寡尤，行寡悔，禄在其中矣。"

今译　孔子说："要多听，有疑问的地方先放一旁不说，其余有把握的也要谨慎地说出来，这样就可以减少错误；还要多看，有怀疑之处先置于一旁不做，其余有把握的，也要谨慎地去做，这样就能减少一些后悔。说话错失少，做事悔恨少，官职俸禄就在这里了。"

张居正讲评 疑是所未信者。尤是罪过。殆是所未安者。悔是懊悔。凡言在其中者，皆不求而自至之辞。孔子教子张说道："君子学以为己，不可有干禄之心，且学自有得禄之理，亦不必容心以求之也。若能多闻天下之理，以为所言之资，而于多闻之中有疑惑而未信的，姑阙之而不敢言，其余已信的，又慎言而不敢轻忽，则所言皆当，而人无厌恶，外来的罪过自然少了，岂不寡尤。多见天下之事，以为所行之资；而于多见之中，有危殆而未安的，姑阙之而不敢行，其余已安的，又慎行而不敢怠肆，则所行皆当，而己无愧怍，心里的懊悔自然少了，岂不寡悔。言能寡尤，行能寡悔，便是有德的贤人。名誉昭彰，必有举而用之者，虽不去干求那俸禄，而俸禄自在其中矣。又何必先有求之之心哉！"尝观古之学者，修其言行，而禄自从之，是以世多敬事后食之臣，后之学者，言行不修，而庸心干禄，是以世少先劳后禄之士。然则学术之所系，诚非细故矣。作民君师者，可不以正士习为先务乎？

张居正讲评译释 孔子教导子张说："君子做学问是为了提升自己，不能有为求取官职才学习的想法。学问有成自然能获得官职，不用过于留心地求取。如果能够多了解天下间的道理，作为自己言语的资本，遇到问题时先搁置有疑问的地方，谨慎地完成自己有把握的部分，这样就会处事得当，不会被人们讨厌，产生的过错自然就会少了，这样不就减少错误了吗？提高自己的见识，作为自己行动的凭借，行动时，把有危险不安全的地方先放置一旁，对已经有把握的地方，也要谨慎小心地去处理，那么行为就能恰当合适，不会让自己留下遗憾，心里的懊悔自然就少了。少说错话，少做错事，这就是贤德的人。名声显著之后，一定会被举荐任用，即使自己不去求取官职，也自然会得到重用。又何必先去求取官职呢！"我曾经观察过，古时候的读书人，约束自己的言行后很自然就会获得官职，所以产生了很多先尽力做事，待有功绩后才享受俸禄的大臣。而后世的读书人，不约束自己的言行，心里只是想着求取官职，所以天下缺少先有功绩再享受功禄的人。这些都是关系到学问的大事，不是一些琐碎的小事。作为百姓的君主，能不把端正读书人的风气当作最要紧的事吗？

原文 哀公[38]问曰："何为则民服？"孔子对曰："举直错[39]诸枉[40]，则民服；举枉错诸直，则民不服。"

今译 哀公问道："如何使百姓服从呢？"孔子答道："将正直无私的人提拔上来，置于邪恶者之上，这样百姓就会服从了；把邪恶不正直的人提拔起来，置于正直者之上，那么百姓就不会服从了。"

张居正讲评 哀公是鲁国之君。举是举用。直是正直的君子。错是舍置而不用。诸字解做众字。枉是邪枉的小人。鲁哀公问于孔子说："人君以一身而居乎群臣百姓之上，不知何所作为，才能使众人每个都心悦？"孔子对说："人君若要服民，不是严刑可以驱之，小惠可以结之者，只要顺民好恶之公心而已。大凡臣下有心术光明，行事端慎的，便是正直君子，必然人人爱敬他，望他得位行道。有心地奸险，行事乖方的，便是邪枉小人，必然人人憎恶他，怕他误国害民，这是好善恶恶的良心，人之所同有也。人君若能举用那正直的君子，授之以政，而凡邪枉的小人都舍置之，不使参于其间，则用舍各当，正合了人心好恶之公，百姓每自然欢欣爱戴，无一人之不服矣！若人君举用了邪枉的小人，使之在位，而凡正直的君子却舍置之，不能有所简拔，则用舍颠倒，便拂了人心好恶之公，百姓每必然心非口议，虽欲强其服从而不可得矣！"夫民之服与不服，只在用舍之公与不公，然则人君于用人之际，可不慎哉。

张居正讲评译释 鲁哀公问孔子说："君主位于臣子百姓之上，应该怎么做才能让所有人都心悦诚服呢？"孔子回答说："君主如果想要百姓臣服，不能用严酷的刑罚驱使，不能用小恩小惠结交，只用顺从百姓的好恶，为公众的利益着想就行了。只要臣属内心公正，行事光明磊落，就是正直的君子，别人就一定会敬爱他，希望他能够得到适合的职位为大家办事。内心阴险狡诈，行事违反法度，就是奸邪的小人，人们都憎恶这种小人，害怕他误国害民。喜爱善良憎恶邪恶是人们的共同心理，君主如果能重用那些正直的君子，让他们处理政务，远离奸邪的小人，不让他们参与国家事务，这样任免得当就会符合百姓的好恶，百姓自然会欢欣爱戴，没有人不臣服。如果君主任用了奸邪的小人，让他们获得官职，使正直的君子不能获得提拔任用的机会，那么就是颠倒是非，就会违背百姓的好恶，百姓自然就会内心不满，这样即使通过强迫也不能让他们服从。"百姓的臣服或反对，只在于君主对官员的任免是否公允，所以君主在任用官员的时候，能不慎重吗！

原文 季康子[41]问："使民敬、忠以劝，如之何？"子曰："临[42]之以庄，则敬；孝慈，则忠；举善而教不能，则劝。"

今译 季康子问道："若要使百姓对当政者恭敬、尽心不欺、互相勉励，该怎样做？"孔子说："你用严肃谨慎的态度对待百姓，他们就会恭敬你；你孝顺父母，爱抚幼弱，百姓自然会对你尽忠；你提拔善者且教育能力差的人，百姓就会彼此勉励了。"

张居正讲评 季康子是鲁国的大夫。敬是恭敬。忠是尽心不欺的意思。劝是劝勉。季康子问于孔子说："为人上者要使百姓每敬事于我而不敢慢，尽忠于我而不敢欺，相劝于为善而不敢为恶，果何道以使之乎？"孔子答说："为民上者，不可要求诸人，只当尽其在我。诚能于临民之时，容貌端庄，而无有惰慢，则有威可畏，有仪可象，民之得于瞻仰者，自然敬畏而不敢怠慢矣！孝以事亲，而无悖违；慈以使众，而无有残刻。则其德既足以为民之表，而其恩又足以结民之心。民之得于观感者，自能尽忠于我，而不敢悖矣。于那为善的，举而用之，使他得行其志。不能的，教诲他使之为善，不要轻弃绝之。如此，则善者益进于善，而不怠、不能者亦将勉强企及，而无有不劝者矣。"是则季康子之问，专求诸民。孔子之答，专求诸己。盖人同此理，吾能自尽其理，而人岂有不感化者哉！

张居正讲评译释 季康子问孔子："怎么才能使百姓对当政者恭恭敬敬、尽心不欺，多做善事而不敢做坏事呢？"孔子回答说："作为民众的领导，关键不在别人而在于自己。如果能够在对待百姓的时，容貌端庄，毫不懈怠，那么就使他们有威严能够敬畏，有标准可以模仿，民众有了仰慕的对象，自然会心怀敬畏不敢懈怠；孝敬地侍奉父母，不违逆反驳；慈爱地对待他人，不残酷严苛。那么君主的品德就完全能做民众的表率，恩泽也足够凝聚民心。民众感受到领导者的优秀品德，自然会尽心效忠，而不会欺骗违背。当政者要提拔任用善良的百姓，让他们能够实现自己的志向，要教诲感化那些不够善良的百姓，不可以轻易放弃他们。这样善良的百姓就会更加善良，不够善良的也慢慢能够达到标准，就没有不听从教导的百姓了。"季康子问的是如何治理百姓，而孔子回答的是如何改善自己。所有人都是这样，如果能够管理好自己，那怎么会感化不了他人呢？

原文 或谓孔子曰："子奚[43]不为政？"

今译 有人对孔子说："你为什么不从事政治？"

张居正讲评 奚字解做何字。为政是出仕而理国政。鲁定公初年，孔子不仕，或人问于孔子说："夫子有这等抱负，正当乘时有为，何故不肯出仕而理国政乎？"盖当时季氏擅权，阳货作乱，不能尊信孔子，故孔子不肯轻于求仕，而或人不知也。

张居正讲评译释 鲁定公初年，孔子不做官了，有人问孔子："你有这么远大的抱负，正应该顺势有一番大作为，为什么不肯出仕做官，治理国家呢？"大概因为当时季氏独揽大权，季氏家臣阳货犯上作乱，国君也不再信任孔子，所以孔子不肯轻易地出来做官，而这个人不知道这些。

原文 子曰："《书》云：'孝乎？惟孝友于兄弟，施于有政。'是亦为政，奚其为为政？"

今译 孔子说："《尚书》中说道：'孝是什么？孝就是孝敬父母，友爱兄弟，并且将孝的道理影响于政事。'这也是从事政治，只有做官才算从事政治吗？"

张居正讲评 《书》是《周书·君陈篇》。友是相亲爱的意思。孔子不仕之意有难以告或人者，故只把词以答之说，汝疑我之不肯为政，岂不闻《周书》所言之孝乎？他说"君陈"能孝顺父母，友爱兄弟，又能推此孝友之心，以为一家之政，使长幼尊卑都欢然和睦，肃然整齐，无有不归于正者。《书》之所言如此。这等看来，人处家庭之间，能率人以正，就是为政了。何必居官任职，乃谓之为政乎！盖所谓政者，只是正人之不正而已，施之于国，使一国的人服从教化，固是为政，修之于家，使一家之人遵守礼法，也是为政。这虽是孔子托词，其实道理不过如此。所以《大学》说："欲治其国者，先齐其家。"亦是此意。然则人君之为政，若能以孝友之德，修身正家，则治国平天下之道，岂外是哉！

张居正讲评译释 孔子不做官的原因难以告诉别人，所以只能找了个借口回答说，你怀疑我不肯做官，难道没有听说《周书》里说的孝吗？《周书》里说的"君陈"是能够孝顺父母、友爱兄弟，又能够把孝敬父母、友爱兄弟的方法推广开来，处理一个家族的事务，让长幼尊卑都能够和睦相处，严肃有序，让所有族人都变得正直、公正。《周书》里就是这么说的。这么看来，一个人在家里带领家人端正自己，就是从事政治了。何必有官职才能算是从事政治呢？政治，只是改正别人的错误罢了，对一个国家实施，让一个国家的民众服从教化，这固然是从事政治，但是管理家庭，让一家人遵守礼法，也是从事政治。这虽然是孔子的借口，但也确实是这个道理。所以《大学》里说："想要治理国家，先管理好家庭。"就是这个意思。君主治理国家时，如果能用孝顺父母、友爱兄弟的品德来提高自己、管理家庭，那么就符合治国平天下之道呀！

原文 子曰："人而无信，不知其可也。大车无輗[44]，小车无軏[45]，其何以行之哉？"

今译 孔子说："一个人如果不讲信用，是完全不可以的。就好像大车没有輗，小车没有軏，那么它靠什么行驶呢？"

张居正讲评 信是诚实。大车是平地任载的车。輗是辕前的横木，缚轭以驾牛者。小车是田车、兵车、乘车。軏是辕上的曲木，钩衡以驾马者。孔子说："立心诚实，乃万事的根本，人若无了信实，便事事都是虚妄，吾不知其如何而可也。何也？人必有信而后可行，譬如车必有輗軏而后可行也。若大车无輗，则无以驾牛。小车无軏，则无以驾马。轮辕虽具，一步也运动不得，其何以行之哉？人若存心不诚，言语无实，则人皆贱恶之。在家则不可行于家，在国则不可行于国，盖无所往而不见阻矣。与车无輗軏者，何以异哉！"孔子此言，只是要人言行相顾，事事着实，不可少有虚妄的意思。然信之一字，尤为人君之大，实是以为治者，必使政教号令之出，皆信如四时，无或朝更而夕改，然后民信从，而天下治也。孔子之言，岂非万世之明训哉！

张居正讲评译释 孔子说："诚实守信是为人处世的根本，人如果不诚信，做任何事都荒诞无稽，我不知道这种人能做什么事。为什么这么说呢？就像车必须有輗軏才能行走一样，人只有诚信才能在社会上立足。如果大车没有辕前的横木，就不能束缚驾驭牛马；如果小车没有辕上的曲木，就不能钩衡驾驭牛马。虽然马车具备了轮辕，但是却一步动不了，怎么能行走呢？如果做人不诚实，就会让所有人厌恶。不管在哪儿都难以有所行动，不管做什么都会遇到阻碍。这和车没有輗軏有什么区别呢？"孔子这么说，只是要人们言行一致、办事诚信，不能有任何荒诞无稽。诚信更是君主最重要的品质，用诚实治理国家，一定要让发出的政令像四时更替一样准确，不能够朝令夕改，只有这样百姓才会信服，才能治理好天下。孔子的话，难道不是值得万世遵守的训诫吗！

原文 子张问："十世可知也？"

今译 子张问孔子："今后十世（的礼仪制度）可以预知吗？"

张居正讲评 凡朝廷更换叫做一世。子张问于孔子说："有一代之兴，必有一代的事迹。但已往者易见，将来者难知，不知自今以后，朝代兴亡，至于十世之远，其事迹亦可得而前知否乎？"

张居正讲评译释 每次朝代更换一次，就叫作一世。子张问孔子："每一个朝代的兴盛，就一定有相对应的事迹。已经发生的事很容易就知道了，将来要发生的事却不容易知道，不知道从现在起十世朝代兴亡发生的事现在能知道吗？"

原文 子曰："殷因于夏礼，所损益可知也。周因于殷礼，所损益可知也。其或继周者，虽百世可知也。"

今译 孔子说："商朝沿袭了夏朝的礼仪制度，所增加和废除的便可以知道；周朝又继承了商朝的礼仪制度，所增加和废除也很清楚。如果谁沿用了周朝的礼仪制度，即使万代也可以知道。"

张居正讲评 因是相袭而不改。礼是君臣、父子、夫妇之三纲。仁义礼智信之五常，这其中都有节文，故叫做礼。损是减损。益是增益。孔子答子张说："后之视今，亦犹今之视昔。要知将来，但观既往便可知矣。比先夏有天下四百余年，而殷汤继之。殷家所行之礼，如修人纪以正万邦，都只是因袭夏家的，不曾改易。至于制度文为，有余不足的，则或损或益，少有不同。如殷道尚质，殷正建丑之类，是其所因与所损益，可考而知也。殷有天下六百余年，而周文武继之。周家所行之礼，如建皇极以锡庶民，也只是依着殷家的，不曾变更。至于制度文为，太过不及的，则或损或益，也有不同。如周道尚文，周正建子之类，是其所因与所损益，亦可考而知也。此可见纲常伦理，是立国的根本，万世不可改易。制度文为，是为治的节目，随时可以变通，自今以后或有继我周而王天下的，其所因与所损益不过如此。虽百世之远，无不可知，岂但十世而已哉！"

张居正讲评译释 孔子回答子张说："后世观察现在，和我们观察前世一样。所以想要知道将来发生的事，只用观察已经发生过的事就可以了。夏朝延续四百多年后被殷商取代了，商朝实行的礼仪制度，如通过道德来规范百姓的行为举止等，这都遵循了夏朝，没有做出更改。至于政治制度，就做出了相应的改变，和夏朝有一些不一样。比如殷代的政治与礼制崇尚质朴，殷商时期的历法十二月为岁首等，这些和夏朝相比有了改变，这是可以通过考察了解到的。殷商延续了六百多年被周朝取代，周朝实行的礼仪，比如通过礼法去规范百姓，这也是延续了殷商的制度，没有做出更改。至于政治制度方面，就做出了相应的更改，也和商朝有一些不同。比如周朝的政治礼仪崇尚文治，周朝历法十一月为岁首，这也就是所说的增加或者减少的，也可以通过观察知道。由此可以看出，纲常伦理是国家的根本，什么时候也不能更改。政治制度是用来治理国家的方法，随时可以根据需要进行变通，以后可能有继承我们周朝而取得天下的朝代，他们增加或者删减的也不过就是这些方面。由此可见，即使是百世之后的事，也没有什么不能知道的，更何况只有十世呢！"

原文　子曰："非其鬼而祭之，谄也。见义不为，无勇也。"

今译　孔子说："不是你应该祭奠的鬼神，你去祭奠它，这就是谄媚。看到应该挺身而出的事情，却袖手旁观，这就是怯懦。"

张居正讲评　非其鬼是所不当祭的鬼神。谄是求媚的意思。义是事之宜，凡道理上所当行的便是。勇是勇敢。孔子说："人之祭享鬼神，各有其分。如天子祭天地，诸侯祭山川，大夫祭五祀，庶人祭祖先，是乃当然之分，祭之可也。若是不当祭的鬼神也去祭他，这便是谄媚鬼神以求福利，不是孝享的正礼，所以谓之谄也。人于道理上当为的事，便着实做将去，这才是有勇。若真见得这事是道理所当为的，却乃因循退缩，不能毅然为之，这是委靡不振，无勇往直前之气，怯懦甚矣，所以谓之无勇也。"夫此二者，一则不当为而为，一则当为而不为。孔子并举而言之者，盖欲人不惑于鬼神之难知，而专用力于人道之所宜也。

张居正讲评译释　孔子说："人们应该根据自己的身份去祭奠鬼神。比如天子祭祀天地，诸侯祭祀山川，大夫祭祀禘、郊、宗、祖、报五祀，普通百姓祭祀自己的先人，这才是各自应该做的本分，应该这样去祭祀。如果去祭祀那些本不应该是自己祭祀的鬼神，这就是为了求取福利而去谄媚鬼神，这不是祭祀的正确礼仪，这就是谄媚的举动。人尽力做到那些应该做的本分才算是勇敢。如果一件事符合道义，却拖延退缩，不能果断地去处理它，这就是萎靡不振，缺少勇往直前的勇气，十分软弱的行为呀，所以说见义不为就是怯懦。"这两件事，一件是做了不应该做的事，一件是应该做的事却不去做。孔子把它们放在一起讨论，是想要人们不要因为鬼神之事的复杂就感到困惑，而是应该多在该做的事上努力用心。

注释：

[1]共：环绕，同"拱"。

[2]蔽：总括，概括。

[3]道：通"导"，引导。

[4]齐：整顿，治理。

[5]格：人心归服。

[6]从：任，任凭。

[7]逾：超过。

[8]孟懿子：鲁国孟孙氏第九代宗主，本姓仲孙，也称孟孙，名何忌，世称仲孙何忌，谥号懿。

[9]樊迟：即樊须，名须，字子迟，"孔门七十二贤"之一。

[10]御：驾车。

[11]孟武伯：孟懿子之子，姓仲孙，名彘（zhì），谥号武，春秋时期鲁国大夫。

[12]惟：同唯。

[13]子游：姓言，名偃，字子游，亦称"言游""叔氏"，春秋末吴国人，孔子的著名弟子，"孔门十哲"之一。

[14]为：亦作谓。

[15]子夏：姓卜，名商，字子夏，后亦称"卜子夏""卜先生"，孔子的著名弟子，"孔门十哲"之一。

[16]色：脸色，表情。

[17]先生：这里指父兄。

[18]馔：吃，喝。

[19]回：孔子的弟子颜回，字子渊，"孔门十哲"之一，"孔门七十二贤"之首。

[20]发：启发，阐明。

[21]以：做。

[22]由：方式方法。

[23]廋：隐藏，藏匿。

[24] 器：器皿。

[25] 周：团结。

[26] 比：勾结。

[27] 罔：通"惘"，迷惑而无所得。

[28] 殆：危险。

[29] 攻：深入钻研。

[30] 由：仲由，字子路，又字季路，"孔门十哲"之一。

[31] 诲：教导，指教。

[32] 知：通"智"。智慧，聪明。

[33] 子张：颛孙师，复姓颛孙、名师，字子张，春秋末年陈国人，"孔门十二哲"之一。

[34] 干：追求，求取。

[35] 禄：俸禄，指官吏的薪俸。

[36] 阙：留存。

[37] 尤：罪过，过错。

[38] 哀公：鲁哀公，鲁国国君。

[39] 错：通"措"，放置。

[40] 枉：不正直的，邪恶的。

[41] 季康子：季孙肥，春秋时期鲁国的正卿。姬姓，季氏，名肥。谥康，史称"季康子"。

[42] 临：治理，管理，统治。

[43] 奚：怎么，为什么。

[44] 輗：古代大车车辕前端与车衡相衔接的部分。

[45] 軏：古代车上置于辕前端与车横木衔接处的销钉。

八佾第三

原文 孔子谓季氏[1]："八佾[2]舞于庭，是可忍也，孰不可忍也？"

今译 孔子谈到季氏时，说："他用天子规格的六十四人舞蹈队伍在自家庭院里奏乐舞蹈，如果这样的事都能容忍，还有什么事是不能容忍的呢？"

张居正讲评 季氏是鲁国大夫。佾是乐舞的行列。古者乐舞之数，天子用八行，每行八人，叫做八佾。诸侯六佾，大夫四佾。各有等差，不容僭越。当初成王以周公有大勋劳，特赐天子礼乐以祭周公之庙，其后世群公都因循僭用，已是失礼。季氏是鲁桓公子孙，他在家庙中祭祖，也僭用八佾之舞于庭，故孔子非之说："礼莫严于名分，罪莫大于僭窃。夫祭用生者之爵禄，乃我王朝一定之礼。季氏本是大夫，只该用四佾之舞，而今乃用八佾之舞于家庙之庭，则是以大夫而僭天子礼，法之所不容，诛罚之所必及，人臣之罪孰有大于此者。这等大罪也都容忍过了，不加纠正，则别样的小罪，孰不可忍乎！"盖鲁以相忍为国，凡事惟务姑息含忍，而其弊乃至于下陵其上，臣僭其君，礼法荡然，冠履倒置如此。盖优柔姑息之过也，故孔子非之。其后孔子为司寇，摄相事，即堕三都以强公室，陈恒弑其君，则沐浴而朝，请兵讨之，此可以观圣人之志矣。而鲁终不能用。卒之三家共分公室，政在陪臣，而周公之祚遂衰矣。然则纪纲法度，有国者其可一日而不振举之乎！

张居正讲评译释 古代乐舞的行列，天子是八行，每一行有八个人，这叫作八佾。诸侯是六佾，大夫是四佾。不同的等级之间乐舞的行列各不相同，不可以僭越。当初周成王因为周公有很大的功劳，就特别赏赐给他天子的礼乐，让他去祭祀宗庙，周公的后人也都沿袭着僭越使用，这已经是不符合礼仪的行为了。鲁桓公的子孙季氏在自己家里祭祀祖先，也僭越使用天子的八佾舞，所以孔子说："没有比名分更严格的礼仪，没有比僭越更严重的罪行。祭祀时要依据活人的爵位和俸禄，这是我们国家已经严格规定的礼法。季氏原本就只是大夫，只能用四佾舞，却在自己家里用八佾舞，这就是用大夫的身份实行天子的礼节，所犯的罪行已经超出了法律，一定要进行处罚，作为臣子没有比这更大的罪行了。这样严重的罪行都能容忍，不进行纠正，那别的小一点儿罪行，岂不是更要被容忍了？"鲁国需要为了国家的利益而做一定的让步，但如果遇到问题只知道无原则地宽容忍让，就会导致下属欺凌上司，臣子冒犯国君，以至于礼仪法度缺失、上下位置颠倒，已经到了尊卑不分的地步了。这都是优柔寡断姑息忍让所导致的，所以孔子认为不能这么做。之后孔子担任了鲁国的司寇，代理丞相的职责，随即要破除季孙之费、孟孙之成、叔孙之郈这三都来增强国家的实力，齐国大臣陈恒杀死齐国国君，孔子就斋戒沐浴觐见鲁君，请求出兵讨伐陈恒，这些都可以看出孔子的志向。孔子最后在鲁国得不到重用，而鲁国的权力也被孟孙、叔孙、季孙三家篡夺，周公留下来的礼仪也就没人遵守了。既然这样君主能不时刻整顿国家的纲纪法度吗？

原文 三家[3]者以《雍》[4]彻[5]。子曰："'相维辟公，天子穆穆。'[6]奚取于三家之堂？"

今译 孟孙、叔孙、季孙三家在祭祖完毕撤除祭品时，令乐工唱《雍》。孔子说："《雍》里的那两句：'助祭的是诸侯，天子则严肃静穆地在一边主祭。'这种含义如何用在你们这三家的厅堂上呢？"

张居正讲评 三家是鲁国的大夫孟孙、叔孙、季孙之家。雍是《周颂》篇名。彻是彻馔。相是助祭。辟公是诸侯。穆穆是深远的意思。"相维辟公，天子穆穆"是《雍》诗中两句说话。昔者周天子祭祀宗庙，祭毕之时，则歌《雍》诗以彻馔。及鲁大夫孟孙、叔孙、季孙祭其家庙，于收俎豆的时节，也歌雍诗，是僭用天子之礼矣。故孔子讥之，说道："《雍》诗中有云：'相维辟公，天子穆穆。'是说天子宗庙之中，助祭的是列国的诸侯，主祭者是天子，其敬德之容，则穆穆然幽深而玄远。盖本天子之事，故于彻馔歌之，道其实也。今三家之堂，助祭者不过陪臣，亦有辟公之相助乎？主祭者不过大夫，亦有天子之穆穆乎？既无此事，则何取于此义而歌之于堂乎？是不惟僭妄可恶，而其无谓亦甚矣。"盖礼所以辨上下之分，不可毫发僭差，人臣而敢僭用君上之礼，则妄心一生，何所不至，攘夺之祸，必由此起。孔子前一节非季氏之舞八佾，此一节讥三家之歌《雍》诗，皆所以立万世人臣之大防也。

张居正讲评译释 "相维辟公，天子穆穆"是《雍》诗中的两句话。昔日周天子在祭祀完宗庙之后，就唱《雍》诗来撤除祭品。到了孟孙、叔孙、季孙三家在祭祖完毕撤除祭品时，也让乐工唱《雍》，这就是僭越使用天子的礼仪。所以孔子斥责他们说："《雍》诗中说：'相维辟公，天子穆穆。'这是说天子在宗庙祭祀的时候助祭的是列国的诸侯，主祭者是天子，天子恭敬的神色、端庄恭敬的举止影响久远。这本来就是天子应该做的事，所以撤除祭品时，令乐工唱《雍》是合适的行为。如今孟孙、叔孙、季孙三家祭祀时，助祭者不过是自己的家臣，他们也有诸侯相助吗？主祭的人不过就是大夫，他们也有天子的庄严肃穆吗？既然没有这些，那为什么要在祭祀的时候唱这首歌呢？这不只是狂妄可恶，也是毫无意义的行为。"因为礼仪是用来区分地位的高低上下的，不能有一点差错，臣子如果僭用君主的礼仪，就会心生妄念，什么坏事都敢做，这样弑君夺权的祸事就一定会发生。孔子在前面一节指责季氏用天子八佾舞，这一节批评孟孙、叔孙、季孙三家祭祀时用天子的《雍》诗，这都是为了防止后世的大臣做出僭越的行为。

原文 子曰："人而不仁，如礼何？人而不仁，如乐何？"

今译 孔子说："一个人如果没有仁德，那么他又如何行礼呢？一个人如果没有仁德，他又怎么运用乐呢？"

张居正讲评 仁是心之德。敬而将之以仪文，叫做礼。和而达之于声容，叫做乐。如礼何？如乐何？譬如说没奈他何一般，是不相为用的意思。孔子说："仁之在人，乃本心之全德，人能全此心德，使心里常是恭敬，则行出来的仪文便都是礼。心里常是和平，则播之于声容，便都是乐。"是礼不虚行，必仁人而后可行也。人而不仁，则其心放逸而不能敬，礼之本先失了。那陈设的玉帛，升降的威仪，不过是虚文耳。礼岂为之用乎？所以说如礼何？乐不徒作，必仁人而后能作也。人而不仁，则其心乖戾而不和。乐之本先失了，那钟鼓之声，羽旄之舞不过是虚器耳，乐岂为之用乎？所以说如乐何？盖礼乐不可斯须而或去，人心不可顷刻而不存，欲用礼乐者，求之心焉可也。

张居正讲评译释 孔子说："对于一个人来说，仁是内心的完美品德，人如果能够保全这个品德，内心充满恭敬，那么他的行为就会符合礼仪；如果他内心安静平和，那么展现出来的音容声貌就都是乐。"在礼仪上不能有虚假，只有仁德的人才能施行礼仪。一个人如果缺乏仁德，就会放纵逸乐，不能保持内心的恭敬，那么就会丢失礼的根本，那些华丽的玉帛、威严的礼仪，就不过是一些空洞的礼节罢了，这样的礼有什么用呢？所以说一个人如果没有仁德，那么他又如何行礼呢？乐曲不是随便就能演奏的，只有仁德的人才能运用。一个人如果缺乏仁德，就会性情暴虐，内心难以祥和，那么就会丢失乐的根本，这样的话那些钟鼓的声音，羽旄的舞蹈就是一些没有用处的乐礼，这样的乐曲还有什么用呢？所以说一个人如果缺乏仁德，怎么能去弹奏乐曲呢？礼和乐片刻也不能够分开，就像人不能缺少心一样，想用好礼乐的话，一心求仁就可以了。

原文 林放[7]问礼之本。子曰："大哉问。礼，与其奢也，宁俭；丧，与其易也，宁戚[8]。"

今译 林放问礼的根本是什么。孔子说："这个问题意义重大啊！礼仪，与其奢侈，不如节俭；丧礼，与其仪式上治办周全，不如内心真正哀伤。"

张居正讲评 林放是鲁国人。易是节文习熟。戚是哀痛。鲁人有林放者，见世人行礼，繁文太盛。以为制礼之初意，恐不如此。故问礼之本于孔子。孔子以时俗方逐末，而放独究心于礼之本，可谓不为习俗所移，而有志于反本复古者矣。所以称美之说："大哉汝之问也。夫礼之全体有质有文。譬如饮食之礼，起初只是太羹、玄酒，污尊抔饮而已，这叫做本质。先王以为太简，始制为笾豆簠簋之器，揖让周旋之仪，这叫做文。又如居丧之礼，起初只是伤痛哭泣，思慕悲哀而已，这叫做本质。先王以为太简，始制为擗踊哭泣之节，衰麻服制之等，这叫做文。文质得中，乃礼之全体，到后来习俗日移，却只是仪文节度上究心，而制礼之初意，荡然无存矣。然则今之为礼者，与其趋向繁华，而流为奢侈，宁可敦崇朴素，而失于俭啬。盖俭啬无文，虽未合于礼之中，而犹不失为淳古之风，是即本之所在也。所以说与其奢也，宁俭。居丧者与其习熟于仪节，而无惨怛之诚，宁可过于哀痛，而少品节之制。盖徒戚虽未合于礼之中，而犹自率其天性之真，是即本之所在也，所以说与其易也，宁戚。"夫曰宁俭，曰宁戚，皆孔子不得已而矫俗之意。盖天下事物，每自质而趋文。而世之将衰，必多文而灭质。故孔子他日赞易，又以用过乎俭，丧过乎哀为言，而其论礼乐，则曰吾从先进。皆厌周末文盛而欲矫之以合于中也。有维持世教之责者，尚鉴兹哉！

张居正讲评译释 鲁国有个叫林放的人，看到世人施行礼仪时有很多繁文缛节，认为这不符合制定礼仪的初衷，所以问孔子礼的根本是什么。孔子认为当时社会过于追求细枝末节，而林放没有受到社会风气的影响，只是在内心探究礼的根本，立志恢复到礼最初的本意，所以就称赞他说："你的问题意义重大啊！完整的礼有本质、有仪式，比如饮食的礼仪，最开始只是无味的肉汤、淡薄的酒水，掘地为坑当酒尊，以手捧酒而饮罢了，这就叫本质。先王认为这些过于太简单了，就制造了笾豆簠簋的器材、揖让周旋的礼仪，这叫作仪式。又比如守丧的礼仪，最开始只是伤心地哭泣、悲伤地思念罢了，这叫作本质。先王认为太简单，就制定了哀伤痛哭的礼节、穿丧服服丧的制度，这叫作仪式。本质和仪式都具备了，这才是完整的礼。但是后来习俗慢慢改变了，人们只是在仪式上用心，完全不顾及制定礼仪最初的目的。所以如今在礼仪上，与其崇尚繁华，却变得奢侈浪费，还不如因为追求朴素，而过于简单。礼仪过于简单而缺少仪式，虽然不太符合礼仪，但却没有丢失淳厚古朴的风气，这就是保留了礼的根本。与其奢侈，不如俭朴，守丧时与其熟悉了礼仪程序而没有真诚的悲伤，宁可没有礼节来限制而尽情地表达自己的悲痛。虽然单纯的悲伤不符合礼仪的要求，但仍然保留真诚的本性，这是礼的本源，所以说与其仪式周全，不如内心悲伤。"说宁可简单、宁可悲伤也不要奢侈周全，都是为了矫正错误的世俗观念。事物在变化时都是从本质转向形式，所以在世道衰败的时候，一定是多形式而缺本质。所以孔子以往称赞形式的周全，又批评过实施礼仪的物品过于简单，守丧时过于哀伤，谈论礼乐时说要效仿前人。而如今孔子的转变是因为厌恶周朝末年仪式的烦琐，想要矫正这些错误使它更符合礼。想要维护礼仪教化，就要好好借鉴孔子的这种思想啊。

原文　子曰："夷狄[9]之有君，不如诸夏[10]之亡[11]也。"

今译　孔子说："连那些中原周边落后的国家都君权，但是华夏却没有！"

张居正讲评　夷狄是化外之地。东夷、西戎、南蛮、北狄，总叫做夷狄。诸夏是中国。诸是众。夏是大，以其人民众而地方大，故称诸夏。亡字与有无的无字同。当孔子时，季氏以大夫僭用八佾，三家以大夫僭歌《雍》诗。上下陵夷，不知有君臣之分。故孔子一日叹息说道："中国所以尊于夷狄者，以其名分定而上下不乱也。今夷狄之国，在上的统领其下，在下的顺从其上，尚且有个君长，到不似我中夏之国，君弱臣强，以诸侯胁天子者有之，以陪臣专国政者有之，恣为僭窃，反无上下之分也。"夫以中国同于夷狄，犹且不可，况反不如乎，可慨也已。孔子此言，岂真轻中国而称夷狄哉！盖甚为之词，以见上下之分，不可一日不明于天下也。

张居正讲评译释 孔子在世时，季氏以大夫的身份使用天子的八佾舞，孟孙、叔孙、季孙三家的身份都是大夫却在祭祀的时候使用《雍》歌，这些都是以下犯上的僭越行为。国家的尊卑关系混乱到这种地步，人们甚至不知道君主和臣子的分别。所以孔子叹息道："中国比夷狄尊贵的地方就在于君臣有固定的名分不会导致上下混乱。如今那些落后的夷狄地区，君主能够领导臣下，臣下也顺从君主，他们尚且还有君主，不像我们华夏，君主软弱，臣子强横，有威胁天子的诸侯，有独揽国政的臣子，这些乱臣贼子恣意妄为，反而不知道尊卑上下的名分。"夷狄怎么能和我们中原地区相比呢？更何况孔子说中原反而不如夷狄，实在令人感慨啊。孔子说这些话，又怎么是真的轻视中国称赞夷狄呢？从孔子的话可以看出，要让百姓时刻牢记尊卑上下的名分关系呀。

原文 季氏旅[12]于泰山，子谓冉有[13]曰："女弗[14]能救[15]与？"对曰："不能。"子曰："呜呼！曾谓泰山不如林放乎？"

今译 季氏要祭祀泰山。孔子对冉有说："你难道就不能劝阻他吗？"冉有回答说："不能。"孔子感叹道："啊！难道说泰山神还不如林放知礼吗？"

张居正讲评 旅是祭告。泰山是东岳泰山，在鲁地。冉有是孔子弟子冉求。救是救正。古者祭祀之礼，天子祭天地，诸侯祭山川。泰山在鲁国境内，惟鲁君当祭。季氏是鲁大夫，也要行祭告之礼于泰山之神，则其越礼犯分，僭上无君甚矣。孔子以冉求是他的家臣，有匡救之责。故问他说："季氏此一事，甚为非礼，汝为家臣，固宜尽言匡正。今乃坐视其失礼而不能救之与？"冉求对说："他的意思已定，吾力不能挽回之也。"孔子于是叹息说："季氏此举只要谄事鬼神，以求福佑，殊不知礼不可僭，神不可欺。且如林放，鲁人，也知问礼之本，不肯随俗。况泰山是五岳之尊，其神聪明正直，必然知礼，岂肯享季氏非礼之祭，而反不如林放之知礼乎？"是季氏之祭泰山，不惟分不当为，而且神必不享，则亦何益之有哉！孔子此言，一则要使季氏知其无益，犹可中止。一则要使冉有以不如林放为耻，而知所以自励也。

张居正讲评译释 根据古时候的祭祀礼仪，天子祭祀天地，诸侯祭祀山川。泰山在鲁国境内，只有鲁国国君可以祭祀。季氏是鲁国的大夫，却要祭祀泰山神，这就是违背了礼法名分，就是无视君主威严的僭越行为。冉求是季氏的家臣，有劝告季氏的责任，所以孔子责问冉求说："季氏做这件事，十分不符合礼节，你作为他的家臣，本来应该尽力谏言帮助他改正错误，怎么现在看着他做失礼的事不去劝阻他呢？"冉求回答说："他的主意已经决定好了，我也努力过，但是劝阻不了啊。"孔子于是叹息说："季氏的这个行为只是为了逢迎鬼神来乞求福佑，却不知道不能僭越礼仪，不可以欺骗鬼神。像鲁人林放都知道请教礼仪的根本，不愿意跟随现在的不良习俗。况且泰山是五岳之尊，泰山神聪明正直，一定知道礼仪，怎么肯接受季氏不符合礼仪的祭祀？难道泰山神还不如林放懂礼吗？"季氏去泰山祭祀，既超出了自己的职分，而且泰山神一定不会接受，那么去祭祀还有什么好处呢？孔子说这些话，一来是要季氏知道去泰山祭祀没有好处，现在放弃也不晚；二来是让冉有因为自己不如林放而感到羞愧，在知道自己的不足之后勉励自己、完善自己。

原文 子曰："君子无所争，必也射乎！揖让而升，下而饮，其争也君子。"

今译 孔子说："君子没什么可与别人争的事情，如果一定要争，那就是射箭比赛了！比赛前，作揖逊让而登场比武，射完箭登堂喝酒，这就是君子之争。"

张居正讲评 争是争竞。射是大射之礼。升是升堂。饮是饮酒。孔子说："有德行的君子，他心平气和，与人恭逊，无有争竞。求他有争竞处，必也观之于行射礼之时乎！盖射有中者，有不中者，中有多者，有少者，胜负相形，似乎有所争也。然观其将射之初，三揖三让而后升堂。既射之后，则与那同射的人，都下堂来，胜者却揖那不胜者使他升堂，自取爵盏，立饮罚酒，射礼之行如此。是虽有胜负之相较量，然自始至终，雍容揖逊，是其争也，乃君子之争，非若小人专以血气相尚，而为角力之争。惟夫于射才有争然其争又如此，则君子之无所争可见矣。"

张居正讲评译释 孔子说："有德行的君子，一定心平气和，对待别人恭敬谦逊，不会发生争执。如果一定要争，那就是在射箭比赛的时候了！射箭的时候有射中的，有射不中的，有的射中的多，有的射中的少，胜负很明白就看出来了，看起来像是有竞争。但是在射箭比赛开始前，比赛双方一定要在多次揖让之后再登台比试。比赛完之后，就和对方一起下台，获胜的人反而向失败者作揖礼让，然后请他进屋内喝酒，射箭比赛时的礼仪就是这样的。虽然射箭也有胜负的较量，但是自始至终，射箭的人举止大方、谦逊有礼，他们的竞争,是君子的竞争,不是小人之间因为个人情绪的不和而导致武力的搏斗。君子只有在射箭的时候才有竞争,而君子的竞争又像射箭这样,这就可以看出君子没什么可与别人争的事情。"

原文 子夏问曰:"'巧笑倩[16]兮,美目盼[17]兮,素[18]以为绚[19]兮。'何谓也?"

今译 子夏问孔子:"'欣然甜美的笑脸多好看啊,黑白分明的眼神真明亮啊,就像素白的底子上有彩色的图案啊。'这几句话是什么意思呢?"

张居正讲评 "巧笑倩兮"这三句都是逸诗之词。倩是好口辅。盼是黑白分明。素是粉地。绚是采色。逸诗上说:"人于笑时,口辅端好,其眼目黑白分明,有此自然的美质,而又妆饰以华采,就如素地上加以采色的一般,愈为美好矣!"子夏未达素以为绚之旨,疑其反以素为绚。乃问于孔子说:"逸诗有言:'巧笑倩兮,美目盼兮,素以为绚兮。'夫素则无文,绚乃华饰,今以素以为绚,其言果何谓也?"

张居正讲评译释 诗歌里说:"人们在笑的时候,甜美的脸色非常好看,眼睛黑白分明。有这么美好的品质,又用华丽的色彩去装饰,就像是在洁白的质地上加入绚丽的色彩一样更加美好。"子夏不知道只有白色的质地才能描绘出绚丽的颜色,怀疑书中认为素白是绚丽的色彩,于是问孔子说:"诗歌里面说:'欣然甜美的脸笑多好看啊,黑白分明的眼神真明亮啊,就像素白的底子上有彩色的图案啊。'白色没有修饰,绚丽的色彩才是好的装饰,现在说有了白色才能有绚丽的色彩,为什么要这么说呢?"

原文 子曰:"绘事后素。"

今译 孔子说:"先有白底,然后再去绘画。"

张居正讲评 绘是绘画。孔子答子夏说:"诗言素以为绚,不是说素即为绚,乃是说因素为绚耳。如今绘画之工,必先有了质素的粉地,然后加以采色。是素在于先,绚在于后。犹人之相貌,必先生得自然美好,然后可加以华饰也。"

张居正讲评译释 孔子回答子夏说:"诗里面说有了白色的质地才有绚丽的色彩,这句话的意思不是说白色是绚丽的颜色,而是说因为有了白底,所以才能画出绚丽的色彩呀。就像现在的绘画,一定要先有白底,然后才能画上各种颜色。白色的质地在前，绘画绚丽的色彩在白底之后。就像人的相貌，一定要天生就自然美好，然后才能够做出华丽的修饰。"

原文 曰："礼后乎？"子曰："起予[20]者商[21]也！始可与言《诗》已矣。"

今译 子夏又问："那么，礼乐是不是也是后期的事呢？"孔子说："启发我的商啊，现在我可以同你讨论《诗》了。"

张居正讲评 起予是起发我之志意。商是子夏的名。子夏一闻孔子之言，遂有感于心，说道："观绘画之事，素地在先，采色在后，可见素而非绘，固无以备其文采，绘而非素，则虽有采色亦将安施？然则世之所谓礼文者，其犹在于后乎？必有为之先者矣。"盖礼也者，因人情而为之节文也者。如玉帛交错，揖让周旋，宾礼也。然必先有恭敬之实心，而后以是将之，是敬在于先，礼在于后矣。又如擗踊哭泣，衰麻服制，丧礼也。然必先有哀痛之本情，而后以是节之。是哀在于先，礼在于后矣。故情实者素地也。礼文者采色也，非礼，固无以为人情之节文。然苟情不至而徒求之于礼焉，是犹画者不先布素地，而欲施文采也，有是理乎？夫孔子以绘画明素绚之意，不过只就书旨上发挥，而子夏礼后之言，则圣言之所未及者。可谓闻一知二，触类旁通者矣。故孔子喜而称之，说道："能起发我之志意者，是汝商也。"盖诗人之言，其旨甚微，而寓意深远。善说诗者，能求之于言语之外，而不拘泥于文字之末，乃为得之，似你这等聪明颖悟，乃始可与论诗也已，盖深喜之之辞也。按此章之旨，与林放问礼之意，大略相同。林放求礼之本，而子夏以礼为后，皆有反本尚质，挽回世道之意。故孔子于林放则以大哉称之，于子夏则以启予许之，此又圣贤未发之旨也。学者宜致思焉。

张居正讲评译释 子夏听了孔子的话后立刻就明白了，说："绘画的时候，白底在前，彩色在后，可以看出白底没有彩色，自然不具备绚丽的色彩，然而如果没有白底的话，即使有绚丽的颜色又往哪儿画呢？世上的礼仪也是仪式在后面吧？一定有在仪式前面的本质。"因为人们之间的交往才形成了礼仪的规定、仪式。就像绚丽的玉器丝绸、人们交往时的相互礼让，这些都是恭敬的礼节。一定要先内心恭敬，之后才有这些恭敬的行为，这就是恭敬在前，礼仪在后。又像哀伤痛哭、穿着丧服守孝，这些是守丧的礼仪。一定要先内心哀伤悲痛，之后再采取这些行为作为礼节，这就是哀伤在前，行礼在后。

所以说真实的感情就像白色的质地，礼仪的仪式就像是绚丽的色彩。没有礼仪，自然没有人们交往时应该遵守的礼节，然而如果只追求达到礼仪的规定而没有真实的感情，就像画画的时候没有白色的质地就想画出绚丽的颜色，有这样的道理吗？孔子用绘画来说明白色的质地和绚丽的色彩之间的关系，不过只是根据书中的要旨进行发挥阐述，而子夏关于礼仪在感情之后的言论就是圣人没有说到的意思了。这可以说是闻一知二，触类旁通呀。所以孔子很高兴地称赞子夏说："能够启发我的，是你啊。"诗人的语言，意图很浅，但是有很深远的寓意。擅长解诗的人，能够探求诗人语言之外的东西，而不只拘泥在诗的语言文字上，这样才能有所收获，像子夏这样聪颖善悟的人，才能够在一起谈论诗啊，所以孔子说出了非常喜欢子夏的话。这一章的要旨，和前一章林放问礼的意思大致相同。林放探求礼的本质，子夏认为礼在情后，都有反对烦琐的仪式崇尚本质，想要回归淳朴的意思。所以孔子称赞林放的探求意义重大，赞扬子夏给了自己启发，这也是圣人没有说出来的意思。做学问的人应该据此深入地进行思考呀！

原文 子曰："夏礼，吾能言之，杞[22]不足徵[23]也；殷礼，吾能言之，宋[24]不足徵也。文献不足故也，足则吾能徵之矣。"

今译 孔子说："夏朝的礼，我能说出来，其后代杞国不足以证明我的话；殷朝的礼，我能说出来，其后代宋国不足以证明我的话。这主要是因为文字资料和熟悉夏、殷礼的人不足的缘故。如果条件充足那我就可以得到证明了。"

张居正讲评 杞、宋是二国名。杞是夏之后。宋是殷之后。文是典籍。献是贤人。徵字解做证字。孔子说："昔者禹有天下，其制度文章为有夏一代之礼者，我能言其大略，然必有证而后人信之。今夏之后代，虽有杞国尚存，然不足取以为证矣。汤有天下，其制度文章为有殷一代之礼者，我亦能言其大略，然亦必有证而后人信之。今殷之后代，虽有宋国尚存，然亦不足取以为证矣。盖礼非典籍不能记载，非贤人不能诵习。今夏殷二代，传世久远，杞宋两国世祚衰微，既无典籍可以考究，又无贤人可以谘访，将何所取以证吾之言耶！若使二国之典籍尚存，贤人未谢，则考究谘访皆有所据，而吾能取之以为证，人皆信之矣。惜乎！今之不能也。"盖孔子当时，欲斟酌二代之礼，以立万世常行之法，而夏殷不可考，故为是叹息之词如此。然三纲五常古今不易，所损所益，百世可知，则二代之礼又不以杞宋无徵而遂泯也。有仪礼制度之责者，宜究心焉。

张居正讲评译释 孔子说："昔日禹拥有天下，他制定的礼乐法规等制度我基本上都知道，然而必须要有证明别人才会相信。现在夏的后代，虽然有一个杞国存在，却难以证明我的话。汤拥有天下，礼乐法规等商朝的礼仪制度我也大概都知道，也必须要有证明别人才会相信。现在殷的后代，虽然有一个宋国存在，但是也不足以证明我说的话。没有书籍就不能记载礼，没有贤德的人就不能学习传诵礼。如今距离夏、商两个朝代已经很久了，杞、宋两个国家国运衰败，当时的礼仪既没有书籍可以研究，也没有贤德的人可以询问，用什么来证明我说的话呢！如果这两个国家有书籍留存，贤德的人没有凋谢，我也能通过考察拜访他们来当作证明，人们就都会相信我了。可惜，现在行不通了。"当时孔子想要研究夏、商二代的礼仪，制定能够万世长行的法度，但是夏商的礼仪没法考证，所以只能这样感叹。然而三纲五常从古到今都没有改变，增加和删减的地方即使过了百世也能够知道，夏、商二代的礼仪也不因为杞、宋两国难以考证就消失。有礼仪制度责任的人，应该用心研究呀！

原文 子曰："禘[25]自既灌[26]而往者，吾不欲观之矣。"

今译 孔子说："对于行禘礼的仪式，第一次献酒之后，我就不愿再看了。"

张居正讲评 禘是祭祀之名。古者天子既祭其始祖，又推始祖所自出之帝，祭于太庙，而以始祖配之，这礼五年一举，叫做禘。成王以周公有大勋劳，赐鲁重祭，使鲁国以周公为始祖，以文王为所自出之帝，而以周公配之，故鲁国得禘祭其先。然以诸侯而僭行天子之祭，实为非礼也。灌是奠酒于地以降神。往字解做后字。孔子说："我鲁国君臣举行禘祭，我也曾在太庙中，观其行礼何如，但见他未曾降神之先，诚敬尚在，犹有可观。及到那灌地降神之后，君臣之间都懈怠了，虽有陈设的俎豆，升降的威仪，全是虚文，无一些恭敬诚恪的意思。到这时节，我之心不欲观之矣。"夫鲁国本是诸侯，僭用王者之大祭，已是失礼，及举祭之时，又不诚敬，是失礼之中又失礼焉。故孔子叹之如此。

张居正讲评译释 古时候天子祭奠自己始祖的时候，还非常推崇创造自己始祖的天帝，于是就在太庙里供奉天帝，并且用始祖衬托，这种祭祀礼五年举行一次，叫作禘。周成王因为周公有大功劳，所以赐给周公的封地鲁国隆重的祭祀礼，让鲁国把周公作为始祖，让文王作为产生周公的天帝，让周公作为文王的陪衬，所以鲁国能行禘礼祭祀祖先。但是诸侯使用天子的祭祀礼，实在不符合礼法。孔子说："我们鲁国君臣举行禘礼祭祀祖先时，我也曾经在太庙中看他们如何行礼，他们在没有迎神之前，真诚恭敬还在，还可以观看。到了第一次献酒迎神之后，君臣就都松懈怠慢了，虽然摆放的有俎豆，迎神时也有威仪，但这些全部是虚假的仪式，一点儿也不恭敬诚恳。到这个时候，我就不想观看了。"鲁国本来只是一个诸侯国，僭越使用天子的祭祀，已经是不符合礼节了，在祭祀的时候，还不虔诚恭敬，这是在失礼中继续失礼。所以孔子才发出了这种感慨。

原文　或问禘之说。子曰："不知也。知其说者之于天下也，其如示诸斯乎！"指其掌。

今译　有人请教孔子关于禘祭的含义。孔子说："我不知道。知道其含义的人在对待治理天下大事方面，如同把这东西摆在这里一样！"一面说，一面指着自己的手掌。

张居正讲评　示与看视的视字同。斯字解做此字。掌是手掌。或人见鲁国尝行禘祭之礼，而不知当初制礼之意，故以禘之说问于孔子。孔子以禘乃国家之重典，先王所以报本追远之意，其妙固未易言。况又是王者之大祭，鲁国因循而僭用之，其失又所当讳。这意思有难以显言者，故只答他说："不知也。盖以禘之为祭，礼仪重大，意义深远，知之甚不易也。若有能知其说的，则理无不明，诚无不格，识见自是广阔，精神自会运量，看得天下的道理，灿然都在目前，岂不如视诸斯之至易乎！"门人遂记说："夫子所说视诸斯者，乃自指其手掌而言，以其明白易见，就如看自家的手掌一般，初无难事也。"此可见幽明只是一理，神人本无二道，幽而知所以事神，则明而治人，亦何难之有哉！然非先王不能作，亦非圣人不能知，如或人者，何足以语此，此孔子所以不轻告之也。

张居正讲评译释　有人见鲁国举行禘祭的礼仪，却不知道最初制定这个礼仪时的初衷，就向孔子请教。因为禘礼是国家最重要的礼法，先王制定这个礼法有稳定国本、怀念祖先的含义，这种妙处本来就不是轻易能够说明白的。更何况禘礼是天子重要的礼仪，鲁国沿用前人越分使用，这个过失也应该忌讳。这些原因很难直接说出来，所以孔子只回答说："不知道，禘作为祭祀礼，是很重要的礼仪，有深远的意义，很难弄明白。如果有人能明白其中的道理，那么他就是无所不知，内心诚恳真挚，见识宽广，精神完备，对待天下间的道理就像对待面前的事物一样清晰明白，岂不是像看眼前的东西一样十分容易吗？"孔子的弟子就据此记录说："夫子所说的看眼前的事物，是指看自己的手掌，天下道理的清晰易见，就像看自己的手掌一样，没有一点困难。"从这些可以看出晦暗和光明是一样的，神和人也没有什么不同，用隐晦的道理去对待鬼神，用明白的道理去治理百姓，这有什么难的呢？这并不是先王没有说明白，也不是圣人不知道，而是不值得对某些人说，所以孔子也不肯轻易讲述这个原因。

原文 祭如在，祭神如神在。子曰："吾不与祭，如不祭。"

今译 祭祀祖先仿佛祖先就在面前，祭神就像神真的在面前。孔子说："如果我不参与祭祀，那么就和没有举行祭祀一样。"

张居正讲评 祭是祭先祖。祭神是祭外神。吾不与祭，如不祭，是孔子平日的言语。门人记说："祭以诚为主，而他人则不能。惟吾夫子，观其在家祭先祖的时节，则孝心纯笃，就如先祖在上的一般。其在官祭外神的时节，则敬心专一，就如神明在上的一般。夫鬼神无形与声，岂真有所见，乃心极其诚，故如有所见耳。"考其平日尝说："吾于祭祀，必亲行之，乃慊于心。若或有故，不得已，而使人代之，则不得以伸吾之孝敬，故礼虽已行，而此心缺然，还似不曾祭的一般。"即此言观之，则其祭祀必致如在之诚可知矣。这是门人记孔子祭祀之诚敬如此。若天子一身，为天地宗庙百神之主，尤不可不致其诚。所以古之帝王，郊庙之祭，必躬必亲，致斋之日，或存或著，然后郊则天神格，庙则人鬼享，而实受其福也。承大祭者，宜致谨焉。

张居正讲评译释 如果我不参与祭祀，那么就和没有举行祭祀一样，这是孔子平时说的话。孔子的学生因此记录说："祭奠祖先、神明的时候内心真诚，大部分人都做不到。只有我的老师，我看他在家里祭奠祖先的时候，纯朴笃实，就好像先祖真的在上面一样；他在职为官祭奠神灵的时候，内心恭敬，一心一意，就好像神真的在面前一样。鬼神无声无形，怎么能真的看见呢？那是因为他的内心极其真诚，所以就像亲眼看见一样。"孔子平时曾说过："我在祭祀的时候，一定要亲自参与，这样才能让自己满意。如果因为一些原因，不得不让别人代替自己，就不能够表示我的孝顺恭敬，所以这么做礼节虽然到了，但是缺少自己的心意，就还像是没有祭祀一样。"通过这些话可以看出，孔子祭祀的时候一定要恭敬谨慎，就像看到了先祖、神明在面前一样。这就是孔子的学生记录的孔子祭祀时真诚的样子。天子作为天下万物的主人，祭祀的时候更加要虔诚恭敬，所以古时候的帝王一定要亲自参与祭祀，斋戒的时候一定要显露出自己的诚心，这样祭祀天地的时候天神才会降临，在宗庙祭奠时祖先的灵魂才能够有所享用，这样才能真正地受到天神、祖宗的赐福保佑。举行重大祭祀的时候，应该小心谨慎地注意好这些啊！

原文 王孙贾[27]问曰："'与其媚于奥[28]，宁媚于灶。'何谓也？"

今译 王孙贾问道："'与其讨好奥神，倒不如讨好灶神。'这句话是什么意思啊？"

张居正讲评 王孙贾是卫大夫。媚是亲顺。奥是室之西南隅。灶是灶神。古者夏月祭灶，必先祭主于灶陉，然后迎尸入奥，而设馔以祭。是祭于奥则似尊崇，祭于灶则似卑亵。故当时俗语说："奥虽有常尊，而非祭之主，灶虽卑贱，然日用饮食所司，当时用事，所以说媚奥不如媚灶。"盖奥以比君之势分崇高，难以自结；灶以比臣之专权用事，容易为求。世俗之见，浅陋如此。王孙贾乃问孔子说："俗语有云：'与其求媚于奥，宁可求媚于灶。'夫奥本尊崇，灶甚卑亵，今乃言媚奥不如媚灶，其意果何谓也？"贾疑孔子在卫，有求仕之心，欲求附己以进用，故以此讽之耳。

张居正讲评译释 古时候夏季祭灶，一定先在灶边主祭灶神，然后才到室内西南角设酒食祭奠奥神。但是在室内祭祀奥神会显得尊贵，而在灶边祭祀灶神会显得卑贱。所以当时的俗语说："奥神虽然有显贵的地位，但却并不是人们主要祭祀的对象，灶神虽然卑贱，但是负责人们日常的饮食，具有实际的作用，所以说讨好奥神不如讨好灶神。"因为奥就像君主一样地位崇高但是难以结交，灶就像大臣一样有实际办事的权力，能够结交攀附，当时人们的看法浅薄到了这种地步。王孙贾就问孔子说："俗话说：'与其讨好奥神，倒不如讨好灶神。'本来奥的地位尊贵，灶的地位卑贱，现在却说讨好奥神不如讨好灶神，这么说是什么意思呢？"王孙贾怀疑孔子打算在卫国做官，想要攀附自己来乞求获得任用，所以说这话来讽刺孔子。

原文 子曰："不然，获罪于天，无所祷也。"

今译 孔子说:"不是这样的,如果得罪了上天,那就连祈祷的地方都没有了!"

张居正讲评 获字解做得字。祷是祈祷。孔子答王孙贾说:"俗语所谓媚奥不如媚灶,我甚不以为然。盖天下之至尊而无对者,惟天而已。作善则降之以福,作不善则降之以祸,感应之理毫发不差。顺理而行,自然获福,若是立心行事,逆了天理,便是得罪于天矣。天之所祸,谁能逃之,岂祈祷于奥灶所能免乎!"此可见人当顺理以事天,非惟不当媚灶,亦不可媚于奥也。孔子此言,婉而不迫,正而不阿,世之欲以祷祀而求福者,视此可以为鉴矣!

张居正讲评译释 孔子回答王孙贾说:"俗话说讨好奥神不如讨好灶神,但我认为不是这个样子的。只有上天独一无二、无比尊贵,能够惩恶扬善、毫无差错。人们顺应天理做事,自然能够获得上天的赐福,如果是按照自己的心意办事,违逆了天理,这就是得罪了上天。谁能逃避上天的惩罚呢?这怎么是向奥神、灶神祈祷就能避免的?"从这些可以看出人应该顺应天理,而不应该讨好灶神和奥神。孔子的话,谦逊有礼,刚正不屈,那些想要通过向鬼神祈祷来乞求赐福的人,看到这些话后应该要引以为戒了。

原文 子曰:"周监[29]于二代,郁郁乎文哉!吾从周。"

今译 孔子说:"周朝的礼仪制度借鉴于夏、商两代,是多么丰富完美啊!我则遵循周朝的礼仪制度。"

张居正讲评 监字解做视字。二代指夏商。郁郁是文盛的模样。孔子说:"比先夏商之有天下,固皆有一代的典章法度,但其立法未能尽善尽美,而其流弊亦有偏向失中。自我周之兴,有文武为之君,周公为之相,于是监视夏商之礼,或损其太过,或益其不足,是以制度仪章纤悉具备,凡行于朝廷,施于邦国,达于闺门闾巷之间者,皆尽善尽美。郁郁乎文彩之盛,殆非夏商所能及也。我也生周之世,为周之民,时王之制,固当遵承而不悖,况其礼文之盛又如此。然则吾之当从者,舍周其悉适哉?所以说吾从周。"尝观孔子之在当时,礼乐则从先进,梦寐不忘周公,与夫修鲁史而尊天王,此其从周之志,有未尝一日忘者。所谓圣人之为下不倍也。然则生今之世而欲反古之道者,岂不谬哉!

张居正讲评译释 孔子说:"夏朝、商朝拥有天下,都有各自的法令规范,但是他们的法规不能做到尽善尽美,会逐渐变得不符合时宜。自从我们周朝兴盛起来之后，有文王武王作为君主，有周公作为丞相，于是对夏商的礼仪进行借鉴修改，对过度的地方进行删减，对不足的地方进行补充，所以典章制度礼仪规范都很完备，不管在朝廷实行，对邻国实施，还是传达到民间普通百姓中，都没有一点缺陷。周朝礼仪的丰富完美不是夏商能比的。我生在周朝，是周的子民，本来就应该遵守先王制定的规章制度，更何况这些制度又如此完备。既然这样，我应当遵从的除了周之外还能有谁呢？所以说我遵循周朝的礼仪制度。"我曾经仔细考查过孔子，他在礼仪和音乐上跟随先贤圣人，在睡觉做梦时也没有忘记周公，修撰鲁国的史书时尊崇周天子，用这些来表明自己跟随周的决心，并且一天也没有忘记过。我们说圣人的行为后人不可以违背，既然这样，现在有的人总想反对古人的圣贤之道，这难道不荒谬吗？

原文 子入太庙[30]，每事问。或曰："孰谓鄹人之子[31]知礼乎？入太庙，每事问。"子闻之，曰："是礼也。"

今译 孔子到了太庙，每件事都要询问。有人说："谁说叔梁纥的儿子懂得礼啊？进了太庙，什么事都要问别人。"孔子听到这话后，说："这就是礼呀！"

张居正讲评 太庙是鲁周公之庙。鄹，是鲁邑。鄹人之子，指孔子说。孔子父叔梁纥，曾为鄹邑大夫。故当时叫孔子为鄹人之子。昔孔子仕鲁之时，尝陪祭于周公之庙，与执事焉。那庙中陈设的器数，如笾豆、玉帛之类，周旋的仪节，如灌献酬酢之类，每事都详细访问，却似不曾知道的一般，盖惟其敬之至，故其间之详如此。或人不知而疑之，说道："鄹人之子孔丘，素以知礼见称于人，如今看来，谁说他知礼？"盖知者不待于问，问者必有不知。观他在太庙之中，事事都问过，则其不知礼也明矣。世固有无其实而有其名者乎。孔子闻而解之说道："礼莫大于祭，祭莫先于敬。今太庙之中陈设的都是礼器，周旋的都是礼仪，吾一毫知得不真，行得不当，便是轻忽放肆，而非所以为敬矣！今我每事访问者，正以对越奔走之际，当有恭敬严肃之心，固不敢强其所不知以为知，亦不敢恃其所已知而不问，是乃所以为礼也。或人之言，岂知我者！"观此可见圣人之心极其敬慎，故祭祀之礼尤加谨严。圣人之心极其谦虚，故每事问人，不厌详细，其与尧之钦明，舜之问察，一而已矣。学圣人者，当于此求之。

张居正讲评译释 昔日孔子在鲁国做官时，曾经陪同国君进入太庙祭祀，参与祭祀的工作。他对太庙中摆放的笾豆、玉帛等器皿，对敬酒应酬等交往的礼节，每一件事都要详细地询问，就像不知道这些一样。这是因为他内心无比恭敬，所以才会询问得如此详细。有人不知道这些反而产生怀疑说："鄹人之子孔丘，一直被人称作懂礼，现在看来，谁说他知道礼仪呢？"知道的人不需要问，问的人肯定是不知道。这个人看孔子在太庙中，什么事都问别人，很明显不懂礼仪，更何况世上本来就有很多有名无实的人。孔子听说后解释说："没有比祭祀更重要的礼了，在祭祀中没有比恭敬更重要的事了。现在太庙中摆放的都是祭祀用的器物，行动都要依据礼仪，如果我有一点不准确、不恰当，就是轻率放肆，就是不恭敬。现在我每次询问请教，是因为来回奔走祭祀神灵的时候，应该做到恭敬严肃，所以不敢勉强把不知道的事当作知道，更不敢凭借着自己知道就不去请教，这都是为了礼。这么说的人，不懂我啊！"从这些可以看出圣人内心谨慎恭敬，所以对祭祀的礼仪更加严谨。圣人非常谦虚，所以每件事都不厌其烦地详细询问别人，他既具备了尧的敬肃明察又具备了舜的详细审查呀。向圣人学习时，也应该这样要求自己。

原文 子曰："射不主皮，为力不同科[32]，古之道也。"

今译 孔子说："射箭不在于穿透靶子，因为每个人的力量和射艺的等级不同。这是自古以来的规矩。"

张居正讲评 射是射箭。皮是皮革。射不主皮，这一句是《乡射礼》中的说话。科字解做等字。孔子说："《乡射礼》有云：射以观德。但主于中的，不必穿透皮革，然后为能。所以然者，盖为人之气力，有强有弱，其等不同。若必主皮，则惟强者能之，而弱者必不能矣，此所以不主皮也。然这是古昔盛时，尚德而不尚力，其道如此。今世衰礼废，列国兵争，惟以强力为尚，虽礼射亦主于贯革，而尚德之风，不可复见矣。"可胜叹哉。孔子思古伤今之意如此！

张居正讲评译释 孔子说："《乡射礼》里面有句话说：射箭可以用来观看一个人的品德。射箭时只需要射中靶心就行了，没必要穿透靶子。之所以这么说，是因为人的力气有强有弱、大小不一。如果注重穿透靶子，就只有力量大的人能做到，力量小的人一定难以做到，所以不能注重射穿靶子。礼仪兴盛的时候，人们就懂得了崇尚品德而不追求力量的道理。如今国家逐渐衰败，礼法荒废，各国之间互相征战，只追求强大的力量，即使是射箭的礼仪也要追求穿透靶子，崇尚道德的社会风气已经不存在了。"这真让人感慨。孔子这么说是因为怀念古时候礼仪的兴盛，对现在不满呀！

原文 子贡欲去告朔[33]之饩[34]羊。

今译 子贡提出省去每月初一告祭祖庙用的活羊。

张居正讲评 告是告庙。朔是正朔。饩是牲牢。古时天子以季冬颁来岁十二月之朔于诸侯。诸侯受而藏之祖庙。每遇月朔，则以特羊告庙，请而行之。鲁自文公以后，把这告朔之礼，废而不行了。而有司犹照常办备此羊。子贡以此礼今既不行，饩羊徒为靡费，故欲去之，以省费焉。是徒知一羊之可惜，而不知制礼之初意矣。

张居正讲评译释 古时候天子在冬季最后一个月要给诸侯颁布下一年每个月份的行事计划，诸侯接受之后放在祖庙中。到了每月的初一，就杀一只活羊在宗庙祭奠，然后回去实行这个行事计划。到了鲁文公的时候，就把这告朔的礼仪废除了，而有司仍旧照常准备这样一只羊。子贡认为既然这条礼仪现在不施行了，准备的这只羊就是浪费，所以想要省去，减少浪费。他这么做是只为杀一只羊感到可惜，而不知道最初制定这条礼仪的意图。

原文 子曰："赐也，尔爱其羊，我爱其礼。"

今译 孔子说："赐呀，你虽爱惜那只羊，但是我更爱惜那种礼呀！"

张居正讲评 爱是爱惜。孔子呼子贡之名而晓之说："赐也，尔之欲去乎饩羊者，岂以告朔之礼既废，饩羊之供无实。爱惜此羊而欲去之矣乎？自我观之，所爱尤有甚于羊者。盖正朔颁于天子，所以示天下之有君，告朔行于诸侯，所以示天下之有亲，最为礼之大者。今此礼虽废，而饩羊犹存，后之人，或有因羊以求礼，举而行之者，若将此羊一并去了，则告朔之礼，随羊以亡，自此天子不复颁朔，而人不知有君，诸侯不复视朔，而人不知有亲矣。是礼之亡不尤为可惜耶？"夫孔子之意在于存礼，而子贡之言，唯求省费，圣贤度量之广狭，用心之大小，区以别矣。

张居正讲评译释 孔子直呼子贡的名字告诉他说："赐呀，你想要省去饩羊，只是因为告朔的礼仪被废除，提供饩羊就没有实际作用了，是因为爱惜这只羊所以想要省去的吗？在我看来，需要爱惜的东西比羊重要得多。因为正月初一的告朔礼是天子颁布的，是用来展示天下有君主，告诉诸侯下一年的行动安排，展示天下的亲近，这是很重要的礼仪。如今这条礼仪虽然被废除了，但是饩羊还存在，后来的人可能会根据这只羊去探求告朔礼，并重新恢复施行，如果将这只羊也一起省去了，那么告朔礼就会随着羊的消失彻底被荒废了，从此天子就不再颁布告朔礼，人们也不知道有君主，诸侯不再举行视朔礼，人们也不知道互相之间有亲近的关系了。所以告朔礼的消失不是更加可惜吗？"孔子看重的在于保存礼仪，子贡在意的只是节俭，圣人和常人度量的宽广狭窄，用意的深远浅近，从这里就可以看出差别呀！

原文 子曰："事君尽礼，人以为谄也。"

今译 孔子说："礼节周到地侍奉君主，但是人们却以为这是谄媚。"

张居正讲评 礼是恭敬之见于仪文者，乃道理当然的去处。谄是求媚。孔子说："臣之于君，既有尊卑上下的定分，便自有恭敬奉承的定礼。这礼，是先王所制，万世通行，不可违越者也。今我之事君，心里极其敬谨，不敢有一毫轻慢，故每事依着礼节，不敢有一些差失，这不过尽那礼之当然者而已，非有加于礼之外也。时人不知，乃以尽礼为求媚取悦而然，是岂知事君之礼者乎！"盖当时公室衰微，强臣僭窃，上下之际，多不循礼，惟孔子欲明礼法以挽回之。如过位则色勃，升堂则屏气，违众而拜堂下，闻命而不俟车，这等循礼，当时反以为谄，则礼法之不明于天下可知。故孔子之言如此。然尽礼与谄，其迹相似，而其心不同。君子之事君，其礼固无不尽，然却不肯阿谀顺从，如责难以为恭，陈善以为敬，一心只要成就君上的美名，干办国家的大事，这便真是尽礼。小人之事君，外面虽似尽礼，然心里未必忠实，如阿顺以为容，逢迎以为悦，一心只要于求君上的恩宠，保全自家的官爵，这便真是谄媚。君子尽礼，小人以为谄，小人谄媚，亦自以为尽礼。心术之邪正，迥然不同，人君不可不察也。

张居正讲评译释 孔子说："臣子和君主之间，既然有尊卑上下的固定名分，自然就应该有恭敬奉承的礼仪。这些礼仪是先王制定的，要万世通用，不能够违背。现今我侍奉君主时，内心非常地谨慎恭敬，不敢有一点儿轻视怠慢，所以每件事都依照礼节，不敢有一点儿差错，这不过是做到了应该做到的礼节，不是礼节之外的要求。人们不知道这些，就认为我尽礼是为了谄媚奉承君主，他们怎么知道这就是侍奉君主应有的礼仪呀！"因为当时王室衰败，强横的大臣越分窃取君主的权力，很多人都没有遵循君臣之礼，只有孔子想要申明礼法，挽回正确的礼仪制度。他从君主身边经过就立刻容貌恭敬，登上朝堂时就屏住呼吸，和众人意见不一致时就施礼致歉，接到命令后就立刻行动，孔子这样遵循礼仪，反而被人认为是谄媚君主，从这就可以看出天下人不知道礼仪，所以孔子才会这么说。遵循礼仪和谄媚在行动上是相似的，但是内心的想法却是不一样的。君子侍奉君主，在礼仪上自然是很完备的，但是却不肯阿谀奉承，他批评君主的错误行为，劝诫君主多做善事，以此来表达自己对君主的恭敬，心里想的只是要让君主有一个好的名声，努力处理好国家事务，对君子来说，这些就是真正地尽到了做臣子的礼仪。小人对待君主虽然外表看起来像是礼仪完备，但是他的内心却不一定忠实恭敬，他们为了获得君主的欢心就阿谀奉承、肆意逢迎，心里想的只是求取君主的恩宠，获得官位，这才是真正的谄媚。君子完整地遵守礼仪，小人认为这是谄媚，小人谄媚的时候也认为自己完全遵循礼仪。君子和小人内心的正邪观念完全不同，作为君主一定要用心考察分辨。

原文 定公[35]问："君使臣、臣事君，如之何？"孔子对曰："君使臣以礼，臣事君以忠。"

今译 鲁定公问孔子："君主应该如何差遣臣子，臣子又该怎样侍奉君主？"孔子回答说："君主应该按照礼的要求差遣臣子，臣子则要以忠来侍奉君主。"

张居正讲评 定公是鲁国之君。礼是有节文，不简慢的意思。忠是竭尽己心，不欺罔的意思。定公一日问于孔子说："为人君的使令臣下，为人臣的奉事君上，都有个道理，不知当如之何？"孔子对说："为人君者，以尊临卑，易至于简慢忽略，若简慢忽略，便失了为君的道理，是以人君之于臣下，使之须要以礼。如使之为大臣，则待之如股肱；使之居言责，则待之如耳目；使之为将帅，则有推毂命将之礼；使之为使臣，则有皇华遣使之礼，务加以礼貌，待以至诚，这乃是使臣的道理。为人臣者，以下事上，易至于欺罔隐蔽。若欺罔隐蔽，便失了为臣的道理。是以人臣之于君上，事之须要以忠。如居辅导赞襄之职，则尽心以启沃，而一毫无所隐；有官守言责之寄，则尽心以纳忠，而一事不敢欺；遇有难处之事，则虽劳瘁而不辞；遇有患难之日，则虽致命而不避。务内尽其心，外尽其力，这乃是事君的道理。"君尽君道，固非有私于臣，而所以劝下之忠者，亦在是矣。臣尽臣道，亦非有要于君，而所以报上之礼者，亦在是矣！上下交而德业成，天下其有不治者哉？

张居正讲评译释 鲁定公有一日问孔子说："君主差遣臣子，臣下侍奉君主，都有各自的方法，不知道分别应该怎么做呢？"孔子回答说："作为君主，因为自己的身份尊贵，在面对大臣时容易怠慢失礼，如果怠慢失礼，就不符合君主的行为，所以君主对待臣下一定要遵循礼仪。君主对待自己的大臣，就要像对待自己的大腿和胳膊一样；想要让臣子向自己谏言，对待大臣就要像对待自己的耳目一样；任命将帅，就要有任命将帅的推毂礼；任用使臣，就要有派遣使臣时的皇华礼，君主对待臣子一定要真诚礼貌，这才是差遣任用大臣的方法。作为臣子，侍奉君主的时候容易欺骗蒙蔽君主。蒙骗君主不是臣子该有的行为，所以臣子一定要忠心侍奉，不得隐瞒欺骗。在辅佐协助的职位上时要尽心辅佐，不能有一点儿隐瞒；如果有进言劝谏的责任，就要尽力谏言来展示自己的忠心，一件事也不能欺瞒；遇到难以解决的事，即使辛苦劳累也不推辞；遇到灾难的时候，即使是付出生命也不逃避。一定要尽心尽力，这才是侍奉君主时应该做的。"君主履行君主的职责，本来就不是因为对臣下有私心，所以才劝臣下尽忠的，这是正确的。臣子做到臣子的本分，本来就不是因为想要从君主那儿获得好处，所以才礼仪完备地对待君主，这也是正确的。君主和臣下互相配合就能成就德行与功业，这样天下还会治理不好吗？

原文 子曰："《关雎》乐而不淫，哀而不伤。"

今译 孔子说："《关雎》这首诗快乐而不放荡，悲哀而不忧愁。"

张居正讲评 《关雎》是《国风》诗之首篇。孔子说："凡乐音不和乐则不足以畅意；不哀婉则不能以感人。然又贵于得中。若乐之过，则有淫荡邪僻之声；哀之过，则有忧思燋杀之病，而失其性情之正矣。惟有《关雎》之诗，其发之咏歌，而被之管弦者，优柔平中，虽欣然和乐，而不至于淫荡，虽凄然哀婉，而不至于悲伤。听之使人欲心平，躁心释，而足以为养德之助，诚盛世之遗音也。"盖诗本性情，乐以彰德。《关雎》之诗，咏后妃之德也。昔周文王之妃太姒有圣德，不妒忌，忧在进贤，不淫于色，旁求淑女以配君子。求之未得，至于寤寐反侧而不能安。求之既得，则以钟鼓琴瑟乐之而致其喜，其德之盛如此。故其发为声诗，自然中正和平，而无过淫过伤之病，是乐音之和，本于后妃柔顺之德，后妃之德，又本之文王刑于之化。学者玩其辞，审其音，则所以基化闺门，而御于家邦者，必有得于言意之表矣。

张居正讲评译释　孔子说:"音乐不欢快就不能够让人心情舒畅;不悲伤委婉就不能够让人感动。然而音乐又宝贵在中正平和。如果音乐太过欢快,就会变得淫乱不端;音乐太过哀伤,就会变得忧虑急促,这样就会失去正直的秉性和气质。只有《关雎》这首诗,被配上音乐咏唱的时候,柔和中正,虽然喜悦欢乐,但是不淫邪放荡,虽然凄婉哀伤,但是不会悲痛哀伤。听了之后能平和人的贪欲,消释内心的烦躁,可以帮助人们修养品德,的确不愧是太平盛世留下来的音乐。"诗可以稳固人的性情,音乐可以彰显人的品德。《关雎》这首诗,咏唱的是姒妃的品德。昔日周文王的妃子太姒有贤惠的品德,她不妒忌别人,为进荐贤能之士忧心,从来不沉溺声色,四处搜求贤良美好的女子来许配给君子。搜求不到的时候,就会辗转反侧难以入睡。找到贤良女子的时候,就通过奏乐来表达自己的高兴,这就是她美好的品德。所以当太姒的美德通过诗歌诵唱出来的时候,自然中正平和,不会有淫乱和哀伤的缺陷。音乐的美好来自姒妃柔和温顺的美德,姒妃的美德又来自文王的文德教化。求学的人研究学习《关雎》的语言、音乐,用来管理自己的家庭,一定会有很大的收获。

原文　哀公[36]问社[37]于宰我[38],宰我对曰:"夏后氏以松,殷人以柏,周人以栗。曰,使民战栗[39]。"

今译　鲁哀公问宰我,祭祀土地神的神主应该用哪种木料?宰我答道:"夏朝用的是松木,商朝用的是柏木,周朝用的是栗木。用栗木寓意着使百姓恐惧。"

张居正讲评　哀公是鲁君。社是为坛以祭地。宰我是孔子弟子。战栗是恐惧的模样。哀公问于宰我说:"有国家者,必有社以祭地,不知其义何如?"宰我对说:"古之立社者,必栽树木。夏后氏立社,则以松树。殷人立社,则以柏树。周人立社,则以栗树。然所以用栗树者,取于战栗之义。盖戮人必于社,欲使民见之而战栗恐惧也。"夫祭地以报其功,乃立社之本意,至于所栽的树木,则各因其土之所宜,而非有取义于其间也。宰我不知而对,谬妄甚矣。

张居正讲评译释　鲁哀公问宰我说:"只要有国家,就一定有祭祀土地神的地方,不知道这么做的意义是什么?"宰我回答说:"古时候祭祀土地神的地方一定要栽上树木。夏朝时用的是松木,商朝用的是柏木,周朝用的是栗木。周之所以用栗木,取的是战栗的含义。因为当时是在祭祀土地神的地方杀人,想要百姓看了杀人之后感到战栗恐惧。"祭祀土地神的本意是汇报功德,至于栽的树木,是根据土地的适宜而不是根据树的含义。宰我不知道情况就胡乱回答,实在是荒谬啊!

原文 子闻之,曰:"成事不说,遂事[40]不谏,既往不咎[41]。"

今译 孔子听这话,说:"已经做过的事就不必说了,已经完成了的事不用再去谏诤,已经过去的也不再追究了。"

张居正讲评 遂事是事虽未成,而势不能已者。谏是谏正。咎是罪责。孔子闻宰我使民战栗之言,以其所对,既非先王立社之本意,又启时君杀伐之心,因厉言以责之曰:"大凡事之未成者,犹可以言语说之,若事既成者,说之何益?所以不说。事之未遂者,犹可以谏诤止之。若事既遂者,谏之何益?所以不谏。事之未往者,犹可咎而罪之,若事之既往,咎之何益?所以不复追咎。今汝使民战栗之言,已出之口,而告之于君,是事之已成,已遂,已往者也。吾又何以责汝乎!"孔子以为不足责者,正所以深责之,欲其知言之不可妄发,而致谨于将来耳。

张居正讲评译释 因为宰我的回答既不是先王祭祀土地神的本意,又给了鲁哀公杀戮的启示,所以孔子在听说后严厉地责备宰我说:"只要事情还没有完成,就还可以劝说阻止,如果事情已经完成,劝说还有什么作用?所以说不必再说了。如果事情还没有做完,还可以谏诤制止。如果事情做完了,谏诤还有什么作用?所以说不必再去谏诤。如果事情还没有过去,还可以追究怪罪,如果事情已经过去了,追究怪罪又有什么作用?所以说不再追究了。如今你所说的让百姓战栗的言论已经说出来了,并且告诉了国君,这就是事情已经发生,已经完成,已经过去了。我又如何责备你呢!"孔子认为宰我不值得责备,这才是对他最严厉的批评,想要他牢记以后不能乱说话呀。

原文 子曰:"管仲[42]之器[43]小哉!"

今译 孔子说:"管仲真是个器量狭隘的人!"

张居正讲评 管仲是齐大夫,名夷吾。器指人之局量规模说。器小,譬如说小家样。管仲相齐桓公,九合诸侯,一匡天下。当时皆以为莫大之功。然出于权谋功利之私,而不本于圣贤大学之道。故孔子讥之说:"管仲虽有大功,然其为人,局量褊浅,规模狭隘,没有正大光明的气象,其器不亦小哉!"盖深责备之词也。

张居正讲评译释　管仲做齐桓公的丞相，多次会合诸侯、匡正天下，当时人们都认为没有比这更大的功劳了。但是管仲做这些事凭借的是权谋诡计，而没有遵循圣贤之道。所以孔子指责他说："管仲虽然有很大的功劳，但是他目光短浅、心胸狭隘，没有光明正大的气度，他的气量很小呀！"这些都是严厉责备的话。

原文　或曰："管仲俭乎？"曰："管氏有三归[44]，官事不摄[45]，焉得俭？"

今译　有人问："管仲节俭吗？"孔子答道："管仲家中有三归台，他家里的官员也是一人一职而不兼任，怎么能说他俭省呢？"

张居正讲评　三归是台名。摄字解做兼字。孔子以管仲为器小，或人不知而疑之说："吾闻俭约之人，凡事吝啬，却似器小的模样。夫子以管仲为器小，得非以其俭约而然乎？"孔子答说："凡人俭约者，必能制节谨度。今管仲筑三归之台，以为游观之所，其兴作之靡费可知。又多设官属，使每人各治一事，不相兼摄，其廪禄之冗滥可知，观其行事如此，岂得谓之俭乎？夫以俭为器小，失之远矣。"

张居正讲评译释　孔子认为管仲器量狭小，有人不知道原因就有疑问说："我听说节约的人，不管什么事都很吝啬，就像器量狭小一样。孔夫子你认为管仲器量小，不是因为他节俭所以才这么认为的吗？"孔子回答说："凡是节约的人，一定能节俭克制。管仲给自己修筑了三归台，作为游玩的场所，可以看出他的行为有多么浪费。又设置了很多官职，让每个人担任一个职位，而不能兼任，可以看出官员的俸禄是多么的过分庞杂，他这么做事，怎么是节俭呢？把节俭当作器量小，这是大错呀！"

原文　"然则管仲知礼乎？"曰："邦君[46]树[47]塞门[48]，管氏亦树塞门。邦君为两君之好，有反坫[49]。管氏亦有反坫。管氏而知礼，孰不知礼？"

今译　那人又问："那么管仲懂得礼节吗？"孔子说："国君宫门口设立照壁，管仲则在自己门口也竖立照壁。国君设宴接待他国君主时，在堂上有放酒杯的坫台，管仲也设有这种坫台。如果说管氏知礼，还有谁不知礼节？"

张居正讲评　邦君是有国的诸侯。树是门屏。塞是遮蔽。好是宴会。坫是放酒杯的案。凡宾主献酬饮毕，必反置酒杯于此，故谓之反坫。孔子斥管仲为非俭。或人又不知而疑之，说道："吾闻知礼之人，凡事备具，不肯苟简，却似奢侈的模样，然则管仲之不俭，得非以知礼而然乎？"孔子答说："礼莫大于名分，分莫大于君臣，不可一毫僭差者也。且如有国的诸侯，才得设屏于门，以蔽内外。非大夫所宜有者。今管氏也设屏于门以蔽内外。与邦君一般，其僭礼一也。诸侯为两国的宴会，那时献酬，有反爵之坫。非大夫所宜用者，今管氏也有反爵之坫。与邦君一般，其僭礼二也。这等僭上，决不是知礼的人。若说管氏知礼，则天下之人，谁是不知礼者乎？"盖人之器量大小，固不在于行事之广狭。大禹恶衣菲食，不害为圣。周公之富，不病其奢。或人既以器小为俭，又以不俭为知礼，其心愈惑，而失之愈远矣。然孔子竟亦未明言器小之意，岂或人之浅陋，不足以语此欤？

张居正讲评译释　孔子斥责管仲并不节俭，有人还不知道原因又有疑问说："我听说懂礼的人，所有事做得都很完整，不肯草率简陋，就像是奢侈一样，管仲不节俭，难道是因为懂礼吗？"孔子回答说："礼仪最重要的就是名分了，名分中最重要的就是君臣关系了，在这方面一点儿差错都不能有。国家的诸侯才能够在门前竖立照壁，来屏蔽正门，大夫不能这么做。但如今管仲也和诸侯一样在门口设立照壁遮挡正门，这是第一点越礼。国君设宴接待他国君主时互相敬酒，有放酒杯的坫台。这不是大夫应该用的，如今管仲也有和国君一样敬酒的坫台，这是第二件越礼的行为。像这样僭越君上，一定不是懂礼的人。如果说管仲懂礼，那么天下谁是不懂礼的人？"人器量的大小，本来就不在于做事的大小。大禹生活简朴，不影响他成为圣人。周公生活富足，也不受到奢侈的损害。有的人认为器量小是节俭，又认为不节俭是懂礼，他这么昏乱，犯的错误一定非常多。但是孔子竟然没有说明器量小怎么样，大概是因为这个人太浅薄粗陋了，不值得和他们说这些吧？

原文　子语鲁大师乐，曰："乐其可知也。始作，翕[50]如也；从之，纯[51]如也，皦[52]如也，绎[53]如也，以成。"

今译　孔子与鲁国大师谈论奏乐之道，说："奏乐的道理是可以领会的。开始演奏时，各种乐器合奏声音繁美；接下来，音律和谐，节奏明晰，连绵不断，直到最后完成。"

张居正讲评　语是告语。鲁大师是鲁国掌乐之官。翕是合。从是放。纯是和。皦是明白。绎是相续不绝的意思。成是乐之一终。当时鲁国衰微，音乐废阙。乐官多失其职者。故孔子告鲁大师以作乐之道说："汝为典乐之官，必知道乐之节奏，然后可以作乐，今先王之乐，犹未尽亡，其始终条理之妙，可得而知也。吾试为汝言之：盖乐有六律、五声、八音，有一不备，不足以言乐。故始作之时，必须声音律吕，件件都全，而翕然其合焉。然备而不和，亦不足以言乐，故乐之既放，必须清浊高下，皆中其节，而纯然其和焉。和，则易至于混乱，又必一音自为一音，而皦然其明白。皦，则易至于间断，又必众音相为起伏，而绎然其连续。夫翕合之后有纯如，纯如之中有明白，明白之中无间断。自始至终，曲尽条理节奏之妙，是乃乐之一成也。由此而至于九成，其道理不过如此，汝太师岂可以不知乎？"盖声音之道，与政相通，不但可以养人之性情，而亦可以移易天下之风俗，所系甚重。故夫子自卫反鲁，既汲汲于正乐，而其于太师，又谆谆以告戒之如此。

张居正讲评译释 当时孔子在世时，鲁国国力衰败，音乐荒废，乐官大多没了职位。所以孔子给鲁国乐师讲解奏乐的方法，说："你是负责掌乐的官员，一定要知道奏乐的节奏，知道了节奏之后才能够奏乐，如今先王遗留的乐曲还没有完全丢失，乐曲前后条理脉络的妙处还可以知道。我试着给你说一下：音乐有六律、五声、八音，缺乏任何一方面就不能称作音乐。所以开始弹奏的时候，只有具备了所有乐器，才能够合奏出美妙的声音。如果具备了所有乐器但是不协调，也不能算是音乐，所以音乐演奏的时候，清音与浊音、低音与高音每一处都必须做到完美和谐。音乐混合时容易导致声音混乱，所以必须每一种声音都响亮清晰。声音响亮，就容易中断，所以每种声音都要保持连绵起伏的节奏。乐器合奏之后才能音律和谐，音律和谐中有清晰的节奏，清晰的节奏又连绵不断。从演奏开始，单纯地完成乐曲的条理节奏，这只是奏乐的一成。从奏乐一成达到九成，其中的方法也就是这些，你作为掌乐的乐师不可不知呀！"演奏音乐的道理，和处理政事的道理相通，不但能够培养人的性情，也能够改变天下的风俗，十分重要。所以孔子从卫国返回鲁国，不仅急迫地厘正乐音，又这样反复地告诫掌乐的乐师。

原文 仪[54]封人[55]请见，曰："君子之至于斯也，吾未尝不得见也。"从者见之。出曰："二三子何患于丧乎？天下之无道也久矣，天将以夫子为木铎[56]。"

今译 仪那个地方的封疆之官求见孔子，说："凡是君子到这里来，我从没有见不到的。"孔子的弟子引他去见了孔子。他出来后对孔子的几个学生说："你们几位何必为失去官位而发愁呢？天下已经混乱很久了，上天将要把夫子作为圣人来号令天下。"

张居正讲评　仪是卫邑名。封人是掌封疆之官。见是相见。从者是随从，孔子的门人。丧是失位去国。木铎是古人施政教时用以警众的器具。其器金口木舌，摇之则有声，即今之铃是也。昔孔子周流四方，到卫国之仪邑，有个掌封疆的官，来请见说："敬贤者，吾之素心。凡贤人君子来到这地方，我必求见，未尝拒我而不得见也。今夫子幸至敝邑，独不容我一见乎？"门人以其求见之诚，为之引见于孔子。封人既见孔子而出，乃对门人说："夫子之失位去国，固其一时之不遇，然二三子何必以此为忧乎？盖治乱相因，是乃必然之数，而易乱为治，必待非常之人。今世教陵夷，人心陷溺，天下之无道，亦已久矣。世无终乱之理，必当复治。吾观夫子之道德，正可以易乱而为治者。天生斯人，岂是偶然？必将使之得位行道，施政教于四方，以开生民之耳目，以觉天下之愚昧，就如那警众的木铎一般，岂终于不遇也哉？"夫圣人盛德感人，能使封人尊敬而笃信之如此。然当时列国之君，不能委国而授之以政。至于辙环天下，卒老于行，春秋之时，所以终不能挽而为唐虞之世也欤。

张居正讲评译释　昔日孔子在各国周游，到了卫国仪邑，当地镇守边界的官员求见孔子，说："礼敬贤人是我一直以来的心愿。只要是贤人君子来到我们这里，我一定请求见面，也从来没有拒绝我不和我见面的贤人。如今有幸孔夫子来到我们这里，就不能让我见一面吗？"因为他的真诚求见，孔子的弟子就引他去见了孔子。他见过孔子出来之后就对孔子的弟子说："你们老师失去官位离开国家，只是一时不受赏识，你们几个人又何必为此感到担忧呢？安定与动乱之间的相互转变是一定会发生的，而平定乱世一定需要不同寻常的人。如今正统的礼教衰败，人心败坏，天下已经混乱很久了。世道不会一直混乱，一定会恢复安定。我看夫子的道德品格，正是能够平定天下的人。上天让孔子降生，怎么会是偶然的事呢？上天一定会让他得到官位，向天下施展政治与教化，增加百姓的见识，就像警示众人的木铃一样让愚昧的百姓觉醒。他怎么会一直施展不了自己的抱负呢？"圣人高尚的品德能感化世人，让镇守边界的官员这么尊敬和笃信。但是当时的各国国君，不能将国家的事务交给孔子去处理，以至于孔子只能乘车周游列国，在奔波中终老，所以春秋时期最终也没能挽回混乱的局势，回到唐尧、虞舜时的清明盛世啊。

原文 子谓《韶》[57]:"尽美矣,又尽善也。"谓《武》[58]:"尽美矣,未尽善也。"

今译 孔子讲到《韶》这一乐舞时说:"其艺术形式美极了,内容也极其完善。"在讲到《武》乐舞时说:"其艺术形式达到了极点,但是内容却未能达到完善。"

张居正讲评 韶是舜的乐名。武是武王的乐名。尽美是说声容到极盛的去处。尽善是说盛美之中到极妙的去处。门人记说:"自古帝王有成功盛德于天下,则必作乐以宣之,故观乐之情文,便可以知其功德,然其间自有不同。吾夫子尝说:帝舜之乐,叫做《大韶》,他作于绍尧致治之后,其声音舞蹈至于九成,固极其盛美而可观矣。然不但尽美,而美之中又极其善焉。盖舜以生知安行之圣人,雍容揖逊而有天下,故心和气和,而天地之和应之。至于格神人,舞鸟兽,其妙有不可形容者,所以说又尽善也。武王之乐,叫做《大武》。他作于伐暴救民之日,其节奏行列,至于六成,固极其盛美而可观矣。然就其美之中而求之,则有未极其善者焉。盖武王以反身修德之圣人,征诛杀戮而得天下,故虽顺成和动之内,未免有发扬蹈厉之情,比于韶乐,则微有所不足者,所以说未尽善也。"然孔子此言,虽评论古乐之不同,而二圣之优劣,亦可概见矣。

张居正讲评译释 孔子的弟子记载说:"自古以来,君王取得了丰功伟业和高尚品德之后,一定会被人们做成乐曲来宣扬,所以通过乐曲的诗文就可以知道帝王的功德,但是因为不同帝王的功业不同,对应的诗文也各不相同。我们的老师曾经说:歌颂虞、舜的乐曲叫作《大韶》,是舜在继承了尧之后,将国家治理得安定清平的情况下创作出来的,在声音舞蹈上的成就达到了九成,自然十分美好,值得欣赏。并且《大韶》不但形式上完美,而且在完美的形式中还有十分美好的内容。因为舜具有圣人'生而知之''安而行之'的品质,仪态从容地成了天下的主人,所以他心态平和、态度和蔼,符合天地的和谐、和睦。以至于能吸引神人,让鸟兽飞舞,有难以形容的妙处,所以说在内容上也极其完善。歌颂周武王的乐曲叫作《大武》,是在武王讨伐暴虐的纣王拯救百姓的时候创作的,乐曲的节奏音律能够达到六成,的确非常美好值得欣赏,但是在完美的艺术形式中缺乏完善的内容。这是因为周武王凭借自我检束、修养德行成为圣人,通过征战杀伐得到天下,所以虽然《大武》乐音流畅、演奏和谐,但是难免手足发扬,舞蹈动作过于猛烈,比起《大韶》稍微有一些不足，所以说内容却未能达到完善。"孔子的话，虽然是评论古代乐曲的不同，但是也能够看出舜和武王的优点和不足。

原文　子曰："居上不宽，为礼不敬，临丧不哀，吾何以观之哉？"

今译　孔子说："居于高官之人不能宽厚待人，行礼时不够严肃、恭敬，参加丧礼时也不悲哀，这种情况我怎么能看得下去呢？"

张居正讲评　孔子说："凡事有本，必得其本，而后其末有可观。且如宽弘简重，乃居上之体也。恭敬严肃，乃行礼之实也。伤痛悲哀，乃临丧之道也。这都是本之所在，有其本，则推之于行事者，自然可观。若使居上的，苛刻琐碎，而不知宽弘之大体；行礼的怠惰简慢，而无恭敬之实意；临丧的专事矫饰，而无哀痛之真情，则其本已先失了。虽其政教号令之施、进退周旋之节，缞麻哭痛之文，未必尽无可观。然大本既失，则末节无可言者，吾何以观之哉？"盖甚言其不足取也！盖当时王道不举，而苛政至于残民，古礼不复，而繁文至于灭质，故孔子矫时之弊如此。

张居正讲评译释　孔子说："任何事情都有根本之处，一定要去探求事物的根本，寻求到根本之后就可以了。上位者应该心胸宽阔、庄严持重，施行礼仪时应该做到恭敬严肃，守丧时应该做到悲痛哀伤。这些都是事物的根本，通过这些来推测到办事的人，自然就可以看出事情的后续发展。如果上位者苛责唠叨，不知道宽宏大量；行礼时懒惰怠慢，内心毫不恭敬；守丧时造作掩饰，内心毫不悲痛哀伤，那么他们为人做事的根本就已经丢失了。虽然他们在发号施令、与人交往、披麻戴孝时未必一无是处，但是失去了做人的根本，那么粗枝末节上的事就更不用说了，我还看什么呢？"孔子这是在极力说明不可以丧失根本啊！因为当时王道衰弱，苛政残害百姓，上古的礼仪不复存在，烦琐的仪式损害了事物的根本，所以孔子才会这样来矫正当时的社会弊病。

注释：

[1] 季氏：鲁国大夫。

[2] 佾：古代乐舞的行列，一行八人叫一佾。舞蹈用人的多少，表示贵族之间的等级差别。

[3] 三家：是鲁国的大夫孟孙、叔孙、季孙之家。

[4]《雍》：是《周颂》篇名。

[5]彻：通"撤"。去掉，拿掉。

[6]相维辟公，天子穆穆：《雍》诗中的两句。相，助。维，语助词，无意义。辟公，指诸侯。穆穆，庄严肃穆。

[7]林放：字子丘，春秋时期鲁国人。孔子的弟子。

[8]戚：悲伤，忧伤。

[9]夷狄：古称东方部族为夷，北方部族为狄。常用以泛称除华夏族以外的各族。

[10]诸夏：周代分封的中原各个诸侯国。泛指中原地区。

[11]亡：通"无"，没有。

[12]旅：祭名。祭祀山川为旅。

[13]冉有：姓冉名求，字子有，孔子的弟子。当时是季氏的家臣，所以孔子责备他。

[14]弗：表否定，相当于"不"。

[15]救：挽救、劝阻的意思。这里指谏止。

[16]倩：笑时面颊美的样子。

[17]盼：眼睛黑白分明的样子。

[18]素：白色。

[19]绚：有文采；绚丽。

[20]起予：指启发我。

[21]商：子夏的名。

[22]杞：是夏朝之后的诸侯国。

[23]徵：证明，验证。

[24]宋：是商朝之后的诸侯国。

[25]禘：祭天。

[26]灌：酌酒浇地。古代祭祀时第一次献酒的仪式。

[27]王孙贾：卫国大夫。

[28]奥：室内西南角，古人设神主或尊长居坐的地方。

[29]监：借鉴；鉴戒。

[30]太庙：亦作大庙，帝王的祖庙。

[31]鄹人之子：指孔子。孔子父叔梁纥，曾为鄹邑大夫。所以当时叫孔子为鄹人之子。

[32] 科：等级类别。

[33] 朔：阴历每月初一。

[34] 饩：活的牲口。

[35] 定公：鲁定公，姬姓，名宋，为春秋诸侯国鲁国君主之一，是鲁国第二十五任君主，"定"是谥号。

[36] 哀公：鲁哀公，姬姓，名将，春秋时期鲁国国君。

[37] 社：祭祀土地神的地方。

[38] 宰我：字子我，亦称宰我，春秋末鲁国人，孔子著名的弟子，"孔门十哲"之一。

[39] 战栗：打战，发抖。

[40] 遂事：已经完成的事。

[41] 咎：归罪，责备。

[42] 管仲：姬姓，管氏，名夷吾，字仲，谥敬，春秋时期法家代表人物。

[43] 器：器量，气量。

[44] 三归：三归台，台观名。相传是管仲为自己修筑的。

[45] 摄：代理，兼任。

[46] 邦君：诸侯国君主。

[47] 树：建立，竖立。

[48] 塞门：屏，影壁。

[49] 反坫：坫，土筑的平台。互相敬酒后，把空酒杯放还在坫上，为周代诸侯宴会时的一种礼节。

[50] 翕：闭合，收拢，可表示合，聚。

[51] 纯：美好，和谐。

[52] 皦：清晰，分明。

[53] 绎：连绵不断。

[54] 仪：春秋时期卫国的一个邑。

[55] 封人：镇守边界的官。

[56] 木铎：以木为舌的大铃，铜质。古代宣布政教法令时，巡行振鸣以引起众人注意。

[57] 《韶》：相传是古代歌颂虞、舜的乐曲。

[58] 《武》：相传是歌颂周武王的乐曲。

论语卷二

里仁第四

原文 子曰:"里[1]仁为美,择不处仁,焉得知?"

今译 孔子说:"与有仁义的人住在一起是非常美好的,如果你选择与不仁义的人同住,怎么能说明你是明智的呢?"

张居正讲评 二十五家为一里。仁是仁厚的风俗。择是拣择。处是居处。孔子说:"人之居处甚有关系,不可不择。若使一里之中,人人都习于仁厚,在家庭,则父子相亲,兄弟相爱,在邻舍,则出入相依,患难相恤,没有残忍浮薄的人,此乃俗之至美者也。这等的去处,不但相亲而善,可以养德,亦且各守其业,可以保家,但有见识的人,必然择居于此。"若卜居者,不能拣择仁厚之里而居处之,则不知美恶,不辨是非,其心昏昧而不明甚矣,岂得谓之智乎!夫择居不于仁,尚谓之不智,况夫存不仁之心,行不仁之事,则其为害有不可胜言者矣。又岂非不智之尤乎!此圣人立言之意也。

张居正讲评译释 孔子说:"居住的地方对一个人很重要,不能不慎重选择。如果周围一里内民风淳朴,人们在家父子亲近、兄弟友爱,在外邻居间相互依靠,遇到困难相互帮助,没有残忍轻薄的人,这就是最美好的地方。这样的地方,不但让人喜欢,还能够修养人的德行,并且这里每个人都能够忠于自己的职守,保全自己的家庭。有见识的人,一定会选择在这种地方居住。"如果没有选择在民风淳朴的地方居住,就会变得不分善恶、难辨对错,内心昏庸愚昧、不明是非,这怎么是明智呢!选择居住在不仁厚的地方,尚且可以说只是不明智,假如内心不仁厚,做出不仁义的事,那么产生的危害就难以用语言说清楚了。这难道不是特别的不明智吗!圣人所说的就是这个意思呀。

原文 子曰:"不仁者不可以久处约[2],不可以长处乐。仁者安仁,知者利仁。"

今译 孔子说:"没有仁德的人不会长久处于穷困之中,也不会长久处于安乐之中。仁德之人安于仁道,明智之人善于利用仁道。"

张居正讲评 约是穷困。乐是安乐。安是自然合理。利是贪得的意思。孔子说:"仁之在人,乃本心之天德,人能全此德,而后中心有主,不为外物所摇。若那不仁之人,私欲锢蔽,失其本心,中既无主,则外物得以移之。使处贫贱困穷之时,起初或能强制。久之,则愁苦无聊,凡苟且邪僻之事,无不为已,岂可以久处约乎?使处富贵安逸之地,暂时犹能矫饰,久之,则志得意满,凡骄淫奢侈之事,无不为已。岂可以长处乐乎?"惟仁者之人,纯乎天理,无一毫私欲,其于这仁道,不待勉强,而心与之相安。处约处乐皆相忘而不自知也。所以说仁者安仁。智者之人,中而定见,无一毫昏昧,其于这仁道,深知笃好,而求必欲得之,处乐、处约皆确然不易其所守也,所以说,知者利仁。仁、智之分量虽殊,而其能全乎仁则一,此所以久约而不滥,久乐而不淫也。

张居正讲评译释 孔子说:"仁是一个人天生的美德,如果一个人能够保全仁德,内心就会有主见,不会受到外界的人或事物影响。如果一个人不仁义,内心被私欲禁锢闭塞,就会丢失本心,失去主见,很容易被外部事物影响。如果一个人短时间能勉强保持贫贱的生活,时间长了就感觉苦闷无聊,做出许多不正当的事,这种人怎么能长久处于贫困中呢?如果一个人短期能在富贵安逸的环境里自我约束,时间久了就志得意满,做出许多骄奢淫逸的事,这种人怎么能长久处在安乐中呢?"只有仁德的人,遵循天理,没有任何私欲,他们不需要勉强就能保持仁德,不管是处于贫困还是处于安乐,都不会在意,所以说仁德之人安于仁道。聪明的人,心中有坚定的信念,没有一丝愚昧,他们深刻了解并且内心喜爱仁道,所以一心追求仁德,不会因为贫贱或富贵就改变自己内心的想法,所以说明智的人善于利用仁道。仁德和智慧虽然差别很大,但如果能够用仁将它们统一起来,就能够在贫困时不越轨,富贵时也不骄纵。

原文 子曰:"惟仁者能好人,能恶人。"

今译 孔子说:"只有仁德之人才能正确地喜爱他人、厌恶他人。"

张居正讲评 惟字解作独字。仁者是纯乎天理而无一毫私意的人。好是喜好。恶是憎恶。孔子说:"好善恶恶,天下之同情也。人惟心有私累,是以好恶鲜有当于理者。独是那仁人，其心至公而无私，故有所好也。必其人之贤而可好者，而后好之。好，当于理而无私，这才是能好人。有所恶也，必其人之不肖而可恶者，而后恶之。恶，当于理而无私，这才是能恶人。"夫好人恶人惟仁者能之，可见人当以仁为务，克去己私而后可。至于人君之好恶，其于进退用舍关系匪细，尤不可不先纯其心于仁也。

张居正讲评译释　孔子说："喜爱善良，厌恶邪恶，这是天下人共同的心理。人都会被私欲拖累，所以很少有人的好恶是根据道理的是非。只有仁德的人，内心公正无私，所以他喜欢的人，一定是值得被喜爱的贤德的人。只有符合道理而没有偏私的喜爱，才是正确地喜爱他人。他所厌恶的人，一定是应该被厌恶的不成才的人。只有符合道理而没有偏私的厌恶，才能叫作正确地厌恶他人。"只有仁德之人才能正确地喜爱他人、厌恶他人，由此可以看出人应该把仁德作为自己最重要的东西，要去除掉自己内心的私心偏见。至于君主的爱好、厌恶，关系到大臣的任免取舍，所以更要先保持自身的仁德。

原文　子曰："苟志于仁矣，无恶也。"

今译　孔子说："如果立志于仁德，就不会做坏的事情。"

张居正讲评　苟字解作诚字。志是心所专向的意思。孔子说："人性本善，而所为有不善者，皆不仁之念虑之也。若其心能专向于仁，而欲以克去己私，复还天理，而一时察识虽未能精，践履虽未能熟，亦可保其必无为恶之事矣。"盖天理人欲，不容并立，心既专于天理，又岂有纵欲灭理之为乎？孔子勉人为仁之意如此。

张居正讲评译释　孔子说："人的本性是善良的，之所以成为坏人，都是因为受到邪恶的念头影响。如果一个人能够专注于仁，除去自己的私欲，返回善良的天性，这样即使短时间达不到明察识别，做不到熟练行动，也能够保证不做坏事。"天理和人的私欲不能够并存，既然专注于天理，又怎么能放纵欲望、抑制天理呢？这就是孔子勉励人们立志于仁德的原因。

原文　子曰："富与贵是人之所欲也，不以其道得之，不处也；贫与贱是人之所恶也，不以其道得之，不去也。"

今译　孔子说："富有和显贵是每个人都想得到的，但是不以正当的方式达到目的，就不能去享受；贫困和卑贱是每个人都厌恶的，但是不以正当的方式摆脱它，就摆脱不掉。"

张居正讲评 道是道理，当然。处是居处。去是避去。孔子说："人之所遇，有顺有逆，然取舍之间，贵于审择。且如富与贵这两件，是人人所愿欲，谁不要得而处之？然有义存焉。不可苟得，若是理上应得的，虽处之亦无不可，设使无功而受禄，无德而居位，不应得富贵而偶得之，这便是无故之获，有道者所深忧。君子见利思义，决然辞之而不处也，其能审富贵如此。贫与贱这两件，是人人所厌恶，谁不要避而去之，然有命存焉，不可苟免。若是理上该得的，其顺受固不待言，就是学成而人不见知，行修而人不我用，不应得贫贱而偶得之，这也是适然之数，于身心上无损，君子乐天知命，决然处之而不去也，其能安贫贱如此。"审富贵则可以处乐而不淫，安贫贱则可以处约而不滥，非修德体仁之君子，其孰能之？

张居正讲评译释 孔子说："人的遭遇，有顺境有逆境，重要的是做出取舍。人人都希望得到富裕和显贵，有谁不想变得富贵呢？但是因为义的存在，让人不能用不正当的方式获得富贵。如果符合道义，拥有富贵的生活也是可以的，假若没有功劳就获得俸禄，没有德行而居于高位，这就是不应该得到富贵却偶然获得，是不劳而获，是被品德清明的人深刻忧虑的事。看到利益就会思考是否符合义，如果不符合义，就坚决推辞，君子就是这样对待富贵。所有人都厌恶贫穷和卑贱，谁不想远离贫贱？但是命中注定的贫贱就不能随便免除。如果根据道义应该贫困，自然应该顺从地接受。学业有成却不被别人了解，品行端正却不被重用，不应该得到的贫困却偶然得到，这些也都是应该要经历的，对人的身心不会有损害。安于自己的命运而没有任何忧虑，接受贫困的生活毫不躲避，君子能够这样甘于贫困。"谨慎对待富贵的生活，在安乐的生活下不放纵自己；安然对待贫困，即使生活贫穷也乐观面对，除了修养德行、躬行仁道的君子，谁能够做到这些？

原文 "君子去仁，恶乎成名？"

今译 "如果君子抛弃了仁德，又怎能成就名声呢？"

张居正讲评 孔子说："审富贵，安贫贱，不徇欲恶之情，而惟要之于理，这是仁之道。而君子之所以为君子异乎人者，以其有此实也。若于富贵则贪之，于贫贱则厌之，但徇欲恶之私情，则舍去此仁，而无君子之实矣。何以成其名叫做君子？仁之不可去也如此。"

张居正讲评译释 孔子说:"谨慎地对待富贵,安然地接受贫困,不想着做坏事,遵循义理,这就是仁德。君子之所以成为君子,和常人不一样,就是因为有这些品质。如果贪图富贵、厌恶贫困,总想着做坏事,就会失去仁德,就不符合君子的作为了。又怎么能有君子的名声呢?这就是为什么君子不能抛弃仁德。"

原文 "君子无终食之间[3]违仁,造次[4]必于是,颠沛必于是。"

今译 "即便是一顿饭的时间,君子也不能违背仁德,不论是在最危险的时刻,还是在颠沛流离之际,都应该遵照仁德去行事。"

张居正讲评 终食之间是一顿饭的时候。违是违背。造次是急遽苟且之时。颠沛是倾覆流离之际。是字解作此字,指仁而言。孔子说:"去仁不可以为君子。"所以君子之为仁,不但处富贵贫贱不去也。自至静之中,以至应物之处,自一时之近,以至终身之远,其心常在于仁,未尝有一顿饭的时候,敢背而去之。虽造次之时,急遽苟且,当那等忙迫,他的心也只在这仁上。虽颠沛之际,倾覆流离,遭那等患难,他的心也只在这仁上。夫当颠沛造次而其心犹在乎仁,则无一时而不仁矣!所以说君子无终食之间违仁。夫君子存养之功,其密如此,由是以处富贵贫贱,又岂有不得其道者哉!此君子之所以成其名也。

张居正讲评译释 孔子说:"失去了仁就不能成为君子。"君子的仁德,不只是在富贵贫贱时不动摇。在平静的情况下,待人处事,不管时间长短,都能在内心保持仁德,即使只是一顿饭的时间也不敢丢失内心的仁德;即使在遇到危险,本应该急切慌张的时候,也一心求仁;即使是在遭遇颠沛流离的苦难时,心里也只想着仁。在危险和颠沛流离的情况下心里依然想着仁,这就说明每时每刻都遵循着仁德。所以说即便是一顿饭的时间,君子也不会违背仁德。君子在存心养性上做出了这么大的努力,那么在富贵贫贱的情况下,还能做不到遵循道义吗!这就是君子能够名声卓著的原因。

原文 子曰:"我未见好仁者,恶不仁者。好仁者,无以尚[5]之;恶不仁者,其为仁矣,不使不仁者加[6]乎其身。"

今译 孔子说:"我从来没有见过喜爱仁德的人,也没有见过厌恶不仁的人。爱好仁德的人,没有比这样的人更好的了;厌恶不仁的人,当他施行仁德的时候，不允许不仁来影响自己。"

张居正讲评　尚字解做加字。孔子说："天下之道有二，只是仁与不仁而已。仁之当好与不仁之当恶，谁不知之。然我看如今的人，都未见有好仁者，与那恶不仁者，何以言之？盖我所谓好仁者，非寻常喜好而已，必真知仁之可好，而好之极其笃，凡天下可好之物，无一毫可以加之者，这才是真能好仁的人。我所谓恶不仁者，非泛然憎恶而已，必其为仁也，惟恐不仁之为害，而恶之极其深，务要私欲尽绝，不使一毫不仁之事加在他身上，这才是真能恶不仁的人。此皆成德之事，故难得而见之也。然为仁在我，欲之即至，有志于仁者，可不知所以用力哉！"

张居正讲评译释　孔子说："天下只有仁和不仁两个道理。仁的美好和不仁的邪恶，有谁能不知道呢？但是我看现在也没有人喜爱仁德和厌恶不仁。为什么这么说呢？因为我所说的喜爱仁德，不是很平常的爱好，而是要真正地知道仁德的好处，真诚地喜欢仁德，对任何事物的喜爱都比不上对仁德的喜爱，这才是真正的爱好仁德的人。我所说的厌恶不仁，不是平常的厌恶，一定是为了仁，害怕因为不仁而产生不好的影响，就深恶痛绝不仁，要把私欲摒弃干净，不让一点儿不仁影响到自己，这才是真正的厌恶不仁。这些都是品德高尚的贤人的行为，所以很难见到。实现仁德，完全在于自己，只要一心求仁就行了，想要实行仁德的人，不能不知道怎么努力啊！"

原文　"有能一日用其力于仁矣乎？我未见力不足者。盖有之矣，我未之见也。"

今译　"有人能够在一天之内将自己的力量用在实行仁德上吗？我从来没有见过力量不充足的。也许有这样的人，只是我还没有见到过。"

张居正讲评　孔子说："好仁，恶不仁，是成德之事，固难得而见之。然仁本各具于人，惟人不肯用力，故视之为难耳。若有人焉，当蔽痼之余，兴悔悟之念，一旦奋然用力于仁，凡仁之所在，务精以察之，而决以守之；凡不仁之所在，务精以察之，而决以去之。这等勇猛精进，则志之所至，气必至焉。自可驯致于成德之地。固未见有力量不足，做不将去的，然人之气禀不同，或者亦有那昏弱之甚、力不足以副其心者，但人必求仁，而后能与不能者可见。当今之人都是因循怠惰，不肯求仁的人，则谓用力而力有不足者，果何从而见之哉？"孔子此言，所以责人之自弃者，词愈婉而意愈明矣！

张居正讲评译释 孔子说:"喜爱仁德、厌恶不仁是品德高尚的行为,本来就很难见到。本来人都具备仁德,只是因为人们不肯努力,所以认为很难实现仁德。如果有人在解决问题的时候,幡然悔悟,开始奋力去追求仁德,凡是应该做到仁德的地方,都通过精心考察来坚定地保持仁德;对那些没有做到仁德的地方,也精心考察,并且坚决丢弃。如果有这样勇猛前进的气势,就一定可以实现自己的志向,自然可以慢慢实现仁德。我没有见过因为力量不足不能实现仁德的情况,确实人的天赋气质不同,也有昏弱无力的人,但是人一定要为实现仁德而努力,努力后自然会有结果。但是现在的人都懒惰怠慢,不肯去追求仁德,反而推脱说力量不足,从哪儿看出来力量不足就不能追求仁德呢?"孔子的话,是对那些自我放弃的人的责备,虽然表达得很委婉但是意思很明显。

原文 子曰:"人之过也,各于其党[7]。观过,斯知仁矣。"

今译 孔子说:"人们的过错,有他所属的类别。只要观察他的过失,就能够了解他是不是一个有仁德的人。"

张居正讲评 过是差失。党是类。孔子说:"凡人心术之邪正难知,而行事之差失易见。世之观人者,但知以无过为仁,岂知有过亦可以观仁乎?"盖人有君子,有小人。君子的人,存心宽厚,就有过失,只在那厚的一边,必不苛刻。小人的人,立心奸险,他的过失,只在那薄的一边,必不宽恕。其党类各自不同如此。人惟律之以正,而不察其心,固皆谓之过而已。若观人者,因其过而察之,则过于厚的,必是忠爱的君子,而其为仁可知矣!若过于薄的,便是残忍的小人,而其为不仁,又何疑哉!此可见取人者,固不可以无过而苛求,亦不可以有过而轻弃也。是道也,在人君尤所当知,盖人材识有短长,气质有纯驳。自非上圣大贤,孰能无过?顾其立心何如耳。小人回互隐伏,有过却会弥缝。君子磊落光明,有过不肯遮饰。故小人常以欺诈而见容,君子或以真率而得罪,是不可不察也。且如汉之汲黯,面折武帝,是他狂戆之过,然其心本是爱君;矫诏发粟,是他专擅之过,然其心本是爱民。仁者之过,大概类此。人君若以此体察群臣,优容小过,则人人得尽其用,而天下无弃才矣!

张居正讲评译释 孔子说:"一个人内心的正邪很难被看出来,但是在行事上的差距很明显。人们考察别人时,只知道把没有过错当作仁德,怎么知道也可以通过一个人的过错来了解他呢？"人可以分为君子和小人。君子心怀宽厚，即使有过失，也是因为忠厚，不需要受到苛责。小人内心奸诈，他的过失一定是因为刻薄邪恶而产生的，不能被饶恕。君子和小人所结交的朋友也像他们一样各不相同。只用法令去纠正一个人，不考虑他的想法，这固然是有过失。如果考察他人的时候，被考察的人对别人过于宽厚，那就一定是忠厚可爱的君子，那么就可以知道这是一位仁者。如果对别人过于刻薄，就是残忍的小人，那么这就不是一个仁德的人，有什么可以怀疑的地方呢！由此可见选人的时候，既不可以苛求他人，也不可以因为有过失就轻易放弃。君主更应该知道这个道理，因为人的才能见识有长有短，个性品质有纯有杂。只要不是圣贤，谁能没有过错？关键要看他的为人怎么样。小人擅长隐藏遮掩，会遮掩自己的缺点。君子光明磊落，不肯掩盖自己的过失。所以小人经常因为隐藏遮掩过失被宽容，君子却因为直率坦承错误被怪罪，不可不分辨好这两种情况呀。就像汉朝时的汲黯，当面指责汉武帝，错在狂妄戆直，但是他为的是保护君主；假托诏令发放粮食，错在他擅自行事，但这是因为他爱惜百姓。有德行的人所犯的过失，大概就是这样的吧。君主如果像汉武帝对待汲黯一样体谅大臣，宽容他们的小错，每个人就都能发挥才能，天下也就不会有人才被浪费埋没了。

原文　子曰："朝闻道，夕死可矣。"

今译　孔子说："即使是早晨才认识了真理，傍晚就死去也是甘心的。"

张居正讲评　闻是闻知。道是事物当然之理。孔子说："道原于天而赋于人。人生下来，便有日用常行的道理。如为子便要孝，为臣便要忠，一毫亏欠不得。若不曾知得这道理明白，便是枉了此一生，虽死犹有所憾。若是平日间，着意去讲求，竭力去体认，一旦豁然贯通，无所疑惑，则凡性分之所固有，与夫职分之所当为，事事完全，无少亏欠，就是晚上没了，其心亦安，而可以无遗恨矣。"孔子此言盖甚言道之不可不闻，欲人知所以用力也。然人不学不知道，欲闻道者，可不以务学为急哉？

张居正讲评译释　孔子说："真理是上天赋予人的。人一出生就要遵守相应的行为准则。作为子女要孝顺父母，作为臣子要忠于国君，不可以有一点不足。如果不知道这些道理，那就是白白地度过了一生，死了之后还会留下遗憾。如果平日实心实意地去寻求这些道理，在某一天一下子通晓了这些道理，没有了任何疑惑，凡是天性应该有的，自己应该做的，完完整整没有任何亏欠地完成了，那么即使立刻去世，内心也是安定的，不会留下任何遗憾。"孔子这句话是强调人一定要清楚明白地探究天理，人们应该知道如何去努力。但是人不学习就不会明白这些道理，所以想要探究天理的人，能不把学习当作最迫切的任务吗？

原文 子曰："士志于道，而耻恶衣恶食者，未足与议也。"

今译 孔子说："那些有志追求真理，却又以粗衣糙食为耻的人，是不值得与他谈论学问的。"

张居正讲评 士是为学之人。道是事物当然之理，即学之所求者也。恶衣是粗恶的衣服。恶食是粗恶的饮食。议是议论。孔子说："人之为学，有志于斯道者，必是识见高明，见得自己性分为重，外物为轻。凡富贵贫贱，都动他不得，而后于道为有得也。若夫士而为学其志将以求道也，却乃愧耻其衣服饮食之不美，则是羞贫贱，慕富贵，其识趣之卑陋甚矣。与之论道，必不能知其味而信之，何足与议哉？"大抵衣服饮食，不过奉身之具，于性分原无加损。故大舜在贫贱之时，饭糗茹草，若将终身，及其为天子，被袗衣鼓琴，若固有之。而禹之菲饮食，恶衣服，非徒以示俭，盖亦以口腹身体之欲，不足留意于此耳。孔子之所谓志于道者，岂专为为士者警哉！

张居正讲评译释 孔子说："在求学中立志追求真理的人，一定见识高明，知道最重要的是人的本性，外部事物的影响相对较小。不管是贫贱还是富贵，都不会对他产生影响，这样就能获得真理。如果一个人立志追求真理，却又以粗衣糙食为耻，这就是嫌贫爱富、见识浅陋，和这种人讨论真理，一定不会有收获，那还讨论什么呢？"服装、饮食不过是养活身体的物品，对仁德和天性不会有影响。所以舜在贫困的时候，吃的是干粮、野菜，就像要终身这么生活一样，等到他做了天子之后，就身穿华丽的衣服弹琴，就像本来就是这样。禹不是通过简单的饮食、粗劣的服装展示自己的俭朴，只是因为不值得花费精力关注口腹的欲求。孔子这里所说的话不仅仅是警示求学者呀！

原文 子曰："君子之于天下也，无适[8]也，无莫[9]也，义之与比[10]。"

今译 孔子说："君子对于天下的人和事，并没有固定的成见和喜好，只是依照道义行事罢了。"

张居正讲评 适是必行的意思。莫是必不行的意思。义是事之宜。比字解做从字。孔子说:"天下之事,都有至当不易的道理。但当随事顺应,不可先有意必之私。且如有一件事来,心里主于必行,这便是适。适,则凡事之不可行的,都看做可行了,其弊必至于轻率而妄为。心里主于必不行,这便是莫,莫则凡事之可行的,都看做不可行了。其弊必至于拘滞而不通。这两件都是私心,必然害事。君子之人,其处心公而虚,其见理明而悉,故于天下之事,未尝主于必行而失之适也。未尝主于必不行而失之莫。只看于道理如何,若道理上当行的,便行,无所顾忌。道理上不可行的,便不行,不敢轻易是非可否,一惟义之是从,而无容心于其间。此君子之所以泛应曲当,而无有败事也。然必平时讲究得精明,而后临事乃能审处,有一日万几之责者,可不慎哉!"

张居正讲评译释 孔子说:"天下的事都有极为恰当、不能改变的道理,但是应该根据事情的不同有所调整,不可以有私心、有偏见。如果心里打定主意一定要做某件事,这就是固执己见。固执己见的话,即使是遇到了不能做的事,也都要一意孤行,这样一定会产生轻率妄为的弊端。事前心里就打定主意一定不做的,这就是成见,心里有成见,即使是可以做的事,也都看作不能做了,这样就一定会拘泥呆板、不知变通。这两件事都是有私心,一定会妨碍做事。君子处事公正无私、胸怀坦荡、见识长远,所以他们不会打定主意一定要做或一定不做某一件事,因为自己的成见或固执产生过失。如果是符合道义应该做的事,就无所顾忌地实行,如果不应该做,就坚决不能做,他们不会因为自己的好恶去轻易评判是非,决定做或不做,而是完全依据道义行事,从不混入自己的私心、偏见。这就是君子能够恰当地办事,不会做错事的原因。只有在平时精明慎重,做事的时候才能审慎处理,需要处理繁忙政事的君主,敢不慎重吗?"

原文 子曰:"君子怀[11]德,小人怀土;君子怀刑,小人怀惠。"

今译 孔子说:"君子关注的是德行,小人关注的是田宅;君子想的是法律,小人想的是恩惠。"

张居正讲评 怀是思念。德是固有之善。土是居处之所安者。刑是刑法。惠是货利。孔子说:"君子小人,为人不同,而其所思念者亦异。君子之所思念者,在于固有之善,立心则欲其无私,行事则欲其合理,惟恐悖德而为不肖之人。若夫小人，则不知德之可好也，而所思念者在于土，凡居之所安适处，即依依于此，恋而不舍，盖惟知适己自便，虽违德义而不恤矣。君子之所思念者，在于朝廷之法，循理而不敢放肆，奉上而不敢违越，惟恐犯法而为有罪之人。若夫小人，则不知法之可畏也，而所思念者在于惠，凡利之可歆羡者，即营营于此，求必得之。盖惟知贪得无厌，虽触刑法而不顾矣。"夫君子小人之所怀不同，如此观人者，但看其意思何如，便可以知其为人之实矣。

张居正讲评译释 孔子说："君子和小人为人处世的方法不一样，他们关注的东西也有差异。君子关注的是人的本善，他们做决定时没有私心，办事时符合情理，只恐怕违背道德成为品德低下的人。小人就不知道品德的宝贵，他们关注的是田地、住宅，只要是居住在安适的地方，就恋恋不舍，为了生活上的舒适和方便，即使违背了品德道义也毫不顾忌。君子关注的是国家的法度，他们遵循规矩不敢放肆，侍奉君主时不敢违抗命令，只担心违反法律成为罪人。小人就不知道畏惧法律，他们只关心恩惠，凡是有利可图的事，就一定会乐此不疲。他们只知道贪得无厌，即使是触犯刑法也不管不顾。"君子和小人关注的东西不一样，所以观察一个人的时候，看他关注什么，就可以知道他的为人怎么样了。

原文 子曰："放[12]于利而行，多怨。"

今译 孔子说："为了利益而采取行动，会招来更多的怨恨。"

张居正讲评 放是依仿。孔子说："人能好义，则事皆公平，而人亦悦服。若其处心制行，只依着利的那边，物之有利者，必欲得于己，事之有利者，必欲专于己。这叫做放利而行。夫利既在己，害必归人，则不惟受其害者有所不堪，而不受害者，亦有所不平也。岂不多取怨于人乎！"夫放利而行，本欲为身谋，为家计也。至于多怨，又岂保身全家之道哉！故君子不以利为利，以义为利。

张居正讲评译释 孔子说："如果人能遵循正义，办事时公平、公正，别人就会心悦诚服。如果做决定、办事只关心利益，对自己有利的物品一定想要得到，有利可图的事一定要自己单独做。这就是为了利益而不择手段。既然有利的地方给了自己，那么危害必然就给了别人，不只是遭受危害的人难以忍受，别的人也会不满，这不是让人心生怨恨吗？"为了利益而采取行动，本来是想为自己谋取利益，但是却招来大量的怨恨，这又怎么是保全自身的方法呢？所以君子不把利益当作利益，而是把道义作为利益。

原文 子曰："能以礼让为国乎，何有？不能以礼让为国，如礼何？"

今译 孔子说："能够以礼让来整治国家，这有什么困难的呢？如果不能以礼让治国，那么礼让又有什么用途呢？"

张居正讲评 礼是尊卑上下的礼节。让是逊让，即礼之实处。何有是不难的意思。如礼何，譬如说没奈他何，言礼不为之用也。孔子说："人君为国不可专倚着法制禁令，必须以礼让为先。盖礼以别尊卑，辨上下，固有许多仪文节目，然都是恭敬谦逊的真心生发出来。如君臣有朝廷之礼，然上不骄，下不僭，名分自然相安，这就是君臣间的礼让。父子有家庭之礼，然父慈子孝，情意自然相洽，这就是父子间的礼让，是让，乃行礼之实也。若是为人君的，能以礼让为国，或修之威仪言动之间，以示之标准，或严于名器等威之辨，以防其僭踰。凡所行的礼，都出于恭敬谦逊之实，则礼教既足以训俗，诚意又足以感人，那百官万姓每自然都安分循理，相率而归于礼让，纪纲可正，而风俗可淳，其于治国何难之有？若不能以礼让为国，都只在外面粉饰，没有恭敬谦逊的真心，其出之无本，行之无实，虽有许多仪文节目，都不是制礼的初意。虽欲用礼，亦无如之何矣。礼且不可行，而欲其治国，岂不难哉！此可见为国以礼，行礼以让，先王化民成俗之道，莫要于此。"

张居正讲评译释 孔子说："君主治理国家不能只依靠法令，一定要先以礼让来治理国家。礼用来辨别尊卑上下，固然有许多仪式，但这些都是依靠恭敬谦逊的真心产生的。就像君臣之间的朝廷之礼，君主不傲慢，臣下不僭越，遵守各自的本分，这就是君臣之间的礼让。父子之间有家庭之礼，父亲慈爱，儿女孝顺，自然能够情义融洽，这是父子间的礼让。让就是行礼的具体表现。如果君主用礼让治理国家，或是在言行之间仪容、举止庄重，给臣民做出表率；或是严格遵守身份、地位之间的区别，防止沉迷僭越。所有施行的礼仪，都要发自内心地恭敬谦逊，礼仪教化就足够给人训诫，心意真诚也足以让人感化，那么官员和百姓自然就能够安分守礼，变得礼让。这样能够使法度公正、民风淳朴，治理国家还有什么困难呢？如果不以礼让治国，只是把外表的仪式装饰得很美观，却没有恭敬谦逊的真心，在施行的时候就会无本无实，即使有很多行礼仪式，但这些仪式都不是最初制定礼仪时的目的。这种情况下即使想施行礼仪，也不知道该怎么做。礼尚且难以实行，那么想要治理好国家不是更难吗！由此可见，没有比礼让更重要的治国之道了。"

原文 子曰："不患无位，患所以立。不患莫己知，求为可知也。"

今译 孔子说："没有官位并不可怕，可怕的是没有学到用以求职的学问。不要怕没有人知道自己，只求自己能够成为真正有才识的人而被人知道。"

张居正讲评 患是忧患。位是爵位。所以立是所以居位之具。可知是可以见知之实。孔子说："天下之事，有在于人者，不必忧。有系于己者，所当忧也。如爵位之不得，人常忧之，君子则以人不我用，其责在人，于我无预，何忧之有？惟所以立乎其位者，乃吾职分之所当为也。苟上不能致君，下不能泽民，而吾之职分有亏，即幸而居位，亦不免尸位之诮矣！故必以为忧焉。名誉之不著，人常忧之，君子则以人不我知，其失在人，于我无预，何忧之有？惟可以见知之实，乃吾性分之所固有也。苟知未至于高明，行未至于光大，而吾之性分有亏，即幸而得名，亦不免名胜之耻矣。故必以为求焉。"夫患所以立，非修此以觊得其位，求为可知，非务此以求知于人，盖君子为己之学如此也！不然，有为而为，则亦小人儒耳！奚足贵哉！

张居正讲评译释 孔子说："天下间的事，有的事取决于别人，不需要忧虑，应该忧虑的是那些取决于自己的事。一般人经常因为没有得到官位而忧虑，而君子认为是否任用自己取决于别人，跟自己有什么关系？之所以能待在某个职位上，是因为这是自己的本分。如果上不能辅佐君主，下不能服务民众，这就是自己在职分上有亏欠，即使待在这个职位上，也会因为无所作为而被责备！所以君子一定是因为这些感到忧虑。一般人经常担忧自己的名声不显著，君子则认为名声是否显著取决于别人，跟自己没关系，有什么可担忧的呢？如果自己学问高深，自然就会被人们了解到。但是假如自己的见识不高、功业不大，那么自己就在情分上有亏欠，即使有幸获得了显赫的名声，也会因为名不副实而感到羞耻。所以君子只求自己能够成为真正有才识的人。"担忧没有学到用以获得官职的学问，并不是为了得到官位才去学习；希望自己能够成为真正有才识的人被人知道，也不是为了名声才去提高才识，君子求学为的是提高自己的能力呀！不然，为其他目的而感到担忧，就是向小人学习呀！这有什么值得尊崇的呢！

原文 子曰："参[13]乎，吾道一以贯之。"曾子曰："唯[14]。"

今译 孔子说："参啊，我所讲的道始终贯穿于一个基本体系。"曾子说："是。"

张居正讲评 参是曾子的名。贯是通。唯是应之速。曾子一日三省其身，其于斯道之用，固已随事精察而力行之矣。但于体用一原的去处，尚未能确然有见。故孔子呼其名而告之说："参乎，汝亦知吾之道乎？盖天下事有万变，物有万殊，其实总是一个道理。若在事物上一一去讲求，则头绪多而用力难，非根本切要之学也。我于天下的事物，只是一个道理贯通将去，随他千变万化，都能应之而不穷，处之而各当。譬如川水一般，虽千条万流，只是一个泉源流行出来。譬如树木一般，虽千枝万叶，只是一个根本生发出来。散之则甚博，而操之则甚约，这便是我的道理。"曾子一闻孔子之言，豁然有悟，便答应曰："唯。"盖其工夫至到，识见高明，故不复有所疑问，而直应之如此。此圣人传授心法，惟曾子独得其宗也。

张居正讲评译释 曾子每天从三个方面反省自己，他对于道的理解，已经随着对事物探查的精细而达到身体力行的境地了。但是他对于体用一致的道理，还没有正确坚实的见识。所以孔子直呼其名告诉他说："曾参啊，你知道我的道吗？天下的事有上万种不同的变化，物体也有万般不同，其实也只是一个道理。如果一一去探求每个事物的道理，就会头绪众多，难以用力，这不是正确的方法。我对于天下的事物，只用一个道理贯穿下去，即使它有千变万化，也可以恰当地处置、应对。就像河水一样，虽然有千万条脉络，最后也要汇集到一条河流；就像树木一样，虽然有千枝万叶，也只是从一个树根生长出来。这些道理分散开来的时候十分广博，但是掌握起来就十分简单，这就是我的道。"曾子听了孔子的话后，立刻彻底地领悟，就回答说："是这样的。"这是因为曾子的学问达到了很高的境界，所以不再有疑问，就直接这么回答了。圣人传授的这些心得和方法，只有曾子能够明白其中的主要意思。

原文 子出。门人问曰："何谓也？"曾子曰："夫子之道，忠恕而已矣。"

今译 孔子出去之后，弟子问道："这是什么意思？"曾子回答："老师的思想，就是忠恕二字。"

张居正讲评 门人是孔子弟子。实心自尽叫做忠，推己之心以及人叫做恕。孔子一贯之旨，惟曾子为能默契，其余诸人，都不能知。故孔子既出，门人私问于曾子说："夫子所谓一以贯之者，其说谓何？"曾子答说："夫子之道无他，只是忠恕而已矣。"盖一人的心，就是千万人的心，我心里所欲尽的去处，就是人心所欲得的去处。若真实自尽，念念都出于忠，便能推以及人，事事都出于恕，可见千万人的心，只是这一个心，便都通得，所谓一以贯之者，其意不过如此，岂复有他说哉！夫一以贯万，是圣人传心的要诀。忠以行恕，是学者下手的工夫，其地位不同，而其易简切近，则未尝有二，若曾子者，可谓善发圣人之蕴矣。

张居正讲评译释　孔子一种道理贯通万物的主要意思，只有曾子可以心领神会，其他弟子都不知道。等到孔子出去了之后，其他弟子问曾子说："老师说的一种道理贯穿万物，这是什么意思？"曾子回答说："老师的思想没有别的，就只是'忠恕'两个字罢了。"自己的想法，就是千万人的想法，自己心里想要达到的境地，就是人们心里想要达到的境地。如果人们的每一个念头都真诚无私，能推己及人，在每一件事上体谅别人，这样通过一个人的想法，就能了解到千万人的想法，孔子所说的一个道理贯穿万物，就是这个意思，没有别的了！一种道理贯穿万物，是圣人传授知识的重要方法。真心实意地为他人着想，这是求学的人需要学习的地方，虽然人们的地位不同，但是在追求忠恕的难易程度上是一致的。曾子可以说是擅长阐明圣人思想深奥的地方呀。

原文　子曰："君子喻[15]于义，小人喻于利。"

今译　孔子说："君子明白道义，小人却只知道利益。"

张居正讲评　喻字解做晓字。义是天理之所宜。利是人情之所欲。孔子说："天下之道二，义与利而已，而君子小人，实于此辨焉。"君子循天理，有好义之心，又有精义之学。故其立身行己，只在义上见得分明，义当进则进，不然则退，义当受则受，不然则辞。虽有时不避形迹，而涉于为利者，亦不过委曲以成其义耳。是君子之心，惟知有义，而义之外，皆非所知矣。小人徇人欲，有怀利之心，又有谋利之巧，故其立身行己，只在利上见得分明，有利则趋，无利则避，利于己则为，利于人则否。虽有时假托形迹，似乎为义者，亦不过借此以图其利耳。是小人之心，惟知有利，而利之外，皆非所知矣。夫君子小人所喻不同如此。然喻义则君子固自成其君子，而天下之事，亦因以济。喻利则小人固终陷于小人，而天下之事亦因以坏。修己用人者，可不慎择而深辨之哉！

张居正讲评译释 孔子说："天下的事只有义和利两个道理，而君子和小人，可以用义和利很真实地分辨出来。"君子遵循天理，有好义之心、精义之学。所以他们在为人处世上能明辨义理，符合义就做，不符合就不做；符合义就接受，不符合就推辞。虽然君子有的时候也会行为不当，和追求利益的人有牵连，这也不过是通过委屈自己来保全道义罢了。所以君子只知道有道义，除此之外，什么都不知道。小人追求欲望嗜好，谋图私利，阴险狡诈，所以他在为人处世时只看重利，有利可图就迎合，无利可图就躲避，只做对自己有利的事，对自己没利的事则不管不问。虽然有的时候把自己伪装得像是追求义，也不过是借着义来谋求私利罢了。所以小人只知道利，除了利之外什么都不知道。这就是君子和小人的不同。知道义就是君子能够成为君子的原因，天下的事会因为君子而得到救济；只知道利就是小人成为小人的原因，天下的事会因为小人而遭到危害。君主在修养自身和任用人才的时候，能不慎重选择、仔细分辨吗！

原文 子曰："见贤思齐焉，见不贤而内自省也。"

今译 孔子说："遇见贤德的人，应该向他学习，与他看齐；遇见不贤的人，应该自我反省（我也有这样的错误吗？）。"

张居正讲评 贤是有德的人。齐是齐一。不贤是无德的人。省是省察。孔子说："人之自修者，砥砺之功，固当尽于己，观感之益，亦有资乎人。如见个有德的贤人，心必羡之，然不可徒羡之，又必自家思想说：'善本吾性，事在人为，他有这等贤德，我何为独不能？'必勉强奋发，定要与他一般才罢，这是见贤思齐焉。如见个无德不贤的人，心必恶之，然不可徒恶之，又必自家省察说：'为恶甚易，自知甚难，他干的这等样事，莫不我身上也有？'一或有之，必当速改以复于善才罢，这是见不贤而内自省也。"夫见贤思齐，则日进于高明，见不贤内省，则不流于污下，此君子之所以成其德也。然是道也，通乎上下者也，人君若能以古之圣哲自期，而务踵其芳规，以古之狂愚为鉴，而毋蹈其覆辙，则为圣君不难矣。

张居正讲评译释 孔子说："人在自我提高的时候，品德上的磨炼固然只是自己的事，但是别人看到以后也能有所感受、获得益处。一个人见到品德高尚的贤人，内心一定会很羡慕，但是也不能只是羡慕，还会对自己说：'善良是我的本性，事情的成功在于人的努力，他有这样的品德，我为什么就不能有呢？'之后这个人一定会发愤图强，提升自己的品德，这就是看到贤人就向他看齐呀。一个人见到品德低下的小人，心里一定会感到厌恶，但是不能只是厌恶，又会自我反省说：'作恶很容易，认清自己很难，他做的这些事，我是不是也做过？'一旦自己也有这些不足，就要立刻改正，这就是看见不贤德的人就反省自己呀。"向贤人看齐，就会逐渐变得高明，看见不贤德的人后自我反省，就不会变得卑下、鄙陋，这就是君子成就美德的方法呀。这种方法对所有人都适用，君主能够把古代的圣贤哲人作为自己的标准，遵循前贤的遗规；把古时候狂妄愚昧的人当作鉴戒，不要重蹈覆辙，这样就不难成为一名圣德的君主了。

原文 子曰："事父母几[16]谏，见志不从，又敬不违，劳而不怨。"

今译 孔子说："侍奉父母，如果父母有不对的地方，应该婉言相劝；看见自己的意见没有被采纳，仍然要对他们恭恭敬敬，替他们操劳却不能有抱怨。"

张居正讲评 几是微。违是违拂。劳是劳苦。孔子说："人子之事父母，固以承顺为孝。然遇着父母有过失，也当谏诤。但有个进谏的道理，不可直言面诤，以伤父母之心。必须和颜悦色，下气柔声，微微的谏他，或待其间暇而谕之以理，或乘其喜悦而动之以情，务使父母乐从而后已。若见父母的志意未肯听从，必当愈加敬谨。不可因父母不从，就发露于声色，而有违拂之意。就是父母嗔怪，或加以怒责劳苦之事，亦当从容顺受，不可因父母折挫，遂怀怨恨之心，唯积诚以感动之，委曲而开导之，久之则父母亦以幡然悔悟而改图矣。所谓几谏者如此。"昔大舜父顽母嚚，常欲杀舜。舜祗载见瞽瞍，夔夔斋栗，瞽瞍亦允若。夫以瞽瞍之恶，而大舜犹能以孝感之，况未至为瞽瞍者乎！然则孔子所谓几谏，惟大舜能之也。

张居正讲评译释 孔子说："子女侍奉父母，固然是要恭敬孝顺，但是如果父母有过错，也应该劝他们改正错误。只是不可以当面言辞激烈地劝谏他们，让他们伤心。必须要和颜悦色，平心静气，委婉地劝谏，或者等到他们空闲的时候晓之以理，或者等到他们心情喜悦的时候动之以情，总之，一定要让父母乐于接受劝谏、改正错误。如果父母不肯听从劝谏，要更加恭敬谨慎。不能因为父母不接受劝谏，就表示出对父母的不满、违逆。即使是父母生气责备，或者对自己加以惩罚，也应该平和从容地接受，更不能因为父母的责罚而心生怨恨。用诚心去感动父母，慢慢去开导父母，时间久了他们自然会幡然悔悟。这就是婉言相劝。"昔日舜的父亲残暴、母亲愚顽，经常想杀掉舜。但是舜有事去见父亲瞽瞍的时候，总是端端正正、战战兢兢，信任并且顺从他。于是，连顽固的瞽瞍也能通情达理、改正错误了。像瞽瞍这种恶人，舜都能用自己的孝心使他感化，更何况不如瞽瞍残暴的人呢？孔子所说的婉言劝谏，只有舜能做到呀！

原文 子曰："父母在，不远游，游必有方[17]。"

今译 孔子说："父母在世的时候，不能远离家乡，如果必须出远门，一定要让父母知道自己的去处。"

张居正讲评 方是方向。孔子说："父母爱子无所不至，为人子者，必能体父母之心而后可也。若是有父母在堂，不可出外远游。盖凡为人子之礼，冬温而夏清，昏定而晨省，若出外则定省旷而音问疏，不但己之思亲，亦恐亲之念己不忘也，所以不可远游也。若或不得已而出游，亦必告父母以一定的方向，如往东则不更从西行，往南则不更从北行，使父母知我定在某处，可以无忧。若有呼唤，便可应期即至而无失也。"夫人子事亲，一出游而不敢轻易如此。又岂可纵游宴乐，不惜其身，以贻父母之忧乎？所以古之孝子，不登高，不临深，出必告，反必面，无非欲安父母之心而已，为人子者不可不知。

张居正讲评译释 孔子说："父母对子女的爱无所不至，作为子女，一定要体谅父母的心情。如果父母在世，一定不能外出远游。因为作为子女，冬天要为父母取暖，夏天要帮父母降热，晚间服侍就寝，早上省视问安，如果外出远行，就没法问候侍奉他们，不但自己会思念父母，也要担心父母关心自己，所以父母在世时不能远游。如果不得已要外出远行，也一定告诉父母确切的方向，如果告诉父母往东走，就绝对不往西走，如果告诉父母往南走，就绝对不往北走，让父母知道自己确切在某个地方，不必担心忧虑。即使父母有事呼唤，也可以按时传达不至于产生过失。"子女侍奉父母，不能随意地出门远行，又怎么能放纵自己，肆意玩乐，不爱惜身体，让父母忧心呢？所以古时候的孝子，不到高深险峻等危险的地方，外出一定告知父母，返家之后一定要立刻拜见父母，他们这么做无非就是让父母安心罢了，做子女的不能不知道这些。

原文 子曰："父母之年[18]，不可不知也，一则以喜，一则以惧。"

今译 孔子说："一定要将父母的年龄记在心里，一方面为了他们的长寿而欢喜，一方面为了他们的衰老而恐惧。"

张居正讲评 年是年岁。孔子说："父母的年岁，为人子者，须常记念在心，不可以不知也。盖寿数之长短，皆系于天而不可必。今父母寿考康宁，使人子得以承欢于膝下，这是难得之事，岂不可喜。然父母年纪衰迈，来日无多，安能保其长存。这又有不测之忧，岂不可惧。"若知道这一件可喜，又有这一件可惧，时常记念在心，则爱日之诚，自不能已。而所以奉事之者，不敢有一毫之不尽矣！所以说父母之年，不可不知也。

张居正讲评译释 孔子说："作为子女，一定要将父母的年纪牢牢记在心里，不能够不知道父母的年纪。寿命的长短，取决于上天，所有人都难以躲避上天的意志。如今父母长寿安康，子女能够侍奉父母，这是很难得的事，怎么能不高兴呢。但是毕竟父母已经年老体衰、来日不多了，如何能长活于世呢。这些又是难以预测的忧虑，怎么能不恐惧呢。"知道为什么欢喜，为什么恐惧，在心里时常挂记，就能保持对父母的恭敬。侍奉父母，不能有一点不用心啊！所以说一定要将父母的年龄记在心里。

原文 子曰："古者言之不出，耻躬之不逮[19]也。"

今译 孔子说："古代人不会轻易将话说出口，这是因为他们将自己做不到的事情视为耻辱。"

张居正讲评 出是发言。逮字解做及字。孔子说："人之言行，须要相顾，如今人说得行不得的甚多。若古之学者，沉静简默，不肯轻易出言，这是为何？盖其学务为己，志在躬行，言忠便要尽忠，言孝便要尽孝，句句言语都有实落，心里才安。若只是信口说了，都不能躬行，这便是行不及言，而为夸诞无实之人矣。古之人深以为耻，而不肯为。此其所以慎于言而不轻出也。"古之人惟其尚行，故笃实之风行，今之人只是空言，故浮华之习胜，学术既异，而世道人心亦迥然不同，孔子之言，盖伤之也！

张居正讲评译释 孔子说："人们应该做到言行一致，但是如今有很多人不能履行自己的诺言。古时候求学的人，安静沉默，不肯轻易许诺，这是为什么？因为他们是为自己学习，志在亲自实行，说要忠诚就一定要做到忠诚，说要孝敬父母就一定要做到孝敬父母，他们说的每一句话都要在行动上落实，这样内心才能安定。如果只是随口一说，却不能够做到，这就是不守信用，就是言谈虚夸，就是一个缺乏诚信的人。古人把这些当作耻辱，不肯言而无信。这就是他们说话谨慎，不肯轻易许诺的原因呀。"古人只推崇实际的行动，所以笃实敦厚的风气盛行，如今人们只说空话，所以不实之风盛行。古今的学习风气不同，世道人心也就迥然不同了，孔子的话，是为如今的不良风气感到悲伤啊！

原文 子曰："以约失之者鲜矣！"

今译 孔子说："以礼来约束自己，犯错误的几率就会变得很小。"

张居正讲评 约是收敛不放肆的意思。鲜是少。孔子说："凡人立身行己，但是心里放肆，则其所行必有过差。若能收敛省约，件件都守着规矩，岂有差失？如在身心上省约，不为逸乐，非礼之事便不至于丧志而败德；如在用度上省约，不为奢侈无益之费，便不至于伤财而害民，过失断然少矣。"这约之一字最宜详玩。盖人情才放肆，则日就放荡；自检束，则日就规矩。故成汤制事制心，只是一个懋敬；太甲败度败礼，只是一个纵欲。圣哲狂愚之判，实系于此，可不慎哉！

张居正讲评译释 孔子说："人们为人处世，只要内心肆意放荡，行为上就一定会有差错。如果能反省约束自己，每一件事都遵守规矩，怎么会犯错呢？如果能反省约束自己，不贪图享乐，不违背礼法，就不至于丧失心志，败坏品德；如果节约用度，不奢侈浪费，就不至于浪费人力、浪费钱财，如果做到了这些，就能少犯很多错误。""约"这个字最值得详细品味。放纵自己、肆意妄为，就会日渐变得放荡；自我约束，就能遵守规矩。成汤处理政事、整顿人心，是因为他知道勉励戒慎；太甲破坏法度礼节，是因为他放纵私欲。圣明贤哲和狂悖愚笨的差别就在这里，所以能不慎重吗！

原文 子曰："君子欲讷[20]于言而敏于行。"

今译 孔子说："君子言谈要谨慎，而行动要敏捷。"

张居正讲评 讷是迟钝的意思。敏是急速的意思。孔子说："放言甚易，力行甚难。故言常失之有余，行常失之不足。惟是成德之君子，一心只要做笃实的工夫，其于言语则务欲其讷，非惟不当言的不敢言，就是当言的，亦必谨慎收敛，讷讷然却似迟钝的一般，不敢信口便说，以取失言之悔也。于行事则务欲其敏，除是有所不知则已，若知道当行的事，便奋发勇往，急急然惟恐失了的一般，不敢少有怠缓，以致废时而失事也。"欲讷于言，则言必能顾行，欲敏于行，则行必能顾言，岂非慥慥笃实之君子乎！

张居正讲评译释 孔子说："人们放纵言论很容易，身体力行却很难。所以说的话经常多余，而做的事经常有所不足。品德高深的君子，心里想着诚恳办事，言语上就木讷少言，不仅是不说不该说的话，即使是说应当说的话，也一定谨慎收敛，就像是反应迟钝一样，不敢随口胡言，使自己因为说错话而产生悔恨。君子在行事上就追求敏捷，除了那些不知道的事，如果是自己知道的应该做的事，就一定会勇往直前，急切地前去处理，就像唯恐错失了一样，不敢因为自己的一点怠慢，就耽误时机、影响办事。"在说话上木讷，就能做到言行一致，在行动上敏捷，就能履行承诺，这不就是忠厚笃实的君子吗！

原文 子曰："德不孤，必有邻。"

今译 孔子说："有道德的人不会被孤立，一定会有思想一致的人与他为伴。"

张居正讲评 孤是独立。邻是邻舍。孔子说："德乃人心之所固有，亦人情之所同好。人而无德，则人皆贱恶，固有独立而无与者。若是有德的人，则岂有孤立之理乎？必然同声相应，同气相求，好其德者，固愈加亲近，闻其风者，亦翕然信从，就似居处之有邻家一般，有不招而自来者矣！"故人君修德于上，则万姓归心，四夷向化，而天下为一家。不然，则众叛亲离，不免于孤立而已。可不慎哉！

张居正讲评译释 孔子说："人都有道德，也都喜爱道德。如果有人缺乏品德，就会被所有人厌恶，自然会被人们孤立。有品德的人，又怎么会被孤立呢？他们一定会互相响应，自然地结合在一起，对他们高洁的品德满意的人，自然会同他们亲近，听闻他们风貌的人，自然就对他们信服，就像居住的地方有邻居一样，不用招揽自然就会有人来。"所以君主提高自身的德行，万民就会心悦诚服地归顺，周边的少数民族也会归服，天下就会像一个家庭一样和睦。不然的话，就会众叛亲离，难以避免地被人们孤立。所以说能不慎重吗？

原文 子游曰："事君数[21]，斯辱矣；朋友数，斯疏矣。"

今译 子游说:"侍奉君主太过频繁,就会遭到侮辱;与朋友交往过于频繁,就会被疏远。"

张居正讲评 子游是孔子弟子,言偃,字子游。数是烦数。辱是羞辱。疏是疏远。子游说:"人臣以匡救为忠,朋友以切磋为义,固皆理之当然,然于言语之际,也要见居。且如君有过而谏诤,使其听焉,固可以尽吾心矣。若不肯听,便当去。苟或不识进退,而专务戆直,至于烦数而无已,则君必厌闻,不以为忠,而反以为谤,未免加之以斥辱矣!事君者可不戒哉!朋友有过而相规,使其听焉,固可以尽吾心矣。若不肯听,便当止,苟或不度可否,而徒好尽言,至于烦数而不止,则彼必厌听,不以为德而反以为怨,必将日至于疏远矣。交友者可不戒哉!"然子游之说,特为进言者发耳。若夫为君为友者,又当思毒药苦口利于病,忠言逆耳利于行,优容褒奖,以求乐告之诚,虚心受善,以求切磨之益,庶德日进而过日寡,与圣贤同归矣!若夫有厌恶之心,而加之以疏辱之罪,则在彼固以言为讳,而不肯再言。他人亦以彼为戒而无复直言,上下隔绝,彼此蒙蔽,其害有不可胜言者矣!听言者,又可不戒哉!

张居正讲评译释 子游说:"臣子扶正挽救君主的过错是忠,朋友之间互相研讨学习是义,这些固然都是理所应当的事,但是说话的时候也要把握好时机。假如君主有了过错,臣子希望君主改正错误,自然应该尽心尽力地劝谏。如果君主不听从劝谏,臣子就应该离去。如果臣子的言语不恰当,过于迂愚刚直,屡次谏诤,那么君主一定会心生厌烦,不认为臣子是在尽忠,反而认为他是在诽谤,免不了对臣子训斥羞辱。所以侍奉君主的时候能不警戒吗?朋友有了过错对他进行规劝,让他改正错误,自然也应该尽心尽力。但是如果朋友不肯听从,也应该及时停止,如果不考虑能否劝谏,只是尽心劝告,到了喋喋不休的地步,朋友一定会感到厌烦,不把这当作朋友之间的关爱,反而会心生怨恨,慢慢疏远。所以交朋友的时候不能不警戒啊!"子游说的话,只是对进言劝谏的人说的。如果您是做君主、朋友的人,也应该知道良药苦口利于病,忠言逆耳利于行,应该宽容褒奖劝告自己的人,来获取别人诚心的劝谏,虚心接受劝谏,来获得正确的建议,这样德行就会逐渐提高,过错就会日益减少,最后成为圣人贤人呀!一旦心生厌恶,疏远羞辱劝告自己的人,对方就会心生忌讳,不肯劝谏,其他的人也会引以为戒不再对自己直言劝告。这样就会导致君主和臣下之间互相隔绝,彼此之间互相蒙蔽,产生的弊端难以估量啊!受到劝谏的人，能不以此为戒吗！

注释：

[1]里：乡里，居住的地方。二十五家为一里。

[2]约：贫困。

[3]终食之间：是一顿饭的时候。

[4]造次：匆忙，仓促。

[5]尚：高出，超出。

[6]加：影响。

[7]党：同类，同党。

[8]适：亲近，厚待。

[9]莫：疏远，冷淡。

[10]比：亲近，相近，靠近。

[11]怀：思念，怀念。

[12]放：通"仿"，依照。

[13]参：曾子。

[14]唯：应答的声音，略似于现代的"是"。

[15]喻：明白

[16]几：细小，细微。

[17]方：方向，方位。

[18]年：年龄，年纪。

[19]逮：及，赶上，到。

[20]讷：说话迟钝。

[21]数：屡次，多次。

公冶长第五

原文 子谓公冶长[1]："可妻也，虽在缧绁[2]之中，非其罪也。"以其子[3]妻之。

今译 孔子评价公冶长这个人："可以将女儿嫁给他，虽然他曾被关在监狱里，但这并不是他的过错。"于是，孔子就将自己的女儿许配给了他。

张居正讲评 公冶长是孔子弟子。女嫁与人为妻，叫做妻。缧是黑索。绁是拘挛，犯罪的人以黑索拘系之于狱中，叫做缧绁。子是所生的女，古人男女皆谓之子。门人记孔子曾说："人伦莫重于婚姻，匹配莫先于择德。吾门弟子，若公冶长者，可以女配之而为妻也。他平日素有德行，虽曾为事拘系于狱中，乃是被人连累，而非其自致之罪，既非其罪，则固无害其为贤矣！"于是以所生之女而为之妻焉。此可见圣人之于婚嫁，不论门族，而惟其人；不拘形迹，而惟其行。非独谨于婚姻，亦可谓明于知人者矣！

张居正讲评译释 弟子记录孔子时曾经说过："人们的道德关系中最重要的就是夫妻的婚姻了，婚姻最重要的就是挑选有品德的人。我的弟子中，公冶长这个人，就值得把女儿嫁给他。他平日里德行高洁，虽然曾经被关在监狱里，但那是受到别人的连累，不是他自己的过错，既然不是他的过错，那就不影响他是一个贤德的人呀！"于是孔子将自己的女儿许配给他做妻子。从这些可以看出圣人在婚姻上不看重门第，只看中人；不拘泥于做过的事，只看重为人的品行。孔子这不只是在婚姻上谨慎，也可以说是有识人之明呀！

原文 子谓南容[4]："邦有道，不废[5]；邦无道，免于刑戮。"以其兄之子妻之。

今译 孔子评价南容："国家政治清明，所以他被重视；国家治理无道，他也不用遭受刑罚。"于是就将自己的侄女嫁给了他。

张居正讲评　南容是孔子弟子南宫绦，字子容。废是弃而不用。戮是杀戮。门人又记，孔子曾说："吾门有南容者，尝三复白圭之诗，平日素能谨言慎行，是个有德的君子。若遇着国家有道，君子进用之时，他有这等抱负，必然人人荐举他，使之得位而行道，必不至于废弃而不用也。遇着国家无道，小人得志之日，他却言语谨慎，不至取怨于人，亦可以全身而远害，必不陷于刑戮之祸也。处治处乱，无所不宜，则其贤可知矣！"于是以其兄之女配之而为妻焉。前章以己女妻公冶长，此章以兄女妻南容，皆择贤而配，圣人致谨于婚姻之礼如此。

张居正讲评译释　弟子又记录孔子曾经说过："我的弟子中有个叫南容的，曾经反复诵读'白圭之玷，尚可磨也；斯言不玷，不可为也'的诗句，平日里也都能谨言慎行，是个有德行的君子。如果是国家清明、君子能被重用的时代，他有如此大的抱负，一定会有很多人举荐他，让他获得官位施展抱负，他绝对不会被废弃不用。遇到国家治理无道、小人当政的朝代，他却能谨言慎行，不会招致别人的怨恨，也能够保全自己远离危害，不会遭受刑罚。身处治世或身处乱世，都能够适应社会，这就可以看出他的贤德呀！"于是孔子就把兄长的女儿嫁给了他。前面一章孔子把自己女儿嫁给公冶长，这一章把侄女嫁给南容括，都是选择贤德的人，孔子在婚姻许配上就是这样的谨慎。

原文　子谓子贱[6]："君子哉若人！鲁无君子者，斯焉取斯[7]？"

今译　孔子评论子贱："这是一个正人君子！假如鲁国没有君子，那么他又是从哪里学到这些德行的呢？"

张居正讲评　子贱是孔子弟子宓不齐，字子贱。斯字解做此字，上一个斯字是说此人，下一个斯字，是说此德。门人记孔子曾说："人之为学，都要学做君子。然君子之德，未易成也！吾门若宓子贱者，他的学力已造到成德的地位，君子哉！其若人乎！然子贱所以能为君子，虽是他自家向上，有志进修，亦由我鲁国多君子，人才众盛，故得以尊师取友而成其德耳。若使鲁没有许多君子，则虽要尊师，而无师之可尊；虽要取友，而无友之可取。斯人也，亦不免孤陋寡闻而已，将何所取以成此德乎！"此可见自修之功固不可废，而师友之益，又不可无也。然师友之益，不但学者为然，古之圣帝明王屈己下贤，虚心访道，尊崇师保，而资其启沃，慎择左右，而责之箴规，无非欲严惮切磋，养成君德而已。古语说："师臣者帝，宾臣者王。"然则人君欲成其德者，当以好学亲贤为急。

张居正讲评译释　弟子记录孔子曾经说过："人们求学都是为了成为君子。但是君子的品德，不容易学习啊！我有个叫宓子贱的弟子，他已经到了品德高深的程度了，这个人就是一个君子呀！子贱能够成为君子，虽然是他自己奋发向上，立志学习，也是因为我们鲁国有很多君子，人才众多，所以他才能够向师长朋友学习，成就自己的品德。假如鲁国没有许多君子，那么即使他想要尊敬师长，也无师可尊；即使想要交友，也无友可交。这个人也避免不了孤陋寡闻，又怎么能够获得这么高尚的品德呢！"由此可见，自我修行的功夫固然不能荒废，而师长友人的帮助也不能缺少呀。不只是求学的人能从师长朋友的帮助中获益，古时圣明的帝王礼遇贤良，虚心求教，尊敬师长，让贤德的人竭诚开导、辅佐自己，慎重地选择臣子，让他们劝诫规谏自己，这么做无非是想让他们勉励自己，培养作为君主应有的品德罢了。古话说："拿臣子当自己的老师，这样的人会成就帝业。拿臣子当自己的宾客朋友，这样的人可以成为一方王侯。"所以君主想要成就自己的品德，最重要的就是向周围的贤人学习。

原文　子贡问曰："赐也何如？"子曰："女[8]，器也。"曰："何器也？"曰："瑚琏也。"

今译　子贡问孔子："我是一个什么样的人？"孔子说："你呀，就好比一个器皿。"子贡又问："是什么器皿？"孔子说："瑚琏。"

张居正讲评　赐是子贡的名。器是器皿。瑚琏是宗庙中盛黍稷的器，以玉为之，夏时叫做瑚，商时叫做琏。子贡平日，好比方人物，因见孔子以君子许子贱，故以己为问，说道："赐也学于夫子，亦尝有志于进修，但造诣之浅深，自家不能知道。夫子试说赐之为人何如？"孔子答说："人之为学，以致用为贵，如世间器皿，以适用为宜，汝能告往知来，料事多中，既达于政事，又长于言语，是个有用的成才，就如器之适用一般，汝其已成之器乎。"子贡又问说："器有贵贱之不同，夫子以赐为器，不知是何等样器？"孔子答说："器中有瑚琏者，陈之于宗庙，而饰之以金玉，最是贵重而华美的。以汝之才，试之于用，必然事功可就，文采可观，而足以为邦家之光，岂非器中之瑚琏矣乎。"然则子贡虽未能如君子之不器，其亦器之贵者矣。

张居正讲评译释　子贡平常喜欢用物品来比喻人，因为看到孔子用君子来称赞子贱，所以拿自己问孔子说："我也在老师门下求学，也立志要深入学习，但是不知道自己学问造诣上的深浅。你说一下我是一个什么样的人呢？"孔子回答说："人学习时，贵在能学以致用，就像器皿一样，以适合使用为好，你能够明了事物之间因果同异的关系，据此知彼，对事物发展的预测大都符合实际，既通晓政务又能言善辩，是有用的人才，就像有用的器皿一样，你已经成为一个器皿了。"子贡又问："器皿有不同的贵贱，老师你把我当作器皿，不知道是什么器皿呢？"孔子回答说："器皿中有一种叫作瑚琏，被摆放在宗庙内，被金玉装饰，是器皿中最贵重华美的。以你的才能，一定能成就功业，以你的文采，足以为国争光，这难道不是器皿中的瑚琏吗？"虽然子贡不能像君子一样不像器皿，但也是器皿中最贵重的。

原文 或[9]曰："雍[10]也仁而不佞。"

今译 有人说："冉雍虽然品德高尚，但是不善于言谈。"

张居正讲评 雍是孔子弟子冉雍。仁是有德。佞是口才。春秋之时，人皆以口才便利为尚。而冉雍为人，重厚简默，与时俗不同。故或人谓孔子说："夫子之弟子有冉雍者，论其为人，可谓仁而有德者矣。但惜其素性简默，无有口才，而不能为佞也。"或人之言，非惟不知仁，亦不知冉雍者矣。

张居正讲评译释 春秋时期，人们都追求口才的伶俐。但是冉雍为人忠厚沉默，和当时社会的习气不同。所以有人对孔子说："你的弟子中有个叫冉雍的，说起他的为人，可以说是仁义且品德高尚。但可惜他向来性格沉默，口才不好，不善于言谈。"这个人这么说，既是不懂仁，也是不懂冉雍啊！

原文 子曰："焉用佞？御人以口给[11]，屡憎于人。不知其仁，焉用佞？"

今译 孔子说："为什么要能言善辩呢？仅靠伶牙俐齿与人辩论，只会招到别人的厌恶。我不知道这样的人品德是否高尚，但是何必要能言善辩呢？"

张居正讲评 御字解做当字。譬如说，抵当人一般。给是取办。屡是多的意思。憎是恶。孔子答或人说："汝以冉雍为不佞，是必以佞为贤矣。自我言之，人之立身行己，亦何用于佞乎？盖佞人所以应答抵撞人者，只是以口舌便利，取办一时。那甜口巧语，高谈阔论，外面虽似有才，其中都没有真实的意思，被人看破，却是个邪佞的小人。不足以取重，而徒多为人所憎恶耳，亦何益之有哉？今汝以雍为仁，我固不知他仁与不仁。但说他不佞，正是好处。要那口才何用乎！然则汝之所憎者，正吾之所取也。"由孔子之言观之，可见学者当用力于仁，而不可不深戒夫佞矣。然佞人不止可憎，为害甚大，盖其言足以变乱黑白，颠倒是非，或逞其私智，以纷更旧章。或巧为谗言，以中伤善类，人君若不知而误听之，未有不败坏国家者。故大舜疾谗说殄行，孔子恶利口之覆邦，皆所以垂戒于万世也。用人者可不以远佞人为急务哉！

张居正讲评译释 孔子回答说："你认为冉雍不善于言谈，一定是认为口齿伶俐的人才算贤德。但是在我看来，人口齿伶俐有什么用呢？口齿伶俐的人答应别人做事，只能凭借口舌上的便利在短时间敷衍应付。他们花言巧语，高谈阔论，外表看起来好像很有才能，但实际上并没有真才实学。被别人看破后，就只是一个奸邪小人，不值得被人尊重，只是让更多的人厌恶，这又有什么用呢？现在你认为冉雍仁德，我不知道你这种看法是对是错。但是说他不善于言谈，在我看来这正是他的优点。伶俐的口才有什么用呢！你感到可惜的地方，正是我要追求的。"从孔子的话可以看出，求学的人应该致力于追求仁德，要时刻警诫自己，不可以成为口齿伶俐的小人。伶牙俐齿的人不只是让人厌恶，还有很大的危害，他们的话能总是颠倒是非黑白，或者用自己偏私的识见，改变过去的法典规章，或者用挑拨离间的话，诽谤伤害有德行的人。君主如果不知真假，错误地听信了小人的话，一定会使国家受到损害。所以舜担忧谗言影响行动，孔子厌恶伶牙俐齿的小人危害国家，这都是给后世的警戒训示。所以君主能不以远离这些危害自己的小人为紧要的事吗！

原文 子使漆雕开[12]仕。对曰："吾斯之未能信。"子说。

今译 孔子让弟子漆雕开去做官，漆雕开回答道："对于这件事情，我没有十足的把握。"孔子听后非常高兴。

张居正讲评 漆雕开是孔子弟子，姓漆雕，名开。仕是出仕做官。斯指此理说。信是知之真的意思。说是喜悦。门人记，孔子使其弟子漆雕开者，出仕而为政，必是知其才足以用世矣！漆雕开对说："人之为学，须是于这道理，实得于心，知得十分透彻，深信不疑。然后出而居其位，行其志，才能事事停当。今我于这道理尚未能真知其如此，而无毫发之疑，是自己心里尚有信不过处，正该力学以充之，岂可使出而治人乎！"观开此言足徵他所见者大，所期者远，其一念求道之心必欲至于精微之极，而不以小成自安。故孔子闻而喜悦，盖深嘉其笃志于学，而将来成就有不可量也。求之于古，如伊尹乐道畎亩，便自任以天下之重。傅说身居版筑，便一出为王者之师，这正是他信得过处，所以能成辅相之业。夏禹迪知忱恂于九德之行。周文武克知灼见于三宅之心，这正是知人之可信而后用之，所以能收得人之功。可见出仕者，固不可不自审其所长，而用人者尤不可不深考其所蕴也。

张居正讲评译释 弟子记录，孔子让弟子漆雕开去做官，这一定是知道他的才能足够治理国家呀！漆雕开回答说："人们应该对学习的道理有切实的心得体会和透彻的了解，并深信不疑，这样处在官位上，施展抱负的时候，才能处理好每一件事。现在我还不能彻底懂得这个道理，从而不产生一点疑问，自己的心里还有信不过的地方，正应该努力学习、补充知识，怎么能出仕做官治理百姓呢！"这些话就足以证明漆雕开见识宽广、志向远大，他一心求学，想要到达精微的境地，不因为小有收获就自我满足。所以孔子听了之后很高兴，赞许了他的专心致学，认为他将会取得难以估量的成就。古时候，伊尹乐于在田地里修道学习，就自己承担了治理天下的重任；傅说作为筑墙工人，一出仕就成为国家的丞相，这正是因为他们相信自己的才能，所以才能辅佐君主、成就功业。夏禹的大臣迪知诚信地相信九德的准则。周文王、周武王恰当地选择常伯、常任、准人三种官职的官员，这是知人善任，所以他们能够得到人才。由此可见，做官的人要展示自己的长处，用人者也要仔细考查他们的为人呀。

原文 子曰："道不行，乘桴[13]浮于海，从我者，其由与！"子路闻之喜。子曰："由也好勇过我，无所取材。"

今译 孔子说："假如我的主张行不通，我就乘着木筏漂洋过海，想必跟随我的人，只有仲由吧！"子路听了非常高兴。孔子说："仲由的好勇超过了我，除此之外就没有可取之处了。"

张居正讲评 桴是木筏。由是子路的名。材与裁字同，是量度的意思。昔春秋之时，上无贤君，不能信用孔子，故孔子有感而叹说："吾之周流四方，本欲得位行道，以致君而泽民。今人不见知，世不我用，吾道已不行于天下矣！虽居在中国，亦何为乎！不如乘着木筏，浮于海中，可以绝人而逃世。吾门弟子中求其可以从我远去者，其惟仲由欤？"盖仲由勇于为义，是个临难不避的人，故孔子许其从己。然这说话也只是孔子自伤其不遇而假设之词，非真有浮海之意也。子路闻之，以为夫子不许他人而独许己，遂信以为实然，心中喜悦。盖过于信师，而暗于事理者矣！故孔子教之说："凡人懦弱者，多惮于涉险，由也不以浮海为惧，而以得从为喜，这等好勇岂不胜过于我乎！然海岂可居之处，吾岂入海之人，不过伤时之意云尔，而由也遽以为信然，是徒知勇往直行，而不能裁度事理以适于宜矣。由也可不思所以进于是哉！"孔子教子路之言如此，此可见圣人虽有伤时之意，而终无忘世之心，但当时之君，不能用其言而行其道耳。以孔子之圣而不能用此，春秋之所以终于乱也。

张居正讲评译释 春秋时期，没有贤能的君主，没人能重用孔子，所以孔子感慨地说："我周游列国，本想获得官位实行我的主张，来辅佐君主、造福百姓。现在我却不被任用，我的主张已经难以实行了。我在中原地区还能做什么呢？不如乘着木筏漂洋过海，远离人世。我的弟子中能够跟着我远去的，只有仲由了吧！"因为仲由勇敢、讲义气、不躲避灾难，所以孔子准许他跟着自己。然而这么说也是因为孔子伤心自己的怀才不遇而做出的假设，并不是真的要漂洋过海。子路听了，认为孔子不准许别人而单独让自己跟着，就信以为真，心中感到欢喜。子路这是过于急切相信老师，从而导致了在事理上糊涂。所以孔子教诲说："懦弱的人，大多害怕陷于危险的境地，子路不害怕航海，反而感到高兴，他难道不远比我勇敢吗？然而大海怎么会是居住的地方，我又怎么是能够漂洋过海的人，不过是在失意的时候伤感一下罢了，而子路却信以为真，他这是只知道勇往直前，却不能判断是否符合事理。子路怎么能不思考事情的缘由就开始行动呢！"孔子这么教育子路，可以看出圣人虽然有时也因时世不如所愿而哀伤，但最终却不会忘却世情。但当时的君主，不能接受孔子的建议，不能实施孔子的主张。孔子如此圣明，却最终不能被重用，这就是春秋在乱世中结束的原因啊！

原文 孟武伯问子路仁乎？子曰："不知也。"

今译 孟武伯问孔子子路有没有做到仁德？孔子回答："我不知道。"

张居正讲评 孟武伯是鲁大夫仲孙彘。仁是本心之全德。孟武伯问于孔子说："夫子之门人如子路者，果能全其心德而为仁人矣乎。"孔子以仁道至大，不可轻许，故答他说："仁具于各人之心，难以必其有无，仲由之仁与未仁，我所不知也。"

张居正讲评译释 孟武伯问孔子："你的学生中有一个叫子路的，他究竟能不能保全心性和品德，成为一个仁德的人呢？"孔子认为仁道的范围很广大，不能够轻易回答，所以回答他说："仁德在每一个人的心中，难以确定有还是没有，所以我不知道子路有没有做到仁德呀。"

原文 又问。子曰："由也，千乘之国，可使治其赋[14]也，不知其仁也。"

今译 孟武伯又问。孔子回答："仲由这个人，能够在拥有一千辆战车的国家里管理军事，但是我不知道他有没有仁德。"

张居正讲评 千乘之国是诸侯大国，其地可出兵车千乘的。赋是兵。古者军马都出于田赋中，故叫做赋。孟武伯以知弟子者莫若师。子路之仁，夫子岂有不知的，故又以为问。孔子答说："由也好勇而果断，便是千乘的大国，若用他管理那兵赋的重事，必能训练倡率，不但使军旅强盛而有勇，抑且使亲上死长而知方，其才之可见者如此。若其心之仁与不仁，吾不得而知也。"

张居正讲评译释 孟武伯认为，没有比老师更了解弟子的人了。子路是否仁德，孔子作为老师，哪有不知道的，所以又问。孔子回答说："子路勇敢果断，即使是拥有一千辆战车的国家，任用他管理军队事务，他也一定能有效率地训练，不但使军队勇猛强盛，还能让士兵为君主效命且知道礼法，从这些都能看出他的才能。但他有没有仁德，我实在不知道呀！"

原文 "求[15]也何如？"子曰："求也，千室之邑、百乘之家，可使为之宰[16]也，不知其仁也。"

今译 孟武伯又问："冉求这个人怎么样？"孔子说："冉求嘛，可以在有千户人家的县邑做邑长，或者去卿大夫家里当总管，但是他是否有仁德，我就不知道了。"

张居正讲评 求是孔子弟子冉求。室是家。邑是县邑。百乘是卿大夫之家，有采地十里，可出兵车百乘的。邑长、家臣，通叫做宰。孟武伯又问夫子之门人若冉求者何如，抑能全其心德而为仁矣乎？孔子答说："求也多才。虽是千家的大邑，百乘的大家，若用他作邑长，必能修政于其邑，而使人民无不安。用他作家臣，必能修职于其家，而使庶务无不举，其才之可见者如此。若其心之仁与不仁，吾不得而知也。"

张居正讲评译释 孟武伯又问孔子的弟子冉求怎么样，能不能保全心性和品德，成为一个仁德的人呢？孔子回答说："冉求这个人有才能。有千户人家的县邑，任用他做邑长，他一定能在当地实行德政，让百姓安宁；有百乘兵车的卿大夫家，任用他做家臣，他一定能处理好家庭事务，没有办不好的事情,从这些都可以看出他的才能。但他有没有仁德,我不知道呀!"

原文 "赤[17]也何如?"子曰:"赤也,束带[18]立于朝,可使与宾客言也,不知其仁也。"

今译 孟武伯又问:"那公西赤呢?"孔子回答:"公西赤这个人嘛,能够身着礼服站在朝廷之上接待宾客,但是我也不知道他是否仁德。"

张居正讲评 赤是孔子弟子公西赤。束带是着礼服而束带于其上。宾客是四方来聘的使臣。孟武伯又问:"夫子之门人若公西赤者何如,抑能全其心德而为仁人矣乎?"孔子答说:"赤也知礼。若使他束带立于朝廷之上,应对那四方来聘的宾客,必能通两国之情,达宾主之意,而不至于失礼。其才之可见者如此。若其心之仁与不仁,吾不得而知也。盖仁之为言,必纯乎天理,而无一私之杂,始终惟一,而无一息之间,才叫做仁。其心之纯与不纯,有非行事所可见,他人所能识者。故夫子于三子皆许其才,而未信其仁。盖以发于外者易见,而蕴于心者难知也。有志于求仁者,当省察于吾心独知之地而后可。"

张居正讲评译释 孟武伯又问:"你的弟子公西赤怎么样,能不能保全心性和品德,成为一个仁德的人呢?"孔子回答说:"公西赤懂礼仪。如果身着礼服站在朝廷之上,接待四方的宾客,他一定能交换两国的意见,传达宾主的心意,不会失礼。由此可以看出他的才能。但他有没有仁德,我不知道。我们说的仁,一定是纯正的天理,没有一点杂念,始终没有任何不良的想法,这才能叫作仁。一个人的内心是否纯净,不是能通过做事被别人发现的。"所以孔子称赞三个弟子都有才能,但不认为他们有仁德。这是因为外部表现很容易被人了解,但内心隐藏的想法就很难被人知道了。立志求取仁德的人,只有先反省自己才行。

原文 子谓子贡曰:"女与回也孰愈[19]?"

今译 孔子问子贡:"你与颜回相比,谁更好一些?"

张居正讲评 愈字解做胜字。昔孔子因子贡好比较他人的短长,而或暗于自知,故问之说:"汝与颜回同游吾门,你自家说,比他所学,孰为胜乎?"

张居正讲评译释 子贡喜欢比较别人的长短,但没有自知之明,孔子知道了后问子贡说:"你和颜回共同在我门下学习,你自己说一下,你们两个谁学到的东西多?"

原文 对曰:"赐也何敢望回?回也闻一以知十。赐也闻一以知二。"

今译 子贡回答:"我怎么敢和颜回相比呢?颜回听闻一件事情,就可以推知十件事。我听见一件事情,只能推知两件。"

张居正讲评 子贡对说:"人之资质有高下,悟道有深浅。赐也何敢指望到得颜回?盖回也是生知之亚,资禀既高,工夫又到,其于天下的义理,听得一件,就晓得十件。从头彻尾,无不嘿识心通,盖闻一以知十者也。赐也学而知之,资禀既庸,工夫又浅,其于天下的义理,听得一件,止晓得两件,推类思索,因此识彼,不过闻一以知二而已。"即此观之,回胜于赐远矣!赐也果何敢望回乎!

张居正讲评译释 子贡回答说:"人的资质有高有低,对道理的领悟有深有浅。我怎么敢和颜回相比呢?颜回天资聪颖,有很高的天赋,又肯努力,他对于天下间的道理,能够听闻一件事后推知十件事。从头到尾,没有一件事不暗中铭记,内心通透,这就是闻一知十呀。我是学习之后才知道的,资质平庸,努力也不足,对于天下间的道理,听闻一件事之后只能推知两件事,整理自己的思绪,通过一件事了解到另外一件事,不过闻一知二罢了。由此可以看出,颜回远比我优秀!我怎么敢和颜回相比呢?"

原文 子曰:"弗如也,吾与[20]女弗如也。"

今译 孔子说:"是不如他啊,我同意你所说的,是不如他。"

张居正讲评 与是许。孔子因子贡之言,遂激励引进之说道:"汝自谓不如颜回,此言非虚,汝委的不及他。但人莫难于自知,而亦莫难于自屈。今汝自以为弗如,则是自知之明,而又不难于自屈矣。夫能自知,则必不安于所已知,能自屈则必益勉其所未至,今日之不如,安知他日之终不如乎?我诚取汝这不如之说也。"其后子贡终闻性与天道,不止于闻一知二而已。岂非夫子激励造就之欤。然这弗如之一念不但是学者上进的机栝,若使为人君者能以古之帝王为法,而自视以为不如,必欲仰慕思齐而后已,则其进于圣帝明王也不难矣!

张居正讲评译释 孔子顺着子贡的话,激励引导他说:"你自己说比不上颜回,这话不假,你的确不如他。但是人最难的是认识自己、委屈自己。现在你自认为不如颜回,这就是有自知之明,就不难做到委屈自己了。你能够认清自己,就一定不会安于现状,能委屈自己就一定会勉励自己,现在比不上,怎么知道将来还比不上？我同意你比不上颜回的说法呀。"之后子贡在学习上不只是闻一知二，这就是孔子的激励造就的结果呀。不如别人的念头不但是求学者进取的动力，如果想让君主把古代贤明的帝王当作学习的标准，就也要让他们看到自己的不足，向圣贤学习，达到圣人的境界，这样就不难成为贤明的帝王了。

原文 宰予[21]昼寝。子曰："朽木不可雕也，粪土之墙不可杇[22]也，于予与何诛？"

今译 宰予白天睡觉。孔子说："腐朽的木头无法雕琢，有污秽之物的土墙不能粉刷，对于宰予，又有什么可以责备的呢？"

张居正讲评 宰予是孔子弟子，姓宰名予。昼寝是当昼而睡。朽木是腐坏的木头。雕是刻。墙壁上盖着泥粉叫做杇。诛是责。何诛是说不足怪责。昔孔门设教，只是要人好学。盖能好学，则志气精明，工夫勤密，然后可以入道。宰予学于孔子之门。一日当昼而寝，这便是昏昧怠惰，不肯好学的人。故孔子责之说："凡木之坚者，然后可雕。若朽腐之木，虽欲雕刻成文，必然坏烂，岂可得而雕乎？凡墙之固者，然后可杇。若粪土之墙，虽欲饰以泥粉，必然剥落，岂可得而杇乎！譬如人必有志向学，然后可教，今予之昏惰如此，就似那朽腐之木，粪土之墙一般，虽欲教之，而无受教之地矣！然则我之于予，又何用于责备乎！"言不足责乃所以深责之也。夫宰予以一昼寝之失，而孔子责之严切如此，可见人当以勤励不息自强，以怠惰荒宁为戒。故禹惜寸阴，成汤昧爽丕显，文王日昃不遑息，孔子发愤忘食，此皆生知之圣人，其勤如是。况未及圣人者乎！学者不可不深省也。

张居正讲评译释 昔日孔子办学施教，只是为了让人好好学习。如果一个人能爱好学习，就会有远大的志向，就会付出努力，然后就能够学习到圣贤之道。宰予在孔子门下学习，有一天在白天睡觉，这就是愚昧懒惰、不爱学习。所以孔子责备他说："只有坚硬的木头才可以雕刻。如果想在腐朽的木头上雕刻文字，木头一定会坏掉，还怎么雕刻呢？只有坚固的墙壁才可以粉刷。如果墙上有污秽之物，即使是想粉刷，泥粉也一定会脱落，这怎么能粉刷呢！人只有立志学习，然后才能对其进行教育，现在你这么懒惰，就像腐朽的木头、有污秽的墙壁一样，即使想教你学习，但你却没有学习的心思啊！所以对于你，我又有什么可以责备的呢？"孔子说不值得责备宰予，这正是深刻的责备啊。孔子如此严厉地责备白天睡觉的宰予，可见人应该勤勤勉勉、自强不息，把懒惰怠慢当作警戒呀。大禹珍惜短暂的时间，成汤天不亮就起床，周文王太阳下山也不休息，孔子发奋学习以至于忘记吃饭，他们都是天生聪颖的圣人，还如此勤奋地学习，更何况那些不如圣人的人呢！求学者不能不深刻反省自己呀！

原文 子曰："始吾于人也，听其言而信其行；今吾于人也，听其言而观其行。于予与改是。"

今译 孔子说："刚开始我对待别人，是听了他的言语就相信他的行动；但是现在，我不但要听他的言谈，还要观察他的行为。是宰予让我改变了观察人方式。"

张居正讲评 宰予平日每自言其能学，今乃当昼而寝，志气昏惰，则行不及言甚矣！故孔子又儆之说："听言甚易，知人甚难。我始初与人相处，只道会说的便会行。故听人之言，就信其行，而不复疑其素履之何如。如今看来，凡人能言者多，躬行者少。若闻言便信，未免为人所欺，故自今以往，听人之言，必观其行，而不敢遽信其言行之相顾也。夫既听其言，又观其行，则虽善为词说者，无所用其欺，而可免于轻信之失矣。然我所以能改此失者，只为宰予能言而行不逮。我起初曾信其行，而今日始觉其非，故以此为戒，而改我之失耳。"孔子此言，所以深警宰予，使之惕然而悔悟也。夫师弟子之间，朝夕相与，其为人贤否易见，而孔子犹谓以言取人，失之宰予。盖人之难知如此，况人君之于臣下，尊卑之分悬殊，接见之时甚少，欲尽知其心术之微，得其行事之实，岂不难哉？盖敷奏必以言，而明试必以功，此即听言观行之法，用人者所当加意也。

张居正讲评译释 宰予平时总说自己勤奋好学，如今却在大白天睡觉，志气低沉，昏庸懒惰，他这是严重的不讲诚信。所以孔子又警示说："听信他人的言语很容易，认清他们为人却很难。我最开始和他人相处，只认为一个人会说话就能办好事。所以听了他的言语就相信他的行动，而不去怀疑他执行的情况怎么样。现在看来，能说会道的人多，亲自实践的人少。如果只听信他人的言语，免不了被欺骗，所以从今以后，我听了别人的言语后还要观察他的行动，不敢轻易相信他能说到做到。既听他的言谈，还观察他的行动，这样即使他能言善辩，也难以欺瞒，这样自己就不会因为轻易相信而产生过错。我之所以能够改正这个错误，只是因为宰予言行不一。我刚开始相信他的言行，现在才发现他的缺点，所以才引以为戒，改正自己的错误。"孔子这么说是为了警示宰予，让他有所悔悟啊！老师弟子之间，朝夕相处，可以很容易看出来为人是否贤德，孔子还说因为通过言谈去判断一个人的品行才能，而导致对宰予的错误判断。看清一个人这么难，更何况君主臣下之间尊卑悬殊，很少见面，想要知道臣子内心的想法和办事的具体情况，不是更难吗？君主一定要让大臣如实陈奏，一定要用具体事务考查臣子，这就是听一个人言谈，观察他行为的方法，用人者应当注意呀！

原文 子曰："吾未见刚者。"或对曰："申枨[23]。"子曰："枨也欲，焉得刚？"

今译 孔子说："我从来没有见过坚强不屈的人。"有人回答说："申枨就很刚强啊！"孔子说："申枨的欲望太多，怎么还能刚强呢？"

张居正讲评 刚是坚强不屈的意思。申枨是孔子弟子，姓申名枨。欲是贪欲。孔子说："凡人立身于天地间，须是有刚强之德，乃为可贵。然我看如今的人，都未见有刚强者。"孔子之所谓刚，不但是血气强勇而已，是说人得天地之正气，而又有理义以养成之，其中磊落光明，深沉果毅，凡富贵贫贱，祸福死生，件件都动他不得。然后能剖决大疑，而无所眩惑，担当大事，而不可屈挠，此乃大丈夫之所能，而非人之所易及者，故孔子叹其难见耳。或人不知其义，只见申枨血气强勇，就以为刚。乃对孔子说："夫子之门人如申枨者，其为人岂不刚乎？"孔子答说："凡刚强的人，必不屈于物欲。枨也多欲，不能以理义为主，则凡世间可欲之事，皆足以动其心。其心一动，则意见必为之眩惑，志气必为之屈挠矣，焉得谓之刚乎！"观孔子此言，可见有欲则无刚，惟刚则能制欲，凡学为圣贤者，不可以不勉也。然先儒有云，君德以刚为主。盖人君若无刚德，则见声色必喜，闻谀佞必悦，虽知其为小人，或姑息而不能去，虽知其为弊政，或因循而不能革，至于优游不断，威福下移，其害有不可胜言者，欲求致治，岂可得哉！然则寡欲养气之功，在人君当知所务矣！

张居正讲评译释 孔子说："人立身处世，可贵之处在于有刚毅坚强的品德。但如今，我没有看到过刚毅坚强的人。"孔子所说的刚毅，不是逞强斗勇，而是说一个人既有天地正气，又有道德礼仪，为人光明磊落、沉稳刚毅，富贵贫贱、生死祸福都不能让他动摇。他能够解决疑问，不会产生困惑，即使承当重任，也不会退缩，这是大丈夫的作为，不是一般人轻易能够达到的，所以孔子感慨地说难以见到。有的人不知道孔子的意思，只见到申枨勇猛强悍，就认为他是刚毅。就对孔子说："你有一个叫申枨的弟子，他为人不刚毅吗？"孔子回答说："刚毅坚强的人，一定不会向物欲屈服。申枨有很多欲望，做事不能坚持义理，世间有很多事都能让他动心，一旦动心，内心难免会被迷惑，心志也会动摇，这怎么是刚毅呢？"从孔子的话可以看出有欲望就难以刚强，只有刚毅才能够克制欲望，求学者不能不勉励自己做到刚毅呀。先世儒者说过，君主的品德以刚毅勇敢为主。如果君主没有刚毅不屈的品格，就会沉迷声色，被奸佞蒙蔽，即使知道他是奸诈的小人，也会不忍心除去，即使知道政事的弊端，也会因循守旧难以改革，以至于犹豫难断，威信丧失，造成难以估量的危害，这样又怎么能使国家安定、政治清明呢！所以君主应该知道抑制欲望、修养品性的方法啊！

原文 子贡曰："我不欲人之加诸我也，吾亦欲无加诸人。"子曰："赐也，非尔所及也。"

今译 子贡说："我不愿别人将事情强加于我，我也不想强加于别人。"孔子说："赐啊，这就不是你所能做到的了。"

张居正讲评 子贡自言其志于夫子说道："天下之人，皆同此心。大凡非礼之事，我心固所不欲。度量他人的心，也是不欲的。若以己所不欲者而加之于人，是知有己，而不知有人者之所为也。赐则视人犹己，视己犹人。凡我不欲人加于我之事，我亦不以此而加之于人。"夫观子贡此言，固是他志量高处，然此乃仁者之事，子贡之学尚未能到此地位。夫子恐其自许太过，而行不逮言也，故呼其名而抑之，说道："最难克者己私，未易全者仁德。如汝所言，凡己之所不欲者，即不以加之于人，则是视天下为一人，而略无形骸之间，以万物为一体，而溥其兼利之仁，这非是心德浑全，而己私克尽者不能。汝之所学，岂能遽及于此乎？所以说非尔所及也。"然孔子此言，不是言难以阻人之进，盖欲子贡知其难而加勉也。

张居正讲评译释 子贡向孔子讲述自己的志向说："天下人都有相同的想法，只要是不符合礼仪法规的事，自己心里就不想做，别人应该也不愿意做这些事。如果自己不想做的事却强加给别人，这是只顾自己，不顾别人的行为。我则把自己看作别人，把别人看作自己。只要是我不想做的事，就不会强加给别人。"从子贡说的话,能看出他志向高远,但是这是仁者才能达到的境界,以子贡的学识还不能达到这种地步。孔子担心他自我评价过高,但是行为上达不到,所以直呼其名制止他说:"人最难克制的就是自己的私心,最不容易保全的就是仁德。像你所说的,凡是自己不愿意做的,就不能强加给别人,这就是把天下看作一人,而毫无区别地对待他们,把万物当作一体,让它们一并受到恩泽,这些只有品德完备、毫无私心的圣人才能做到。你的学识能达到这种地步吗?所以说这不是你能做到的。"孔子说这些话不是用困难来阻碍子贡上进,只是想要子贡在认识到困难后勉励自己呀!

原文 子贡曰:"夫子之文章,可得而闻也;夫子之言性与天道,不可得而闻也。"

今译 子贡说:"老师所讲授的礼、乐、诗等这些知识,依靠耳闻就能够学到;但是老师所讲授的人性与天道,却不是耳闻能学得到的。"

张居正讲评 文章是德之见乎外者,指威仪文词说。性是人所受于天之理。天道是天理自然之本体。子贡说:"凡人学力有浅深,故其闻道有难易。吾夫子平日,凡动作威仪都有法度,言词议论都有条理,这是德之著见乎外的,所谓文章也。夫子固常以教人,无所隐秘,故不待深造者而后闻之。凡浅学之士,从游门墙者,皆可得而闻也。若夫仁义礼智,禀于有生之初的,叫做性。元亨利贞,运于於穆之中的,叫做天道。夫子亦尝言之矣。但道理极其微妙,言语难以形容,若不是学力既深,可与上达的人,决不轻告。故不但浅学之士,不得而闻,虽久于门墙者,亦不可得而闻也。"盖子贡晚年进德,乃始得闻性与天道,故叹之如此。然圣门教人,循序渐进,于此亦可见矣。

张居正讲评译释 子贡说:"人们的学习能力有深有浅,所以对道的学习有困难有容易。我们老师平时的行动威仪都符合法度,言辞议论都条理清晰,这是品德显著,能够被别人看到礼、乐、诗、书等方面的知识。老师本来就经常毫无隐藏地教导我们,所以我们不需要深究就可以知道这些。即使是学识浅薄的人,在老师身边一段时间,也可以学到丰富的知识。天生就具备的仁义礼智等,叫作天性;永不止息、庄严运转的元亨利贞等,叫作天道。老师也曾经讲过这些,但是其中的道理非常精妙,难以用语言形容。如果不是学习能力强,可以领悟到这些道理的人,老师是不会轻易教授的。所以不只是学识浅薄的人学不到,即使是长时间跟随老师的人,也难以学到。"子贡晚年道德增进后，才学到了人性和天道，所以有这样的感叹。这也能够看出孔子是循序渐进地教授学生知识的。

原文 子路有闻，未之能行，唯恐有闻。

今译 子路在听到一条理论之后，还没有实行，很怕又听到新的理论。

张居正讲评 这是门人记子路之勇于为善，说道："人固贵于闻善，然闻而不行，与不闻同。行而不力，与不行同。惟子路之为人，有兼人之才，负刚果之气，每闻一善言，必即时行之而后已，若或未之能行，则此心惕然不宁，唯恐复有所闻者，或壅滞而不得行焉。"曰唯恐有闻者，非不欲后闻之至也，乃其唯日不足之心，欲急行其所已闻，而预待其所未闻耳。观未行而唯恐有闻，则既行而唯恐不闻可知矣！子路之勇于体道如此。

张居正讲评译释 这是孔子的弟子记录子路勇于做善事的情况，说："人知道善言善行固然很可贵，但是知道善言善行却不做善事，就和不知道一样。做善行却不尽力，和没做一样。只有子路，有过人的才能，刚毅果断的气魄，每当听了善言之后，一定要立刻付诸行动，如果没有能够行动，就会感到不安，只害怕再次听到善言时，之前听到的还没有实行。"子路害怕再次听到善言，不是担心有新的善言，而是心里对自己不满意，想要赶快把已经听到的善言付诸行动后，再接受新的善言。看到子路在善言没有实行的时候担心听到新的善言，就知道实行之后就会担心没有听到新的善言呀！子路就是这么勇于做善事啊！

原文 子贡问曰："孔文子[24]何以谓之'文'也？"子曰："敏而好学，不耻下问，是以谓之'文'也。"

今译 子贡问道："为何要给孔文子'文'这个谥号呢？"孔子说："他聪明好学，不认为请教比自己低下的人是可耻的，因而给他谥号为'文'。"

张居正讲评 孔文子是卫国的大夫，姓孔名圉，谥文子。敏是聪敏。下问是问于在下的人。古时生有爵位者，没必有谥。人有贤否，则其谥有美恶。孔圉得谥为文，是个美谥。子贡疑其为人不足以当之，乃问于孔子说："卫大夫孔文子者，不知何以得谥为文也。"孔子答说："凡人资性明敏的，便恃着他的聪明，不肯向学。孔圉虽有明敏之资，他却不敢自是。凡礼乐名物，古今事变，一一讲习讨论，而无有厌心，其勤学如此。爵位尊显的，便看得自己过高，耻于下问。孔圉虽居大夫之位，他却不敢自亢，凡事有未知的，一一访问于人，虽下僚之卑，小民之贱，也虚己问之，而不以为耻，其好问如此。盖谥法中有云：勤学好问曰'文'。今孔圉之行，正与之相合，此其所以得谥为'文'也。"然勤学好问，不但是卿大夫之美行，虽古帝王之盛节亦不外此。盖人君有聪明睿智之资，尤易于自用；居崇高富贵之位，尤难于自谦。然不学，则义理无由而明；不问，则闻见无由而广。故虞舜好问好察，所以为圣。高宗逊志典学，所以为贤，真万世人君所当行也。

张居正讲评译释 古时候有爵位的人，不一定有谥号。但是一个人是否贤德，一定能通过谥号显现出来。孔文子的谥号是"文"，这是一个赞美的谥号。子贡质疑孔文子的为人不符合这个谥号，就问孔子说："卫国的大夫孔圉，为什么会得到'文'的谥号呢？"孔子回答说："凡是天资聪敏的人，都会因为自己聪明伶俐，而不肯努力学习。孔圉虽然天资聪敏，但他却不自以为是。凡是礼乐的名称、古今的政事，他都进行学习讨论，不会心生厌倦，他的学习是这样的勤奋。爵位尊贵的人，就会高看自己，把向地位低的人求教当作耻辱。孔圉虽然有大夫的官位，但是他不敢高看自己，对于不知道的事情，就向别人拜访求教，即使对方是身份卑微的小官、贫贱的百姓，他也会虚心求教，不认为是耻辱，他就是这样的好学。评定谥号的法则中说：勤学好问可以称作'文'。如今孔圉的行为，刚好符合，这就是他谥号为'文'的原因。"勤学好问不但是士大夫的美好品行，古代帝王高尚的节操也不过就是这样。君主天资聪颖，更加容易自以为是；地位尊崇，更加难于谦虚。但是他们不学习，就难以明辨义理；不询问，就难以提高见识。虞舜勤学好问、细心观察，所以才能成为圣人。高宗虚心谦让、勤奋好学，所以才成为贤人，这是所有的君主应当效法学习的地方。

原文 子谓子产[25]："有君子之道四焉：其行己也恭，其事上也敬，其养民也惠，其使民也义。"

今译 孔子评价子产，说："他具备君子应有的四种道德：他行为端庄谨慎，他侍奉君主尊敬，他养护百姓恩惠，他役使百姓有尺度。"

张居正讲评 子产是郑大夫公孙侨，字子产。恭是谦逊。敬是谨恪。惠是恩惠。义是裁制经画，事事都有条理的意思。昔孔子尝称说："郑大夫子产之为人，有君子之道四件，何以见之。彼恭以持己，君子之道也。子产之行己也，则有善不矜，有劳不伐。推贤让能，退然恭逊以自居，是有君子之道一也。敬以事君，君子之道也。子产之事上也，则内修国政，外睦诸侯，小心尽职，始终敬谨而无怠，是有君子之道二也。仁以育民，君子之道也。子产之养民也，则利必为之兴，害必为之去，件件都替百姓留心，而有厚下之深恩，是有君子之道三也。义以正民，君子之道也。子产之使民也，则辨上下之等，均彼此之利。事事都有个限制，而无姑息之弊政，是有君子之道四也。"子产备这四美于上下人己之间，是以能尊主庇民，而郑国赖之，岂非春秋之贤大夫与？然郑以区区小国，能用子产，故虽介于晋楚二强国之间，而竟能杜其侵陵之患，若人君以天下之大，任用得人，则其长治久安之效，又当何如哉！此用人者所当加意也。

张居正讲评译释 孔子曾说过："郑国的大夫子产具备君子应有的四种品德，如何看出来呢？他行为端庄谨慎，符合君子之道。子产在为人上，做善事不骄傲，有功劳不炫耀。他能举荐贤人，让位于能者，自处时恭敬谦逊，这是第一条君子之道。子产恭敬地侍奉君主，符合君子之道。他在侍奉君主时，对内能处理好国家政事，对外能和他国和睦相处，在职位尽心办事，始终小心谨慎不敢怠慢，这是第二条君子之道。子产仁德地对待百姓，符合君子之道。他在管理百姓时，兴利除弊，处处留心百姓，所以对百姓有很深厚的恩德，这是第三条君子之道。子产能用义理去端正百姓的行为，符合君子之道。他管理百姓时，明辨是非对错，让百姓共同获益。每件事都用法律来规范，对弊病绝不姑息宽容，这是第四条君子之道。"子产具备了这四条美德，所以能辅佐君主、庇佑百姓，而郑国也对其有依赖，这难道不是春秋时期贤明的大夫吗？郑国作为一个小国，因为任用子产，所以虽然夹在晋、楚两个强国之间，也能够不受侵犯。如果大国的君主能用人得当，那么取得的效果又将是什么样子的呢！用人者应该注意呀！

原文 子曰："晏平仲[26]善与人交，久而敬之。"

今译 孔子说："晏平仲善于与人交往，相处久了，仍然对朋友很尊敬。"

张居正讲评 晏平仲是齐大夫，姓晏名婴，字平仲。善与人交是说能尽交友之道。孔子说："朋友五伦之一，人所必有者也。但交友者多，善交者少，惟晏平仲则善与人交，而能得其道焉。何也？人之交友，起初皆知相敬，至于既久，则习狎而怠忽矣！怠忽则必生嫌隙，嫌隙既生，交不能全矣。平仲之与人交也,始固相敬,至于久而亦然,不以其习狎而生怠忽之心,故交好之义,始终无替,此平仲之所以为善与人交也。"

张居正讲评译释 孔子说:"朋友是五伦之一,所有人都有朋友。但是交朋友的人很多,善于与人交往的人就很少,只有晏平仲擅长与人交往,能够明白交友的方法。什么方法呢?人们交友时,刚开始的时候都知道相互尊敬,时间长了,就变得怠慢而不庄重了,怠慢了之后就一定会产生嫌隙,心生嫌隙,就不能友好地交往。晏平仲和朋友交往,刚开始自然是很恭敬,时间久了也依然敬重,不因为熟悉之后就心生怠慢,所以和朋友之间的关系始终没有改变,这就是晏平仲善于与人交往的原因。"

原文 子曰:"臧文仲[27]居蔡[28],山节藻棁[29],何如其知也?"

今译 孔子说:"臧文仲藏了一只大龟,藏龟的屋子装饰着山形的斗拱,短柱上描绘着水草花纹,这个人的智慧怎么这样呢?"

张居正讲评 臧文仲是鲁大夫,姓臧名辰,谥为文仲,素以智名者也。居是藏。蔡是大龟,用以为卜者。以其获之于蔡地,因名为蔡。节是柱头斗栱。藻是水草。棁是梁上短柱。孔子说:"人都以臧文仲为智,然明智之人必然见理不惑,试举他一事言之。且鲁之有大龟,虽所以为占卜之用,然不过以决疑示兆而已,非能司其祸福之柄也。文仲乃为屋室以居之,又将那柱头斗栱上,都刻为山形,梁上的短柱,都画上水草,真若大龟居处于其中,而能降福于人者,斯不亦大惑矣乎?"盖人有人之理,神有神之理。人之理所当尽,而神之理,则幽昧而不可知。惟尽其所当务,而不取必于其所难知,斯可谓智矣。今文仲不务民义,而谄渎鬼神如此,则是不达幽明之理,而惑于祸福之说,其心之不明亦甚矣。何如谓之智乎?夫文仲之智,人皆称之。夫子独据实而断其不然,这正是众好之必察焉者。所以为人物之权衡也,观人者宜取以为法。

张居正讲评译释 孔子说:"人们都认为臧文仲有智慧,但是明智的人一定不会违背理,他做的这件事就能说明他并不明智。鲁国的大龟,虽然是用来占卜的,但不过就是来解决疑惑、预示征兆罢了,并不能掌管祸福吉凶。臧文仲将大龟藏在屋内,将藏龟的屋子用山形的斗拱装饰,短柱上用水草花纹描绘,把大龟放置其中,这怎么能真的能给人降福呢,这不是很昏庸的行为吗?"人有人的道理,神有神的道理。人的道理应该探求明白,而神的道理人则很难探究清楚。人只有尽力做好自己应该做的事，不在鬼神之事上耽误工夫，这才是明智。如今臧文仲不处理百姓的事务，而沉迷于鬼神之道，这就是不明事理，被祸福之说迷惑，非常愚笨啊。怎么能称作明智呢？人们都称赞臧文仲明智，只有孔子根据事实断定并不是这个样子，这就是对众人喜好仔细审察。所以评价、观察他人的时候应当采用这种方法。

原文　子张问曰："令尹[30]子文[31]三仕为令尹，无喜色；三已之，无愠色。旧令尹之政，必以告新令尹。何如？"子曰："忠矣！"曰："仁矣乎？"曰："未知，焉得仁？"

今译　子张问孔子："令尹子文三次出任楚国宰相，并没有显出喜悦的神色；三次被免去官职，也没有显出恼怒的神色。他每一次被免职，都会将政事详细告诉给新来的宰相。你觉得这个人怎么样啊？"孔子说："可以算得上忠心了！"子张又问："算得上仁义吗？"孔子说："不知道，这怎么能算得上仁呢？"

张居正讲评　令尹是楚国执政的官。子文是楚人。仕是进用。已是罢官。愠是怒意。子张问于孔子说："楚国之令尹，有子文者，曾三次进用而为令尹，人都羡他尊荣，他却无喜悦之色。及至三次罢官，人都替他称屈，他也无愠怒之色。其喜怒不同如此。他既罢了令尹，又把平日所行的政事，一一告与新任的令尹。略无猜嫌妒忌之心。其物我无间如此，这等为人，夫子以为何如？"孔子答说："凡人患得患失，妒贤嫉能者，都是只顾自己，不为国家，此乃不忠者之所为也。子文这等行事，是不贪恋朝廷的名爵，只要干济国家的政事，是个实心为国的人，可以为忠矣。"子张又问说："制行如此，人所难能，亦可谓之仁人矣乎？"孔子答说："仁在于心，不在于事。子文之行虽忠，然未知他心里如何，若有一毫修名为人之意，便是私心，而非纯乎天理之公者矣！焉得便信其为仁矣乎！故不敢以轻许之也。"

张居正讲评译释　子张问孔子说："楚国的令尹子文曾经三次出任楚国的宰相，人们都羡慕他的尊贵荣耀，他自己却不感到高兴，三次被罢免官职，也不感到恼怒，他就是这样喜怒不形于色。他被免去宰相之后，又把平日的政务都详细地告诉给新来的宰相，没有一点猜嫌嫉妒。像他这样在物我之间没有间隙的人，你认为怎么样呢？"孔子回答说："患得患失、妒忌贤能的人大都是只顾自己，不为国家，这是不忠的行为。子文这么做，不贪恋朝廷的官职，只为处理好国家事务,是一个真心为国家办事的人,可以算上忠心了!"子张又问说:"他这么做,别人难以达到,能够算得上仁义吗?"孔子回答说:"仁在于内心,不在于做事。子文的行为虽然忠心,但是并不知道他心里怎么样,如果有一点追求名声的想法,就是有私心,就不符合纯洁公正的天理!怎么能相信他仁义呢!所以我不敢轻易赞同呀!"

原文 "崔子[32]弑齐君,陈文子[33]有马十乘,弃而违之。至于他邦,则曰:'犹吾大夫崔子也。'违之。之一邦,则又曰:'犹吾大夫崔子也。'违之。何如?"子曰:"清矣。"曰:"仁矣乎?"曰:"未知,焉得仁?"

今译 子张又问孔子:"崔杼谋杀了他的君主齐国国君,陈文子家有四十匹马车,都放弃不要而离开了齐国。到了另外一个国家,他说:'这里的国君与我国大夫崔子一样。'所以又离开了。去了另外一个国家,接着又说:'这里的国君与我国大夫崔子一样。'又离开了。你怎么看待这个人?"孔子说:"算是清高了!"子张问:"称得上仁了吗?"孔子说:"不知道,这怎么能算得上仁呢?"

张居正讲评 崔子是崔杼。陈文子是陈须无。都是齐国的大夫。马四匹为一乘,十乘是四十匹。违是去。犹是相似。子张又问说:"当初齐大夫崔子弑了齐君,那时也有同恶相济的,也有隐忍不去的。独有陈文子者,恶其为逆,不肯与之同列,虽以大夫之官,有马十乘之富,飘然弃而去之。略无贪恋顾惜之意,及到他国,见其臣皆不忠,又说道:'这就与吾国大夫崔子一般,不可与之共事,遂违而去之。'又到一国,见其臣亦不忠,又说道:'这也与吾国大夫崔子一般,亦不可与之共事。'又违而去之,其审于去就如此。夫子以为何如?"孔子答说:"凡人与恶人居,便要污坏了自己的名节,清者不为也。今陈文子不恋十乘之富,不居危乱之邦,是个洁白不污的人,可以为清矣。"子张又问说:"制行如此,人所难能,亦可谓之仁人矣乎?"孔子答说:"仁在于心,不在于事。文子之行虽清,未知他心里如何?若有一毫忿俗自高之意,而后来不免于怨悔,这也是私心,而非纯乎天理之公者矣!焉得遽信其为仁矣乎!故亦不敢轻许之也。"大抵人之行事易见,而心术难知。其念虑之纯与不纯,存主之实与不实,有非他人所能尽察者,故虽以文子之忠,文子之清,而夫子犹未肯以仁许之。观此,则仁之所以为仁,其义可知,而人之有志于仁者,当知所务矣。

张居正讲评译释 子张又问说:"当初齐国大夫崔杼谋杀了国君,那时候有人和他互相勾结、共同作恶,也有人勉强忍耐,只有陈文子厌恶崔杼谋逆,不肯和他在一起做官,直接放弃了官位和家财,离开了齐国,没有丝毫贪恋眷顾。等到了别的国家,看到他们的大臣也都不忠,就说:'这就和我国大夫崔子一样,不能和他们共事。'于是就离开了。又到了一个国家,见他们的大臣也不忠,又说:'这也和我国大夫崔子一样,也不能和他们共事。'又离开了,他对于去处的选择如此细致,老师你认为怎么样呢?"孔子回答说:"仁在于内心,不在于做事。文子的行为虽然清高,但是不知道他内心怎么样。如果有一点愤世嫉俗、自恃清高的想法,之后免不了心生悔恨,这也是私心,也不是公正纯洁的天理。怎么能相信他仁义呢!所以我还不敢轻易赞同呀!"人们的行事很容易能被观察到,但是他们的内心很难被了解。他的内心想法是否纯洁,对国君的态度是否忠实,不是别人能够看出的,所以即使像文子这样忠诚、清高,孔子也不认为是仁。从这些就可以知道仁到底是什么了呀!立志追求仁德的人也应该知道要怎么做呀!

原文 季文子[34]三思而后行。子闻之,曰:"再[35],斯可矣。"

今译 季文子每做一件事情都要考虑很多次。孔子听了以后,说:"考虑两次就可以了。"

张居正讲评 季文子是鲁大夫,名行父,谥为文子。三思是思了又思,辗转无已的意思。再是两次思量。昔鲁大夫季文子者,是个用心周密的人,每事必反覆计虑,思了又思,展转数次,然后施行。孔子闻之说道:"人之处事,固不可以不思,而亦不可以过思。故凡事到面前,造次未可轻动,从而仔细思量一番,及思之已得,又恐见不的确,又平心易气,再加斟酌一番。如此,则事理之可否从违,裁度已审,行出来自然停当,斯亦可矣!何必三思为哉!"盖天下之事,虽万变不齐,而其当然之理,则一定不易,惟在义理上体察,则再思而已精,若用私意去揣摩,则多思而反惑。中庸教人以慎思者,意正如此。善应天下之事者,惟当以穷理为主,而济之以果断焉,则无所处而不当矣!

张居正讲评译释 鲁国的大夫季文子是一个心思缜密的人,遇见每一件事都一定要反复考虑,想了再想,多次思考之后才施行。孔子听了之后说:"人办事不能不思考,也不可以考虑过度。事情刚发生时,不能轻举妄动,要仔细考虑,考虑之后还担心想得不对,就要再平心静气地考虑一下。这样,就可以判断是否违背了事理，做事自然就会准确恰当，这样就可以了呀！为什么要反复思考呢？"天下间的事，虽然有很多变化与不同，但其中的道理则是固定不变的。只是在义理上进行思考，思考两次就已经很准确了，如果用私心去考虑，就会因为思考过多反而产生困惑。中庸之道教育人们要慎重思考，就是这个意思。善于处理事物的人，只应该把穷究事物之理当作主要任务，然后根据义理去果断处理，这样就不会有不恰当的地方了。

原文 子曰："宁武子[36]，邦有道，则知；邦无道，则愚。其知可及也，其愚不可及也。"

今译 孔子说："宁武子这个人，当国家形势好的时候他就显得非常聪明；当国家局势混乱的时候他就装作愚笨。他的才智是别人能做到的，他的愚笨是别人做不到的。"

张居正讲评 宁武子是卫大夫宁俞，谥武子。知是明知。愚是昏愚。盖世有明知之人，有昏愚之人。又有一等明知之深，韬光用晦，权以济变，反似昏愚的，则所谓大智若愚者也。宁武子能然，故孔子称之说："宁武子之为卫大夫也，当国家有道，治平无事之时，则明目张胆，知无不为，直道而行，无少委曲，他的才能智识，都昭然可见，真是个明智的人。及至国家无道，危急存亡之日，则韬晦隐默，不露形迹，而卒以济艰难之业，成国家之事。他的才能智识都暗然内用，却似个昏愚的人。夫观人者，但据其迹而未窥其心，则必以愚不如知矣。自我而言，治平之世，公道昭明，君子可以行其志，但有才能的都会干济，有见识的都会主张，武子之智犹或可得而及也。至于昏乱之朝，则国势倾危，人心疑忌，忠君为国之深意，既难以自明，扶危定乱之微权，又难于先泄，最人之所难处者。武子之愚，乃能上济其君，下保其身，正是他善藏其用的妙处，非天性忠义，而才足以运之者，不能如此，人岂可得而及哉？"盖处常易，处变难，用其智以立功者易，藏其智而成功者难。所以说其智可及也，其愚不可及也。夫自人之分量而言，知固不如愚，然时乎无道，乃使君子不敢用智而用愚，则岂国家之幸哉！

张居正讲评译释 世上有明智的人，也有愚笨的人。又有一种最聪明的人，能隐藏才能以等待局势的转变，看起来就像昏庸愚钝一样，这就是我们说的大智若愚。宁武子能做到这样，所以孔子称赞他说："宁武子作为卫国的大夫，在国家形势稳定的时候，就胆识过人，敢作敢当，尽心竭力，办事公正，从来不委曲迁就，可以很明显地看出他是一个有才能、有见识的人。等到国家局势混乱的时候，就隐藏自己的才能，不展露自己的行迹，默默地从事苦难的工作，完成国家的事业。他的才能见识都在暗地里发挥作用，看起来却像是一个昏庸愚笨的人。观察他的时候，不深入观察，就一定会认为他是一个愚笨、不明智的人。要我来说，治理太平盛世，公理道义清晰明白，君子能够施展自己的抱负，只要有才能就可以取得成就，只要有见识就能提出合理的意见，或许有人能够赶得上武子的聪明才智。至于到了昏乱的朝代，国家形势危急，人心猜疑，既难以表明自己忠君为国的心意，又难以展示自己扶危定乱的抱负，这是一个人最困难的处境。武子表现出的愚笨，却能够辅佐君主，保全自己，这正是他隐藏自身才能的巧妙之处。如果不是忠贞仁义，而才能足够施展自己抱负的人，做不到这些，所以别人怎么能够比得上他呢？"处理确切的事容易，处理变化的事困难，施展聪明才智建立功业容易，隐藏聪明才智而取得成就很难，所以说宁武子的才智是别人能做到的，他的愚笨是别人做不到的。固然应该通过这种方法来衡量一个人，但是世事混乱，导致君子不能施展智慧而只能表现出愚笨，这又怎么是国家的幸事呢！

原文 子在陈[37]，曰："归与！归与！吾党之小子狂简，斐然成章，不知所以裁之。"

今译 孔子在陈国说："回去吧！回去吧！故乡里的学生有远大的志向但处世不周密，文采非常优秀但不知道怎样去节制自己。"

张居正讲评 陈是陈国。党是乡党。小子指门人之在鲁者说。狂简是志大而略于事的意思。斐是有文采。裁是裁正。昔孔子周流四方，至于陈国淹留既久，知道之终不能行，乃发叹说道："吾之初心本欲行其道于天下，今周流至此，而竟不一遇，是世终无用我者矣。我其归于鲁国与？我其归于鲁国与？然我之道虽不行于当时，犹当传于后世。今吾乡党后生中，尽有识见高明，志趣远大，不拘拘于小节的人，看他规模体段，已是斐然有文理之可观。但其志愿太高，学力未至，不知以中正之道自裁，而时出于规矩之外耳。若就其才性之所近者，因而抑其过，矫其偏，以归于中，则皆可以任斯道之重，而寄吾欲行之心，又何必栖栖遑遑以求用于世哉！此吾之所以欲归也。"是可见圣人为当时计，固欲其道之行，为后世计，又欲其道之传，其心真有视天下为一家，通古今为一息者。此所以继往圣开来学，而教万世无穷也与？

张居正讲评译释 孔子周游列国时,在陈国停留了很长时间,知道自己的抱负难以施行,就感慨地说:"我本来想在天下间施展自己的抱负,所以才游历到这里,但是却不被重用,世上没有任用我的地方啊。我回鲁国吗?我回鲁国吗?我的抱负虽然在现在难以施行,也应该流传给后世。如今我故乡的学生中间,有见识高明、志向远大、不拘小节的人,看他们的诗文,已经有文采和条理了。但是他们志向过于远大,学问却有所不足,不知道用公正的道理节制自己,经常违反礼法。如果我对才能品性优秀的学生进行指导,矫正他们的偏差过错,让他们回到纯洁公正,那么他们就可以接受重大的任务,寄托我的抱负了,这样我又何必急切忙碌地寻求获得重用呢!这就是我想要回去的原因。"从这可以看出圣人为当时考虑,想要施展自己的抱负,为后世考虑,又想要自己的学说得到传承,真是把天下当作一家,把古今当作一世呀。孔子所做的就是继承以往的圣人学说,为未来的学者开辟道路,给后世以教诲了吧!

原文 子曰:"伯夷、叔齐[38],不念旧恶,怨是用希[39]。"

今译 孔子说:"伯夷、叔齐不念他人过去的仇恨,因此怨恨他们的人也就很少了。"

张居正讲评 伯夷、叔齐,是孤竹君之二子。长曰伯夷,幼曰叔齐。念是追念。怨是恨。希字解做少字。孔子说:"伯夷、叔齐,古之至清介者也。大凡清介的人,疾恶太甚,其中多褊狭而不能容物,故人亦多有怨之者。惟伯夷、叔齐,持身虽介,处心甚平,人有不善,固尝恶而绝之矣。其实恶其为恶,而非有心以绝其人也。若其人能改而从善,则止见其善,而不复追念其旧日之恶,其好恶之公,度量之广如此,所以人皆尊敬而悦服之,就是见恶的人,亦乐其后来之能怨,而谅其前日之无他。怨恨之心,自然少矣。"此可见疾恶固不可以不严,而取善尤不可以不恕。古圣贤处己待人之道,莫善于此。若人君以此待下,尤为盛德。盖凡中材之人,孰能无过,惟事出故耳,怙终不悛者,虽摈斥之,亦不足惜,然或一事偶失,而大节无亏,初时有过,而终能迁改,以至迹虽可议,而情有可原,皆当舍短取长,优游爱惜,则人人乐于效用,而天下无弃才矣。虞舜宥过无大,成汤与人不求备,皆此道也。此可以为万世人君之法。

张居正讲评译释 孔子说:"伯夷、叔齐是古时候无比清正耿直的人。清正耿直的人,大都太过于愤世嫉俗,有很多人气量狭小,难以宽容别人,所以会招致很多怨恨。只有伯夷、叔齐虽然为人清正耿直，但内心平和，遇到别人做坏事，固然感到厌恶并远离他们。但这只是因为厌恶他们做坏事，不是存心要和他绝交。如果他们能够改正，那么伯夷、叔齐就会看到他们的善良，不再追究他们昔日的过错，伯夷、叔齐的喜好和厌恶是如此公正，他们的胸怀气量是这么的宽广，所以人们都尊敬信服他们。即使是之前被厌恶的人，也因为能被宽恕而高兴，就体谅到伯夷、叔齐当时没有恶意，他们内心的怨恨，自然就少了。"由此可见，憎恨坏人坏事固然要严厉，但当别人改正的时候也要心存宽恕。古时候圣贤处事待人的方法，没有比这更好的了。如果君主能够用这种方法对待臣下，更算是拥有了崇高的品德。一般人谁能不犯错误？如果故意做坏事，最终也不肯悔改的人，即使是受到排斥，也不值得惋惜。但如果偶然犯了错误，而基本的品德节操没有缺欠，并且能够改正错误，行为虽然不对，但是情有可原，对这些人应当舍短取长，宽容爱护，这样就会人人乐于效命，天下也就不会有被遗弃的人才了。虞舜宽恕别人的小错，成汤不求全责备，都是这个道理。这可以作为后世君主效仿的准则。

原文 子曰："孰谓微生高[40]直？或乞醯[41]焉，乞诸其邻而与之。"

今译 孔子说："谁说微生高这个人爽直？有人来向他要点醋，他竟然从邻居那里要来了醋给别人。"

张居正讲评 鲁人有微生高者，素以直见称于时。人但慕其名而不察其实，故孔子举一事以断之说："人皆以微生高为直，如今看来，谁说他是直人。盖所谓直者，必诚心直道，有便说有，无便说无。无一毫矫饰，而后谓之直。今微生高者，人曾问他求醋，其家本是没有，却不肯直说，乃转问邻家求来与他，这是曲意徇物，掠人之美以市己之恩矣。即此一事推之，则其心之私曲，行之虚伪可知，焉得谓之直乎？"夫微生高之直，人皆信其行，而孔子独断其非，所谓众好之必察焉者如此。然当时似是而非，虚名无实者，不止一事，利口之人乱信，乡愿之人乱德，孔子皆深恶而痛绝之。盖欲人致谨于名实之辨也，然则用人者岂可徒采虚名而不考其实行哉！

张居正讲评译释 鲁国有一个叫微生高的人，在当时一直被人们称颂正直。人们只是仰慕他的名声却没有注意他的实际行为，所以孔子列举了一件事来判断说："人们都认为微生高为人正直，现在看来，还有谁说他正直呢？我们所说的正直，一定要内心真诚、正直，有的事就说有，没有的事就说没有，没有一点虚伪掩饰，这样才能称作正直。如今微生高这个人，有人向他借醋，他的家里原本没有醋，但是却不肯直说，竟然从邻居家借来醋给别人，这就是委屈自己奉承别人，拿别人的物品来展示自己的恩惠。从这一件事可以推断出他内心的偏私和行为的虚伪，这怎么是正直呢？"人们都相信微生高的正直，只有孔子一个人认定不是这样，这就是对于众人喜爱的人或物一定要仔细审察。当时似是而非、有名无实的人很多。伶牙俐齿的人破坏诚信，貌似谨厚的伪善者破坏道德，孔子对这些都深恶痛绝。孔子这么说是想要人们谨慎地分辨一个人的名声和实际行为呀。既然这样，用人的时候怎么能只关注虚名而不考察实际行为呢？

原文 子曰："巧言、令色、足恭，左丘明[42]耻之，丘亦耻之；匿[43]怨而友其人，左丘明耻之，丘亦耻之。"

今译 孔子说："花言巧语、装出一副伪善的样子、低三下四过分谦恭，左丘明认为这种人非常可耻，我也这样认为；把怨恨藏在心里，表面上装出与人友好的样子，左丘明认为这种人可耻，我也觉得可耻。"

张居正讲评 巧言是言词工巧。令色是颜色和柔。足恭是过于恭敬而不中礼者。左丘明，是当时的贤人。耻是羞愧。丘是孔子的名。匿是藏。怨是恨。孔子说："人莫善于诚心直道，莫不善于谄媚奸险。盖人之相接，词色体貌，本自有个正礼。若乃巧好其言，务以悦人之听，令善其色，务以悦人之观，足过其恭，务以悦人之意，是谄媚之人也。左丘明为人方正，尝耻之而不为，我亦耻之而不为焉。"人之相交，恩怨亲疏自有个真心，若心里本是怨恨其人，却深藏不露外面，佯与交好，是奸险之人也。左丘明存心诚笃，尝耻之而不为，我亦耻之而不为焉。夫观此二者为圣贤之所共耻，学者可不省察乎此，而立心以直哉！然此等人不止可耻，尤有害于国家。盖谄媚之人，阿谀逢迎，非道取悦，人情易为其所惑。奸险之人，内怀狡诈，外示恭谨，人情易为其所欺。若不识而误用之，则其流祸有不可胜言者，所以古之圣王，远佞防奸如畏鸩毒而避蛇虺，盖为此也。

张居正讲评译释 孔子说："人最大的善良在于诚心实意地追求道，最大的邪恶在于奸诈阴险、讨好迎合别人。人们结交朋友的时候，在言语神态、体态容貌上，原本就有正当的礼仪规范。如果一个人说好听的话，装出一副伪善的样子，过分谦恭地去迎合别人，让他高兴，这样的人就是阴险狡诈的小人。左丘明为人正直，为这些行为感到羞耻而不去做，我也一样啊！人们交往的时候，恩怨亲疏自有真实的想法，如果心里本来怨恨别人，却深藏不露，不表现出来，假装和他有很好的交往，这就是阴险狡诈的人。左丘明内心真诚笃实，为这些行为感到羞耻而不去做，我也一样啊！"左丘明、孔子这样圣明贤德的人都为这些行为感到羞耻，求学的人能不反省考察清楚，树立正直的公心吗？这些阴险狡诈、谄媚奉承的人不仅让人厌恶，更会危害国家。因为谄媚的人，整天阿谀奉承，用不正当的方法迎合别人，人们很容易被他们迷惑。阴险狡诈的人，内心奸诈，但是外表表现得恭敬谨慎，人们容易被他们欺骗。如果君主误用了这些谄媚奉承、阴险狡诈的人，那么将会引起巨大的灾祸，所以古时候圣明的君王，就像畏惧毒药躲避蛇虺一样远离防范奸佞的小人，都是因为这些啊！

原文 颜渊、季路侍，子曰："盍[44]各言尔志。"

今译 颜回、子路侍立在孔子身边，孔子说："你们何不各自谈谈自己的志向？"

张居正讲评 盍是何不。志是心之所向。昔颜渊、季路尝侍于孔子之侧。孔子问他说道："二子学于吾门，都各有个志向，何不各言尔之志于我乎！"

张居正讲评译释 昔日颜回、子路侍立在孔子身边，孔子问他们："你们两个都在我门下学习，都有各自的志向，为什么不向我说说呢！"

原文 子路曰："愿车马、衣轻裘与朋友共，敝之而无憾。"

今译 子路说："我愿拿出自己的车马、皮袍、衣服与朋友享用，用坏了也不会抱怨。"

张居正讲评 衣是着衣。裘是皮服。敝是坏。憾是恨。子路因夫子问其志，遂对说道："人不可以自私，且如乘的车马，着的轻裘，虽是我之所有，然天下之物当为天下用之，不得专之以为己私也。我若有此车马轻裘，则愿与朋友共之，虽至敝坏亦无所恨焉。"盖子路勇于为义，识见高明，不屑为鄙吝之事，故其言如此。

张居正讲评译释 子路被孔子询问志向，回答说："做人不能自私，就像乘坐的马车、穿着的衣服等物品，虽然是自己拥有的，但是应该被所有人使用，不能够只是自己享用。我如果有马车、衣服，愿意拿出来和朋友共同享用，即使用坏了也不会抱怨。"子路勇于追求义，见识高明，不屑于做庸俗吝啬的事，所以这么说。

原文 颜渊曰："愿无伐[45]善，无施劳。"

今译 颜回说："我愿意不夸耀自己的长处，不表白自己的劳绩。"

张居正讲评 伐是矜夸。善是有德。施是张大的意思。劳是有功。颜渊因孔子问其志，遂对说道："人不可以自足，且如人能修德，虽有善可称，然亦不过复吾性分之所固有而已。我若有善，不欲矜夸于人，而自以为善焉。人能立功，虽有劳可录，然不过尽吾职，分之所当为而已。我若有劳，不欲张大于人，而自以为劳焉。"盖颜子几于无我，气象浑厚，无一毫满假之心，故其言如此。

张居正讲评译释 颜回被孔子询问志向，回答说："人不能够自我满足，比如人行善积德，虽然有值得称赞的地方，但也不过是做分内的事罢了。我如果做了善事，不向别人夸耀自己的长处，自己知道就行了。一个人建立了功绩，虽然有功劳可以表彰，但是也不过是尽了自己的职责，做分内的事罢了。我如果建立了功绩，不会向别人炫耀，自己知道就行了。"颜回到了无私的境界，为人淳朴敦厚，内心毫不自满自大，所以会这么说。

原文 子路曰："愿闻子之志。"子曰："老者安之，朋友信之，少者怀之。"

今译 子路对孔子说："希望听听老师的志向。"孔子说："我的志向是：让老者安心，让朋友信任，让年轻人得到关怀。"

张居正讲评 安是安逸。怀是抚恤的意思。子路问于夫子说："吾二人之志，已各言于夫子矣。但不知夫子之志何如？愿有闻焉。"孔子答说："吾之志无他，只愿天下之人各得其所而已。盖天下之人不同，有老者焉，有朋友焉，有少者焉。老者当安，吾愿养之以安，而使之各享其逸。朋友当信，吾愿与之以信，而使之各全其交。少者当怀，吾愿抚之以恩，而使之各适其性。随其心之所欲得，而与之以理之所本然。此则吾之志也。"合而观之，子路公其物于人，而有难于兼济。颜子忘其善于己，而犹出于有心。惟夫子之志兼利万物而不知其功，仁覆天下而不见其迹，真与天地之量一般，夫岂二子之所能及哉！使得君师之位，以行其政教，则时雍风动之化，当与尧舜比隆，惜乎不得其位，徒有志而未遂也。

张居正讲评译释 子路问孔子说："我们两个人的志向都向老师你说了。却不知道老师你的志向是什么？我们想听听看。"孔子回答说："我没有别的志向，只是想让天下人都得到适当的安置罢了。天下的人各不相同，有老人，有朋友，有年轻人。应当让老者安心，我愿意赡养他们，让他们享受安逸的生活。应当让朋友信任，我愿意诚实对待朋友，让他们全心全意和朋友交往。年轻人应该得到关怀，我愿意用恩德去教育他们，让他们能够施展自己的天性。给他们心里想要的，给他们本来就应该得到的，这就是我的志向。"把三个人的志向放在一起看，子路和朋友共用自己的物品，但是却难以做到同所有人都共用。颜回不炫耀自己的善良，也是有心这么做的。只有孔子的志向是使天下万物一起受益而不认为自己有功绩，仁德覆盖给天下人而不显露自己的行迹，就像天地一样器量宽广，这又怎么是子路、颜回两个人能比得上的呢！假如孔子在君主的位置上，施行自己的政令教化，那么当时的社会风气就能够和尧舜时相比，可惜孔子没有得到合适的位置，空有远大的志向却难以实现呀。

原文 子曰："已矣乎[46]！吾未见能见其过而内自讼[47]者也。"

今译 孔子说："罢了！我从来没有见过既能够认识自己的过错又能够从内心责备自己的人。"

张居正讲评 已矣乎是绝望之词。内自讼是心里自家悔责。孔子说："人不能以无过，而能改则可为君子。然必自知其过，而内自讼责，则即其悔悟深切，而能改可必矣。我尝以此望于天下之人，自今看来，凡人有过，不是饰非以自文，便是委靡以自安，并未见有自家知所行的不是，而内自悔责者也。然则欲求其能改过，岂可得乎！昔之所望于人者，今则已矣。这是孔子欲人悔过迁善，故为是绝望之辞，以激励天下人的意思。"大抵悔之一字，乃为善之机。《易》曰："震无咎者存乎悔。"太甲悔过，自怨自艾，故终为有商之令主。然能居敬穷理以预养此心，则自然邪念不萌，动无过举。圣人所以能立无过之地者，其要在此。若待其有过而后悔之，不亦晚乎？孔子之言，盖为中人以下者发也。

张居正讲评译释 孔子说："人不会不犯错，能够改正过错就可以成为君子。但是只有知道了自己的过错，内心能反省、责备自己，这样才是有深刻的悔悟，就能够改正错误。我曾经希望天下人都能做到这些，今天看来，一般人有了过错，不是自我掩饰，就是自我安慰，我并没有见到知道自己做了错事，内心责备自己的人。这样的人怎么能够改正错误呢！当时对人们所抱的希望，现在看来算了吧！"孔子想要人们悔过改善，所以才说对他们感到绝望，希望能激励到他们。大概"悔"这一个字，是改善自己的动机。《易经》里面说："改正错误的关键是要常存悔恨自己过失之心，并时有及时补正自己过失的行动。"太甲悔恨自己的过失而改正错误，所以最后成为商朝贤德的君主。如果能通过持身恭敬、深究事理来预先培养自己的心志，就自然就不会被邪念影响，产生过错。圣人之所以能够不犯过错，关键就在这里。如果等到犯了过错之后再悔悟，不是已经晚了吗？孔子的话，是对中等资质以下的人说的呀！

原文　子曰："十室之邑，必有忠信如丘者焉，不如丘之好学也。"

今译　孔子说："即使是只有十户人家的村落，必定也有像我一样讲求忠信的人，但不如我这样好学！"

张居正讲评　十室之邑是十家的小邑。忠信是资质纯实，可进于道者。丘是孔子的名。孔子说："人之近道，固在于天资，而尤须乎学力。我之得闻斯道，非徒以资质之美而已，实由好学以成之也。若但以资质言之，则岂必天下之广，就是那十室的小邑，也必有纯朴笃实，可进于道如我者焉。则天下之如我者，可胜言乎！但人皆恃其美质，不如我之勤敏好学以扩充其资，所以不能闻道，而有成者鲜也。"夫人乃不咎其学之不至，而徒诿于资之不美，岂不过哉！盖美质易得，至道难闻，故君如尧舜，必孳孳于精一，圣如孔子，犹汲汲于敏求，况其他乎！欲法尧舜孔子者当知所以自勉也。

张居正讲评译释　孔子说："人追求道时，天分固然很重要，但更需要努力学习。我之所以能够闻得道，不只是凭借着天资的聪颖，实际上凭借的更是勤奋好学。如果说只是依仗资质，那么不必从整个天下找，即使是只有十户人家的小村庄，也有淳厚朴实，可以像我一样追求道的人。那么天下间像我一样闻得道人，不是会有很多吗？人们虽然都有聪颖的天分，但是不像我一样勤奋好学，来扩充自己的天资，所以不能够得到道，有成就的人就更少了。"人们不反省自己学习上的不勤奋，而只是推脱说自己资质不好，这难道不是错误的吗！聪颖的天分很容易获得，但是精妙的道理却很难得到，所以像尧舜这样圣明的君主，也一定要孜孜不倦地用心学习，像孔子这样的圣人，也急切地勉励求学，更何况其他人呢！想要效法尧舜、孔子的人应该知道以此来勉励自己呀！

注释：

[1] 公冶长：名长，字子长、子芝。春秋时鲁国人，孔子的弟子，"孔门七十二贤"之一，名列第二十。

[2] 缧绁：捆绑犯人的绳索。引申为牢狱。

[3] 子：女儿。古时候儿子女儿都被称作子。

[4] 南容：南宫括，亦称南宫绦，孔子的学生。

[5] 废：舍弃不用。

[6] 子贱：宓子贱，姓宓，名不齐，字子贱。春秋末期鲁国人，孔子的学生，"孔门七十二贤"之一。

[7] 斯焉取斯：斯，此。第一个"斯"指子贱，第二个"斯"字指子贱的品德。

[8] 女：通"汝"，你。

[9] 或：有的人。

[10] 雍：冉雍，字仲弓，孔子的弟子，与冉耕（伯牛）、冉求（子有）皆在"孔门十哲"之列，世称"一门三贤"。

[11] 口给：言语便捷、嘴快话多。

[12] 漆雕开：字子开，又字子若，又说作子修。孔子的弟子。

[13] 桴：竹木筏子。

[14] 赋：兵赋，古代的兵役制度。这里自也包括军政工作而言。

[15] 求：字子有，通称"冉有"，尊称"冉子"，孔子的门徒，"孔门七十二贤"之一。

[16] 宰：邑长家臣。

[17] 赤：公西赤，姓公西，名赤，字子华，亦称公西华，孔子的弟子，"孔门七十二贤"之一。

[18] 束带：指穿着礼服。表示端庄。

[19] 愈：贤，胜过。

[20] 与：赞同。

[21] 宰予：字子我，亦称宰我，春秋末鲁国人，孔子著名的弟子，"孔门十哲"

之一。被孔子许为其"言语"科的高才生,排名在子贡前面。

[22] 杇:同"圬",指泥工抹墙的工具,这里作动词用,指把墙面抹平。

[23] 申枨:字周,春秋时鲁国人,精通六艺,"孔门七十二贤"之一。

[24] 孔文子:姓孔名圉,"文"是谥号,"子"是尊称。卫国大夫。

[25] 子产:姬侨,春秋时期政治家、思想家。姬姓,氏公孙,名侨,字子产,号成子。

[26] 晏平仲:名婴,字仲,谥平,习惯上多称平仲,又称晏子。夷维人,春秋时期著名政治家、思想家、外交家。

[27] 臧文仲:姬姓,臧氏,名辰,谥文,谓臧孙辰。臧哀伯次子,谥文,故死后又称臧文仲。春秋时鲁大夫,世袭司寇,执礼以护公室。

[28] 蔡:占卜用的大龟。

[29] 山节藻棁:古代天子的庙饰。山节,刻成山形的斗拱;藻棁,画有藻文的梁上短柱。后用以形容居处豪华奢侈,越等僭礼。

[30] 令尹:春秋战国时楚国执政官名,相当于宰相。

[31] 子文:斗谷於菟,芈姓,字子文,斗伯比之子。斗邑人(今湖北郧西)。著名春秋时期楚国令尹。

[32] 崔子:崔杼,春秋时齐国大夫,后为齐国执政。

[33] 陈文子:陈须无,齐国的大夫。

[34] 季文子:即季孙行父。春秋时期鲁国的正卿,前601—前568年执政。姬姓,季氏,谥文,史称"季文子"。

[35] 再:第二次。

[36] 宁武子:宁俞,春秋时卫国人,卫文公、成公时大夫。

[37] 陈:陈国。

[38] 伯夷、叔齐:商末孤竹君的两个儿子。相传其父遗命要立次子叔齐为继承人。孤竹君死后,叔齐让位给伯夷,伯夷不受,叔齐也不愿登位,先后都逃到周国。周武王伐纣,二人扣马谏阻。武王灭商后,他们耻食周粟,采薇而食,饿死于首阳山。

[39] 希:同"稀",稀少。

[40] 微生高:姓微生,名高,春秋时鲁国人,孔子的弟子。当时人认为他为人爽直、坦率。

[41] 醯:醋。

[42] 左丘明:春秋末期史学家、文学家、思想家、散文家、军事家。与孔子同时

或者比孔子年龄略长些。被誉为"文宗史圣""经臣史祖",孔子、司马迁均尊左丘明为"君子"。

[43]匿:隐藏。

[44]盍:何不,为什么不。

[45]伐:夸耀,自夸。

[46]已矣乎:绝望的语气,算了吧!

[47]讼:责备。

雍也第六

原文 子曰："雍也，可使南面[1]。"

今译 孔子说："冉雍这个人，其才能可以执掌国政。"

张居正讲评 雍是孔子弟子冉雍。南面是人君之位。冉雍素以德行著名，故孔子称许他说："吾门弟子如冉雍者，其器宇识量，恢恢乎有人君之度，就使之居南面之位，以总理庶务，统驭庶民，亦无不可者。"盖仲弓为人宽洪简重，惟宽洪则不失之苛刻，而有容物之量，惟简重则不失之琐碎，而得临下之体，故孔子称之。昔皋陶称帝舜临下以简，御众以宽，文王罔兼知于庶狱庶慎，亦是此意，读者合而观之，可以知君德矣！

张居正讲评译释 冉雍一直因为高尚的品德而很有名气，所以孔子称赞他说："我门下的弟子冉雍，他器量宽广、见识远大，有一国之君的风度，假如让他处在君主的位置上，处理国家事务、管理百姓，也不是不可以的事。"冉雍为人宽厚稳重，只有宽宏大度才不会对别人苛刻，才会有包容的器量，只有庄严稳重才不会过于烦琐，才能够合适地对待下属，所以孔子这么称赞冉雍。昔日舜在皋陶成为君主的时候对待下属庄严稳重，治理百姓宽宏大度，周文王不在各种狱讼、禁戒等琐碎小事上耽误时间，也是这个原因，读者把这些合起来就可以看出君主应有的品德了！

原文 仲弓[2]问子桑伯子[3]。子曰："可也，简。"

今译 仲弓问孔子子桑伯子这个人怎样。孔子说："此人还行，处事简约不烦琐。"

张居正讲评 仲弓是冉雍的字。子桑伯子是鲁人。简是不烦琐的意思。仲弓知孔子许己南面之意，盖因其器度之简重而取之，而疑子桑伯子之为人，亦有与己近似者。故问说："子桑伯子之为人何如？"孔子答说："凡人立身行事，多有过于琐碎，自为烦扰者。伯子为人，简易不烦，盖亦有可取者焉。"按《家语》记伯子不衣冠而处，是乃率意任情，轻世傲物之徒。而孔子以为可者，毋亦以其真率简略，独超于流俗而取之欤？斯仲弓之所以致疑也。

张居正讲评译释 冉雍知道孔子赞许自己有国君的气度，是因为自己宽厚稳重，就疑惑子桑伯子的为人也有和自己相似的地方。所以问孔子说："子桑伯子为人怎么样？"孔子回答说："平常人为人处世，大都过于烦琐，自取烦恼。伯子的为人，简易而不烦琐，所以也有可取的地方。"根据《家语》的记载，伯子不穿衣服，是率性任意、轻世傲物的人。而孔子认为他有可取的地方，是不是因为他的直率简单、超脱世俗是可取的地方？这是冉雍疑惑的地方。

原文 仲弓曰："居敬而行简，以临其民，不亦可乎？居简而行简，无乃大简乎？"

今译 仲弓说："立身庄严而行事简约，就像这样来治理民众，不是也可以吗？但是，立身简约而处事也简约，这岂不是太简单了吗？"

张居正讲评 仲弓因孔子许子桑伯子之简，而不能无疑于心，乃遂评论之说："居上临下之道，固贵乎简，然有简当之简，有苟简之简，不可不辨也。若能自处以敬，兢兢业业，无一毫的放肆之心，则中有主而自治严矣。如是而行简以临其民，则其事只举大纲，存大体，不至于琐屑纷更，则事有要而不烦，民相安而不扰，这才是简当之简，岂不为可贵乎！若先自处以简，恣意任情，无矜持收敛之意，则中无主而自治疏矣。而所行又概从简略，不分缓急，不论重轻，一味只是纵弛，则事无可据之规，民无可守之法，是则苟简之简而已，岂不失之过甚而为太简乎！"仲弓此言，盖以伯子为太简，而疑孔子之过许也。

张居正讲评译释 孔子称赞子桑伯子行事简约，冉雍心里有疑惑，所以评论说："身居上位的人对待下属，可贵的地方在于简约，但是应该分辨清楚哪些是应当的简单，哪些是不应当的简单。如果立身庄严，做事谨慎认真，没有一点儿懈怠放肆，内心有主见并且严格要求自己；如果行事简约地治理百姓，所有事情只列出要点，关注大局，不在琐碎的小事上耽误时间，这样事情就会有要点而不烦琐，民众就会相安无事不被打扰，这才是应当的简约，这不是很可贵吗？如果自己做人简约，恣意任性，毫不矜持收敛，这样就会因为没有主见而疏于自我约束。而办事也一律简略，不分轻重缓急一味放纵，做事就会没有可以依据的规定，民众没有可以遵守的法律，这就是在不应当简单的地方简单，这不就是因为过于简单而产生过失吗！"冉雍这么说，是因为伯子为人处世太过于简单，怀疑孔子对他过于赞扬了。

原文 子曰："雍之言然。"

今译 孔子说："冉雍这话说得很对。"

张居正讲评 然字解做是字。当时孔子许子桑伯子之简，特就其所可取者而与之，盖亦未暇深论。而仲弓之言则精确至当，诚居上临下不易之定论，故孔子深与之说："雍也以居敬之简为可，以居简之简为过，其言岂不诚然乎！"此可见仲弓平日盖能居敬而行简者，孔子许其可居南面，其意正在于此。为人君者，若能详味仲弓之言，而知敬简之义，则所谓笃恭而天下平者，亦不外是矣。

张居正讲评译释 当时孔子赞许子桑伯子行事简约，赞扬的是他可取的地方，没有来得及进一步议论。冉雍的话就比较准确恰当，是位居上位的人对待下属时正确的论断，所以孔子赞扬他说："冉雍认为立身庄严而行事简约是合适的，而立身简约处事也简约就是不恰当，他说的难道不对吗！"由此可以看出冉雍平时能立身庄严而行事简约，所以孔子赞扬他可以做一国之君。作为君主，如果能详细地品味冉雍的话，弄明白冉雍所说的庄严简约的意思，那么他就能成为人们所说的淳厚公正、使天下安定的君主啊。

原文 哀公问："弟子孰为好学？"孔子对曰："有颜回者好学，不迁怒，不贰过。不幸短命死矣。今也则亡，未闻好学者也。"

今译 鲁哀公问孔子："你的学生中哪个最好学？"孔子回答道："有个叫颜回的非常好学，他从不迁怒于人，从不犯同样的过错。不幸短命死了，现在再也没有这样的人了，从未听说有好学的人了。"

张居正讲评 迁是移，本怒此人，而又移于他人，叫做迁怒。贰是重复，已先差失了，后来重复差失，叫做贰过。昔鲁哀公问于孔子说："夫子之门人弟子甚众，不知谁是好学的人。"孔子答说："人之为学，必是潜心克己，深造有得，然后谓之能好。吾门弟子中，独有颜回者，是个好学的人。何以见得他好学？夫人意有所拂，孰能无怒，但血气用事的，一有触发，便不能禁制，固有怒于此而移于彼者。颜回也有怒时，但心里养得和平，容易消息，不曾为着一人，连他人都嗔怪了，何迁怒之有乎！夫人气质有偏，不能无过。但私欲锢蔽的，虽有过差，不知悔改，固有过于前而复于后者。颜回也有过失，但心里养得虚明，随即省悟，不曾惮于更改，致后来重复差失，何贰过之有乎！回之潜心克己如此，岂不是真能好学的人，惜其寿数有限，不幸短命而死。如今弟子中，已无此人，求其着实好学如颜回者，吾未之闻矣。岂不深可惜哉！"夫颜回之在圣门，未尝以辩博多闻称，而孔子乃独称之为好学，其所谓学者，又独举其不迁怒、不贰过言之。是可见圣贤之学不在词章记诵之末，而在身心性情之间矣！然是道也，在人君尤宜深省。盖人君之怒，譬如雷霆之震，谁不畏惧，若少有迁怒，岂不滥及于无辜。人君之过譬如日月之食，谁不瞻睹，若惮于改过，岂不亏损乎大德，故惩忿窒欲之功，有不可一日而不谨者。惟能居敬穷理涵养此心，使方寸之内，如秤常平，自然轻重不差，如镜常明，自然尘垢不染，何有迁怒贰过之失哉！所以说，圣学以正心为要。

张居正讲评译释　昔日鲁哀公问孔子说："你有那么多的学生，谁最好学呢？"孔子回答说："人学习时，一定要用心钻研，严格约束自己，深入学习，并且有所收获，这样才能称作好学。我的弟子中只有颜回是好学的人。如何看出他好学呢？如果人们的意思被违背，谁能够不生气？只有凭借着感情办事的人，一旦被触动引发，就难以约束自己，所以会因为这件事生气而牵连到另一件事。颜回也有生气的时候，但是他的内心清澈明亮，生气之后立刻会反省悔悟，不害怕更改错误，随后又怎么会重复犯同样的错误呢！颜回这样潜心学习、严于律己，难道不是真的好学的人吗？可惜他寿命有限，不幸很年轻就去世了。如今弟子中已经没有这样的人了，我没有听说有像颜回一样好学的人呀。十分可惜呀！"颜回在孔子的门下，没有因为善辩博闻被称赞，却被称为好学，而孔子所说的好学，又只是说颜回不迁怒，不犯同样的错误。这可以看出圣贤的学问不在于辞章的背诵，而在于身心性情的修养啊！这个道理，作为君主更应该明白。因为君主的愤怒，就像雷电一样，谁不畏惧？如果稍微有一些迁怒，那岂不是会伤害到没有罪过的人？君主的过错就像日食、月食一样，谁看不到呢？如果害怕改错，岂不是会让品德有亏损？所以在克制愤怒、堵塞情欲上，不能有一天的懈怠。只有自己保持谨慎敬重的态度、探究事物的道理，学会控制自己的情绪，使自己像秤一样公平正直，才自然不会在事物的轻重缓急上犯差错，让自己像镜子一样明亮，自然不会沾染过多的尘垢，怎么会有迁怒别人、重复犯错的过失呢！所以说，圣人的学问最重要的在于端正自身。

原文 子华[4]使于齐，冉子为其母请粟。子曰："与之釜[5]。"请益。曰："与之庾[6]。"冉子与之粟五秉[7]。

今译 公西赤出使齐国，冉有为他的母亲向孔子请求补助一些粟米。孔子说："给他六斗四升。"冉有请求多给一些，孔子说："再给他十六斗。"冉有却给了八十斛。

张居正讲评 这一章是门人记圣人用财的道理。子华是公西赤，字子华。冉子是冉有。粟，粟谷。釜是六斗四升。庾是十六斗。秉是十六斛。门人记说：夫子用财，惟视义之可否。如子华为夫子出使于齐国，时有母在，冉子恐其缺于养赡，乃为之请粟于夫子。夫子说："与他一釜。"与之甚少者，所以示不当与也。冉有未达，又请增益。夫子说："与他一庾。"益亦不多者，所以示不当益也。冉有犹未达，而终以为少，遂自以其粟与之五秉。一秉十六斛，五秉共为八十斛，则与之过多而伤惠矣！

张居正讲评译释 孔子的门人记录说：老师使用财物，只看是否符合道义。公西赤要出使齐国，当时公西赤的母亲还在世，冉有害怕他的母亲缺少养赡的物资，就请求给她补助一些粟米。孔子说："给她六斗四升。"给她的很少，表示不应该给。冉有不明白这个意思，请求多给一点儿。孔子说："再给她十六斗。"再给的也不多，表示不应该多给。冉有还不明白，还认为少，就自己给了她五秉，一秉十六斛，五秉一共是八十斛，给的太多，就会伤害了恩惠呀！

原文 子曰："赤之适[8]齐也，乘肥马，衣轻裘。吾闻之也：君子周[9]急不继[10]富。"

今译 孔子说："公西赤去齐国，乘坐着健马拉的车，穿着又轻便又暖和的皮袍。我听说，君子救济急需帮助的人，而不会助长富有的人。"

张居正讲评 适是往。裘是皮服。周是周济。急是贫穷窘急。继是续。夫子因冉有之过与，乃教之说："我非吝于财而不与之也。盖赤之往齐国也，所乘者肥壮之马，所衣者轻暖之裘，则其家之富足可知。吾尝闻之，君子但周济那贫难窘急之人，不继续那富足的人。今以赤之富足，而汝乃为之请粟，又多与之，是继富非周急也，夫岂用财之道哉！"这是不当与而与者，夫子教之以义如此。

张居正讲评译释 因为冉有给公西赤母亲的粟米过多，孔子就教育他说："我不是吝啬财物不舍得给，是因为公西赤去齐国，乘坐的是健马拉的车，穿着的是又轻便又暖和的皮袍，这就可以知道他家里的富裕。我曾经听说，君子只救济那些贫穷困难的人，不接济那些富裕的人。如今公西赤家境富足，而你为他们请求粟米的补助，又多给了很多，这是接济富人而不是救济穷人，这怎么是用财的道理呢！"这就是不应当给却给了的情况，孔子这样用道义教育他。

原文 原思[11]为之宰，与之粟九百，辞。

今译 原思担任孔子家的总管，孔子给他粟米九百，原思推辞不愿接受。

张居正讲评 原思是原宪，字子思。宰是邑长。粟是宰的俸禄。门人又记说："夫子为鲁司寇时，弟子原思为属邑之宰。夫子与之粟九百，乃其常禄所当得者也，原思却乃辞而不受焉。"盖其素性狷介，故虽常禄亦辞而不受，则过于廉而非理之中矣。

张居正讲评译释 门人又记录道："老师在鲁国做司寇的时候，弟子原思担任家里的总管，孔子给他粟米九百斗，这是他应该得到的正常的俸禄，原思却推辞不接受。"这是因为原思向来性情正直，所以即使是正常的俸禄也推辞不接受，这就是过于廉洁而于理不合了呀。

原文 子曰："毋。以与尔邻里乡党乎！"

今译 孔子说："不要推辞，如果有剩余就拿去送给你的乡亲们吧！"

张居正讲评 毋是禁止之辞。五家为邻，廿五家为里，万二千五百家为乡，五百家为党。夫子因原思之辞禄，乃教之说："尔毋辞也，盖官有常禄，乃国家之定制，安得以私意辞之。若俸禄有余，则尔之邻里乡党有贫乏者，推以与之，不亦可乎！"而何以辞为也，这是不当辞而辞者，夫子教之以义如此。大抵人之取与辞受，都有个当然的道理。当与而不与，固失之吝；不当与而与，则失之滥；当辞而不辞，固失之贪；不当辞而辞，则失之矫。夫惟圣人，一酌之于义理之中，而自不至有四者之失，视世之私恩小惠，小廉曲谨者，只见其陋而已。善用财者，当一以圣人为准可也。

张居正讲评译释 因为原思不接受俸禄，孔子就教导他说："你不要推辞，官员都有固定的薪俸，这是国家的规制，怎么能私自推辞呢？如果你有多余的薪俸，就给你的贫困的邻居一些，这不也可以吗，为什么要推辞呢？"这就是不应该推辞却推辞的行为，孔子这样用道义教育他。大致上人们对物品的接受与推辞，都要有一个合理的原因。当给予的情况却不给，这自然是吝啬；不应该给的情况下却给予了，这就是滥用财物；应该推辞却不推辞，这就是贪心；不应该推辞的却执意推辞，这就是过于清高。只有圣人在对待财物的时候，一律根据情理斟酌使用，自然不会有上面这四种过失。圣人看世上那些爱施小恩小惠、拘于小节、不识大体的人，只能看到他们的浅薄丑陋罢了。想要善于使用财物的人，单独把圣人当作学习的标准就行了。

原文 子谓仲弓曰："犁牛之子骍[12]且角[13]，虽欲勿用，山川其舍诸？"

今译 孔子在提到仲弓的时候说："毛色不纯的牛所生的牛犊却是全身赤红色的，且牛角端正；即便祭祀时不愿采用，山川之神难道会舍弃它吗？"

张居正讲评 仲弓是孔子弟子冉雍，字仲弓。犁是杂文。骍是赤色。角是头角周正。周人尚赤，故牛之赤色而又头角周正者，乃用于祭祀，若杂色之牛，则贱之而不用也。山川，是山川之神。昔者仲弓之父贱而行恶，仲弓却为圣门高弟，以德行著名，当时有以其父病之者，故孔子取譬之说道："牛之杂色者，固不可用为祭祀之牺牲，若其所生之子，纯然赤色，而又头角周正，则正祭祀之所须者。人虽以其为犁牛所生，要不用他，然那山川之神，岂能舍此而他享乎？今雍父之恶就如犁牛一般，雍之贤就如牛之骍且角的一般，人虽以其父恶而欲勿用，然有如此之德，自当见用于世，又岂能终废之哉！"是可见圣贤之生，不系乎世类，用人者但当取其才德，而不必问其世类之何如。古之帝王，立贤无方，盖为此也。

张居正讲评译释 冉雍的父亲身份卑贱并且品行不端，冉雍却是孔子门下优秀的弟子，凭借着高洁的品行很有名，当时有人拿他的父亲羞辱他，孔子就打比方说："毛色不纯的牛固然不可以用来祭祀，但如果它所生的牛犊全身赤红，而且头角周正，这正是祭祀时候需要的。即使人们因为它是毛色不纯的牛所生就不用它，但是山川之神怎么会舍弃它呢？如今冉雍父亲的恶行就像毛色不纯的牛一样，冉雍的贤德就像全身赤红色、牛角端正的牛一样，人们虽然因为他父亲的恶行而不愿意任用冉雍，但是冉雍有如此高尚的品德，自然应该被任用，怎么能被舍弃呢！"这可以看出，圣贤的成长不会受到家庭出身的影响，用人者只要依据他的才能品德就行了，不必理会他的家庭门第怎么样。古时候的帝王，推举贤人不以常法，就是这个原因。

原文 子曰："回也，其心三月不违仁，其余则日月至焉而已矣。"

今译 孔子说："谈到颜回呢，他的心是从未离开仁的；而别的人则只是偶尔达到过这一境界罢了。"

张居正讲评 回是孔子弟子颜回，离此至彼，叫做违，从彼来此叫做至。孔子说："仁乃吾心之全德，必纯乎天理而无私欲之累者，乃足以为仁。若有一私之杂，一息之间，皆非仁也。吾门弟子有志于仁者多矣，其中独有颜回，天资既高，学力又到，真能克去己私，复还天理，至于三月之久，而其心之所存所发未尝有一毫私欲之间杂，盖庶几乎中心安仁者焉。其余众弟子，一般也去求仁，也有到得仁的时候，但已得而复失，暂明而复蔽。或一日之内能至于仁，不能日日如此。或一月之内能至于仁，不能月月如此，欲如回之三月不违，岂可得乎！"观孔子此言，不惟知圣门弟子之优劣，亦可以见仁道之难成矣！然孔子他日又言，我欲仁，斯仁至矣。则亦岂言难以沮人之进者哉！盖仁具于心，故欲之而即至，心惟易放，故舍之而即失，欲求仁者先收放心可也。

张居正讲评译释 孔子说："在我心里仁是最完美的道德，一定要完全遵循天理，没有任何私欲，这才能称作仁。如果在一息之间，有一点儿杂念，都不是仁。我门下的弟子立志于追求仁的有很多，其中只有颜回，既天资聪颖又刻苦求学，能够去除自己内心的私欲，完全遵循天理，时间能达到三个月之久，在这期间他内心不会产生一点儿私欲，能完全安心于实行仁道。其余的众多弟子，一般也有求得仁的时候，但是得到之后很快就又失去了。或者只能在一天之内保持仁的状态，但不能每天都保持。或者能在一个月内保持仁的状态，但不能每个月都这样，怎么能像颜回一样保持三个月的时间呢？"从孔子的这些话，不只可以知道孔子的弟子中谁优谁劣，也可以看出达到仁道的艰难啊！然而孔子过些天又说，我想要仁，仁就能到了。所以孔子并不是用困难来阻止人们追求仁呀！因为仁在心里，所以想要就可以得到，但是因为人容易放纵自己，所以稍微一放松就会丢失仁。想要求取仁，一定要先学会控制自己才行呀！

原文 季康子问："仲由可使从政也与？"子曰："由也果，于从政乎何有？"曰："赐也可使从政也与？"曰："赐也达，于从政乎何有？"曰："求也可使从政也与？"曰："求也艺，于从政乎何有？"

今译 季康子问："可以让仲由从政吗？"孔子回答道："仲由是个果断的人，从政有何不可呢？"季康子继续问："那让端木赐从政如何呢？"孔子答道："赐是个通达的人，从政有何不可呢？"季康子又问："那冉求呢？"孔子答道："求是个样样精通的人，从政有何不可呢？"

张居正讲评 季康子是鲁大夫。从政是为大夫而从事于政治。果是有决断。达是通事理。艺是多才能。何有是说不难的意思。季康子问于孔子说："夫子之门人若仲由者，可使为大夫而从政也与？"孔子答说："凡人优柔不断者，不足以从政。由也，勇于为义，是刚强果毅的人，使为大夫，必能决大疑，定大计，当断即断，有振作而无废弛矣！其于从政，何难之有。"季康子又问说："如端木赐者，可使为大夫而从政也与？"孔子答说："凡人执滞不通者，不足以从政，赐也闻一知二，是明敏通达的人，为大夫，必能审事机，通物理，斟酌处置，有变通而无窒碍矣！其于从政，何难之有？"季康子又问说："如冉求者，可使为大夫而从政也与？"孔子答说："凡人才力空疏者，不足以从政，求也长于政事，是多才多艺的人，使为大夫，必能理繁治剧，区画周详，随事泛应，绰乎其有余裕矣！其于从政，何难之有？"夫三子之才，各有所长而皆适于用如此。使季康子能劝鲁君尊信孔子，委任诸贤，则何东周之治不可复哉！惜乎其不能用也。

张居正讲评译释 季康子问孔子说："可以让你的弟子仲由作为大夫从政吗？"孔子回答说："一般人优柔寡断难以下决定，不能够从政。但是仲由勇敢忠义，是一个果断刚毅的人，让他做大夫，一定能够解决重大的疑问，制订重要的计划，该决断的时候就决断，一定会让国家振兴，而不至于在政令上松弛呀！他在从政上有什么难的呢？"季康子又问："可以让端木赐作为大夫从政吗？"孔子回答说："一般人固执不知变通，不能够从政，端木赐能够闻一知二，是一个聪明通达的人，让他作为大夫，一定能审视事情的情势，通晓事物的规律，斟酌解决这些问题，知道变通而不至于因为固执阻碍事情的处理。他在从政上有什么难的呢？"季康子又问："可以让冉求作为大夫从政吗？"

孔子回答说："一般人才能不足，不能够从政，冉求擅长处理政事，是一个有才能的人，让他作为大夫，一定能治理好繁乱的事务，周密地做出安排，根据不同的事情做出不同的反应，并且态度从容，不慌不忙。他在从政上有什么难的呢？"这三个人各有自己的长处而都适用于从政。假如季康子能劝说鲁国国君尊奉孔子，任用贤人，又怎么不能恢复到周朝的太平盛世呢？可惜孔子不被重用啊！

原文 季氏使闵子骞[14]为费宰。闵子骞曰："善为我辞焉！如有复我者，则吾必在汶[15]上矣！"

今译 季氏派人去任命闵子骞为费邑的长官。闵子骞对差人说："请好言为我推辞掉吧。如果还要来找我，那么我一定会逃到汶上去。"

张居正讲评 季氏是鲁大夫。闵子骞是孔子弟子闵损，字子骞。费是季氏的属邑。辞是言词。复是再来。汶是水名。在鲁之北境上。昔季氏为鲁大夫，专执国政。一日使人召闵子骞，着他做费邑之宰，闵子骞是个有德行的人，心恶季氏，不肯入于其党，而又不敢显言，乃对使者说："大夫虽欲用我，然我之心，不愿仕进，汝其为我从容委曲，善为说词，以达吾不仕之心，而止其用我之意，必不可再来召我也。若不肯见信，而再来召我，则吾当逃避于汶水之土，而不复居于鲁国矣。大夫岂能强我之必仕乎！"夫闵子隐而不仕，既不失身于权臣，其言逊而不阿，又能免祸于乱世，真可以为贤矣！然以闵子之贤，鲁君不能用之以匡公室，而使季氏欲引之以为私人，此鲁之所以微而不振也。

张居正讲评译释 季氏作为鲁国的大夫把持鲁国的朝政，有一天派人去任命闵子骞为费邑的长官，闵子骞是一个有品德的人，厌恶季氏，不肯做他的同党，又不能明说，就对使者说："大夫虽然想任用我，但是我不想做官，请你帮我好言推辞，表示我不想做官的决心，制止他任用我的想法，一定不要再来找我了。如果不相信我说的话，再次来召我做官，那么我只有逃避到汶水那片地上去，不能再留在鲁国了呀。他怎么能强行让我做官呢！"闵子骞归隐起来不做官，不和权臣同流合污，说话谦逊却不逢迎，能够在乱世躲避灾祸，真的可以说是贤德啊！但是闵子骞如此贤德，鲁国国君却不能重用他来匡正国家，而导致季氏想要把他任用作私臣，这就是鲁国萎靡不振的原因呀！

原文 伯牛[16]有疾，子问之，自牖[17]执其手，曰："亡之，命矣夫！斯人也而有斯疾也！斯人也而有斯疾也！"

今译 冉伯牛得了重病，孔子去看望他，通过窗棂握住他的手说道："难活了啊！这是命啊！这样的人却患有如此重疾！这样的人却患有如此重疾！"

张居正讲评 伯牛是孔子弟子冉耕，字伯牛。牖是窗。古之病者，卧于北窗下，若人君来视，则暂时移在南窗下，使人君得以南面视己，所以尊君也。亡是丧亡。命是天命。昔者伯牛有疾，孔子往问之，伯牛乃迁于南牖下，使孔子南面视己。盖以尊君之礼尊之也。孔子不敢当，故不入其室，但自牖中执其手，而与之诀曰："病势危笃如此，其丧亡必矣，然此乃天之所命，非由于人者也。"何则？人而无德，或不能谨疾，或有以召灾，固不足言矣。今以如此之贤人，而何乃有如此之恶疾也。以如此之贤人，而何乃有如此之恶疾也。岂非莫之致而至者耶！信乎其为命也已！盖夫子痛惜之深，故重言以叹之如此！

张居正讲评译释 冉伯牛得了重病，孔子前去看他，冉伯牛就暂时移到南窗下，让孔子在南面看自己。这是用对待君主的礼仪来尊敬地对待孔子呀。孔子不敢承受，所以不进屋，通过窗户握着他的手，和他诀别说："你的病情这么危急，一定难以活了呀，但这是天命，不是你人的原因。"为什么会这样呢？没有品德的人，有的得了重病，有的招致了灾难，这自然不值得说。但如今像伯牛这样的贤人，为什么患有如此严重的疾病！像这样的贤人，为什么患有如此严重的疾病！这不是本不应该发生的事吗？只能认为这是天命了！孔子感到如此的痛惜，所以才有这样的感叹！

原文 子曰："贤哉！回也。一箪食，一瓢饮，在陋巷，人不堪其忧，回也不改其乐。贤哉！回也。"

今译 孔子发出感慨："贤德啊，颜回！一筐饭食，一瓢饮水，身居陋室狭巷，别人无法忍受这窘困的忧愁，颜回却能从中自得其乐。贤德啊，颜回！"

张居正讲评 贤是有德之称。箪是竹器。食是饭。不堪是受不得的意思。孔子称许颜回说："凡人学道者多，得道者少。我看颜回是个有德的贤人。如何见得？盖人莫难于处贫，而回则贫之至者。他的饮食不过是一箪之饭，一瓢之饮，又居处于荒陋的巷中，其困穷一至于此。若使他人处之，有不胜其愁苦者。然颜回之心自有乐处。但见其优游自得，不以身之困穷而遂改其乐也。这是所见者大，故中心自无不足，所得者深，故外物自不能移，非贤而有德者能如是乎？所以说贤哉回也！"大抵处富贵而佚乐，居贫贱而忧戚，乃人情之常。圣贤之所乐，盖有超于贫富之外者，舜禹有天下而不与，孔子饭蔬饮水，乐在其中；颜子箪瓢陋巷，不改其乐：其心一也。善学者当自得之。

张居正讲评译释 孔子称赞颜回说："一般人学习道的有很多，但是有所收获的很少。我看颜回是一个贤德的人。如何看出来的呢？对人来说，最难的就是生活贫困了，颜回是最贫穷的人。他的饮食不过是一筐饭食、一瓢饮水，又居住在陋室狭巷中，贫困到了这种地步。如果让别人处在这样的境地，肯定会难以忍受、苦不堪言，但是颜回却能自得其乐。他能在这种情况下悠然自得，不因为自己的贫困而变得苦闷。这是因为他目光远大，不会为当前的处境感到不满，他对道的追求很深，外部事物难以转移他的心志，如果不是贤德的人谁能做到这些？所以说颜回很贤德呀！"通常人们在富贵的境地就感到快乐，处于贫困的境地就感到忧虑，这是人之常情。圣贤的欢乐，超出了生活上的贫富，舜禹虽然拥有天下但是不贪图享乐；孔子的饮食只是蔬菜和水，仍然在其中感到了欢乐；颜回身处陋巷，饮食简单，也不改变自有的快乐，这是因为他们一心追求道啊！求学的人应该向他们学习。

原文 冉求曰："非不说子之道，力不足也。"子曰："力不足者中道而废，今女画。"

今译 冉求说道："我并非不喜欢先生的讲学，实是能力不够啊！"孔子说道："能力不够的人会在半途停滞，而现在你是自画界限。"

张居正讲评 说是喜悦。中道是半途。废是止。画是自家限量的意思。冉求自言于孔子说道："夫子之道高矣美矣，我非不欣慕而求以至之，但资禀昏弱，心虽欲进，而力有所不足，故不能至耳！"孔子教之说："所谓力不足者，非不用其力也，乃是心诚向道，尽其力以求之，至于中道，气力竭了，莫能前进，而不得不废，这才叫做力之不足。今汝本安于怠惰，不肯用力向前，譬如画地以自限的一般，乃能进而不欲，非欲进而不能者也，奚可自诿于力之不足哉！"大抵人之勇往力行，生于真知笃好，盖志之所至，气必至焉。若冉有者，还是不能真知道中之味而悦之。使其果悦之深，则必如颜子之欲罢不能矣，而岂以力不足为患哉！学者不可不勉也。

张居正讲评译释 冉求独自对孔子说："老师你的学问很高深美妙，我不是不喜欢学习，只是因为自己资质较差，心里虽然想要进取学习，但是能力不足，所以学习不了啊！"孔子教育他说："能力不够，并不是不用力，而是诚心追求，努力学习，至于在半途气力衰减，停滞不前，不得不停止，这才叫作能力不足。如今你是懒惰懈怠，不愿意努力向前，就像给自己画了一个界线一样，在能前进的时候不愿意前进，并不是想前进却不能前进呀，怎么能自己推脱说能力不够呢！"大致上人们对某件事的强烈追求，源自于对其深刻的认知和真心的喜爱，所以才意志坚决地一定要实现它。像冉有这样，还是因为没有认识到学问中值得喜爱的地方，如果他知道了，就一定会像颜回一样欲罢不能，又怎么会担心自己能力不足呢！求学者不能不以此来勉励自己呀！

原文　子谓子夏[18]曰："女为君子儒，无为小人儒！"

今译　孔子教导子夏说道："你应该追求君子之儒，而不要追求小人之儒。"

张居正讲评　儒是学者之称。孔子尝教门人卜子夏说："如今为学的人，都谓之儒，不知儒者亦有分辨。有一样君子之儒，有一样小人之儒。所谓君子儒者，其学道固犹夫人也，但其心则专务为己，不求人知，理有未明，便着实去讲求，德有未修，便着实去体验，都只在自己身心上用力，而略无干禄为名之心，此君子之儒也。所谓小人儒者，其学道亦犹夫人也，但其心专是为人，不肯务实，知得一理，便要人称之以为知，行得一事，便要人称之以为能，都只在外面矫饰而无近里着己之学，此小人之儒也。汝今但学那君子之儒，而专务为己，不可学那小人之儒，而专务为人。能审乎此，则趋向正而心术端，自然日进于高明，而不流于污下矣，可不谨哉！"这君子、小人之儒，不但学术所关，亦世道之所系。人君若得君子之儒而用之，则必能守正奉公，实心为国，而社稷苍生皆受其赐，若用了小人之儒，则背公营私，附下罔上，而蠹国殃民之祸，有不可胜言者。故用人者，既观其行事，而又察其心术，斯得之矣。

张居正讲评译释　孔子曾经教导弟子卜子夏说："如今求学的人都被称作儒，但是却不知道儒之间也有分别。一种儒是君子之儒，一种儒是小人之儒。君子之儒，他们的求学固然和众人一样，但是他们一心为自己学习，不追求名声，如果有不明白的道理，就用心去寻求解决，如果品德不高，就踏实地去实践体验，这些都只是自己用心实践，没有追求名利的想法，这就是君子之儒。小人之儒，他们的求学也和众人一样，但他们为的是获取名利，不肯踏实学习，每知道一个道理，就要得到人们的称赞，每做一件事，也要得到人们的称赞，这些都只是在表面上装饰自己，而没有真实的学问，这就是小人之儒。你如今只需要学习君子之儒，专心为自己学习，不可以学习小人之儒，为了名利而学习。你如果能仔细了解这些，就会走向正途，端正心术，学问自然能够精进，而不会变得鄙陋，所以你能不谨慎吗！"君子之儒和小人之儒不只关系到学问，也关系到社会风尚。君子之儒被君主重用，就一定能守正奉公、实心为国，国家、百姓都会受到其带来的恩泽；如果小人之儒被任用，就会违背公义、谋取私利、笼络下属、欺骗君上，就会祸国殃民，引起巨大的祸端。所以用人者既要观察臣下的办事能力，也要考查他们的心思，这样才能判断他们的为人。

原文 子游为武城宰。子曰："女得人焉尔乎？"曰："有澹台灭明[19]者，行不由径，非公事未尝至于偃之室也。"

今译 子游担任武城邑的长官，孔子对他说："在那里你获得人才了吗？"子游回答道："有一个叫作澹台灭明的人，从不走小道，没有公事的话，从不曾到我的住地来。"

张居正讲评 子游是孔子弟子，姓言，名偃，字子游。武城是鲁国的邑名。宰是邑长。人指贤人。澹台是姓，灭明是名。径是小路。公事是官府中公举的事，如乡饮、乡射、读法之类。昔者子游为武城宰。孔子问说："为政以人才为先。武城一邑之中，必有德行高谊可以表正风俗者。汝今为宰，亦曾得这样人与之相处否乎？"子游对说："有个澹台灭明者，乃武城之贤人也。其存心正直，制行端严，寻常行路，必由坦然之正途，而捷径之小路则不肯由。岁时谒见，必是为邑中的公事，而非公事，则未尝轻至于偃之室。夫行不由径，则动必以正，而无见小欲速之心可知。非公事不见邑宰，则有以自守，而无枉己徇人之私可见。此灭明之所以为贤，而偃之所知者，唯斯人而已。"夫子游以一邑宰，其取人犹若是，等而上之，宰相为天子择百僚，人主为天下择宰相，必以此类观焉，则刚方正大之士进，而奔竞谄谀之风息矣！

张居正讲评译释 昔日子游担任武城邑的长官。孔子问他说："处理政务首先要获得人才。武城中一定有道德品行可以用来端正社会风气的人。你如今作为当地的长官，曾经得到过这样的人才吗？"子游回答说："有一个叫澹台灭明的人，是武城里贤德的人。他内心正直，行事端正，平时走路，一定走平坦的大路，从不走便捷的小道。平时前来拜见，一定是因为城里面的公事，如果不是公事,从不到我住的地方来。从不走小路、办事公正可以看出他不急功近利,不贪小便宜;没有公事就不来见长官,可以看出他不会心存私利、包庇他人。这就是澹台灭明被我当作是贤人的原因。"子游作为长官,还这样选择人才,以此上推,宰相为天子选择官员,君主为天下选择宰相,都要用这种方法。这样正直的人才才能得到重用,阿谀奉承的风气才能被止息。

原文 子曰:"孟之反[20]不伐[21]。奔而殿,将入门,策其马,曰:'非敢后也,马不进也。'"

今译 孔子说:"孟之反从不夸耀自己。他在逃跑时殿后,将要奔入城门的时候,抽打着自己的马儿说道:'并不是我敢于断后,而是马儿自己不肯走啊!'"

张居正讲评 孟之反是鲁大夫。伐是矜夸。奔是败走。殿是居后。策是鞭。孔子说:"凡人但有功劳未有不矜夸自足者。我看鲁大夫孟之反,是个谦退不伐的人。大凡进军,则以当先者为勇;军退,则以殿后者为功。当时齐与鲁战,鲁师败绩。众人都往前奔走,孟之反独在后面堵截敌人,保全士卒,可谓有功矣!他却不以自为功,及将入国门之时,正众人属目之地,乃鞭策其所乘之马,向众人说:'我不是敢于拒敌,故意在后,只是马疲乏不能前进耳。'"盖归罪于马,正所以自掩其功,非有功而不伐者乎!此可以为贤大夫矣。大抵不伐二字最为美德,盖谦虚乃能受益,盈满必然招损。颜渊无伐善,无施劳,故孔子许之。大禹不矜不伐,故帝舜称之。读者所宜深玩也。

张居正讲评译释 孔子说:"一般人只要有了功劳就一定会炫耀自己。我看鲁国的大夫孟之反,是一个谦虚谨慎不夸耀自己的人。军队前进的时候,他一定会勇猛地冲在前面;军队后退的时候,就在最后面断后。当时齐国和鲁国打仗,鲁国的军队败了。众人都忙着撤退,只有孟之反独自一个人在后面阻断敌人、保护士兵,这可以说是很大的功劳啊!他自己却不把这些当作功劳,到了将要进入城门的时候,在众人的注视下,拿鞭子抽打自己的马儿说:'我不是敢于阻击敌人故意断后,只是因为马儿疲惫不能往前走。'"孟之反怪罪马儿不肯前走,正是用来掩盖自己的功劳,这难道不是不炫耀自己的功劳吗!这些就可以成为一个贤德的大夫了。大概不夸耀自己是一个人最美好的品德了,谦虚能让人获益,骄傲自满一定会招致损失。颜回不夸耀自己的长处和功劳,所以孔子赞许他;大禹不炫耀自己的功绩,所以舜称赞他。读者应该仔细研究体会这些啊！

原文 子曰："不有祝鮀[22]之佞[23]，而有宋朝[24]之美，难乎免于今之世矣。"

今译 孔子说："倘若没有祝鮀的口才，也没有公子朝的美色，那么在如今不免被人厌恶了。"

张居正讲评 祝鮀是卫大夫。佞是有口才。宋朝是宋国的公子，名朝。美是容色之美。难免是说不免为人所恶。孔子说："方今世道不古，人情偷薄，不好直而好谀，不悦德而悦色。故必言词便佞如祝鮀，容色美好如宋朝，然后可以取人之说。若不有祝鮀之佞口，宋朝之美色，则无以投时俗之好，人将厌而弃之，求免于今世之憎恶，亦难矣。"夫巧言令色本尧舜之世所深恶者，而春秋之时，乃以为好，则习俗之浇漓可知，圣人所以伤叹之也。有世道之责者，可不谨其所好尚哉！

张居正讲评译释 孔子说："如今社会风气不像古时候那样淳朴了，风俗也不敦厚了。人们不喜欢耿直而喜欢奉承讨好，不喜欢美德而喜欢美色。只有像祝鮀一样能说会道，像宋朝一样相貌英俊才能让人们喜欢。如果没有祝鮀那样的口才、宋朝那样的容貌，就不符合人们的喜好，会被人们厌恶舍弃。如今想要不被人们憎恶，很难呀！"巧言令色在尧舜时期是被人们厌恶的，但是到了春秋时期，就获得人们的喜爱，这就可以看出社会习俗的浅薄，所以孔子才哀伤感叹呀！有匡扶世道的责任的人，能不在自己的爱好上谨慎吗！

原文 子曰："谁能出不由户？何莫由斯道也？"

今译 孔子说："谁能不通过门户而出去呢？为何不遵守（我指的）这条路呢？"

张居正讲评 户是门户。道是人伦事物日用之理。人所当共由者也。何莫是怪叹之辞。孔子说："事必有道，譬如室必有户一般。人若能出不由户，则其行不由道可也。然天下之人，其谁有能出不由户者乎？何故乃不由此道也？"盖为人之道，各在当人之身，既非有所禁而不得由，又非有所难而不能由，则夫人独何为而不由乎？是诚可怪也已。圣人警人之意莫切于此，人能反而求之，道岂远乎哉！

张居正讲评译释 孔子说："任何事物一定有它自己的道理，就像房屋一定有门一样。人如果能不通过门进出房间,那么做事就可以不依据事物的道理。但是天下有谁能不通过门进出房屋呢?所以为什么不遵从事物的事理呢?"做人的道理都在个人自己,既没有被禁止也没有遇到困难,那么人为什么不遵循事理呢?这确实很奇怪啊。圣人警示世人的意味如此深切,人如果能反思自己,那么离道还会远吗?

原文 子曰:"质胜文则野,文胜质则史。文质彬彬,然后君子。"

今译 孔子说:"过于朴实,就会显得鄙俗;过于文雅,就会显得虚浮。文雅与朴实相得益彰,才可称得上是君子。"

张居正讲评 质是质实。文是文采。野是村鄙的人。掌管文书的叫做史。彬彬是匀称的意思。孔子说:"凡人固要质实,也要文采。二者可以相有,而不可以相胜。若专尚质实,胜过乎文,则诚朴有余,而华采不足,就似那村野的人一般,一味是粗鄙简略而已,岂君子之所贵乎!若专尚文采,胜过乎质,则外虽可观,而中无实意,就是那掌管文书的一般,不过是虚浮粉饰而已,亦岂君子之所贵乎?"惟是内有忠信诚恪之心,外有威仪文词之饰,彬彬然文质相兼,本末相称,而无一毫太过不及之偏,这才是成德之君子。德至于君子,则岂有野与史之弊乎?盖周末文胜,古道尽亡,孔子欲矫其偏而归之正,故其言如此。但当时之君,安于弊政,而不能变更,公卿大夫习于流俗,而不知救正,此周道之所以日衰也。有挽回世道之责者,可不念之哉?

张居正讲评译释 孔子说:"人固然要朴实,但也需要有文采。这两方面需要保持统一,不能有一方超过另一方。如果只是追求朴实,导致胜过了文雅,就会过于淳朴,而像野人一样缺少文雅,这只是粗俗简单罢了,这怎么能受到君子的尊崇呢?如果只是追求文采,导致超过了质朴,虽然看起来很美好,但是没有真实的内涵,就像那掌管文书的人一样,全部都是虚假的装饰罢了,这怎么能受到君子的尊崇呢?"只有内心忠厚诚信,外表威严庄重,文采质朴配合得宜,既有文采又有朴实,质朴和文雅之间能保持统一,这才是品德高尚的君子。品德高尚的君子又怎么会鄙俗和做作呢?周朝末年,繁文缛节兴盛,而淳厚古朴的风尚完全消失了,孔子想要矫正这些偏差,让社会回归正气,所以才这么说。但是当时的国君,安心于腐败的政治,不知道变更;公卿大夫沉迷于不良的习俗,不知道匡正,这些都是周朝逐渐衰落的原因。需要挽救社会习俗的人,难道不应该牢记吗?

原文 子曰："人之生也直，罔之生也幸而免。"

今译 孔子说："人的生存贵在正直，浑浑噩噩地活着只会侥幸免于灾祸。"

张居正讲评 直是真实公正的意思。罔是虚罔不直。幸是侥幸。孔子说："人得天地之正理以生，其是是非非，善善恶恶存之于中，发之于外者，都有个本然的公心，当然的正理，所谓直也。人能全此道理，则生于天地之间乃为无愧。若使存心虚妄，行事私邪，或作伪以沽名，或昧心而徇物，则是矫罔不直，而失其所生之理矣！生理既失，便不可以为人，就是生在世间，不过侥幸而得免于死耳！岂不深可愧哉！"譬之草木，或夭或乔，畅茂条达者，乃其生理也。今乃矫揉造作，或扭直以为曲，或移此以接彼，则戕其有生之理，其不死者幸耳。人之不直，何以异于是哉！孔子深恶不直之人如此。故圣王在上，举用正直之士，斥远俭邪之徒，则举措当而人心服矣。

张居正讲评译释 孔子说："人活着应该遵循正理，如果人们心里或者表现出来的是非善恶都依据天理公心，那这就是正直。人如果能明白这个道理，活在天地间就不会心生愧疚了。假如一个人荒诞无稽，做事偏私邪恶，或者造假来获得名誉，或者违背本心来追求身外之物，这些就是狡诈虚伪，就丢失了为人之道。既然为人之道丢失了，就不能算是人了，即使活在世上，也不过是侥幸苟活罢了，怎么能不深感愧疚呢！"就像花草树木，有的凋零有的茂盛，旺盛繁茂和分散凋敝，这都是它们生长繁殖的道理。如今有的人却故意造假，或者是非颠倒，或者以假乱真，不遵守为人之道，这样的人活在世上只是侥幸。人如果不正直，和花草树木有什么不同！孔子是这样痛恨那些不正直的人呀。所以圣明的君主，要任用正直公正的君子，远离狡诈邪恶的小人，这样才会让人信服。

原文 子曰："知之者，不如好之者；好之者，不如乐之者。"

今译 孔子说："懂得它的人不如爱好它的人，爱好它的人不如以它为乐的人。"

张居正讲评 知之是知此道。好之是好此道。乐之是乐此道。孔子说："人之造道，有浅深之不同，然必到那至极的去处，乃为有得。彼不知道者，固不足言，若能识其为当然不易之理，而不可以不求，是固胜于不知者矣！然这只是心里晓得，未能实用其力也，不如好之者，悦其义理而爱慕之深，玩其旨趣，而求为之力，然后可以进于道也。岂徒知者之可比乎？所以说知之者不如好之者。夫好固胜于知，然这才是用力进修，未能实有诸己也，不如乐之者融会于心，而充然自得，全体于身，而浩然自适，然后乃为学之成也。岂徒好者之可比乎？所以说好之者不如乐之者。"夫是三者以地位言，则知不如好，好不如乐。以工夫言，则乐原于好，好原于知。盖非知则见道不明，非好则求道不切，非乐则体道不深。其节次亦有不可紊者。学者诚能逐渐用功，而又深造不已，则斯道之极，可驯至矣！此圣人勉人之意也。

张居正讲评译释 孔子说："人在提高品德修养时，付出的努力各不相同，然而一定要到达极点，才能有收获。那些不知什么是道的人，自然不必说，假如一个人知道什么是道，也知道一定要求取道，这自然比那些不明白什么是道的人强！但如果只是心里知道，而不用心求取，就比不上爱好道的人，爱好道的人能深入探究追求道，能研究其中的要点，努力地求取，之后能够获得道。这岂是那些只懂得道的人能比的？所以说懂得道的人不如爱好道的人。爱好道的人固然要比知道道的人强，但这也只是在心里努力求取，没有付出实际的行动，比不上求道为乐的人，这样的人在领悟了道的意思，有自己的心得体会后，整个身体都会感到舒适，并且学有所成。这又怎么是爱好道的人能比得上的？所以说爱好道的人不如以求道为乐的人。"从这三者的地位来说，懂得不如爱好，爱好不如以求道为乐。从付出的努力来说，以求道为乐源自对道的爱好，对道的爱好源自对它的了解。如果不了解就是对道的理解不清晰，如果不喜欢就是对道的追求不强烈，如果不以求道为乐就是对道的体会不深入，这些次序也不可以乱。求学的人如果能够逐渐用功，不断深入学习，那么就可以逐步到达道的极点。这是圣人对人们的勉励。

原文 子曰："中人以上，可以语上也；中人以下，不可以语上也。"

今译 孔子说："对具有中等以上才智的人，能够讲较为高深的学问；对具有中等以下才智的人，不可以讲高深的学问。"

张居正讲评 中人是中等的人。语是告语。上是上等精微的道理。孔子说："凡人资质有高下，学问有浅深。教人者，要看他力量如何？若是中等以上的人，其资禀既不凡，功夫又精熟，已是有上等之机了。然后告以精微的道理，则言者适当其可，而听者不苦其难，就似登山的一般，将到高处，才说与高处的景象，便理会得，所以说可以语上也。若是中等以下的人，资质既是寻常，功夫又未积累，但当就其力之所及而引进之。若遽告以精微的道理，不惟强其所不能，亦终茫然而无得，就似行路的一般，才在近处，便说与远处的路途，如何知道？所以说不可以语上也。"然则君子之道，但教因人而施，岂可躐等而进乎！然此为施教者言耳，若学者之功，又当自加勉励，盖奋发勇往，则下学皆可以上达。因循怠惰，则中人亦流于下愚，是在人立志何如耳。孔子他日告鲁君说，果能此道矣，虽愚必明，虽柔必强，此又进学者所当加意也，而岂可以不自勉矣乎？

张居正讲评译释 孔子说："人的资质有高有低，学问有深有浅。教导他的时候，要看他的能力怎么样。如果是中等资质以上的人，既具有较高的资质，又有熟练的学习技巧，这就是有了向上进步的机会。传授者可以妥当地讲解高深的学问，他听了之后也不会觉得困难，就像登山的时候，到了高处的时候，再讲山顶的风景，就很容易能领会，所以说能够对其讲高深的学问。如果是中等以下资质的人，资质一般，学问也不熟练，只要根据他的能力进行引导就行。如果告诉他一些高深的道理，他既感到勉强，最终也会没有收获，就像走路一样，在近处说远方的路途，这怎么能讲明白呢，所以说不可以对这种人讲解高深的学问。"所以说君子在传授知识时应该因材施教，不能不按难易程度有序地进行教导呀。这是对教授知识的人说的，如果是求学者，则应该勉励自己，发奋前进，这样下等资质的人也可以学到高深的知识。如果懒惰懈怠，那么中等资质的人也会变得愚笨，这主要看一个人的志向怎么样了。孔子日后又告诉鲁国国君说，如果能明白这个道理，即使是资质愚笨的人也能变得聪明透彻，即使是柔弱的人也一定能变得强大，这又是求学的人应该注意的，岂能不这样勉励自己呢？

原文 樊迟问知。子曰："务民之义，敬鬼神而远之，可谓知矣。"问仁，子曰："仁者先难而后获，可谓仁矣。"

今译 樊迟向孔子请教怎样才算聪明。孔子说："专心致力于使民众趋于义，虽然供奉鬼神却远离它们，这样就可称得上明智了。"樊迟又问怎样才算仁，孔子说："仁的人总是先做难事而后收获，这就可以说是仁了。"

张居正讲评 樊迟是孔子弟子。务是专用其力的意思。民义是人所当为的道理。难是切己难尽的工夫。获字解做得字。樊迟问于孔子说："如何叫做智？"孔子答说："所谓智者，见理之明而已。盖人生日用，自有当为的道理。若鬼神之福善祸淫，虽与人事相为感通，然其事则幽昧而难知者也。不可知而谄事以求之，惑之甚矣。今惟用力于人道之所宜，凡伦理所当尽，职分所当为者，一一着实去做。至于鬼神，则惟敬以事之而已，却不去亵近，而谄渎祷祀以求福也。这是他心有定见，故祸福之说不足以动其念，幽远之事不足以眩其明，岂不可谓之智乎？"樊迟又问："如何叫做仁？"孔子答说："所谓仁者，存心之公而已。盖为人之道，本是难尽，若为之而有所得，虽功效相因，理之自然，然不可有心以预期之也。有心以期之，则涉于私矣。今惟先其事之所难，凡身心之所切，性分之所关者，只管上紧去做。至于后来的效验，则惟俟其自至而已，却不去计较，而有意以期必之也。这是他心有定守，故能纯乎正谊明道之公，而绝无计功谋利之念，岂不可谓之仁乎？"按夫子此言，虽是分言仁智，其实只是一理，盖媚神之念，即是望效之心。先难之功，即是务民之义，人能用力于人道之所难，而祸福得失，皆置之于不计，则仁智之道，兼体而不遗矣。此又学者之所当知。

张居正讲评译释 樊迟问孔子："怎么才能算是聪明呢？"孔子回答说："聪明人能明白事理罢了。人们的生活和日常的用度，都有各自的道理。鬼神保佑善良，惩戒淫邪，虽然和人们的事理有相通的地方，但是鬼神之事却难以被人们弄明白。探求这些，只会更加让自己困惑。如今只要专心致力于人应该做的事，对那些应该达到的人伦道德，应该做的分内之事，都一件一件踏实地去完成就行了；对待鬼神，只用恭敬地侍奉就行了，不要去接近亵渎，谄媚地祈祷福报。一个人心中有坚定的信念，所以鬼神赐福降祸的说法不能使他动摇，幽暗难明的事情也不会让他迷惑，这不就是聪明吗？"樊迟又问："怎样才叫作仁？"孔子回答说："仁的人一心为公罢了。做人的道理，本来就难以完全弄明白。不能在做事之前就期待某种结果，即使是通过努力很自然地获得的结果。因为一旦心里有了期待，就容易产生私欲。只要先把困难的事完成了，尽力去解决那些与身心相关的紧要的事就行。至于结果，以后自然就有了，不用去期望达到特定的结果。这样的人心里有坚定的操守，所以能维护公理，主持公道，没有给自己谋划私利的念头，这不就是仁吗？"孔子的话，虽然把智和仁分开来谈论，但其实只是一个道理，谄媚鬼神就和期望特定的结果一样，先处理困难的事务就和让民众遵守道义一样，人如果能致力于解决困难的事，不计较自己的祸福得失，那么就能得到仁和智了。这也应该被求学的人知道呀。

原文 子曰："知者乐水；仁者乐山。知者动；仁者静。知者乐；仁者寿。"

今译 孔子说："明理的人喜好水，仁德的人喜好山。智慧的人生性活泼，仁德的人生性沉静。明理的人生活有趣味，仁德的人长寿。"

张居正讲评 知者是明理的人。乐是喜好。仁者是全德的人。孔子说："天下有明智之人，有仁德之人。人品不同，则其性情亦异。大凡知者之所喜好，常在于水，仁者之所喜好，常在于山。盖知者于天下之理，见得明白，其圆融活泼，无一些凝滞，就似水之流动一般，此其所以乐水也。仁者于吾心之德养得纯粹，其端凝厚重，不可摇夺，就似山之镇静一般，此其所以乐山也。夫人惟心有拘系，所以多忧。知者既流动不拘，则胸次宽弘，遇事便能摆脱。凡世间可忧之事，皆不足以累之矣！岂不乐乎！人惟嗜欲无节，所以损寿。仁者既安静寡欲，则精神完固，足以养寿命之源。凡伐性丧生之事，皆不足以挠之矣！岂不寿乎？"夫人情莫不欲乐，亦莫不欲寿，而惟有知仁之德者，为能得之，则反身修德之功，人当知所以自勉矣！

张居正讲评译释 孔子说："天下有明智的人，有仁德的人。人的品格不同，他们的性情也有差异。大致上明理的人喜好水，仁德的人喜好山。明智的人能够清楚地知道天下间的事理，他们圆润活泼，没有一点儿迟钝呆滞，就像水流动的时候一样，这就是明理的人喜好水的原因。仁德的人在道德修养上朴实自然，他们端庄稳重，不会因为外界的影响而动摇，就像山一样稳定，这就是仁德的人喜好山的原因。人们只是因为心里有牵挂，所以才会有很多忧虑。明理的人圆润灵活，不受事物的拘束，心胸开阔，所以遇到事情能够摆脱烦恼。世上的事，都不能对他造成拖累，这样怎么能不充满乐趣呢！人只有纵欲无度，不知克制，才会减损寿命。仁德的人既然能做到安静寡欲，那么就能很坚定地克制自己的欲望，这就能够延长自己的寿命。危害身心、减损寿命的事，都不会对其带来影响，这怎么能不健康长寿呢！"人们都想生活有趣，也都想健康长寿，但是只有明理仁德的人才能得到，这是他们自我约束、修行品德的功劳，人应当知道用这些来勉励自己呀。

原文 子曰："齐一变，至于鲁；鲁一变，至于道。"

今译 孔子说："齐国一改变，就能够达到鲁国的水平了；鲁国一改变，就能够达到先王之道了。"

张居正讲评 齐、鲁是二国名。变是变易而作新之。道是先王文武之治道。孔子说："我周初有天下,封太公于齐,封周公于鲁。二国皆被圣人之治,其政教风俗固纯然文武之盛也。至于今日,则齐、鲁皆与旧时不同,但齐经桓公霸政之后,其习俗相传,遂急功利,喜夸诈,而太公之遗法变易无存。鲁则无所变更,至今犹知重礼教,崇信义,而周公之遗风尚在,但人亡政息,不能无废坠耳。若齐之君臣,能变其政而作新之,则仅可如今日之鲁,盖功利既革,方可望于礼教,夸诈既去,方可望于信义,而文武之盛,固难以遽复也。若鲁之君臣能变其政而作新之,则便可至于先王之道。盖礼教信义莫非先王之旧,但修举其废坠,则纪纲制度焕然维新,而文武之盛可复见于今日矣!所以说齐一变至于鲁,鲁一变至于道耶!"此可见夫子经纶的次第,使二国能用之,则虽至道有难易,而一变再变之余,治功无不成者,惜乎其不能也。

张居正讲评译释 孔子说："我们周朝最开始取得天下的时候,把齐地分封给姜太公,把鲁地分封给周公。这两个国家都被圣人治理,它们的政治教化、风俗习惯自然很纯粹、很兴盛。到了今天,齐国和鲁国都和当时不一样了,齐桓公取得霸业之后,齐国的习俗就变得急功近利,人们喜欢虚夸狡诈,姜太公时遗留下的典章法则已经改变而不存在了。鲁国则是没有改变,如今还知道重视礼仪教化,尊崇忠信仁义,周公时期留下的社会风气还在,但是周公去世之后所行的政令也自然被废弃了,所以鲁国不可能没有衰退。如果齐国的君臣能对旧的政治做出改善,就能达到如今鲁国的水平,因为只有改变了急功近利的风气,才能去恢复礼仪教化,去除了虚夸狡诈之后,才能到达忠信仁义,然而文治武功的兴盛,很难完全恢复啊。假如鲁国的君臣对旧的政治做出改变,就能够恢复到先王时的水平。因为鲁国的礼仪教化、忠信仁义都和先王时期一样,只要对荒废的政令纲纪做出改变,就能够回到先王时的兴盛的文治武功了。所以说齐国一改善,就能达到鲁国的水平,鲁国一改善,就能达到先王时的水平。"这可以看出孔子治理国家的次序,假如这两个国家能采用,虽然达到先王之道的难易程度不同,但是在经过多次改善之后,国家一定能得到治理,可惜没人采用孔子的主张。

原文 子曰:"觚[25]不觚,觚哉!觚哉!"

今译 孔子说:"觚不像个觚,还能算是觚吗?还能算是觚吗?"

张居正讲评 觚是木简。古时未有纸札,惟削木为数方,书字其上。用以记事，以其器有棱角，故谓之觚。觚哉！觚哉！言不得为觚也。孔子发叹说道："天下的事物有其实，乃可以称其名，如器之所以名为觚者，本因其有棱角，故名为觚也。若为觚而去其棱角，则失其觚之本制矣！既失其制，则名虽存而实已废，尚得谓之觚哉！尚得谓之觚哉！"然圣人之意，非为一觚，盖见世之有名无实者多，因于觚而发叹也。故君尽君道，而后可以为君，臣尽臣道，而后可以为臣，不然亦皆觚而不觚者也。若其所关系，则又岂特一器之小而已哉？

张居正讲评译释 孔子感叹说："天下的事物有了实际的作用，才能根据其作用称呼它的名字，就像饮酒用的容器之所以叫作觚，是因为它有棱有角才能叫作觚。如果把觚的棱角去掉，就失去了它叫作觚的本义了。既然失去了本意，那就是名存实亡，还能算是觚吗？还能算是觚吗？"孔子这么说为的并不是一个觚，而是因为看到世上有很多有名无实的人，所以才用觚来表达自己的感慨。君主只有尽到了君主应尽的责任，才能成为君主，臣子尽到了一个臣子应尽的责任，才能成为臣子，不然的话就都是不应该称作觚的觚。孔子所说的又怎么只是一个小小的容器呢？

原文 宰我问曰："仁者，虽告之曰：'井有仁焉。'其从之也？"子曰："何为其然也？君子可逝也，不可陷也；可欺也，不可罔也。"

今译 宰予问道："若对仁德的人说：'井里掉下一位仁人啊！'他会跟着下去吗？"孔子说："为什么要那样呢？君子可以想办法营救，但不可自己身陷其中；君子可以被欺蒙，但不可受愚弄。"

张居正讲评 宰我是孔子弟子宰予。井有仁的仁字，当作人物的人字。从是随。逝是往救。陷是陷溺。欺是欺诳。罔是诬罔。宰我有志于仁，而不知为仁之道，乃问于孔子说："仁者既以爱人为心，则闻人有难便当往救，虽是人告他说，有人溺于井中，亦当随之入井而救之乎？不救，则无恻隐之心；救之，则有沉溺之患。然则为仁岂不难哉！"孔子答说："仁者虽切于救人，然必己身得生而后可以救人之死，若从人入井，则无益于彼，而先丧其身，愚亦甚矣。仁者何为而若此乎？大凡仁人君子闻人有难，便有恻然哀怜之心，使之奔走而往救则可，若使之入井而自陷其身则不可。盖凡事自有个道理须要斟酌，若是理之所有的，人虽欺诳他，也要信了，若是理所必无的，人也欲诬罔而使之轻信，岂可得乎？然则井中有人，理之所有也，故可使之往救，入井救人，理所必无也，故不可使之陷溺。子欲为仁，亦详审于轻重缓急之间而已。"

盖利济兼爱者，仁之心也。揆度事理者，智之事也。有智以行仁，而后仁为无蔽，宰我忧为仁之陷害，其不智可知，故孔子晓之如此。

张居正讲评译释　宰予立志求仁，但是却不知道该如何做，就问孔子说："仁德的人既然需要关爱别人，那么当听说别人遇难时就应该去营救，即使是别人告诉他说，有人掉在了井里，也应当跳进井里营救吗？不救，就是没有对人给予同情，下去营救，就有身陷危境的风险。这样想要做到仁岂不是很困难吗！"孔子回答说："仁德的人虽然急切地想要救人，然而一定要自己活着才能营救别人，如果跟着跳下井里，不仅帮不了别人，还会让自己失去生命，这是愚蠢的行为。为什么要这样做呢？只要是仁人君子听说别人遇到了危险，就会感到同情可怜，将他们营救出困境就行了，但不可以跳入井里让自己陷入危险的境地。遇事都要仔细地斟酌一下，如果是理所应当的事，即使被别人欺骗，也应该去信，如果是没必要的事，岂能轻信别人的欺骗呢？井里有人是理所应当去救的，但是却没有必要跳入井中救人，让自己陷入危险的境地。即使你想要做仁德的事，也应该仔细分辨一下事情的轻重缓急才行。"能够广施恩泽、兼爱无私，就是心存仁德；能读揣测度量事理，做事比较明智。经过仔细度量之后做仁德的事，才不会被蒙蔽以至于陷入危险的境地。宰予想要做到仁却让自己陷于危险的境地，这是不明智的，所以孔子才这么教导他。

原文　子曰："君子博学于文，约之以礼，亦可以弗畔[26]矣夫。"

今译　孔子说："君子广泛地学习文化典籍，用礼仪来约束自己，这样就不会叛离大道了。"

张居正讲评　博是广。文是《诗》《书》六艺之文。约字解做要字，是敛束的意思。礼是天理之节文。畔字解做背字。孔子说："君子之学，将以求道也。然道散于万变，而文则所以载之，使非博之以文，则闻见浅陋，而不能旁通。道本于身心，而礼则所以检之。若徒博而不能约之以礼，则工夫汗漫而无所归宿，便与这道理相背了。所以君子之学，务要旁搜远览，凡天地民物之理，《诗》《书》六艺之文，一一去讲习讨论，以广吾之闻见，这是博学于文。然又不徒务博而已，必收敛约束，于凡视听言动之间，都守着天理之节文，不敢少有放肆，这是约之以礼。夫博学于文，则闻见日多，既不病于孤陋；约之以礼，则身心有据，又不涉于支离。如此用工，虽未必便能与道为一，然由此进之，则亦可以至于道矣。何相背之有乎？"圣人示人为学之方莫切于此。

若就君道上说，则凡亲贤纳谏，读书穷理，即是博文的工夫；以其所闻所见者，而检束其身心，体验于政事，即是约礼的工夫。人主务此，则二帝三王之治可几而至矣！

张居正讲评译释　孔子说："君子学习的目的是获得道。但是道分散在万事万物中，被文化典籍承载，如果不能广泛地学习文化典籍，就会见识浅陋，不能够通达事理。人本身就具备了道，而礼是用来约束自己不叛离道的。如果只是广泛地学习而不用礼仪约束自己，则付出的努力就会漫无边际且没有成效，这就叛离了大道。所以君子一定要博览群书，对天地间的民俗风情，对《诗》《书》等文化典籍都要去学习讨论，来增长自己的见识，这就是广泛地学习文化。但是也不能只是广泛地学习，也一定要用礼仪来规范约束自己，使自己的言谈举止都符合礼节，不能有任何放肆，这就是用礼仪约束自己。广泛地学习文化典籍，可以逐渐地增加自己的见识，不让自己变得孤陋寡闻；用礼仪来约束自己，这样自己的身心就有了依靠，不会叛离大道。这样努力学习，即使不一定能和道保持一致，但是根据这种方法前进，最终也可以获得道。又怎么会叛离呢？"圣人的教导是如此深切呀。对君主来说，亲近贤人、接纳谏言、读圣贤书、探求事理这些都是广泛地学习；根据自己的见识听闻，来检查约束自己的言行举止、考察政务，这就是用礼约束自己。君主如果能做到这些，那么国家很快就能达到二帝三王时的太平盛世了呀！

原文　子见南子[27]，子路不悦[28]。夫子矢之曰："予所否者，天厌之！天厌之！"

今译　孔子去拜见南子，对此子路很不高兴。孔子对他发誓道："倘若我这种行为不合于礼的话，老天会谴责我的！老天会谴责我的！"

张居正讲评　南子是卫灵公的夫人。矢字解做誓字。否是不合道理。厌是弃绝。昔孔子曾到卫国，卫君之夫人有南子者，素知尊敬孔子之道德，要与相见。孔子辞谢不得已而见之。盖古人仕于其国，有见小君之礼。南子据礼以求见，故孔子不轻绝之，圣人所为，无一而非礼之所在也。子路不知此义，只说南子是个淫乱的人，不该见他，心里不悦。孔子也不明言其意，但出誓言以告之说："凡人立身行事，须是依着道理，不愧于天，则天必佑之。若使我之所为不合于礼，不由于道，有一毫得罪于天，天必将弃绝我矣！天必将弃绝我矣！"重言之者，欲使子路笃信乎此，而深思以得之也。盖孔子道大德宏，不为己甚，故其待南子者如此。至于灵公问陈，则明日遂行。孔子岂屈己以徇人者哉！合而观之，可以知圣人之心矣！

张居正讲评译释　孔子曾经到过卫国，卫灵公的夫人南子一直敬仰孔子的道德，想要见孔子。孔子推辞不了，不得已去和南子见面。古人在一个国家做官，有拜见国君夫人的礼仪，南子根据这个礼仪求见孔子，所以孔子不能拒绝。孔子这么做，没有任何不符合礼仪的地方，但是子路不知道这些，只是说南子是一个淫乱的人，孔子不应该去见她，所以不高兴。孔子也不向子路说明原因，只是发出誓言说："为人处世，一定要依据天理，只要不愧对上天，上天就一定会保佑的。假如我的行为不符合礼仪，不符合道义，有一丝一毫愧对上天，上天一定会谴责我的！上天一定会谴责我的！"孔子发这么重的誓言，是想要子路相信自己，并且在深刻地思考之后明白孔子这么做的原因啊！孔子道德高深，一点也不为自己的名声考虑，所以他才会前去见南子。但是孔子在见了卫灵公之后，很快就离开了卫国。孔子岂会委屈自己的抱负，迎合别人呢！把这些放在一起就可以看出圣人的志向啊！

原文　子曰："中庸之为德也，其至矣乎！民鲜久矣。"

今译　孔子说："中庸作为一种道德，应是最高的标准了吧！而在民众中少见这一道德已经很久了。"

张居正讲评　中是无过不及。庸是平常。人所同得的道理叫做德。至是极至。鲜是少。孔子说："天下之事但有一毫太过，便可加损。有一毫不及，便可增益，都不是至善的道理。惟是中庸之为德，本于天命人心之正，而不离乎民生日用之常。既不偏于太过，亦不偏于不及，而其理经久可行，乃是至精至粹，尽善尽美的道理，岂非极至而无以加者乎！然这道理是人人之所同得，亦人人之所当行。自古圣贤所以治世修身都不外此。但如今的人，或拘于气禀之偏，或安于习俗之敝，贤智的，则失之太过，而不能裁抑以合乎中。愚不肖的，则终于不及，而不能黾勉以求其至，少有此德者，亦已久矣。"孔子深有感于世道之衰，故叹之如此。

张居正讲评译释　孔子说："事情过头了之后，就要进行减少；不足的地方，就要进行补充，过头和不足都不是完美。只有中庸这种品德，来自上天和人内心的公正，包含在人们平时的生活中。中庸之道既不会过头也没有不足，其中蕴含的道理可以长久地实行，是最精妙、最完美的道理，这难道不是最完美的品德吗！然而这个道理是每个人都应该获得，也是每个人都应当做到的。古时候圣贤治理国家和修养自身都是用的这种方法，但如今的人，要么被自己偏执的脾性拘禁，要么沉溺在破旧的习俗中。贤达明智的人，因为过于聪明而不能抑制自己来符合中庸；愚笨的人，则因为过于懈怠而不能勉励自己达到中庸，我已经很久没有从民众中见到这种道德了。"孔子深刻地感受到了世道的衰败，所以才这样感叹。

原文 子贡曰："如有博施于民，而能济众，何如？可谓仁乎？"子曰："何事于仁，必也圣乎！尧舜其犹病[29]诸！"

今译 子贡说："假如有个君王广泛地对民众施恩泽，又能赈济大众，如何啊？可否称得上仁？"孔子说："不但称得上仁，简直算得上是圣人啦！尧舜他们尚且还未能做到呢！"

张居正讲评 博是广。施是施恩于人。济众是济度众人，使各得其所。何事是说不止如此。病是心里不足的意思。子贡未得为仁之方，而徒志于高远，乃问于孔子说："吾闻无所不爱之谓仁。如有人焉，广施恩惠于天下之民，能使万民之众，各得其所，而无有不济，这等为人，夫子以为何如，亦可以谓之仁矣乎？"孔子答说："仁者之心无穷，而分量亦有限。如必博施而济众则岂止于仁而已。必是圣人全体仁道而造其极者，然后能之乎。然圣如尧、舜可谓仁矣！而尧、舜之治天下，犹有下民其咨之叹，黎民阻饥之忧，其心歉然常若有所不足也。况他人乎！"夫圣人且以为难，而子以是求仁，失之远矣！

张居正讲评译释 子贡只是有很远大的志向，却不知道如何做到仁，于是问孔子说："我听说博爱就叫作仁。假如有人对民众广施恩泽，完全满足百姓们的需要，老师你认为这样的人怎么样，可以被称作仁吗？"孔子回答说："仁德的人的志向很远大，但他们的力量是有限的。如果能广施恩泽，赈济百姓，这又岂止是仁呢。这一定是在仁道上达到完美境界的圣人才能做到的啊。像尧舜这样圣明的人可被称作仁了！但是尧舜在治理天下的时候，也会为百姓生活疾苦而感叹担忧，他们也经常因为做得不够好而感到愧疚。更何况其他人呢！"圣人尚且认为得到仁很困难，而你在追求仁上，离得还很远啊！

原文 "夫仁者，己欲立而立人，己欲达而达人。"

今译 "至于说仁,那不过是自己想有作为,也让别人有所作为;自己想通达,也让别人通达。"

张居正讲评 立是成立。达是通达。孔子告子贡说:"汝以博施济众为仁。只为未识仁体故耳。夫所谓仁者,只是纯乎天理之公,而无私欲之间,看得天下的人,就如自己一般,疾痛疴痒,都有相关的意思。如自己要成立,便不忍他人之颠危,必思以扶持调护,使之同归于成立而后已。自己要通达,便不忍他人之穷困,必思以开导引掖,使之同归于通达而后已。"这等立心就是天下一家,万物一体的气象,虽不必遍物而爱之,而本体已具,则功用在其中矣。此乃所以为仁,而非博施济众之谓也。

张居正讲评译释 孔子告诉子贡说:"你把广施恩惠、赈济百姓当作仁。这是因为你还没有认识到什么是仁德。我们所说的仁,只是纯然公正的天理,其中没有掺杂任何个人的私欲,看别人就像看自己一样,别人的疾病痛苦都看作和自己有关。如果自己想要有所作为,就不忍心看到别人陷入危险,一定会用心去帮助他,让别人和自己一起有所作为。自己想要通达,就不忍心看到别人生活穷困,一定会用心开导提携,让别人和自己一起通达。"这就是把天下看作一家,把万物看作一体,即使没有关爱所有的事物,但是也已经具备了仁的本体,自然就具备了仁的功能。这才能叫作仁,而不只是广施恩惠、赈济百姓。

原文 "能近取譬[30],可谓仁之方也已。"

今译 "能够将心比心,推己及人,这就可以说是实行仁道的方法了。"

张居正讲评 譬字解做喻字,是比方较量的意思。方是术。承上文说:"仁之本体,只是一个公心,则为仁者,亦不必求之于远矣!若能近取诸身,将自己的心比方他人的心,如自己欲立便知人之欲立与我一般,即推之以立人;自己欲达便知人之欲达与我一般,即推之以达人。这就是为仁的方法,所谓纯乎天理之公,而无私欲之间者,不过如此。岂复有他术哉?"盖子贡之说,是在功用上求仁,故其效愈难而愈远。孔子之论,只在心体上求仁,故其术至简而至易。况能知为仁之方,则虽尧舜之所以为圣,亦不外此。盖尧舜之圣岂能遍物而爱之,只是其心常在安民而已。人君若能以安民为心,而推之以治天下,则仁圣之事,一以贯之,而何尧舜之不可及哉!

张居正讲评译释 孔子接着说:"仁的本体,就是公正之心。追求仁道的人，也不需要向别的地方求取！要能设身处地为别人着想，将心比心，因为自己想要有所作为，就知道别人也像自己一样想要有所作为，就帮助别人取得作为；因为自己想要通达，就知道别人也像自己一样想要通达，就帮助别人通达。所以说实行仁道的方法，不过就是追求纯然公正的天理，摒弃个人的私欲罢了。怎么会有别的方法呢？"子贡说的是在功用上求取仁道，所以会越来越困难，越来越偏离仁道。孔子的论述，只是在内心求取仁道，方法简单易行，况且能被人们轻易地掌握。尧舜成为圣人的方法，也不过就是这些呀。尧舜的圣明贤德又怎么是爱所有事物呢，只是因为他们心里追求的是安定百姓罢了。君主如果怀着安定百姓的想法去治理天下，坚持去追求仁德圣明，又怎么会比不上尧舜呢！

注释：

[1]南面：古代以坐北朝南为尊位，故天子、诸侯见群臣，或卿大夫见僚属，皆面南而坐。帝位面朝南，故代称帝位。

[2]仲弓：是冉雍的字。

[3]子桑伯子：春秋时期鲁国人。

[4]子华：公西赤。

[5]釜：古代的容量单位，六斗四升为一釜。

[6]庾：古代容量单位，十六斗为一庾。

[7]秉：古代容量单位，十六斛为一秉。

[8]适：到……去。

[9]周：通"赒"。周济，救济。

[10]继：接济，补偿。

[11]原思：原宪，字子思，宋国（今河南省商丘市）人。孔子的弟子，"孔门七十二贤"之一。

[12]骍：赤色的牛。

[13]角：动物头上长的角，这里指牛的头角周正。

[14]闵子骞：名闵损，字子骞，尊称闵子，世以字行。春秋末期鲁国人，孔子高徒，在孔门中以德行与颜回并称，"孔门七十二贤"之一。

[15]汶：水名，在中国山东省。亦称"大汶河"。

[16]伯牛：冉耕，字伯牛，世称"冉伯牛"或"冉子"。生于陶（今山东菏泽定陶区冉堌镇），中国春秋时期著名学者、孔子的门徒。

[17]牖：窗户。

[18]子夏：卜商，字子夏，尊称"卜子"或"卜子夏"。"孔门十哲"之一，"孔门七十二贤"之一。

[19]澹台灭明：复姓澹台，名灭明，字子羽，鲁国武城（今山东平邑县）人。孔子的弟子，"孔门七十二贤"之一。

[20]孟之反：鲁国大夫。

[21]伐：夸耀，自夸。

[22]祝鮀：字子鱼，卫国大夫，有口才，以能言善辩受到卫灵公重用。

[23]佞：能说会道。

[24]宋朝：春秋时期宋国公子，以美貌闻名。

[25]觚：是古代一种用于饮酒的容器，也用作礼器。圈足，敞口，长身，口部和底部都呈现为喇叭状。

[26]畔：通"叛"。背叛，反叛，叛乱。

[27]南子：春秋时期女政治家。原是宋国公主，后嫁卫灵公为夫人。

[28]悦：亦作"说"。

[29]病：弊端，不足。

[30]能近取譬：能设身处地，推己及人。

论语卷三

述而第七

原文 子曰:"述而不作,信而好古,窃比于我老彭[1]。"

今译 孔子说:"只阐述旧章而不创作,笃信并爱好古代文化,私下里我将自己比作老彭。"

张居正讲评 述是传旧。作是创始。窃字解做私字。比是仿效。老彭是商时的贤大夫。昔孔子删《诗书》,定《礼乐》,赞《周易》,修《春秋》,传先王之道,以教万世。然犹不敢以作者之圣自居,乃谦逊说道:"大凡天下之事,有前人已为,而后人传之者,谓之述;有前人未为,而自我创始者,谓之作。作非圣人不能,而述则贤者可及也;我今虽有所修为,只是传述先王之旧,或考之方册而重加发明;或闻之故老而更为裁定,实未尝重新创造而有所作也!盖天地间的道理,哪一件不是古人说过的?就中讲求,自有无穷的妙处。则惟深信而笃好之,惟日孜孜,不能自已,故但见其可述,而无容于复作也。然此岂我之独见哉?比先商时贤大夫有老彭者,他能信古而传述,我尝慕其为人,今我所述不过私自仿效我老彭耳!"夫孔子于古之贤人,犹不敢显然自附如此!其德愈盛而心愈下,盖可见矣!

张居正讲评译释 孔子删《诗经》,制定礼乐,赞扬《周易》,修撰《春秋》,传承先王的政令教化,用来教育后人。即使是这样孔子也不敢自称作者,而是谦虚地说道:"大致上天下间的事,前人已经做好了,后人对它进行传承,这叫作阐述;前人没有做的事,从自己才开始做的,这才叫作创作。如果不是圣人就不能创作,而阐述则只需要是贤人就可以了。我虽然做了一些事,但也只是阐述先王的旧作,或者对典籍进行考察,重新进行阐述;或者对旧知识重新进行核定,确实是没有进行创作呀!天地间的道理,哪一个不是古人已经讲过的?在这些道理中进行探求讲解,自有无穷的妙处。我相信并且愿意每日孜孜不倦地去求取这些道理,所以只要看到先王留下的道理可以进行阐述，就绝对不会自己重新创作。这些岂是我一个人的看法？商朝时的贤大夫老彭，能够对古人的道理进行转述，我十分仰慕他的为人，现在我不过就是效仿老彭罢了！"孔子像这样不敢把自己和古人相提并论，可以看出他品德的高深和为人的谦虚呀！

原文 子曰："默而识之，学而不厌，诲人不倦，何有于我哉？"

今译 孔子说："默默牢记知识，学习不觉厌烦，教人不知疲倦，这些方面我都做到了哪些呢？"

张居正讲评 默是不言。识是记。诲人是教人。孔子说："人之求道，如徒务口语而不能存之于心，则闻见虽多，终非实得。必须沉静简默，只在心上去理会。凡所闻所见的都不费辞说，而自无所遗忘，然后能深造而自得也。人之为学，若只是始初发奋，到后来便厌烦了，则工夫间断，岂能有成？必须深信义理之无穷，而实用其力，自始至终都只是这等勤学，无一毫厌怠之意，然后谓之好学也。人之设教，若不能尽心开导，到费力去处，便都倦了，则私意未忘，岂能成物？必须真知物我之无间，而有教无隐，随人问难，都因材而造就之，无一毫倦怠之心，然后谓之善教也。这三件都是成德之事，而我之所尝致力者。然反而求之，何者能有于我哉？"夫圣人会道全体而曲成不遗，乃犹自以为不能，其谦己诲人之意至深切矣！

张居正讲评译释 孔子说："人们对道的追求，如果只是嘴上说说而没有放在心里，虽然能做到见多识广，最终却没有实际的收获。追求道时一定要沉静简默，能够在心里面领会，这样即便不在言语上述说，也自然不会遗忘，并且能通过进一步的学习取得成果。人如果只是刚开始的时候努力学习，到后来就变得厌烦，从而中断了努力，这怎么能取得成就呢？一定要深信对义理的追求是没有终点的，要踏踏实实，自始至终都勤奋学习，没有一点儿厌倦懈怠，这样才能说是好学。在实施教化的时候，如果不能尽心地去开导他人，遇到困难就感到厌倦，这就是有私心，怎么能培育万物呢？一定要做到物我无间，不对请教者隐瞒，能对求教者因材施教，而没有一点儿懈怠，这才是善于教导。这三件事都是成就品德的事，是我努力想要做到的。反过来问，我做到哪些了呢？"圣人完全做到了这些，反而认为自己没有做到，是多么的谦虚，对人的教导又是多么深刻呀！

原文 子曰："德之不修，学之不讲，闻义不能徙，不善不能改，是吾忧也。"

今译 孔子说："不经常修养品德，不时刻讲求学业，懂得义的道理却不能亲身躬行，又不能随时改正自身的缺点，这都是我所忧虑的。"

张居正讲评 义是理之所当为者。徙字解作迁字。孔子说："德必修而后成，学必讲而后明。闻义能徙而后善可积，不善能改而后恶可去。这四件是切实紧要的工夫。凡欲为圣贤者皆当用力于此也。今我之于德，未能省察克治，以涵养其本源；我之于学，未能讲习讨论而研究其精奥；义有当为的，未能闻斯行之而迁徙以从其新；不善当改，而未能务于决去而惩创以革其旧。则是德有不成，学有不明，善不能积，恶不能去，将日流于污下，而不可进于高明矣。岂非吾私衷之所深忧者乎？"夫孔夫子之圣，非真有所不能也，亦非自知其能而故为是言也。盖其好学无已之心，自视常若有不能耳！然此四者，在人君尤为切要。古之帝王或懋敬厥德，终始典学，或取人为善，改过不吝，皆是道也。欲法古帝王者，宜三复孔子之言。

张居正讲评译释 孔子说："通过修养才可以提高品德，学问一定要在探求之后才能够清晰明确，懂得义理后能亲身躬行才能够积累善行，把自身的缺点改正之后才能远离邪恶。这四件事都十分重要，想要成为圣贤的人应该努力做到这些。在品德的修行上，我不能够反省约束自己来修身养性；在学习上，我不能够讲求学问中精妙深奥的地方；应当实行的道义，我不能在懂得义之后就躬身实践；应当改正的缺点，我不能坚决地改掉。这就是没有修养好品德，不能够明白地学习，没有积累善行、改正错误，将会变得浅陋无知呀。这难道不是我应该深切忧虑的事吗？"以孔子的圣明，并不是做不到这些，也不是自己能做到却故意说做不到。而是因为他勤奋好学，学无止境，所以才认为自己做不到。这四种品德对君主更加重要，古时候贤明的帝王或者谨慎勤勉地修行自身的品德，始终勤勉好学；或者接受别人正确的建议，毫无保留地改正过错，都是因为这些。想要效仿古时候贤明君主的人，应该反复思考孔子的话。

原文 子之燕[2]居，申申[3]如也，夭夭[4]如也。

今译 孔子即便闲居在室，也能安详舒畅，神情和悦。

张居正讲评 燕居是闲暇无事之时。申申是舒畅的意思。夭夭是和悦的意思。门人记说:"凡人在闲暇之时,有怠惰放肆的,便自亵其威仪;有矜持矫饰的,或反过于严厉,皆非盛德之气象也。惟吾夫子在间居无事之日,以四体则从容舒展而略无拘迫,何其申申如也!以颜色则融和润泽而自然愉悦,何其夭夭如也!盖德性极其纯粹,故容貌合于中和者如此!"门人此言可谓善形容有道气象者矣。

张居正讲评译释 孔子的弟子记录说:在空闲的时候,有的人会懈怠放荡,损毁自己的威仪;有些夸饰造作的人,反而会过于严厉,这些都不是品德高深的人应该有的气度。只有孔子在空闲的时候,身体从容舒展,没有一点拘束,十分安详舒畅,神态随和,心情和悦,十分愉快。这是因为孔子的品德和性情非常纯粹,所以神态能这样和谐、愉悦!门人的话可以形象地形容品德高深的贤人的气度啊!

原文 子曰:"甚矣吾衰也!久矣吾不复梦见周公!"

今译 孔子说:"我衰老得实在太厉害了!很久没有再梦到周公了!"

张居正讲评 衰是血气既衰。孔子发叹说:"凡人年有老少,则血气有盛衰,甚矣,吾血气之衰也。如何见得?盖我当强壮之年,常常梦见周公,恍然若与之相遇。到如今来,许久不复梦见周公矣,则吾之衰岂不甚乎?"盖孔子生于周时,一心要做周公的事业。方其精力壮盛,寤寐不忘,故常形之于梦。及其既老,则自谅其力不能为,无复是心,而亦无复是梦矣,故其发叹如此。可见贤才之生于世,其可以有为者,每在其强壮之时。而人君之用贤,亦当趁其强壮而任之。若精力既衰,则事功所就,已不能副其初心矣,况于终不用乎?然则孔子之自叹其衰,固为可惜,而当时之君不能及时用之,以再见周公之化,而使之卒老于下位,则尤为可惜也!

张居正讲评译释 孔子感叹说:"人有老年和少年,血气也有盛有衰,我现在衰老得很严重呀!如何看出来呢?因为我强壮的时候,经常梦见周公,就像和他见面了一样。如今很久没有再梦见周公了,这不是说明我衰老得很严重吗?"孔子生在周朝末期,一心想要完成周公的事业。在他精力旺盛的时候,即使睡觉也没有忘了自己的志向,所以经常梦见周公。到老了的时候,就明白自己已经精力不足,不再有这样的志向了,也不会做这样的梦了,所以才这样感叹。由此可以看出,有才能的人在身体强壮的时候才可以有作为,君主也应当趁他们强壮的时候任用他们。等到他们的精力衰减之后,办事的效果就不能符合自己最初的期望了，更何况最终未必能被重用呢？孔子感叹自己身体衰弱，固然让人感到可惜，而当时的国君不能及时重用孔子，来重新恢复周公时的礼仪教化，而导致孔子在平庸的位置上衰老，这更加让人感到可惜啊！

原文 子曰："志于道，据于德，依于仁，游于艺。"

今译 孔子说："立志于'道'，依据于'德'，凭借于'仁'，而活动于礼、乐、射、御、书、数的范围内。"

张居正讲评 这一章是孔子示人为学之全功。志是心之所向。据是执。依是依止。游是游衍玩习的意思。孔子说："学莫先于立志，而道乃人伦事物当然之理。志不于是，则趋向差矣！故必以道为终身之准的，而专心致志以求之。则所适者正，而无他歧之惑矣。行此道而有得于心，叫做德。德而不据，则持守之功不继，能保得者之不失乎？必拳拳服膺，务使此德常有诸己，而日积月累，不至于若存若亡而后可；体此道而心德纯全，叫做仁。仁而不依，则私欲有时复萌，能保全者之不亏乎？必念兹在兹，务使此仁存养愈熟而周流贯彻，无一毫间断错杂而后可。夫志道、据德、依仁，是本之在内者，无不尽矣。至于礼、乐、射、御、书、数之事，虽艺文之末，非德行之本，然亦至理所寓，而日用之不可缺者，亦必游息于藏修之余，从容而玩味其理，用以收敛身心，调养性情，而成其道德焉。则本末兼该，内外交养，而忽不自知其入于圣贤之域矣。"学之全功，何以加此？然此章之旨，不但是学者所当知，在人君尤为切要。盖道、德、仁，乃人君修身治天下之本，必当深造其极，方可无歉，而凡游心于艺文者，又须务求实用，始为有益。古之帝王所以学古有获，道积厥躬，德修罔觉者，正是如此！善学者当以圣言为法程可也。

张居正讲评译释 孔子说："学习最先要做的就是树立志向，道是人与人、事和事之间理所应当的道理。如果树立的志向不在道上，就会产生差错。所以一定要把道当作终身遵循的标准，专心致志地去探求道。依据正当的标准，就不会产生分歧和疑惑，依据道采取行动，有了心得体会，这就叫作德。如果不依据德，就难以坚守把持自己的心志，能保证不失去自己已经提高了的品德吗？一定要诚恳信奉、衷心信服，让自己经常保持品德的高洁，日积月累之后，就不至于时记时忘了。明白了这个道理并且完善了自己的品德，这就叫作仁，如果不依据仁，就会产生私欲，这怎么能保持纯正的品德呢？一定要牢记这些道理，让仁德的观念保存贯彻自己的身心，驱除一切私心杂念。立志于'道'，依据于'德'，凭借于'仁'，这些都是内在的根本要求，都需要尽心求取。至于礼、乐、射、御、书、数这些，虽然不太重要，不是修行品德时的根本，但是也包含有天理道义，也是日常生活中不可缺少的部分，一定要在学习和休息之外，从容地品味其中蕴含的道理，来收敛自己的身心，调养自己性情，通过这些来完善自己的品德。像这样本末兼备、内外兼修，不知不觉中就能达到圣贤的境界了。"还有比这些更加完备的学习吗？这一章的宗旨，不但求学者应该知道，对于君主来说更加重要。道、德、仁，是君主修养自身治理天下的根本，一定要经过深入地学习，才能够改正自己的缺点，而在礼、乐、射、御、书、数等方面上，也一定要求取实际的功用，这才能有收益。古时候的帝王之所以在学习古人时有收获，在不知不觉间提高自己的品德，就是这个原因呀。学习的人应该把圣人的话当作学习的准则。

原文 子曰："自行束脩[5]以上，吾未尝无诲焉。"

今译 孔子说："哪怕只是主动拿着一点干肉来给我送礼的，我都不曾不对他进行教诲！"

张居正讲评 脩是脯，乃干肉也。十脡为一束。古人初相见，必执贽以为礼。一束之脩乃其至薄者。自行束脩以上，言随其厚薄之不同也。诲是教诲。孔子说："无不善者，人之性；而无不欲其入于善者，吾之心。但人不知来学者，吾固无往教之理。苟知求教，自行束脩以上之礼而来者，即是可与为学之人，吾则未尝不教诲之焉。"盖天生圣人，非徒使自圣而已，正欲其先知觉后知，以先觉觉后觉，而为时人之耳目也。所以圣人教人之心，倦倦无已如此。使其得君师之位，则必能大行其政教，使人人皆为君子而后已。惜乎不得其位，但能成就后学，以传道于来世也。

张居正讲评译释 孔子说："人的本性都是善良的，我心里从来不希望别人变得不善良。但是如果别人不主动来我这里学习，我自然也不会跑到他跟前教他。如果有人知道向我请教，主动拿很少一点儿干肉来给我送礼，这就是知道学习、可以教导的人，我从来不会拒绝教导他们。"上天降生下圣人，不只是让他一个人圣明，也想要他启发那些后知后觉的人，成为启迪人们智慧的耳目。所以圣人在教诲别人时候，像这样不知疲倦。如果让孔子得到重用，一定能施行他的政令教化，让所有人都成为君子。可惜他没有得到应有的地位，只能教育年轻人，把自己的学问知识传给后世了。

原文 子曰："不愤不启，不悱[6]不发。举一隅不以三隅反，则不复也。"

今译 孔子说："教导学生，不到他自己想不通的时候，不要主动去启发他；不到他自己无法言说的时候，不要主动去开导他。倘若指给他东方一角，他却不能由此推知西、南、北三方之事，那么就没必要再去教他了。"

张居正讲评 愤是心求通而未得的意思。启是开其意。悱是口欲言而未能的模样。发是达其词。隅是四方转角处。反是反复问难。复是再告。孔子说："君子之教人，固当尽言而无隐，然必其人有受教之地，而后可以施吾造就之方。且如人之求道，有用心思索而未能即通者，谓之愤。愤则有可通之机，吾因而为之开其意，彼将豁然而无疑矣。若未至于愤，则在彼本无求通之心，我何从而开之乎？此所以不启也。有心知其意而口未能言者，谓之悱。悱则有可达之势，吾因而为之达其词，彼将沛然而莫御矣。若未至悱，则在彼本无欲言之心，我何从而达之乎？此所以不发也。至于我之所启发者，又看他了悟如何。若能于我所言，触类旁通，因此识破，我举其一隅，而彼即能以三隅反。譬如提起东方一角的事，他就并西、南、北方的道理都晓得了，提起西方一角的事，他就并东、南、北方的道理都晓得了，一一回答将来，相与质证。这等的人是其机圆而不滞，其心通而无碍，然后详以告之，则彼此相契，而其言易入矣。若示之以一隅，而不能以三隅反复问难，则是资禀庸下，而不能推测，意见凝滞而未能旁通，虽谆谆而语之，亦终茫然而无得矣。我何为而强聒乎？此吾所以不复告也。"夫以孔子之诲人不倦，犹必因人而施如此！然则学者可不勉于用力，以为受教之地哉？

张居正讲评译释 孔子说："君子教育学生，固然应该没有隐藏地尽心启发，但是受教者也一定要有值得教育的地方，这样君子才能用自己的方法进行施教。一个人在追求道的时候，用心思索却依然想不通，这就叫作愤。愤就有了教导的可能，因此我帮他开导，他就能一下想通了。如果没有到愤的地步，他没有想要学习透彻的想法，我怎么去开导他呢？这就是不开导他的原因。心里知道但是说不出来的，这叫作悱。悱就有通达的可能，因此我给他启发，他就会很快明白了。如果没有到悱的地步，他自己不想说，我又怎么能给他启发呢？这就是不给他启发的原因。我启发他的时候，也要看他的领悟能力怎么样。如果能像我说的那样触类旁通、由此及彼、举一反三，比如指给他东方一角，他能由此将西、南、北三方的事都推知了，指给他西方一角，他就能由此将东、南、北三方的事都推知了，一件一件都回答上来，并且相互验证，这样的人就是机智聪明而不呆滞，内心通透没有阻碍。然后就能够详细地给他启示，这样彼此之间能够相互沟通，给他的启示他也能很快就明白。如果不能举一反三，这样的人就是资质低下，不能够依据已知的事来测度未知的事，见解迟钝不能够触类旁通，即使对其谆谆教诲，他也是茫然没有收获。这样我为什么要絮絮叨叨说个不停呢？这就是我不再教他的原因啊。"即使是孔子那样不知疲倦地教育学生，也要这样根据不同的人采取不同的方法。那么求学的人能不努力学习，让自己有接受教育的资质吗？

原文 子食于有丧者之侧，未尝饱也。子于是日哭，则不歌。

今译 孔子在有丧事的人旁边吃饭，从来不曾吃饱过。如果孔子为此在这一天哭过，那么这一日就不再唱歌。

张居正讲评 侧是边傍。哭是吊丧而哭。歌是咏歌。盖古人以歌咏养性情，遇心有所乐则歌也。门人记说："夫子哀死之心真切而不能自已。如人有死丧之事，而夫子食于其侧，则未尝饱。"盖临丧哀，故食之而不能甘也。又如夫子于是日吊丧而哭，则其一日之间不复咏歌。盖余哀未忘，而自不能为乐也。然此乃是不忍之心，古之帝王见百姓之饥寒困苦，流离死亡，则必为之减膳、撤乐，急急救恤，即是此心。有天下者能推此心以仁民，则无一夫不得其所，而仁覆天下矣。

张居正讲评译释 古人通过唱歌修养性情，遇到高兴的事就会唱歌。孔子的学生记录说："夫子为别人的去世感到非常伤心，通常都难以控制自己的悲伤。他在有丧事的人旁边吃饭，从来不曾吃饱过。"有丧事时会感到非常哀伤，所以吃饭也会没有味道。遇到丧事时孔子会因为哀伤而哭泣，也会一整天不再唱歌。这是因为他还没有忘记哀伤，所以不能唱歌作乐呀，这就是难以忍受的哀伤。古时候的帝王看到百姓生活困苦，就一定会减少自己的饭食，撤去音乐，这就是急切地想要救济百姓。国家的君主如果能用这种心思对待百姓，那么每一个百姓都能得到自己需要的生活，君主的仁德就能够覆盖到全天下了。

原文 子谓颜渊曰："用之则行，舍之则藏，惟我与尔有是夫。"

今译 孔子对颜渊说："任用我呢，我就出任；不用我呢，我就隐藏起来，只有我和你是这样做的吧！"

张居正讲评 行是出而行道，舍是不用，藏是隐而不出。昔颜子深潜纯粹，学已几于圣人。故孔子称许他说："吾人出处进退，只看时之所遇何如。或以仕为通，而至于枉己徇人，固不可；或以隐为高，而务于绝人逃世，亦不可。惟是人能用我，时可以有为，则出而行道，以图济世之功；人舍我而不用，时不可以有为，则隐而不出，以全高尚之志。或出或处，而无一毫意必于其间，这才是随时处中的道理。此惟我与尔为能有之，在他人则不敢以轻许也。"盖孔子为时中之圣，自然合乎仕止久速之宜。颜子具圣人一体，能不失乎出处进退之正。观孔子有东周之志，而疏食饮水，乐在其中。颜子有为邦之问，而箪瓢陋巷，不改其乐，盖可见矣。然以大圣大贤，而皆不遇于春秋之世，则岂非世道之不幸哉？

张居正讲评译释 颜渊潜心学习，学问几乎和圣人一样高深。所以孔子赞许他说："我对待自己的出仕或者隐退，只看当时的机遇怎么样。有的人立志做官，到了委屈自己迎合别人的地步，这固然是不正确的行为；有的人把隐退当作清高，一心想要与世隔绝，这也是不对的。别人重用自己，自己也能有所作为，就要出仕做官实行自己的主张，帮助君主治理国家；别人不重用自己，自己也难以有所作为，就归隐起来，保全自己的节操，从来不想着一定要出仕或者一定要归隐，这才是保持中正的方法。这只有我和你能做到，对别人我就不敢这么轻易地赞许了。"孔子是能遵循中庸之道的圣人，立身行事自然能做到合乎时宜、准确恰当。颜渊具备了圣人的资质，能够做到适当地出仕做官或辞官归隐。孔子有使国家恢复到东周盛世的志向，即使是简单的饮食也能够乐在其中；颜渊有治理国家的学问，即使生活在简陋的居室里，也不改变自己的乐趣，从这些就能看出颜渊和圣人相似的地方。然而孔子、颜渊这样圣明贤德的人，都没有在春秋时期获得重用，这难道不是世道的悲哀和不幸吗？

原文 子路曰："子行三军，则谁与？"子曰："暴虎冯河[7]，死而无悔者，吾不与也。必也临事而惧，好谋而成者也。"

今译 子路问："您如果统率三军打仗，将让谁与您共事呢？"孔子回答："赤手空拳与老虎搏斗，不用船只徒步涉河，无悔于生死的人，我是不会同这种人共事的。我所要用的，一定是遇事小心谨慎、兢兢业业，善用计谋而能完成任务之人！"

张居正讲评 一万二千五百人叫做一军。大国则有三军。暴虎是不用兵器而徒手搏虎。冯河是不用舟楫而徒步涉河。子路见孔子独美颜渊，乃就问说："用舍行藏，夫子固与颜回共之矣。设使夫子统领三军，而行战伐之事，则将与谁共事乎？"盖自负其勇，意夫子行军必与己同也。孔子答说："君子之所贵者，在乎义理之勇，而不在乎血气之刚。若夫徒手搏虎，徒步涉河，甘心必死而无怨悔，这是轻举妄动，有勇无谋的人。使之用兵，必然取败，吾不与之行三军也。必是平昔为人不敢轻忽以误事，亦不敢苟且以成事，但事到面前常有兢兢业业，凛然危惧的意思。又好用计谋，预先斟酌停当，然后果决以成之，这才是持重详审，智勇兼备的人。使之用兵，必能全胜，吾方与之行三军耳！亦何取于徒勇哉！"子路好勇而无所取材，故孔子以是抑而教之。其实行军之道，亦不外此。故赵括好谈兵而致长平之败，充国善持重而收金城之功。任将者当知所择矣。

张居正讲评译释 子路见孔子只是赞扬颜渊，就问："老师你固然能和颜渊一起选择出仕或者归隐，但假如让你统领上万人的军队，去行军打仗，你想和谁一起共事呢？"子路这么问是因为自己很勇猛，他认为老师一定会选择和自己一起行军打仗。孔子回答说："君子最重要的是在维护义理上勇敢，而不是感情冲动时的逞能。如果赤手空拳与老虎搏斗，不用船只徒步涉河，并且不顾生死，这就是轻举妄动、有勇无谋的人。假如让这种人带领军队，一定会打败仗，所以我不和他一起带领军队。一定要平时为人兢兢业业、小心谨慎，不粗心误事，办事不敷衍应付，又善于使用计谋，办事之前能够做好谋划，然后果断地去处理，这样的人才算是周详审慎、智勇兼备。让这样的人带领军队，一定能够大获全胜，和我一起带领军队的应该是这样的人啊！为什么要用只会逞强斗勇的人呢！"子路好逞勇武但是没有可取的地方，所以孔子这样批评教育他。其实行军打仗的道理，也不过就是这些。赵括只是纸上谈兵，结果导致了长平之败；赵充国谨慎稳重，所以取得了收复金城的功劳。君主任命将领的时候应该知道如何选择啊！

原文 子曰："富而可求也，虽执鞭之士，吾亦为之。如不可求，从吾所好。"

今译 孔子说："倘若可求得财富的话，即便是做给别人执鞭这种卑贱的差事，我也愿意；倘若不可求的话，我只遵从自己的喜好去做！"

张居正讲评 这是孔子设词以警人的说话。执鞭是贱者之事。孔子说："人之所以役役焉以求富者，意以富为可求也。若使富而可以人力求之，则虽执鞭之士，吾亦为之。盖执鞭虽贱者之役，而苟足以致富，则亦无不可为也。但人之富贵贫贱，莫不有命存焉，决非人力所能强求者。如其不可强求，则在我自有义理可好。吾惟从吾所好，而安于命耳。何必终日营营，为是无益之求，以徒取辱哉？"夫孔子之圣，非真屑为执鞭之士也，特见当世之人，多自决其礼义之防，而甘心于苟贱之羞，故甚言以警人之妄求耳！所以他日又曰："不义而富且贵，于我如浮云。"观此，则自修者固不当愿乎其外，而取人者尤必先观其所守可也。

张居正讲评译释 这是孔子对世人的警示。给别人执鞭是卑贱的差事，孔子说："人们之所以辛苦地求取富贵，是因为他们认为可以求取到。假如通过人力可以求取到富贵，即便是给别人执鞭，我也愿意。做给别人执鞭这种卑贱的差事，如果可以取得富贵，那么也没有什么不能做的。但是人的富贵贫贱，都是命中注定的，不能强求。如果富贵不能强求，那我还有义理可以喜好。我只有遵从自己的喜好，安心于自己的命运了。为什么要为了一些得不到的东西整天苦心经营、自取其辱呢？"以孔子的圣明，不是真的想要做给别人执鞭这种卑贱的差事，只是因为看到世人大都不顾礼义廉耻，甘心做卑贱的事，所以说这些话，来警示人们啊！所以后来他又说："用不正当的方法得到的富足和尊贵，在我看来犹如天上的浮云一般。"由此看来，修养自己德行的人自然不应该追求富贵，而用人者更应该在用人之前先审查他的操守和品行。

原文 子之所慎：齐[8]、战、疾。

今译 孔子所慎重对待的有斋戒、战争、疾病这三件事。

张居正讲评 齐是将祭时斋戒。战是统兵而行战阵之事。疾是疾病。门人记说："夫子之所最谨慎者有三件事，其一曰齐，盖齐以交神，苟有不慎则志意涣散，神必不享。所以夫子之于斋也，内秉寅恭，外敦俨恪，务致其精诚，而后承祭以交于神焉。其一曰战，盖战者众之死生，国之存亡系焉。苟有不慎，则机宜不审，何以能胜？所以夫子之于战也，临事而惧，好谋而成，务出于万全，而不敢轻率以取败焉。其一曰疾，盖疾乃吾身之所以死生存亡者，苟有不慎，能无伤乎？所以夫子于无疾之时，则薄滋味，寡嗜欲，时节其起居，而不敢宴游无度；和平其性气，而不敢喜怒过当。不幸有疾，则加意调养，审择医药，而不敢有一毫之忽略焉。"盖圣人无所不慎，而此三者关系尤大，故谨之又谨如此。

张居正讲评译释 孔子的弟子记录说："老师谨慎对待的有三件事：一件是斋戒，斋戒是和神交流，稍有不慎就会心智涣散，这样神仙一定不会接受。所以老师在斋戒的时候，内心恭敬，神态庄重，一定要做到真心实意，之后才会进行祭祀。一件是战争，战争关系到民众的生死，国家的存亡。稍有不慎，就难以把握好的时机，这如何能取胜呢？所以老师在战争上，小心谨慎，仔细谋划，一定要准备周全，不敢因为轻率导致失败。一件是疾病，因为疾病关系到自己的生死存亡，稍有不慎，岂能没有损伤？所以老师在身体健康时，控制自己的欲望，做到起居有规律，从不敢过度宴饮游乐；保持自己的性情平和，不敢过喜过怒。不幸生了病，就注意用心调养，选择合适的药物，不敢有一点忽略。"圣人没有一件事不谨慎对待，而这三件事更加重要，所以才这样更加慎重。

原文 子在齐闻《韶》，三月不知肉味，曰："不图为乐之至于斯也。"

今译 孔子在齐国时听到了《韶》乐，陶醉得三个月都不知道肉是什么滋味，并且叹道："没有想到舜时的乐曲竟能达到如此的境界。"

张居正讲评 《韶》是舜乐名。不图是不意。古者圣王作乐以象德，帝舜以至圣之德，当极治之时，故所作《韶》乐最为美盛。舜之后封于陈，犹闻其乐，至陈敬仲奔齐，而《韶》乐遂在齐矣。夫子周流至齐，得闻其音，乃从而学之，至于三月之久，一心只在乐上，虽当食之时，有不知肉味之为甘者。盖不特习其节奏声容之末，而其契合之深，就如亲见虞舜之圣，身在雍熙之时者矣。遂不觉发叹说道："吾向也但知《韶》乐之美，犹未能得于亲闻；今也始得闻而学之，不意其所作之乐至于如此之美也。"盖夫子中和之蕴本自与舜合德。故一闻《韶》乐而叹息之深如此！他日又称其尽善尽美，而颜渊问为邦，则以《韶》乐告之，其上嘉于虞舜者至矣。

张居正讲评译释 古时候通过作乐曲来表现圣贤帝王的德行，舜的品德达到了圣人的境地，当时政治修明、社会太平，所以当时作的《韶》乐非常美妙。舜的后人被封在了陈国，仍然传诵着《韶》乐，陈敬仲因陈国发生内乱而到了齐国，就把《韶》乐也带到了齐国。孔子游历到齐国的时候，听到了这首乐曲，就跟着学习了三个月长的时间，这期间一心只在乐曲上，在吃饭的时候，也不知道肉的滋味。孔子不只是学习乐曲的弹奏，而是因为感到乐曲和舜的品德非常符合，弹奏乐曲时就像亲眼见到舜的圣明，就像身处和乐太平的盛世一样。所以感概说："我之前也知道《韶》乐的美好，但是不能亲自听闻，如今才能够听闻和学习，没想到舜时的乐曲竟能达到如此美妙的境界。"孔子的中正平和本来和舜一样，所以听了《韶》乐之后就有这么深切的感叹。之后孔子又称《韶》乐尽善尽美，在颜渊请教如何治理国家的时候，就用《韶》乐教导他。这可以看出孔子对舜的赞扬啊！

原文 冉有曰："夫子为卫君乎？"子贡曰："诺，吾将问之。"

今译 冉有问："老师会助卫君辄一臂之力吗？"子贡说："哦，我去问问他。"

张居正讲评 为字解做助字。卫君名辄，是灵公之孙，世子蒯聩之子。诺是应答之词。昔卫灵公时，世子蒯聩得罪出奔，灵公薨，国人遂立蒯聩之子辄。及晋人送蒯聩归国，辄拒之不受。当时卫国之人都说道："蒯聩得罪出奔，于义当绝。辄以嫡孙嗣位，于礼为宜。未有明言拒父争国之非者。"那时孔子在卫，冉有疑孔子亦以为宜，乃私问子贡说："卫君之立，国人固皆为之矣，不知夫子亦以为当然而助之否？"子贡即诺而应之说："吾将入见夫子而问之。"盖未能深谅孔子之心，而不敢遽答冉有之问也。

张居正讲评译释 卫灵公在世的时候，世子蒯聩因为犯了罪逃离了卫国，灵公死后，卫国人就立蒯聩的儿子辄为国君。当晋国送蒯聩回卫国的时候，辄拒绝接受蒯聩。当时的卫国人都说："蒯聩因为犯了罪逃离了卫国，在道义上应该拒绝他回国。辄以嫡孙的身份被立为国君，这在礼仪上是符合的。还没有人说拒绝父亲争夺国君是错的。"那个时候孔子刚好在卫国，冉有觉得孔子也认为卫君辄是正确的，就私下里问子贡说："辄被立为国君，卫国人都提供了帮助，不知道老师是不是也认为应该帮助他？"子贡就答应说："我进去问问老师。"因为子贡不知道孔子的意思，所以不敢轻易回答冉有。

原文 入，曰："伯夷、叔齐何人也？"曰："古之贤人也。"曰："怨[9]乎？"曰："求仁而得仁，又何怨？"出，曰："夫子不为也。"

今译 子贡进去，问道："伯夷、叔齐是什么人？"孔子说："古时的贤人。"子贡又问："他们是否后悔了呢？"孔子说："他们追求仁德而最终得到了仁德，为什么要后悔呢？"子贡出来，向冉有说道："老师不会帮助卫君的。"

张居正讲评 伯夷、叔齐是孤竹君之二子，长子叫做伯夷，第三子叫做叔齐。孤竹君曾有遗命，要立叔齐为君。及卒，叔齐又逊伯夷而不肯立。伯夷说父命不可违；叔齐说伦序不可乱，两人互相推让，都逃去了，这是兄弟逊国的事，正与卫君父子争国的相反。子贡不敢直斥卫君，乃入而问孔子说："伯夷、叔齐是何等人也？"子贡之问是要看孔子之取舍何如。若以争国为是，则必以让国为非。若以让国为当然，则必以争国为不可矣。孔子答说："二子逊国而逃，制行高洁，是乃古之贤人也。"子贡又问说："二子固是贤人，不知让国之后，其心亦有所怨悔否乎？"子贡之意，盖以让国之事人所难能，若贤如二子者，尤出于一时之矫激，而未免于他日之怨悔。则不可概责之他人，而卫君犹或可恕也。孔子答说："凡人有所求而不得则怨，今伯夷以父命为尊，叔齐以天伦为重。只要合乎天理之正，即乎人心之安，所以求尽乎仁也。今既不违父命，不悖天伦，是求仁而得仁矣。求之而得，则其心已遂，又何怨悔之有乎？"夫孔子之于夷、齐，既许其贤而又谅其心如此，则让国之事乃孔子之所深取也。以让国为是，则必以争国为非，而其不为卫君之意不问可知矣！故子贡出而谓冉有说，夫子不助卫君也。盖惟孔子为能谅夷、齐之心，惟子贡为能谅孔子之心。一问答之间，而父子兄弟之伦，昭然于天下矣！为国者可不以正名为先乎？

张居正讲评译释 伯夷、叔齐是孤竹君的两个孩子，长子叫作伯夷，第三个孩子叫作叔齐。孤竹君有遗命，要立叔齐为国君。等孤竹君去世了之后，叔齐让位给伯夷，自己不肯做国君。伯夷说父命不可违，叔齐说伦理顺序不能乱，两个人就互相推让，最后都逃走了，这是兄弟之间互相逊让的事，正好和卫君父子互相争夺相反。子贡不敢直接斥责卫君，就问孔子说："伯夷、叔齐是什么样的人？"子贡这么问是要看孔子如何取舍。如果认为应该争夺国君的位置，就一定认为伯夷、叔齐相互推让是不对的。假如孔子认为伯夷、叔齐的推让是正确的，那么就一定认为卫君父子的争夺是错。孔子回答说："这两个人因为互相逊让国君的位置而都逃离了国家，品行高洁，是古时候的贤人。"子贡又问："这两个人自然都是贤人，不知道推让了国君的位置之后，他们心里面后悔吗？"子贡认为人们很难做到推辞国君的位置，假如这两个人的贤德只是出自一时的激动，日后难免会后悔。如果是这样就不能够一概地苛责别人，而卫君也可以被宽恕。孔子回答说："人有了要求之后如果不被满足，就会心生怨恨，伯夷尊重父命，叔齐看重天伦。只要符合天理，让人感到安定的事，都可以尽心求取。如今伯夷和叔齐没有违背父命、天伦，这是求仁德而最终得到了仁德呀。得到了自己求取的东西，完成了自己的心愿，又有什么好怨恨后悔的呢？"孔子对待伯夷、叔齐，既能赞许他们的贤德又体谅到他们的心思，那么推让国君的行为才是孔子认为正确的。把推让当作对，那么一定是把争夺当作错，孔子不会帮助卫君的意思不需要问就知道了呀！所以子贡出来对冉有说，老师不会帮助卫君。这是只有孔子能够体谅伯夷、叔齐，只有子贡能体谅孔子。一问一答之间，父子兄弟之间的伦理道德，就明明白白地显现出来了呀！治理国家的人能不先辨正名分吗？

原文 子曰："饭疏食饮水，曲肱[10]而枕之，乐亦在其中矣。不义而富且贵，于我如浮云。"

今译 孔子说："吃粗粮，喝冷水，弯着胳膊枕着睡，这其中也有乐趣啊！用不正当的手段得到富贵，在我看来就像转瞬即逝的浮云！"

张居正讲评 饭是吃。疏食是粗饭。肱是手臂。孔子自叙其安贫乐道之事，说道："人生日用之间，无不欲饮食充足，居处安逸者。我所食的不过是粗饭，所饮的不过是水，其奉养之菲薄如此！夜卧无枕，但曲其肱而枕之，其寝处之荒凉如此，贫困可谓极矣！只是我心中的真乐，初不因是而有所损，亦自在其中焉。若彼不义而富且贵，苟且侥幸以得之，虽胜于疏食饮水，以我视之，漠然如浮云之无有，何尝以此而动其心耶！"盖圣人之心，浑然天理，故不以贫贱而有慕乎外，不以富贵而有动于中如此！

张居正讲评译释 孔子叙述自己安贫乐道的事，说道："人们在日常生活时，都想要饮食充足、居住安逸。但是我吃的是粗饭，饮的是冷水，生活就是这么节约；晚上睡觉的时候没有枕头，只是弯曲着胳膊枕着睡，我居住的条件就是这么简单，可以说是十分的贫困啊！只是因为我心里面有自己的追求，不会因为这些简陋的生活而影响自己的快乐，所以我能乐在其中。如果用不正当的手段侥幸得到了富贵，得到了比吃粗粮、喝冷水好得多的生活，在我看来，这就像是转瞬即逝的浮云一样，我怎么会因为这些心动呢！"圣人能完全遵循天理，所以不因为贫贱就羡慕别人，不因为生活富贵就动摇自己的心志。

原文 子曰:"加[11]我数年,五十以学《易》,可以无大过矣。"

今译 孔子说:"再让我多活几年时间,到五十岁时学习《易》,就能够不犯大的过错了。"

张居正讲评 加字当作假字。五十字当作卒字。假是借。卒是终。《易》即是如今《易经》所载的道理。孔子说:"《易》之为书,广大悉备。凡天道之吉凶消长,人事之进退存亡,都具载于其中,学者所当深察而玩味也。但其理深奥精微,我尝欲学之而尽其妙,然今则老矣。天若假借我数年,使我得终其学《易》之功,或观其象而玩其辞;或观其变而玩其占。凡道理精微的去处一一都讲究得明白,吉凶消长之理,进退存亡之道,我皆能融会于一心。由是见诸行事,必能审动静之时,得趋避之正。虽未必全然无过,而亦可以无大过矣。"夫圣人全体易道,行不逾矩,岂待假以数年而学《易》,亦岂待学《易》而后能免过?正谓易理无穷,欲人当及时以勉学耳。欲寡过者当以讲学穷理为先。

张居正讲评译释 孔子说:"《易》这本书,内容宽阔、完备。只要是天道的吉凶消长,人事的进退存亡,都在其中有记载,学习的人应该仔细深入地研究。《易》中蕴含的道理深刻精妙,我想要完全领会到其中精妙的地方,可惜现在老了呀!假如让我多活几年,让我最终完全学得《易》,或者在看卦象的时候,能玩味到象的文辞;或者在看爻的变化的时候,能够玩味到爻的吉凶。把《易》里面的精密微妙的道理都研究明白,那么吉凶消长、进退存亡的道理,我就都能够融会贯通了。这样在办事的时候,一定能把握好动和静的时机,适当地前进或后退躲避。虽然不一定能不犯任何过错,但是也不会犯大的过错。"孔子的行为完全符合《易经》,办事行动从来不违反规矩,怎么需要多活几年学习《易经》呢,又怎么用等到学完《易经》后才不会犯错呢?这是因为《易经》里蕴含的道理无穷无尽,孔子是要人们及时地学习《易经》啊。所以想要少犯错误的人应当先学习穷究事物的道理。

原文 子所雅言[12],《诗》《书》,执礼,皆雅言也。

今译 孔子有时候也说标准语,如读《诗》《书》,行礼,都是这样。

张居正讲评 雅字解做常字。执是执持。人能事事循礼,才有执持,所以叫做执礼。门人记说:"夫子之设教,固必因人而施。然平日所常言者,则有三件:一是《诗》,盖《诗》之为言有美有刺,美者可以劝人为善,刺者可以戒人为恶。吾人所以养性情者莫切于此。一是《书》，盖《书》之所载有治有乱，与治同道则无有不兴；与乱同事则无不亡，吾人所以考政事者莫切于此。一是执礼。盖礼主恭敬而有节文，既可以防闲其心志，又可检饬其威仪，吾人欲养其德性，使有所执持者莫切于此。这三件都是切实的道理，紧要的功夫。故夫子常以为言，欲人念念在此而不忘，时时用力而不懈也。"夫以孔子之圣，犹汲汲于学《易》，而于《诗》《书》，执礼则雅言之，可见圣人之道具在六经，学者必讨论讲习，乃可以明理；人君必体验推行，乃可以致治。读者宜致思焉。

张居正讲评译释 孔子的弟子记录说："老师教学的时候，一定会因人而异、因材施教。但是他平时经常说的有三种：一是讲解《诗》，因为《诗》里的话有赞美有讽刺，赞美的诗可以劝人做善事，讽刺的诗可以给作恶的人警戒，人们修养性情的时候都要研究这些。一是讲解《书》，因为《书》里面记载的有盛世有乱世，和盛世采用相同的治理方法就一定会国家兴盛；做和乱世相同的事国家就一定会灭亡，人们处理政务的时候都要关注这些。一件是讲解如何行礼，因为礼仪注重恭敬有节制，既能够防备约束内心的松懈，又能够约束整治仪容和举止，人们想要修身养性，保持操守的时候要注意这些。这三件事都是切合实际，实实在在的道理，非常紧要的本领。所以老师经常说这些，是想要人们牢记于心、时刻不忘啊！"孔子这样的圣人还急切地去学习《易经》，又经常读《诗经》《书经》，经常温习礼仪，由此可以看出圣人的主张全部都在六经里面，学习的人一定要深刻地讨论学习，这样才能够明白其中的事理。君主一定要领会并推行圣人的主张，才能够使国家安定太平。读者应该深刻地思考这些啊！

原文 叶公[13]问孔子于子路，子路不对[14]。子曰："女奚不曰，其为人也，发愤忘食，乐以忘忧，不知老之将至云尔。"

今译 叶公向子路询问孔子是什么样的人，子路不答。孔子知道后就对子路说："你为什么不说：他的为人啊，用功起来忘记了吃饭，快乐起来忘记了忧虑，因此不知道衰老即将来临，仅此而已！"

张居正讲评 叶公是叶县的令尹，僭称公。奚字解做何字。愤是急于求通之意。昔者叶公问于孔子之为人于子路，子路不对。盖圣人之德未易名言，故子路不敢轻对。孔子闻而教之说："叶公之问盖欲知我也，汝之不对，何也？

汝何不说：'其为人也，惟知好学而已。方其理之未得，则发愤以求之。虽终日不食，有不知者。愤而至于忘食，是其愤之极也。及其既得，则欣然而自乐，事之可忧，有不知者。乐而至于忘忧，是其乐之至也。然天下之义理无穷，未得而求之以至于得，则愤者又未尝不乐也。有得而尚有所未得，则乐者又未尝不愤也。二者循还，日有孜孜，而无所止息，虽老年将至，有不自知焉者，是乃我之为人也。'汝何不以告叶公乎？"这是孔子自言其好学之笃如此！然其全体至极，纯亦不已之心，于此亦可见矣。欲学圣人者，其可不以勤励不息自勉哉？

张居正讲评译释 叶公向子路询问孔子是什么样的人，子路没有回答。因为孔子圣明的品德不是一般人能轻易评价的，所以子路不敢回答。孔子听说之后就教导子路说："叶公的询问是想要知道我是什么样的人，你为什么不回答呢？你为什么不说：'他为人只是好学罢了。当他没有学到理的时候，就发愤学习。即使是一整天不吃饭，也不会发觉。发愤到了忘记吃饭的地步，这是发愤到了极点。等到他学到了道理之后，就感到非常快乐，即使是遇到了忧虑的事也没有发觉。快乐到了忘记忧愁的地步，就是快乐到极点了。然而天下间的道理无穷无尽，能学习到自己没有掌握的知识，这样在发愤的时候又怎么会不欢乐呢。需要学习那些还没有掌握的知识，这样感到快乐之后怎么会不发愤呢。这二者互相循环，每天都勤勉不止，即使是即将衰老，也没有发觉，老师他就是这个样子！'你为什么不这么告诉叶公呢？"这是孔子自己说自己对学习的喜爱呀！从这可以看出孔子品德完备，也依然不停止学习。想要向孔子学习的人，能不勉励自己在学习上勤勉不息吗？

原文 子曰："我非生而知之者，好古，敏以求之者也。"

今译 孔子说："我并不是天生就有知识的人，而是崇尚古代文化，凭借个人的聪慧敏捷，不断求索而获得知识的人。"

张居正讲评 古是古人的典籍。敏是急速的意思。孔子说："天地间的道理，凡精粗小大，那一件不是吾人之所当知。但人之气禀不同，有天生上智，自然知此道理者；我今虽有所知，岂是聪明睿知，生来自然能知而不待学习者乎？只是见得这个道理，都具于古人之典籍，若非心里喜好，则志向不专，非用力讲求，则工夫有间，所以笃信好古，汲汲焉勉力以求之。将古人的言语，字字去体认；将古人的行事，件件去思索，就似饥之求食，渴之求饮一般，惟日孜孜，不敢有一毫之懈怠。是以学力至到，义理自然贯通，而能有所知耳，岂真生而知之者哉！"此虽孔子自谦之词，其实学问之功，虽圣人亦不能废。故尧、舜舍己从人，大禹不自满假，成汤之得师，武王之访道，皆不敢自恃其聪明，而必从事于学问也。傅说说学以古训，逊志务时敏，正与好古敏求之言相合，为人君者不可不知。

张居正讲评译释 孔子说："天下间大大小小的道理，每一件都是人们应该知道的。只是人们的资质禀性不一样，有的人天赋异禀，自然而然地知道这些道理；也有的人需要通过学习之后才能明白这些道理。如今我虽然知道这些道理，但不是因为我聪明睿智、天生就懂。只是因为我在古人的典籍里学到了这些道理，如果不是真心喜欢这些知识，志向就不会坚定，如果不抓紧时间学习，中途就会遇到阻碍。所以我崇尚古代文化，并且急切地努力求取。将古人说过的话，一个字一个字地去体察认知；将古人做过的事，一件一件地去思索考虑，就像饥饿口渴的时候求取食物和水一样，每天都急切地学习，不敢有一点懈怠。所以学问达到了极致，自然能将义理融会贯通，变得无所不知了，这怎么是天生的呢！"这虽然是孔子谦虚的说法，但确实在学问的学习上，即使是圣人也不能荒废。所以尧舜放弃自己的成见听从别人的正确意见，大禹不自满自大，成汤向别人虚心学习，武王向大臣询问治理国家的办法，他们都不敢自认为自己聪明，办事的时候一定会请教询问别人的意见。傅说所说的学习古人的训诫，谦虚好学，时刻激励自己，正好和孔子说的崇尚古代文化，凭借个人的聪慧敏捷，不断求索而获得知识相符合。作为君主不能不知道这些道理。

原文 子不语怪、力、乱、神。

今译 孔子不谈论怪异、勇力、悖乱、鬼神。

张居正讲评 语是言语。怪是怪异。力是勇力。乱是悖乱。神是鬼神。门人记说："夫子教人，固无所隐，然亦有所不语者，怪、力、乱、神是也。"夫怪者诡异无据，虚诞不经，最能骇人之听闻，惑人之心志者也。力者以强凌弱，以众暴寡，专用血气而不顾义理者也。乱者臣子叛君父，妻妾弃其夫，乃人伦之大变，天理所不容者也。鬼神者视之而弗见，听之而弗闻，其应感之理幽远而难测者也。前三件非理之正，后一件非理之常。言之，则有以启人好奇不道之心，眩昧荒唐之想，故夫子绝不以为言。其所雅言者不过《诗》《书》、执礼，其所立教者不过文、行、忠、信而已。

张居正讲评译释 孔子的弟子记录说："老师教育学生，固然没有隐瞒，但是他从不谈论怪异、勇力、悖乱、鬼神的事。"怪异的事没有依据，荒诞不经，却会让人听了之后感到害怕，迷惑人们的心性。勇力的事宣扬恃强凌弱，以人多势众去欺凌、迫害人少势弱，专门使用武力而不顾义理。悖乱的大都是臣叛君、子反父、妻弃夫这样的事，这是严重违反人伦，天理难容的事。鬼神的事看不到、听不见，神明对人事的反响十分诡秘，难以度测。前三件事都不是正当的事理，后一件不是正常的事理。谈论这些，就会让人心生好奇，产生荒唐的想法，所以孔子从不谈论这些。他平时所说的都是《诗经》《书经》、礼仪这些，所做所教的就是历代文典、社会实践、忠心待人、为人诚信这些。

原文 子曰："三人行，必有我师焉。择其善者而从之，其不善者而改之。"

今译 孔子说："几个人走在一起，一定有值得我学习的人在其中。我选择那些好的方面学习，对于他们身上不好的方面，以此为鉴改掉自己的缺点。"

张居正讲评 师是师范。孔子说："学无常师，道在有益。人能存心于为己，斯无往而非进德之地，即三人同行，亦必有我之师范存焉。盖人的所为非善则恶，而师也者，所以引人为善，教人去恶者也。今三人虽寡，而观其所行，岂无合于义理而为善者乎？亦岂无悖于义理而为不善者乎？善者我则景仰欣慕，取法其善而从之；不善者我则反观内省，恐己亦有是恶而改之。夫择善而从，则足以长吾之善，是善固我之师也。见不善而改，则足以救我之失，是不善亦我之师也。所以说三人行必有我师焉。"三人且如此，则天下之人无往而非师矣！人能随处而自考，触类以求益，进善岂有穷乎？即此推之，可见人君之学，尤须广求博采，凡臣下之忠言嘉谟，古今之治乱得失，盖无非身、心治理之助者，诚能以圣哲为芳规而思与之齐，以狂愚为覆辙而深用其戒，是谓能自得师，而德修于罔觉矣。

张居正讲评译释 孔子说："求学时没有固定的老师，要随时学习别人的优点。人如果能一心求学，就没有不能增进自己品德的地方，就是三个人走在一起，其中也一定有值得自己学习的人。人的行为不是善良就是邪恶，而老师就是引人向善，教人远离邪恶的。三个人虽然人数很少，但是观察他们的行为，怎么会没有符合义理的地方呢？怎么会没有不符合义理的地方呢？如果是好的方面，就要向别人学习。如果是不好的方面，就要反省自己，以此为鉴改掉自己的缺点。选择好的方面学习，就能够让自己变好，这好的方面自然就是自己的老师。看到不好的方面就反省自己，就能够改正自己的不足，这不好的方面也是自己的老师。所以说三个人走在一起，一定有值得自己学习的人。"三个人尚且如此，那么天下人就都能做老师啊！人如果能随时反省自己，和人接触时学习别人的优点，这样对善的追求学习怎么会有终点呢？由此可以推断出，君主学习时更加需要广泛求取、博采众长，忠直的谏言、好的谋略、古今的治乱得失等，都能帮助提升自己。君主如果能够遵从前贤的行为规范，和他们保持一致，把别人的狂妄愚昧当作教训并引以为戒，这就是能够自己找到老师，就能在不知不觉间提高自己的品德。

原文 子曰："天生德于予，桓魋[15]其如予何？"

今译 孔子说："上天赋予我这样的品德，桓魋他又能把我怎么样？"

张居正讲评 桓魋是宋之司马。如予何，是说没奈我何，言不能害己也。昔孔子周流四方，行到宋国，那时宋国之司马有桓魋者，忌孔子而欲杀之，门人都惧其不免。孔子晓之说："人之死生祸福皆系于天。若天无意于我，必不生我以如是之德。天既生我以如是之德，则我之命，天实主之，必将佑我于冥冥之中矣。桓魋亦人耳，其将奈我何哉？盖必不能违天而害我也。"然孔子虽知天意之有在，而犹必微服过宋以避之，则可见天命固不可以不安，而人事亦不可以不尽。故知祸而避，则为保身之哲，以义安命，则为乐天之仁。观圣人者，于此求之可也。

张居正讲评译释 孔子周游列国，到宋国的时候，宋国的司马桓魋因为忌惮孔子，所以想要杀掉他，孔子的弟子都害怕孔子难以避免灾祸。孔子开导他们说："人的生死祸福都取决于上天。如果上天对我不在意，一定不会给我这样的品德。既然给了我这样的品德，那我的命运就是上天在掌管，上天一定会在暗中保佑我的。桓魋也是人，他又能把我怎么样呢？一定不能违背天意伤害我。"然而即使孔子知道上天会保佑自己，在经过宋国的时候也隐藏身份躲避灾祸。这可以看出人固然要安于天命，但也需要尽力去解决问题。所以说知道躲避灾祸，是保全自身的智慧；用义来安定自己的命运，就是安于天命的仁德。根据这些就能观察圣人了。

原文 子曰："二三子以我为隐乎？吾无隐乎尔。吾无行而不与二三子者，是丘也。"

今译 孔子说："学生们啊，你们认为我有什么隐瞒的吗？我对你们没有隐瞒。我没有什么行为是不示于你们的，这就是我孔丘啊。"

张居正讲评 二三子指众弟子说。隐是隐讳而不言。与字解做示字。昔孔门弟子专以言语求圣人，以为夫子之道本自高深，而其教人则甚平易，必有秘而不传者，故以有隐为疑。孔子乃教之说："二三子之学于吾门久矣，其将以我为吝教，有所隐讳而不言乎？不知吾之于尔初未尝有所隐也。盖道理在人，本自明白简易，固不待言而显，亦不可执一而求。我今一动一静，一语一默，凡身之所行都依着道理，这是二三子所共见共闻的。则是以身立教，无一事不以昭示于二三子者，此乃丘之为人也，何尝有隐于尔乎？二三子不能随处体认，而徒以言语求之，非惟不知我，抑亦不善学矣。"然孔子之道，不但晓然昭示于门人，而亦灿然著明于万世。善学圣人者，若能反之身心之间，而不徒泥于言语之末，则何圣道之不可及哉？

张居正讲评译释 孔子的弟子通过语言来请教孔子，认为孔子的学问原本很高深，但是教导给别人的时候很平和容易，他们就认为孔子一定有隐瞒的知识没有传授给自己，怀疑孔子有隐瞒。孔子就教导他们说："你们在我门下学习了很长时间了，你们认为我不想教你们，对你们有隐瞒吗？你们不知道我对你们没有任何隐瞒啊。道理都在各人自身，本来就很容易弄明白，自然不用通过语言来展现，也不能够固执己见，片面地追求。我如今的动和静，说话和沉默，所有的行为都依据着道理，这是你们共同看到的。以身作则，没有一件事不能够展示给你们，这就是我孔丘的为人，有什么要对你们隐瞒的呢？你们不能够处处体察认知，而只是在语言上请教，这不只是不了解我，也是不善于学习啊。"孔子的学问，不只是清楚地展示给了弟子，也能够清晰明白地流传万世。学习圣人的时候如果能反过来探求自己的内心，而不只拘泥在言语间，那么又怎么会学不到圣人的学问呢？

原文 子以四教：文、行、忠、信。

今译 孔子以四项内容教授学生：历代文典，社会实践，忠心待人，为人诚信。

张居正讲评 文是《诗》《书》六艺之文。行是体道于身。尽己之心叫做忠。待物以实叫做信。门人记说：夫子以成就后学为心，其为教虽无所隐，然大要不过四件。四者何？文、行、忠、信是也。盖天下之义理无穷，皆载于《诗》《书》六艺之文，使不有以讲明之，则无以为闻见之资，而广聪明之益，故夫子每教人以学文也。然道本于身，使徒讲明，而不一一见之于躬行，则所学者不过口耳之虚，而非践履之实，故夫子每教人以修行也。然道原于心，使发乎己者有不忠，应乎物者有不信，则所知所行者为虚伪，而卒无所得矣。故夫子每教人以忠，施其发于心者肫肫恳至，而无一念之欺；教人以信，使其应乎物者，慥慥笃实，而无一事之诈。苟能此四者，则知行并尽，表里如一，而德无不成矣。为学之道，岂有加于此哉？此夫子所以为善教也。

张居正讲评译释 孔子的弟子记录说：老师心里面想的是帮助年轻人学习，他在教学上虽然没有隐瞒，但所教的也不过就是四件事。哪四件呢？学习历代文典，参与社会实践，忠心待人，为人诚信这些。天下间的义理无穷无尽，都记录在《诗经》《书经》这些典籍里面，假如不把这些典籍学明白，就不能提高自己的见识，从而集思广益，所以老师每次都要教人学习文化典籍。道本来就在个人自身，如果只是给他讲明白，他却不去亲自实践，那么所学的就是一些虚文，而不是踏实的学问，所以老师每次都要教人参与实践。道发自内心，假如自己的内心不忠诚，对别人不诚信，那么自己的知识和行为都是虚伪的，最终不会有收获。所以老师每次都要教人发自内心地忠诚待人，不能有一点欺骗别人的想法；教育别人为人诚信，让其能够诚恳笃实地待人接物，没有一点欺瞒诈骗。如果能够做到这四点，就是知行并尽、表里如一，就能够成就自己的品德。除了这些，还有别的学习方法吗？这就是孔子善于教人的地方啊！

原文 子曰："圣人，吾不得而见之矣；得见君子者，斯可矣。"子曰："善人，吾不得而见之矣，得见有恒者，斯可矣。亡而为有，虚而为盈，约而为泰[16]，难乎有恒矣。"

今译 孔子说："圣人，我不能够见到了；能够见到君子就可以了。"孔子又说："善人，我不能够见到了，能够见到有操守的人就可以了。没有却装作有；空虚却装作充实；穷困却装作富有，这样的人很难有一定操守。"

张居正讲评 圣人是神明不测之号。君子是才德出众之名。善人是志仁无恶的人。有恒是存心有常的人。亡字即是有无的无字。虚是空虚。盈是充满。约是寡少。泰是侈泰。孔子说："天下之人品等第，每有不同，而随其才器造诣，皆可上进。彼神明不测，大而化之的圣人，乃人之至者，吾不得而见之矣！得见才德出众而为君子者，斯亦可矣。然君子去圣人不远，岂易得哉？不惟君子不可得而见，至于天资粹美，志仁无恶的善人，吾亦不得而见之矣，得见存心之有常者，斯亦可矣。夫有恒者之与圣人，高下固为悬绝，而实为入德之门，然谓之有恒，不过质实无伪耳。盖天下之事，必有其实，乃能常久，若是存心虚伪，本无也，却做出个有的模样；本空虚也，却做出个盈满的模样；本寡少也，却做个侈泰的模样，似这等虚夸无实，虽一时伪为以欺人，而本之则无，自将不继于后，欲其终始如一，守常而不变，岂可得乎？所以说难乎有恒矣！夫无恒者如此，则所谓有恒者可知。人若能纯实无伪而充之以学，则固可由善人而为君子，由君子而为圣人，不止于有恒而已，此吾所以思见其人也。"然《中庸》言达道达德，九经而归本于一诚。先儒说：诚者圣人之本。孔子此言，岂徒以引进学者哉？要其极则参赞位育之化，亦不过自有恒之实心以充之耳。欲学二帝三王者，宜体验于斯。

张居正讲评译释 孔子说："人们的人品等级各有不同，但是才能和学问都能够向上进步。那些学问高深，能把品德发扬光大的圣人，是最优秀的人，我不能够见到了呀！能够见到才能出众的君子就可以了。但是君子和圣人的差别不大，怎么能轻易见到呢？不只是不能轻易见到君子，那些天性善良、不做坏事的有道德的人，我也没有见到啊，能够见到那些能够保持自己操守的人，我就很满足了。那些保持操守的人和圣人相比，差距确实比较大，好在已经进入了品德修养的境域，但他们保持的操守，不过是做人朴实，不虚伪罢了。天下间的事，只有真实，才能保持长久。内心虚伪，却假装为人踏实；内心空虚，却装作充实；生活穷困，却装作富有，这样虚伪不实的人即使能在短时间欺骗别人，也终究会被人们发现。这种人怎么能前后一致，保持自己的操守不动摇呢？所以说操守很难保持啊！难以保持操守的人是这个样子，那么有操守的人什么样就也可以知道了。人们如果能做到朴实不虚伪，踏实地学习，自然能够保持操守。但是有道德的人变成君子，君子成为圣人，也不仅仅是保持操守就行了，这就是我想见到圣人的原因啊！"《中庸》里说至高的道德和治理天下的九项准则最后都归于真诚；先儒说真诚是圣人的根本。孔子这么说不只是引述圣人的话呀，他是想用圣人的标准来实施教化啊，这些标准也不过是让人们保持自己的诚心罢了。想要效仿二帝三王的君主，应该仔细体察领会这些。

原文 子钓而不纲[17]，弋[18]不射宿[19]。

今译 孔子钓鱼，不用大绳截断水流钓鱼，不以带生丝的箭来射归巢的鸟。

张居正讲评 钓是钓鱼。以大绳系纲，截水取鱼叫做纲。弋是以丝系矢而射。宿是鸟之栖者。门人记说："吾夫子在贫贱时，为奉养、祭祀亦尝取鱼、鸟以为用矣。但常人都有贪得之念，而夫子每存好生之心。其取鱼也只用钓饵以钓之而已，不曾以大绳系纲拦截水中而尽取之也；其射鸟也，只以丝系矢，射其飞者而已，若鸟之宿者，则未尝出其不意而射取之也。"盖于取物之中，而寓爱物之意，圣人之仁如此。古之圣王，网罟之目必以四寸，田猎之法止于三驱，皆以养其不忍之心，而使万物各得其所也。人君能举斯心以加斯民，则人人各遂其生而天下治矣。

张居正讲评译释 孔子的弟子记录说："我们老师在生活贫困的时候，为了生存和祭祀，也曾捕过鱼、捉过鸟。一般人在捕鱼、捉鸟时都会贪心，而我们的老师每次都心存仁德。他在捕鱼的时候只是用鱼钩钓鱼，从来不用有很多鱼钩的大绳截断水流把鱼捕完；他在捉鸟的时候，只是用箭射飞行中的鸟，从来没有射过归巢途中的鸟。"在捕猎动物的时候，包含了对动物的仁爱，这就是圣人的仁德。古代圣明的君王捕杀鱼虫鸟兽时，网的孔眼一定要有四寸那么大，追捕猎物的时候，一定要网开一面，只从三面驱赶，这些都是心存仁德的表现，让人和动物都能得到合适的安顿。君主如果能用这种心思对待百姓，那么每个人就都能得到想要的生活，天下就会太平兴盛了。

原文 子曰："盖有不知而作之者，我无是也。多闻，择其善者而从之；多见而识之，知之次也。"

今译 孔子说："有一种自己不懂却敢凭空捏造的人，我不是这样的。多听闻，选择其中好的部分来接受；多观察，并牢记在心，这是仅次于'生而知之'的智慧。"

张居正讲评 不知而作是不知其理而妄有作为。识字解做记字。孔子说："天下之事，莫不有理，必先知得此理明白，然后处事停当而无有过差。今天下之人，盖有不知其理而妄有所作为者，若我则无是也。然吾所以无不知而作者，岂是生来便晓得许多道理？盖我以天下之义理无穷，非闻见广博，则无以开聪明而扩智虑。于是多闻天下之理，择其善者而体之于身，务使有得而不敢不勉；又多见天下之事，不论善恶皆记之于心，以备参考而不敢遗忘。夫闻见既多，而又有所抉择参考，则得于人者无穷，而裁于己者有据，虽是闻见之知与生而知之者不同，然自此进之，则智虑日广，义理日明，亦可次于知之者矣。知之既明，则处之自当，又何妄作之有哉？"夫圣人本生知安行，而其自谦之词如此。则知学为圣人者，必先造其理，而后可以履其事。此讲学穷理之功，不可一日而不勉也！

张居正讲评译释 孔子说："天下间的事，都有各自的道理，一定要先明白它们的道理，然后才能妥当地处理而不产生差错。如今有一种人不明白事物的道理，就想胡作妄为，我就不会这样做。我之所以不无知妄为，难道是我天生就懂很多道理吗？这是因为我知道天下的道理无穷无尽，如果不提高自己的见识，就不能让自己变得聪明有智慧。于是我就提高自己的见识，选择接受其中好的部分，勉励自己一定要有所收获；多观察事物，不论善恶都牢牢记在心里，在将来用作参考。见多识广，在抉择的时候又能有参考，那么就能从别人身上获得很多有用的知识，自己在做决断时也能有理有据，虽然听闻得到的知识和天生就知道的知识不一样，但是从听闻开始进步，那么智慧就能得到提高，对道理的理解就会越来越清晰明白，这也是仅次于'生而知之'的智慧。既然获得了清晰明白的知识，能合适恰当地处置事务，又怎么会是胡作妄为呢？"孔子本来就能够做到生而知之、安而行之，还能够说出这么谦虚的话。想要成为圣人，一定要先明白事物的道理，然后才能去执行。这就是学习穷究事物道理的方法，不能不时刻勉励自己呀！

原文 互乡[20]难于言，童子见，门人惑。

今译 人们很难与互乡这地方的人沟通，但有一名当地的顽童受到了孔子的接见，弟子们对此感到疑惑不解。

张居正讲评 互乡是地名。昔孔子时，有地名互乡者，其人都习于不善，难于言善。那时有道之君子皆恶而绝之。一日有个童子，慕孔子而求见，孔子许其进见，不加拒绝。门人都疑惑说道："君子持身贵正，疾恶贵严。今互乡童子乃不善之人，夫子何为见之？"此所以疑而未解也。

张居正讲评译释 孔子那时候，有一个叫作互乡的地方，那里的人行为恶劣，人们不能同他们沟通。那时候有品德的君子都厌恶那个地方并且不和那里的人交流。有一天，互乡的一个童子求见孔子，孔子也答应见他。弟子们都感到疑惑，问道："君子应该保持自己尊贵、贞正的操守，远离邪恶，维护自己的尊严。互乡的童子不是善良的人，老师你为何要见他呢？"这是孔子的弟子们疑惑不解的地方。

原文 子曰："与[21]其进也，不与其退也。唯何甚？人洁己以进，与其洁也，不保其往也。"

今译 孔子说："我们是肯定他的进步，不是肯定他的退步，在这件事上何必做得太过分呢？别人已经改过自新，便应当肯定他的改过自新，不要只盯着他过去的错误不放。"

张居正讲评 与字解做取字。洁是舍旧从新的意思。往是前日。孔子因门人之惑而晓之，说道："君子之处己固当谨严，至于待人也要宽恕。今互乡虽不善之俗，而童子之求见，是乃向善之心，我今特取其进而求见耳，非取其退而为不善也。若因其习俗而峻拒之，则太甚矣。我何为而绝人于已甚矣？盖几天下之人，不患其旧习之污染，而患其终身之迷惑？若能幡然悔悟，舍旧从新，而洁己以求进，这就是改过迁善。可与入德的人，但取其能自洁耳，不能保其前日所为之善恶也。盖来者不拒，往者不追，君子待人之道，固当如此。今互乡童子正洁己以进者，我又何为而拒之？二三子亦可以无疑矣。"当时，教化陵夷，风俗颓败，孔子欲化导天下之人，以挽回天下之风俗，故其不轻绝人，不为已甚如此！惜乎有志未遂，非惟时君莫能用，而门人亦莫能尽知也。

张居正讲评译释 因为弟子们感到疑惑，所以孔子教导他们说："君子的为人处世固然应该严谨，但是对待别人也要宽容。虽然互乡这个地方的风俗习惯不好，但是童子想要见我，就是想要改恶向善，如今我见他只是肯定他的进步，不是肯定他不对的地方。如果因为当地的风俗不好就严厉拒绝了他，这就太过分了。我为什么要这么平白无故地拒绝别人呢？天下有几个人能做到不用担心受恶习影响，只关心知识上的困惑？如果能很快悔悟，改掉恶习，端正自己，获得进步，这就是改过向善、能够进入圣贤品德修养之境的人，只要他能洁身自好，不用管他过去做的事是对是错。不拒绝前来请教的人，不追究已经发生的事，君子待人接物的方法，本来就应该这样。互乡的童子想要端正自己，获得进步，我为什么要拒绝他呢？你们也不要有疑惑了。"当时社会的风俗教化衰退，孔子想要教化引导人们，挽回社会的风俗，所以不轻易拒绝别人，一点不在意自己的名声啊！可惜孔子的志向难以实现，不只是当时的国君不重用他，弟子们也不能完全了解他啊。

原文 子曰："仁远乎哉？我欲仁，斯仁至矣。"

今译 孔子说："仁德离我们很远吗？只要我想达到仁德，这仁德就来了。"

张居正讲评 仁是本心之全德。孔子因人不肯用力于求仁，故言此以勉之，说道："世之惮于求仁者，盖将以仁为远于人也，自我观之，仁之为德也，果远于人乎哉？不远也，何以见其不远？盖凡物之远者，求之或未必得，得之或未必速。若夫仁者乃心之德，有此人即有此心，有此心即具此仁，本非在外之物也。人但迷于私欲而不知反求，故遂流于不仁，而视以为远耳。我若欲仁，反而自思曰：仁在吾身，不可失也，而求以得之，则一念方动，本体具见，仁固即此而在矣，何远之有？"夫以仁本不远如此，则人而不仁者，岂非自离其仁也哉？然仁具于心，至之虽甚易，而失之亦不难，必须于既至之后常加操存之功，则心德渐以纯全，而可造于中心安仁之地矣。此又求仁者所当知。

张居正讲评译释 因为人们不肯努力求取仁德，所以孔子勉励他们道："那些害怕求取仁德的人，是认为仁德离我们很远，但是在我看来，仁德真的离我们很远吗？不远啊。如何看出离我们不远呢？只要是离我们远的事物，或者很难求取得到，或者很难快速得到。仁是人们内心的道德，有人就有心，有心就有仁，本来仁就没有在外部事物上。人沉迷于私欲就不知道向自己内心求取仁德，所以就得不到仁，就会认为仁德离自己很远。我如果想要达到仁德，就会反思自己说：仁在我的心中，一定不能丢失。而在求取仁德的时候，只要念头一动，仁就会完全显现出来，仁就在自己的心里，这有什么远的呢？"仁德本来就离人们不远，那些求取不到仁德的人，难道不是自己远离仁德的吗？然而仁德在人的内心中，虽然很容易就能得到，但是也很容易就会失去，一定要在得到之后经常努力保持，这样人的性情就能够逐渐变得纯正，就能在心中保持自己的仁德了。这也是求取仁德的人应该知道的地方。

原文 陈司败[22]问昭公[23]知礼乎，孔子曰："知礼。"

今译 陈司败询问孔子鲁昭公是否懂礼，孔子回答："懂礼。"

张居正讲评 陈是国名。司败是官名，即司寇也。昭公是鲁君。昔者鲁昭公习于威仪之节，当时以为知礼。陈司败以昭公娶同姓为夫人是失礼之大者，而乃负知礼之名，有所不足于心。故问于孔子说："人皆以鲁君为知礼，果知礼乎？"孔子答说："知礼。"盖人臣与君，称美不称恶，而陈司败又未显言所以不知礼之事，故夫子直以知礼答之。

张居正讲评译释　昔日鲁昭公熟练掌握待人接物、仪容举止的礼仪，当时人们都认为他懂礼。陈司败认为鲁昭公娶同姓的女子为妻非常不符合礼节，辜负了懂礼的名声，所以心里对鲁昭公不满意，就问孔子说："人们都认为鲁昭公懂礼，他是真的懂礼吗？"孔子回答说："懂礼。"这是因为臣子不可以在背后说国君的坏话，并且陈司败也没有说明白鲁昭公哪些行为不符合礼，所以孔子直接回答说懂礼。

原文　孔子退，揖巫马期[24]而进之，曰："吾闻君子不党，君子亦党乎？君取于吴，为同姓，谓之吴孟子[25]，君而知礼，孰不知礼？"

今译　孔子出来后，陈司败便向巫马期作了个揖，请他走近一些，对他说道："我听说君子从不偏袒他人，难道孔子这样的君子却可以偏私吗？鲁国国君从吴国娶回一位同姓的夫人。吴与鲁都是周文王的后代，不便直接叫她吴姬，于是叫作吴孟子。倘若鲁国国君这样做是懂礼，那还有谁是不懂礼的呢？"

张居正讲评　巫马期是孔子弟子，姓巫马，名施，字子期。党是庇护的意思。孟是长。子是宋国的姓。陈司败因孔子以昭公为知礼，心中不以为然。及孔子既退，适遇其弟子巫马期在前，乃迎揖而进之，与他说道："吾闻君子之为人，平心直道而公其是非贤否于人，不私其人而为之党也。由今观之，君子亦阿党于人乎？何以言之？盖周家礼，同姓不为婚姻。吴，泰伯之后，鲁，周公之后，同是姬姓，而鲁君乃娶吴国之女为夫人，正犯此礼。却乃假辞遮饰，不称之曰吴孟姬，而称之曰吴孟子，夫子是宋姓也，娶吴国之女而冒宋国之姓，其能掩乎？是其任情越礼，明知故为，鲁君之不知礼甚矣！若君而可谓之知礼，则人人皆可谓之知礼矣，谁为不知礼者乎？夫君不知礼，而夫子以知礼与之，是私之而为掩其过也，非党而何？"司败品评昭公，固为确论。但疑孔子为党，则圣人用意之忠厚，彼盖有所不知也。

张居正讲评译释　孔子认为鲁昭公懂礼，陈司败在心里并不同意。等到孔子出去后，陈司败碰见巫马期，便向他作了个揖，请他走近一些，对他说道："我听说君子做人，一定是公正平和地说出人和事的是非对错，不偏袒他人，不结党营私。现在看来，孔子这样的君子可以偏袒别人吗？为什么这么说呢？周朝的礼制规定，同姓不能结婚。吴国第一代国君泰伯的后人和鲁国第一代国君周公的后人都姓姬，鲁昭公娶吴国的姬姓女子为妻，正是违反了这一条礼法。但是鲁昭公却进行掩盖，不称夫人为吴孟姬，而是称作吴孟子，子是宋国的姓氏，鲁昭公娶了吴国的女子却冒用了宋国的姓氏，这怎么能掩盖得了呢？鲁昭公这个行为是任意妄为、不合礼制，并且明知故犯，他是十分不懂礼仪。如果鲁昭公能被称作懂礼，那么所有人就都懂礼了，那还有谁是不懂礼的人呢？鲁国国君不懂礼，而孔子认为他懂礼，这是偏袒掩饰他的过错，这不是偏袒是什么？"陈司败对鲁昭公的评价的确是对的。但是他认为孔子有偏私，这就是不明白圣人忠厚的用意啊！

原文 巫马期以告。子曰："丘也幸，苟有过，人必知之。"

今译 巫马期将陈司败的话转述给孔子。孔子说："我孔丘真是幸运，倘若有错的话，别人一定会指出来！"

张居正讲评 巫马期述司败之言，以告孔子。孔子既不可自谓讳君之恶，又不可以娶同姓为知礼，乃自引以为己之过失，说道："这委的是我说差了。然凡人有过不得闻，则过无由改，此不幸之大者也。丘也可谓幸矣，苟有过失，人必知之，既知于人，则得闻于己，而可以改图于后日矣，岂非幸乎？"夫善则称君，过则归己，本理之当然。然孔子既自任以为过，则昭公之不知礼亦自有不可讳者。一则不昧天下是非之公，一则不失臣子忠厚之至。真可以为万世法矣。

张居正讲评译释 巫马期把陈司败的话告诉孔子。孔子既不能够指责君主，也不能把娶同姓女子的行为当作懂礼，就只能说这是自己的过错，说："这确实是我说错了。一般人犯了错误没人指出来，就没法改正，这是最大的不幸。我孔丘可以说是幸运啊，如果有错的话，一定会被别人知道，别人知道了，并且告诉了我，这样我就能改正错误了，这难道不幸运吗？"把赞扬给君主，把过错给自己，这是理所应当的事。但孔子既然认为自己错了，那么昭公不懂礼的行为也自然有不需要隐瞒避讳的地方。孔子这么做，既不隐藏是非，也不会失去为臣的忠厚。圣人的回答，真是值得被万世学习呀。

原文 子与人歌而善，必使反[26]之，而后和[27]之。

今译 孔子与别人一同唱歌，倘若唱得好，一定会请他重唱一遍，然后自己再和着唱。

张居正讲评 歌是歌咏。善是歌得好。反是反覆再歌。自歌以应人之歌叫做和。门人记说："夫子好善之心无穷，不惟取人之善，而又以与人之善。如与人同歌，而其人之所歌，或词意相协，音律相和，是歌之善者也，此时夫子之心，与之契合，要与之相和而歌，然不遽和也。必使之反覆再歌，凡其辞意音律所以为善处，皆审察而详味之。既得其善矣，然后自歌以和之，使彼此迭奏，而同声相应焉。盖不但取彼之善为我之善，而又以我之善助彼之善矣。"夫孔子一咏歌之间，而气象从容，诚意恳至如此。其心与舜之取人为善，汤之用人惟己一般。此其所以为至圣也。

张居正讲评译释 孔子的弟子记录说："老师对善的喜爱没有尽头，不只是学习别人的优点，还帮助别人变得更好。在和别人一起唱歌的时候，如果别人唱歌寓意融洽、音律和谐，唱得非常好，老师这个时候感到配合默契，很想和他一起唱歌，但是也不会很快就和他和着唱歌。一定请他多唱几遍，仔细观察体味寓意、音律中好的方面。老师在学到这些优秀的地方之后，才会和他和着唱歌，让彼此之间的节奏能够保持一致。这就是不仅吸取别人优秀的地方让自己变优秀，还用自己的优秀帮助别人变得更加优秀。"孔子在唱歌的时候，就有如此从容、诚恳的态度，能够像舜一样吸取别人的长处，像汤一样希望别人也拥有自己的优点。这就是孔子之所以成为圣人的原因呀。

原文 子曰："文，莫吾犹人也。躬行君子，则吾未之有得。"

今译 孔子说："就书本上的学问而言，大概我的能力和其他人差不多。在生活中实践一个君子的言行，我还没有能做到呢。"

张居正讲评 言语成章叫做文。莫是疑辞。犹人是说犹可以及人。孔子说："人之所以为君子者，不在于言，而在于行。世间有能言的人，或讲论道理，或敷陈政事，焕然有文采之可观，这不过在言语上求工而已。我虽未能过人，而犹或可以及人也。惟是身体力行，事事都实有诸己，而不为空言，这乃是成德之君子。我反而求之，则全未有得，虽欲勉焉以求至，而力有所不及矣。"观孔子此言，可见言易而行难，文在所缓，而行在所急。进德者固当先行而后言，用人者尤当听言而观行也。

张居正讲评译释 孔子说："人之所以能成为君子，不在语言，而在于行动。世上有能说会道的人，他们在议论道理、论述政事的时候，文采斐然，但这不过是在言语上追求精巧罢了。在言语上我虽然不能超过别人，但或许能够赶上别人。每件事都亲身实践，能反身自问，不说空话，这才是品德高尚的君子。反身自问，这些我一件也没有做到，即使很努力想努力达到，但还是做不到啊！"从孔子的话可以看出言易行难，一件事可以不急着说出来，但是一定要抓紧时间去做。修养品德的人应该先付出行动，用人者更不能只听信他人的言论，还要观看其实际行动啊。

原文 子曰："若圣与仁，则吾岂敢？抑为之不厌，诲人不倦，则可谓云尔已矣。"公西华曰："正唯弟子不能学也。"

今译 孔子说："谈到圣与仁，我怎敢担当？只不过是努力不懈地朝此方向做，毫不知疲倦地教导他人，也就是如此罢了。"公西华说道："这唯独是弟子们所不能够学到的呀。"

张居正讲评 大而化之叫做圣。心德浑全叫做仁。抑是反语辞。公西华是孔子弟子。昔孔子至圣至仁，当时必有以是称之者。故孔子谦说："人各有能，有不能。若是那道德浑化的圣人与那心德纯全的仁人，则吾岂敢当乎？只是以仁圣之道而为之于己，则孜孜焉以求之，未尝以少有所得而遂生厌足之心；以仁圣之道而教诲乎人，则谆谆焉以语之，未尝以劳于开导而或萌倦怠之意，这便是我之所能，不过如此而已矣。若圣与仁则吾岂敢乎？"门人中有公西华者，闻夫子之言，乃仰而叹之说："夫子辞仁圣之名，而自任夫不厌不倦者，岂以不厌不倦为易能乎？殊不知这正是弟子不能学处！"盖为之可能也，使非全体仁圣，而至诚无息者，孰能无厌乎？诲人可能也，使非全体仁圣，善与人同者，孰能无倦乎？然则夫子虽欲辞仁圣之名，而其实自有不容掩者矣。昔祗德如大禹，而不自满假；缉熙如文王，而望道未见。孔子之心即禹、文之心也。圣人且然，况其他乎？欲学为圣人者，诚不可以自足矣。

张居正讲评译释 孔子达到了至圣至仁的境地，在当时所有人都称赞他。孔子谦让说："人都有能做到和不能做到的事。谈到那道德高尚的圣人和内心纯正的仁人，我怎么敢担当呢？我只不过是朝着这个方面努力，孜孜不倦地求取，内心不敢有一点厌倦怠慢；用仁德之道去耐心教导他人，一点也不感到疲倦，我能做到的不过就是这些罢了。这怎么敢被称作圣人、仁人呢？"孔子的弟子公西华，听了孔子的话之后感慨地说："老师推辞仁圣的名声，只是说自己朝这些方向努力时不厌倦懈怠，但这怎么容易做到呢？他不知道这正是我们弟子们不能够做到的呀！"人们能做到朝仁圣的方向前进，但如果不能全身心达到圣明仁德，内心无比真诚，谁能够不厌倦？人们都能教导别人，但如果不能全身心达到圣明仁德，自己有优点，就让别人同自己一样，谁能够不厌倦？虽然孔子想要推辞仁圣的名声，但实际上他的圣明仁德难以掩藏。昔日大禹有高尚的道德，也不自满自大；文王有贤明的品德，依然敬慕有道之人。孔子就像大禹和文王一样圣明贤德啊！圣人尚且如此谦虚，更何况其他人呢？想要成为圣人，实在是不能自我满足啊。

原文 子疾病，子路请祷。子曰："有诸？"子路对曰："有之。诔[28]曰：'祷尔于上下神祇。'"子曰："丘之祷久矣。"

今译 孔子病情严重，子路请求为其祈祷。孔子说："有这回事吗？"子路回答说："有这回事。诔文上说：'为你向天地神灵祈祷。'"孔子说："我很早以前就开始祈祷了。"

张居正讲评 祷是祈祷。诔是哀词。上下神祇是天神地祇。昔孔子曾有疾病，门弟子都以为忧。于是子路请命于孔子，欲祷祠鬼神以祈福佑。盖疾病行祷虽弟子事师迫切之至情，然不达于人鬼之理，而溺于祸福之说，惑亦甚矣。孔子不直斥其非，乃先问说："疾病行祷，果有此理否乎？"子路对说："于理有之，吾闻诔词中有云：'祷尔于上下神祇。'是说人有疾病曾祷告于天地神祇，欲以转祸而为福，则是古人有行之者矣。今以病请祷，于理何妨？"于是孔子晓之说："夫所谓祷者，是说平日所为不善，如今告于鬼神，忏悔前非，以求解灾降福耳。若我平生，一言一动不敢得罪于鬼神，有善即迁，有过即改。则我之祷于鬼神者，盖已久矣。其在今日，又何以祷为哉？"盖圣人德于天合，虽鬼神不能违，岂待于祷？至于死生修短，则有命存焉，虽圣人亦惟安之而已，祷祀亦奚益乎？观孔子晓子路之言，人但当修德以事天，不必祷祀以求福。当用力于人道之所当务，不必谄渎于鬼神之不可知矣。

张居正讲评译释 昔日孔子病情严重，门下的弟子都感到忧虑。于是子路向孔子请求，想要为其祈祷祭祀鬼神以求保佑。在疾病的时候祈祷虽然表现了弟子对老师的关切，但却是不明白人鬼有别的道理，沉迷在向上天祈求避祸求福上，这是十分昏乱的行为。孔子不直接斥责子路的错误，先问他说："有在生病的时候祈祷这回事吗？"子路回答说："有这回事，我听说诔上说：'为你向天地神灵祈祷。'这是说人在生病的时候向天地神灵祈祷,想要转祸为福,古人也都是这么做的。如今您生了病,我为您祈祷,有什么不对吗?"于是孔子告诉他说:"你说的祈祷,是平时做了错事,向鬼神祈祷忏悔,想要消灾降福。但是我平时一言一行都不敢得罪鬼神,做得对的地方继续努力,做错的地方立马改正。我从很久之前就开始祈祷了,今天为什么还要祈祷呢?"孔子的品德符合上天的要求,从来不会得罪鬼神,怎么需要祈祷呢?至于生命的长短,这是命中注定的,即使是圣人,也只能安于天命,祈祷有什么用呢?看孔子对子路的开导,可以看出人应该做的是修行自己的品德,而不必祈祷上天,应该努力做人应该做的事,不必沉迷在难以了解的鬼神之事上。

原文 子曰:"奢则不孙[29],俭则固[30]。与其不孙也,宁固。"

今译 孔子说:"奢侈了就会越礼,省俭了就会显得鄙陋。与其骄奢越礼,宁可鄙陋些。"

张居正讲评 奢是奢侈。孙字与逊顺的"逊"字同。不孙是僭越不循理的意思。俭是省约。固是鄙陋。孔子说:"先王制礼自有个中道,不可加损。若专尚侈靡而过乎中者,谓之奢。奢则意志驰盈,纵肆无节。虽理之所不当为者,亦将僭越而为之,其弊必至于不孙。若专务省约,而不及乎中者,谓之俭。俭则悭吝鄙啬,规模狭小,虽理之所当为者,亦将惜费而不为,其弊必至于固。这不孙与固,皆不免于失中。但就这两样较来,则与其为不孙也,宁可为固。"盖奢而不孙,则越礼犯分,将至于乱国家之纪纲,坏天下之风俗,为害甚大。若俭而固,则不过鄙陋朴野而已。按其意犹有尚质之风,究其弊亦无僭越之罪,不犹愈于不孙者乎?盖周末文胜,孔子欲救时之弊,故其言如此!然俭,乃德之基,奢,乃恶之大,二者之相去岂特过与不及之间而已哉?帝尧茅茨土阶,大禹恶衣菲食,而万世称圣,汉之文帝,宋之仁宗皆以恭俭化民,号为贤主。至如骄奢纵欲,横征暴敛,以败坏国家者,往往有之。然而去奢崇俭乃帝王为治之先务,有国家者所当深念也。

张居正讲评译释 孔子说:"先王制定的礼仪自然符合中庸之道,不能够增加或者减少。如果过于浪费而超过了中庸,就是奢侈。奢侈就会骄傲自满,放纵自己而没有节制,即使遇到了不应该做的事,也将会超越本分去行事,这就是违反礼仪。如果过于节俭而达不到中庸,这就是小气。小气就是吝啬、气量狭小,即使是理所应当的事,也会因为吝惜花费而不去做,就一定会过于鄙陋。越礼和鄙陋都不符合中庸。但就越礼和鄙陋这两个来比较的话，与其骄奢越礼，宁可鄙陋。"骄奢越礼就会违反自己的本分，将会导致国家的纲纪混乱，天下的风俗衰败，有很大的危害。如果因为节俭而鄙陋，危害不过就是过于俭朴鄙陋罢了，况且节俭原本就是崇尚质朴，也没有骄奢越礼的过错，这不比骄奢越礼要好吗？周朝末期过于追求繁文缛节，孔子想要改变当时的弊病，所以才这么说。节俭是美德的根本，而骄奢是很大的罪恶，这两者的差别怎么会只是过和不及呢？舜以茅盖屋，夯土为阶，禹穿粗布衣服，吃简单的饭食，所以二人被万世称颂。汉文帝、宋仁宗都用节俭教化百姓，所以被称为贤明的君主。在骄奢纵欲方面，有很多君主因为横征暴敛，而导致国家灭亡。所以远离骄奢、追求节俭才是帝王治理国家最重要的事情，治理国家的人应当牢记这些。

原文 子曰："君子坦荡荡，小人长戚戚[31]。"

今译 孔子说："君子心胸宽广坦荡，小人经常忧愁不安。"

张居正讲评 坦是平坦。荡荡是宽广貌。戚戚是忧愁不宁的意思。孔子说："欲知君子、小人之分，但观其心术气象自然不同。盖君子心循乎天理，素位而行，不愿乎外。故仰焉不愧于天，俯焉不怍于人。利害不能为之惊，毁誉不能为之惑，但见其坦然荡荡，无适而不宽舒自得也。小人心役于物欲，行险侥幸，惟日不足，故非切切以谋利禄，则汲汲以干名誉。其未得也，患得之；其既得也，患失之。但见其长是戚戚，无时而不忧虑愁苦也。"夫坦荡荡者，作德心逸日休也；长戚戚者，作伪心劳日拙也。一念既差，而人品遂顿殊矣。可不慎辨之哉！

张居正讲评译释 孔子说："想要知道君子和小人之间的区别，只要观察他们心术气度的不同就行了。君子遵循天理，安于现在所处的地位，并努力做好应当做的事情，不越俎代庖，做超越自己本分的事。所以君子上不愧天，下不愧人，利益和损害不能让其震惊，毁谤和称赞不能使其困惑。由此能够看出君子胸怀坦荡，处处宽舒自得。小人容易被欲望驱使，冒险行事去追求利益，从不满足，所以他们不是急切地追求利益，就是迫切地追求名誉。没有得到的时候就一直惦记着如何获得；获得了之后就一直害怕失去。所以能看到小人经常忧愁不安，无时无刻不在忧虑愁苦。"胸怀坦荡的人，不费心机，反而越来越好；经常忧虑不安的人，费尽心机，反而越来越糟。因为一念之差，一个人在品德上的差距就很明显了。所以能不谨慎地区分君子和小人吗？

原文 子温而厉，威而不猛，恭而安。

今译 孔子温和而又严厉，威仪而不凶猛，庄重而安详。

张居正讲评 温是和厚。厉是严肃。威是有威可畏。猛是暴戾。恭是庄敬。安是安舒。门人记说："容貌乃德之符。人惟气质各有所偏，故其见于容貌者亦偏。惟夫子则容貌随时不同，而无有不出于中和者。如人之温者难于厉也，夫子和厚可亲，是固温矣。然和厚之中自有严肃者在，可亲也，而不可犯也，又何其厉乎！温而厉，是温之得其中也。人之威者易于猛也，夫子尊严可畏，是固威矣，然尊严之内自无暴戾者存，可畏也，亦可近也，何至于猛乎？威而不猛，是威之得其中也。人之恭者难于安也。夫子庄敬自恃，是固恭矣，然舒泰而不拘迫，自然而非勉强，盖周旋中礼而有适其恭者焉，又何其安乎！恭而安，是恭之得其中也。"盖圣人全体浑然，阴阳合德，故其中和之气见于容貌之间者如此。欲取法其盛德之容者，当先涵养其中和之蕴可也。

张居正讲评译释 孔子的弟子记录说：人的容貌和品德相符合。人的气质各有不同，所以表现在容貌也是各不相同。只有我们老师的容貌每时每刻都不一样，但是办事却都能做到中正平和。一般温和的人很难做到严厉，老师自然是和厚可亲，但是在温和中也包含有严厉，可以亲近而不能冒犯，这多么严厉啊！温和并且严厉，这就是符合中庸的温和。一般威严的人容易凶狠，我们的老师固然是威严可畏，但是在威严中并没有凶狠暴戾，值得敬畏也可以亲近，怎么会凶狠暴戾呢？威严可畏而不凶狠暴戾，这就是符合中庸的威严。一般恭敬的人难以做到心态安详。老师自然是庄重谦虚，而老师的庄重舒畅安宁，毫不拘束，是轻松自然的庄重而不是勉强做到的庄重，在交际应酬时完全符合礼仪而毫不拘束，这是多么安详啊！庄重而安详，是符合中庸的庄重。孔子全身纯洁质朴，道德完备，所以中正平和的气质能显现在容貌上。想要学习孔子高深的品德，应该先培养自己中正平和的气质。

注释：

[1]老彭：人名，但究竟指谁，学术界说法不一。有的说是殷商时代一位"好述古事"的"贤大夫"；有的说是老子和彭祖两个人；有的说是殷商时代的彭祖。

[2]燕：通"晏"。安闲。

[3]申申：舒适安闲的样子。

[4]夭夭：体貌安舒或容色和悦的样子。

[5]脩：干肉。

[6]悱：想说可是不能够恰当地说出来。

[7]暴虎冯河：暴虎，空手打虎；冯河，徒步渡河。赤手空拳打老虎，没有渡船要过河。比喻有勇无谋，冒险蛮干。

[8]齐（zhāi）：斋戒。

[9]怨：后悔。

[10]肱：手臂。

[11]加：通"假"，给予。

[12]雅言：古时指通用语，同方言对称。

[13]叶公：叶（shè）。叶公姓沈名诸梁，楚国的大夫，封地在叶城（今河南叶县南），所以叫叶公。

[14]对：回答。

[15]桓魋（tuí）：又称向魋，春秋时期宋国（今河南商丘）人。任宋国主管军事行政的官——司马，掌控宋国兵权。

[16]泰：宽裕。

[17]纲：大绳。这里作动词用。在水面上拉一根大绳，在大绳上系许多鱼钩来钓鱼，叫纲。

[18]弋（yì）：用带生丝的箭来射鸟。

[19]宿：指归巢歇宿的鸟儿。

[20]互乡：地名。

[21]与：赞同，肯定。

[22]陈司败：陈国主管司法的官，姓名不详，也有人说是齐国大夫，姓陈名司败。

[23]昭公：鲁昭公。

[24]巫马期：姓巫马，名施，字子期，亦称巫马期。

[25]吴孟子：鲁昭公夫人，也姓姬。按照周礼的规定，同姓不能通婚。为了掩人耳目，鲁昭公避讳，称她为"吴孟子"。

[26]反：反复。

[27]和：应和，跟着唱，跟着吹奏。

[28] 诔：一种哀祭文体。

[29] 孙：同"逊"，谦逊，恭顺。

[30] 固：鄙陋。

[31] 戚戚：忧惧貌，忧伤貌。

泰伯第八

原文 子曰："泰伯[1]，其可谓至德也已矣。三以天下让，民无得而称焉。"

今译 孔子说："泰伯，可称得上是品德极为高尚之人了。多次将本属于自己的君位让给弟弟，以至于百姓无法用言词来称颂他了。"

张居正讲评 泰伯是周太王之子。昔周太王古公生三子，长的即泰伯，次的是仲雍，少的是季历。季历生子昌，乃文王也。太王因见昌有盛德，欲传位季历以及昌。泰伯知之，遂与其弟仲雍，托名采药，逃去于荆、蛮地方，断发文身，自毁其形，从夷之俗，以示不可用。于是太王乃立季历，传国至武王而有天下焉。三让是固让。孔子追原周家王业之所由起，因见泰伯之事历世久远，几于泯灭，故特表而出之，说道："人但知我周太王肇基王迹，王季勤劳王家，至于文、武，遂成王业，都是周家贤圣之君。不知太王之长子泰伯者，其德可谓极至而无以复加也已矣。何以言之？周家王业之兴，实始于太王，而泰伯嫡长当立，则后来的天下乃泰伯之所宜有者也。泰伯因见太王意在贤子圣孙，即与仲雍逃去不返。因此，王季、文王承其统绪，遂开八百年之周。是名虽让国，实以天下固让其弟侄而不居也。然却托为采药，毁体自费，其让隐微泯然，无迹可见，故人莫得以窥其心绪而称颂之焉。夫以天下让，其让大矣。三以天下让，其让诚矣。而又隐晦其迹，使民无得而称，是能曲全于父子兄弟之间，而绝无一毫为君之累，其德岂非至极而不可加者乎？"然要之太王之欲立贤子圣孙，为其道足以济天下，非有爱憎利欲之私也，是以泰伯去之不为狷，王季受之不为贪。亲终不赴，肢体毁伤不为不孝。盖处君臣父子之变，而不失乎中庸，此所以为至德也。夫子叹息而赞美之，宜哉。

张居正讲评译释 周太王古公生了三个儿子：长子泰伯，次子仲雍，三子季历。季历的儿子姬昌就是后来的周文王。周太王看到姬昌的品德优秀，就想传位给季历以便于日后王位能传给姬昌。泰伯知道太公的想法，就和弟弟仲雍假装采集药物逃到了荆、蛮这两个地方，把头发剪短，在身上刺花纹，毁掉自己原来的形貌，采用野人的风俗，来表示自己不会接受王位。太王传位给了季历，到了武王的时候，周取得了天下，这就是再三辞让。孔子追溯周取得天下的原因，看到泰伯的事迹因为年代久远快要被人们忘记了，所以特意突出说："人们只知道周太王创立王室的基业，季历勤劳持家，到了文王、武王的时候取得了天下，这几位都是周朝圣贤的君主。但是人们不知道周太王的长子泰伯，他的品德可以称得上是极为高尚。为什么这么说呢？周朝王业的兴盛，实际上是从周太王开始的，泰伯作为长子，按理说太王之后应该被立为君主拥有天下。泰伯看到太王想把王位传给更为贤德的子孙，就和仲雍一起离开没有再回来。因此季历、文王才继承了王位，并奠定了周朝八百年的基业。泰伯虽然只是把一个小诸侯国让了出去，实际上是把整个天下都让给了弟弟和侄子。自己却假借采集药物离开，毁掉自己原来的形貌，他对王位的推让隐约细微，难以让人发现痕迹，所以人们都不知道他的想法，难以找到合适的词语去称颂他。把天下让了出去，是很大的胸怀啊。多次推让，又是多么诚恳啊。并且他还隐藏自己，让百姓没法去称颂自己，这是委屈自己成全父亲、兄弟、侄子，一点也不在意自己的名声，他的品德难道不是极其高尚吗？"并且总的来说，周太王想要传位给贤明的子孙，是因为他们能够治理好国家，不是因为自己的私心，所以泰伯的离开不是因为心胸狭小，季历接受王位不是因为贪恋权势。父母去世时不在身边，损伤自己的身体这些也不是不孝。在君臣父子之间转变，却能不偏离中庸，这就是最高的道德啊。孔子感叹并且赞美泰伯，很应该啊。

原文 子曰："恭而无礼则劳，慎而无礼则葸[2]，勇而无礼则乱，直而无礼则绞[3]。"

今译 孔子说："只是恭敬而不知礼，就会徒劳无功；只是谨慎而不知礼，就会畏缩拘谨；只是勇猛而不知礼，就会说话刻薄。"

张居正讲评 礼是节文。劳是烦劳。葸是畏惧的模样。乱是悖乱。直是径直。绞是急切的意思。孔子说："人之立身行事，必合乎天理之节文，而后可以无太过不及之弊。如待人固以恭敬为贵，然亦有中正之准则，若恭敬而无礼以为限制，则仪节烦多，奉承过当而不免于劳矣。处事固以谨慎为贵，然亦有事理之当然，若谨慎而无礼以为裁度，则逡巡畏缩，小心太过，而不免于葸矣。勇敢而不可屈挠，固是美德，然不能以礼自守，则不顾名分，而逞其血气之刚，必将至于悖乱矣。径直而无所私曲，固是善行，然不能以礼自防，则任情喜怒，而略无含容之意，必将至于急切矣。"夫恭、慎、勇、直，四者皆人之所难，而无礼则各有所弊如此！可见君子当动必以礼，而不可须臾离也。

张居正讲评译释 孔子说："为人处世，一定要符合天理，这样才能不会有过和不及的弊端。对待别人的时候固然要恭敬，但是也要有相应的原则，如果对人恭敬却没有遵循礼仪，就会过于烦琐地施礼和不恰当地恭维对方，免不了徒劳无功。做事的时候固然要小心谨慎，但是也有理所当然的道理，如果做事过于小心谨慎而没有礼仪来度量，就会畏畏缩缩，过于小心，免不了畏缩拘谨。勇猛不屈固然是美德，但如果不能用礼仪约束自己，就不会顾及自己的名声和地位，从而逞勇好能，这一定会变得悖逆、叛乱。为人正直无私固然是美好的行为，但是如果不能用礼仪来控制自己，就会喜怒无常，一点也不知道宽容别人，为人一定会变得尖酸刻薄。"恭敬待人、谨慎做事、勇猛不屈、正直无私，这四种都是人们很难形成的品质，但是如果不依据礼仪，即使是这四种品质也会产生各自的弊端。由此可见君子做出的行动一定要符合礼仪，不能有任何偏离。

原文 "君子笃于亲，则民兴于仁；故旧不遗，则民不偷[4]。"

今译 "倘若在上位的人能够用深厚的情感对待亲族，在百姓当中就会兴起仁德之风；倘若上位的人不遗弃老朋友，那么百姓就不会以冷漠的态度待人。"

张居正讲评 君子是在上位的人。笃是厚。兴是起。故旧是平日相与或有功劳的旧人。遗是弃。偷字解做薄。孔子说："在上位的君子，凡有举动，百姓每都瞻仰而仿效之，不可不慎也。若能孝顺父母，友爱兄弟，和睦宗族，笃厚于一家之亲，则自己能尽乎仁矣。将见百姓每都感发兴起，而各亲其亲，自然伦理正而恩义笃，岂不兴于仁矣乎？若能信用老成，尊礼耆旧，凡平时相与的旧人，皆不以其迹之疏远，年之衰迈而遗弃之，则自己能处于厚矣。将见百姓每都欢欣联属，而各厚于故旧，自然教化行而风俗美，又岂有偷薄者乎？"夫一处亲故之间，而上行下效，其应如响如此！为人君者可不正心修身，以为化导斯民之本哉！

张居正讲评译释 孔子说："在上位的人，他的行为举止都会被百姓瞻仰效仿，所以在自己的言行上要小心谨慎。如果在上位的人能孝敬父母、关爱兄弟，使家族和睦、亲人忠厚，这样就是做到了仁德。百姓见了就会受到启发，也会亲切地对待自己的家人，这样自然就能够端正伦理、提高恩义，这不就能兴起仁德的风气了吗？在上位的人如果能信任重用那些德高望重的人，尊崇礼法，不因为离得远、年纪大而遗弃那些相识的友人，这样自己就能变得忠厚了。百姓见了也会受到影响，宽厚地对待老朋友，这样自然能够实施教化、改善风俗，还怎么会有人冷漠地对待他人呢？"在上位者对待亲人朋友的时候，下面的百姓就会这么效仿响应。作为君主能不端正心思、修养品性，来教化引导百姓吗！

原文 曾子有疾，召门弟子曰："启[5]予足！启予手！《诗》云：'战战兢兢，如临深渊，如履薄冰。'而今而后，吾知免夫！小子！"

今译 曾参生病了，他将自己的门徒弟子召到跟前，说道："掀开被子来瞧瞧我的脚，瞧瞧我的手！《诗经》上说：'小心谨慎呀！好像每日都站在深渊旁侧，好像每日都在薄薄的冰面上行走。'从今以后，我知道自己能够免除身体的损伤了！弟子们！"

张居正讲评 召是呼喊。门弟子是曾子的门人。启是开。《诗》是《诗经·小旻》之篇。小子就指门弟子说。曾子在圣门素以孝称，平日所以守身事亲者，不但正心修德为圣贤之学，以求显亲扬名，虽至于身体发肤之微，亦以其受之父母加意谨守，不敢毁伤。至于有疾将终，追思平生守身之道，至此可以无愧。故呼其在门弟子而教之说："父母全而生之，子全而归之，不亏体，不辱身才叫做孝。汝辈试开衣衾而视吾之足，视吾之手，曾有一之伤毁不全者乎？然所以得全此身者，亦非容易！盖我平日所以保守之者，就是《诗经》上所谓战战然恐惧，兢兢然戒谨，如临在深渊之上，常恐坠下去的一般；如行于薄冰之上，常恐陷下去的一般。我惟是这等谨慎，所以得保其全也。夫使吾生尚存，则犹未敢必他日之何如。今则已矣，自今以后，吾始知其得终免于污玷，而可以无恐矣！汝小子其念之哉？"语毕而又呼小子者，盖所以致丁宁之意，亦欲其如己之戒谨恐惧，一举足而不敢忘亲也。夫以曾子之保身如此，则凡纵欲以伤其本，亏行以辱其亲者，固在所必无矣。为人子者，宜以曾子为法，庶可以体亲心而尽子道也。

张居正讲评译释 曾子在孔子门下一直因为孝敬父母而被人称赞，他在平时努力地学习圣人的知识，提高自身的品德，来使双亲显耀，名声传扬。即使是自己身体发肤上的小事，也因为来自父母从而小心防护，不敢有损伤。所以到了生病将要去世的时候，回忆平生对身体的保护，能够问心无愧。他将自己的弟子叫到跟前，教导说："父母完整地生养了儿女，儿女也完整地将自己的身体归还回去，没有任何的损伤，不玷污自己的身体，这才能叫作孝顺。你们掀开被子看看我的手和脚，有一点被损伤的吗？我能够保护身体的完整，并不容易啊！我平时小心翼翼地保护自己的身体，就像《诗》上所说的那样，就像站在深渊旁边害怕掉下去一样，就像在薄薄的冰面上行走时担心掉下去一样。这样的小心谨慎，所以才能保全自己的身体。如果我继续活下去，还不敢说将来一定不会损伤身体。但是现在可以说了，从今之后，我知道我能够免除身体的损伤了，可以不用担心了啊！弟子们，你们要好好记得我说的话啊！"曾子说完话又告诫了弟子一次，是为了表达自己对他们的叮嘱，也想要他们和自己一样小心谨慎，在举手投足间不忘记父母。曾子这样小心谨慎地保护自己的身体，那么放纵自己使自己受到损伤，行为不检点而辜负父母的人，一定没有像曾子这样的谨慎。做子女的，应该学习曾子，这样才能够体会到父母的用心，尽到子女的本分。

原文 曾子有疾，孟敬子[6]问之。曾子言曰："鸟之将死，其鸣也哀；人之将死，其言也善。"

今译 曾参生病了，孟敬子前去看望他。曾子对他说道："将要死的鸟儿，它的叫声是哀伤的；将要死的人，他说的话是善意的。"

张居正讲评 孟敬子是鲁大夫仲孙捷。昔曾子有疾，孟敬子往问其疾。曾子将有言以告之，恐其忽略而不加之意。故先发言说道："大凡鸟之将死，恐惧迫切，故其鸣叫必哀。人之将死，本然之良心发见，故其言语必善。今我既将死矣，有言则善言也，子其念而听之哉！"

张居正讲评译释 曾子生了病，孟敬子前去看望他。曾子有话要对他说，又担心他不重视自己说的话。所以先说："鸟儿将要死去的时候，非常害怕，所以叫声一定是哀伤的。人将要去世的时候，良心就会发现，所以说的话是善意的。如今我快要死了，说的都是善意的话，你要用心听啊！"

原文 "君子所贵乎道者三：动容貌，斯远暴慢矣；正颜色，斯近信矣；出辞气，斯远鄙倍矣。笾豆之事[7]，则有司存。"

今译 "君子所重视的道有三个方面值得特别关注：自己的仪容举止要正派，这样就能避免粗俗与傲慢；自己的神色要庄重大方，这样就接近于诚信；在说话时，要多注意言辞和语气，这样就能避免错漏和违背常理的地方。至于祭祀的礼仪细节，自有主管这方面事务的官员负责。"

张居正讲评 贵是贵重。道是道理。暴是粗厉。慢是放肆。信是信实。辞是言词。气是声气。鄙是凡陋。倍字与违背的"背"字同。笾是竹器，豆是木器，都是祭祀所用的。有司是执事之人。曾子因孟敬子平日好琐屑于细务，而忽略了大体。故告之说："道虽无所不在，然有紧要的，有可缓的，不可以泛求也。吾观君子于日用之间所贵重的道理，只有三件。三者何？盖人之容貌彰于一身，易至于粗厉放肆，此所以多失容也，惟君子不动容貌则已，才动容貌便雅伤恭谨，而远于暴慢。人之颜色形于面，对人多勉为端正，而中心不然，此所以多失色也。惟君子不正颜色则已，才正颜色便表里如一，而近于信实。辞气宣于口，易至于凡陋背理，此所以多失言也。惟君子不出辞气则已，才出辞气便成章顺理，而远于鄙背。此三者乃修身之要，为政之本，所当操存省察，而不可顷刻违者，故君子所重在此而已。若夫用笾豆以供祭祀之事，如此类者，不过器数仪文之末，则自有执事者司之，君子亦何用屑屑留心于此哉？"盖人之为学，贵识其大，大德既无不善，而小节亦无所遗，固为全德。若舍其大而务其小，则大本既失，小者亦不足观矣。况于帝王之学，又与士庶人不同，则凡正心修身以立天下之极者，又岂在于仪文度数之末哉？有志于圣贤者，当知所务矣。

张居正讲评译释 因为孟敬子平时经常在琐碎的小事上浪费时间，从而忽略了重要的事。所以曾子告诫他说："虽然道无处不在，但是道理有紧要的，也有不太紧要的，不能全部都一样地去求取。在我看来，君子应该重视的有三个方面。哪三个方面呢？人在仪容举止上容易粗俗傲慢，有很多人仪容不庄重。只有君子不轻易改变自己的仪容，显露出来的是典雅严谨，没有任何暴虐、傲慢。人的神色形成在脸部，对人真诚就会神色端庄，容貌不庄重，就是对人不诚恳。只有君子展示自己的神色时表里如一，接近于诚信朴实。从嘴里说出来的话很容易有错漏和违背常理的地方，这就是为什么很多人说错话。只有君子不轻易张口说话，一旦开口就是顺理成章，没有任何鄙陋违背道理的地方。这三件事是修养自身的关键、处理政务的根本。人们应该用心反省自己，不能有一点违反，君子应该重视的是这些方面。像那些用什么笾豆去祭祀的这些小事，不过就是礼仪上的细节，自然有主管的官员负责，君子为什么要忙于关注这些呢？"人学习时，可贵之处在于能够看到重要的知识。在大事上没有做错的地方，在小事上也没有遗漏的地方，这固然是完美的品德。但如果舍弃大事而关注小事，不仅会丢失根本，小事也难以做好。更何况帝王的学习和普通人不一样，那些修养身心去治理天下的帝王，关注的岂能是礼仪形式上的细节呢？立志成为圣贤的人，应该知道如何努力啊！

原文 曾子曰："以能问于不能，以多问于寡；有若无，实若虚，犯而不校[8]，昔者吾友尝从事于斯矣。"

今译 曾子说："有能力的人却向没有才能的人求教，知识渊博的人却向知识匮乏的人求教；有学问却像没学问一样，知识充实却像很无知一样；被他人侵犯也不去计较，我以前的朋友就是这样做的。"

张居正讲评 犯是触犯。校是计较。吾友指颜渊说。从事是用功。昔颜子既没，曾子追思其贤而称之，说道："凡人志气盈满的少有所得，便说自己有余，他人不足，谁肯下问？度量狭小的，遇有触犯，便说自己的是，他人的不是，谁肯容忍？若是自己学力至到，本是能的，乃问于不能的人；自己学问充足，本是多的，乃问于寡少的人，其心歉然自视，虽有也，却似无的一般，虽充实也，却似空的一般，略无一毫自满之意，其谦虚如此。人有触犯于我，我则以情恕人，以理自遣。初未尝发露于颜色，藏蓄于胸中，而有一毫计较之心，其宽恕如此。这等的人不可多见，惟旧日我友颜渊，乃尝用力于此，盖其真知义理之无穷，而有善不伐，不见物我之有间，而有怒不迁，其所以潜心好学，拳拳服膺者，惟此而已。今也则亡，岂不重可惜哉？"夫孔门传授心法，颜子独得其宗，而其平日用功，不过如此！盖谦虚以受人，则闻见多而学问日广，宽恕以容物，则私意泯而德性益纯。凡为贤为圣，皆不出此二者。善学者当致力于斯！

张居正讲评译释 颜回去世之后，曾子回忆他的贤德并称赞说："一般人容易骄傲自满，稍微有一点收获，就自我满足，认为别人不如自己，谁肯向才能不如自己的人请教呢？度量狭小的人，遇到别人触犯自己，就认为自己正确，而别人不对，谁肯容忍触犯自己的人呢？自己的学问达到较高的水平，本来就有很高的才能，却向没有才能的人请教；自己本来有很充足的学问，却去向学问少的人请教；对自己不满足，就像没学问一样；知识充实却像很无知一样，毫不自满，颜回就是这样的谦虚呀。别人触犯了自己，就用真诚去宽恕别人，用道理来安慰自己，从来没有表现出不满，也没有隐藏任何计较的想法，他待人就是这样的宽厚。这样的人不多见，只有我的朋友颜渊能努力做到。他对学问道德的追求没有止境，不炫耀自己的优点，像对待自己一样对待他人，从不迁怒别人。他就是这样努力学习、真诚待人。如今他去世了，难道不十分可惜吗？"孔子收徒传授知识，只有颜回领会到了孔子的思想，他平时在学习上的努力也不过就是这些！虚心地接受别人的意见，就能提高自己的见识，学问也会日渐精进；宽恕容纳别人的意见，就能减少自己的私心，就会变得品德高洁。凡是圣贤之人，都离不开这两点。求学的人应该努力做到这些啊！

原文 曾子曰："可以托六尺之孤[9]，可以寄百里之命[10]，临大节而不可夺也，君子人与？君子人也。"

今译 曾子说："可以将年幼的君主托付给他，可以将国家的政权委托给他，面临生死存亡的紧要关头却毫不动摇、屈服，这样的人，能够称得上是君子吗？当然是君子啊！"

张居正讲评 托是付托。六尺之孤是幼君。寄也是付托的意思。百里是侯国。命是政令。大节是大关系处。与是疑辞，也是决辞。曾子说："天下之言成德者，期于君子。然才者德之用，节者德之守，二者兼备，而后为德之成也。若有人于此，不但可辅长君而已，虽亲受顾命，把六尺幼冲之君付托与他，亦可以承受而辅佐之。既能保卫其国家，而又能养成其令德，不但可共国政而已。虽侯国无君，把一国之政令委寄与他，亦可以担当而总摄之。既能安定其社稷，而又能抚辑其人民，其才之过人如此。至于事变之来，国势仓皇，人心摇动，其从违趋避，乃大节之所关也。其人临此时，而所以辅幼君、摄国政者，卓乎见理之精明，确乎持志之坚定，惟以义所当然为主，虽议论纷纭，终不能摇；虽死生在前，亦不能夺。其节之过人又如此。若此人者，果可谓之君子人乎？吾知既有其才，又有其节，信非君子不能也。"然是人也，自学者言，则为君子；自国家言，则所谓社稷之臣者也。盖有才无节，则平居虽有干济之能，而一遇有事，将诡随而不能振；有节无才，则虽有所执持，而识见不远，经济无方，亦何益于国家之事哉？所以人君用人，于有才而未必有节者，则止用之以理繁治剧；于有节而未必有才者，则止用之以安常守法。至于重大艰难之任，则非才节兼备之君子，不可以轻授也。

张居正讲评译释 曾子说："天下人都希望自己成为品德高深的君子。才能用来帮助提高品德，品节用来保持品德，这两者如果都具备了之后，就能够成为君子了。如果有人做到了这些，不但可以辅佐君主，即使是君主临终时将年幼的君主托付给他，他也能够接受遗命用心辅佐新君。这样的人既能保卫国家又有美好的品德，不只是可以帮助君主治理国家而已。即使是国家没有君主，将国家的事务交给他处理，他也能够完成这个任务。既能安定国家，还能安抚百姓，品德高尚的君子就是这样优秀。当国家发生重大的变故，形势危急、人心动荡的时候，一个人的取舍选择非常关键。那些德才兼备的人在这种情况下，能辅佐幼君、处理政务，并且明白事理、意志坚定，做事只依据义理，面对别人的批评议论，心志也不会动摇；面对死亡，意志也不会改变，他们的品德操守就是这样坚定。像这样的人，能够被称为君子吗？我知道这样的人既有才能又有品节，如果不是君子一定做不到这些。"这样的人，对求学的人来说，是值得学习的君子；对国家来说，就是能够保卫国家的大臣。如果有才能却没有品节，虽然平时有优秀的才能，但是一旦遇到重大变故，就会变得诡诈善变，难以信任；有品节却没有才能，虽然有所操持，但是见识短浅，没有治理才能，对处理国家事务有什么用呢？所以君主在用人的时候，对那些有才无德的人，就只能用来处理琐碎细小的事务；对那些只有品德而没有才能的人，就只能用来处理那些固定不变的事务。至于那些重要的困难的事务，如果不是德才兼备的君子，不能轻易交给他。

原文 曾子曰："士不可以不弘毅[11]，任重而道远。仁以为己任，不亦重乎？死而后已，不亦远乎？"

今译 曾子说："读书人不能够不刚强而有毅力，因为他肩负重任，并且路途遥远。将让天下实现仁德当作自己的责任，这样的责任难道还不重大吗？奋斗终生，到死方休，难道路途还不遥远吗？"

张居正讲评 弘是宽广。毅是强忍。任是责任。道字解做路字。曾子说："士立身于天地间，要为圣为贤，必须有大涵养，方才做得。故规模广大，心不安于自足，叫做弘，不弘则隘矣。执守坚定，事必期于有终，叫做毅，不毅则馁矣。士岂可以隘焉而不弘，馁焉而不毅哉？所以然者为何？盖以士所负之任甚重，而其所行之路又甚远也。惟其任之重，必弘而后能胜其重；惟其道之远，必毅而后能致其远，此所以不可不弘毅也。然果何以见其任之重而道之远？盖仁者，人心之全德，兼众理，备万善者也。士乃以之为己任，必欲身体而力行之，则是举天下之善，尽万物之理，皆在于我之一身，其任不亦重乎？且其任是任也，直至没身而后已，若一息尚存，此志亦有不容少懈者，则是向前策励再无可驻足之时，其道不亦远乎？"夫其任重而道远如此，此士之所以贵弘毅也。大抵孔门为学，莫要于求仁。而仁之为道，则非全体不息者，不足以当之。惟其全体也，则无一理之不该，所以不可不弘；惟其不息也，则无一念之间断，所以不可不毅。这正是曾子平生所学得力处，故其示人亲切如此。

张居正讲评译释 曾子说："读书人必须要有很高的修养才能成为圣人、贤人。气概宏大，不自我满足，这叫作宽广，不宽广就会狭隘。操守坚定，做事有始有终，这叫作刚毅，如果没有毅力就会勇气不足。读书人怎么能心胸狭隘、缺乏勇气呢？那读书人为什么要刚毅坚强呢？因为读书人肩负重任，并且完成使命的路途遥远。只有宏大的气概才能承担起这个重任；只有具备坚强的毅力才能完成这个使命，所以读书人不能不刚强而有毅力。那么如何看出任务艰巨、路途遥远呢？仁德的人品德完备，明白万物的道理，具备所有优秀的品质。读书人将实现仁德当作自己的责任，一定要亲自勉力去完成这个使命，这就是自己一个人具备所有的善良，自己一个人穷尽万物的道理，这个任务能不艰巨吗？更何况实现仁德的使命，到死才停止，如果只有一息尚存，也不会松懈，而是向前努力直到无法前进，难道这个路途还不遥远吗？"任务如此艰巨，路途如此遥远，这就是读书人需要刚强坚毅的原因啊。在孔门求学，没有比追求仁德更重要的事了。在追求仁德的途中，如果做不到全身心努力，追求不止，就不能担当这个重任。只有学到了所有的事理，才不会有不符合义理的地方，所以读书人要气概宽广；只有永不停止地学习，对仁的追求才不会间断，所以读书人要刚毅坚强。这是曾子学问中最重要的地方，所以他才这么热情地展示给人们。

原文 子曰："兴于《诗》，立于《礼》，成于乐。"

今译 孔子说："人的修养从学习《诗》开始，学习《礼》能够使人在社会上站有一席之地，音乐的学习使人的修养日臻完备。"

张居正讲评 兴是兴起。立是卓立。成是成就。昔孔子删《诗》《书》，定礼乐，以教学者，正欲其实体于身而有所得，故特举以示人说道："君子立教，不过要人为善去恶而已。然所以兴起其好善恶恶之良心者，每得之于《诗》。盖《诗》本性情，有邪有正，其言词既明白易知，而吟咏之间，抑扬反覆，其感人又易入。于此学之，则其好善恶恶之心，有油然感发而不能自已者，所以说兴于《诗》。此可见《诗》之当学也；善念既兴，又必卓然有以自立。然后善在所必为，恶在所必去。而其立也，则得之于《礼》。盖《礼》以恭敬辞让为本，而有节文度数之详，可以敛束人之身心，坚定人之德性。于此学之，则自能卓立持守，而不为外物之所摇夺。所以说立于《礼》，此可见《礼》之当学也；既能自立，又必造到那纯粹至善的地位，乃为成就，而其成也，则得之于乐。盖乐以和为主，其声容节奏可以养人之性情，而荡涤其邪秽，消融其渣滓。于此学之，则自然义精仁熟，而和顺于道德矣，所以说成于乐，此可见乐之当学也。"然古人《诗》《礼》、乐之教，皆发于性情之正，本于中和之德，故能成就人才如此，若后世以吟咏声韵为诗，而无关于性情，以虚饰仪文为礼，而不本于恭敬，以嬉戏淫哇为乐，而反乖于中和，则于《诗》《礼》、乐之本然者失之远矣，亦何足务哉？善学者辨之。

张居正讲评译释　昔日孔子删减《诗》《书》、修订礼乐，用来教育学生。他想要弟子们亲身实践并有所收获，所以特意举例展示说："君子实施教化，不过是想要人们为善去恶罢了。君子之所以心里喜欢善良厌恶邪恶，是因为学习了《诗》。《诗》里描述的原本就是人的性情，通过诗里的言辞可以很明白地看出来正邪善恶，而在吟咏《诗》的时候，节奏抑扬反复，能够让人感动，从而全身心投入其中。学习了《诗》后，一个人在心里对善良的喜爱和对邪恶的厌恶就会油然而生，所以说人的修养从学习《诗》开始。由此可见，人们都应该学习《诗》。心生善念之后，还要能够自持自守，做到从善去恶。在自持自守时，就要学习《礼》。《礼》把恭敬礼让当作根本，并且有详细的礼仪规范，可以让人收敛身心，坚定人的品性。学习了《礼》之后，就能做到独立自守，不被外物动摇自己的心志，所以说《礼》可以让人自立，由此也可以看出应该学习《礼》啊。能够自持自立，又能达到至善的境界，这就是有一定的成就。有了成就的时候，就要学习音乐。音乐最重要的是和谐，美妙的声音、和谐的节奏能够培养人的性情，把人内心邪恶污秽的地方清洗干净。学习了音乐之后，对仁和义的礼节就能够更加精妙纯熟，在品德上就会更加和善温顺，所以说音乐使人完备，由此可见人们应该学习音乐啊！"古人在《诗经》、《礼经》、音乐上的教导，根据的都是人性情的正直和品德的平和，所以才能这样培养人才。如果后世世人只把吟咏声韵当作诗，而不关注对性情的培养；把虚文形式当作礼，而不注重内心的恭敬；把嬉戏淫邪的声音当作音乐，而不追求中正平和，那么就远离了《诗经》、《礼经》、音乐的本意，如果是这样，还有什么值得学习的地方呢？求学的人应该注意啊！

原文 子曰："民可使由之，不可使知之。"

今译 孔子说："对一般的百姓，可以使他们知道应该做什么事情，而不可以使他们知道为什么要这样做。"

张居正讲评 民是凡民。由是身行其事。知是心悟其理。孔子说："道理在天地间，件件都是人所当知的。然为人上者之于凡民，但可使之由于是理之当然，而不能使之知其所以然。"盖所当然者，如父当慈，子当孝之类，皆民生日用之事，就是寻常庸众的人也都行得，故能使之由。若其所以当然之故，则皆出于天命人心之本然，其理精微奥妙，必须资质高明，学力至到者，乃能脱然有悟。其在凡民，如何便会晓得？所以不能使之知也，然知之之理，亦不外于所由之中。圣人在上以先知觉后知，以先觉觉后觉，至于渐靡既久，天下自然化成矣，亦何不可知之有哉！

张居正讲评译释 孔子说："天下的道理，每一件都是人们应该知道的。但是上位者对待一般的百姓，只要让他们知道应该做什么事就行，不可以让他们知道为什么这么做。"应该做的事，就是父亲慈爱、儿女孝顺这些日常生活中需要做的事，资质平庸的人也都知道这些，所以能让百姓们去做这些事。至于这么做的原因，就都来自天命人心的本性，其中的道理精巧微妙，必须要是资质聪明、学问深厚的人才能领悟，一般的百姓如何能明白呢？所以不能让他们知道为什么这样做。然而这样做的原因，也包含在这些事当中。圣人在上位先知先觉，然后帮助一般人后知后觉，经过这样长时间的感化之后，自然能成功地教化百姓，这时就没有什么不可让他们知道的了！

原文 子曰："好勇疾贫，乱也。人而不仁，疾之已甚，乱也。"

今译 孔子说："喜好勇敢而厌恶贫困，是致乱的因素。对于那些不仁德的人，倘若逼迫得太激烈，这也是一种致乱的因素。"

张居正讲评 勇是勇敢。两个疾字都是疾恶的意思。乱是悖乱。已甚是过甚。孔子说："柔懦之人虽恶贫，无能为也；安贫之人虽好勇，固无害也。惟是那好勇尚气的人，身处穷困，乃疾恶其贫，而不肯安分守己，则必以血气之强而济其苟得之念，虽为盗贼从背逆皆不顾矣，岂不至于为乱乎？至若不仁的人，本心已失，若其恶未著，尚可容恕，则化之以善可也。若其罪当诛，而吾又得以诛之，则遂诛之可也。不然而徒疾恶过甚，使之无所容其身，则势穷事迫，必将求泄其忿恨，而逞凶肆暴，无所不至矣，岂不足以致乱乎？"夫好勇疾贫者，是身自为乱，固为天下之首恶，至于恶不仁者，本为正理，特以处之不善，乃亦足以致乱，而徒为祸阶。则君子之待小人，岂可轻发而不审处哉！

张居正讲评译释 孔子说："柔弱的人，即使厌恶贫困也做不了什么；安于贫困的人即使喜好勇敢，也自然不会危害别人。只有那些喜好勇敢而又意气用事的人，会厌恶自己生活的贫困，不肯安分守己，一定会通过勇敢去实现自己不当的念头，即使是偷盗这样违反正道的事也毫不顾忌，怎么不会导致动乱呢？那些缺乏仁德的人，已经没有了原本的天良，如果做的恶事不大，能够原谅，那么通过感化让他改善就行了。如果他的罪行应该被诛杀，并且能够将其杀掉，那么将他杀掉就行了。不然将他逼迫得太激烈，使他无处容身，那么在这种情况下，他会为了泄恨而逞凶作恶，什么坏事都做，这难道不会导致动乱吗？"喜好勇敢而厌恶贫困的人，是导致动乱的因素，这种人固然是天下间最凶恶的人。但这对于那些缺乏仁德的人来说，是正常的，如果不妥善地处理这种人，也会引起动乱，从而平白无故地引起更大的祸患。所以君子对待小人，怎么能过于轻率而不谨慎处理呢！

原文 子曰："如有周公之才之美，使骄且吝，其余不足观也已。"

今译 孔子说："如果一个人有周公那样美好的才能，从而骄傲而吝啬，那么他其他的方面也就不值得一看了。"

张居正讲评 骄是以人皆不能，而夸己独能的意思。吝是但欲己有是能，而不欲人之皆能的意思。孔子说："人之处世，固贵于有才，而不可自恃其才。自古言才能技艺之美者，莫如周公。如或真有周公之才之美，固是难及，然须持之以谦虚可也。设使以己有是才也，而傲然自骄，谓人皆不如己，又忌人有是才也，而执吝自私，不欲善于人同，则无其德而大本失矣，其余才艺之美，亦何足观哉？"夫有周公之才之美，而一涉骄吝，尚不足观，况无周公之才而骄吝者乎？人当常加自省而存抑畏之心可也。故圣如帝舜，而舍己从人，功如大禹，而不自满假。诚知谦虚之受益，而骄吝之丧德也。然则孔子之言，岂徒在下位者所当知哉？

张居正讲评译释　孔子说："人有才能固然很可贵，但不能因为自己有才而骄傲。自古以来，才能优秀的人，都比不上周公。假如真的有人有周公那样优秀的才能，这固然非常难得，但是也要保持谦虚才行。假如因为自己有才，就骄傲自大，认为别人都不如自己，又妒忌别人的才能，吝啬自私，不想与人同善，这样的人就丢失了自己的品德和做人的根本，剩下的才能，还有什么值得重视的呢？"即使有周公那样优秀的才能，一旦骄纵吝啬，就不值得被人们欣赏，更何况有些人没有周公那样的才能还骄纵吝啬呢？人应该经常反省自己、心存敬畏啊。像舜那样圣明的人，尚且放弃自己的固执，采纳别人的意见；像大禹那样功德卓著的人，也从不自我满足。两位贤明的君主尚且知道谦虚能让人获益，而骄傲吝啬则会丧失品德。所以孔子的话怎么只是地位低下的人应该知道呢？

原文　子曰："三年学，不至于谷[12]，不易得也。"

今译　孔子说："在读书的三年中，没有产生一点做官的念头，这是非常不容易的。"

张居正讲评　至字当作心志的志字。谷是俸禄。孔子说："古人之学将以明善诚身，求尽其为人之理而已。然学既成矣，则君必见用，而养之以禄。此乃理之自然，而其本心则不为此也。后世人心不古，见学之可以得禄，乃遂有为干禄而后学者。亦有学问之功始加，而利禄之念随之者。此不惟失学之本意，而心逐于利，其学亦无所得，乃天下之通患也！若有人焉专精为学至于三年之久，而其心不志于谷禄，则是谋道而不谋食，为己而不为人，志高识大，超出乎时俗之表者也，这等的人岂易得哉？"所以人君用人，于那有实学的必录用而尊显之，使得以展尽底蕴。若夫假学以沽名干进者，则摈抑而不用。庶乎贪位慕禄之徒，不至于滥窃名器，而无补于国家也。

张居正讲评译释　孔子说："古人求学是为了探究事理、处世公正，完全学到做人的道理罢了。学成之后，就一定会被君主发现、任用，并给予供养的俸禄。这些都是很自然的事，但是古人内心没有这样的想法。后世的人心地不如古人那样淳朴，看到求学后可以做官，就会为了做官而学习。也有人刚开始求学，就想着获得官职。这些人丢失了求学的本意，一心追求利益，在学问上难以有收获，这是天下人的通病啊！如果有人能长时间专心求学，不产生做官的想法，这就是追求道而不追求官位，为自己求学而不是为他人求学，这就是志存高远、目光远大、超脱世俗的人，这种人怎么会容易遇到呢？"所以君主在用人的时候，一定要重用那些有真才实学的人，让他们能够完全展示自己的才能，要远离那些假装求学而实际为了获取名誉谋求做官的人。那些贪恋权位、贪慕俸禄的人，虽然不一定会影响国家的根本，但一定对国家没有好处。

原文 子曰："笃信好学，守死善道。危邦不入，乱邦不居。天下有道则见，无道则隐。"

今译 孔子说："坚守道并发奋学习，誓死保卫它。不进入政局危机的国家，不居住在混乱的国家。天下太平、政治清明就出来做事；天下不太平、政治黑暗就隐居不出。"

张居正讲评 笃是深厚牢固的意思。孔子说："君子之修身处世，必须学问、操守，兼造其极，乃为尽善，甚不可苟也。若有人焉于道理的确有见，则信之极其诚笃，虽议论纷纭，一毫都动移他不得。其志向之专如此，而又能孜孜务学，格物穷理，以求其是非之真，而尽其精微之奥，则讲究明而辨别审，所信者一出于正矣。遇事心里主定在此，则守之极其坚固，虽死生利害，一切都摇夺他不得，其执持之果如此，而又能事必由理，行必合义。初未尝徇匹夫之小信，而乖中庸之大道，则关天常而扶人纪，所守者允得其当矣。夫笃信好学是有学也，守死善道是有守也。为君子而有学有守，则知之必明，行之必勇，出处去就，焉往而不善哉？故其遇危邦也，则避之而不入；其在乱邦也，则去之而不居。当天下之有道也，则显身而仕，天下之无道也，则退藏而隐。"此其去就之义洁，出处之分明，非有学有守者，何足以与此？然这样人，不但可以善一己之行藏而已，使人君得而用之，则有大涵养，自有大设施。平居必能尊主庇民，建功立业。有事必能砥砺名节，匡扶世运，所补殆非浅浅矣！学问、操守之系于人也，大矣哉！

张居正讲评译释 孔子说："君子修身处事，一定要在学问和操守上都达到极点，这才是完美，不能有一点儿马虎。如果有人见识高明、意志坚定，即使受到议论，也不会动摇。有这样坚定的志向，还能努力求学，穷究事物的道理，仔细辨别、审察事物的是非真假，弄清事物的精妙复杂，那么这个人所信奉的就一定会是正确的道理。如果一个人心里有主见，遇事就能够坚持自己的操守，即使面对生与死的选择，也不会动摇。有这样坚定的操守，行动办事就也能符合义理。不鼓励人们因为拘泥小节从而偏离正确的中庸之道，能恰当地处理纲常伦理和道德规范，这就是正确地保持自己的操守。坚守信念并发奋学习，这是有心求学；誓死守卫正道，这是有操守。作为君子，既有心求学又能坚守正道，就能明确知识和勇敢行动，在采取行动的时候，怎么会做不好呢？所以他不会进入政局危急的国家；不居住在混乱的国家。天下太平、政治清明就出来做事；天下不太平、政治黑暗就隐居不出。"依据义理采取行动，进退取舍时清晰明白，如果不是有学问、有操守的君子，谁能做到这些？这样的人，不仅能做出正确的抉择，被君主发现并重用，并且才能越大，获得的官位就会越高。这样的人在获得重用后一定能尊崇君主，泽惠生民，建立功业。在国家有变故时也能保持品节，拯救乱世，能做出很大的贡献啊！所以说学问、操守对一个人很重要。

原文 "邦有道，贫且贱焉，耻也；邦无道，富且贵焉，耻也。"

今译 "国家政治廉明而自己穷困卑贱，是耻辱；国家政治黑暗而自己富有高贵，也是耻辱。"

张居正讲评 耻是愧耻。孔子说："士之处世，既贵有可用之才，又贵有能守之节。若乃邦国有道，有明君以出治于上，有贤臣以辅治于下，贤者必使之在位，能者必使之在职，正君子向用之时也！当此时而乃为世所弃，困处于贫贱之中，则其无善可称，无才可录可知矣。岂不可愧耻乎？至若邦国无道，上无明君，下无贤臣，非贿赂不可得官，非谄佞不能固宠，正小人向用之时也。当此时而乃与世相合，致身于富贵之地，则其贪位慕禄，卑污苟贱可知矣，岂不可愧耻乎？"盖惟其不能笃信好学，守死善道，故世治而无可行之道，世乱而无能守之节，乃碌碌庸人而已，何足取哉？士之不可以无养也如是夫！

张居正讲评译释 孔子说："读书人可贵的地方在于既有才能又能保持自己的节操。如果国家政治清明，君主尽心治理国家，臣子用心辅佐君主，贤能的人一定能被任用，有才能的人一定会获得官职，这正是君子应该被重用的时候啊！如果一个人在这个时候被遗弃，而生活贫困，那么可以知道这个人没有优点、没有才能，难道不应该感到可耻吗？如果国家政治黑暗，君主昏庸，大臣奸佞，不通过贿赂得不到官职，不通过奉承得不到恩宠，这是小人被重用的时候。如果一个人在这时候被重用，获得富贵，那么可以知道这是一个贪图官位、卑鄙下贱的人，难道不值得羞愧吗？"如果一个人不能坚守信念并发奋学习，誓死保卫正道，在国家兴盛的时候不能有所作为，在世道混乱的时候不能保持品节，这就是庸庸碌碌的普通人，有什么值得被任用的？读书人不能像这个样子啊！

原文 子曰："不在其位，不谋其政。"

今译 孔子说："不在那个职位上，就不思量那一职位所应当负责的政事。"

张居正讲评 谋是图议。政是政事。孔子说："凡人有是职位，则有是责任，有是责任，则有是谋为，如任公卿大夫之职，则当谋公卿大夫之政。若不在其位，则其政事本与我无与者，而乃商度其可否之宜，条陈其利害之故，是为思出其位，犯非其分矣，奚可乎？故凡不在其位，则当介然自守，虽知识见得到，才力干得来，亦不可图谋其政事。"盖所以安本然之分，而远侵越之嫌，人之自处当如是也。然士人之学期于用世，则匹夫而怀天下之忧，穷居而抱当世之虑，亦有所不容已者。要之，潜心讲究，则为豫养；非分干涉，则为出位。豫养者待用于不穷，出位者轻冒以取咎。此又不可不辨也。

张居正讲评译释 孔子说："一个人在一个职位上，就要担负相应的责任，取得一定的作为，如果担任公卿大夫的官职，就要处理公卿大夫的政务。如果自己没有担任某个职务，这个职责就和自己没关系，如果自己插手这个工作，就超出了职权的范围，逾越了自己的职分，怎么能这样呢？所以，只要自己不在这个职位上，就应该保持本分，不能去干预别人的工作，即使对自己来说完成这个工作很容易。"人人都应该像这样安守本分，不能越职擅权。读书人求学就是为了治理天下，普通人也会胸怀天下、关心时事，他们当中都会有人难以控制自己，从而超越自己的职分。总之，潜心学习，这是为以后做准备；超越职分去干涉别人，这是越位。为以后做准备的人能安守本分，等着日后被任用，而超越职分的人则轻率冒进，容易自取罪责。作为君主也不能不分辨清楚这些。

原文 子曰："师挚[13]之始，《关雎》之乱[14]，洋洋乎盈耳哉！"

今译 孔子说："从太师挚开始演奏，直至演奏《关雎》作结尾曲，丰富而美妙的乐曲声一直在耳边回荡！"

张居正讲评 师是太师，掌乐之官。挚是太师之名。《关雎》是《诗经·国风》首篇。乱是乐之卒章。洋洋是美盛的意思。盈是满。孔子说："昔吾自卫反鲁之时，既曾正乐，适遇师挚在官之始，又能审音，故其时乐之残缺者已为之补，失次者已为之序。但见大乐之作，自其始奏之时，直至于《关雎》之卒章，一皆清浊相济，高下相宜，洋洋乎极其美盛，满耳而可听也，惜乎今也不得而复闻矣。"盖以孔子之圣而正乐，以师挚之贤而掌乐，故一时音节美盛如此。自师挚适齐，继者皆不能及，圣人所以追思而叹美之也。

张居正讲评译释 孔子说："昔日我从卫国返回鲁国的时候，就曾厘正乐音，当时恰好遇到太师挚担任乐官，又可以趁机辨别音调，所以我当时已经把残缺的音乐补全了，对次序混乱的乐曲进行了调整。太师挚演奏典雅庄重的音乐时，从开始演奏，直至演奏结束时的结尾曲《关雎》，清音与浊音相互补充，高音和低音互相配合，丰富而美妙的乐曲声一直在耳边回荡，可惜如今听不到了。"孔子这样的圣人来厘正乐音，太师挚这样的贤人来演奏乐曲，当时的音乐就是如此的美妙。自从太师挚去了齐国之后，继任的乐师都比不上他，所以孔子思念并且赞美他。

原文 子曰："狂而不直，侗[15]而不愿[16]，悾悾而不信，吾不知之矣。"

今译 孔子说："狂妄而不正直，无知而又不谨慎，无能而又不讲诚信，我真不知道人为什么会这样。"

张居正讲评 狂是疏狂。侗是昏昧无知的模样。愿是谨厚。悾悾是愚拙无能的模样。信是诚实。吾不知之者是甚绝之之词。孔子说："赋性疏狂的人，宜乎行事直率方好。今却只好高夸大，及至到得有利害处，自家要计便宜，外面却以道理责人，这等样奸狡不直，赋性昏昧的人，凡事既不知道，宜乎谨厚方好，今却轻举妄动，又不谨慎重厚，赋性愚拙的人，凡事既不能干办，宜乎诚实方好，今却诡谲虚诈，又不诚信笃实。这三样人，我也不知道他是何等的人。"盖狂而直，侗而愿，悾悾而信，虽是气质有偏，然犹不失其本然之真，尚可以陶镕。若不直、不愿、不信，则本真已失，而习染愈蔽，终不可以化诲者也，故孔子绝之。

张居正讲评译释 孔子说："天性疏狂的人，应该办事直率，而如今却喜欢自夸自大，到了关键的时候，自己想要占便宜，却用大道理去教育别人；狡猾奸诈、昏庸愚昧的人，对不知道的事，应该谨慎忠厚才好，现在却轻举妄动，毫不小心谨慎；天性愚笨的人，不能干练地完成一件事，应该诚实做人才好，如今却虚伪诡诈，不肯诚实做人。我不知道这三种人为什么会这样。"狂妄却正直，无知却谨慎，无能却诚信，虽然这些人在天性上有偏差，但也还没有失去本然的天性，还能够培养教化。如果不正直、不谨慎、不诚信，那就是失去了人的本性，而被不良习惯所埋没，最终难以受到教育感化，所以孔子拒绝这样的人。

原文 子曰："学如不及，犹恐失之。"

今译 孔子说："做学问如同在追赶什么似的，害怕赶不上，即便赶上了，又怕丢失掉。"

张居正讲评 如不及，是如有所追而不能及的意思。孔子说："人之为学，将以致知力行，而求进乎圣人之道也。然使无勤敏之功，则其心徒劳而无益。使无警省之心，则其功终怠而不前。所以，君子之为学也，研穷以求进其知，体验以求进其行，孜孜汲汲，惟日不足，常如有所追而不能及的一般。其用功之勤如此，而其心犹不敢有一时之或惰，当日进之时，怀日退之惧，惟恐失其所学，而终有所不及也。"夫以君子之学，其勤励警惕有如此者，此所以能成其学也，不然，则心不在焉，或作或辍，终亦岂能有成也哉？

张居正讲评译释 孔子说："人的求学就是学习知识并亲身实践，以求达到圣人的境界。如果不勤勉用功，只是在内心思索，就不会有收获。如果不知道反省，就不会获得进步。所以君子求学的时候应该深入钻研来获得学问上的精进，亲身实践来追求行动上的进步，勤勉不懈，每天都感到不满足，就像在追赶什么而害怕赶不上一样。即使是像这样用功，也不敢有一点懒惰，进步的时候，担心以后退步，害怕丢失掉自己学到的知识而最终难以有所收获。"君子求学的时候如此勤勉小心，所以才能取得成就，不然，心不在焉，一会儿学习，一会儿放弃，最终怎么能取得成绩呢？

原文 子曰："巍巍[17]乎，舜、禹之有天下也，而不与焉。"

今译 孔子说："真是崇高啊！舜和禹贵为天子，富有四海，却从不为个人谋取私利。"

张居正讲评 巍巍是高大的模样。不与是不相关的意思。孔子说："圣人之识见度量，迥与常人不同。常人之情，即有一命一爵之荣，未免自视侈然，志得意满，何其卑小也！乃若巍巍乎识量高大而不可及者，其惟舜、禹乎？盖舜、禹二圣人，本以匹夫之微，一旦有天下为天子，其崇高富贵可谓极矣，乃舜、禹则视之漠然，不以为乐，全似与己不相干涉的一般。此其心直超乎万物之上，而众人以为可欲而不可得者，举无一足以动其中，其胸襟气象视寻常真不啻万倍矣，是何其巍巍矣乎！"盖舜、禹之心只念天位之难居，虑四海之不治，日惟兢业万机，忧劳百姓而已，若夫有天下之可乐，奚暇计哉？此万世颂圣明者，必归之也。后世人君，诚能以其不与天下之心，而尽其忧勤天下之实，则二圣人之巍巍不难及矣。

张居正讲评译释 孔子说："圣人的心胸见识和一般人不一样。一般人稍微获得一点荣誉，就难免自高自大、志得意满，这是多么卑贱啊！那些心胸宽广、见识远大的人，就只有舜和禹了吗？舜和禹两位圣人，本来和一般人一样，而一旦拥有天下成为天子，就变得十分崇高富贵啊，而舜和禹则十分冷漠地对待这些，不因此感到高兴，就像和自己没有关系一样。这是因为他们的志向已经超越了世人，人们想得却得不到的东西，没有一件能让他们动心，他们的胸襟气魄比一般人高了不止万倍，这是多么崇高啊！"舜和禹只知道天子的职位很难担任，天下很难治理，每天只是兢兢业业地为百姓忧愁、劳累罢了，又怎么会有时间去顾及这些享乐的事呢？像这些万世称颂的圣明君主，一定会使民心归附。后世的君主，如果能不想着谋取天下，而是尽心尽力、勤勤勉勉地管理百姓，那么就不难赶上舜、禹两位圣人崇高的品德了。

原文 子曰："大哉，尧之为君也！巍巍乎！唯天为大，唯尧则之。荡荡乎，民无能名焉。巍巍乎，其有成功也，焕乎其有文章！"

今译 孔子说："真是伟大啊，尧这样的君主！真是崇高啊！只有天最高最大，只有尧才能达到天这样的境界。他的恩德多么浩荡，无边无际，百姓都不知道该用什么样的言辞来称颂他。他的功绩多么崇高，他制定的礼仪制度多么熠熠生辉啊！"

张居正讲评 则字解做准字。荡荡是广远之称。名是名状。成功指勋业说。焕是光明。文章是礼乐法度之类。孔子说："自古帝王多矣，然莫有过于尧者。大哉，尧之为君乎，何以见其大？盖巍巍乎极其高大而无不覆冒者，唯天而已。谁能并之？独有帝尧之德高不可及，大而无外，能与之准，其包涵遍覆，就与天一般，故其德之广远，荡荡无涯，而形迹俱泯。当时之民一皆涵咏盛德而不识其功；鼓舞神化而不测其妙，无有能指而名之者。其与天之不可以言语形容，又何异哉？惟其不可名，此所以为大也。然亦岂无可见者乎？就其治功之成就处观之，则黎民吾见其时雍，万邦吾见其协和。巍巍乎功业之隆盛，有莫可得而尚者焉，又就其治功之有文采处观之，以礼乐则极其明备，以法度则极其修明，焕乎文章之光显，有不可得而掩者焉，尧之所可见者如此。若其德之不显者，则终不可名也。大哉尧之为君，非冠古今而独盛者乎？"

张居正讲评译释 孔子说："自古以来有很多帝王，然而没有能比得上尧的。尧这样的君主真是伟大啊，如何看出他伟大呢？只有天的高大能够覆盖所有东西。谁能和天一样高？只有尧的品德高不可及，无人能比，就像天一样能包含万物，所以尧伟大的品德，无边无际。当时的百姓都赞扬他的品德而看不到他的功劳；像接受神灵的教化一样受到鼓舞而不知道其中的巧妙，没有人能用言辞形容他的功德教化。他和天一样都不能被言语形容，两者有什么分别呢？因为不能被形容，所以才和天一样广阔博大。然而他的功绩又怎么真的不能被看到呢？从他治理的成就上来看，百姓安康，社会和谐，人们难以企及而只能仰慕他的功业。从他治理的方法上来看，礼乐完备，法治严明，他制定的礼仪制度熠熠生辉，难以被掩盖，这就是人们眼中的尧。如果他的德行不显著，就不会有这么高的名声。尧是多么崇高、伟大啊，难道不是古今最优秀的帝王吗？"

原文 舜有臣五人而天下治。武王曰："予有乱臣[18]十人。"孔子曰："才难，不其然乎？唐虞之际，于斯为盛。有妇人焉，九人而已。"

今译 舜有五位贤臣，天下便太平。武王也说过，"我有十位能治理天下的臣子。"孔子因此说道："常言说，人才不易得。不是这样吗？唐尧和虞舜说那话时候，人才最兴盛。然而武王十位人才之中还有一位妇女，实际上只是九位罢了。"

张居正讲评 乱字解做治字。际是交会之时。妇人指武王之妃邑姜。昔门人将述孔子评论人才之言，先记说："自古君天下者，治莫胜于虞舜。其时有圣哲之臣五人，如禹平水土，稷播百谷，契敷五教，皋陶明刑，益掌山泽。凡虞舜所欲为的，五人都代为之，故能使四方风动从欲以治焉。是虞舜得人之盛如此。继夏、商而王者，治莫胜于周武王。武王尝自言曰：'予有致治之臣十人。'在外有周公旦、召公奭、太公望、毕公、荣公、太颠、闳夭、散宜生、南公适为之辅理,在内有贤妃邑姜为之赞助,故能使四海永清,垂拱而治焉,是有周得人之盛如此。"孔子有感而叹之说道:"吾闻古语说,人才之生,最为难得,以今观之,岂不信然矣乎?盖自古圣圣相承,如唐虞交会之际,其时气运方隆,人才辈出,固极盛而无以加矣,自此以后,则惟我周为盛焉。唐虞固有五人,以赞成风动之功。我周亦有十人,以夹辅永清之烈,是我周真与唐虞比隆,而非夏商之所能及也。然数止十人,已为少矣,而中间有妇人焉,其实奔走御侮之臣,不过九人而已。以我周之盛而贤臣止于九人,岂不为难得哉?"然则,才难之一言,信乎其非诬矣!大抵得人固难,而知人与用人尤难,虞舜、武王惟其知之明而用之当,故能成天下之治如此。若知有未真,则取舍犹有所眩惑,用之未尽,则底蕴无由以展布,何以收得人之效乎?夫知人善任,尤人君治天下之本,不可不慎也!

张居正讲评译释 孔子的弟子记录孔子对人才的论述,说:"自古以来的帝王在治理天下上面没有比得上舜的。"当时舜有五位贤臣,禹治理水患,稷播种百谷,契推行教化,皋陶制定刑法,益管理山河。只要是舜想做的事,这五个大臣都能替他实施,所以能使天下的百姓接受治理。舜在位时人才就这样兴盛。夏、商之后的帝王,在治理天下上没有比得上周武王的。武王曾经说过:"我有十位能治理天下的臣子。"武王在位时,在外有周公旦、召公奭、太公望、毕公、荣公、太颠、闳夭、散宜生、南公适这些人辅佐治理国家,在内有贤妃邑姜帮助管理家庭,所以才能很容易使天下太平。周武王时人才就是这么兴盛。孔子感叹说:"我听古人说,人才很难得,现在看来,不就是这个样子吗?自古以来圣贤相互传承,在尧舜时期,国家繁荣,人才辈出,自然是十分兴盛啊,从这之后,就数我们周朝兴盛了。舜有五位贤臣来辅佐治理天下。我们周朝也有十位大臣来协助君主使天下兴盛,所以国家能和尧舜时期一样繁盛,这不是夏商能比的。然而只有十个人,太少了啊,更何况其中还有一个管理家庭的妇人,真正处理事务的大臣只有九位罢了。以我们周朝的兴盛也只有九位贤臣,人才不是很难得吗?"既然这样,真的是人才难得啊!得到人才固然很难,而知人用人更加难啊,舜和武王能够做到知人善任,所以才能将天下治理得如此好。如果对人才的了解不深入,在人用的时候还有疑虑,不能放心地使用,那么就不能完全展现他的才能,这怎么能取得好的效果呢?所以知人善任是君主治理天下的根本,君主选择人才的时候不能不谨慎啊!

原文 "三分天下有其二,以服事殷。周之德,其可谓至德也已矣。"

今译 "周文王获得了三分之二的天下,仍然向殷朝称臣,周朝这样的德行,或许可以说是最为高尚的了!"

张居正讲评 服事是臣服敬事。孔子说:"人臣事君,固有一定之分,然使国家全盛,君德休明而为之臣者,能敬顺守职乃是常事,不足称也。惟殷纣暴虐无道,国祚日以衰微,文王发政施仁,人心日以归向,以天下大势计之,三分之内,二分都归于文王,盖有天下之大半矣。当是时以仁伐暴,以周代殷,特一反掌之间耳,乃文王则坚守臣节,以服事殷纣,初不以盛衰强弱二其心。则是时可为而不为,势可取而不取,非盛德之极,能如是乎?然则我周文王之德,其可谓至极而无以加者矣!"夫孔子之称至德者二,于泰伯则以其让天下,于文王则以其服事殷。皆所以明君臣之义,立万世之防,而惧乱臣贼子之心也,读者宜致思焉。

张居正讲评译释 孔子说:"侍奉君主本来就是臣子的本分,在国家兴盛、君主贤明的朝代,臣子很自然地能做到尊敬国君、安守职分,这不值得称赞。殷商的国君纣王暴虐无道,导致国家衰败,西周的文王施行仁政,人心所向,从当时的形势来看,周文王获得了三分之二的天下。如果当时文王去讨伐残暴的纣王,很容易就能做到取代殷商,而文王依然坚持臣子的本分,向殷朝称臣,不因为自己强盛就心生叛逆。这是能讨伐纣王而不讨伐,能不取代殷商而不取代,如果不是品德非常高深,谁能这么做?所以文王的品德,真可以说是最为高尚的了!"孔子认为有两件事最高尚,泰伯推让国君的位置,文王恭敬地向殷商称臣。这两件事都可以用来阐明君臣之间的道义,作为后世效仿的典范,并且来震慑那些乱臣贼子。读者应该用心体会啊!

原文 子曰:"禹,吾无间[19]然矣。菲饮食而致孝乎鬼神,恶衣服而致美乎黻冕[20],卑宫室而尽力乎沟洫[21]。禹,吾无间然矣。"

今译 孔子说:"对于大禹,我无法从他身上找到任何不足。他自己吃得不好,却将祭祀办得非常丰盛;自己穿得不好,却将祭服做得极为华贵;自己住得不好,却将全部的精力用于水利建设。对于大禹,我确实无法从他身上找到任何不足。"

张居正讲评 间是有罅隙可非议处。菲是薄。鬼神是天神、地祇之类。恶字解做粗字。沟洫是田间水道,旱时蓄水,涝时泄水,以便百姓之耕种的。孔子说："帝王之治天下，事无大小，莫不各有至当不易的道理。少有未合，人即得指其罅隙而议之。我观大禹所行的事，件件合宜，无一些罅隙可以非议。如饮食，所以养生，禹之时，九州作贡，玉食非不足也，乃却珍馐而进粗粝，其自用之淡薄如此。至于奉祀郊庙鬼神，则牺牲粢盛，务极丰洁，又致其诚孝而无敢简焉。衣服所以蔽体，禹之时，玉帛万国，文绣非不足也，乃舍华绮而衣粗恶，其被服之朴素如此。至于临朝承祭所尚的黻冕，则服物采章务求尽制，又极其华美而无所吝惜焉。宫室所以居身，禹之时四海为家，非不可备壮丽之观也，乃安卑隘而戒峻宇，其自处之简陋如此。至于百姓每备水旱的沟洫，则又胼手胝足以经理之，而竭尽其力，不以为劳焉。夫礼，有所当丰，事有所宜俭。当丰而俭则过于陋，宜俭而丰则失之奢，皆未免于可议也。今观大禹，他自己身上一些不肯享用，至于事神勤民，却又这等周悉。丰所当丰，而不可谓之奢；俭所当俭，而不可谓之陋。虽欲议之，曾何罅隙之可窥哉？"所以又说："禹，吾无间然矣。"盖深赞其美，以示万世为君之法也。然孔子之称赞大禹，固以其丰、俭适宜，其实尤重在俭德上。盖人之常情，奉身之念每厚于事神为民。而人君富有四海，其势又得以自遂其欲。故致孝鬼神可能也，菲饮食不可能也；致美黻冕可能也，恶衣服不可能也；尽力沟洫可能也，卑宫室不可能也。《书》称禹克勤于邦，克俭于家，盖必俭而后能勤。若一有奉身之念，则虽以天下奉一人而犹恐不足，又焉能勤民而致力于神哉？欲法大禹者，尤当师其俭德可也。

张居正讲评译释　孔子说："帝王治理天下的时候，不论事情的大小，都要依据各自的道理，不能随意改变。处理事务时如果有一点儿不合适，人们就会指出其中的错误。我看大禹做的每一件都十分恰当，没有任何不足的地方。在饮食方面，全天下都给禹进献贡品，所以他并不是珍美的食物不充足，但他却推却珍美的肴馔而食用粗劣的食物，在饭食上就是这么清贫啊。而在祭祀的时候，供奉的食物非常丰盛，这是因为他要表达自己的诚心，所以不能过于简单。在穿着方面，全天下都能生产布帛，华美的衣物充足，大禹却舍弃华丽的衣服而穿粗布衣服，他在自己的衣物上就是这么朴素。而在祭祀时的祭服上，就要求服饰符合规制，一定要极为华贵而不能吝啬。在住所方面，天下都能当作禹的家，并不是不能建造壮丽的宫室，但禹却安于简陋的房屋而远离高大的屋宇。而当百姓的农田遭遇水患的时候，他就尽心竭力地处理水患，以至于手掌和脚底都磨起了老茧，却不感到辛劳。在应该丰盛的礼仪上就应该丰盛，在应该节俭的事情上就要节俭。在应该丰盛的时候俭朴就是过于鄙陋，在应该节俭的时候丰盛就是过于奢侈，这应该被批评议论。如今看大禹，他自己不肯享受，而在供奉神灵和为百姓办事上又是这样周全。在应该丰盛的地方丰盛，就不能说是奢侈；在应该节俭的地方节俭，就不能说是鄙陋。即使想批评议论他，又从哪儿找缺点批评呢？"所以孔子又说："对于大禹，我无法从他身上找到任何不足。"如此高的赞美，是为了让后世的君主效仿大禹啊。孔子称赞大禹，固然是因为禹在节俭和丰盛时都合适恰当，而实际上重要的还在于他俭约的美德。通常情况下，对人们来说满足自身时肯定会比祭奠鬼神和服务百姓时更加用心。而君主拥有天下，他的权势又能够满足自己的欲望，所以对君主来说能做到恭敬地供奉鬼神，很难做到食用粗劣的食物；能穿着华贵的祭服，很难穿戴粗布衣物；能做到尽力为百姓做事，很难做到在简陋的房屋里居住。史书里称赞禹在国家事业上勤劳，在家庭生活上节俭，这是因为只有节俭，才能勤政为民。君主一旦有了享乐的念头，那么即使是被天下人奉养也不会满足，又怎么能勤政为民、诚心敬神呢？想要向禹学习，学习他节俭的美德就行了。

注释：

[1]泰伯：吴太伯，一作吴泰伯，姬姓，名不详，周部落首领古公亶父长子，周代诸侯国吴国第一代君主。古公亶父欲传位季历及其子姬昌（即周文王），太伯乃与仲雍让位三弟季历而出逃至荆蛮，建立国家，号勾吴。

[2]葸：害怕，畏惧。

[3]绞：急切。

[4]偷：感情淡薄。

[5]启：打开。

[6]孟敬子：姬姓，鲁国孟孙氏第十一代宗主，名捷，世称仲孙捷，谥号敬，是孟武伯的儿子。据说他是孟子的曾祖父。

[7]笾豆之事：指祭祀。

[8]校：计较。

[9]六尺之孤：指未成年的孤儿。

[10]百里之命：指国君的政令。

[11] 弘毅：抱负远大，意志坚强。

[12] 谷：指俸禄。

[13] 师挚：鲁国乐师，名挚。

[14] 乱：乐曲的结尾。

[15] 侗：幼稚无知。

[16] 愿：老实，忠厚。

[17] 巍巍：形容高大。

[18] 乱臣：善于治理政务的大臣。

[19] 无间：间，间隙、隙缝。这里引申为无可挑剔。

[20] 黻冕：古时祭服。

[21] 沟洫：指农田水利。

论语卷四

子罕第九

原文 子罕[1]言利与命与仁。

今译 孔子很少谈论功利、天命和仁德。

张居正讲评 罕是少。利是人情之所欲。命是气化之流行,如死生祸福之类,幽远而难必者。仁是心之德。门人记说:"夫子平日教人,虽言无不尽,然亦有所少言者,则有三件,利与命与仁是已。"盖利与义相反,学者而谋利则廉耻之道乖;有国家者而好利则争夺之祸起,其端甚微,其害甚大。故夫子罕言之,欲人知所戒也。天命靡常,其生死祸福寿夭穷通之理,窈冥而难知,幽远而难必,人惟宜尽人道之所当为者,而默以听之。若语人以命,则人将一一取必于天,而怨尤之心生矣,故夫子亦罕言,欲人之自修也。仁具于心,乃四端万善之统体,其道至大而难尽,若强以示人,则未免有躐等之患矣。故夫子亦罕言之,欲人之渐进也。夫观圣人之所罕言,则吾人之所当务者可知矣。

张居正讲评译释 孔子的弟子记录说:"虽然老师平时在教导我们时无话不说,但是却很少谈论功利、天命、仁德这三方面。"功利和仁德相反,求学者如果只追求利益就会不顾礼义廉耻;国家的君主如果只追求利益就会发生争权夺利的祸事,虽然这些在刚开始时是细微的小事,但是会产生很大的危害。所以老师很少谈论这些,这是想要人们知道应该在什么地方警惕啊。天命无常,人的生死祸福、富贵贫贱这些都难以预知,人们只要尽到了自己的本分,听天由命就行。如果和人谈论天命,那么人们就会认为每件事都取决于上天,遇到困难时就会对上天心生怨恨,所以老师很少谈论它,这是想要人们能注重对自身德行的修养啊。仁原本就存在每个人的心中,是天下所有善事的总和,这是很难讲清楚的大道理,如果勉强地给人们展示这些,就超出了人们的理解能力啊。所以老师也很少讲这些,这是想要人们循序渐进,逐渐提高理解能力。看圣人很少谈论什么,就能够知道我们应该做的事了。

原文 达巷党人[2]曰："大哉孔子！博学而无所成名。"

今译 达巷这地方有个人说："孔子真是伟大啊！他学识渊博，可惜却没有一项足以树立名声的专长。"

张居正讲评 五百家叫做一党，达巷是党名。孔子道全德备，其学无所不通，当时无有知之者。有个达巷党人曾私议说："凡人知识有限，常患于狭小，今观孔子大矣哉，其学之博乎！大而道德性命之奥，细而礼乐名物之微，靡不究其旨归，析其条理。今虽欲指其一事而名之，但见其无所不通，无所不能。诚不可以一善之成名者目之也，何其大矣哉！"夫党人以大哉称孔子，盖庶几乎知言，而其所以为大者，乃徒以博学称之，则亦非深知圣人者矣。

张居正讲评译释 孔子品德完备，在学问上无所不知，当时的人都知道他。达巷这地方的一个人曾经私下议论孔子说："一般的人知识有限、目光狭窄，而孔子真是伟大啊，他的学识真是渊博啊！大到道德生命上的奥妙，小到礼仪器物的细节，孔子都能探究它们的宗旨，分析它们的条理。现在想要找一件事来称赞他，但是他无所不通、无所不能，实在是不能只在某一个方面赞扬他啊，这是多么伟大啊！"这个人用伟大来称赞孔子，算是有见识的话了，但是他认为孔子的伟大只在于博学，这是不了解孔子啊！

原文 子闻之，谓门弟子曰："吾何执？执御乎？执射乎？吾执御矣。"

今译 孔子听闻达巷党人的话后，对弟子说："我应该专攻哪方面呢？是赶马车？还是射箭？我还是赶马车吧。"

张居正讲评 执是专执。御是御车。孔子闻党人之言，乃对门弟子谦逊说道："党人称我之博学，以吾之多能鄙事也。其谓我无所成名，是欲我专执一艺以自见也。然则吾将何所执乎？夫六艺之中有所谓御与射者，守着一件，皆足以成名。我将执御者之事乎？抑将执射者之事乎？就这两样较来，则御乃卑贱之役，执守尤易。然则，我将执御以成名矣！"盖闻人誉己，承之以谦也。夫孔子之圣，生而知之，其道一以贯之。固不待于博学，而亦非有意于求名者，惜乎党人不足以语此！若夫观人之法，则不可以概求，或全德之士可以大受，或偏长之士可以小知。随材善用，此又为治者之先务也。

张居正讲评译释 孔子听了达巷党人的话后，就对弟子说："这个人称赞我博学，是因为我会的技能多。他说我没有可以树立名声的技能，是想要我专攻一个技能来展示自己啊。但是我应该专攻哪个方面呢？六艺之中的驾车和射箭我专攻哪一个都能成名，我是赶马车呢，还是射箭呢？就这两件事来比较，赶马车是很卑贱的工作，做起来更容易一些。那么，我就赶马车来成名吧！"听到别人称赞自己，孔子很谦虚地承认了。孔子的圣明，是天生睿智，他的学问有一个根本的道理贯穿始终。他自然不需要掌握所有技能，也不是想要获得名声，可惜不值得对达巷的这个人说这些。观察别人时，也不能够一概而论，对那些品德完备的人可以委以重任，对那些有特长的人可以从细事上考察他们。根据他们的才能正确地任用他们，这也是治理国家的人应该先做的事。

原文 子曰："麻冕，礼也；今也纯，俭，吾从众。拜下，礼也；今拜乎上，泰[3]也。虽违众，吾从下。"

今译 孔子说："用麻料来织礼帽，这是合乎礼的规定；如今大家用丝料，这样做比过去要节省些，我赞成大家的做法。臣子见君王，先在堂下叩头，随后升堂再叩头，这是合乎传统礼法的。如今大家都免去了堂下叩头，只在升堂后叩头，这样做是傲慢的表现。尽管违反大家的做法，我依然主张先在堂下叩头。"

张居正讲评 古时布皆用麻。麻冕是用麻布染作缁色以为冠者也。纯是丝。俭是省约。泰是骄慢。孔子说："大凡事之无害于义者，或可以随俗；有害于义者，断不可以苟从。如古者之冕，以细麻缉成的缁布为之礼也。今也以其细密难成而改用丝为之。用丝比之用麻较为省约，是之谓俭。俭虽非礼，然不过制度节文之小，无害于义，犹可以随时者也，故吾亦从众，不必于立异焉。若夫臣之拜君而必于堂下者，亦古制之礼也。而今也则皆拜于堂上，是失于骄慢而为泰矣。泰则有亏于君臣之义，乃纲常伦理所关，非细故也，故虽违背众人之所行，吾宁从下而不顾焉。"此可见圣人之处世，不论流俗之好尚，而惟以义理为权衡，或从或违，惟其是而已。此所以为万世礼义之中正也。

张居正讲评译释 孔子说："只要不违反道义，就可以和大家保持一致；如果不符合道义，就一定不能认同。就像古时候的帽子，根据礼法的规定，布料需要用细麻织成。如今大家都用丝料代替麻料，这么做要节俭一点。这样做虽然不符合礼法，但不过是仪式上的小问题，不影响道义，更何况这些仪式可以根据情况随时做出更改，所以我赞成大家的做法，而不是背离众人。臣子拜见君王，要先在堂下叩头，进入朝堂后要再叩头，这也是传统礼法。如今大家都只在进入朝堂后叩头，这是傲慢的表现啊。傲慢就是不符合君臣之义，君臣之义关系到根本的纲常伦理，不是小事，所以，尽管违逆了大家的做法，我依然主张先在堂下叩头。"由此可以看出，孔子为人处世，不关注社会风俗的爱好和崇尚，只关心行为是否符合义理。孔子的做法能够作为历朝历代最恰当的礼法了呀！

原文 子绝四——毋意，毋必，毋固，毋我。

今译 孔子绝对没有这四类毛病：不凭空臆测，不武断，不固执，不求私利。

张居正讲评 绝是绝无。四个"毋"字都与有无的无字同。意是私意。必是期必。固是执滞。我是私己。门人记说："吾夫子应事接物，其所绝无者有四件。四者为何？意、必、固、我是已。盖人心本自虚明，只为物欲牵引，便不能随事顺应。如事之未来，先有个臆度的心，这叫做意。又有个专主的心，这叫做必。事已过去，却留滞于胸中不能摆脱，这叫做固。只要自己便利，不顾天下之公理，这叫做我。此四者，人情之所不能无也，若吾夫子，则廓然大公，物来顺应，未事之先，无有私意，亦无有期必，既过之后，未尝固滞，亦未尝私己。其心如镜之常明，略无一些蔽障。如称之常平，略无一毫偏着，所谓绝四者如此。"然是四者，非圣人不能尽无。若人能随事省察，克人欲而存天理，则亦可由寡以至于无，而入于圣人之域矣。先儒说，忘私则明，观理则顺。此学圣人者所当知。

张居正讲评译释 孔子的弟子记录说："我们老师在处理事务的时候，有四类毛病是绝对不犯的。哪四类呢？凭空臆测，武断，固执，谋求私利。人的内心原本清虚纯洁，如果被物欲牵引，做事就不能顺应本心。事情还没有发生，自己就先有了猜测，这就是凭空臆测。独断专行，这就是武断。事情已经过去，仍然在心里惦记担心，这就是固执。只追求自己的便利，不顾天下的公理，这就是谋求私利。这四类毛病，人们都很难避免，而我们老师心胸宽阔、顺应事理，事情没发生时从不臆测，也不期待结果符合自己的想法，事情发生之后，不固执己见，也不追求自己的私利。他就像镜子一样明亮，没有任何遮蔽；像秤一样公平，没有任何偏差，所以说他没有这四类毛病。"如果不是圣人，就难以完全避免这四类毛病。如果人们能时刻反省自己，克制自己的私欲，保存内心的天理，就能够从少犯错变成不犯错，从而达到圣人的境界啊。先儒说过，忘记自己的私欲就能变得明理，依据事理就能够顺利地完成任务。向圣人学习的人应该知道这些啊！

原文 子畏于匡[4]，曰："文王既没，文不在兹[5]乎？天之将丧斯文也，后死者不得与于斯文也；天之未丧斯文也，匡人其如予何？"

今译 孔子被匡地的人所围困，他说："自周文王死后，周代所有的礼教文化不都集中体现在我身上吗？倘若上天想要消灭这些文化，那么我也不可能再掌握这些了；倘若上天不想消灭这些文化，那么，匡人又能把我怎样呢？"

张居正讲评 遇难而有戒心叫做畏。匡是地名。文是道之显然者。后死者是孔子自称之词。昔鲁有乱臣阳虎曾暴于匡，匡人恨之。孔子一日适陈，经过其地，匡人见夫子貌似阳虎，遂误认而举兵围之。夫子因此有戒心于匡，而弟子之从者皆惧。故夫子解之说："道每因文而显，亦必得人而传。昔也文王未没，则前乎群圣人之文，传在文王。今也文王既没，则斯文独不在我乎？夫斯文之兴丧皆天也。若使天之将丧斯文也，则所以赋于我者，必有所靳，而我为后死者，且将道无所见，学失其宗，自不得与于斯文矣。今天之所以与我者如此。而我既得与于斯文，则是天未欲丧斯文也。天既未欲丧斯文，则我命在天，匡人其能违天而害我乎？吾于此盖有以自信，而二三子亦不必于忧患矣。"夫圣人当不测之变，而处之泰然如此。真所谓卒然临之而不惊，无故加之而不愠者。学者观此，不惟可征其见理之明，任道之勇，而亦足为养心不动气之法矣。

张居正讲评译释 昔日鲁国有一个叫作阳虎的乱臣，曾经在匡地掠夺和残杀，因此匡人非常痛恨他。有一天孔子从卫国到陈国去，经过匡地，孔子的相貌与阳虎相像，匡人误以为孔子就是阳虎，所以将他围困。孔子因此对匡地心生警戒，跟随的弟子都感到害怕。孔子开导他们说："道依靠礼教文化才能显扬，也一定需要有人来传承。昔日文王在世的时候，之前圣人们的礼教文化，都传给了文王。如今文王已经去世，那么这些礼教文化不就在我身上了吗？这些文化的兴盛和丧失都取决于上天。假使上天要消灭这些文化，那么我就不可能掌握这些文化，而我死后，道就见不到了，正宗的学问就消失了，自然得不到这些文化了。如今上天之所以让我得到了这些文化，那么就是不想消灭这些文化。上天既然不想消灭文化，那么我的命就是由上天掌握，匡人怎么能够违背天意加害我呢？我在这方面有自信，你们不用感到担心。"圣人身处难以预测的危难之中，还能够如此泰然。这真的就是所说的当突然面临意外时不惊慌失措，当无故受到侵犯时也不害怕。求学的人看到这些，不只可以学到孔子在道理上的清楚明白和在追求道时的坚毅勇敢，也能学习到孔子涵养心志的方法啊！

原文 太宰[6]问于子贡曰："夫子圣者与？何其多能也？"

今译 太宰向子贡询问道："孔夫子是一位圣人吧？他为什么如此多才多艺呢？"

张居正讲评 太宰是官名。当时有个太宰，曾问于子贡说："吾闻无所不通之谓圣。今观夫子，其殆所谓圣者与？不然何其多才多艺，而无所不能也？"夫以多能谓圣，则其知圣人亦浅矣。

张居正讲评译释 有一个太宰曾经问子贡说："我听说无所不通的人被称作圣人。如今看来孔子就是所说的圣人吧？不然他怎么会多才多艺、无所不能呢？"他把多才多艺的人当作圣人，就是不了解什么是圣人。

原文 子贡曰："固天纵之将圣，又多能也。"

今译 子贡回答道："这原是上天让他成为圣人的，并且使他多才多艺。"

张居正讲评 纵字与肆字一般，是无所限量的意思。将字解做使字。又是兼而有之。子贡答太宰说："汝以多能为圣乎？不知圣之所以为圣者，固有德而不在多能也。且如天生圣贤都各有个分量，独吾夫子则德配天地，道冠古今，自生民以来未有如其盛者。是乃天纵之而使圣，未尝有所限量。"德既造于至圣，则其才自无所不通，所以又兼乎多能耳。然则多能乃圣之余事，而岂足以尽夫子之圣哉？子贡盖智，足以知圣人者也。

张居正讲评译释 子贡回答太宰说："你把多才多艺当作圣人吗？你不知道圣人之所以成为圣人，在于品德的高尚而不在于多才多艺。那些圣明贤德的人都有各自的能力，只有我们老师德行如同天地一样，道德古今第一，自人类诞生以来就没有像他这样品德高深的人。这是上天让他成为圣人的，所以对他的才能没有限制。"品德既然达到了圣人的地步，那么在才能方面自然无所不通，所以才会多才多艺。既然多才多艺是成为圣人之外的事，那怎么能够完全代表孔子的圣明呢？子贡充满了智慧，完全能够了解圣人呀！

原文 子闻之，曰："太宰知我乎。吾少也贱，故多能鄙事。君子多乎哉？不多也。"

今译 孔子听闻太宰和子贡的对话后，说道："太宰真是了解我啊。我幼年时生活贫贱，所以就学会了很多卑贱的技能。真正的君子会有这么多的技能吗？当然没有！"

张居正讲评 孔子闻太宰、子贡问答之言，固不敢以圣自居，又恐人遂以多能为圣，乃自明其意说："太宰谓我多能，其知我所以多能之故乎？盖我少时贫贱，既无官守，又无言责，故得以从容游艺，于凡礼、乐、射、御、钓弋、猎较之类，一一皆习而通之，遂多能鄙细之事耳。非以圣而无不通也。且君子之道其果贵于多能乎哉？夫世间有大学问，有大事业，君子惟于其大者求之，必不以此多能为贵也。君子既不贵于多能，又可以是为圣哉？然则以我为圣，固不敢当，而以圣在多能，尤失之远矣！"

张居正讲评译释 孔子听闻太宰和子贡的对话后，既不敢以圣人自居，又担心人们把多才多艺当作圣人，就表明自己的意思说："太宰说我多才多艺，他知道我多才多艺的原因吗？因为我小时候生活贫贱，既没有治理国家的职责，也没有进言劝谏的责任，所以能够从容地学习技艺，对礼仪、音乐、射箭、骑马、钓鱼、打猎这些，都熟练地进行了学习，所以学会了很多卑贱的技能。并不是因为自己是圣人所以无所不通啊。君子的可贵之处是在于会很多技能吗？君子只应该追求世间的大学问、大事业，一定不能把多才多艺当作可贵的地方。君子不因为多才多艺而感到可贵，那么又怎么能把多才多艺的人当作圣人呢？所以把我当作圣人，我实在是不敢当，而认为圣人在于多才多艺，错得就更远了啊！"

原文 牢[7]曰："子云，'吾不试[8]，故艺。'"

今译 孔子的弟子琴牢说："孔子说过，我年轻时不曾被国家所用，因而学会了很多技艺。"

张居正讲评 牢是孔子弟子琴牢，字子张。试是用。艺即是多能。门人因记琴牢之言说道："夫子平日尝云：'我少时人不见知，未尝试用于当时，故得以习于艺而通之。'夫子此言，其即吾少也贱，故多能鄙事之谓也。然则多能非君子之所贵，而夫子之所以为圣，诚不在于多能矣，太宰恶足以知之？"按此章太宰之言与达巷党人之见相似。孔子一则以执御自居，一则以多能为鄙，固皆自谦之词。其实圣学之要，不在于此。盖修己有大本大原，治天下有大经大法，自尧舜以至于孔子皆然，不以博学多能为急也。学圣人者宜详味乎斯言。

张居正讲评译释 孔子的弟子记录琴牢的话说："老师曾经说过，自己年轻时不被人了解，没有被重用，所以学会了很多技能。老师的意思就是因为自己年轻时很卑贱，所以才学会了很多技能。那么多才多艺就不是君子可贵的地方，而老师之所以成为圣人，的确不是因为多才多艺啊，太宰哪里了解老师呢？"在这一章里太宰的话和达巷那个人的见解差不多。孔子一方面认为自己要驾车，一方面认为自己因为卑贱才多才多艺，这些都是谦虚的说法。其实圣人的学问，并不在这些地方。因为修养自身、治理天下的时候都有各自最根本的方法，从尧舜到孔子都是这个道理，不把多才多艺当作最紧要的事。想要学习圣人的人应该详细体会这些话。

原文 子曰："吾有知乎哉？无知也。有鄙夫问于我，空空如也。我叩其两端而竭焉。"

今译 孔子说："我有知识吗？实际上没有什么知识。有个农人问我耕田的事，我原本对此一点也不知道。我只是从这一问题的首尾两端去询问，这样才懂得其中的道理，然后尽力告诉他我所知道的。"

张居正讲评 鄙是凡陋。空空是无能的模样。叩是发动。两端譬如说两头，言备举其理也。竭是尽。孔子之圣无所不知，当时必有以是称之者。孔子闻而辞之说："人固谓我有为知，我果有知乎哉？实无所知也。但我平日教人，不敢不尽，固不待贤者问之而后告也。就是个鄙陋之夫来问于我，在他虽然空空然其无能也，我却不敢以其愚而忽之，务必罄我所知，发动其两端以告之，始终本末、上下精粗，无有不尽者焉。夫以我之告人，必尽其诚如此。所以时人遂以我为有知，而我则实无所知也。"此乃圣人之谦辞，然谓之叩两端而竭，则其无所不知，与夫诲人不倦，皆可见矣。

张居正讲评译释 当时的人们都称赞孔子是无所不知的圣人。孔子听说了之后推辞说："人们都说我无所不知，我真的有知识吗？其实我没有什么知识啊。只是我平时教人，不敢有任何保留，不敢怠慢敷衍贤者，即使是没有任何知识的农夫来向我请教，我也没有因为他的愚钝而轻视忽略他，我一定会用尽我所有的知识，从这一问题的首尾两端给他讲解，把这一问题的始终本末、上下精粗都完全告诉他。我对别人讲话，一定会这样诚心尽力。所以当时的人们就认为我有知识，而实际上我没有什么知识啊。"这些话是圣人的谦辞，孔子能从首尾两端给人讲解问题，这就可以看出他的无所不知和诲人不倦啊。

原文 子曰："凤鸟不至，河[9]不出图[10]，吾已矣夫。"

今译 孔子说："凤凰不飞来了，黄河中也不出现八卦图了。我这一生怕是完了！"

张居正讲评 凤鸟、河图都是盛世的祥瑞。昔虞舜时凤凰来仪于庭，文王时凤凰鸣于岐山，伏羲时河中有龙马负图而出，其数自一至十，伏羲则之以画八卦。盖圣王在上，则和气充溢于天地之间，故其祥瑞之应如此！已矣夫是绝望之词。春秋之时，圣王不作，孔子之道不行，故有感而叹说："吾闻圣王之世，凤鸟感德而至，河图应期而出，今凤鸟不至，则非虞舜、文王之时矣。河不出图，则非伏羲之时矣，时无圣王，谁能知我而用之？则吾之道其终已矣夫，不复望其能行矣。"此可见圣人之进退，关世运之盛衰，以春秋之世，有孔子生于其间，而终莫能用，此衰周之所以不复振也。

张居正讲评译释 舜在世时有凤凰飞到宫廷里，周文王时凤凰在岐山鸣叫，伏羲时龙马背负"河图"从黄河中出现，伏羲根据图上从一至十的数字画出了八卦图。如果国家有圣明的君王，那么天地间就会变得平和安详，所以祥瑞才会像这样响应。春秋时期，没有圣明的君王，孔子难以施展自己的抱负，所以感慨地说："我听说有圣贤君王的朝代，凤凰和河图都会出现，如今凤凰不飞来了，就不是舜和文王那样的时代。黄河中不出现八卦图，就不是伏羲那样的时代。没有圣明的君王，谁会重用我呢？完了，我的抱负不能够实行了啊！"从这可以看出，圣人的进退关系到国家的盛衰。春秋时期，有孔子这样的圣人，却没有被重用，这就是周朝衰弱并且难以振作的原因啊！

原文 子见齐衰[11]者、冕衣裳[12]者与瞽[13]者，见之，虽少，必作；过之，必趋。

今译 当孔子见到穿着丧服的人，穿着礼服、戴着礼帽的人和盲人，和他们见面时，尽管对方比较年轻，孔子也一定会站起身来；从对方面前经过时，也一定快步走过。

张居正讲评 齐衰是丧服。冕是冠冕。冕衣裳是贵者之命服也。虽少二字当在冕衣裳者之下，盖简率之误也。瞽是无目之人。作是起。趋是急行。门人记说："吾夫子平日但见有丧而服齐衰的人，有爵位而冕衣裳的人，便肃然起敬，矍然改容。其人虽年少，或瞽而无目，如遇见之，亦必为之起立。如过其前，则必急趋而行。盖有丧的人方抱悲痛之意，于情可哀，有爵的人既受朝廷之命，于礼当尊。夫子但见其可哀可尊，即为之改容致敬，初不因其少与瞽而遂忽之也。然有爵之当尊，有丧之可矜，人皆知之。惟少者人之所易忽，瞽者人之所易欺，而夫子哀敬之容不为之少异。"此所以为圣德之至也。

张居正讲评译释 孔子的弟子记录说："我们老师平日里见到穿着丧服守丧的人，见到穿着礼服、戴着礼帽的有爵位的人，就会肃然起敬，变得恭敬谨慎。即使是遇到的是年轻人或者盲人，也一定会站起身来。如果经过他们，也一定会快步走过。有丧事的人内心悲痛，在感情上应该为他们感到哀伤，有爵位的人既然接受了朝廷的命令，按照礼仪就应该被尊重。老师只要见到他们，就对他们表示哀伤和恭敬，不因为他们是年轻人或者盲人而忽视。人们都知道应该尊敬有爵位的人，应该怜悯有丧事的人。只有年轻人容易被忽视，盲人容易被欺负，而我们老师并不因为他们是年轻人或盲人就减少哀伤和尊敬。"这就是孔子无比圣明仁德的原因啊。

原文 颜渊喟然叹曰："仰之弥[14]高，钻之弥坚，瞻之在前，忽焉在后。"

今译 颜渊感叹道："对于老师的学说，我越是抬头仰望，越是觉得高大；越是拼命钻研，越是觉得没有穷尽。看它好像在前面，忽然又像是在后面。"

张居正讲评 喟然是叹声。弥是愈甚的意思。昔颜渊游于圣门，学既有得，乃喟发叹说道："甚矣，夫子之道无穷尽无方体也。始吾见其甚高也，固尝仰之，以为庶几其可及也，然但觉进得一级又有一级，仰之而愈见其高焉；始吾见其深也，固尝钻之，以为庶几其可入也，然但觉透得一层，又有一层，钻之而愈见其坚焉。吾又尝瞻之，见圣人之道若在吾前，我固不及。待去勇猛赶上，则恍惚之间却又在后，而我反过之。"其流动不拘，变化莫测，有不可以为象者焉，夫子之道高妙一至于是，回将何所从事乎？其始之难如此。

张居正讲评译释 颜渊在孔子门下求学，在学问有所收获之后感叹说："太高深了，老师的学问无穷无尽难以捉摸啊。刚开始我见他很高大，就抬起头仰望，以为可以看得到，然而只是感觉往前进一个级别就还有下一个级别，抬头仰望就会觉得他更加高大；刚开始我见他的学问很高深，就深入钻研，认为很快就能够进入到老师的境界，但是进入一层之后还有一层，越拼命钻研就觉得越没有穷尽。我往前看，看到圣人的学问在自己前面，难以达到。等到奋力追赶的时候，忽然又像是在自己后面，自己反而错过了。"孔子的学问流动不拘、变幻莫测，难以捉摸和高深巧妙到了这种地步，颜渊将要学习哪个方面呢？刚开始就是这么难啊！

原文 "夫子循循然善诱人，博我以文，约我以礼。"

今译 "老师非常善于一步步诱导我，用典籍来丰富我的知识，用礼节来约束我的行为。"

张居正讲评 循循是有次序。诱是引进。博是广博。文是载道之具。约是约束。礼是天理之节文。颜子说："夫子之道高妙如此，使不有善教之施，则学者亦何由而入哉？幸而夫子则循循有序，而善于引人之进焉，以这道理散见于天地间的叫做文，文有不博，则无以见道之万殊而得真，乃博我以文，使我通古今达事变，把天下的道理都渐次去贯通融会，而聪明日开，不病于寡陋矣。以道理散殊中，各有个天然的节文，叫做礼。礼有不约，则无以会道之一本而体其实，又约我以礼，使我尊所闻，行所知，把天下的道理都逐渐去操持敛束，而依据有地，不苦于汗漫矣。博以开约之始，既非径约者之无得，约以收博之功，又非徒博者之无归。"夫子之循循善诱如此，回之得知所从事者，不有赖于此乎？

张居正讲评译释 颜渊说："老师的学问非常高超巧妙，假使他不善于教导，那么求学的人又怎么进步呢？幸亏老师非常善于循循善诱，依照顺序逐步帮助别人学习。存在于天地间的道理就是文化典籍，文化上的知识不丰富，就无法辨别万千事理的真假。老师用文化典籍丰富我的知识，让我通晓古今，明白事物变化的道理，把天下的道理都逐渐地融会贯通，这样我的智力就逐渐提高，没有变得孤陋寡闻。不同的道理各有区别，也都有各自原本的仪式，这叫作礼仪。没有礼仪的约束，就难以体会到道德根本，用礼节来约束我的行为，让我尊重自己听到的知识，实践自己学到的道理，把天下的道理都用礼仪去约束，有所依据之后，就不会迷茫混乱了啊。在丰富知识的同时用礼仪约束自己，既不会因为约束而没有收获，因为礼仪的约束才学到了丰富的知识，又不会导致丰富的知识没有依据。"孔子就是这样循循善诱。颜渊难道不是根据这些才知道如何学习的吗？

原文 "欲罢不能，既竭吾才，如有所立卓尔。虽欲从之，末由也已。"

今译 "使我想停止学习都不可能，我已经用尽全力，仍然像有高山在我面前。虽然还想往前迈进，却已没有前进的路径了。"

张居正讲评 卓尔是卓然有见的模样。末字解做无字。颜子又说："回既领夫子博约之教，乃知所向往，实下功夫。博文约礼，交进互发，遂日见得这道理趣味本无终穷。工夫不容间断，虽欲住歇，自不能已。而尽心尽力，既竭吾才以求之。至于用力之久，一旦豁然贯通，向之高坚前后，无处捉摸者，今皆有以识其本原，见其定体，分明的确，若有象焉，卓然立在我面前，只是就要跟上，与之为一，却又无由便到得。盖圣人之道圆活周流，从心不逾，神无方而易无体，一切出于自然，有非思勉所可为，智力所可到者。当此之时，惟当勿忘勿助，以俟其自化而已，又安能容心着力，以强其速化哉？"回于此盖深感圣教之为功，而益信圣道之为妙矣。这篇中博文约礼，正是圣学切实下手处，盖学不外于知行二者。尧舜以来，所谓惟精以察之，即是博文的工夫；惟一以守之，即是约礼的工夫。此孔子所以得统于尧舜，而颜子为善发圣人之蕴者也。学者真能从事于此，而加竭才之功焉，则何帝王之不可为，圣贤之不可及哉？

张居正讲评译释 颜渊又说："我既然领会到了老师关于广博和约束的教导，就知道往什么地方下功夫。用丰富的知识充实自己，用严格的礼仪约束自己，就能够看到丰富的道理和趣味，就不会停止自己的努力，而是尽心尽力地提升自己。经过一段时间用功，之前难以理解的部分，现在也能清楚明白地看到了，就像这学问在自己眼前一样，只是想再往前迈进一步，完全将其融会贯通，但是不知道应该如何着手了。因为圣人圆润活泼，做事能遵循天理，从不逾越规矩，他们的行为不会受到任何规则的影响，一切都能出于自然，这不是我通过勉强和努力就能做到的。在这种时候，我保持自然，等待自己领悟就行了，怎么能过于急切地强迫自己快速领悟呢？"颜渊深刻地认识到了应该用功学习圣人的教诲，深刻地感受到了圣人教导的美好。这一篇里所说的用丰富的知识充实自己，用严格的礼仪约束自己，就是圣人教诲中最关键的地方，没有获得知识和参与实践之外的学习方法了。根据尧舜的教诲，用功精深就是学习知识的工夫；用心专一就是用礼仪约束自己。在这里，孔子能将尧舜的教诲融会贯通，颜渊能够进一步阐述孔子的思想。求学者如果能努力做到这些，怎么需要担心不能成就帝王功业，不能达到圣人的境地呢？

原文　子疾病，子路使门人为臣。

今译　孔子生了重病，子路叫自己的弟子去做孔子的家臣，负责料理后事。

张居正讲评　病是疾甚。门人是子路的弟子。臣是家臣。昔孔子有疾，其势甚危，子路虑及身后之事，以为夫子是道高德厚的圣人，倘有不测，其礼自当尊异，乃使其门弟子为孔子之家臣。盖古时为大夫者，皆有家臣治其家事，死则为之治丧，如以臣事君之礼，故子路以此尊孔子。然孔子时已去位，实不当有家臣，是未知所以尊之之道也。

张居正讲评译释　孔子生了重病，子路考虑到孔子的后事，认为孔子是品德高尚的圣人，一旦去世，采用的礼仪自然应该格外受到重视，就让自己的弟子去给孔子做家臣。古时候大夫都有家臣来协助管理家务，大夫去世就由家臣处理丧事，这就像臣子对待君主一样，所以子路用这种方法来尊崇孔子。然而孔子当时已经没有官位，不应该有家臣，子路这么做是不知道尊崇孔子的正确方法啊。

原文　病间[15]曰："久矣哉，由之行诈也。无臣而为有臣。吾谁欺？欺天乎？"

今译　孔子病情减轻后，说道："很久以前，子路就干这种欺诈的勾当啦。我原本就没有家臣，却硬要让别人去做。我骗谁呢？骗老天吗？"

张居正讲评　病间是病少可。诈是不实。子路使门人为孔子家臣，孔子时方病笃，不知其事。及病少可，乃知而责之说："久矣哉，由之行事诈而不实也。昔我为大夫时，曾有家臣。今既去位，则不当有家臣矣。人皆知我之无家臣，而我乃为此不情之事，偃然自以为有家臣，则我将谁欺，无乃欲欺天乎？人而欺天，莫大之罪。况天不可欺，徒自为虚诈而已。"孔子归罪于己，乃所以深责子路也。

张居正讲评译释　子路让自己的学生给孔子做家臣，孔子当时病情严重，不知道这件事。等到病情减轻之后，就责备他说："很久以前，子路就干这种欺诈的勾当了。过去我做大夫的时候，曾经有家臣。如今既然已经没有了官位，就不应该有家臣了啊。人们都知道我没有家臣，而如今我做了拥有家臣这件不合情理的事，那么我是骗谁呢？骗老天吗？人没有比欺骗上天更大的罪了。更何况上天难以欺骗，这么做只是骗自己罢了。"孔子把罪责归到自己身上，其实是用来严厉地责备子路啊。

原文 "且予与其死于臣之手也，无宁死于二三子之手乎？且予纵不得大葬[16]，予死于道路乎？"

今译 "我与其在家臣的侍奉中死去，还不如在你们这些弟子的侍奉中死去。即便我没有隆重的葬礼来安葬，难道就会被扔在路边没人理会吗？"

张居正讲评 二三子指门人说。孔子又晓子路说道："汝之欲用家臣，岂欲以是而尊我乎？不知君子当爱人以德，处人以礼。且如我今日，与其死于家臣之手，而以非礼自处。岂如死于二三子之手，而以情义相与之为安乎？就使我无家臣，不得举行大葬之礼，岂至死于道路终弃而不葬乎？"一般是死，一般是葬，乃不待我以师弟之情，而欲强为君臣之礼，以至于行诈而欺天，亦独何心哉？由之此举盖非惟不当为，且亦不必为矣！观圣人于疾病危迫之中，而事天之诚，守礼之正，一毫不苟如此。此所以为万世法也。

张居正讲评译释 孔子又告诫子路说："你想让我用家臣，这怎么是尊敬我呢？你不知道君子应该按道德的要求去爱护人，依据礼仪和别人相处。假如我在家臣的侍奉中死去，就是不符合礼仪。还不如死在你们这些弟子的侍奉中，在我们师徒情义中死去我才能安心啊。即使我没有家臣，不能举行隆重的葬礼，难道就会被扔在路边没人理会吗？同样是死，同样能被安葬，你们不用师徒的情谊对待我，而想强行采用君臣之间的礼仪，想要欺瞒上天，心里是怎么想的呢？这样的行为不只是不恰当，而且也没必要啊！"孔子在病情严重的时候依然诚恳地侍奉上天，端正地遵守礼法，是这样的一丝不苟。这值得被万世效仿啊！

原文 子贡曰："有美玉于斯，韫椟[17]而藏诸？求善贾而沽[18]诸？"子曰："沽之哉！沽之哉！我待贾者也。"

今译 子贡说："这里有块美玉，是放在柜子里藏起来，还是找个识货的商人将它卖掉？"孔子答道："卖掉吧！卖掉吧！我正在等识货的人呢。"

张居正讲评 韫是藏。椟是柜。两个贾字，即是价值的价字。沽是卖。昔子贡以孔子怀才抱德不出而求仕，故设言以问之说："天下有重宝，则必有重用，如且物之贵重者莫如玉，而美玉则尤贵者。今有美好之玉于此，果止自家爱惜，韫之于柜而藏之欤？抑将出售与人，求价值之相当者而卖之欤？"子贡之意盖以美玉比夫子，而以藏沽喻行藏也。孔子答说："玉本有用之物，使不沽之，是使有用为无用也。吾其沽之哉！吾其沽之哉！盖天下之宝，当与天下共之，何可以自私也？然玉本至贵之物，使自沽之，则人将轻视而不以为宝，是使贵为贱也。吾必待夫以善价来求者而后与焉。"盖天下之宝，当为天下惜之，尤不可以自轻也。知玉之当沽，则知夫子之当仕。知玉之待价，则知夫子之待礼。如无礼而自往者，是衔玉而求售也，圣人岂为之乎？此可见士之出处，待则为自守之正，求则为奔竞之私，诚不可不慎辨矣。若夫人主之于贤才，又当精其选于未用之先，不使匪人得枉道以求合。专其任于既用之后，不使贤者舍所学而从我。然后为真好贤之明君也。

张居正讲评译释 孔子拥有大才大德却不做官，子贡因此做出假设问道："天下间珍贵的宝物，一定有很重要的作用，宝物当中没有比玉更贵重的了，而美玉则尤其贵重。如今有一块美玉，是自己放在柜子里珍藏呢？还是根据它的价值将它卖给别人呢？"子贡把孔子比作美玉，把藏起来或卖掉比喻孔子做官或者归隐。孔子回答说："玉本来是有用的物品，假如不将它卖掉，就是让它变成了没用的东西。将它卖掉吧！将它卖掉吧！天下间的宝物，应该天下人共同拥有，如何能自己私藏呢？然而玉是最贵重的物品，假如自己买卖，那么别人就会轻视而不把美玉当作宝物，这就是让贵重的物品变得贫贱。所以我一定要等到别人用合适的价格来买的时候再出售。"天下间的宝物，应该受到天下人爱惜，更不能够自我轻贱。知道玉应该卖掉，就知道夫子应该出仕做官。知道玉应该有一个合适的价格，就知道孔子在等待别人以礼相请。如果没人以礼相请，而自己前去求官，这就是拿着美玉请求低价卖给别人，圣人怎么会做这种事呢？由此可见读书人在出仕和隐退的时候，等待就是保持自己端正的操守，求官就是奔走竞争谋求私利，实在不能不慎重分辨啊。君主在求取贤才的时候，应当在任用之前慎重挑选，不能让心术不正、违背正道的人接近自己。让贤才能充分发挥自己的能力，不让他们因为顺从自己而舍弃自己的学问。做到这些之后就能成为爱才的明君啊！

原文 子欲居九夷[19]。或曰："陋，如之何？"子曰："君子居之，何陋之有？"

今译 孔子想要到九夷去住。有人说："那里非常简陋，怎么能住呢？"孔子答道："有君子去住，有什么简陋的呢？"

张居正讲评 九夷是东方九种夷人。陋是鄙陋。昔孔子周流四方，本欲行道于天下。然当时上无贤君，不能信用，孔子知其道终不行，乃欲远去中国，而居九夷之地。是虽伤时愤世，有所激而云然，然孔子大圣，自能用夏以变夷，则虽夷狄，亦无不可居者。或人不知，乃问孔子说："九夷之地言语不通，嗜欲不同，其俗鄙陋，如之何其可居也？"孔子答说："天下无不可变之俗，亦无不可化之人。九夷虽是鄙陋，若使有道德的君子居于其间，则必有诗、书、礼、乐以养其身心，有冠裳文物以新其耳目，自将化鄙陋而为文雅，与中国一般，又何陋之有哉？"此可见圣人道大德弘，存神过化，如帝舜耕于历山，而田者让畔。泰伯、端委以化荆蛮。感应之妙，有不约而同者。使孔子得邦家而治之，则绥来动和之化，其功效岂小补哉？惜乎春秋之时不能用也。

张居正讲评译释 孔子周游列国，本来想施展自己的抱负。然而当时没有圣明的君主重用他，孔子知道自己的抱负最终也难以实施，就想远离华夏，到九夷去居住。这虽然是孔子因为时世感到激愤而说的话，但是以孔子的圣明，自然能用华夏的文化来感化夷狄，所以即使是九夷，也没有什么不能居住的。有的人不明白这些，就问孔子说："我们和九夷那里语言不通，习惯不同，他们的习俗非常鄙陋，你如何在那儿居住呢？"孔子回答说："天下没有不能改变的风俗，也没有不能感化的人。即使九夷那里风俗鄙陋，但如果让道德完备的君子居住在那里，就一定能用诗、书、礼、乐修养他们的身心，用服饰衣冠、礼仪等让他们耳目一新，自然能够将当地的风俗变得像华夏一样文雅，又有什么简陋的呢？"由此可见圣人的品德高尚，所到之处人们无不受到感化，就像舜在历山耕种，周围种田的人也变得互相谦让，泰伯、端委能让蛮夷感化一样。这些圣人们所引起的反应，完全一致呀。假使孔子能够治理国家，那么一定能感化百姓让社会变得和谐，带来的成效怎么会小呢？可惜春秋时期他没能受到重用啊！

原文 子曰："吾自卫反鲁，然后乐正，《雅》《颂》各得其所。"

今译 孔子说："我从卫国返回鲁国之后，才整理了乐的篇章，使《雅》和《颂》都归在了适当的位置上。"

张居正讲评 《雅》是《大雅》《小雅》。《颂》是《周颂》《鲁颂》《商颂》。都是《诗经》的篇名。其中的诗词就是乐章。孔子说："周之礼乐尽在我鲁国，音乐诗词本是全备的，但历年久远，那时乐的篇章节奏都错乱了。我尝周流四方，参互考订，始知其说，故自卫归鲁，特为正之。残缺者悉为之补，失次者悉为之序，然后乐之始终条理皆得其正。而二《雅》三《颂》之诗被诸弦歌者，或用诸宗庙，或用诸朝廷，亦各得其所，而无有紊乱者矣。"这是孔子自叙其正乐之事如此。

张居正讲评译释 孔子说："周的礼乐文化都在我们鲁国，音乐诗词这些原本是很完善的，但是由于经历的年代久远，当时那些诗乐的篇章和节奏都变得混乱了。我曾经列国周游，互相考证，才知道正确的顺序，所以从卫国返回鲁国后，特意将它们整理补正。把残缺的篇目补充完整，把混乱的次序整理通顺，这样这些乐曲才算是完整通顺。而《雅》《颂》这些被演唱的诗歌，或用于祭祀，或用于朝廷，都能各得其所，不会发生混乱。"这是孔子自述自己理正音乐的事。

原文 子曰："出则事公卿，入则事父兄，丧事不敢不勉，不为酒困，何有于我哉？"

今译 孔子说："出来做官便为公卿效力，在家生活则为父兄尽孝，有丧事不敢不尽全力，不被酒所困，这些事我做到了哪些呢？"

张居正讲评 孔子说："人于日用伦理之间，起居饮食之际，每每视为近易。若必一一求尽其道，盖亦甚难。且如出而在邦国，则善事公卿，而上交有道，不失其尊贵之礼；入而在家庭，则善事父兄，而孝敬恳至，克修其弟子之仪。遇有丧事则不敢不勉，不特三年之丧，然后竭诚尽慎，就是期功缌麻，亦必缘分敦礼。至于宴享饮酒，则不为所困，虽有时而饮，用以成礼合欢，却未尝多饮，至于昏神乱气。这四件虽不过是寻常的事，然前三件皆在于天理之当为者，各尽其道；后一件是能于人情之易动者，不逾其则。亦非德盛礼恭、涵养纯粹者不能为也，反之于己，果何有于我哉？夫此四者，皆人伦日用庸德之行，而我犹有所未能。况君子之学更有大于此者乎！此吾之进修所以惕然而不宁，汲汲然而匪懈也。"此圣人谦己诲人之词，然其至诚无息之心，躬行实践之学，于此亦可见矣。

张居正讲评译释 孔子说："人们认为日常生活和起居饮食很容易。但如果一定要把每一件事的道理都弄明白，也是很困难的。在朝廷做官，为公卿效力时，同上级的交往要有原则，不能缺少礼仪；在家庭生活上，要诚心地为父兄尽孝，保持作为儿子、兄弟应尽的礼仪。在有丧事的时候不能不尽心竭力，不只是在为父母守丧期间诚恳谨慎，即使是为远亲守丧时也一定要遵从礼数。在设宴饮酒的时候，不过度饮酒，即使有时候在联欢时依据礼仪需要饮酒，也不能过度饮酒导致心神迷乱。这四件事虽然是寻常的事，然而前三件是依据天理应该做到的，一定要做到；后一件是影响人心志的事，所以不能违反。如果不是品德高尚、礼仪完备、内心纯洁的人，就做不到这些。对我而言，除了这些之外还有什么要做的呢？这四件事，都是人们日常生活最普通的道德规范，而我还不能完全做到。更何况君子求学时还有比这更重要的事呢！这就是我在学习时警觉谨慎、毫不松懈的原因啊！"这是圣人在教导别人时的自我谦虚，从这就可以看出孔子对道的不懈追求和对学问的亲身践行。

原文 子在川上曰："逝者如斯夫！不舍昼夜。"

今译 孔子站在河岸边上说："消逝的时光就如同这河水一般，昼夜不停向前奔流。"

张居正讲评 川是水之流处。逝字解做往字。不舍是不息。天地之间，气化流行，亘古今，彻日夜，而无一息之停，乃道体之本然也。但其机隐微难识，惟是水之流动最为易见。故孔子偶在川上有感而发叹说："吾观此水，往者既过，来者复续，混混滔滔，曾无止息。盖天地之化推迁往来，相续而不穷有如是夫。昼固如是，夜亦如是，未尝有顷刻之暂停也。"夫天地之间无物非道，即水流之不息，可以验化机之不滞。即化机之不滞，可以知道体之常存，观物者于此而察之，则自强不息以尽道体之功者，不可有须臾之或间矣！

张居正讲评译释 天地之间阴和阳的运动在古今日夜都永不止息，这是道最根本的规律。但是事物的变化隐约细微，难以辨识，只有水流的运动最明显。所以孔子在河边感叹说："我看这河水，流过去，流过来，永不止息地奔腾向前。天地之间无穷无尽的运动变化就像这样，昼是这样，夜也是这样，一刻也不停歇。"天地之间没有任何事物不在道的包含之中，水流的奔腾不息可以验证事物的运动不止。从运动变化的永不止息就可以知道规律的存在，由此看来，想要自强不息地探求道的人，片刻也不能停止学习啊！

原文 子曰："吾未见好德如好色者也。"

今译 孔子说："我没有见过喜好高尚品德胜过喜好美色的人。"

张居正讲评 孔子叹息说道:"常人之情但见有美色,则未有不知好者。至若天所赋予的正理叫做德,德乃人之所本有,亦人之所当好也。然今天下之人,或气禀昏愚,不见其为美而莫之好,或物欲牵引,知其为美而不能好,或自己修德虽尝用力,而无勇往精进之功,或见人有德,虽尝羡慕而无尊贤敬士之实,吾未见有好德如好色之真诚者也。"人若能以好色之心好德,则如《大学》所谓自慊而无自欺。推之以正心、修身、齐家、治国、平天下,又何难哉?孔子此言,其勉人之意深矣。

张居正讲评译释 孔子叹息说:"没有人不喜欢美色。上天赋予人的正当的道理叫作德,原本所有人都具备德,也都应该喜爱美德。然而如今有人昏庸愚昧,看不到品德的美好和值得喜爱的地方;有的人沉迷于物欲,知道德的美好却不喜好;有的人知道修习品德,但却不能用功修习;有的人虽然羡慕别人美好的品德,却没有尊贤敬士的实际行动。我从来没有见过喜好高尚品德胜过喜好美色的人啊。"人如果能像爱好美色一样爱好品德,就像《大学》里说的不欺骗自己不自我满足。如果把这种想法推广到正心、修身、齐家、治国、平天下上,那么实现这些又有什么困难呢?孔子的话,是对人们很深刻的勉励啊!

原文 子曰:"譬如为山,未成一篑[20],止,吾止也。譬如平地,虽覆一篑,进,吾往也。"

今译 孔子说:"比如用土堆山,只要再添一筐土便完成了,倘若这时停下来,那是我自己要停下来的。又比如在平地上用土堆山,即便只刚倒下一筐土,倘若这时继续前进,还是要自己坚持啊!"

张居正讲评 篑是盛土的筐。覆是加。孔子说:"人之为学不日进,则日退。然其进止之机皆系于己,非由于人。以言其止也,不但方进而遽已者才为无成。便是平日已用了九分的工夫,乃一旦止而不为也,就把前面的功夫尽废弃了。譬如筑土为山,已是累得高了,所少者仅一筐之土耳,于此成山岂不甚易,他却忽然中止,不肯加工,则向者所筑皆置之无用山终不可成矣。然其止也,岂是有人阻挡他来?只是自家心生懈怠,自弃其垂成之功耳,学者可不以是为戒哉?其进也,不但垂成而不已者,才为有益。便是平日未曾下一些工夫,一旦奋发起来,则将来为圣为贤,也限量他不得。譬如在平地上要筑一座高山,所加者才一筐之土耳,指望成山岂不甚难。他却锐然奋进,不肯暂停，则日积月累，功深力到，山亦有时而成矣！然其进也，岂是有人撺掇他来？只是自家勇往向上，不肯安于卑近耳，学者可不以是加勉哉？"大抵人之为学，莫先于立志，所谓"止，吾止"者，其志隳也。志一隳，则何功不废？"进，吾往"者，其志笃也，志一笃，则何功不成？故汤圣人也，而仲虺犹以立志自满为戒，高宗令主也，而傅说犹以逊志时敏为言，武王之学可谓成矣，召公犹防其玩物丧志，而譬之于为山九仞，功亏一篑，夫子之言盖由于此。有事于帝王之学者，可不坚持其志哉？

张居正讲评译释 孔子说："人的学习不进则退，但是进退都在于自己，而不在别人。如果停止努力，不但刚开始做的事不能取得成果，即使是即将完成的事，一旦停止也会浪费掉之前的努力。就像是用土堆山，已经堆了很高，只缺少一筐土就能堆成了，这时想要成山不是很容易吗？却忽然停止努力，不肯继续向上堆土，那之前的努力就都白费了，山最终也难以堆成。这个停止，怎么是因为别人的阻挡呢？这只是自己心生懈怠，在将近成功的时候放弃了，求学的人能不引以为戒吗？在前进上，不只是快要成功时努力前进才会起作用，一个人即使是之前没有任何努力，现在一旦开始发奋努力，那么将来也有可能成为圣人。又比如在平地上用土堆山，即使只堆了一筐土，离一座高山还很远。但是只要不停止努力，经过日积月累的付出后，山就一定能堆成！这个进步，怎么是有人怂恿而取得的呢？这只是自己发奋向上，不愿意变得平庸呀，求学的人能不勉励自己吗？"大致上人求学时，都会先树立一个志向，那些半途而废的人，就是志向崩毁了呀。志向一旦崩毁，怎么能继续努力呢？自己发奋前进的人，他们的志向很坚定啊，志向坚定，做什么事不会成功呢？所以即使是汤这样的圣人，仲虺也因为害怕他志得意满而劝诫；像高宗这样的明主，傅说也一直勉励他谦虚好学；像武王这样学问丰富的人，召公也防范他玩物丧志。孔子的话防范的就是堆砌高山时，在即将成功的时候放弃呀。那些要侍奉君王的求学者，能不坚持自己的志向吗？

原文 子曰："语之而不惰者，其回也与！"

今译 孔子说："听我说话能够始终毫不懈怠的，大概只有颜回一人吧！"

张居正讲评 语是告语。惰是怠惰。孔子说："吾之教人，虽言无不尽，然受教者多，能体而行之者甚少。若我以道理告之，而彼即能心解力行，无怠惰之意者，其惟颜回也与！盖回以睿知之资，务深潜之学，但有所闻，便能融会而贯通，其有所行，又能笃信而专确，如告以克己复礼，则请事斯语，告以傅文约礼，则欲罢不能，无一言一动不是发明我所言的道理，何尝有一毫怠惰之心？我所见者，惟此人耳，其他弟子皆不能及也。大抵不惰二字，最为学者之所难，以冉求之多艺，犹画而不进，以子贡之多识，犹倦而请息，况他人乎？"观孔子以不惰称回，以不厌自处，可见圣贤造诣，都自勤学中来，读者所当深玩也。

张居正讲评译释 孔子说："我教导别人的时候总是说很多话，虽然教的人很多，而能亲身去实践的人很少。如果我把道理告诉他，他就能马上理解并付出行动，没有一点懈怠，只有颜回一个人能做到吧！颜回天资敏锐，并且能潜心求学，只要有所听闻，就能融会贯通，他在行动时，又能坚定专注。如果教导他要约束自我，使言行合乎礼，他就能够这么做；如果教导他要广求学问、恪守礼法，那么他就不会停止。他的一言一行根据的都是我教导的道理，哪里有一点懈怠呢？我所见的能够做到这些的，就只有他一个人，其他的弟子都比不上他。对求学的人来说，最难做到的就是不荒废、不懈怠，像冉求这样多才多艺的人，也有学不进去的时候，像子贡这样知识丰富的人，也会感到厌倦，更何况别人呢？"从孔子称赞颜回求学不懈怠、不厌倦，可以看出圣贤的学问都来自勤奋学习。读者应该深刻地体会这些啊！

原文 子谓颜渊，曰："惜乎！吾见其进也，未见其止也。"

今译 孔子谈到颜渊的时候，说道："可惜啊！我只见他不断前进，却从未见他停止过。"

张居正讲评 昔颜渊既没，孔子追思而叹息说道："惜乎颜氏之子！吾但见其进也，未见其止也。盖人或资禀有限，则欲进而不能，或立志不专，则进锐而退速。故能进为难，进而不止者为尤难。惟回之为学，真能勇往直前，惟日不足，必欲造乎精微纯粹之域而后已，吾未见其有止息也。夫进而不已，则其进未可量，虽至于圣人不难，而今不幸死矣！岂不深可惜乎？"孔子深惜颜回，亦勉励门弟子之深意也。

张居正讲评译释 颜回去世之后，孔子思念他而叹息说："颜回真可惜啊！我见他不断前进，从未见他停止过。有的人资质有限，即使想要前进也前进不了，有的人志向不专一，很快就会退步。所以能进步很难，想要一直进步更加难。只有颜回在求学的时候能够勇往直前，每天都感到不满足，一定要达到精微纯粹的境地，我没有见到他停止过。颜回在求学上一直前进从不停止，前途不可限量，坚持下去不难达到圣人的境地啊，而如今不幸死掉了！这岂不可惜吗？"孔子为颜回感到可惜，也是对其他弟子的勉励啊！

原文 子曰："苗[21]而不秀[22]者有矣夫！秀而不实者有矣夫！"

今译 孔子说："庄稼出苗却不吐穗开花的情况，有的是！吐穗开花而不结果的情况，也有的是！"

张居正讲评 谷之始生叫做苗。吐花叫做秀。结粒叫做实。孔子说："人之由始学而发达，由发达而成就，譬如谷之由苗而秀，由秀而实一般。然五谷虽为美种，苟培植灌溉之不至，则或但生苗而不开花秀发者有之矣，或虽开花秀发而不结实者有之矣。人有颖悟之资，从事于学而不能精进以发达其聪明，是亦苗而不秀者也。聪明虽已发达，而不能深造以至于成就，是亦秀而不实者也，岂不均可惜哉！"诚能戒始勤终怠之失，为功深力到之图，则进进不已，未有不底于成者，是在自勉而已矣！

张居正讲评译释 孔子说："人从开始学习到有进步，从有进步到取得成就，就像庄稼从出苗到开花，从开花到结果一样。五谷虽然是很优良的种子，而如果没有恰当地培植灌溉，就会出现庄稼出苗却不吐穗开花的情况，或者会产生吐穗开花而不结果的情况。如果有人天资聪颖，而在求学的时候不能锐意进取使自己的聪明才智得到充分发挥，这就是庄稼出苗却不吐穗开花。虽然聪明才智有了充分发展，但是却不能深入学习取得成就，这就是吐穗开花而不结果，这不都让人感到可惜吗！"如果能克服这些弊端，努力进取，从不懈怠，到达一定的功力，一直进步，没有不能取得成就的人，人们应该这样勉励自己啊！

原文 子曰："后生可畏，焉知来者之不如今也？四十、五十而无闻焉，斯亦不足畏也已。"

今译 孔子说："年轻人是值得敬畏的，怎能知道他以后赶不上现在的人的成就呢？倘若一个人到了四五十岁依然没有获得名望的话，那么也就没有什么值得敬畏的了。"

张居正讲评 后生是少年的人。畏是敬畏。闻是以善闻于人。孔子说："后生的人，其势可畏。盖其年纪富盛，而为学有余日，精力强壮，而为学有余功。若能进而不止，则为圣为贤，皆未可量，安知其将来不如我之今日乎？此所以可畏也。然其可畏者，正以其他日之有进耳，若学力不加，蹉跎岁月，直到四十、五十之年，而尚不以善闻于人，则亦不足畏也已。"盖四十、五十乃君子道明德立，学有成效之时，于此而犹无可称，则终不免为庸人之归而已，又何足畏之有？可见人之进德修业，当在少壮之时，若少不加勉，则英锐之年，不可常保，迟暮之期，转盼而至。虽欲勉强向学，而年力已衰，非复向时之有得矣，悔之亦何及哉？古语说，少壮不努力，老大徒伤悲。是以大禹惜寸阴，高宗务时敏，欲为圣帝明王者，尤所当汲汲也。

张居正讲评译释 孔子说："年轻人值得敬畏。因为他们年轻气盛，日后有很多学习的时间，他们精力旺盛，有空余的工夫学习。如果他们能锐意进取，或许就能成为圣人、贤人，怎么知道他们以后的成就比不上我们呢？这就是为什么年轻人值得敬畏。但是他们值得敬畏是因为将来能够取得进步，如果他们不努力学习，而是虚度年华地活到四五十岁，没有获得任何名望，这就没有什么值得敬畏的了。"四五十岁是一个人树立德业、取得成就的时候，如果到了这个时候还没有取得值得称赞的名声，最后就难免变成平庸的人，又有什么值得敬畏的？由此可见，人应该在年轻力壮的时候提升自己的品德，建立功业，年轻时如果不努力进取，那么转眼就到了老年。年老之后，即使想努力求学，然而这时已经年老体衰，学习能力已经不如年轻时那样了，后悔还来得及吗？古语说，少壮不努力，老大徒伤悲，所以大禹珍惜每一寸光阴，高宗时刻勉励自己。作为君王，如果想要变得圣明，就更应该珍惜时间，发愤图强。

原文 子曰："法语[23]之言，能无从乎？改之为贵。巽与[24]之言，能无说乎？绎[25]之为贵。说而不绎，从而不改，吾末如之何也已矣。"

今译 孔子说："符合礼法的言辞规劝，能不听从吗？能够改正错误才算可贵。恭顺委婉的赞许言辞，听了能不高兴吗？能够辨析出真伪才算可贵。只是高兴而不加以分析，表面接受，行动上却不改正，我是没有办法教导他的了。"

张居正讲评 法语之言是直言规谏。改是改正。巽与之言是委曲开导。绎是寻思。末字解做无字。孔子说："进言者固当因人而施，听言者必当虚己而受，且如我见人有过，将直切的言语明白规正他，叫做法语之言。这样言语说得道理既明快，利害又激切，人之听之，必且肃然起敬，能不畏而从我乎？

然不贵于徒从而已，必须因我之言，一一反求，有不是处，随即改正，不肯畏难苟安，这才是能受直言的人，所以可贵也！见人有过，将道理的言语委曲明导他，教做巽与之言。这样的言语说得情意既婉转，词气又和平，人之听之，必且恍然有寤，能不说而受我乎？然不贵于徒说而已，必须因我之言细细寻思，想我的微意所在，时常体贴玩味，这才是乐闻善言的人，所以可贵也！若一时喜说，而不能绎思其理，外面顺从而不能自改其过，则虽正直规谏之论，日陈于前，委曲开导之词，日接于耳，终不足以开其昏迷，救其过失。我亦将奈之何哉？"盖人有不闻善言的，犹望其闻而能悟。今既顺从喜悦，有挽回开导之机了，依旧不能改绎，与不曾闻的一般，则虽言亦何益乎？所以说吾末如之何也已矣，亦深绝之词也。按孔子此言，乃人君听言之法。盖人臣进言最难，若过于切直，则危言激论，徒以干不测之威，若过于和缓，则微文隐语，无以动君上之听。是以圣帝明王，虚怀求谏，和颜色而受之。视法言则如良药，虽苦口而利于病，视巽言则如五谷，虽冲淡而味无穷，岂有不能改绎者乎？人主能如舜之好察迩言，如成汤之从谏弗咈，则盛德日新，而万世称圣矣。

张居正讲评译释　孔子说："进言劝谏的人固然应该根据不同的人采取不同的方法，被劝谏的人也应该虚心接受建议。假如别人有过错，自己清楚明白地对他直言劝谏，这是符合礼法的言辞规劝。这样的劝诫明白通透，能讲清楚利害关系，人们听了之后，一定会肃然起敬，能不心生敬畏并且听从建议吗？然而可贵的地方不在于纳谏者听从劝谏，而在于根据劝谏反思自己，立刻改正自己身上的缺点，不因为畏惧困难而苟且敷衍，这才是能接受劝谏的人，这才算可贵啊！看到别人有过错，用道理委婉地开导他，这是恭顺委婉的言辞。这样的话言辞委婉、语气平和，别人听了后必定恍然大悟，能不高兴地接受吗？然而可贵的地方不在于对方只是高兴地接受自己的言辞，而在于仔细体会，弄明白自己话里的深意，这才是善于听从劝谏的人，这才算可贵啊！如果只是一时高兴，而没有深刻反思，只是表面顺从，而不改正过错，这样的话，即使每天都接受正直的劝谏，每天都听从委婉的开导，最终也难以摆脱昏庸、改正错误。这样的人，还能拿他怎么办呢？"有的人不能听从劝谏，还仍然希望他能听从并且有所改善。既然顺从了他的喜好，委婉地进行开导，有了使其改善的可能，但他却仍然不能改正错误，就像没有听到过劝导一样，这样对他的劝导还有什么作用呢？所以孔子才说拿他没办法了，这是非常绝望时才说的话呀！

孔子的话，是君主接纳建议的方法。臣子进言劝谏是最困难的事，如果言辞过于直接，就会白白地惹怒君主，如果过于平和，那么委婉暗示的话就难以引起君主的注意和重视。所以圣明的帝王都虚心纳谏，态度平和地接受建议。把直言规谏当作良药，虽然带有苦味，但有利于治病；把委婉劝导的话当作五谷，虽然口味很淡，但是能让人回味无穷，能做到这些还会不改正错误吗？君主如果能像舜一样善于分析别人浅近话语里的含义，像汤一样善于接纳别人的谏言，品德就会日渐深厚，就能被万世称颂了。

原文 子曰："三军可夺帅也，匹夫不可夺志也。"

今译 孔子说道："一国的军队，可以使它失去主帅，而一个小小男儿，却不能强迫他改变自己的志向。"

张居正讲评 万二千五百人为军。大国则有三军。帅是主将。匹夫是一匹之夫，言其微也。孔子说："人莫贵于立志，志苟能定，则主宰在我，天下莫之能夺。且以势之难夺者言之，今以三军之众，拥护一主将，若有不可犯者。然三军虽众，其勇在人。在人则势有时而不合，心有时而不齐。故能以智胜者，可以伐其谋，能以力胜者，可以挫其气。谋败气摧，则主将可擒矣，是至难夺者尚有可夺也。若乃一匹之夫，自持其志，势孤力独，似无难夺者。然匹夫虽微，其志在己，我自家所守要如此，虽千万人无所用其力，故欲困之以危辱，则不过屈其身耳，而心固不可回。欲临之以威武，则不过戕其生耳，而意固不可转，有难得而夺之者矣。"夫以匹夫之志胜于三军之帅如此，则志之于人岂不大哉？所以为学而有志于圣贤，则便可以为圣贤，为君而有志于帝王，则便可以为帝王。盖其机在我，夫孰得而御之？是以君子贵立志也。

张居正讲评译释 孔子说："人最重要的就是树立志向，志向树立了之后由自己主导，没有人能动摇。被上万士兵保护的主将，好像是最难以被攻击、伤害的了，应该是最难动摇的了。然而军队人数虽多，是否英勇还要取决于士兵们的情况。如果士兵们不能相互配合，或者不能齐心协力，那么就能够通过计谋战胜他们，或者打击他们的气势以力取胜。用计谋打败他们，用气势摧毁他们，这样就能将他们的主帅擒获了，这就是非常难办到的事，却仍然有机会做到。一个坚持自己志向的普通人，势单力薄，似乎很容易就将他动摇。然而即使一个微不足道的普通人，如果能坚守自己的志向，那么即使有千万人也无处发力使其动摇，想要让他陷入危险与屈辱的境地，也只不过让他的身体受到屈辱罢了，而他的心志十分坚固难以动摇。想要用武力使其屈服，能伤害的也不过就是他的生命罢了，而他的内心依然坚不可摧，所以说他的心志最终也难以动摇啊！"一个普通人的志向也能强过上万人的统帅，那么志向对一个人来说能不重要吗？求学者如果立志成为圣贤，那么就有机会能够成为圣贤，君主立志成为明君，那么就能成为明君。关键在于自己，别人谁能够阻挡呢？所以说君子最重要的在于树立远大而坚定的志向！

原文 子曰："衣敝缊[26]袍，与衣狐貉者立，而不耻者，其由也与！"

今译 孔子说："身穿破旧的丝棉袍子，同身穿狐貉皮大衣的人站在一处，不感到寒酸羞耻的，或许只有仲由一个人吧！"

张居正讲评 衣是著衣。敝是坏。缊袍是絮麻的衣服，服之贱者。狐貉是二兽名，其皮可以为裘，乃服之贵者。由，是孔子弟子仲由。孔子说："凡人不戚戚于处贫，则汲汲于求富。故贫富相形之际未有不动心者，若是身上穿着敝坏的缊袍与那穿着狐貉贵服的人并立，而其心恬然不以为耻，其惟仲由之为人也与！"盖仲由识见已进于高明，志趣不安于卑陋。故能有以自重，而不动心于贫富之间如此。

张居正讲评译释 孔子说："一般人都不喜欢过贫困的生活，大都在追求富贵，没有人对富贵的生活不动心。身穿破旧的丝棉袍子，同身穿狐貉皮大衣的人站在一处，而不感到寒酸羞耻，或许只有仲由一个人能做到这样吧！"子路的学问见识已经非常高明，志向兴趣不甘于低俗鄙陋，所以能够谨言慎行，而不被贫富差距动摇。

原文 "不忮[27]不求，何用不臧[28]？"子路终身诵之。子曰："是道也，何足以臧？"

今译 "（《诗经》上说）不嫉妒也不贪求，还有什么不好的呢？"子路听到后，总是反复背咏这句诗。孔子又说："仅仅做到这样，怎么能说够好了呢？"

张居正讲评 忮是妒忌的意思。求是贪求。臧字解做善字。孔子称许仲由，又引诗词以证之说道："《卫风》之诗有云：人之处世，若能于人无所忮忌，于物无所贪求，则其心无累，而人已咸得矣！将何所用而不善乎！若此诗者，仲由足以当之矣。盖贫与富相形，强者必忮，弱者必求。今由也能不耻己之无，不慕人之有，则其无忮求之心可知，斯可以为善也已。"然孔子以是许子路者，盖欲因是而益求其所未至也，乃子路则遂将这两句诗词常常讽咏，终身诵之，是自喜其能，而不复求进于道矣。故孔子又勉励之说："道不容以易求，学不可以自足，这不忮不求，固是道理所在，然亦不过自守之一端耳。若论终身学问，自有广大高明，精微纯粹的道理，这诗人所言何足为善乎？汝当勉力进修，以求至于尽善之地可也！"昔子贡以无谄无骄为至，而夫子益之以乐而好礼，子路以不忮不求自足，而夫子抑之以何足以臧。皆取其所已能，而勉其所未至也。

张居正讲评译释 孔子引用《诗经》称赞子路说："《卫风》里有一句诗说：人如果能不嫉妒也不贪求，那内心就不会劳累。这样的人很难得啊！这样的人很好呀！仲由完全能够担当得起这句诗啊。穷人和富人相互比较，内心要强的人一定会心生嫉妒，软弱的人也一定会心生贪欲。如今仲由不因为自己贫穷而感到耻辱，不羡慕别人的富裕，这就可以看出他不嫉妒也不贪求，这已经是很好的了。"孔子这么称赞子路，是想要他因为自己的称赞而继续进步，但是子路却反复背诵这两首诗，终身背诵，是为自己有优点而暗自庆幸，不知道进一步提高自己。所以孔子又勉励他说："道不能简单地去求取，求学时也不能自我满足。人固然应该不嫉妒也不贪求，但这也只是保持操守的一方面罢了。有需要终身学习的学问，也有更加高深、更加精妙的道理，诗里说的怎么算是足够好呢？你应该努力进取，期望达到完美的境界啊！"子贡把不谄媚、不骄纵当作人最好的品质，而孔子告诉他更好的品质是贫困却乐于道，虽富有却好礼，子路因为不嫉妒也不贪求而自我满足，孔子教导他不能因此而自满。孔子这么做都是赞许他们已经形成的品质，并且鼓励他们进一步提升自己。

原文 子曰："岁寒，然后知松柏之后彫[29]也。"

今译 孔子说："天冷了之后，才知道松柏的叶子是最后凋落的。"

张居正讲评 岁寒是岁暮之时，天气寒冷。彫是凋零。孔子有感于当时风俗颓靡，思见特立之君子，故比喻发叹以励学者，说道："春夏和暖之时，万物长养，草木无不畅茂，松柏也不过如此，未见其刚坚有操也。惟当隆冬岁暮之时，寒气凛冽，生意憔悴，草木无不萎死零落者，而松柏乃独挺然苍秀，不改其常。到这时候，然后知其有孤特之节，不与众草而俱凋也。"盖治平之世，人皆相安于无事，小人或与君子无异，至于遇事变、临利害，则或因祸患而屈身，或因困穷而改节，于是偷生背义，尽丧其生平者多矣。独君子挺然自持，不变其旧。威武不能挫其志，死生不能惑其心，就是那后凋的松柏一般。所以说士穷见节义，世乱识忠臣，必至此而后知也。知松柏之后凋，则虽春夏之时，亦不可等松柏于他物。知君子之有守，则虽治平之世，亦不可视君子如常人。如必待有事，然后思得君子而用之，岂不晚哉？

张居正讲评译释 孔子感受到了当时社会风俗的萎靡和衰败，所以思念有坚定的志向和操守的君子。他为了激励求学的人，通过比喻发出感慨说："春天和夏天这样气候温和的季节，万物生长，草木繁茂，松树和柏树也和其他植物一样葱郁，这时看不出它们的刚毅坚强。只有在寒冬时节，寒风凛冽，大地缺乏生机，草木枯萎，只有松树和柏树和平常一样傲然挺立、青翠秀丽。这时候才能看出松树和柏树有着孤高、独立的品节，而不像一般的草木那样枯萎凋零。"在太平盛世，人们都能相安无事，小人和君子没有差别，当遇到了大的变故，或者在紧要关头，有的人就会因为害怕遭遇灾祸而屈服，有的人会因为穷困而改变操守，于是就有很多人为了苟且偷生而违背道义，丧失了自己一生的品节。只有君子傲然独立，不改变自己的品节。他的志向不会因受到权势的影响而改变，他的心志也不会因为面临生死而动摇，就像那最后凋落的松柏一样。所以说贫穷才可看出士人的节操和义气，乱世才能够看出哪些是忠臣义士，一定要到这种境地才能够看到这些。知道松柏最后凋零之后，即使在春夏时节，也不可以把松柏等同于其他植物。知道君子有操守和气节之后，即使是太平盛世，也不可以把君子当作普通人。如果一定等到发生了变故之后才想起来重用君子，那岂不是太晚了吗？

原文 子曰："智者不惑，仁者不忧，勇者不惧。"

今译 孔子说："聪明的人不会感到疑惑，有仁德的人不会感到忧愁，勇敢的人无所畏惧。"

张居正讲评 惑是疑惑。忧是忧患。惧是恐惧。孔子说："人之不免有疑惑者，凡以见理不明故也。惟大智者，平日把天下的道理都讲究研穷，明白透彻于心。故事物之来，其是非可否、隐微曲折，无不洞达分晓，便是疑难的事情、巧诈的言语也一毫眩乱他不得，何惑之有？人之不能无忧患者，凡以私心为累故也。惟夫仁者，克己复礼，涵养纯熟，浑然天理之公，绝无私欲之累，故能循理安行，心广体胖，外慕之念不萌，忧戚之心自泯，便是贫贱、夷狄、患难，一切拂意之事临于吾前，也安然素位而行，无入而不自得，何忧之有？人之不免于恐惧者，凡以正气不充，不足以配道义故也。惟夫勇者，直养此气，至大至刚，浩然塞于天地之间。故能执守坚定，不可屈挠。遇事奋发果敢，当行便行，当断便断，有始有终，略无逡巡畏缩之意。便是利害切身，毁誉乱真，也一毫摧阻他不得，何惧之有？"盖智、仁、勇三者，乃天下之达德，学者之修己，帝王之治天下国家，皆本于此，故智至于不惑，然后足以照临四海；仁至于不忧，然后足以并包九有，勇至于不惧，然后足以裁决万机。欲学为帝王者，可不勉哉？

张居正讲评译释 孔子说："有些人难以摆脱困惑，这是因为他们看到了理却不明白其中的缘故。只有聪明的人，平时将所有的道理探究得清楚明白。所以当事情发生后，都能透彻地了解其中的是非曲直。即使是疑难的事情、巧诈的言语也不会使他迷惑、混乱，这样的人怎么会有疑惑呢？有些人不能摆脱忧伤，这是被自己的私欲所连累的缘故。只有仁德的人能够约束自我，使自己的言行合乎礼，这样的人道德高深、公正朴实，丝毫不会受到私欲的劳累，所以能够遵循道理，安心前行，心中坦然，身体舒泰。内心没有产生欲望，自然就不会感到忧愁，即便是面对贫困、夷狄、灾患这些不顺心的事，也能够坦然面对，无论到了什么境地都可以安然自得，所以这样的人怎么会有忧愁呢？有些人难以摆脱恐惧，这是正气不足，缺乏道义的缘故。只有勇敢的人，刚毅坚强，充满了天地间的浩然正气。所以勇敢的人能够保持坚定的操守而不屈服，遇到事情能勇敢果断，当行便行，当断则断，有始有终，毫不犹豫畏缩。即使是跟自己有密切的利害关系，即使是受到侮辱或诽谤，也没有任何动摇，又怎么会感到畏惧呢？"智慧、仁德、勇敢是天下间通行不变的道理，学问高深的人修养自身，圣明的帝王治理天下，依据的都是这些，所以他们才能充满智慧而没有任何困惑，将智慧照射到天下；充满仁德而没有任何忧愁，将恩德惠及天下九州；坚毅勇敢而毫不畏惧，将万事万物妥善处理。想要成为圣明的帝王，能不用这些勉励自己吗？

原文 子曰："可与共学，未可与适[30]道；可与适道，未可与立；可与立，未可与权[31]。"

今译 孔子说："能够一同学习的人，未必能够同他一起追求道；能够一同追求道的人，未必能够和他一起坚守道；能够和他一同坚守道的人，未必能够同他一起通权达变。"

张居正讲评 可与是说可与同为此事。适字解做往字。适道是向道而行。立是有执持的意思。权是秤锤，所以称物之轻重者。学至乎圣人，则能随时照应，而不胶于一定，就如秤锤之称物一般，所以谓之权。孔子说："人之造诣各有高下，君子亦当随其高下而与之，不可诬其所未至也。如人能有志向上，而不安于自弃，斯固可与共学矣，然学必以道为准的，为学而不知求道，则亦徒学而已。那初学的人识见未定，能必其一心向道，而不为他歧之所惑乎？故可与共学者未可遽与之适道也。若能向道而行，不为他歧所惑，斯固可与适道矣。然学以践履为实地，必须躬行有得，才能有所执持，那适道的人，执德未固，能必其卓然自守，而不外诱之所夺乎？故可与适道者，未可遽与之立也。若能卓然自守，不为外诱所夺，斯固可与立矣。然应事宰物，都各有当然的道理，惟圣人一理浑然，泛应曲当，各适其轻重之宜。那能立的人，守而未化，能必其圆活变通，而得时措之宜乎？故可与立者未可遽与之权也。"夫道以通权为极，学者固不容以躐等而进。而学必至于能权，然后可以裁制万变而为学之成也。况人君一日万机，要使裁决区处各得其当，尤不可不知权。然必平素讲求，时常体认，使义理明白，识见融通，乃可以称量事物之轻重，而无有差失。然则学问之功，岂可忽哉？

张居正讲评译释 孔子说："人的学问水平各有不同，君子应该选择同那些学问水平相似的人交往，不能吹嘘自己的水平。如果一个人能立志学习，不自我放弃，固然能和这样的人一块学习，然而学习一定要把追求道当作目的，学习而不追求道，就是白学了呀。那些刚开始学习的人学问不够，能够做到一心求道，而不被其他事物迷惑吗？所以能和这样的人一同学习，却未必能够同其一起追求道。如果一个人能不受外物的影响，坚定地追求道，固然能和他一起追求道。而求学必须要脚踏实地，实实在在地参与实践，才能有所握持。那些追求道的人，自身操守还不牢固，能够做到坚定地保持操守，不被外物动摇吗？所以那些能够一同追求道的人，未必能同他们一起坚守道。如果能坚定地保持自己的操守，不被外物影响，固然能够一同坚守道。然而为人处世，都有各自的道理，只有圣人能根据事物各自的道理，恰当地处理每一件事。那些能保持操守的人大都不知道变通，能够在处理事务时做到灵活变通，适当地采取措施吗？所以能够一同坚守道的人，未必能够同他一起通权达变。"道的最高境界就是能够通权达变，求学时不能越级前进呀。求学的时候只有到了通权达变的境地才能够根据事物的变化做出合理的应对，这样学问才算有成就。更何况君主每天都要处理大量的事务，要想每一件事都处理得当，更加要知道通权达变。但是他也需要在平时就仔细地辨察探求事物的道理，这样才能够准确地判断事情的轻重缓解。所以说要想做到通权达变，难道能忽略平时在学问上的努力吗？

原文 "唐棣[32]之华，偏其反而。岂不尔思，室是远而。"子曰："未之思也，何远之有？"

今译 古代有一首诗这样写道："唐棣树上的花呀，翩翩地摇动着。我怎么会不想念你呢？只是因为路途遥远而无法到你面前倾诉衷情啊。"孔子听了这话，说："他并不是真的想念，如果真的想念，有什么遥远的？"

张居正讲评 唐棣即今之郁李。偏字当作翩翩然的翩字，反字当作翻字，都是摇动的模样。这四句诗不在三百篇中。盖孔子删诗时已去此一章，故谓之逸诗也。昔诗人托物起兴说道："我观唐棣之华，翩翩然摇动于春风扇和之时，因此感触，睹物怀人，岂不惟尔之思念乎？但所居之室相去隔远，不可得而见耳！"夫诗人之所思者，固未知其所指何在，孔子遂借其词而反之，说道："天下之事不患其难致，而患其不求。今诗之所言，既云思之，而复以室远为患者，是殆未之思也。若果有心以思之，则求之而即得，欲之而即至，夫何远之有哉？如诚心以思贤，则虽在千古之前，万里之远，而精神之所感乎，自有潜通而冥会者，何病于时势之相隔乎？如诚心以思道，则其理虽极其精微，至为玄远，而吾之心力既到，自有豁然而贯通者，何病于扞格之难入乎？"这是孔子借诗词以勉人之意。然人心至灵，思在于善，则为善固不难，思在于恶，则为恶亦甚易。故先儒言，哲人知几，诚之于思，学者又不可不审察于念虑之萌也。

张居正讲评译释 这四句诗不在《诗经》的三百篇之中，是因为孔子在修订《诗经》的时候给删去了，所以这首诗是现存篇目之外的"逸诗"。诗人比喻说："我看唐棣树上的花呀，在春风和煦的时候翩翩地摇动，因此心生感触，睹物思人，怎么会不思念你呢？但是因为距离太遥远了，难以见面啊！"但是人们不知道这位诗人思念的是什么，孔子就借着这句诗说："天下的事不担心做不到，而担心不去求取。按这个诗人的话，既然说了思念，而担心距离的遥远，还是不够思念啊。如果是真的思念，那么就会立刻前去见面，又怎么会遥远呢？如果诚心思念贤人，即使是千年前，万里外，只要内心真诚让人信服，自然能够沟通交流，怎么会担心时间和距离的间隔呢？如果真心思念道，那么即使道理非常精微、巧妙，只要自己足够真诚，自然能够理解贯通，又怎么会难以理解呢？"这是孔子借用前人的诗词来勉励人们啊。但是人心很有灵性，想要为善固然不难，想要作恶也很容易。所以先世大儒说，有智慧的人能看出事物发生变化的隐微征兆，这是因为他们会深入地思考。求学者不能不小心谨慎地进行思考，以免陷入误区呀。

注释：

[1] 罕：少。

[2] 达巷党人：达巷这地方的人。古时候五百家叫作一党，达巷是党名。

[3] 泰：骄纵，傲慢。

[4] 畏于匡：在匡地受到威胁。匡，地名，在今河南省长垣县西南。畏，受到威胁。公元前496年，孔子从卫国到陈国去，经过匡地。匡人曾受到鲁国阳虎的掠夺和残杀，孔子的相貌与阳虎相像，匡人误以为孔子就是阳虎，所以将他围困。

[5] 兹：这里，指孔子自己。

[6] 太宰：相传殷置太宰。周称冢宰，为天官之长，掌建邦之六典，以佐王治邦国。春秋列国亦多置太宰之官，职权不尽相同。

[7] 牢：琴牢，姓琴名牢，字子开，一字子张，又称琴张，卫国人。孔子的弟子。

[8] 试：用，任用。

[9] 河：黄河。

[10] 图：八卦图。

[11] 齐衰：丧服名。为五服之一。用粗麻布制成，以其缉边缝齐，故称"齐衰"。

[12] 冕衣裳：礼帽、礼服。

[13] 瞽：瞎眼。

[14] 弥：越，更加。

[15] 病间：病情减轻。

[16] 大葬：隆重的葬礼。

[17] 韫（yùn）椟（dú）：收藏物件的柜子。

[18]沽：卖。

[19]九夷：古代称东方的九种民族。亦指其所居之地。

[20]篑：古代盛土的筐子。

[21]苗：植物出苗。

[22]秀：植物吐穗开花。

[23]法语：合乎礼法的言语。

[24]巽与：顺从，附和。

[25]绎：抽出，理出头绪。

[26]缊：旧的丝棉絮。这里指破旧的丝棉袍。

[27]忮：嫉妒。

[28]臧：善，好。

[29]彫：同凋。

[30]适：往，归向。

[31]权：变通，不依常规。

[32]唐棣：一种植物，陆玑《毛诗草木鸟兽虫鱼疏》以为就是郁李（蔷薇科，落叶乔木），李时珍《本草纲目》却以为是扶栘（蔷薇科，落叶乔木）。

乡党第十

原文 孔子于乡党,恂恂如也,似不能言者。其在宗庙朝廷,便便[1]言,唯谨尔。

今译 孔子在家乡时显得非常恭顺,信实谦卑,像不会说话似的。而他在宗庙里、在朝廷上却很善于言辞,只是说得比较谨慎而已。

张居正讲评 《乡党》一篇都是记孔子容貌威仪,起居动静之详。虽圣人之小德细行,然亦可见其盛德积中,有动容周旋,自然中礼之妙矣。这一章是记孔子处乡党、在朝廷之容。恂恂是信实的模样。便便是详辨。门人记说:"吾夫子居乡党之间,其容貌则恭敬诚恪,略无文饰,但见其恂恂然信实而已,且谦卑逊顺,不欲以贤智先人,却似不会说话的一般。盖乡党乃父兄宗族之所在,与尊长相处,故礼恭而词简如此。至于与祭而在宗庙,居官而在朝廷,则便便然与人议论,或仪节有该讲究的,则问之必审,或事体有该商榷的,则辩之必明,但言所当言,常谨慎而不放肆尔。"盖宗庙乃礼法之所在,在朝廷乃政事之所出,又与处乡党之时不同,故言之不容不尽,而辩之不容不明如此。此圣人盛德之至,故随所处而皆合乎礼之中也。

张居正讲评译释 孔子的弟子记录说:"我们老师在家乡的时候,恭敬朴实、信实谦卑,不展现自己的聪明智慧,就像不会说话似的。因为家乡是父母和亲朋好友所在的地方,和尊长相处时,应该这样谦逊恭敬。至于在宗庙祭祀和在朝廷做官的时候,他在和别人讨论时就很善于言辞。应该要讲究的礼节,他就谨慎地询问,值得商榷的事情,他就明确地分辨,但是他说的都是应该说的,并且非常谨慎,从不放肆。"因为宗庙代表着礼仪法规,朝廷关系到国家的政事,这和在家乡时不一样,所以说话一定要完整,做事一定要谨慎。这是因为圣人有高尚的品德,所以他在任何情况下都能遵循礼仪。

原文 朝，与下大夫言，侃侃如也；与上大夫言，訚訚[2]如也。

今译 孔子在上朝的时候，同下大夫说话，总是一副温和、快乐的样子；同上大夫说话，则是公正、正直的样子。

张居正讲评 这一章是记孔子在朝之容。侃侃是刚直。訚訚是和悦中有持正的意思。门人记说："吾夫子在朝之时与众大夫相接，每视其位之尊卑，以为礼之隆杀。如与下大夫言，其势分犹卑，言或可以直遂，则当言而言，无所隐讳，但见其侃侃如也。若与上大夫言，其体貌尊重，言不可以径情，虽理之所在，持正不阿，然每出之以婉容，导之以和悦，但见其訚訚如也。"盖朝廷之上，以爵为序，故虽直道而行，亦必因人而施如此。

张居正讲评译释 孔子的弟子记录说："我们老师在朝堂上和大夫们相处的时候，总是会根据对方的官职采取相应的礼仪。如果同下大夫说话，对方职位相对较低，说话可以直接一些，当说就说，不用有忌讳，并且总是一副温和、快乐的样子。如果同上大夫说话，就神态恭敬，而不过于随意，即使在事理上刚正不屈，也用从容和悦的语气表达出来，并且是一副公正、正直的样子。"这是因为在朝堂上，有爵位、等级的高低，所以即使要刚毅公正地对待他人，也要根据对方的地位采取适当的态度才行。

原文 君在，踧踖如也，与与如也。

今译 君主临朝之时，孔子则表现出一种恭敬而心中不安的样子，但又不乏从容、安详。

张居正讲评 君在是君上临朝之时。踧踖是恭敬不安的模样。与与是从容自在的意思。夫子遇君上临朝之时，其心敬谨，不敢一毫怠忽。看他进退周旋，却似踧踖不安的模样。但常人过于矜持，未免失之拘迫。夫子则从容和缓，自然有威仪之可观，但见其与与然中适也。盖不惟可以见盛德之仪容，亦可以知其事君之尽礼矣。

张居正讲评译释 在君主临朝的时候，孔子则恭敬谨慎，没有任何疏忽懈怠，在面对君主的时候，就像是心中不安一样。一般的人这种情况下总是过于矜持，难免会很拘束。孔子则从容平和、仪容安详，他同君主的相处非常融洽啊。从这当中不只能看到孔子美好的仪容，也可以看出孔子侍奉君主时礼仪的完备啊。

原文 君召使摈[3]，色勃[4]如也，足躩[5]如也。

今译 鲁国国君召孔子去接待外国的贵宾。孔子接到命令后，脸色勃然变得矜持庄重，走路时也加快了脚步。

张居正讲评 这一章是记孔子为君摈相之容。古者列国诸侯，朝聘往来，其相见之时，都选平日礼仪习熟的人为之摈相。主谓之摈，言其接待宾客也。客谓之相，言其辅相行礼也。色勃如，是颜色变动，足躩如，是步履盘旋。门人记说："吾夫子当君命有召，使之为摈迎接宾客，此乃两君交好，大礼所系。故夫子一闻君命，敬慎之至，顿改常容，观其颜色则勃然变动，不比平时之安和自如；观其步履则盘旋退避，有似欲前进而不能的模样。"这是承命之初，其敬有如此者。

张居正讲评译释 孔子的弟子记录说："国君召老师去接待外国的贵宾，这是两国之间友好的交往，是很重要的礼仪。所以老师一接到命令，就十分恭敬谨慎，脸色立刻变得矜持庄重，不像平常那样安逸自在；他走路时也来回盘旋躲闪，就像不能前进一样。"这是孔子刚开始接到命令的时候恭敬的样子。

原文 揖所与立，左右手，衣前后，襜[6]如也。

今译 孔子向同他站在一起的人作揖，手向左或者向右拱手，衣服前后摆动，却整齐不乱。

张居正讲评 推手向前叫作揖。所与立是同为摈的人。襜是整齐的模样。凡摈用三人，有上摈，有次摈，有末摈。摈主有命，则递传以相达。夫子此时适为次摈，则上摈、末摈居乎身之左右矣。故揖所与同为摈者。或揖左人，传命而出，则以手向左；或揖右人，传命而入，则以手向右。然手虽有左右，而身则端整自如，未尝随之而动。但见其衣之前后，襜如其整齐也。

张居正讲评译释 接待宾客的时候有三位摈相：上摈，次摈，末摈。当主人有指示的时候，需要三位摈相依次作揖传递指示。孔子这时候恰好为次摈，末摈、上摈分别在孔子左右。所以孔子向同他站在一起的人作揖，向左边作揖，把指示传出时就要向左拱手；向右边作揖，接受指示的时候向右拱手。然而即使孔子向左或者向右拱手，他的身体依然端正自如，从没有移动。他的衣服前后摆动，却整齐不乱啊。

原文 趋进，翼如也。

今译 孔子快步向前走的时候，（衣襟）好像鸟儿展开了翅膀一样。

张居正讲评 趋是疾走。宾主相见之后，主君延宾而入，则为摈者当入而有事。夫子当疾趋而进之时，张拱端好，如鸟之展舒两翼然。这二节是行礼之时，其敬有如此者。

张居正讲评译释 宾客和主君见了面之后，主人迎接宾客入内，作为摈相应该跟随着在左右侍奉。孔子在快步向前走的时候，张开双臂，（衣襟）好像鸟儿展开了翅膀一样。这两小节记录的是孔子行礼时恭敬的样子。

原文 宾退，必复命曰："宾不顾矣。"

今译 贵宾辞别后，必然向君王回报说："客人已经不回头张望了。"

张居正讲评 行礼既毕，主君送宾以出。宾方退出之际，主君之敬未解。夫子必复命于君说道："宾已去，不复回头矣。"所以纾君之敬也。这是礼毕之后，其敬有如此者。夫以为摈一事，自始至终动容周旋，无不中礼。非盛德之至，其孰能之哉？

张居正讲评译释 宾客辞别后，主君还保持着恭敬。孔子必然会向主君汇报说："宾客已经离开，不再回头张望了。"这是为了帮助主君缓解内心的恭敬。孔子在礼仪结束之后也还这么恭敬。孔子在作为摈相的时候，自始至终庄重地接待宾客，没有不符合礼仪的行为。如果不是品德高尚的人，谁能做到这些？

原文 入公门，鞠躬如也，如不容。立不中门，行不履阈。

今译 孔子走进朝廷大门，总要谨慎地弯着腰曲着身子走路，好像那里没有自己的容身之处似的。站，他不站在门的中间，走路，也不踩门槛。

张居正讲评 这一章是记孔子在朝之容。公门是朝门。中门是当门而立。履是践。阈是门限。门人记说："吾夫子趋朝之时，一入公门，便肃然起敬，但见其曲身而行，虽公门高大，却似容不得他的模样，何其敬之至也！其站立的去处，必不敢当门之正中，盖恐当尊而失之僭也；其行过的去处，必不敢践着门限，盖恐违礼而失之肆也。"此时尚未面君，而敬谨之心已无所不至矣。

张居正讲评译释 孔子的弟子记录说："我们老师在上朝的时候，一走进朝廷大门，就会肃然起敬，总要谨慎地弯着腰曲着身子走路，虽然朝廷的大门很高大，但仍然好像那里没有自己的容身之处似的。他是多么恭敬啊！他站立的时候，一定不站在门的正中间，害怕因此僭越冒犯了君长；他走路的时候也不踩门槛儿，害怕因为放肆而违背礼仪。"孔子这时还没有见到君主，就已经无比恭敬了呀！

原文 过位，色勃如也，足躩如也，其言似不足者。

今译 经过国君的座位时，孔子的面色变得矜持庄重，脚步也加快起来，说话的声音很低，好像底气不足似的。

张居正讲评 位是人君所坐的虚位。不足是不敢出声。夫子既入内朝，行过君之虚位就如君在上面的一般。其颜色则勃然而变动，其行步则躩然而盘旋，其言语则讷讷然谨慎收敛，如不能出声者。盖去君渐近，故其敬渐加，与入门之初不同矣。

张居正讲评译释 孔子到了朝堂之后，经过国君的位置时就好像国君在那儿坐着一样。他的面色变得特别矜持庄重，脚步也加快起来，说话的声音很低，好像底气不足不能说话似的。这是因为离国君近了之后，就要更加恭敬，和刚进入朝门的时候不一样了。

原文 摄齐[7]升堂，鞠躬如也，屏气似不息者。

今译 双手提起下摆向大殿上走的时候，恭顺谨慎，屏住气好像不呼吸一样。

张居正讲评 摄齐是两手抠衣。屏字解做藏字。息是鼻息。夫子既已面君而行朝礼，乃两手抠衣，使之离地，以防倾跌之患，历阶升堂，曲身而行，不敢仰视，其鼻息出入亦屏藏收敛，恰似没有鼻息的一般。盖愈近君则愈敬慎，其视过位之时又不同矣。

张居正讲评译释 孔子朝拜过国君，向大殿上走的时候，双手提起衣服防止自己跌倒，弯曲着身子，不敢仰视国君，屏住气就好像不呼吸一样。这是因为越接近国君就越谨慎，这和经过国君座位的时候又不一样了。

原文 出，降一等[8]，逞颜色，怡怡如也。没阶，趋进，翼如也。复其位，踧踖如也。

今译 面君之后走出来，走下台阶，脸色便舒展开了，表现出一种怡然自得的样子。走完台阶，再快步向前走，姿态就像鸟儿展翅一般。回到自己的位置，孔子依然表现出那种恭敬而不安的样子。

张居正讲评 等是阶级。逞是舒放。怡怡是和悦。没阶是下尽阶级。复位是复自己的朝班之位。夫子升堂见君，行礼已毕，出了降阶一等，则渐远于君矣，此时颜色才稍稍舒放，有怡怡然和悦之意。然其敬君之心有终不能忘者，但见其下阶而趋，则端拱如翼，而手容之恭如故也。复班之后犹踧踖不宁，而身容之肃如故也。岂以既远于君，而遂有怠忽之心乎？夫臣子见君，未有不敬畏者，至于未见君之先而敬已至，既见君之后而敬不忘，此所以为事君尽礼，而非常人之所能及也。

张居正讲评译释 孔子在朝堂上向国君行完礼之后，走下台阶，在离国君有一段距离之后，才舒展开脸色，表现出一种怡然自得的样子。但是他从来没有忘记过对国君的恭敬，他走完台阶快步向前走的时候，姿态就像鸟儿展翅一般，像之前一样恭敬地双手执礼。回到自己的位置，孔子依然表现出那种踧踖不安却又严肃稳重的样子。他怎么会因为远离了君主，就心生懈怠呢？臣子拜见君主的时候，没有不恭敬畏惧的，至于在见到国君前就先表示出自己的恭敬，而在拜见过国君后依然不忘记恭敬，像这样竭尽礼仪地侍奉国君，一般人很难做到。

原文 执圭[9]，鞠躬如也，如不胜。上如揖，下如授。勃如战色，足蹜蹜如有循。

今译 （孔子出使别的诸侯国，）拿着圭，恭敬谨慎得好像举不起来的样子。向上举好像在作揖，放在下面又好像是给人递东西。脸色浮现出战栗的表情，步子很小，好像沿着一条线向前走似的。

张居正讲评 这一章是记孔子为君聘于邻国之容。圭是诸侯的命圭，所受于天子者也，聘问邻国则使大夫执以通信。不胜是力不能举。授是以物于人。战色是战惧之色。蹜蹜是行步促狭。循是缘物。门人记说："夫子为鲁大夫时，承君命以聘问邻国，其行礼之时，执着国君的命圭，曲身而行，如其力有不能举者。有时举手向上，则如与人相揖者然，而不失之太高；有时俯手向下，则如以物与人者然，而不失之太卑。其见于面者，则勃然变动，而有战惧之色；其见于步履者，则举足促狭，曳地而行，譬如缘物一般。"盖君之命圭乃国之大宝，圣人之心极其敬慎，故见于容色者如此。

张居正讲评译释 孔子的弟子记录说："老师在鲁国做大夫的时候，曾经奉国君的命令出使邻国。他在行礼的时候，拿着代表国君的圭，弯曲着身体，就好像是举不起来一样。向上举手的时候就好像是在向人作揖，而不会过于高傲；俯手向下的时候就好像给人递东西，而不会过于卑贱。和别人会面的时候，脸色会立刻变得很恭敬，浮现出战栗的表情；他在行走的时候，步子很小，就好像沿着一条线向前走似的。"国君的命圭是国家最宝贵的物品，孔子在拿着命圭的时候内心非常恭敬谨慎，所以才会有这样的容貌神色。

原文 享礼[10]，有容色。私觌[11]，愉愉如也。

今译 在献礼的时候，显得和颜悦色。与国君私下会面时，则更轻松愉快了。

张居正讲评 凡聘问之后，复陈圭币舆马之类以献其君，谓之享礼。公享之后，使臣又有私礼以见其君，谓之私觌。夫子既聘而行享献之礼，此正展尽情意之时，故有至和之容色。既享而用私礼以见于君，所以将己之诚，又与公礼不同，故益愉愉然其和悦焉。夫一聘礼之行也，方执圭将事，则执其敬而敬焉者，所以尽聘问之礼。及享与私觌，则执其和而和焉者，所以通聘问之情。和敬兼至，各当其可，非圣人其孰能之？

张居正讲评译释 孔子出使别国，向朝聘国君主进献礼物，这正是表示两国之间情谊的时候，所以他会表现出和颜悦色的样子。在和国君私下会面的时候，需要表现出自己的真诚，这和公开的行礼不同，所以他就更加轻松愉快了。在施行出使礼的时候，需要拿着国君的命圭行礼，这时候应该表示出自己的恭敬，所以孔子会完整地施仪。到了私下会面的时候，就需要展示出自己的平和，所以孔子就轻松地应对。既能平和又能恭敬，并且根据不同的情形做出不同的应对，如果不是圣人，谁能做到？

原文 君子不以绀緅饰[12]，红紫不以为亵服[13]。

今译 君子不用深青透红和黑红色的布镶边，不用大红大紫的布做平常在家穿的衣服。

张居正讲评 这一章是记孔子的衣服之制。君子就指孔子说。绀是深青杨赤色，即今之闪色也。緅是赤色。饰是领缘。红是浅红色。亵服是私居之服。门人记说："吾夫子之衣服各有定制，如常服，则不用绀緅二色以为领缘，盖绀乃斋服之饰，緅乃练服之饰，用之则恐与丧服无别也。私居之服不用红紫二色，盖正色有五，红紫皆间色不正，用之，则恐以似而乱真也。"其致谨于服色之辨如此。

张居正讲评译释 孔子的弟子记录说："我们老师穿衣服要依据一定的规制，如果一般场合的衣服，就不用深青透红和黑红色的布镶边，因为深青色的衣服是斋戒时衣服的颜色，黑红色是丧服的颜色，他担心这些衣服看起来和祭服一样。平时在家，就不穿大红大紫的衣服，因为青、黄、赤、白、黑是五种纯正的颜色，代表了尊贵的身份。红色和紫色都是和正色相似的杂色，在家穿这种杂色的衣服容易被人误作身份尊贵。"孔子就是这样在穿着上也非常谨慎。

原文 当暑袗绤绤[14]，必表而出之。缁[15]衣，羔裘；素衣，麑[16]裘；黄衣，狐裘。

今译 夏天，穿着粗的或细的葛布单衣，但一定要穿在内衣外面。黑色的羔羊皮袍配黑色的罩衣，白色的鹿皮袍配白色的罩衣，黄色的狐裘配黄色的罩衣。

张居正讲评 袗字解做单字。绤、绤都是葛布。精者为绤，粗者为绤。表是外见。缁是黑色。羔是黑羊皮。麑是白色的小鹿。夫子当暑时则衣葛，或精而为绤，粗而为绤，皆单服之。然必先着里衣，表绤绤而出之于外，盖不欲其见体，而近于亵也。当冬月则衣裘，裘必有衣以裼之于外。如黑色之衣则以裼乎黑羊之裘，白色之衣则以裼夫白麑之裘。黄色之衣则以裼夫黄狐之裘。盖取其色之相称也。其致详于葛裘之制如此。

张居正讲评译释 夏天，孔子穿的都是粗的或细的葛布单衣，但一定要套在内衣外面。这是因为孔子不想露出自己的身体，显得不庄重。冬天，孔子穿皮袄的时候一定要有外套套在外面。如果是黑色的羔羊皮袍就配黑色的罩衣，白色的鹿皮袍就配白色的罩衣，黄色的狐裘就配黄色的罩衣。这是因为它们的颜色相符合。孔子对皮袄和单衣的了解也非常详细啊。

原文 亵裘长，短右袂。必有寝衣，长一身有半。

今译 平常在家穿的皮袍要做得长一些，可是右边的袖子要比左边的短一些。睡觉要穿睡衣，长度相当于本人身高的一又二分之一。

张居正讲评 亵裘是私居之裘。袂是袖。寝衣是卧时所着之衣。夫子私居之裘，其制则长，取其温暖，然必短其右边之袖，盖做事常用右手，取其便于举动也。至于斋戒之时，既不可解衣而寝，又不可着明衣而寝，故必别有寝衣，其制则周身之外，仍长有一半，使其可以覆足也。其长短各适于用如此。

张居正讲评译释　孔子平常在家穿的皮袍要做得长一些，这样更加暖和，但是右边的袖子要比左边的短一些，因为做事的时候经常要用到右手，这样更加方便。在斋戒的时候，睡觉时既不能脱衣服，又不能穿内衣，所以孔子穿的是一种特别的睡衣，睡衣的长度相当于本人身高的一又二分之一，为的是能够遮盖住自己的双脚。孔子的衣物在长短上也都能适用于不同的情形。

原文　狐貉之厚以居[17]。去丧，无所不佩。非帷裳[18]，必杀之。

今译　用狐貉的厚皮毛当坐垫。丧服期满了以后就可以佩带各种装饰品。不是用于上朝或祭祀穿的用整幅布做的礼服，则一定要加以剪裁。

张居正讲评　狐貉是二兽名，其皮可以为裘。居是私居。佩是佩玉。朝祭之服，其下裳皆用正幅，如帷幔一般，叫做帷裳。杀是斜裁的衣缝。夫子私居之裘，则用狐貉为之，以其毛深温厚，可以御寒而适体也。居丧不用佩，若既除丧，则凡当所佩者皆佩之。盖古人凡用物皆佩之于身，如玉与刀觿之类。夫子居丧则解佩以示变，除丧乃佩之也。朝祭之服，其下裳则用正幅如帷，腰有衣褶而旁无杀缝。若非朝祭之服，不用帷裳，则斜裁其幅，而有杀缝。其制上窄下宽，取其省约而不妄费也。其丰俭各有所宜如此。

张居正讲评译释　孔子用狐貉的厚皮毛当私居的衣服，因为狐貉皮毛暖和厚实，能够御寒保暖。在守丧的时候不能佩戴饰品，守丧期满之后就可以佩戴了。所以古人把日常所用的物品都戴在身上，如玉和刀觿等。孔子在守丧期间去掉佩戴的饰品来展示自己的改变，守丧期满之后就重新佩戴饰品。朝祭的服装，下衣要像帷幕一样用整幅布制成，腰部的衣褶没有裁缝的痕迹。如果不是朝祭时的礼服，就不用整幅布，要加以裁剪，做成上宽下窄的样式，这样就能减少浪费。孔子在不同的情况下的花费和节俭是这样的恰当啊。

原文　羔裘玄[19]冠不以吊。吉月[20]必朝服而朝。

今译　吊丧时，不要穿黑色的羔羊皮袍和戴着黑色的帽子。每月朔日，一定穿着礼服去朝拜君主。

张居正讲评　玄是黑色。吉月是每月朔日。夫子见人有丧则变服以往吊。

若羔裘玄冠乃是吉服，必不用之以吊丧，所以致其哀也。夫子当致仕之时，虽已不在其位，至于每月朔日，犹必衣朝服以朝见鲁君，所以致其敬也。其谨于吉凶之礼又如此。

张居正讲评译释 孔子在吊丧的时候一定会换上丧服。羔羊皮袍和黑色帽子是礼服，一定不能用来吊丧致哀。孔子辞官之后，虽然没有了官位，但每月初一，一定会穿着礼服去朝拜鲁国国君，表达自己的恭敬。孔子在吊丧和朝拜上也是这样的谨慎。

原文 斋，必有明衣[21]、布。斋必变食，居必迁坐[22]。

今译 斋戒沐浴的时候，一定要有用布做成的洁净的浴衣。斋戒的时候，一定要改变平常的饮食，不能同妻妾住在一起，而是要搬移到别的地方。

张居正讲评 这一章是记孔子谨斋之事。明衣是洁净的衣服。变食是变其常日之食。迁坐是移其常处之地。门人记说："夫子将祭祀而斋戒，沐浴既毕，必更明衣，而衣以布为之。不但内制之精明，而且外体之纯洁也。至于斋之所食，必变其常，不饮酒茹荤，盖淡泊以致其诚也。其居止宿歇，必别有斋居，不在乎日常处之处，盖洁净以致其敬也。"圣人祭神如在，故其谨于斋戒如此。

张居正讲评译释 孔子的弟子记录说："老师在祭祀前斋戒沐浴的时候，一定要有用布做成的洁净的浴衣。他不仅内心明洁至诚，而且在外表上也干净整洁。他在斋戒的时候，一定要改变平常的饮食，不喝酒吃肉，用清淡寡味的生活来表达自己的真诚。在居住上，有其他斋戒的住处，一定要搬离自己平时居住的地方，通过干净整洁来表达自己的恭敬。"孔子在祭祀的时候内心无比真诚，就像神灵在身边一样，所以才能在斋戒时做到这样的小心谨慎。

原文 食不厌精，脍[23]不厌细。

今译 粮食不嫌舂得精，鱼和肉不嫌切得细。

张居正讲评 这一章是记孔子饮食之节。食是饭。米，舂的熟叫精。脍是鱼肉之细切者。门人记说："吾夫子日用饮食虽未尝必求精美，然于饭则不厌其精，于脍则不厌其细。"盖食精脍细皆足以养人，故不嫌于过也。

张居正讲评译释 孔子的弟子记录说："我们老师在日常的饮食上虽然没有要求一定要美味可口，但是却不嫌弃粮食舂得精和鱼肉切得细。"这是因为精细的粮食、鱼肉都更能让人得到补益,所以才不会嫌它们过于精细。

原文 食饐[24]而餲[25],鱼馁而肉败[26],不食。色恶,不食。臭恶,不食。失饪,不食。不时,不食。

今译 粮食霉烂发臭了,鱼和肉腐烂了,则不吃;食物的颜色变了,不吃;气味变得难闻,不吃;烹调不当,不吃;(五谷果实之类)没有到该当吃的时候,不吃。

张居正讲评 饭伤于热湿叫做饐。餲是味变。馁是烂。败是腐。色恶、臭恶是颜色气味变动者。饪是烹调生熟之节。不时是五谷果实不该成熟之时。夫子与饭,若伤于热湿而味变者,鱼馁烂而肉腐败者,则不食。物虽未败而颜色已变者亦不食。气味已变者亦不食。失其烹调生熟之节者不食。五谷果实之类尚未成熟,气味不全者不食。盖以上数者,食之皆足以伤生,故夫子谨之。

张居正讲评译释 孔子在吃饭上,如果食物霉烂发臭了,鱼和肉腐烂了,就不再食用;食物还没有腐烂,但是已经变了颜色,也不食用;气味变得难闻的,不食用;没有经过合适地烹调的,不食用;没有成熟的五谷果实等,不食用。因为上面几种食物,吃了后会影响健康,所以孔子不食用这些。

原文 割不正,不食;不得其酱,不食。肉虽多,不使胜食气[27]。唯酒无量,不及乱。

今译 没有按一定刀法砍割的肉,不吃;调味的佐料放得不适当,不吃。宴席上的肉很多,但是吃的量不能超过主食的量。只有酒是不限量的,但是决不能喝醉。

张居正讲评 割是切肉。量是限量。乱是醉乱。夫子食肉必须方正。若割切不方正者,则不食之。凡食物用酱各有所宜,若不得其酱者,则不食之。至于肉虽多,然不使之胜乎食气,盖食以谷为主,以肉为辅,若肉胜食气,则滋味太厚,反失养生之道,故必节之而不多也。有事而饮酒,则不为限量,但取其浃洽而已,而不至于醉乱。盖酒虽为人合欢,若饮之太多,则既能昏性而丧德,又能致疾而伤生,故必节之而不过也。

张居正讲评译释 孔子吃的肉一定要切整齐,如果是没有按一定刀法切的肉,就不吃。食物的调料一定要放置适当,如果放置不适当,就不吃。即使有很多肉,但是吃的量不能超过主食,吃东西的时候要以谷物为主,以肉为辅，如果吃肉超过了主食，就会过于油腻，反而不符合修养身心的要求，所以一定要有所节制，不能食用过多。有事需要喝酒的时候，不用限制，但是应该量力而行，不能喝醉。酒虽然能在宴会的时候使人欢乐，但是饮用过多，就会使人迷失本性、丧失德行，还会引起疾病，从而损害生命，所以一定要节制，决不能喝醉。

原文 沽酒市脯，不食。不撤姜食，不多食。

今译 从市场上买来的酒和肉，不吃。顿顿都要有姜，但是不能多吃。

张居正讲评 沽、市都是买。脯是干肉。门人又记："夫子于沽来之酒、市买之脯恐不精洁，或至伤人，故皆不食。惟姜能通神明，去秽恶，故每食常设，未尝撤去，然适可而止，亦未尝多食也。"

张居正讲评译释 孔子的弟子又记录说："老师担心从市场上买来的酒和肉不卫生，会影响健康，所以从不食用。只有姜能够连通神明、驱逐邪恶，所以顿顿都要有，但是也适可而止，从来不多吃。"

原文 祭于公，不宿肉。祭肉不出三日。出三日，不食之矣。

今译 参加朝廷祭祀典礼时分到的肉，不能留到第二天。其他祭祀上用的肉不能超过三天。如果超过三天，就不吃了。

张居正讲评 夫子当助祭于公庭，所得的胙肉，即以颁赐，不待经宿。盖重神惠，而尊君赐，故不敢迟。至于家之祭肉，虽可以少缓，未能当日分赐，然亦不过三日，皆以颁之于人。若过三日，则肉败而人不食之。是亵神之余矣，故亦不久留矣。

张居正讲评译释 孔子参加朝廷祭祀典礼时分到的肉，从不留到第二天。这是因为他重视神灵的恩惠和国君的赏赐，所以不敢推迟，要立刻食用。至于自己家里的祭肉，虽然可以晚一点，而不必在当日分配完，但也应该在三天内就全部分配并且吃完。如果过了三日，肉就会腐败不能食用，这是对神灵的亵渎，所以不能保留过长时间。

原文 食不语，寝不言。虽疏食菜羹，瓜祭[28]，必斋如也。

今译 吃饭的时候不能说话，睡觉的时候也不说话。即使吃的是粗米饭和菜汤，也要在吃饭前取出一些来祭祖，而且在祭祖的时候，态度要像斋戒时那样严肃、恭敬。

张居正讲评 语是答述。言是自言。疏是粗。祭是当食之时，每品各出少许，置之豆间之地，以祭先代始为饮食之人，盖古礼也。斋如，是严敬的模样。夫子当食之时，不与人语。盖人喉中有食、气二管，食管以纳饮食，气管以出声音。当食而语，则气管为食所碍，或致哽咽之患，故慎之也。当寝之时，不自发言，盖人脏腑虚悬，然后声气之发，出而无窒。当寝而言，或致损气，故亦慎之也。其食也，虽是粗饭羹汤，亦必每种各出少许，以祭先代始为饮食之人。其祭虽小，亦必斋如其严敬，有若神明在上者焉。这都是圣人饮食之节，无不中礼者如此，盖不止于养身，而亦所以养德。学者能随事而体察焉，固莫非道之所在也。

张居正讲评译释 孔子在吃东西的时候不和人说话，因为人的喉咙中有食道和气管，食道用来吃东西，气管用来发声。如果在吃东西的时候说话，食物就会阻碍到气管，难以咽下，从而产生祸患，所以要谨慎啊。睡觉的时候，也难以说话，因为这时候人的脏腑虚悬着，发出的声音会受到阻塞。睡觉的时候说话可能会对人造成损害，所以也要谨慎。孔子在吃饭的时候，即使是粗茶淡饭，也要在吃饭前取出一些来祭祖。虽然是很小的祭祀，也像斋戒时那样严肃、恭敬，就像神明在头顶一样。圣人的这些在饮食上的礼节，也都完全符合礼仪，这不仅能保养身体，也能够修养自己的品德。求学者如果能仔细对孔子体验观察，就会发现孔子做的每一件事都符合道。

原文 席不正，不坐。

今译 席子没有放端正，不坐。

张居正讲评 席是坐席。古人皆席地而坐。门人记说："夫子心存至正，事事都整齐严肃，如设席也要端正。若少有不正，则不肯就座也。"观其一坐之不苟，而其出入起居之无不正可知矣。

张居正讲评译释 孔子的弟子记录说："老师的为人公平正直，对每一件事都公正严肃，如铺设的座席也要放端正。如果稍微有一点不端正，就不肯入座。"从他入座时的一丝不苟，就可以看出他在出入起居上没有一件不端正。

原文 乡人饮酒，杖者[29]出，斯出矣。

今译 行乡饮酒礼之后，一定要等老年人都出去了，自己才能出去。

张居正讲评 这一章是记孔子居乡之事。杖者是年老的人。古人六十岁以上，则用杖以出入，以其血气既衰，必用扶持故也。门人记说："夫子居乡之时，或与乡人宴会饮酒，其中有年老的人，必加尊敬。宴毕之后，老者既出，夫子既随之而出，未出固不敢先，既出亦不敢后也。"盖乡党尚齿，长幼有序，故夫子之恭谨如此。

张居正讲评译释 孔子的弟子记录说："老师在家乡居住，参加乡邻宴会的时候，一定会对年长者非常恭敬。在乡饮酒礼之后，他一定要等老年人都出去了，自己才出去。他从来不走在老年人前面，跟在老年人身后时也不敢离得太远。"在家乡时也能做到尊敬长者、长幼有序，孔子就是这样的恭敬谨慎啊！

原文 乡人傩[30]，朝服而立于阼阶[31]。

今译 地方邻里在举行迎神驱鬼的仪式时，一定要穿着朝服站在东边的台阶上。

张居正讲评 傩是古时逐疫之礼。周礼方相氏，主索疫鬼而驱逐之。季冬之月，则命有司大傩以驱除鬼祟，而迎纳吉祥也。阼阶是主阶。夫子遇乡人行大傩之礼，此时乡俗皆欲驱除鬼邪，恐家中五祀先祖之神或致惊动，乃致其诚敬，穿着朝服，立于主阶之上，使之依己而安也。

张居正讲评译释 孔子在家乡的时候，遇到乡邻举行迎神驱鬼的仪式，乡邻想要驱除鬼邪，而担心先祖和祭祀的五种神灵因此受到惊吓，孔子为了表达自己的诚心和恭敬就身穿朝服，站在东边的台阶上，让乡邻效仿自己从而使先祖和神灵安心。

原文 问人于他邦，再拜而送之。康子馈药，拜而受之，曰："丘未达[32]，不敢尝。"

今译 托人给在其他诸侯国的朋友问好、送礼，要向受托者拜两次，且要送行。季康子给孔子送药品时，孔子拜谢后接受了，说："我对这药性不太了解，不敢服用。"

张居正讲评 这一章是记孔子与人交之诚意。康子是鲁大夫季康子。达是通晓。门人记说：夫子交人，一出于至诚而不欺。如所交的人在于他邦，遣使去问候他，使者临行，则必从后再拜而送之，如亲见其人一般，不以其在远而废敬也。季康子曾馈之以药，夫子因尊者有赐，则拜而受之，又对来使说："丘未晓此药所用何品，所疗何病，不敢尝也！"盖药有未达，自不可尝。然受而不饮，则又虚人之赐，故直以不敢尝告之。圣人交人，无往而非诚意之所流通如此。

张居正讲评译释 孔子的弟子记录说：老师和别人交往，从来都是无比真诚、毫不欺瞒。如果托人给远在他国的朋友问好，在受托者临走前，一定会拜送两次，就像是自己亲眼见到朋友一样，不因为距离远就缺乏恭敬。季康子曾经给孔子赠送药物，这是尊者的赏赐，孔子在拜谢后接受了，又对送药的使者说："我不知道这个药怎么样，能治什么病，所以不敢服用啊！"对药物不了解，自然不能服用。然而接受了别人的馈赠，却不服用，这是对人的欺骗，所以孔子直接告诉别人自己不敢服用。圣人就是这样诚心诚意地和朋友交往。

原文 厩[33]焚。子退朝，曰："伤人乎？"不问马。

今译 孔子的马棚失火烧掉了。孔子上朝回来，问："伤到人了吗？"而不问马的情况如何。

张居正讲评 厩是马房。焚是烧。门人记说：夫子养马之厩为火所焚。夫子退朝，闻之，即问说："火得无伤人矣乎？"不复问马，是非不爱马也，心切于爱人，故不暇问马耳。盖贵人贱畜，理当如此，而仓卒之际，尤见圣人用爱之真心也！

张居正讲评译释 孔子的弟子记录说：老师的马棚失火烧掉了。孔子上朝回来听说后问："火伤到人了吗？"而没有问马的情况，这不是不关心马，而是因为非常关心人，没有时间问马呀。身份尊贵的人不重视牲畜，这是很正常的事，而在这种紧急的时刻，更能看出孔子对人的关心啊！

原文 君赐食，必正席先尝之。君赐腥[34]，必熟而荐之。君赐生，必畜之。

今译 国君赐给孔子的熟食，他一定要先摆正座位，然后尝一尝。国君赐给孔子的生肉时，他一定先把它煮熟，然后进献给祖先享用。国君赠送给孔子的东西如果是活的动物，他则一定把它饲养起来。

张居正讲评 这一章是记孔子事君之礼。腥是生肉。荐是献于祖考。畜是养。门人记说："夫子为大夫时，鲁君或赐之以食，则俨然如对君上，必正席致敬而先尝之，然后颁之于人，所以尊君之赐也。君或赐之以生肉，则必烹调使熟而荐之于祖考，不敢私以为食，所以荣君之赐也。君或赐之以生物，如羊豚之类，则必畜之于家，无故不敢轻杀，所以仁君之赐也。"其受赐之尽礼如此。

张居正讲评译释　孔子的弟子记录说："老师作为大夫时，鲁国国君有时候会赐给他熟食，他就像和国君一起食用一样，一定要先摆正座位品尝，之后再分给别人，这是对君主的赏赐感到荣幸。国君有时会赏赐给他生肉，他一定先把它煮熟，然后进献给祖先享用，不敢私自食用，这是为君主的赏赐感到荣耀。国君有时候会赐给他猪、羊等活的动物，他一定先饲养起来，不敢轻易杀掉，这是为君主的赏赐施行仁德。"在接受国君的赏赐时孔子也能像这样竭尽礼仪。

原文　侍食于君，君祭，先饭。

今译　陪君主一起吃饭，在君主举行饭前祭礼时，孔子总要先替君主尝饭。

张居正讲评　侍食是赐食于君侧。饭即是食。夫子或侍君侧而赐之以食，则其心尤加敬慎。君若已祭而置品物于豆间，则己不待君食而先食，恰似为君尝食的一般。盖每食必祭者，礼之常，然食于君前，则不敢以客礼自处。况君已先祭，自当统于所尊，此夫子所以不祭也。为君尝食者膳夫之职，然敬君之至，则不嫌以膳夫自居，此夫子所以先饭也，其侍食之尽礼如此。

张居正讲评译释　孔子在国君身旁陪国君吃饭的时候，会无比地恭敬谨慎。在国君饭前祭祀之后，孔子会在国君之前先吃，就像替国君尝饭。原本在吃饭前应该行祭礼，但孔子这是陪国君吃饭，就不敢把自己当作宾客。更何况孔子已经跟随着国君举行过饭前祭礼，所以这时候就不单独行祭礼了。替国君尝饭是膳夫的责任，但是孔子非常尊敬国君，不嫌弃当国君的膳夫，因此孔子替国君尝饭。孔子在陪国君吃饭时也这么竭尽礼仪。

原文　疾，君视之。东首，加朝服，拖绅[35]。

今译　孔子生病了，国君前来探视，他便头朝东躺着，将朝服披在身上，然后拖着绅带。

张居正讲评 东首是首在东。拖字解做引字。绅是大带。夫子时或寝疾，鲁君临视之于家，则首必居东以受生气。此时卧病不能着衣束带，则必加朝服于其身，又引大带于其上，盖不敢以亵服见君也。其敬君之至，不以疾而废礼如此。

张居正讲评译释 孔子生病了，鲁国国君去探视他，他便头朝东躺着来接受国君的恩泽。因为生病，所以不能穿朝服、束腰带，就将朝服披在身上，然后拖着绅带，这是因为拜见君主时不敢穿着便服啊。孔子对待君主就是这样恭敬，即使生病了也不敢在礼仪上有所怠慢。

原文 君命召，不俟驾行矣。

今译 君王召见，还没等到车夫将车驾好，就匆忙快步过去。

张居正讲评 俟是待。驾是以马驾车。夫子为大夫时，或君有命召之，则其心急于趋命，即时徒步而往，不待既驾而后行也，其敬君之命不敢以劳而废礼如此。盖春秋之世，君臣之义不明，至于仪节简略，名分倒置，反以尽礼为谄，孔子伤之。故虽纤悉委曲，无所不用其诚敬，非独明事君之义，亦以维衰世之风也。

张居正讲评译释 孔子在做大夫时，一旦国君召见，就心急复命，不等马车准备好，就很急切地快步赶过去，他对待国君的命令非常恭敬，不敢因为忙碌就在礼仪上怠慢。春秋时期，很多人不清楚君臣之间的礼节，导致礼仪荒废，君臣名分颠倒，人们反而把礼敬君主当作谄媚，孔子为此感到很难过。所以即使在细微的小事上，也都表现出自己对国君的诚恳、恭敬，这不只是为了展示侍奉君主应有的礼节，也是为了挽救衰退的社会风气啊。

原文 朋友死，无所归，曰："于我殡。"朋友之馈，虽车马，非祭肉，不拜。

今译 朋友过世了，因为没有亲人办丧事，孔子就说："我来料理他的后事。"朋友赠送礼物，即便贵重如车辆马匹，只要不是祭肉，孔子在受赠时也不行礼。

张居正讲评 这一章是记孔子交朋友之义。门人记说："朋友五伦之一，遇死丧而能收之，人情所难也。夫子于朋友不幸而死，别无亲属可以依归者，即自任说，当于我而殡殓之，盖不忍其暴弃而转于沟壑也。至若朋友有通财之义，常情鲜有不以物为轻重者。夫子于朋友所馈之物，虽是车马之重，若非祭祖的胙肉，则以直受而不拜。益必祭肉，然后拜者，敬其祖考同于己亲，非车马所得比也。"此可见圣人之交朋友，一于道义。义所当殡而殡，不以凶为嫌，义所不当拜而不拜，不以财为重也。

张居正讲评译释 孔子的弟子记录说："朋友是五伦之一，但是在朋友死后，帮他处理后事很多人难以做到。如果老师的朋友去世了，并且没有亲人办丧事，他就会说，自己来料理朋友的后事。他这是不忍心朋友的尸体被乱扔在山沟里啊。另外朋友之间需要互通财物，相互帮助，但人们都会计较财物的轻重。老师对于朋友赠送的礼物，即使是车辆马匹这样贵重的物品，只要不是祭肉，就都坦然接受，而不拜谢。在接受朋友赠送的祭肉时，一定要拜谢，这是像尊敬自己的祖辈一样对待朋友的祖辈，这不是车马等物品能比的事。"由此可以看出圣人和朋友交往时依据的只是道义。根据道义应该为朋友办后事，就不因为凶讳而嫌弃；根据道义不应该拜谢，就不因为财物的贵重而拜谢。

原文 寝不尸，居不容。

今译 孔子在睡觉的时候不是笔直地躺下，平时坐着的时候，对姿势、礼仪也不是非常讲究。

张居正讲评 这一章是记孔子容貌变于平时之事。尸是僵卧如尸。居是私居。容是容仪。门人记说："夫子心存庄敬，无一毫惰慢之气。虽寝处之时，亦自收敛，未尝僵卧如尸也；承祭见宾，乃修容仪。如私居之时，则申申夭夭，安舒自在，而不为容仪也。"盖寝而尸则过于肆，居而容则过于拘。夫子不然，所以为有道之气象也。

张居正讲评译释 孔子的弟子记录说："老师为人庄严稳重，没有一点懈怠、傲慢。他即使是睡觉的时候，也约束着自己，不像尸体一样笔直地躺下；在祭祀先人和接待宾客的时候，就要整理自己的仪容。在私下里，他则是体貌安舒、容色和悦的样子，对姿势、礼仪也不是非常讲究。"睡觉时笔直地躺下，这就过于放纵了，私下生活时讲究仪容就是过于拘束。孔子不过于放纵和拘束，这是品德高尚的气概啊！

原文 见齐衰者，虽狎[36]，必变。见冕者与瞽者，虽亵，必以貌。

今译 见到正在服丧的人，就是平时非常亲近的人，也要改变神色，肃然致哀，以示同情；看见戴着礼帽和瞎了眼睛的人，即使是时常相见的熟人，也一定有礼貌。

张居正讲评 狎是平素亲近的人。变是变色。亵是私见。貌是礼貌。夫子见有丧而服齐衰的人，虽素所亲狎，必变色以待之。见冠冕有爵的人与无目的人，虽私居燕见，必加之以礼貌。盖有丧之人，所当哀怜；有爵之人，所当尊敬。无目之人，人每因其不见而忽之，不加礼貌，而圣人待之各中其节如此。

张居正讲评译释 孔子见到正在服丧的人，即使是平时非常亲近的人，也要改变神色，表示哀痛。看见戴着礼帽和瞎了眼睛的人，即使是经常相见的熟人，也一定要有礼貌。因为应该为服丧的人感到哀痛；应该恭敬地对待有爵位的人。人们经常因为盲人看不见而轻视他们，对他们不礼貌，而孔子就能够根据礼节恰当地对待所有人。

原文 凶服[37]者式[38]之。式负版[39]者。

今译 坐在车上时，如果看见穿丧服的，便微微向前一倾，手扶横木，以示同情。碰到背负着国家图籍的人，也要手扶横木，以示敬意。

张居正讲评 凶服是丧服。古人乘车时，遇有所敬，则俯而凭于车前之横木，这叫做式。版是户口人民的版籍，如今之黄册一般。夫子或在车中，见有穿着凶服的，便恻然不宁而为之式，亦所以哀有丧也；见有负着版籍的，便肃然起敬而为之式，盖所以重民数也。

张居正讲评译释 孔子坐在车上，看到穿丧服的人，身体便微微向前一倾，手扶横木，以示哀伤、同情；碰到背负着国家图籍的人，就肃然起敬，也要手扶横木，以示敬意，这是因为他重视百姓的人数啊！

原文 有盛馔，必变色而作。迅雷，风烈，必变。

今译 在做客的时候，看见主人以丰盛的菜肴款待，一定要端正神色，站起身来表示谢意。遇到疾雷狂风，一定要改变容色，以示对上天的敬畏。

张居正讲评 盛馔是肴馔丰盛。作是起。迅是疾。烈是猛。夫子当宴享之时，见主人肴馔丰盛，则必变色而起，以致其敬。盖馔为己设，所以答其礼也。遇有疾雷猛风，则必变色改容，惕然恐惧，盖畏天之威，不敢逸豫也。夫圣人一动容之间，皆各有攸当如此。至若负版必式，则知邦本之当重；风雷必变则知天威之当畏。尤治道君德所关，读者不可以为细事而忽之也。

张居正讲评译释 孔子在做客的时候，看到主人以丰盛的菜肴款待，一定要端正神色，站起身来表示谢意。因为菜肴已经准备好了，所以孔子要答谢主人的礼待。遇到疾雷狂风，一定要改变容色，以示对上天的敬畏，这是因为面对上天的威仪，不能有片刻怠慢。孔子都能像这样恰当地展示自己的容貌神色。看到别人背负图籍就手扶横木表示敬意，这是知道应该重视国家的根本；遇到疾雷狂风时改变容色，这是知道敬畏上天。这些关系到国家的治理和君主的恩德，读者不能因为它们细微而轻视。

原文 升车，必正立，执绥。车中，不内顾，不疾言，不亲指。

今译 在上车的时候，一定正对着车门站立，手中紧握着绳索来保持稳定。在车中，不回头看，说话声音不过高过快，不对人指指点点。

张居正讲评 这一章是记孔子升车之容。绥是六辔之总索。内顾是回看。疾是急遽。亲指是以手指物。门人记说：升车者必立而执绥，但人情容易忽略，或至偏倚。若夫子之升车，亦必庄敬严肃，正立执绥，而无所偏倚焉。其在车中，则瞻视有常，不回头观看。言语必慎，不急遽发言。手容必恭，不以手指物。盖三者不但失己之容仪，且足以惑人之视听。故夫子谨之如此。

张居正讲评译释 孔子的弟子记录说：上车的时候一定要立正站稳，并且握紧绳索保持稳定，但是人们都容易忽略这些，从而站偏。而老师在上车的时候，一定是庄敬严肃地紧握绳索保持稳定，没有偏倚。在车上，眼睛向前观察，从不回头看。说话谨慎，声音不过高过快。手上的动作一定恭敬谨慎，不对人指指点点。在车上做这三件事不但有损自己的仪容，而且会影响别人的视听。所以孔子像这样小心谨慎。

原文 色斯举矣[40]，翔而后集[41]。曰："山梁雌雉[42]，时哉时哉！"子路共[43]之，三嗅[44]而作。

今译 孔子与弟子行走在山谷中，忽然见到有几只野鸡栖息在山脊上。见此，孔子似乎若有所思。就在这时，野鸡迅疾地向远处飞去，在天空盘旋了一会，又在一处落下了。孔子睹物兴情，于是发出感叹："这些山梁上的野鸡，得其时呀！得其时呀！"子路听到夫子的感叹，便对这些野鸡拱拱手，它们重又振起双翅，鸣叫着飞向更远的地方。

张居正讲评 举是飞起。翔是回翔。集是栖止。山梁是山脊。雉是野鸡。

时是饮啄得时。共是向。嗅字古人作戛字，是雉鸣之声。门人记说："鸟之为物，但见人颜色不善，将欲取之，则飞而远去，必回翔审视，择可止之地，而后集焉。盖虽蠢然无知之物，而犹能见几知止如此。昔夫子偶见山脊上有个雌雉，因叹说：'这山梁之雌雉，时哉时哉！'言其时饮而饮，时啄而啄，能适其性之自然也。此时子路在侧，共而向之，若有取之之意，雉乃三鸣而起焉。"此正色斯举矣之一证也。故人必见几而作，如鸟之见色而举；审择何处，如鸟之翔而后集，则去就不失其正，而有合于时中之道矣。不然，可以人而不如鸟乎！此记者之深意也。

张居正讲评译释 孔子的弟子记录说："鸟看到人想要捉它们，就会飞走，在天空中盘旋，寻找合适的地方落下。鸟虽然是笨拙无知的动物，但依然能够看出危险的征兆，做出合适的选择。夫子偶然见到有几只野鸡栖息在山脊上，感叹说：'这些山梁上的野鸡，得其时呀！得其时呀！'说的是这些野鸡能自由地喝水、觅食，并且施展自己的天性。子路在旁边听到了孔子的感叹，就对这些野鸡拱了拱手，这些野鸡以为子路要去捉它们，就鸣叫着飞走了。"孔子就是因为野鸡能自由飞翔、栖息而感慨叹息的呀。人一定要抓住时机而有所作为，就像鸟看见人后飞走一样；人挑选效力的地方，就像鸟选择落地的地方一样，来去停留都不违反义理，都符合立身行事的道理。不然，人就连鸟都不如了啊！这就是孔子的门人记录这段话的深意。

注释：

[1]便便：形容巧言利口，擅长辞令。

[2]訚訚：说话和悦而又能辨明是非之貌。

[3]擯：同"傧"，负责招待宾客的官员。

[4]色勃：脸色立即庄重起来。

[5]足躩：脚步快的样子。

[6]襜：整齐的模样。

[7]摄齐：提起衣摆。古时官员升堂时谨防踩着衣摆，跌倒失态。表示恭敬有礼。

[8]一等：一级台阶。

[9]圭：一种上圆下方的玉器，举行典礼时，不同身份的人拿着不同的圭。出使邻国，大夫拿着圭作为代表君主的凭信。

[10] 享礼：使臣向朝聘国君主进献礼物的仪式。

[11] 私觌：谓私下里以礼物拜会出使国之国君。

[12] 绀緅饰：绀，深青透红，斋戒时服装的颜色。緅，黑中透红，丧服的颜色。

[13] 亵服：私居时所穿的便服。

[14] 袗絺绤：袗，单也。此处用为动词。絺，细葛布；绤，粗葛布。

[15] 缁：黑色。

[16] 麑：幼鹿。

[17] 居：坐。

[18] 帷裳：古代朝祭的服装。用整幅布制成，不加裁剪。

[19] 玄：黑中带红的颜色。

[20] 吉月：农历每月初一。

[21] 明衣：古人在斋戒期间沐浴后所穿的干净内衣。

[22] 迁坐：改换平时起居的场所。

[23] 脍：切细的肉食。

[24] 馂：（食物）腐败发臭。

[25] 餲：（食物）经久而变味。

[26] 鱼馁肉败：馁，鱼臭烂；败，肉腐烂。鱼烂肉腐。泛指变质的食物。

[27] 食气：主食。

[28] 瓜祭：古人食瓜，吃之前，必先祭祖，称作食瓜荐新，表示不忘本。

[29] 杖者：指老年人。

[30] 傩：古时腊月驱逐疫鬼的仪式。

[31] 阼阶：东边的台阶上。

[32] 达：通晓。

[33] 厩：马棚。

[34] 腥：生肉。

[35] 绅：古代士大夫束腰的大带子。

[36] 狎：亲近，接近。

[37] 凶服：丧服，孝衣。

[38] 式：通"轼"。以手抚轼。为古人表示敬意的一种礼节。

[39] 版：版图，户籍。

[40] 色斯举矣：色，脸色。举，鸟飞起来。

[41]翔而后集：飞翔一阵，然后落到树上。鸟群停在树上叫"集"。

[42]山梁雌雉：聚集在山梁上的母野鸡。

[43]共：同"拱"。拱手。

[44]嗅：本作"戛"字，鸟的长叫声。

论语卷五

先进第十一

原文 子曰:"先进[1]于礼乐,野人也;后进[2]于礼乐,君子也。如用之,则吾从先进。"

今译 孔子说:"前辈对待礼乐,崇朴尚拙,如同是山野村夫;后辈对待礼乐,文采风流,如同士大夫君子。如若使用礼乐,那么我将会依从前辈。"

张居正讲评 先进、后进,譬如说前辈、后辈。礼乐不专是仪节声容,凡人之言、动、交际,与施之政治者,但敬处都是礼,和处都是乐。野人是村野的人,言其朴陋也。君子是贤士大夫之美称。用之是用礼乐。孔子说:"礼乐贵于得中。但世道既殊,而人之习尚亦异。由今日观之,前辈之于礼乐,专尚简质,不事浮华,恂恂然却似郊外野人的模样,何其朴也。后辈之于礼乐,威仪习熟,文采可观,彬彬然却似贤人君子的气象,何其美也。今时之人,固皆愿为君子,而不屑为野人矣,若我之用礼乐则不然。盖前辈的人,存心淳厚,行事质实,与浮薄虚夸的不同。我今但欲反薄归厚,敛华就实,一一依着前辈的规模,虽冒野人之名,有所不恤也。"盖周末文胜,古道寝薄,孔子伤今思古,欲损过以就中,故其言如此。其后汉儒董仲舒,劝武帝损周之文,用夏之忠,亦是此意。故人君之治天下,若能因时救敝,返朴还淳,行政,则敦本实而不为虚文;用人,则重老成而不取浮薄,庶几先进之风可返,而先王之治可复矣!

张居正讲评译释 孔子说:"礼乐的可贵之处在于保持中庸。但是时代不同了,人们的风俗习惯也有了改变。今天看来,前辈们的礼乐,崇尚质朴,不追求华丽,温顺恭谨得就像是山野村夫一样,非常淳朴。后辈们的礼乐,威仪纯熟,文采风流,就像是贤人君子一样,非常美好。如今的人,自然都想做君子,不愿意做山野村夫啊,但是我在礼乐上就不这样。因为前辈们质朴淳厚,毫不浮薄虚夸。我如今只想像前辈们一样抵制浮薄,回归淳厚,收敛文采,返回质朴,即使被人们认为是山野村夫,也没关系啊!"周朝末期文采兴盛,传统的道德消失泯灭,孔子怀念过去,哀叹现在,想要减损过度的浮华以达到中和,所以才会这么说。汉朝大儒董仲舒劝谏汉武帝减轻浮华的文采,宣扬忠诚和质朴,也是这个想法。所以君主治理天下的时候,如果能改变当前的弊端,恢复原始的诚实和朴实厚道的社会风气,在处理政务的时候敦厚诚实,不追求虚文浮节;在用人的时候重用那些老成持重的人,而不选择那些虚浮浅薄的人,这样过不了多久,曾经的社会风气就能回来,先王时淳朴的太平盛世就能光复了啊!

原文 子曰:"从我于陈、蔡者,皆不及门也。"

今译 孔子说:"跟从我在陈、蔡两国之间受绝粮之苦的那些弟子,现在都已经不在我这里了。"

张居正讲评 从是随从。陈、蔡是二国名。昔楚昭王聘孔子,欲委之以国政,孔子往应其聘。行到陈、蔡二国之间,那时二国大夫谋说:"楚用孔子,必然强大,不利于我小国,不如阻绝了他。"乃发兵围困孔子,至有绝粮之厄。其后孔子还归鲁国,追思前事,因发叹说:"我当初厄于陈、蔡之间,弟子多从我者。至于今日,或散之四方,或出仕他国,不但有隐显之异,亦且有存没之殊,皆不在吾门矣。"盖以其相从于患难之中,故念之而不忘也。

张居正讲评译释 昔日楚昭王想要重用孔子,让他协助自己处理国政,孔子前往楚国接受任用。到了陈、蔡两国的时候,这两个国家的大夫说:"楚国任用孔子之后一定会变得强大,这对我们小国不利,不如现在就阻止。"于是派军队围困住孔子,以至于孔子到了断粮的困境。孔子回到鲁国后,回忆前事,感叹说:"当初有很多弟子跟着我在陈、蔡两国之间受绝粮之苦。如今,他们有的在四处奔波,有的在别国做官,他们之间不但身份、地位上差别很大,而且有的已经去世了,总之都不在我这里了。"因为这些弟子都和孔子一起经历过灾患,所以孔子对他们记忆深刻,念念不忘。

原文 德行:颜渊、闵子骞、冉伯牛、仲弓。言语:宰我、子贡。政事:冉有、季路。文学:子游、子夏。

今译 德行好的弟子是:颜渊、闵子骞、冉伯牛、仲弓。擅于辞令的弟子是:宰我、子贡。长于政事的弟子是:冉有、季路。通晓历史文献的弟子是:

子游、子夏。

张居正讲评 颜渊以下十人，都是孔子弟子。门人因孔子追思陈蔡诸贤，遂详记之说道："当时从夫子于陈蔡者，都是师门高弟，各有所长。有践履笃实，长于德行的，是颜渊、闵子骞、冉伯牛、仲弓；有应对明敏，长于言语的，是宰我、子贡；有才识疏通，长于政事的，是冉有、季路；有闻见博洽，长于文学的，是子游、子夏。此皆平时受教于门墙，相从于患难者也。然观此四科之目，则夫子之因材造就，亦可见矣，使得邦家而治之，则随才授任，必有可观，惜乎其终不遇也。"

张居正讲评译释 孔子思念在陈、蔡一起受苦的弟子，所以他的弟子就详细地记录说："当时跟着老师一起去陈、蔡的，都是老师门下学问高深的弟子，都各有所长。忠厚老实、德行优秀的有颜渊、闵子骞、冉伯牛、仲弓；应对机敏、善于辞令的有宰我、子贡；通权达变、长于政事的有冉有、季路；见多识广、长于文学的有子游、子夏。这些都是在老师门下受教，跟着老师一起经历灾患的弟子啊。从这四个方面也可以看出老师在教育学生时，一定会根据不同的情况施行不同的教育。如果让老师治理国家，老师就会根据每个人的长处，安排适当的工作，这样一定能取得很好的效果，可惜他一生都没有受到重用。"

原文 子曰："回也非助我者也，于吾言无所不说。"

今译 孔子说："颜回啊，不是一个对我有帮助的人，他对我的话没有不心悦诚服的。"

张居正讲评 助我是有益于我，譬如帮助的一般。说是喜悦。孔子说："吾门弟子于问辩之际，常有发吾之所未发者，是有助于我矣。若颜回，则非助我者也。何也？人必疑而后有所问，问而后有所发。回也，于凡吾之所言，无不契合于心，欣然领受而无疑。夫既无所疑，自无所问，又安得有助于我哉？"盖颜子于圣人之言，默识心融，有非群弟子所可及者，夫子盖深喜之，故抑扬其词以称之如此。

张居正讲评译释 孔子说："我门下的弟子在和我问答的时候，经常会对我有启发、帮助。颜回不是一个对我有帮助的人。为什么呢？人只有在产生疑问后向别人请教，才能得到收获。颜回对我的话没有不心悦诚服的，不会产生任何疑惑。既然没有疑惑，自然没有什么要发问的，这怎么会对我有帮助呢？"颜回对孔子的话能领会贯通，不是一般的弟子能比得上的，孔子非常喜爱他，所以才会这么评价他。

原文 子曰："孝哉闵子骞！人不间于其父母昆弟[3]之言。"

今译 孔子说："闵子骞真是孝顺呀！别人竟然对他父母兄弟称赞他的言语没有什么异议。"

张居正讲评 闵子骞是孔子弟子闵损，字子骞。昆弟是兄弟。孔子说："百行莫大乎孝。然而能尽孝道者鲜矣。以今观之，孝哉其闵子骞乎！盖凡人之孝，见称于父母兄弟者有矣，然或溺于爱、蔽于私，而外人未必以为然也。今闵子骞之孝，不独父母兄弟称之，而外人亦皆称之，初无异于其父母兄弟之言，使非孝友之实，积于中而著于外，何以得此乎？"此闵子骞所以为纯孝也。

张居正讲评译释 孔子说："没有比孝敬父母更重要的事。但是很少有人能尽心尽力地孝敬父母。现在看来，闵子骞真是孝顺啊！一般人的孝顺虽然也会被父母兄弟称赞，但有的是因为父母溺爱，所以对其有所庇护，外人不一定认为其孝顺。如今闵子骞的孝顺，不只是父母兄弟称赞他，外人对他的称赞也和他父母兄弟对他的称赞一样。假如他不是真的孝敬父母、友爱兄弟，那就不能将这种名声慢慢汇集起来而被所有人知道，又怎么会被人们称赞呢？"这就是闵子骞被称作至孝的原因呀。

原文 南容三复"白圭"[4]，孔子以其兄之子妻之。

今译 南容反复诵读"白圭之玷，尚可磨也；斯言不玷，不可为也"的诗句，于是孔子就将自己的侄女嫁给了他。

张居正讲评 南容是孔子弟子。三复是再三反复，佩服不忘之意。白圭是《诗经》篇中的说话。其诗说："白圭若玷缺了，尚可磨得；若言语差了，则不可追悔矣。"乃是要谨言的意思。子是女子。妻是为之妻。门人记说："南容之为人，常再三反复佩服白圭之诗而不忘，盖深有意于谨言也。"夫惟君子为能谨言，南容之欲谨言如此，可谓君子矣。故孔子以兄之女而为之妻，盖择配而取其贤也。

张居正讲评译释 孔子的弟子记录说："南容经常反复地诵读'白圭之玷，尚可磨也；斯言不玷，不可为也'的诗句，他这是很重视慎言的表现。"

只有君子能够做到慎言,而南容能像这样知道要慎言,能够被称为君子啊。所以孔子把自己的侄女嫁给了他,这看重的是他的贤德啊。

原文 季康子问:"弟子孰为好学?"孔子对曰:"有颜回者好学,不幸短命死矣,今也则亡。"

今译 季康子问孔子:"你的弟子中谁是好学的人?"孔子回答说:"颜回是好学的人,但是不幸短命去世了,现在没有好学的人了。"

张居正讲评 哀公、康子问同,而对,稍有详略者,然大意则一录,其书而未之解也。

张居正讲评译释 哀公和季康子的问题相同,孔子的回答有详有略,然而大意只记录了一处,书中没有解答。

原文 颜渊死,颜路[5]请子之车以为之椁[6]。子曰:"才不才,亦各言其子也。鲤也死,有棺而无椁,吾不徒行以为之椁。以吾从大夫之后,不可徒行也。"

今译 颜渊死后,(他的父亲)颜路请求孔子卖掉大车来为颜回买个外椁。孔子说:"不管是有才能还是没有才能,总归都是自己的儿子。当年孔鲤死了,也是有棺无椁,我没有(卖掉车子)徒步行走为他卖车买椁。是因为我曾经做过大夫,是不可以徒步行的啊。"

张居正讲评 颜路是颜渊之父。椁是外棺。鲤是孔子之子孔鲤。徒行是步行。孔子尝为大夫,与闻国政,其曰"从大夫之后"是谦词。昔颜渊死,其父颜路以贫不能具椁,乃请孔子所乘之车,欲卖之以买椁。孔子答说:"人之生子,虽有贤愚不等,然以其父视之,都谓之子,其恩爱之情,初未尝异也。孔鲤固不及颜渊之才,然亦吾之子耳。当初死时,也只有棺而无椁。吾未尝徒步而行,为之卖车买椁。岂吾爱子之心,独异于汝乎?盖以吾尝受命鲁君,从大夫之后,体统所在,不当舍车而徒行故也。昔吾既不为孔鲤而舍车,今岂得为颜渊而舍车乎?"夫颜渊死,孔子至有丧子之叹,岂吝一车而不以周之乎?盖义有所不可故耳,此可以观圣人之用情矣!

张居正讲评译释 颜渊死后,他的父亲颜路因为很贫穷,难以安葬颜渊,就请求孔子卖掉乘坐的马车来为颜回买个外椁。孔子回答说:"不管一个人是有才能还是没有才能,在父亲看来,总归都是自己的儿子,对他的疼爱，不会有任何差别。孔鲤固然比不上颜渊的才能，但也是我的儿子。他死的时候，也只有棺材而没有椁，但是我没有徒步行走而卖车为他买椁。我对儿子的疼爱不如你吗？这是因为我曾经在鲁国做过大夫，根据规矩，不应该卖掉马车步行啊。既然我过去不能因为孔鲤的死而卖掉马车，现在怎么能因为颜渊的死而卖掉马车呢？"颜渊死后，孔子像失去儿子一样哀痛叹息，怎么是因为舍不得一辆马车而不好好安葬颜渊呢？这是因为根据道义礼法，不能这样做啊。由此可以看出孔子是根据情理来办事啊！

原文 颜渊死。子曰："噫！天丧予！天丧予！"

今译 颜渊死了，孔子说："唉！老天爷真是要我的命啊！老天爷真是要我的命啊！"

张居正讲评 噫是伤痛声。昔者颜渊死，夫子伤痛叹息说道："吾之道，实赖颜回以传。今颜回死，则吾身虽存，而道已无传，就如丧子的一般，是天之丧予也！是天之丧予也！"重言以发叹，盖深惜之也。

张居正讲评译释 颜渊死后，孔子悲痛地叹息说："我的学问，都要依靠颜渊来传承啊。如今他死了，我虽然还活着，但是学问却无法传承下去了，对我来说，这就像失去了儿子一样，老天爷真是要我的命啊！老天爷真是要我的命啊！"孔子发出这样的叹息，说明他为颜渊的死感到非常的惋惜啊。

原文 颜渊死，子哭之恸。从者曰："子恸矣！"曰："有恸乎？非夫人之为恸而谁为？"

今译 颜渊死了，孔子哭得极其悲痛。跟随他的弟子说："老师悲痛过度了。"孔子说："是真的太悲伤了吗？我不为这样的人悲伤，还能为谁呢？"

张居正讲评 恸是哀之过。夫人是说此人，即指颜渊也。昔颜渊死，夫子哭之而过于哀，门人之从夫子者说："夫子之哭恸矣。"欲其节哀也。是时夫子哀伤之至，殊不自知，乃问说："果有恸乎？即有恸也，乃亦理所宜然者。吾非为此人恸，而更为谁人恸乎？"明其哭颜渊非他人比也。

张居正讲评译释 颜渊死了，孔子哭得极其悲痛，跟随他的弟子说："老师悲痛过度了。"他们想让孔子节哀。当时孔子却不知道自己已经悲痛过度了，就问说："我是真的太悲伤了吗？即使是过度悲伤，也理所应该呀。我不为这样的人悲伤，还能为谁呢？"这说明孔子对颜渊去世的痛惜不是别人能比的啊。

原文 颜渊死，门人欲厚葬之。子曰："不可。"门人厚葬之。子曰："回也视予犹父也，予不得视犹子也。非我也，夫二三子也。"

今译 颜渊死了。孔子的学生们想要隆重地安葬他。孔子说："不能这样做。"他的学生们还是将其厚葬了。孔子说："颜回把我当父亲一样看待，我却不能像看待儿子般地对他，我没有厚葬他，是那些学生们做的啊！"

张居正讲评 门人是孔门弟子。二三子即指门人说。昔颜渊既没，其家甚贫，不能具葬事，于是孔门弟子以朋友之义，欲相与厚葬之。孔子止之说："不可。"盖丧具，称家之有无。若贫而厚葬，则无财而强以为悦，非礼之当然也。门人不听孔子之言，竟厚葬之。孔子责之说："颜回虽吾之门人，然平日与我恩义兼尽，视我如父一般。我今日乃不得视之如子一般。盖鲤也死，衣衾棺椁，事事合理，于心无有不安。今回之葬，则不合于礼，不安于心矣。是吾不得以视鲤者而视回也。然此非我之所为，乃二三子自为之耳。其以非礼处回，而使之不安于地下者，是谁之过欤？"盖以深责门人也。

张居正讲评译释 颜渊死了，他的家里非常贫穷，不能给他办丧事，于是孔子的弟子们根据朋友间的道义，想要隆重地安葬他。孔子制止说："不能这样做。"因为葬礼的规模，需要符合家里的贫富情况。如果家庭贫困却举办隆重的葬礼，这就是过于勉强了，不符合礼啊。弟子们没有听从孔子的劝阻，还是将他厚葬了。孔子责备说："颜回虽然是我的弟子，但是平时对我有情有义，把我当作父亲一样看待。现在我却不能像看待儿子一样对待他。孔鲤死的时候，在衣衾棺椁上都符合礼制，内心不会有不安。如今颜回的葬礼，不符合礼制，这就会内心不安啊。这导致我不能像对待孔鲤那样对待颜回。但并不是我厚葬颜回的，是那些学生们做的啊。他们没有依据礼制安葬颜回，让其死后也难以安心，这是谁的过错呢？"孔子这是在严厉地责备弟子们啊！

原文 季路问事鬼神。子曰："未能事人，焉能事鬼？"曰："敢问死。"曰："未知生，焉知死？"

今译 子路问怎样去侍奉鬼神，孔子说："没能侍奉好人，又如何能侍奉鬼呢？"子路又说："我冒昧地问问什么是死。"孔子说："连生的道理还不知道呢，又如何能够知道死的道理？"

张居正讲评 季路即是子路。事鬼神是所以奉祭祀之道。季路问说："鬼神者，人之所当事，不知事之之道何如？"孔子答说："明则为人，幽则为鬼。

若未能事人，而得父兄长上之欢心，又安能事鬼，而使之来格来享乎？汝当先求尽其所以事人者可也。"季路又问说："死者，人之所心有，不知其道何如？"孔子答说："人必有生而后有死，若未能原始而知所以生，又安能反终而知所以死乎？汝当先求知其所以生者可也！"然事人之道，即是事鬼之道，不过一诚之感通而已。生之理，即是死之理，不过一气之聚散而已。果能明所以事人之道，则事神者可以兼举。果能尽所以有生之理，则全归者可以无愧。是夫子虽不明言以告子路，实所以深告之也。

张居正讲评译释 子路问孔子："人们应该侍奉鬼神，但是应该怎么侍奉呢？"孔子回答说："人的事很容易弄清楚，鬼神的事则幽暗难知。如果不能侍奉人，不能让父母、兄长、上司高兴，又怎么能侍奉鬼神，让他们前来接受供奉呢？你应该先学会怎么侍奉人才行啊！"子路又问："人们心里都有死，那么死是什么？"孔子回答说："人一定先有生然后才会有死，如果不能考察本始去弄明白什么是生，又怎么能探究末尾知道什么是死呢？你应该先弄明白什么是生才行啊！"侍奉人的道理，就是侍奉鬼神的道理，不过是需要诚心地感应罢了。生的道理，就是死的道理，不过就是生机的汇聚和分散罢了。如果能明白如何侍奉人，那么同样就能侍奉鬼神了。如果能完全明白生的道理，那就能得到善终，不会心生愧疚。孔子虽然没有直接、清楚地回答子路的问题，但其实是很详细地回答了他。

原文 闵子侍侧，訚訚如也；子路，行行[7]如也；冉有、子贡，侃侃[8]如也。子乐。"若由也，不得其死然。"

今译 闵子骞侍立在孔子身旁，是一副恭良温顺的样子；子路则是一副刚强英武的样子；冉有、子贡则是温和快乐的样子。孔子觉得很愉快，却说："像仲由这样的，只怕会死于非命。"

张居正讲评 侍侧是侍立于旁。訚訚是和悦而又正直的模样。行行是强勇的模样。侃侃是刚直的模样。不得其死是不得正命而死。门人记说："昔闵子骞侍立于夫子之旁，其气象则外和内刚，德气深厚，但见其訚訚如也。子路的气象，则多强勇而少含蓄，但见其行行如也。冉有、子贡的气象，则和顺不足，而刚直有余，但见其侃侃如也。四子气象虽不同，然皆禀刚明正直之资，而绝无阴邪柔暗之病。这等的人，熏陶造就，将来皆可以副传道之寄，而入于圣贤之域者。故夫子见之欣然而乐，盖喜其得英才而教育之也。然四子之中，惟子路过于刚强，有取祸之理。夫子亦尝警之说道：'我看仲由的气象，却似不得正命而死的一般。若能克其气质之偏，则庶乎可以免祸矣。'"其后子路死于孔悝之难，果如孔子之言，此可以见圣人知人之哲矣。

张居正讲评译释　孔子的弟子记录说："闵子骞侍立在老师身旁，他外和内刚，品德高深，是一副恭良温顺的样子。子路则过于刚强而含蓄不足，是一副刚强英武的样子。冉有、子贡则过于刚直，而缺乏和善温顺，是一副温和快乐的样子。这四个人的气概虽然不一样，但是都刚毅正直，没有阴邪柔暗的缺点。这样的人经过培养教育之后，都能传承老师的学问，达到圣贤的境界。所以老师非常愉快，为获得优秀的弟子而感到高兴。这四个人中，只有子路过于刚强，可能会招致灾祸。老师也曾警告说：'我看像仲由这样，恐怕会死于非命。如果他能克服自己的缺点，就能够避免灾祸啊。'"之后子路果然像孔子说的那样死在了战乱中，由此可以看出孔子在识人上的明智啊。

原文　鲁人为长府。闵子骞曰："仍旧贯，如之何？何必改作？"子曰："夫人不言，言必有中。"

今译　鲁国要翻修藏货物的府库。闵子骞说："就按老样子，怎么样？何必改建呢？"孔子说："闵子骞这个人轻易不开口，一开口就必定是说到要害上。"

张居正讲评　为是兴造。长府是藏货财的府库。仍是因。贯是事。夫人指闵子骞说。中是当于理。昔鲁国有藏货财的长府，鲁人要将旧制拆毁，从新改造一番。闵子骞见其事在得已，乃婉词以劝之说道："这长府之设，相沿已久，未至大坏。且只因其旧制，稍加修整，以藏货财，似亦无不可者。何必创新改造，而为此劳费之事乎？"闵子之言，其意甚善，故孔子闻而喜之，乃称美说道："此人不言则已，言则必当于理。"盖治国以节用爱人为要，而土木之工，乃劳民伤财之大者，苟非甚不得已，不可兴也。长府之作，本事之可已者，使鲁之君臣因其言而止之，一可以省费，二可以恤民，三可以昭恭俭之德，其为益也不亦大乎！所以说，夫人不言，言必有中。夫子之称闵子者，所以警鲁人也。夫府库，乃国家规制之当备者，在圣贤犹以为可省，况为倾宫、瑶台、芳林、别苑而纵游侠之欲者乎？有国家者，可以深长思矣。

张居正讲评译释　鲁国要将旧的藏货物的府库拆掉，重新建一座新的。闵子骞知道了之后婉言劝阻说："这座库房已经用了很长时间，还没有到不能用的地步。只需要按照老样子，稍微修理一下，就还能储藏货物。何必要重新修建，白白浪费钱财和人力呢？"闵子骞说得很好，所以孔子听了之后很高兴，就称赞他说："闵子骞这个人轻易不开口，一开口就必定是说到要害上。"治理国家最重要的就是节约财物和爱惜民力，而兴建土木，是劳民伤财的事，如果不是迫不得已，就不能这么做。原本就不需要兴建新的库房，假如鲁国因为闵子骞的劝阻停止修建，一来可以节约财物，二来可以体恤百姓，三来可以宣扬节俭的美德，这不是很好吗！所以孔子才说，闵子骞这个人轻易不开口，一开口就必定是说到要害上。孔子称赞闵子骞，也是为了警示鲁人啊。按照国家的规制，库房是应该建造的，而孔子仍然认为可以节约，更何况宫殿、瑶台、芳林、别苑这些玩乐的场所呢？国家的君主，应该经常深入地思考这些啊！

原文 子曰："由之瑟，奚为于丘之门？"门人不敬子路。子曰："由也升堂矣，未入于室也。"

今译 孔子说："仲由弹瑟，为什么要在我这里弹呢？"孔子的学生因此就对子路不敬重了。孔子说："仲由啊，他的学问已经达到了升堂的地步了，只是还没有入室罢了。"

张居正讲评 瑟是乐器，古之为士者，无故不去琴瑟，所以养性情也。奚字解做何字。堂是厅堂。室是房室。昔子路好勇，故其鼓瑟常有北鄙杀伐之声。孔子闻而徵之说："吾之教人，以变化气质、涵养德性为要，而乐之为道，审声可以知人。今听由之瑟声如此，则其气质未变，德性未纯可知。何为而鼓瑟于我之门乎？"孔子此言，盖欲子路深自警省，以克其刚勇之偏，非遽绝之也。门人闻孔子之言，乃遂不敬子路。孔子晓之说："汝等岂以仲由为不足敬耶？凡人之学识，其正大高明的去处，譬如厅堂一般；其精微深邃的去处，譬如房室一般。今由之学识，已造于高明之域，而未入于精微之奥，就似人已升到厅堂，但未入于房室耳。使能勉力进修，所至固不可量，安可以是而遽轻忽之哉？"然观孔门入室之徒，自颜、曾之外，盖亦无几，以是知圣学精微之奥。诚未易窥，而人既知所趋向，又不可不勉其所未至也。

张居正讲评译释 子路喜好勇力，所以他经常弹奏一些杀伐、亡国的音乐。孔子听了之后告诫说："我教育学生，把培养人的气质，提高人的品德当作最紧要的事，在音乐上，听别人弹奏的音乐就可以了解他的为人。现在听子路弹的音乐，就可以知道他的气质还有缺陷，道德品性还不纯洁。为什么要在我这里弹瑟呢？"孔子这么说，是想要子路反省自己，克服自己过于刚勇的缺点，并不是要放弃他。孔子的弟子们却因为孔子的话，就对子路不敬重了。孔子就告诉他们说："你们怎么能认为子路不值得敬重呢？人如果到了知识广博、道德高尚的境地，就像进入厅堂一样；如果能弄明白精微深奥而灵通的道理，就像进入内室一样。如今子路的学问已经算是非常渊博了，只是还没有到达精微深奥的地步，就好像人进入到厅堂，但是还没有进入到内室一样。假如他能够努力进取，前途一定难以估量，你们怎么能因此轻视他呢？"孔子门下的弟子，除了颜回和曾子，没有谁能够明白孔子学问的精妙之处。孔子的学问确实高深难懂，但是一个人既然有了目标，就不能不努力实现啊。

原文 子贡问："师与商也孰贤？"子曰："师也过，商也不及。"曰："然则师愈与？"子曰："过犹不及。"

今译 子贡问："子张与子夏谁更贤能一点呢？"孔子说："子张过头，子夏不足。"子贡说："那么子张更贤能一些吗？"孔子说："过头和不足是一样的。"

张居正讲评 师是颛孙师，商是卜商，都是孔子弟子。愈字解做胜字。子贡问于孔子说："门弟子中，若颛孙师、卜商者，二人所造，果谁为贤？"孔子答说："师也才高意广，而好为苟难，其学每至于太过；商也笃信谨守，而规模狭隘，其学每失之不及，是二人之所造也。"子贡不达过与不及之义，乃问说："师既是过，商既是不及，然则师固胜于商欤？"孔子答说："不然。道以中庸为至，不及的固不是中道，那太过的也不是中道，是太过也与不及的一般。若能各矫其偏，固皆可至于中，不然，则其失均耳。吾未见师之胜于商也。"

张居正讲评译释 子贡问孔子："你的学生中，子张和子夏相比，谁更贤能一点呢？"孔子回答说："子张学识渊博、志向远大，但是喜欢研究一些刁钻偏僻的问题，在学问上经常钻研得过了头；子夏踏实谨慎，但是气概过于狭小，在学问上经常研究得不足，这就是两个人各自的情况。"子贡不明白过头和不足的意思，就问："既然子张过头，子夏不足，那么子张比子夏更贤能吗？"孔子回答说："不是这样的。中庸是最好的品德，不足和过头都不是中庸之道，所以这两者都是一样的。如果能改正各自的缺点，都可以达到中庸，不然他们的过失是一样的。我没有看出子张比子夏更贤能啊。"

原文 季氏富于周公，而求也为之聚敛而附益之。子曰："非吾徒也，小子鸣鼓而攻之可也！"

今译 季氏已经比周公还要富有，冉求还帮他多方聚敛，以增加财富。孔子说："他已不是我的学生了，你们可以大张旗鼓去讨伐他。"

张居正讲评 聚敛是多方征敛，以取民财。附益是增加的意思。非吾徒是说不是我的门人，绝之之词也。小子指门人说。鸣鼓而攻之，是齐声攻击其过失。古之圣人有周公者，亲则成王之叔父，尊则天子之冢宰，又有安定社稷之功，食禄最多，赏赉最厚，其富乃分所当然也。季氏以鲁国之卿，而其富乃过于周公，则必有攘夺公家、刻剥小民之事。为家臣者，从而匡救其恶可也。冉求为季氏家臣，不惟不能匡救，又为之设法征求，多方聚敛，以增益其富，其党恶害民甚矣！故孔子绝之说道："若冉求者，非我之门人也。盖我以仁义道德为教，则凡为吾徒者，皆当以直道事人，而不为阿谀；以惠政养民，而不为掊克。今求乃党恶害民，得罪于名教，则岂吾之门人乎？汝等小子与之同学，有过失相规之义，须明正其罪，齐声以攻击之，使知省改可也！"夫人之为恶，若党与不众，则其为害犹小，惟夫身据权要，而人又从而附丽之，则其虐焰滋甚，不可扑灭。故圣人于党恶之人，拒绝之严如此。

张居正讲评译释 周公是古时候的圣人，他既是周成王的叔父又是国家的太宰，有安定国家的功劳，所以享受的俸禄最多，得到的赏赐最重，他的富有是理所应当。季氏只是鲁国的大夫，但却比周公还富有，他一定有掠夺国家财物和剥削百姓的行为。家臣们本应该扶正挽救他的错误行为。但是冉求作为季氏的家臣，不仅不对其匡正扶救，反而帮他想方设法地多方聚敛，以增加财富。冉求这是结党作恶，祸害百姓的行为！所以孔子要和他断绝关系，说道："冉求已经不是我的学生了。我一直用仁义道德教育学生，凡是我的学生，都应该公平正直地对待别人，不阿谀奉承；都应该用仁政治理百姓，不能搜刮百姓。现在冉求结党作恶，祸害百姓，完全不顾名声与教化，这怎么是我的学生呢？你们是他的同学，有规劝的道义，你们应该公开惩处他的错误，大张旗鼓地讨伐他，让他知道并且改正错误才行啊！"人做坏事的时候如果同党不多，那么产生的危害就相对较小，只有那些身份显贵的人，被很多人奉承巴结，他们残暴的气焰难以消除。所以孔子严词拒绝那些结党作恶的人。

原文 柴[9]也愚，参也鲁[10]，师也辟[11]，由也喭[12]。

今译 高柴愚直，曾参迟钝，颛孙师偏激，仲由粗俗。

张居正讲评 柴是高柴。参是曾参。师是颛孙师。由是仲由。都是孔子弟子。愚是明智不足。鲁是迟钝。辟是务外少诚。喭是粗俗。昔圣门教人，专以变化气质为先，故孔子各举四子气质之偏而教之说："高柴为人，谨厚有余，而明智不足，是其愚也；曾参迟钝而少警敏，是其鲁也；颛孙师务为容止，而少至诚恻怛之意，是其辟也；仲由粗鄙凡陋，而少温润文雅之美，是其喭也。"愚与鲁者，必须充之以学问。辟者，必须本之以忠信。喭者，必须文之以礼乐，然后可进于圣人之道，不然，亦卒偏而不得其中矣，可不知所自励哉？

张居正讲评译释 孔子教育学生，先要改变学生的性格特点，他列举出气质过于偏颇的四个学生，教导他们说："高柴这个人，过于忠厚谨慎，却不明事理，他这是愚直；曾参反应迟钝，机敏不足，他这是迟钝；颛孙师注重仪容举止，却缺乏真诚友善，他这是偏激；子路粗俗浅薄，缺少温文尔雅的风度，他这是粗俗。"愚直和迟钝的人，必须要用学问和知识来充实；偏激的人，必须要用忠厚诚信来教导；粗俗的人，必须要用礼仪音乐来使其文雅，使他们的性格改变之后才能让他们学习孔子的学问，不然也会因为偏颇而学不到圣人学问中的精髓。所以求学者能不知道如何勉励改善自己吗？

原文 子曰："回也其庶[13]乎，屡空[14]。赐不受命[15]，而货殖焉，亿[16]则屡中。"

今译 孔子说："颜回的修养和学问已是接近完善了吧，可他常常贫困。端木赐不务正业去做买卖，推测市场行情，却常常猜中。"

张居正讲评 庶是相近的意思。屡是数。空是匮乏。不受命是不安于天命。货殖是生聚货财。亿是度。中是得其理。孔子说："士志于道，而以贫乏累其心，则立志不高。信道不笃，其去道也远矣。惟颜回以明睿之资，务深潜之学，其于道，盖庶几相近矣乎。盖常人在贫困之中，有不堪其忧者，而回则处之泰然。其家数至匮乏，一无所有，初不改其所性之乐焉。是其所见者大，所得者深，骎骎乎与道为一矣。若端木赐之为人则不然。贫富自有定命，不容强求者也。彼则不肯安受天命，而务欲生财以致富，其不如回之安贫乐道多矣。然才识明敏，其亿度事情每每切中，如其所料，则亦有过人者，使由此而充之，亦可以进于道矣。此二子之优劣也。"夫颜渊亚圣，而孔子特称其屡空，子贡高才，而孔子犹讥其货殖，则洁廉自守之士，与嗜利无耻之人，岂可同日而语哉？用人者当知所辨矣！

张居正讲评译释 孔子说："读书人要立志追求道，如果贫困能影响其心志，那就是志向不远大，立志不坚定，这样的人离道很远啊。只有颜回天资聪颖，潜心求学，修养和学问已是接近完善了。一般人都难以忍受生活的贫困，只有颜回能安然处之。颜回家里非常贫穷，一无所有，但这不影响他对学问和道德的追求。这是因为他见识远大、志向坚定，能够坚定地一心追求道啊。子贡则不是这样，本来富贵贫贱都是上天注定的，不能强求。他却不肯安于天命，想要发财致富，他远远比不上安贫乐道的颜回啊。但是子贡聪明机敏，他推测市场行情时，常常猜中，这也是过人的地方，假如他能完善自己的品德，就也能追求到道。这就是这两个人的优劣。"颜回的道德才智仅次于圣人，孔子特别指出他生活的贫困，子贡才能高超，孔子却讥刺他不务正业，那么追求财利的人怎么能和廉洁高尚的人相提并论呢？用人者应该知道如何去辨识人才啊！

原文 子张问善人之道。子曰："不践迹[17]，亦不入于室。"

今译 子张问做善人的方法。孔子说："善人是不沿着前人的脚印走，但同时他的学问和修养达不到精深和完善。"

张居正讲评 践是践履。迹是圣贤之成法。入室是造乎精微之域，譬如入于室内一般。子张问于孔子说："世有一等自然有善而无恶的人，其所行何如？"孔子答说："善人者，质美而未学者也。惟其质美，故生来暗与道合，虽不必循途守辙以践圣贤之成法，而自不至于为恶。惟其未学，故亦不能涵养扩充，以造乎精微之域，而入圣人之室也。"夫其不践迹而自不为恶，此善人之所以为善人。不践迹而亦不能入室，此善人之所以止于善人也。然则夫人岂可徒恃其生质之美，而不加学问之功哉！

张居正讲评译释 子张问孔子："世上有一种人，天生道德高尚，没有任何不良的品行，他们是怎么做到的？"孔子回答说："善人没有经过学习就有很美好的品质，他们品质美好，是因为他们天生就知道追求道，即使没有循规蹈矩向圣贤学习，也不会作恶。但是因为他们没有学习，所以学问和修养就达不到精深和完善，就达不到圣人的地步。"不向圣人学习而能不作恶，这就是善人之所以成为善人的原因。不向圣人学习也就不能使学问完善，这就是善人之所以只是善人的原因。所以人怎么能仰仗着天生美好的资质，而不用功求学呢？

原文 子曰："论笃是与，君子者乎？色庄[18]者乎？"

今译 孔子说："听到人议论笃实诚恳的人就表示赞许，但也还要进一步判断他是真君子呢？还是伪庄重的君子呢？"

张居正讲评 论如论官论才之论。笃是笃实。与是许可的意思。君子是有德的人。色庄是内无实德，矜饰外貌的小人。孔子说："忠信之人，可以学道。故器质之敦笃而不虚华，朴实而无文饰者，乃君子之所与也。然人藏其心，情伪难测，外貌未足以尽人也。若不加深察，只论人于容貌词气之间，见以为笃实而遽许之，则斯人也，其果表里相符，而为有德之君子乎？抑亦矫饰外貌，假做个老实的模样，而为色庄者乎？使其为君子之人，则与之诚是也，若是个色庄之人，而亦与之，不几于失人乎？然知人实难。以帝尧之圣，而犹见欺于象恭之共工，况其他乎？"夫子之言，盖有所感也。

张居正讲评译释 孔子说："忠厚诚信的人，可以学习道义。敦厚笃实而不慕虚荣，朴素踏实而不伪装自己的人，是值得称赞的君子。但是有的人会隐藏、伪装自己，他们没有完整地向人们展示自己。对这样的人，如果不深入观察，只根据外表就认为其笃实诚恳并加以赞赏。那么这样的人真的是表里合一、品德高洁的君子呢？还是把自己伪装成老实忠厚的样子，而没有实德的伪君子呢？假如他是真君子，那么对他的赞赏就是对的，如果他是一个伪君子，而也对其表示赞许，这不就是错用人才吗？想要看清一个人确实很困难啊，以尧的圣明，也依然被貌似恭敬却内心奸诈的共工欺骗，更何况其他人呢？"孔子这么说，是因为有所感触啊！

原文 子路问："闻斯行诸？"子曰："有父兄在，如之何其闻斯行之？"冉有问："闻斯行诸？"子曰："闻斯行之。"公西华曰："由也问：'闻斯行诸？'子曰：'有父兄在。'求也问：'闻斯行诸？'子曰：'闻斯行之。'赤也惑，敢问。"子曰："求也退，故进之；由也兼人，故退之。"

今译 子路问道："听到了就行动起来吗？"孔子说："有父兄在，怎么能够听到了就行动起来呢？"冉有问道："听到了就行动起来吗？"孔子："听到了就行动。"公西华说："仲由问：'听到了就行动起来吗？'老师说：'有父兄在。'冉求也问：'听到了就行动起来吗？'而老师却说：'听到了就行动。'我被弄糊涂了，冒昧地来问个明白。"孔子说："冉求总是退缩，所以我鼓励他；仲由好勇过人，所以我约束他。"

张居正讲评 诸是语词。求也退，这退字是怯弱的意思。故退之，这退字是裁抑的意思。兼人是胜过乎人。昔子路问于孔子说："由尝闻道而患于未之能行也，自今一有所闻，即断然行之，可乎？"孔子答说："闻义固当勇为，然父兄在上，有不得以自专者，若不禀命而行，则反伤于义矣。如何可以闻斯行之乎？"冉有问说："求尝悦道而患于力之不足也，自今但有所闻，即勉而行之，可乎？"孔子答说："学莫贵于力行。若见义不为，是无勇矣。汝其闻斯行之乎。"公西华疑而问说："由也问：'闻斯行诸？'夫子告他说，有父兄在，则既以禀命为恭。及求也问：'闻斯行诸？'夫子又告他说，闻斯行之，则又以必行为是。由、求之问本同，而夫子之答迥异如此，赤也不能无惑，敢问其说如何？"孔子答说："人之材质不同，教人者，当因材而造就之，不可执一也。冉求是个怯弱的人，凡事每逡巡畏缩不肯前进，故我告以闻斯行之，使知勇往力行，以变其柔懦之习，所以引其不及而归之中也。仲由是个刚强的人，凡事都径情直遂，只要胜过乎人。故我告以有父兄在，使知安分循理，不流于妄动之失，所以抑其太过而归之中也。其问同而答异者以此，汝何疑之有哉？"按《洪范》有云："沉潜刚克，高明柔克。"沉潜而治之以刚，即所谓退而进之者也；高明而治之以柔，即所谓兼人而退之者也。可见圣人立教，与帝王出治，其斟酌化裁，操纵阖辟，皆不出此二者，所以能甄陶一世，而尽君师治教之责也。

张居正讲评译释 子路问孔子说："我曾经在听说了一件事之后没有及时行动，从今以后，听到了就果断地行动起来吗？"孔子回答说："见义勇为固然是应该的，但是有父兄在，就不能够擅自做决定，如果没有得到指示就行动，反而不符合道义。怎么能听到了就行动呢？"冉有问孔子："我曾经很想要追求道，但是担心能力不足，如今只要听到了道，就应该勉励自己及时行动吗？"孔子回答说："求学最重要的就是亲身实践。见义不为是缺乏勇气啊，你应该在听到之后就立即行动。"公西华听了之后很疑惑，问道："子路问：'听到了之后就行动吗？'老师回答他说，应该听从父兄的命令。到了冉有问：'听到了之后就行动吗？'老师就告诉他说，听到了之后就立刻行动，认为应该立刻行动。子路、冉求的问题相同，但是老师的回答却不一样，我感到很困惑，想问一下为什么这么回答？"孔子回答说："人们的性格不同，教导他们的时候，应该因材施教，不能够一概而论。冉求天性懦弱，遇到事情总是畏首畏尾，不敢大胆前进，所以我告诉他听到之后就立刻行动，让他知道勇敢向前，改变他的懦弱，这就是提高他的不足以达到中庸。仲由是一个刚强的人，遇到事情都是率意妄为，只想着胜过别人。所以我告诉他应该听从父兄的命令，让他知道安分循理，不因为任意妄为而产生过失，这是抑制他让他回到中庸。这就是为什么相同的问题却回答不同，这有什么问题吗？"《洪范》里有句话："沉潜刚克，高明柔克。"怯懦软弱就用刚强来克制，这就是让落后者进步；刚毅勇猛就用柔弱和顺来克制，这就是克服人的鲁莽。由此可以看出，圣人教育学生和帝王治理国家时做出的决策，都没有偏离这两种方法，所以他们能够做到教化民众、治理国家。

原文 子畏于匡，颜渊后。子曰："吾以女为死矣。"曰："子在，回何敢死？"

今译 孔子在匡地受到了当地人的围困，颜渊最后才逃脱出来。孔子说："我以为你已经死了。"颜渊说："夫子还活着，我怎么敢死呢？"

张居正讲评 畏是恐惧。后是相失在后。昔孔子被围于匡而有畏心，一时仓卒。遇难之际，颜渊偶相失在后。方其相失之时，夫子惧其为匡人所害，心正悬虑，及其至也，不胜其喜幸之意，乃迎而谓之说："吾只以汝为死矣。今乃幸而无恙乎？"颜渊对说："回于夫子，分则师生，恩犹父子，生死患难，相与共之者也。若夫子不幸而遇难，回必不爱其生，捐躯以赴之矣。今夫子既喜得以保全，回亦何敢轻于赴斗，以犯匡人之锋而死乎？"于此不独见其师生相与，恩谊甚深，抑且死生在前，审处不苟。盖由平日涵养纯粹，见理分明故耳。所谓笃信好学，守死善道，若颜渊者，真其人矣。

张居正讲评译释 孔子在匡地受到围困，因为感到恐惧，所以离开的时候很仓促。在受到围困的时候，颜回走丢了，最后才逃出来。在颜回走失的时候，孔子担心他被匡人伤害，心里非常着急，当颜回回来的时候，孔子非常高兴地对他说："我以为你已经死了。现在安然无恙吧？"颜回回答说："我跟老师之间，虽然名分上是师徒，但是情同父子，要共患难，同生死。如果老师不幸遭遇了灾难，我也不会爱惜生命，一定会挺身而出的。现在老师既然安全离开了，我怎么敢轻易去和匡人战斗而被他们杀死呢？"从这些不只能看出他们师徒之间深厚的感情，也能看出颜回在生死关头的审慎抉择。颜回有很高的道德修养，所以能明辨事理。颜回真的是人们所说的信仰坚定并勤奋好学，能够以生命保全道义的人啊。

原文 季子然[19]问："仲由、冉求可谓大臣与？"子曰："吾以子为异之问，曾由与求之问。所谓大臣者，以道事君，不可则止。今由与求也，可谓具臣[20]矣。"

今译 季子然问："仲由和冉求可以算得上是大臣吗？"孔子说："我以为您是在问别的人呢，原来是问仲由和冉求呀。所谓大臣就是能够用仁义之道来侍奉君主的人，如果不是这样的话，他宁肯辞职不做。现在仲由和冉求，只能算是充数的臣子罢了。"

张居正讲评 季子然是季孙意如之子。异是非常。不可是君不信从。止是去位。具臣是备数为臣，无可称述的意思。昔仲由、冉求为季氏家臣，故季子然问于孔子说："臣一也，然有大臣，有小臣，职任既有崇卑，则其称之亦有难易。夫子之门人，若仲由、冉求者，其德器才识，可以谓之大臣与？"盖夸二子之贤，以见季氏之得人也。然季氏乃僭窃之臣，由、求既不能谏，又不能去，正孔子之所深恶者，故答之说："汝之问我，我以为必有非常之事，与非常之人。乃今以由、求二子为问，则汝之问亦卑矣。且汝以由、求为大臣，是岂知大臣之道乎！盖所谓大臣者，乃君德成败之所关，国家安危之所系，其责任隆重，与群臣不同。若只是阿意曲从，不顾道理，与夫贪位慕禄，不识进退，则何以成就君德，表率百僚？必须学术纯明，忠诚恳至，凡事都以道理辅佐其君。如君之所行有合道理的，便为之赞助于中，为之宣布于外，以成其美。如君之所行有不合道理的，便为之正言匡救，为之尽力扶持，以补其阙，必欲引其君于当道而已。若使君不向道，而吾之言或不从，谏或不听，则虽居官食禄亦是尸位素餐，便当引过自归，奉身而退，必不可枉道以辱其身也。盖大臣以正君为职，故志在必行；以旷职为耻，故身在必退，其道固当如此。今由、求之为家臣，既不能直道事人，以尽责难陈善之忠；又不能安分知止，以全难进易退之节，是乃备数为臣者耳，何足道哉。"夫子之轻由、求，所以抑季然也。

张居正讲评译释 仲由和冉求是季氏的家臣，所以季子然问孔子说："臣子有大臣和小吏，职位有尊贵和卑贱，那么对他们的称谓就也不相同。像你的学生仲由和冉求那样的品德和才能，能算得上大臣吗？"这是称赞二人贤德，来表现季氏用人得当，得人心。但是季氏越分窃取，仲由和冉求既不能劝阻也没有离开，这是孔子厌恶的行为，所以孔子回答说："我还以为你有什么特别的事、特别的人要问我呢，原来是问冉求和仲由啊，那么你也很卑贱无知啊。你把冉求、仲由当作大臣，这是不知道什么是大臣啊！人们所说的大臣，关系到君主的德行和国家的安危，他们责任重大，和一般的小官小吏不一样。如果不管君主行为的对错，一味地奉承迎合，贪图官位和俸禄，不知道进退，这怎么帮助君主培养品德，给百官做表率呢？作为大臣，必须学识高明、忠厚诚恳，遇事要用正直的道理辅佐君主。如果君主的行为合理，就支持协助并宣扬君主的美名。如果君主的行为不合理，就对其直言相劝，尽力帮他改正错误，将其指引到正道上。假如君主的行为于理不合，并且不听从自己的劝谏，那么即使身居高位也是占据着职位白吃闲饭不做事，这就应该反省自己的过错，辞掉官位，一定不能违背正道让自己受到侮辱。作为大臣要把规劝君主当作自己的职责，一定要完成自己的职责；要把旷废职守当作耻辱，如果不能规劝君主，一定要辞官隐退，冉求和仲由原本应该做到这些，但现在他们作为季氏的家臣，既不能按照正道侍奉季氏，尽到直言规劝的责任；又不能安于本分，辞官归隐，来保全自己的品节，所以他们两个只是充数罢了！"孔子轻视冉求和仲由，也是为了批评季子然啊！

原文 曰："然则从之者与？"子曰："弑父与君，亦不从也。"

今译 季子然又说："那么他们会一切都跟着季氏干吗？"孔子说："杀父亲、杀君主的事，他们是不会跟着干的。"

张居正讲评 季子然又问说："由、求既不可以为大臣，则凡事只听命于所事，唯唯诺诺，而无所是非者与？"孔子答说："由、求虽不知大臣之道，然君臣之义，明白易见者，彼亦晓然知之。至于弑父与君，大逆无道之事，必不肯党恶以从人也。"盖季氏素有不臣之心，欲借二子以为羽翼，故孔子阴折其心如此。此可见天下有大臣、有具臣、有乱臣，若人君能尊德乐道，则大臣得以尽其忠；能随材器使，则具臣得以勉其职；能防微杜渐，则乱臣无所容其奸，此又明主所当加意也。

张居正讲评译释 季子然又问："冉求、仲由既然不能作为大臣，那么他们会不辨是非，任何事情都唯唯诺诺地听从季氏的命令吗？"孔子回答说：

"冉求、仲由虽然不知道如何做大臣，但是对清楚明白的君臣之义还是知道的。至于杀父亲、杀君主这样大逆不道的事，他们肯定不会跟着干的。"季氏一直都有犯上作乱的想法，想要得到冉求、仲由二人的帮助，所以孔子这样暗中批评他。由此可见，臣子可以分为大臣、充数的臣子、犯上作乱的臣子，君主如果能爱惜自己的品德，喜好圣贤之道，那么就能让大臣尽忠职守；如果能根据臣子的长处，安排适当的工作，那么平庸的臣子也能完成自己的职守；如果能防微杜渐，那么就不会产生犯上作乱的臣子，这也是圣明的君主应该注意的。

原文 子路使子羔为费宰。子曰："贼[21]夫人之子。"子路曰："有民人焉，有社稷焉，何必读书，然后为学？"子曰："是故恶夫佞者。"

今译 子路让子羔去做费邑的邑宰。孔子说："这简直是误人子弟啊！"子路说："那里有老百姓，有土神谷神，治理百姓和祭祀神灵都是学习，难道一定要读书才算是学习吗？"孔子说："所以我讨厌那种花言巧语狡辩的人。"

张居正讲评 子羔是高柴的字。宰是邑宰。贼是害。夫人之子就指子羔说。佞是强辩饰非。昔子路为季氏宰，因欲举子羔为费邑之宰，孔子责之说："凡人学优斯可以登仕，明体乃足以适用。今子羔资质虽美，而所学尚浅。若遽使为宰，则内有妨于修己，而学问无由以成；外有妨于治人，而功业必不能就。这不是爱他，实所以害之也，如之何其可乎？"子路因夫子之责，乃不自以为过，又强词以应之说道："费邑之中，有民人焉，所当治也。有社稷焉，所当事也。若于民人而求所以治民之理，于社稷而尽所以事神之道，这便是学了，何必读书，拘拘于章句之末，然后谓之学焉？"夫治民事神，固学者事，要必学之已成，然后可仕以行其学。若初未尝学，而使之即仕以为学，则道理不明，施为欠当，其不至于慢神而虐民者几稀矣。子路此言，非其本意，但不肯自认己错，而取辨于口给以御人耳。夫子乃直言以责之说："我平日所以恶那佞口的人，正谓其不论理之是非，而惟逞口辩以求胜耳。由也自今可不戒哉！"夫漆雕开必已信而后仕，则夫子喜之。子路于未学而使仕，则夫子责之。可见出治有本，务学为先，凡有天下国家之责者，其职任愈大，则其学当愈充，其关系愈重，则其学当愈勤，诚不可一时而少闲也！

张居正讲评译释 子路给季氏做家臣，想让子羔去做费邑的邑宰，孔子责备他说："人在学习有了成就之后才能做官，明白了事理之后才能符合任用条件。现在子羔虽然资质优秀,但是学问还很浅。如果过早地让他做邑宰,对内会影响自身的学习,在学问上难有收获;对外会妨碍治理百姓,难以成就功业。这不是爱他,而是害他啊,怎么能这样做呢?"孔子责备子路,子路却认为自己没有错,强词夺理地说:"费邑那里有百姓需要治理,有鬼神需要侍奉。治理百姓和祭祀神灵也都是学习,何必要拘泥在章句这些粗枝末节上,非得认为读书才是学习呢?"治理百姓和祭祀神灵固然也是学习,但一定要在学问上有所成就之后才能够做官,实践自己的学问。如果开始的时候没有进行学习,而把做官当作学习,那么就难以明白事理,难以恰当地处理事务,这一定会懈怠神灵、祸害百姓啊。子路这么说,并不是自己的本意,这是不肯承认错误,强词狡辩罢了。孔子直言不讳地责备他说:"我最厌恶的就是那些花言巧语狡辩的人,他们不依据道理的是非,只是凭借着强词夺理来取得言辞的胜利罢了。你现在也要警惕啊!"漆雕开在有了让人信服的才能之后才开始做官,孔子感到很高兴。子路让学问浅薄的子羔去做官,孔子严厉地责备了他。由此可以看出,想要治理好国家就要先在学问上有成就,那些关系到天下国家的人,他们的责任越大,就越应该通过学习充实自己,他们的职位越关键,求学就应该越勤奋,实在是不能浪费任何时间啊!

原文 子路、曾皙[22]、冉有、公西华侍坐。子曰:"以吾一日长乎尔,毋吾以也。居则曰:'不吾知也!'如或知尔,则何以哉?"

今译 子路、曾皙、冉有和公西华陪孔子坐着。孔子说:"我年龄比你们是大一些,不要因为我年长而不敢说。你们平时总说:'没有人了解我呀!'假如有人了解你们,那你们要怎样去做呢?"

张居正讲评 曾皙名点,是曾参之父。门人记子路、曾皙、冉有、公西华,一日侍坐于夫子之侧,夫子欲使尽言以观其志,乃先开诱之说:"人情若拘于少长之分,则心生严畏,意不展舒,虽欲知其心之所存,不可得矣!今我之年齿,虽有一日少长于汝辈,而为汝等之师,然汝勿以我长而难于尽言,务当有怀必吐,有言必尽,可也。盖汝辈方平居之时,固皆自负说:'吾之才,本足以为世用,但人莫能知我耳。'如或有人知汝,举而用之,则汝将何所设施,以展其生平之蕴哉?试为我言其所以待用之具何如?"夫子此问,盖欲考见四子自知之明,而因以施其裁成之教也。

张居正讲评译释 孔子的弟子记录有一天子路、曾皙、冉有、公西华坐在孔子旁边，孔子想让他们畅所欲言，以此来观察他们的志向，就开口引导他们说："人如果拘泥于身份的高低，就会心生畏惧，难以放松自己，就难以知道他心里是怎么想的啊！我的年龄是比你们大一些，是你们的老师，但是你们也不要因为我年长就不敢说，一定要把想说的话全说出来才行。你们平时总自命不凡地说：'以我的才能，本来完全应该被重用，但是没有人了解我呀。'假如有人了解你们，重用你们，你们想要怎么去施展你们的才能和抱负呢？试着给我说一下你们会怎么做吧！"孔子这么做是想要看一下这四个人是怎么看待自己的，然后再因材施教。

原文 子路率尔而对曰："千乘之国，摄乎大国之间，加之以师旅，因之以饥馑；由也为之，比及三年，可使有勇，且知方也。"夫子哂之。

今译 子路赶忙回答说："一个拥有一千辆兵车的国家，夹大国中间，常常受到别国侵犯，加上国内又闹饥荒，倘若我去治理，只要三年，就可以使人民勇敢善战，而且懂得礼仪。"孔子听了，微微一笑。

张居正讲评 率尔是轻遽的模样。千乘之国是地方百里，可出兵车千乘的侯国。摄是管束。二千五百人为师，五百人为旅，加以师旅，是说有兵战之事。因是频仍。谷不熟叫做饥，菜不熟叫做馑。勇是强勇。方是向，知方，是知向于义。哂是微笑。子路一承夫子之问，更不逊让，便轻遽而对说："今有千乘之国，两边都是大国管束于其间，又加之以师旅，而调发不宁，常有兵战之事，又因之以饥馑，而荒歉频仍，每有匮乏之忧，时势之难为也如此。若使由也为之，外当事变之冲，内修政教之实；务农积谷于其先，简阅训练于其后；果锐以作其气，忠信以结其心。将及三年之久，可使民皆强勇，而敌忾御侮之争先；又且皆知向义，而亲上死长之无二。是则由之志也。"于是夫子微笑之。盖笑其言词轻率，非谓其所志之不大也。

张居正讲评译释 子路听了孔子的提问之后，毫不谦让地直接回答说："一个拥有一千辆兵车的小国家，夹大国中间，经常发生战事，而自己难以调派军队，国内又经常闹饥荒，百姓常常吃不上饭，国家的形势就是这样艰难。假如让我去治理这个国家，对外抵挡战事，对内施行教化；先发展农业，储存粮食，然后训练百姓，检阅军队；鼓舞百姓的士气，让他们团结一致。只需要三年，就能使人民勇敢善战，勇于前去抵御侵略；并且懂得礼仪道德，知道尊敬尊长和君主并为之效命。这就是我的志向啊。"孔子听了之后微微一笑。这是笑子路说得过于轻率，不是说他志向不大啊！

原文　"求，尔何如？"对曰："方六七十，如五六十，求也为之，比及三年，可使足民。如其礼乐，以俟君子。"

今译　孔子说："冉求，你怎么想的呢？"冉求回答说："国土有六七十里或五六十里的国家，让我去治理，只需三年，就可以使百姓生活富足。至于这个国家的礼乐教化，就要等君子来施行了。"

张居正讲评　孔子既闻子路之志，遂以次问于冉求说："尔之志何如？"冉求对说："千乘大国，非求所堪也。但方六七十里，或五六十里的小国，若使求也为之，制田里，教树畜，以开其源；薄赋敛，敦节俭，以导其流。将及三年之久，可使民皆富足，不惟仰事俯育之有资，亦且水旱凶荒之有备，求之志，如斯而已。若夫礼以节民性，乐以和民心，使化行而俗美，则必俟夫才全德备之君子，然后能行之，非求之所敢当也。"盖冉有之资，本自谦退，又因子路见哂，故其词益逊如此。

张居正讲评译释　孔子听了子路的志向之后，接着问冉求说："你的志向呢？"冉求回答说："我管理不了拥有一千辆兵车的大国。但如果让我去治理国土六七十里或五六十里的国家，我会通过管理田地，教育百姓栽种、畜牧，来增加国家的收入；我会轻徭薄赋，提倡节俭，节约国家的财富。只用三年时间，就能让百姓富足，使他们不只能维持家庭生活，也能够在发生水旱灾害的时候有储备的粮食，我的志向也就是这些。至于用礼乐来教化百姓，一定要等德才兼备的君子来施行，不是我能担当得了的。"冉求的为人原本就很谦逊，又看到孔子笑子路，所以才会说得这么谦逊。

原文　"赤，尔何如？"对曰："非曰能之，愿学焉。宗庙之事，如会同[23]，端章甫[24]，愿为小相[25]焉。"

今译　孔子说："公西赤，你怎么想的呢？"公西赤回答说："我不敢说能做到，但是愿意学习。在宗庙祭祀的活动中，或是在与别国的盟会中，我愿穿着礼服、戴着礼帽，做一个小小的赞礼人。"

张居正讲评　宗庙之事是祭祀祖考。诸侯时见叫做会，众覜叫做同。端是玄端，礼服。章甫是礼冠。相是赞礼者。谓之小者，谦词。夫子又呼公西赤而问说："尔之志何如？"公西赤对说："礼乐之事，非敢说我便能之，诚愿即其事而学焉。彼宗庙之中，有祭祀之事，至如诸侯修好，则有会同之事，皆礼乐之所在也。赤当斯时，若得周旋供事于其间，服玄端之服，冠章甫之冠，愿为赞礼之小相焉，序其仪节，使君不失礼于神明；审其应对，使君不失礼于邻国。赤之志，如斯而已矣。"盖礼乐本公西华之所优为，其曰愿学，曰小相，亦因问而承之以谦也。

张居正讲评译释 孔子又问公西赤说："你的志向呢？"公西赤回答说："礼乐上的事，我不敢说一定能做到，但是我愿意诚心地学习。在宗庙祭祀的时候，或者与别国会盟的时候，都需要实施礼乐。这时候，我愿意穿着礼服、戴着礼帽，在其中做一个小小的司仪官，检查仪式礼节，使君主不对神明失礼；审视其中的应酬交际，使君主不对邻国失礼。我的志向也就是这啊。"礼乐原本是公西华很擅长的事，他这时候说愿意做一个小司仪官学习礼仪，也是因为孔子的询问才做出的谦虚回答。

原文 "点，尔何如？"鼓瑟希，铿尔，舍瑟而作，对曰："异乎三子者之撰。"子曰："何伤乎？亦各言其志也。"曰："莫春者，春服既成，冠者五六人，童子六七人，浴乎沂，风乎舞雩[26]，咏而归。"夫子喟然叹曰："吾与点也！"

今译 孔子说："曾点，你怎么样？"这时曾弹瑟的声音逐渐放慢，铿的一声曲终，离开瑟站起身来，回答说："我想的和他们三位说的不一样。"孔子说："那有什么关系呢？也就是各人讲自己的志向而已。"曾点说："暮春三月，已经穿上了春天的衣服，我和五六位成年人，六七个少年，到沂水里洗澡，在舞雩台上吹风，一路唱着歌儿走回来。"孔子长叹一声说："我赞同曾点的想法！"

张居正讲评 希是间歇。铿尔是瑟之余音。作是起。撰是具。莫春是三月的时候。春服是单夹之衣。风是乘凉。沂是水名。舞雩是祭天祷雨。有坛墠树木的去处，都在鲁城之南。咏是歌咏。喟然是叹息之声。与是许。方三子言志之时，曾点正在鼓瑟。三子言志既毕，夫子乃呼曾点问说："尔之志何如？"点承夫子之问，鼓瑟之声方才间歇，余音尚铿然可听，乃舍瑟而起，从容对说："点之志，与三子之所具者不同，有难言者。"夫子开导之说："汝但言之，庸何伤乎？人各有志，亦惟各言其志而已，不必同也。"曾点乃对说："点之志，非有他也，亦以性分之中，自有真乐，随寓而在，无事旁求。就如今莫春之时，天气和煦，景物固足以畅怀；冬衣已解，单夹之服既成，又足以适体，因而偕那同志之徒，冠而成人者五六人，年少的童子六七人，少长有序，气类相投，油油然往游于鲁城南之胜处。沂水有温泉，其洁可濯也，则相与洗浴乎沂水之滨；舞雩有坛墠树木，其阴可庇也，则相与乘凉于舞雩之下；兴寄有时而可止也，则相与歌咏而归。唱和交适，舒卷自如，是亦足以自乐矣，而他尚何慕焉？点之志，所以异乎三子者如此！"夫子一闻曾点之言，有契于心，乃喟然叹息说道："吾与点也，其深嘉乐，予之意，溢于言表矣。"盖君子所性，万物皆备，人惟见道不明，未免有慕于外，始以得失为欣戚耳。若是反身而诚，无所愧怍，此心泰然，纯是天理，则无往而不得其乐矣。故蔬食水饮，箪瓢陋巷，此乐也。用于国而安富尊荣，达之天下而老安少怀，施诸后世而亲贤乐利，亦此乐也。大行不加，穷居不损，用行舍藏，惟其所遇，而我无心焉。盖圣门学术如此，曾点知之，故为夫子所深许也。

张居正讲评译释 子路、冉有、公西华在阐述自己志向的时候，曾点正在弹瑟。三个人说完的时候，孔子就问曾点说："你的志向呢？"曾点听到孔子的询问之后，才停止弹瑟，瑟的余音还响亮能听见，曾子就离开瑟站起身来，从容地回答说："我想的和他们三个不一样，不太方便回答。"孔子开导他说："你只管说就行，担心什么呢？人各有志，只是说自己的想法就行，不用一样。"曾点听了之后回答说："我的志向没有别的，也就是遵循自己的天性中的喜好，不想追求别的东西。比如在春末的时候，天气和煦，风景秀丽，已经脱掉冬季的厚衣服，穿上春季的单衣，感觉非常舒适，这个时候和志趣相同的朋友——五六位成年人，六七个少年，长幼有序，兴趣相投，悠然自得地去城南游玩。沂水那里有温泉，泉水非常干净，能够洗澡，就一起去沂水洗澡；舞雩台那里树木繁茂，就一起去舞雩台的树荫下乘凉；游乐结束的时候，就一起唱着歌儿返回。歌唱时此唱彼和，互相呼应，轻松自如，这就完全能让我感到高兴啊，别的还羡慕什么呢？这就是我的志向，和他们三个的不一样啊！"孔子听了曾子的话后，感到非常符合自己的想法，就深切感慨地叹息说："我和曾点都非常喜欢音乐，我的想法，都被曾点说出来了呀。"君子已经明白了万物最根本的道理，只有那些不明白事理的人，才会羡慕外在的事物，为得失感到高兴或难过。如果一个人为人真诚，内心安宁而无所愧疚，就一直能得到快乐。君子在粗茶淡饭，生活简陋时，感受到的就是这种快乐；在管理国家时使百姓安逸富足，治理天下的时候使人民生活安定，教育后世时使他们亲近贤人，为百姓谋福利，在这些时候他们感受的也是这种快乐。他们在取得成就的时候不会炫耀自己，在生活贫困的时候不会折损自己的品节，被任用就施展抱负，不被任用就辞官退隐，从来不会在意自己的遭遇。孔子的学问就是这些，曾点已经明白了，所以受到了孔子的赞赏。

原文 三子者出，曾皙后。曾皙曰："夫三子者之言何如？"子曰："亦各言其志也已矣。"曰："夫子何哂由也？"曰："为国以礼，其言不让，是故哂之。"

今译 子路、冉有、公西华三个人都出去了，曾皙走在最后。曾皙说："他们三位的话怎么样？"孔子说："也就是各自谈谈自己的志向罢了。"曾皙说："夫子为什么要笑仲由呢？"孔子说："治理国家要讲礼让，可他说话一点也不谦让，所以我笑他。"

张居正讲评 礼是天理之节文。让是谦逊。昔诸子言志已毕，曾皙以夫子独与己之志，而于子路则哂之，于冉有、公西华则无言，不能无疑，乃俟三子皆出，独留身在后，问于夫子说："适间三子所言之志，其是非得失何如？"夫子说："也只是各言其志而已，无他说也。"曾皙又问说："夫子何为独笑仲由也？"夫子说："凡为国者，必以礼让为先，则上下雍睦，示民不争，而后国可治也。今由也，言辞急遽，自负有才，直任之而不让，则失乎恭敬辞逊之道，而有悖于礼矣，将何以为国哉？此吾所以笑之也。"

张居正讲评译释 这几个人说完自己的志向后，曾皙因为孔子称赞自己，笑子路，对冉有、公西华则什么话也没说，从而感到很疑惑，等到子路、冉有、公西华三个人都出去了，独自留在后面问孔子："刚才他们三个人说的话怎么样？"孔子回答说："只是各自谈谈自己的志向罢了，没有别的意思。"曾皙又问说："那您为什么笑子路呢？"孔子说："凡是治理国家，一定要讲礼让，这样才能君臣和睦，百姓也不会发生动乱，才能治理好国家啊。可是子路说话急切，自认为有才能，一点也不谦让，这就是没有做到恭敬谦逊，不符合礼啊，这样怎么治理国家呢？所以我才笑他呀！"

原文 "唯求则非邦也与？""安见方六七十，如五六十，而非邦也者？""唯赤则非邦也与？""宗庙会同，非诸侯而何？赤也为之小，孰能为之大？"

今译 曾皙说:"那么是不是冉求讲的不是治理国家呢?"孔子说:"哪里见得方圆六七十里或方圆五六十里的地方就不是国家呢?"曾皙说:"公西华所讲的算得上是治国之事吗?"孔子说:"宗庙祭祀和诸侯会盟,这不是诸侯的事又是什么呢?像公西赤这样的人只做一个小相,那么谁能做大相呢?"

张居正讲评 曾皙又问说:"冉求之志,虽在足民,而其所治,不过六七十、五六十之小,其无乃非为邦也欤?"夫子说:"先王之建万国,亲诸侯,虽有百里、七十里、五十里之不同,而分封之典则一也。百里固为大邦矣,安见方六七十,与五六十之小,而遂非邦也者?盖土地虽云狭小,然一般有封疆社稷,一般有人民政事,岂可谓之非邦乎?是求之所任,固为邦之事也,汝何疑哉?"曾皙又问说:"公西赤之志,虽在于礼乐,而其所愿,不过为小相耳,其无乃非为邦也欤?"夫子说:"自诸侯享亲,然后有宗庙;睦邻,然后有会同。赤既志于宗庙会同矣,谓非诸侯之事而何?且赤本素具礼乐之才,而顾愿为小相,特其谦退之意耳。若以赤为不足于大,而仅可以为其小,则谁有能优于礼乐,出乎其右,而为之大者乎?是赤之所任,亦为邦之事也,汝又何疑哉?"合而观之,三子言志,固亦夫子之所取者,乃独许曾点,何也?盖君子藏器于身,待时而动,穷不失意,达不离道,乃出处之大节也。若负其才能,汲汲然欲以自见于世,则出处之际,必有不能以义命自安,而苟于所就者。子路仕卫辄,冉有从季氏,病皆在此,故夫子独与曾点,以其所见超于三子也。

张居正讲评译释 曾皙又问:"冉求虽然也志在使百姓富足,但是他治理的不过是方圆六七十里或方圆五六十里的地方,这是不是不能算国家呢?"孔子回答说:"先王分封诸侯的时候,虽然国土面积有百里、七十里、五十里的不同,但是分封时的典礼仪式是一样的。方圆百里的地方固然是国家,但怎么看出方圆六七十里或方圆五六十里的小地方就不是国家呢?虽然这些地方的土地面积小,但是一样也有疆界、宗庙,一样有百姓、政务,怎么能说这不是国家呢?所以冉求想要做的的确是治理国家的事啊,你有什么疑问呢?"曾皙又问:"公西赤的志向虽然在礼乐上,但是他想做的,不过就是当一个小小的司仪官,这是治理国家的事吗?"孔子说:"诸侯祭祀先祖,所以才有了宗庙;和邻国关系和睦,所以才会有与邻国的会盟。公西赤既然立志在宗庙祭祀和诸侯会盟的时候做司仪官,这不是诸侯的事又是什么呢?况且他原本就有礼乐上的才能,做司仪官只是他谦逊的说法。如果公西赤不能做更重要的事,只能做这些小事，那么谁又能在礼乐上胜过他，比他做得更好，做更重要的事呢？所以公西赤想的也是治理国家的事，你又有什么疑问呢？"把他们几个的志向和想法放在一起看，子路、冉有、公西华三个人的志向，孔子也是认可的，但为孔子什么单独称赞曾点呢？因为君子需要学好本领，等待施展的机会。穷困时不失去仁义，显达时不背离道德，这才是一个人最高尚的品节。如果一个人自认为有才能，急切地想要被重用，那么他在出仕做官的时候，就难以用道义要求自己，一定会为了官位屈服。子路在卫国做官，冉求给季氏做家臣，都是这个缺点，所以孔子只称赞了曾点，因为他的见识超过了另外三个人啊！

注释：

[1] 先进：前辈。

[2] 后进：后辈。

[3] 昆弟：兄弟。

[4] 白圭：《诗经》里的诗："白圭之玷，尚可磨也；斯言不玷，不可为也。"意思是："白圭若玷缺了，尚可磨得；若言语差了，则不可追悔矣。"乃是要谨言的意思。

[5] 颜路：即颜无繇，儒家，春秋鲁国（今属山东省）人。字路，因此又称颜路。他是颜回（颜渊）的父亲，父子俩曾先后在孔子门下求学。孔子早期的弟子之一。

[6] 椁：套在棺材外面的大棺材。

[7] 行行：刚强负气貌。

[8] 侃侃：和乐貌。

[9] 柴：高柴，字子羔，孔子的学生。

[10] 鲁：迟钝。

[11] 辟：偏，偏激，邪。

[12] 喭：鲁莽，粗鲁，刚猛。

[13] 庶：庶几，相近。这里指颜渊的学问道德接近于完善。

[14] 屡空：经常贫困。

[15] 不受命：不安于天命。

[16] 亿：同"臆"，猜测，估计。

[17] 践迹：踩着前人的足迹。

[18] 色庄：面色严肃，却内无实德。

[19]季子然:姬姓,中国春秋时期鲁国三桓之一季氏的族人。

[20]具臣:备位充数之臣。

[21]贼:伤害。

[22]曾皙:或称曾点,是宗圣曾子的父亲,字子皙,春秋末年鲁国南武城(今属山东平邑)人。曾参之父,孔子早期弟子,笃信孔子学说。

[23]会同:古代诸侯朝见天子的通称。

[24]章甫:古代一种礼帽。

[25]相:诸侯祭祀、盟会时的司仪官。

[26]舞雩:台名。是鲁国求雨的坛,在现在曲阜市东。古代求雨祭天,设坛命女巫为舞,故称舞雩。

颜渊第十二

原文 颜渊问仁。子曰："克己复礼为仁。一日克己复礼，天下归仁焉。为仁由己，而由人乎哉？"

今译 颜渊问怎样做才是仁。孔子说："克制自己，一切都照着礼的要求去做，这就是仁。一旦这样做了，天下的一切都归于仁了。实行仁德，完全在自己。难道还要靠别人吗？"

张居正讲评 仁是本心之全德。克是胜。己是人心之私欲。礼是天理之节文。归字解做与字。昔孔门之学，以求仁为要，故颜渊问于孔子说："如何可以为仁？"孔子教之说："仁，心德也。心德在人，本无不具，就中件件都有个天理当然之则，所谓礼也。人惟累于己私，不能自克，把这礼丧失了，故流于不仁耳。为仁者，必须从心上做工夫，但有一些己私，都便都着力克去，务使一私不存，而念念事事，依旧复还乎天理当然之则，则本心之德全，而仁不外是矣。然这个道理，乃天下人心所同具的，果能于一日之间，己无不克，礼无不复，而先得乎人心之所同然，则天下莫不翕然称许其仁。盖秉彝好德，其理固有然者，其效之甚速而至大也如此。然事由己者易，由人者难。今己，是自家的私欲，礼，是自家的天理，其克其复，皆由于我，亦为之而已，而岂由人乎哉？其机之在我而无难也如此。"孔子以是告颜渊，所以勉之者至矣。然要之，尧舜相传心法，亦不过如此。盖所谓人心惟危，即是己也；所谓道心惟微，即是礼也；所谓精一执中，即是克复为仁之功，初无二理也。然则欲纯全乎尧舜之仁者，可不服膺于孔子之训哉！

张居正讲评译释 孔子学问中最关键的就是仁，所以颜渊问孔子说："如何才能做到仁呢？"孔子教导他说："仁是内心的道德。这些道德表现在人的很多方面上，每一方面也都有理所应当的准则，这个准则就是礼。人被自己的私欲拖累，不能克制自己，就会违背礼，这样就会失去仁德。仁德的人，一定要保持内心的纯洁，要努力驱除心中的任何私欲，在思考和办事时，遵循天理，这样就能保全自己的品德，这就是做到了仁德。这个道理，是天下人都在追求的，如果一个人能够克制自己，一切都照着礼的要求去做，率先达到了仁德，人们就会一致地称赞他。因为遵循天理，追求仁德，是一个人本来就应该做的事，所以取得的效果才会像这样既快又明显。办事时依靠自己很容易，依靠别人就会很困难。现在是自己的私欲、自己的天理，克制私欲和恢复天理都在于自己，只要去做就行了，跟别人有什么关系呢？像这样克己复礼的关键全在于自己，就不会有什么困难了。"孔子这么教导颜渊，是对他的勉励呀。总之，尧舜代代相传的心法，也不过就是这些，他们所说的人心要居高思危，就是克制自己；道心微妙居中，就是遵循礼仪；保持专注之道，不改变自己的目标，这就是实现仁德方法，和孔子对颜渊的教导没有什么不同。既然这样，想要像尧舜那样完全实现仁德的人，能不听从孔子的教诲吗！

原文 颜渊曰："请问其目。"子曰："非礼勿视，非礼勿听，非礼勿言，非礼勿动。"颜渊曰："回虽不敏，请事斯语矣。"

今译 颜渊说："请问实行仁的条目。"孔子说："不合于礼的不要看，不合于礼的不要听，不合于礼的不要说，不合于礼的不要做。"颜渊说："我虽然愚笨，请相信我也一定会照着您的话去做的。"

张居正讲评 目是条件。勿是禁止之词。敏是明敏。请事是奉行的意思。斯语指非礼勿视四句说。颜渊闻孔子克己复礼之训，其于天理人欲之际，已判然矣，故不复有疑，而直请问说："克己复礼，用功的条目何如？"孔子告之说："人生而静天之性也，感物而动，则不能不发见于视听言动之间。然视听言动，皆有个自然的天则，是即所谓礼也。才涉非礼，便是私，故必谨于萌动之初，制于未发之始。视必以礼，而一毫非礼，即禁止之于心而勿视；听必以礼，而一毫非礼，即禁止之于心而勿听；言必以礼，而一毫非礼，即禁止之于心而勿言；动必以礼，而一毫非礼，即禁止之于心而勿动。夫非礼皆己也，于此而禁之，皆克己也。己克，则礼复，而仁在是矣。所谓克己复礼为仁者如此。"颜渊一闻孔子之教，便直任之说道："人必才质明敏，方能造道。回虽不敏，然夫子之教可循也。请从事此言，务克去其视、听、言、动之私，以复于天理节文之内，令本心之德，复全于我而后已，岂敢自诿于质之不敏，以负夫子之教哉！"盖颜子自量其力之可至，故直任之而不辞如此。

张居正讲评译释 颜渊听了孔子"要克制自己,一切都照着礼的要求去做"的教导之后,明白了什么是天理什么是人欲,对于如何做到仁不再有疑问,直接问孔子说:"那应该从哪些方面去实行仁呢?"孔子回答说:"人生来好静,这是人的天性,感知外部事物以后会产生情感的变动,就会在视、听、言、动的时候表现出来。视、听、言、动都有需要遵守的规则,就是所说的礼。只要稍微不符合礼,就是产生私欲的表现,所以一定要在事情刚发生的时候就谨慎处理,克制自己的私欲。看的时候一定要符合礼,只要有一点不符合礼,就不要看;听的时候一定要符合礼仪,只要有一点不符合礼,就不要听;说话的时候一定要符合礼,只要有一点不符合礼,就不要说;做事的时候一定要符合礼,只要有一点不符合,就不要做。不符合礼的事情都是因为自己的私欲才发生的,不做不符合礼的事情,就是克制自己。克制了自己的私欲,就能遵循礼仪,就能实现仁。这就是所说的克制自己,一切都照着礼的要求去做就是仁。"颜渊听了孔子的教导之后,就直接说道:"只有天资聪颖的人才能提高自己的道德修养。我虽然不聪明,但是能够按老师教导的去做。我会听从老师的教导,务必除去视、听、言、动的私欲,遵从相应的礼仪,恢复内心最初的品德。怎么敢推脱说自己资质平庸,不努力提高自己的品德,从而辜负老师的教诲呢!"颜渊知道自己能够做到这些,所以毫不推辞地表示要按孔子的教导去做。

原文 仲弓问仁。子曰:"出门如见大宾,使民如承大祭。己所不欲,勿施于人。在邦无怨,在家无怨。"仲弓曰:"雍虽不敏,请事斯语矣。"

今译 仲弓问怎样做才是仁。孔子说:"出门办事要如同去接待贵宾,役使百姓要如同去进行重大的祭祀。自己不愿意的,不要强加于别人。在诸侯的朝廷之上没人怨恨自己,在卿大夫的封地里也没人怨恨自己。"仲弓说:"我虽然不聪敏,请相信我也会一定照着您的话去做的。"

张居正讲评 仲弓是孔子弟子冉雍的字。大宾是有德位的宾客。大祭如郊祭、庙祭之类。仲弓问于孔子说:"如何可以为仁?"孔子教之说:"为仁之道,不外于存心;存心之要,惟在于敬恕而已。夫人见大宾无不起敬者,若于出门易忽之时,也俨然如见大宾的一般,则无一时之敢忽可知;承大祭无不致敬者,若于使民易慢之际,也肃然如承大祭的一般,则无一事之敢慢可知,是之谓敬也。人以非礼之事加我,我不欲也,若我以此加人,人亦不欲也。必推己之心，度人之心；不欲人之加诸我者，亦不以之加诸人焉，是之谓恕也。夫能敬，则私意无所容，而仁之体以立；能恕，则私意无所杂，而仁之用以行。由是外而在邦，上下莫不相安，何怨之有？内而在家，宗族莫不相悦，何怨之有？主敬行恕，而至邦家无怨，则心存理得而仁在是矣！"仲弓闻夫子之教，遂直任之说道："人须是才质明敏者，方能体道。雍虽不敏，然夫子之教切至如此，敢不以敬恕之功自尽，以无怨之效自考，而期无负于夫子之明训哉！"盖仲弓自量其力之可至，故勇于自任如此。

张居正讲评译释 冉雍问孔子说："如何做到仁呢？"孔子说："实现仁的方法，不过就是用心求取，而用心的关键，就在于恭敬和宽容罢了。人们在对待贵宾的时候没有不恭敬的，如果他们在平时外出办事的时候，也像接待贵宾一样，就不会有任何怠慢；人们在举行重要的祭祀时，没有不恭敬的，如果在役使百姓的时候，也像举行重要的祭祀一样，就不会傲慢了，这才能算是恭敬。自己不愿意做的事，不想让别人强加给自己，同样，这些事别人也不愿意做。所以一定要设身处地为他人着想，自己不愿意的，不要强加于别人，这就是宽容。一个人能做到内心恭敬，就能驱除自己的私欲，就能够追求仁德；一个人能宽容别人，就不会产生私欲，就能够实现仁。这样的人在外出做官的时候，能和上司、下属和平共事，又怎么会招致怨恨呢？在家乡时，和家人、乡邻都能和睦相处，又怎么会招致怨恨呢？内心恭敬，办事宽容，在朝廷、在家乡都不会招致怨恨，这样就能保全内心的品德，实现仁啊！"冉雍听了孔子的教导，直接说道："只有天资聪颖的人才能提高自己的道德修养。我虽然不聪明，但是老师的教导如此恳切，我怎么能不努力让自己恭敬宽容，从而不招致怨恨，期望自己不辜负老师的教导呢！"冉雍知道自己能够做到这些，所以勇敢地表示要按孔子的教导去做。

原文 司马牛问仁。子曰："仁者，其言也讱[1]。"曰："其言也讱，斯谓之仁矣乎？"子曰："为之难，言之得无讱乎？"

今译 司马牛问怎样做才是仁，孔子说："仁德的人，他说话是慎重的。"司马牛又问："说话慎重，这就叫作仁了吗？"孔子说："做起来很困难，说话能够轻易说吗？"

张居正讲评 司马牛是孔子的弟子，名犁。讱是坚忍不轻发的意思。司马牛问说："如何可以为仁？"孔子教之说："子欲知所以为仁，当自言不妄发始。盖人惟心有不存，故言语每有伤，见伤烦之病。惟仁者涵养深沉，措词简默，其于言语，若有所忍而不敢以轻发焉者。子欲为仁，亦惟致谨于斯可矣！"司马牛又问说："仁道至大，只这言不轻发，便可以为仁矣乎？"孔子又告之说："这切言，不是容易的事。盖人惟其心之放也，故率意而妄为；惟其为之妄也，故肆言而无忌。若夫仁者，则心存而不放，故于临事之际，必熟思审处，其难其慎，不肯以苟且为之。是以言必虑其所终，行惟恐其不掩，出诸口者，自然不敢轻易，又安得而不切乎？是其言之切者，由于为之难；为之难者，本于心之存。心存则理得，而仁不外是矣，岂可以为易而少之哉？"夫子以牛心放而言躁，故反覆晓告如此，盖约之使求仁于心也。

张居正讲评译释 司马牛问孔子："如何做到仁呢？"孔子回答说："你想要知道如何做到仁，应该从不随意说话开始做起。人一旦缺乏了内心的品德，说话时就会伤害到别人，就容易招致麻烦。只有仁德的人品德高深、语言简洁，他们从不轻易开口说话。你想要追求仁，也这样在说话时谨慎小心就行了。"司马牛又问："仁是很高深的学问，只要做到不轻易说话，就能够实现仁了吗？"孔子回答说："说话谨慎，并不是容易做到的事啊！人们容易放松自己，任性妄为，说话的时候没有顾忌。而仁德的人，不放纵自己，所以在遇到事情的时候，一定会深思熟虑，谨慎抉择，不随便应对。所以他们说话的时候一定会考虑后果，行动的时候唯恐产生不好的结果，这样自然不敢轻易开口说话，又怎么会说话不谨慎呢？说话谨慎是因为觉得做事困难；做事困难是因为心存敬畏。心存敬畏才能明白事理，这就是仁呀，怎么能认为这很容易做到并且因此不努力呢？"孔子因为司马牛经常放纵自己，言辞随便，所以才这么反复地告诫他，是想要约束他，让他发自内心地追求仁啊！

原文 司马牛问君子。子曰："君子不忧不惧。"曰："不忧不惧，斯谓之君子矣乎？"子曰："内省不疚，夫何忧何惧？"

今译 司马牛怎样做一个君子。孔子说："君子不忧愁，不恐惧。"司马牛又问："不忧愁，不恐惧，这样就可以叫君子了吗？"孔子说："自己问心无愧，还有什么忧愁和恐惧呢？"

张居正讲评 君子是成德之人。忧是忧愁。惧是恐惧。内省是自家省察于心。疚是病。司马牛问于孔子说："学也者，所以学为君子也，不知君子之人何如？"孔子告之说："成德之人，心常舒泰，绝无忧愁恐惧之私，人能如是，斯可以为君子矣。"司马牛说："君子之道大矣，只这不忧不惧，便可谓之君子矣乎？"夫子又教之说："不忧不惧，未易能也！盖凡人涵养未纯，识见未定，祸福利害皆足以动其心。所以未事则多疑虑，临事则多畏缩，此忧惧之所由生也。惟君子平日为人，光明正大，无一事不可对人言，无一念不可与天知，内而省察于心，无有一毫疚病。故其理足以胜私，气足以配道义，纵有意外之患，亦惟安于命而已，夫何忧何惧之有？此非自修之功，已造于成德之地者不能。汝何疑其不足以尽君子乎？"按，司马牛因其兄桓魋作乱，常怀忧惧，故孔子开慰之如此。然内省不疚，实是常存敬畏中来，非徒悍然不顾而已。况人君居艰难重大之任，自非忧勤庶政，治民只惧，其何以永贻四海之安，长享天下之乐哉？故兢兢业业，人主不可不加内省之功也。

张居正讲评译释　司马牛问孔子说："求学是为了成为君子，怎么才能做一个君子呢？"孔子回答说："品德高深的人，内心一直都舒畅安宁，绝对不会忧愁、不会恐惧，人如果能这样，就可以成为君子了。"司马牛说："成为君子很难啊，只像这样不忧愁、不恐惧，就可以成为君子了吗？"孔子又回答他说："不忧愁、不恐惧，这不容易做到啊！一般的人修养不足，见识不高，祸福利害都会使他动摇。所以在事情还没有发生的时候有很多疑虑，面对事情的时候经常退缩，这就是产生忧虑的原因。只有君子为人光明正大，没有不能对别人说的事，没有任何不能让别人知道的想法，反省自己内心的时候，不会有任何愧疚。所以君子的正直完全能够胜过私欲，他们的勇气完全能够符合道义。即使有可能发生意外，君子也只追求安于天命罢了，又有什么可以忧虑的呢？一个人如果没有努力修养自己的德行，达到品德高深的境地，是做不到这些的。你怎么会怀疑做到这些后不能成为君子呢？"司马牛经常因为自己的兄长桓魋犯上作乱而担忧畏惧，所以孔子这样开导劝慰他。君子反省自己的时候不感到愧疚，是因为心存敬畏从不做坏事，不是蛮横地不顾一切后果。况且君主的任务艰巨困难，如果不为国事而忧虑勤劳，没有为民生的疾苦感到担心畏惧，他们怎么能使四海安定，使天下太平呢？所以君主应该勤恳认真地处理国事、治理百姓，不能不知道反省自己。

原文　司马牛忧曰："人皆有兄弟，我独亡。"子夏曰："商闻之矣：死生有命，富贵在天。君子敬而无失，与人恭而有礼，四海之内皆兄弟也。君子何患乎无兄弟也？"

今译 司马牛忧伤地说:"别人都有兄弟,唯独我没有。"子夏说:"我听说过这样的话:死生有命运主宰,富贵全在于天意。君子只要对待所做的事情严肃认真,那么全天下人都是自己的兄弟了。君子为什么要发愁自己没有兄弟呢?"

张居正讲评 商是子夏的名。无失是无间断。有礼是有节文。昔司马牛之兄桓魋,为乱于宋,而其弟子颀、子车,亦与之同恶。司马牛虑其得祸,故忧愁说道:"兄弟无故,乃天伦之真乐也。今人皆有兄弟,相安相乐,于无事之天;而我之兄弟,独不得以相保,岂不大可忧乎?"子夏闻其言而宽解之说道:"商也尝闻诸夫子矣,人之或死或生,是从命里生定的,非今之所能移;人之或富或贵,是皆天所付与的,非我之所能必,但当顺受之而已。若夫兄弟之有无。固天也、命也,忧之亦无益也。君子亦惟以天命自安,而修其在我所当自尽者耳。诚能持己以敬,而内外动静,无间其功;接人以恭,而亲疏贵贱,皆合乎理,则盛德所感,人人皆知爱敬,四海之内相亲相保,就是同胞的一般,何所往而非兄弟也!然则君子患不能自修耳,又何患乎无兄弟耶?"子夏欲以宽司马牛之忧,故为是不得已之词。然要之至理,亦不外此。

张居正讲评译释 当时司马牛的兄长桓魋在宋国犯上作乱,司马牛的弟弟子颀、子车也和桓魋一同作恶。司马牛担心自己的兄弟们有祸事,忧伤地说:"兄长和弟弟们没有发生祸端,才会有亲人团聚的欢乐。别人都有兄弟,能够在空闲的时候团聚欢乐;我有兄弟,却不能保全他们,这怎么能不忧伤呢?"子夏听了之后安慰他说:"我曾经听别人说过,人的生死是命中注定的,不是现在能够改变的;人的富贵也都是上天给予的,不是自己能够决定的,人们应该做的就是顺应天命罢了。你的兄弟们能否保全,全在天命,你担心也没有用。君子也只是顺应天命,严肃认真地对待应该做的事情罢了。你如果能保持内心的恭敬,不被任何事情影响;恭敬地对待别人,不管亲疏贵贱,一律以礼相待,这样人们都会感受到你美好的品德,人人都尊敬爱戴你,就像亲生兄弟一样亲近你、保护你,这样到处都是自己的兄弟啊!所以君子要担心的只是不能提高自己的品德,为什么要发愁自己没有兄弟呢?"子夏想要安慰司马牛,不得已才这么说。而做人最根本的道理,也不过就是这些。

原文 子张问明。子曰:"浸润之谮,肤受之愬,不行焉,可谓明也已矣。浸润之谮,肤受之愬,不行焉,可谓远也已矣。"

今译 子张问怎样才算是明智的。孔子说:"像水润物那样暗中挑拨的坏话,像切肤之痛那样直接的诽谤,在你那里都行不通,那你可以算是明智的了。暗中挑拨的坏话和直接的诽谤,在你那里都行不通,那你可以算是有远见的了。"

张居正讲评 明是心中明白,无所蔽惑。浸润谓如水之浸灌滋润,是形容毁人者,入之以渐,使听者不觉得意思。谮是毁入之短。肤受,谓肌肤上受害,是形容祸患切身的意思。愬是诉己之冤。不行是不听信。远是明之至而不蔽于浅近。子张问说:"人情微暧而难知,物态纷纭而莫辨,苟非至明,何以察识?请问如何方可谓之明?"孔子告之说:"凡见人之所易见者,未足以谓之明;惟察人之所难察者,乃可谓之明耳。如谗谮人者,若直将那人的不是处说将来,则情犹易窥也。惟夫谮而浸润焉者,或乘其喜怒,而暗为中伤,或即其近似,而巧为诬诋,微言冷语,积之以渐而不露形迹,譬如水之浸物的一般,则听者不觉其入而信之深矣。又如那愬冤者,若使其词少缓,则情犹可见也。惟夫愬而肤受焉者,或言人之害我,若在至极,或言我之受祸,就在目前,情状危急,事势迫切,譬如就加到身上的一般,则听者不及致详而发之暴矣。夫是二者,设心甚狡,用机至深,皆人所难察者也。若能察其为伪而不行焉,则是确然有见,洞烛群情之隐,而人不得以售其奸矣,岂不谓之明乎?然不但可谓之明也,若能于浸润之谮、肤受之愬而不行焉,则是超然远识,明见万里之外,而非浅近之知可比矣,岂不谓之远乎?盖于难察者而能察焉,则凡人之所易见者,皆无足言也。其谓之明且远也,不亦宜哉!"按,此章之旨,在人君尤为切要。盖人君以一人之耳目,照临乎天下,使非明而且远,则俭邪之情状难明,谗谮之游言易入。苟听信少差,其关系治乱,非小可矣!故必居敬穷理,使心有主持,而情伪毕照,然后人莫能欺,足称明且远也。明君宜三致意焉。

张居正讲评译释 子张问孔子说:"人的感情幽隐而难以被人弄懂,事物的发展变化缤纷杂乱难以辨别,如果不是无比明智的人,如何才能明察识别这些呢?请问怎样才能算是明智呢?"孔子回答说:"只是能弄明白那些显而易见的事,这算不上明智;只有能弄清楚那些难以辨察的事,才能算是明智。比如那些恶意中伤别人的人,如果他直接造谣中伤别人,那么还容易发现实情。只有像水润物那样暗中挑拨,根据别人的喜怒哀乐暗地里中伤别人,或者根据另外一件事去诬陷别人,那些轻微地诬蔑别人的话不知不觉就会积累起来，就像在水中浸泡物品一样，听者不知不觉间就会被蒙蔽。比如那些假诉冤屈的人，如果他们说的情况并不是那么急迫，那么实情还可能被发现。如果他的诉苦让人感受深切，或者假称别人将自己害得很苦，或者假称灾祸就在眼前，情况十分危急，就像马上要发生一样，这样听者就来不及辨别真伪从而上当受骗。这两种人，心机很重，非常狡猾，都是人们难以辨别的。如果一个人能够辨察出他们的谎言，这就是见识高明。能够看出被隐瞒的实情，不会被奸人欺骗，这不就是明智吗？不只是明智，如果能看透犹如水波一般慢慢侵袭渗透的毁谤，以及切身之痛楚一般的诉冤，这就是见识高远，能够弄明白万里之外的事情，这不是能明白浅显易懂的事就可以比的，怎么能不算是见识高远呢？如果能辨察那些很难辨察的事，那么对一般人来说容易发现的事，就更不在话下。说这样的人明智并且见识高远，不是很恰当吗？"这一章的主旨对君主来说尤其重要。君主一个人要辨察整个国家的事，如果做不到明智且见识高远，就难以辨明那些阴险邪恶的事情，容易听信那些谄媚诬陷的不实言论。如果听信这些谗言，任用了奸臣，就会影响到国家的稳定，这不是小事啊！所以作为君主一定要保持谨慎敬重的态度，探究事物的道理，使自己的心志变得坚定，能够辨别事情的真伪，这样就不会被人欺骗，就能够被称作聪明睿智和见识高远啊。想要成为明君，就要多注意这些。

原文 子贡问政。子曰："足食，足兵，民信之矣。"

今译 子贡问怎样治理国家。孔子说："粮食充足，军备充足，老百姓信任统治者。"

张居正讲评 子贡一日问政于孔子。孔子告之说："为政之要，惟视民生之最切者以为之所而已。食者，民所赖以为养。食有不足，则民生不遂，不可也。必须为之制田里，薄税敛，使闾阎有乃积乃仓之富，国家有九年六年之蓄，这等样足食才好。兵者，民所赖以为卫。兵有不足，则民生不安，不可也。必须为之比什伍，时简阅，使伍两卒旅之无缺，车马器械之咸备，这等样足兵才好。然米粟虽多，兵革虽利，苟信有未孚，则民心日离，又岂可乎？必须施教化，明礼义，使为吾之赤子者，皆有尊君亲上之心，无欺诈离叛之意，这方叫做民信之矣。夫食足，则导之而生养遂；兵足，则治之而争夺息；民信，则教之而伦理明。虽帝王之治，不过如此。兼是三者，政其有不举者乎？"

张居正讲评译释　有一天，子贡请教孔子怎么治理国家。孔子回答说："治理国家的关键，只是处理好与百姓切身相关的事罢了。粮食是百姓生存的关键，粮食不充足，百姓就难以生存，这样不行。必须让百姓拥有田地，降低他们的赋税，让百姓有余粮，国家有积蓄，像这样有充足的粮食才行。军队是保护百姓安全的关键，军队不足，百姓就难以安定，这样也不行。必须为百姓建立军队，并且时常检阅，让军队不缺少士兵和车马器械，像这样军备充足才行。然而即使粮食充足，兵马强壮，但是国家没有威信，民众不信任统治者，这又怎么能行呢？必须要实施礼仪教化，阐明礼义忠信，让自己的百姓都尊敬君主、亲近上司，没有欺骗和反叛，这才是得到百姓信任的国家。粮食充足，就能引导百姓生息繁衍；军备充足，就不会有争斗动乱；民众信任国家，就能够教导他们明辨伦理。即使是古代圣王明君治理国家，做的事也不过就是这些。做到这三个方面，国家怎么会治理不好呢？"

原文　子贡曰："必不得已而去，于斯三者何先？"曰："去兵。"

今译　子贡说："如果不得已要去掉一项，那么在三项中先去掉哪一项呢？"孔子说："去掉军备。"

张居正讲评　子贡又问说："三者兼全，固为善政。若事势穷蹙，难以兼得，必不得已，于三者之中，姑去其一，则以何为先？孔子说："若不得已，宁可去兵。"盖食足而信孚，则民亲其上，死其长，虽无兵而守固矣。此兵之所以可去也。

张居正讲评译释　子贡又问："这三个方面都能做到固然很好。如果形势困厄，难以做到三个方面，不得已要去掉一项，先去哪一个呢？"孔子回答说："如果不得已，就去掉军备。"因为粮食充足，民众信任国家，那么百姓愿意为上司效力，即使没有军队国家也能保持安定。所以可以去掉军备。

原文　子贡曰："必不得已而去，于斯二者何先？"曰："去食。自古皆有死，民无信不立。"

今译　子贡说："如果是不得已还要去掉一项，在剩下的两项中先去掉哪一项？"孔子说："去掉粮食。自古以来人总是要死的，没有粮食顶多就是饿死，如果老百姓对统治者不信任，那么国家就不能存在了。"

张居正讲评　子贡又问说："三者去兵，已是权宜，若事势愈蹙，虽食与信，亦有难兼者，必不得已，于二者之中又当去一，则以何为先？"孔子说："又不得已，宁可去食。"盖民无食必死，然自古及今，人皆有死，是死者，人所必不能免。若夫信者乃本心之德，人之所以为人者也。民无信，则相欺相诈，无所不至，形虽人而质不异于禽兽，无以自立于天地之间，不若死之为安。故为政者，宁死而不可失信于民，则民亦宁死而不失信于我矣，此食所以可去，而信必不可无也。即此观之，可见国保于民，民保于信。是以古之王者，不欺四海，善为国者，不欺其民。盖必有爱民之真心，而后有教民之实政，自然国富兵强，民心团结而不可解矣，此信所以为人君之大宝也。

张居正讲评译释 子贡又问："从这三项里去掉了军备，算是暂时适宜了，如果形势变得更加窘迫，即使是粮食和信任也难以兼备，不得已必须从这当中再去一个，应该去哪一个呢？"孔子回答说："还不得已的话宁可去掉粮食。"没有粮食的话百姓一定会饿死，然而从古至今人总是要死的，所以，死是难免的。诚信是人根本的品德，是做人的根本。百姓如果缺乏诚信，就会相互欺诈，无恶不作，这样和禽兽没有什么分别，这样的人没有存在天地间的必要，还不如死了。所以治理国家的人，宁可死去也不失信于民，民众就会宁可死去也不失信于国家，这就是可以去掉粮食，不能缺少信任的原因。由此看来，国家靠人民来保卫，人民靠信誉来保护。所以古时候圣明的君主，不欺骗天下，善于治理国家的人，不欺骗百姓。君主用真心爱惜百姓，用仁政治理百姓，自然会国家富裕，兵强马壮，百姓团结，民心归顺。这就是为什么诚信对君主来说无比重要。

原文 棘子成[2]曰："君子质而已矣，何以文为？"子贡曰："惜乎，夫子之说君子也！驷不及舌[3]。文犹质也，质犹文也。虎豹之鞟[4]犹犬羊之鞟。"

今译 棘子成说："君子只要具有好的品质就行了，要那些表面的仪式有什么用？"子贡说："真遗憾，先生您竟然这样谈论君子！一言既出，驷马难追。本质犹如文采，文采犹如本质，都是同等重要的。去掉毛的虎豹的皮革，和去掉了毛的犬羊的皮革没什么两样。"

张居正讲评 棘子成是卫大夫。质是质朴。文是文采。驷是四马。皮去毛的叫做鞟。昔棘子成厌周末文盛，人皆习于利巧，而无忠信之意，故立论说："君子之行己应务，惟当存其本质，不失了原来真意就是了，何必缘饰文采，以眩观美，反使实意之不存乎？"子贡闻而正之说："今时方逐末，人皆不知有质。吾子之说，意在崇本抑末，乃君子之道也。惜乎发言太易，不无矫枉过正之失，既已出于舌，虽驷马不能追及之矣。盖人之为道，无质不立，无文不行，是文也与质一般，质也与文一般，可相有而不可相无。君子小人之所以辨者，正在此也。若尽去其文，徒存其质，则君子小人混而无辨，就如虎豹之鞟和那犬羊之鞟，都是一般，看不出好歹。盖虎豹之皮，所以异于犬羊者在于毛；君子之人，所以异于小人者在于文，然则文岂可以遂废哉？"夫棘子成矫当时之弊，固失之过，而子贡矫子成之弊，又无本末轻重之差，胥失之矣。若求其尽善而无弊，则必如孔子所谓文质彬彬，乃为定论也。

张居正讲评译释 棘子成非常讨厌周朝末期烦琐的仪式，因为当时人们都贪婪诡诈，不讲究忠厚诚信，所以他提出自己的看法说："作为君子，处理好实事，保留美好的品质，不失去本心就行了，为什么要用那些表面的仪式来装饰自己，反而影响自己美好的品质，丢失了真诚的心意呢？"子贡听了之后就纠正他说："现在人们都只追求仪式，而不知道质朴。我老师孔子说的话，目的在于让人们追求朴实，抑制他们对形式的过度追求，这才是君子的做法。而你的话太随便了，矫正过度了，话说出口之后，即使是四匹马也追不回了啊。人在追求道的时候，缺乏质朴就难以立身，没有礼节仪式就难以前进，所以本质犹如文采，文采犹如本质，它们可以共存却不能缺少任何一个。这也是分辨君子和小人的方法。如果把文采都丢弃了，只保留本质，那样君子和小人就混在一起难以分辨了，就像去掉毛的虎豹的皮革，和去掉了毛的犬羊的皮革一样，看不出差别好坏了。虎豹的皮革之所以不同于犬羊的皮革，就在于毛的不同；君子之所以和小人不同，就在于文采仪式，所以文采怎么能被抛弃呢？"棘子成矫正当时社会弊病时，固然有过度纠正的过失，而子贡在矫正棘子成的弊病时，也没有本末轻重的差别，这也不对呀。如果想要做到尽善尽美，没有任何过失，就一定要像孔子说的那样"文华质朴配合得宜，既要有文采又要很朴实"，这才是正确的结论。

原文 哀公问于有若[5]曰："年饥，用不足，如之何？"有若对曰："盍彻[6]乎？"曰："二[7]，吾犹不足，如之何其彻也？"对曰："百姓足，君孰与不足？百姓不足，君孰与足？"

今译 鲁哀公问有若说："遭了饥荒，国家用度困难，怎么办？"有若回答说："为什么不实行十分抽一的田税制度呢？"哀公说："十分抽二，我还觉得不够，怎么能实行十分抽一的田税制度呢？"有若回答说："如果老百姓的用度够了，您怎么会不够呢？如果老百姓的用度不够，您又怎么会够呢？"

张居正讲评 盍是何不。彻字解做通字，是周家什一取民之制。周行井田之法，取通同均匀之意，故叫做彻。鲁哀公问于有若说："如今年岁饥荒，国用不足，将如之何？"有若对说："国家财赋，必取于民者有制，用于上者有经，然后岁之丰凶不足为患。君欲足用，何不复行我周彻法十一取民之旧乎？"哀公说："我鲁自宣公税亩以来，已是十分取二了。今吾之用度尚然不足，如之何更行彻法，岂不愈加匮乏耶？"有若对说："君民一体，休戚相关。如今朝廷上的费用，那一件不是小民出办？若能轻徭薄赋，一毫不过取于民，使之丰衣足食，家家殷实，是百姓足矣。将见民之生计既饶，则钱粮易于措办，凡军国服御之需，莫不乐于输纳，自然仓廪实，府库充，人君百凡用度，取之沛然而有余矣，其孰与不足乎？若是井地不均，赋敛无度，使百姓每衣食不给，家家贫困，是百姓不足矣。将见小民生计既窘，必至流亡失所，不但赋税无从出办，亦将怨嗟疾视，而起离散争夺之患矣，人君又将安所取足乎？即此观之，吾君不当徒以足国为心，而当以厚下为念也。"按，有若此言，深得君民一体之意，人主诚宜加念者，然足民固所以足国，而足国之道，则在节用而已。能节，则薄取自见其有余；不节，则厚敛且见其不足矣。然则孔子节用爱人一言，岂非治天下者之龟鉴哉！

张居正讲评译释 鲁哀公问有子说："今年遭遇了饥荒，国家用度困难，应该怎么办呢？"有子回答说："国家的钱财，从百姓那里收取时依据制度，被君主使用的时候有度量，这样在遭遇灾荒的年份就不用担心。你想要财用富足，为什么在收取赋税的时候不实行十分抽一的田税制度呢？"鲁哀公说："我们鲁国从宣公按田亩征税时开始，就是十分抽二了。十分抽二，我现在的用度还不充足，怎么能实行彻法呢？如果这么做了，我的财用岂不是会变得更加匮乏？"有子回答说："君主和百姓是一体的，彼此之间的忧喜、祸福都互相关联。现在国家的费用，哪一件不是从百姓那儿收取的？如果能轻徭薄赋，不多收百姓的钱财，让百姓丰衣足食，家境殷实，这样百姓就会富裕。百姓生活宽裕，那么钱财粮食自然容易筹措，在国家需要的时候，百姓一定会乐意缴纳钱财，这样自然能国库充实，君主的用度也会很充沛，还怎么会不足呢？如果田地分配不均，并且横征暴敛，导致百姓缺衣少食，家境贫困，这样百姓自然不会富足。如果百姓生活窘迫，流离失所，那么不仅没法缴纳赋税，也会心生怨恨，从而发生争斗动乱，这样君主又怎么能财用充足呢？由此看来，君主不应该只想着国家富足，也要仁厚地对待百姓啊。"有子的话，十分符合君民一体的思想，君主应该特别注意。百姓富裕固然能使国家富裕，而国家富裕还在于节约用度。如果节俭，即使收入微薄也自然能有剩余；如果不节俭，即使是横征暴敛也难以富足。所以孔子"节约用度，爱护百姓"的话是君主在治理天下时应该借鉴的啊！

原文 子张问崇德、辨惑。子曰："主忠信，徙义，崇德也。爱之欲其生，恶之欲其死。既欲其生，又欲其死，是惑也。'诚不以富，亦祇[8]以异。'"

今译 子张问怎样提高道德修养水平和辨别是非迷惑的能力。孔子说："以忠信为主，使自己的思想合于义，这就是提高道德修养水平了。爱一个人，就希望他活下去，厌恶他就恨不得他立刻死去，既要他活，又要他死，这便是迷惑。'不是因为嫌贫爱富，只是因为有了异心。'"

张居正讲评 崇是日有增加的意思。行道而有得于心叫做德。辨，是辨别。惑是心有所蔽。忠尽心而不欺。信是诚实而无伪。徙是迁。义是理之所当为者。子张问孔子说："得于心之谓德，所当崇也；蔽于心之谓惑，所当辨也。兹欲崇之辨之，果何所用其力乎？"孔子告之说："德根于心而达于事者也，使内有伪妄之心，则善端充长之无基；外无迁善之勇，则培养滋益之无助，德何由崇耶？故必存于心者，常以忠信为主，而无一毫之虚伪。又能于理之所当为者，便迁改以从之，而事事欲其合宜。如此，则根本既固，而善行又有所积累，本心之德，自将日进于高明矣，岂不是崇德之事？人之生死有命，本非吾所能张主也。今也爱其人，便要他生，恶其人，便要他死，既已溺于爱恶之私，而不达夫死生之定分矣。况此一人耳，方其爱之，既要他生，及其恶之，又要他死，易喜，易嗔，变迁无定。然则造化死生之柄，岂在吾好恶中耶？甚矣其惑也。能于此而辨之，则惑可得而去矣。"盖惑虽多端，死生乃其大者，推之于一切理外之事，皆不必虚用其心，又何惑之有？

张居正讲评译释 子张问孔子说："追求道时收获的就是德，人们应该提高这种道德；内心被蒙蔽就会有疑惑，人们应该辨别疑惑。我想要提高道德修养水平和辨别是非迷惑的能力，应该如何做呢？"孔子回答说："人的品德产生于内心而表现在做事上，假如一个人虚伪狂妄，就不会有善言善行；如果没有去恶行善的勇气，就不会对修养品德有帮助，这样道德修养怎么能提高呢？

所以一个人的内心一定要经常保持忠信，不能有任何虚伪。还要根据事理，改正自己的错误，做每一件事都要符合时宜。这样就能巩固自己的根本，积累自己的善行，那么自己的道德修养就能变得非常崇高了，这怎么能不算是提高道德修养水平呢？人的生死有命，这不是自己能够决定的。爱一个人，就希望他活下去，厌恶一个人，就想要他死去，既然有了喜好或厌恶的私心，就难以接受他的生或死了。更何况对一个人，既爱他，想要他活，又厌恶他，想要他死，这样就会喜怒不定。但是生死祸福，怎么会听从自己的好恶呢？这样就会感到很困惑。如果能分辨清楚这些，就可以解决困惑了呀。"人的疑惑有很多，而生死是最大的疑惑，如果能将对这种疑惑的辨别推广到其他的事情中，那就不会被虚假欺骗，又怎么会有疑惑呢？

原文 齐景公问政于孔子。孔子对曰："君君，臣臣，父父，子子。"

今译 齐景公问孔子如何治理国家。孔子答道："做君主的要像君主的样子，做臣子的要像臣子的样子，做父亲的要像父亲的样子，做儿子的要像儿子的样子。"

张居正讲评 齐景公名杵臼，一日问政于孔子。孔子对说："为政以叙彝伦为先，彝伦以君臣父子为大，必也。君尽为君的道理而止于仁，臣尽为臣的道理而止于敬，父尽为父的道理而止于慈，子尽为子的道理而止于孝。君、臣、父、子各尽其道，则治理由此而举，国家由此而治，乃人道之大经，政事之根本也。若于此忽焉而不图，岂所以为政乎？"按，是时，景公失政，而大夫陈氏厚施于国，则君不君，臣不臣矣。又多内嬖，而不立太子，则父不父，子不子矣。故夫子告之如此，所以深儆之也。

张居正讲评译释 齐景公问孔子如何治理国家，孔子回答说："治理国家应该先厘正伦理的次序，伦理次序中君臣父子的关系最重要，一定要处理好他们的关系。君主要有君主的样子，要做到仁德；臣子要有臣子的样子，要做到恭敬；父亲要有父亲的样子，要做到慈爱；儿子要有儿子的样子，要做到孝敬。君主、臣子、父亲、儿子都做到自己的本分，理政的成绩就会提高，国家也会因此而变得安定，这是人们正常的伦理关系和处理政务的根本。如果忽略这些，还怎么能治理国家呢？"当时齐景公的朝政混乱，朝廷接受大夫陈氏的财物，这样君主不像君主，臣子不像臣子。齐景公还有很多宠妾，却不立太子，这样就导致父亲不像父亲，儿子不像儿子。所以孔子才这么告诫他，这是为了让他警醒啊！

原文 公曰："善哉！信如君不君，臣不臣，父不父，子不子，虽有粟，吾得而食诸？"

今译 齐景公说："讲得好呀！如果君不像君，臣不像臣，父不像父，子不像子，即便有了粮食，我能够吃得着吗？"

张居正讲评 景公闻孔子之言，深有契于心，遂称赞说道："善哉此言，真切要之论也。如果君不成其为君，臣不成其为臣，而君臣失其道；父不成其为父，子不成其为子，而父子失其道。则纪纲颓败，法度废弛，国之灭亡无日矣。国家虽富，米粟虽多，吾岂得安享而食之乎？"景公知善夫子之言如此，亦可谓本心之暂明矣。然卒以继嗣不定，启陈氏篡弑之祸，岂非悦而不绎，吾末如之何者欤。

张居正讲评译释 齐景公听了孔子的话后，觉得孔子说得很对，就称赞道："说得好，说得真对呀。如果君不像君，臣不像臣，就不符合君臣之道；父不像父，子不像子，就不符合父子之道。这样就会导致纲纪衰败，法度废弛，国家很快就会灭亡。即使国家很富裕，有很多粮食，我又怎么能安心享用呢？"齐景公能这样称赞孔子的话，可以说是内心很明白啊。但是他在死的时候没有确定继承人，导致陈氏弑君作乱，如果这不算是只听从规劝却不改正错误的话，我就不知道什么算了。

原文 子曰："片言可以折狱者，其由也与？"子路无宿诺[9]。

今译 孔子说："只是用简单几句话就可以判决案件的，大概只有仲由吧！"子路说话没有不算数的时候。

张居正讲评 片言譬如说一言半句。折是剖断。狱是争讼。由是子路的名。稽留隔夜叫做宿。诺是有所许于人。子路无宿诺一句，是门人说的。孔子说："人之争讼者，各怀求胜之心，情伪多端，变诈百出；听讼者，虽极力以讯鞫之，尚有不得其情者矣。若能于片言之间，剖断曲直，使各当其情，而人无不输服者，其惟仲由也欤！"盖仲由为人忠信明决，惟其有忠信之心，故人不忍欺；惟其有明决之才，故人不能欺，此所以言出而人信服之，不待其辞之毕也。门人因夫子之言，遂记之说：子路乎日为人，最有信行，若受人之记，已应承了，则必急于践其言，曾未有迟留经宿而不行者。其为人忠信如此，则其所以取信于人者，正由其养之有素也。夫子称之，岂无自哉。

张居正讲评译释 孔子说："那些因争论而提出诉讼的人，都想要获胜，所以他们的话真伪难辨；审判的官员，即使努力审问，也难以得到实情。如果能凭借简单的几句话，就辨明是非曲直，让争论双方都信服，大概就只有仲由能做到了吧！"子路为人忠厚诚信，明达而有决断，因为他忠厚诚信，所以别人不忍心欺骗他；因为他明达而有决断，所以人们不能欺骗他，这就是他话一说别人就信服的原因。孔子的弟子听了孔子的话后记录道：子路这个人很讲诚信，如果接受别人的委托，就一定会急着履行承诺，从来没有留到第二天再做的。子路为人就是这样讲究诚信，他之所以能被人信任，也正是因为他的诚信。孔子称赞子路诚信，他自己也能做到这些啊。

原文 子曰："听讼，吾犹人也。必也使无讼乎！"

今译 孔子说："审理诉讼案件，我同别人是一样的，但若是能让诉讼案根本就不发生那就最好的了！"

张居正讲评 听讼是听断狱讼。犹人是不异于人。孔子说："为人上者，因民之争讼，而判其孰为曲、孰为直，此事我也可以及人，不为难也。然要不过治其末，塞其流而已。必也，正其本，清其源，而道之以德，齐之以礼，使民知耻向化，兴于礼让，自然无讼之可听，乃为可贵耳。"这是门人因孔子称许子路，并记其平日之言如此。盖治民而至于使之无讼，则潜消默夺之机，有出于政刑教令之外者，视彼片言折狱，又不足言矣。明君观此，可不以德化为首务哉？

张居正讲评译释 孔子说："居于高位的人，要审理百姓的诉讼，辨别其中的是非曲直。在这件事上我和别人是一样的，不感到难以应付。但是审理诉讼治标不治本，只能控制诉讼的扩大罢了。只有从根本上整顿，从源头上清理，用道德引导百姓，用礼制去同化他们，让百姓知道礼义廉耻，接受教化，懂得礼让，这样自然就不会发生诉讼事件，这才是难能可贵的。"弟子听到孔子称赞子路，就记录了他这方面的言论。治理百姓时如果能不露形迹地化解他们的矛盾，使他们不会产生争论，那么使那些违反政令、法律的人不敢欺瞒说谎，很快就能判决狱讼这件事就不值得被称道了。君主看到这些，能不把实施德行教化当作首要任务吗？

原文　子张问政。子曰:"居之无倦,行之以忠。"

今译　子张问如何治理政事。孔子说:"居于官位不懈怠,执行君令要忠实。"

张居正讲评　政是治人之道。居是存诸心者。倦是倦怠。行是施诸事者。忠是尽心而无伪。两个之字,都指政说。子张问于孔子说:"如何是为政之道?"孔子告之说:"凡人心所存主叫做居,设施于事叫做行。为政者,孰无所存之心,但始虽如此,而其终不免于倦怠,则其为政不过苟且而已。必也居之无倦,如何养民而使之得所,如何教民而使之成俗,念念在兹,始如是,终亦如是,不以时之久远,而少有懈惰之意,则政自有恒,而治民可期其成效矣。为政者,孰无所行之事,但事虽如此,而未必出于真心,则其为政不过虚文而已。必也行之以忠,凡制田里以养民,兴学校以教民,肫肫切切,外如是,内亦如是,一皆本于真德实意,而不徒为粉饰之具,则政皆实事,而德泽自然及于民矣。"盖政虽多端,皆由一心以为之根本,未有始终表里一于诚,而政有不举者。是道也,小可以治一邑,大可以治一国,又大可以治天下,虽圣人之至诚无息亦不过此。有为政之责者,可不知所务哉?

张居正讲评译释　子张问孔子说:"应该如何处理政事?"孔子回答说:"人的想法就叫作居心,将这种想法实施出来就是行动。做官的人,都想要勤勉办事,但是在刚开始做官时虽然有这种想法,最后也难免放松懈怠,处理政事的时候不过就是敷衍应付罢了。想处理好政事的人一定不能心生懈怠,要一直思考着如何养育、教化百姓,开始这样,最后也要这样,不能因为时间长就产生任何懈怠,这样政令自然能够维持长久,也能有效地管理百姓。做官的人,都有政事要处理,但是如果没有真心实意地处理政事,做官就没有意义。执行政令的时候一定要忠实,在养育、教化百姓的时候,要真诚恳切,表里如一,要发自自己的真心实意,没有任何虚伪、粉饰,这样处理的政务才是切实有益的事,恩泽自然能够惠及百姓。"政事虽然繁多,但在处理的时候都要遵循诚心这个根本方法,如果没有始终一致、表里如一的真诚,就难以处理好政务。通过忠诚,小的来说可以治理一个城邑,大的来说能够治理一个国家,再往大了说可以治理整个天下,圣人能做到的也不过就是这些。需要处理政事的官员,能不知道该如何做吗?

原文　子曰:"君子成人之美,不成人之恶。小人反是。"

今译　孔子说："君子成全别人的好事，而不助长别人的恶处。小人则与此相反。"

张居正讲评　这是孔子论君子小人用心之不同。说道："君子见人行一件好事，便诱掖之以助其所不及，奖劝之以勉其所欲为，务期以成就其美而后已。若见人行不好的事，则规戒以晓其惑，沮抑以挽其失，务期以改易其恶而后已。"盖君子之心，有善而无恶，故见人之善其心好之，惟恐其志之不坚而行之不力也；见人之恶，若身有之，惟恐其名之玷而身之辱也。小人则不然，则人之为恶，则迎合容养以成其为恶之事；见人之为善，则忌克诋毁以阻其为善之心。盖小人之心，有恶而无善，故见人之恶，即喜其与己同，惟恐其不党于己也；见人之善，即恶其与己异，惟恐其或胜于己也，其用心之相反如此。是以国家用一君子，则不止独得其人之利，而其成就天下之善，为利更无穷也。用一小人，则不止独被其人之害，而其败坏天下之善，为害更无穷也。人君可不审察而慎用之哉！

张居正讲评译释　孔子在这里谈论君子和小人想法的不同，说："君子看到别人要做好事，就在他遇到困难时引导他，劝他坚持下去，并给予帮助，成全他的好事。如果看到有人做坏事，就对他进行规劝，制止他的恶行，帮助他改正错误。"君子的内心只有善良，没有邪恶，所以在看到别人做好事的时候心里很高兴，担心别人做好事的时候志向不坚定，行动不尽力；看到别人做坏事的时候，就好像自己做坏事一样，担心别人因为做坏事而名声败坏。小人就不是这样，见到别人做坏事，就迎合助长别人的恶行；看到别人做好事，就通过诋毁来阻挠别人向善。小人只有恶意而没有善心，所以他们见到别人做坏事，就为此感到高兴，唯恐别人和自己不同类；看到别人做好事，就因为别人和自己不同而心生恶意，担心别人胜过自己，小人的心思就是这样刚好和君子相反。所以如果国家任用一位君子，就不只能从君子身上获益，更能帮助天下人做好事，获得的益处更是无穷无尽。如果任用了一个小人，不只会被小人损害，更会使天下人的善良受到损害，产生的弊端更是无穷无尽。所以君主在用人的时候能不仔细考察、谨慎任用吗！

原文　季康子问政于孔子。孔子对曰："政者，正也。子帅以正，孰敢不正？"

今译　季康子问孔子如何治理政事。孔子回答说："政就是正的意思。您本人带头走正路，那么还有谁敢不走正道的呢？"

张居正讲评 季康子是鲁国大夫，名肥。帅是表帅的意思。季康子问于孔子说："如何是为政之道？"孔子对说："子欲知为政之方，先须识政字之义。盖政之为言，所以正人之不正以归于正也。然必先自正其身，而后可以正人之不正，固未有己不正而能正人者。今子为政，不宜责之于人，唯当求之于己。如欲人之以正事君，则先自笃其忠敬，以示为臣之则。如欲人之以正守官，则先自尽其职业，以为居官之准。所言者必天下之正言，侃侃乎守经据理，而无少涉于诡随；所行者必天下之正道，挺挺然持廉秉公，而无少动于私曲，能帅之以正如此。将见标准立而人知向方，模范端而众皆取则。凡望子之风采，仰子之仪刑者，皆将改心易虑，而相率以归于正矣，其孰有自逾于范围之外者乎？不然，则虽刑驱势迫，有不能强之使从者，子欲为政，亦惟本诸身焉可也。大抵下之应上，如影之随形，响之应声。立曲木而求表影之直，为缓呼而求响之疾，此理之必无者。"孔子斯言，不独以告鲁大夫，实治天下之要道也。汉儒董仲舒有言："正心以正朝廷，正朝廷以正百官，正百官以正万民。"亦是此意，君天下者念之。

张居正讲评译释 季康子问孔子说："如何处理政事呢？"孔子回答说："你想要知道处理政事的方法，需要先知道'政'字的意思。政是正的意思，就是来端正别人。但是想要端正别人一定先要自身端正，从来没有人自身不正而去端正别人的。你处理政事的时候，不要苛责别人，要先求自身的公正。如果想要别人用正道对待君主，自己应该先做到忠诚恭敬，来展示作为臣子的职责。如果想要别人保持自身的端正，就应该先做好自己职分内的事，来作为为官的标准。说的话应该是天下间最公正的言论，说话时引经据典，从容不迫，没有任何不顾是非的言辞；做事时依据的是天下间最正确的准则，办事挺拔特立、秉公职守，没有任何的私心邪念。你如果能这样带头走正道，就会发现在标准树立之后人们就知道归向正道，模范树立之后人们就知道学习榜样。人们只要看到你公平端正的风采、仪容，就会转变思想，跟随你走向正道，还有谁敢不走正道呢？不然的话，即使是通过强迫的手段，也不能使别人听从自己。所以说你想要处理好政事，也只用端正自身就行了。大致上，下属响应上级就像影子跟随身体一样，反应非常迅速。竖立弯曲的木杆想要得到笔直的影子，轻缓地说话却想要发出巨大的声音，世上没有这样的事。"孔子这么说，不只是告诫大夫季氏，更是治理天下的重要准则啊。汉朝大儒董仲舒说过："君主要通过自己的公正来端正朝廷，通过朝廷的公正来端正百官，通过百官的公正来端正百姓。"这句话也是这个意思，治理天下的君主应该要注意。

原文 季康子患盗，问于孔子。孔子对曰："苟子之不欲，虽赏之不窃。"

今译 季康子担忧盗贼，向孔子该怎么办。孔子回答说："假如您自己不贪图财利，即使是奖赏偷窃，也不会有人去偷盗的。"

张居正讲评 欲是贪欲。昔季康子患国多盗贼，因问于孔子，求所以止盗之方。孔子对说："民之为盗，生于欲心，而所以启之者上也。诚使吾子清心克己，不事贪欲，则上行下效，廉耻风行，虽赏以诱之，使为盗窃，而其心愧耻，自不肯为之矣，尚何盗之患哉？"盖羞恶之心，人皆有之，未有上以不贪为宝，而下犹寇攘成俗者也，所以说虽赏之不窃。其实上不贪欲，则观法之地以善，诛求之扰以去，优恤之政以施。观法善，则民良；诛求去，则民安；优恤施，则民足。虽外户不闭，比屋可封之俗将由此成矣，岂止不为盗而已耶！为人上者慎诸。

张居正讲评译释 因为国家有很多盗贼，季康子感到很担忧，就问孔子制止盗贼的方法。孔子回答说："民众之所以变成盗贼，心生贪欲，是受到了你们这些上位者的启发。假如你能够清心寡欲，克制自己，不贪图财利，这样你的下属和百姓就会效仿你，国家和社会就会讲究礼义廉耻，即使是奖赏偷窃，百姓也会为这种行为感到羞耻，而不会去偷盗的，这样还怎么用担心盗贼呢？"人人都会为坏事感到羞耻厌恶，从来没有过上位者不贪图财物，而普通民众却盗窃成风的事情，所以说如果上位者不贪图财利，即使是奖赏偷窃，也不会有人去偷盗的。上位者不贪心，那么就能给百姓树立好榜样，不让百姓受到横征暴敛的困扰，给百姓实施仁政。有了榜样，百姓就会变得善良；没有了横征暴敛，百姓就能安心；实施仁政，百姓就会富足。这样就能形成夜不闭户、路不拾遗的良好民风了，又何止是没有盗贼啊！上位者应该慎重处理啊。

原文 季康子问政于孔子曰："如杀无道，以就有道，何如？"孔子对曰："子为政，焉用杀？子欲善，而民善矣。君子之德风，小人之德草，草上之风，必偃[10]。"

今译 季康子问孔子如何治理政事，说："如果杀掉无道的人来成全有道的人，怎么样？"孔子回答说："您治理政事，哪里用得着杀戮的手段呢？你只要想行善，老百姓自然也会跟着行善了。在位者的品德好比是风，在下的人的品德好比是草，风吹到草上，草必定会随风而倒伏。"

张居正讲评 无道是为恶的人。有道是为善的人。君子指在上者说。小人指在下者说。上字解做加字。偃字解做仆字，是颓靡倒倚的意思。季康子问政于孔子说："稂莠不剪，则嘉禾不生；恶人不去，则善人受害。若将那为恶而无道的杀了，以成就那为善而有道者，何如？"孔子对说："民之善恶，顾所以倡之者何如耳。今以子之为政，则何用杀乎？子诚欲善，而躬行以率之，则民自然视效而归于善矣。何也？凡在上的君子，其德能感乎人，譬如风一般，在下的小人，其德应上所感，譬如草一般，草而加之以风，无不偃仆，小人而被君子之化，无不顺从，此乃理之必然者也。然则欲民之善，亦反诸其身而已矣，而何以杀为哉？"按康子三问，皆是责之于人。夫子三答，皆使求之于己。盖正人必先于正己，而不欲，正也。欲善，亦正也。使康子能以其欲利之心欲善，则民岂特不为盗，而且皆为善矣。所谓子帅以正，孰敢不正者也。《大学》说："尧舜帅天下以仁而民从之。"即是此意。人君可不以躬行德教为化民之本哉？

张居正讲评译释 季康子问孔子如何处理政事，说："不除去杂草，庄稼就不能生长；不除去坏人，好人就会受到伤害。如果将那些坏人杀了，来保护好人，怎么样？"孔子回答说："百姓的好坏，全在于领导者怎么样。你处理政事，哪里用得着杀戮呢？你只要真心行善，带领着百姓做好事，百姓自然会跟着行善啊。为什么呢？在上位者的品德能够让人感动，就像风一样，在下位的百姓，他们的品德能够顺应上位者，就像草一样，草被风吹过之后必定会倒伏，普通民众被君子感化之后，也都会顺应，这是理所当然的事。所以想要百姓善良，只要上位者反省自身的品德就行了，为什么要杀戮呢？"季康子提出了三个问题，都是在责备别人。孔子的三个回答，都是让他反省自己。想要端正别人一定要保证自身端正，不愿意国家有盗贼，这是对的，想要百姓行善，也是对的。假如季康子能像追求利益一样追求善，那么百姓岂止是不偷盗，他们还会做好事呀。上位者带头端正自己，还会有谁敢不端正自己吗？《大学》里说："尧舜用仁爱统治天下，老百姓就跟着变得仁爱了。"就是这个意思。所以君主能不亲身实行道德教化，来作为教化百姓的根本吗？

原文 子张问："士何如斯可谓之达矣？"子曰："何哉，尔所谓达者？"

子张对曰："在邦必闻，在家必闻。"子曰："是闻也，非达也。"

今译 子张问："士要怎样才能称得上通达呢？"孔子说："你所说的通达是什么意思呢？"子张回答说："在国君的朝廷里必定有名望，在家族里也必定有名声。"孔子说："这是虚假的名声，不是通达。"

张居正讲评 达是所行通达。闻是名誉著闻。昔子张之在圣门，心驰于务外，而不肯着实为己，孔子亦每因事而裁抑之。一日问于孔子说："士何如斯可谓之达矣？"夫士君子处世，随其所在，而皆通达顺利，无有阻滞，乃人人所欲者。然必有实德于己，而后人皆信之，非可以袭取而幸致者也。夫子已知子张不识达字之义，乃故诘之说："何哉，汝之所谓达者？"盖将发其病而药之也。子张遂对说："人惟名誉不彰，是以行多室碍，吾之所谓达者，惟欲声称播乎人耳，誉望服乎人心，在邦则必闻于邦，在家则必闻于家，如此而已。"是盖以闻为达，而忽于近里着己之功，正其平日受病处。夫子遂从而折之说："据子所言家邦必闻，是乃所谓闻也，非所谓达也。"盖闻之与达虽若相似而实不同。达则以实行动人，闻则以虚声鼓众，以闻为达，差之毫厘，谬以千里矣，岂可昧于所从而不知辨哉？

张居正讲评译释 子张在孔子门下学习的时候，只在表面探究事理，而不深入研究，不肯踏实进取，孔子经常根据不同的情况批评他。有一天子张问孔子说："士要怎样才能称得上通达呢？"君子为人处世时，行为举止都能通达顺利，不会受到任何阻碍，这是人人都想达到的境界。但是自己有了切实的学问和品德，才会被人信服，这不是侥幸就能达到的。孔子知道子张不明白通达的意思，就故意问他说："你所说的通达是什么意思呢？"孔子这么问是想知道子张的问题在哪儿，好对症下药。子张回答说："人没有名声，所以行动总是遇到阻碍，我所说的通达，是名声显著，在朝廷里有名望，在家族里也有名声，就是这样罢了。"子张把名声当作通达，而忽视了脚踏实地的努力，这就是他平时被指责的地方。孔子顺着他的话批评他说："你所说的在朝廷、家族都有名声，这是虚假的名声，不是通达。"名声和通达看起来相似但实际上完全不同。通达是用实际行动引人注意，名声则是用空虚的话吸引别人，把名声当作通达，差之毫厘，谬以千里呀，怎么能不知辨别就盲目追求虚假的名声呢？

原文 "夫达也者，质直而好义，察言而观色，虑以下人。在邦必达，在家必达。"

今译 "所谓通达，就是要品质正直，遵从礼义，善于揣摩别人的话语，观察别人的脸色，经常想着谦恭待人。这样的人，在国君的朝廷里和家族里皆可通达。"

张居正讲评 质是质实。直是正直。察言观色，是察人之言语，观人之颜色，以验在己之得失。虑以下人，是常思谦退，不敢以意气加人的意思。孔子告子张说："闻之与达，虽若相似而实不同。夫达也者，非有心于求人之知也。以言其内，则质实而无巧伪，正直而无私曲。以言其外，则动惟见其好义，事必求其当理。其立心行己之善如此。然犹不敢自是，而察人言语之从违，观人颜色之向背，以验在己之得失；又不敢以贤智先人，而常思谦抑退让，居人之下，其处己待物之谨又如此！夫是以盛德所感，人皆爱敬，随其所往，无不顺利，其在邦也，则上得乎君，下得乎民，而达于一邦焉；其在家也，则父兄安之，宗族悦之，而达于一家焉。盖所谓达者如此，岂偶然而致者哉？"

张居正讲评译释 孔子告诉子张说："名声和通达看起来相似但实际上不一样。通达的人，并不是想被别人知道。往内能看出他们质朴无华、正直无私；向外，通过他们的行动能看出他们追求的是道义，办事要符合事理。通达的人立身行事如此妥善，也不敢自以为是，而是通过揣摩别人的话语，观察别人的脸色来验证自己的得失；不敢凭借自己的贤德和智慧先于别人行动，经常想着谦恭待人，他们在待人接物的时候就是这样谨慎啊！这样的人，人们都会被其崇高的品德所感动，都敬仰、爱戴他，所以他做什么事情都会无比顺利。这样的人在朝廷的时候，既能合君心又能顺民意，在整个国家都很通达；在家的时候，能使父兄安心，族人高兴，在整个家族都很通达。通达的人就是这个样子，怎么能是偶然就能做到的呢？"

原文 "夫闻也者，色取仁而行违，居之不疑。在邦必闻，在家必闻。"

今译 "所谓闻，在表面上是装出一副仁义道德的样子，但是在行动时却背道而驰，以仁人自居却从不怀疑自己。这种人，在朝廷做官时一定会骗取名望，在家族里也一定会骗取名望。"

张居正讲评 色取仁是外貌假做为善的模样。违是背。孔子又说："德修于己，而人自信之，然后谓之达。若夫闻也者，存心虚妄，其中本非仁也，却乃矫情饰貌，做出个善人君子的模样。夷考其行，则素履多愆，全然相背，是与质直而好义者异矣。且又肆无忌惮，果于欺人，泰然处之，略无疑沮，恰似实有此仁的一般。是又与察言观色、虑以下人者异矣。夫深情厚貌，彼既巧于文其奸，而久假不归，人又无由窥其诈，则掩饰之际，疑似乱真，人有不被其欺而称誉之者乎？故其在邦也，则动辄见称于朝廷州里焉；其在家也，则动辄见称于父兄宗族焉，盖所谓闻者如此！"然声闻过情，君子所耻，况作伪之事，终必败露，比之于达，其相去何啻千里哉！是可见达者，为己而自孚于人；闻者，为人而终丧乎己。诚伪之间，学者固当深辨矣。若乃实行登庸，则邦家获无穷之益；虚名误采，则邦家贻莫大之忧。其关系又岂小小哉！用人者，尤宜致慎于斯。

张居正讲评译释 孔子又说："一个人提高了自己的德行之后，自然会得到别人的信任，然后就能变得通达。那些只追求名声的人，内心虚伪，他们并不是真的仁德，只是伪装成正人君子的模样。考察他们的行为，就会发现他们有很多过失，做事完全不符合道义，和那些正直质朴的人不同呀。并且这种人任意妄为，无所畏忌，在欺骗别人的时候一点儿也不感到畏惧羞愧，就好像自己是真的有仁德一样。这种人和那些待人恭敬，通过观察别人的语言、神色来验证自己得失的人不同。只追求名声的人外貌忠厚而内情深藏难测，长时间伪装、掩饰自己，让别人难以发现其内心的奸诈，这样的人通过伪装自己，让人真假难辨，别人怎么会不受到被欺骗呢？所以这样的人做官时一定会骗取朝廷的名望，在家族里也一定会骗取父兄族人的名望，人们所说的追求名声的人就是他们呀！"名声大过自己的实际情况，这是君子感到羞耻的事，更何况虚假的事最终一定会败露，比起那些通达的人，差得又何止千里远呀！那些通达的人，追求的是自身品德的修习，所以被人们信服；那些追求名声的人，只是为了获得名望，所以丧失了自己的品德。求学者要仔细分辨清楚什么是真诚什么是虚伪呀。如果有品德的人被任用，那么国家、家族都会获益无穷；如果误用了那些徒有虚名的人，就会给国家、家族带来巨大的损失。这又怎么是小事呢！国家在任用官员的时候，尤其应该要注意这些啊。

原文 樊迟从游于舞雩之下，曰："敢问崇德，修慝，辨惑。"子曰："善哉问！先事后得，非崇德与？攻其恶，无攻人之恶，非修慝与？一朝之忿，忘其身，以及其亲，非惑与？"

今译 樊迟陪着孔子在舞雩台下散步，樊迟说："请问如何提高德行修养，如何消除自己的邪念，如何辨别迷惑呢？"孔子说："问得好啊！先努力致力于事，然后才考虑收获，这不就是在提高品德吗？检查整治自己的毛病，而无暇去整治别人的坏毛病，这不就是在消除自己内心的邪念吗？因一时的愤怒去格斗，就忘记了自己的安危，以至牵连了自己的亲人，这不就是迷惑吗？"

张居正讲评 舞雩是鲁城南祭天祷雨的去处。修是治而去之。慝是恶之藏匿于心者。攻是克伐。忿是忿恨。昔者孔子闲游于舞雩之下，樊迟从之，因问说："理得于心之谓德，如何可崇？恶匿于心之谓慝，如何可修？事蔽于心之谓惑，如何可辨？"孔子以其问之切于为己也，故美之说："善哉汝之问乎。夫人心不可以两用，使为其事而即计其功，则天理夺于人欲之私，德之所以不崇也。若能先其事之所难，而后其效之所得，则心志专一，功夫无间，本心之善，将日积而不自知矣，这岂不是崇德的事？人惟轻于责己，而重于责人，则自家过恶卤莽而不暇治，慝之所以不修也。若能专于攻己之恶，一毫不肯放过，而无暇去攻人之恶，则自治诚切，而纤恶不留矣，这岂不是修慝的事？若夫一时之忿恨甚小，乃不能自制，而与人争斗，遂至于丧亡其身，因以连累父母，至于亏体辱亲，则其祸大矣。夫以小忿而致大祸，这岂不是愚惑之甚欤？能于此觉悟而惩创之，则心无所蔽，而惑可辨矣。"樊迟粗鄙近利，故夫子告之如此，所以救其失也。然工夫虽有三件，贯通只是一理。盖崇德者，所以存吾心之天理也，其事属之涵养；修慝辨惑者，所以遏吾心之人欲也，其事属之省察克治。非涵养，不足以培其源，非省察克治，不足以去其累。善学者，体验而密其功可也。

张居正讲评译释 樊迟陪着孔子在舞雩台下散步，问道："如何提高自己的品德修养呢？如何能驱除自己内心的邪念呢？如何辨别自身的疑惑呢？"因为樊迟的询问跟自己品德的修习有关，所以孔子称赞他说："你问得好呀！一心不能两用，如果一个人过于计较事情的结果，就会因为私欲而违反天理，品德就难以提高。如果一个人能先专心解决问题，自然就能取得好的结果，像这样用心专一，勤奋努力，自身品德就会在不知不觉间得到积累，这不就是在提高品德的方法吗？人们通常对自己要求很低，对别人要求很高，所以才不愿意改正自己的过错，这就是内心邪念难以驱除的原因。如果能一心一意地检查整治自己的毛病，而无暇去整治别人的缺点，这样诚恳地检查反省自己，邪念自然会被驱除，这不就是消除自己内心邪念的方法吗？如果一个人因为一件小事就控制不住自己的愤怒，同别人发生争斗，从而失去生命，并且导致父母的伤心，这就是损害自己、连累父母的大祸呀。因为一件小事，就招致巨大的灾祸，这难道不是愚蠢迷惑吗？如果能明白这些，并且改正错误，就能解决自己的疑惑了呀。"樊迟鲁莽重利，孔子为了让他改正错误就这样教导他。虽然这三方面都需要努力，但是它们的道理是可以互通的。提高品德才能保存自己内心的天理，这属于自身的修养；消除自身邪念、辨明自己的疑惑，这是遏制自己的私欲，属于反省、审查自己。如果没有提高自身的修养，就不能保持自己的初心，如果没有对自己的反省，就难以改正自己的错误。善于学习的人，要亲身体会并且努力学习才行啊！

原文 樊迟问仁。子曰："爱人。"问知。子曰："知人。"樊迟未达。子曰："举直错诸枉，能使枉者直。"

今译 樊迟问什么是仁。孔子说："爱护他人。"樊迟又问什么是智。孔子说："了解别人。"樊迟还不怎么明白。孔子说："选拔正直的人，罢黜邪恶的人，这样就能使邪者归正。"

张居正讲评 达是明其义。举是举用。直是正直的君子。错是舍置。诸字解做众字。枉是邪枉的小人。樊迟问说："如何可以为仁？"孔子告之说："仁主于爱，必也于人之亲疏厚薄皆在其所爱之中，斯可谓仁矣。"樊迟又问说："如何可以为智？"孔子告之说："智主于知，必也于人之邪正贤否莫逃其洞察之下，斯可谓智矣。"樊迟虽闻夫子之言，而未能通晓其义。盖以仁者爱无不周，而智者知有所择。有所拣择，必有伤于爱物之仁；混同兼爱，又恐昧夫知人之哲。夫子之言，恰似自相违背的一般，此所以疑而未达也。于是夫子解之说："仁智虽有二用，其实只是一理。如立心正大，举动光明，此人之直者也，吾真知其为直，则举而用之。若夫立心偏陂，举动暧昧，此人之枉者也，吾真知其为枉，则舍而置之。由是那邪枉的人，见吾之所举者在于直，亦莫不有所感发，而去恶从善以求举用；是能使枉者直矣。甄别方行，而感化随之，道固有并行而不悖者，子何疑哉？"夫子之意，盖以举直错枉，智也；能使枉者直，仁也，于知人之中，自寓爱人之理，二者不惟不相悖，亦且相为用矣，何樊迟之终不悟耶！

张居正讲评译释 樊迟问："怎么才算是仁？"孔子回答说："仁主要就是爱护他人，一定要不分亲疏、不论贵贱地爱所有人，才算是仁。"樊迟又问："怎么才算是智慧呢？"孔子回答说："智慧就是了解他人，一定要弄清楚哪些人正直，哪些人邪恶，才能算是智慧。"樊迟虽然听了孔子的话，但是却不明白其中的意思。因为仁者要能够爱护所有人，智者要知道如何选择。有所选择，就一定会妨碍仁；兼爱一切，又担心被人欺骗。孔子的话，就像自相矛盾一样，所以樊迟没有完全明白。于是孔子解释说："仁和智虽然有不同的作用，但其实是一个道理。如果为人正直，做事光明正大，那这就是正直的人，自己知道了这个人的正直，就举荐、重用他。如果为人偏颇，行为不轨，那这就是奸邪的人，自己既然知道了这是个奸邪人，就对其置之不理。那些奸邪的人，看到正直的人受到重用，就会有所感触，从而去恶向善来使自己获得重用，这就是让奸邪的人变得正直。辨别出一个人是正直还是邪恶，之后让奸邪的人受到感化，像这样仁和智就能保持一致而不会自相矛盾，你还有什么疑惑吗？"孔子的意思是通过重用正直的人让奸邪的人看到自己的不足，这就是智慧；让奸邪的人变得正直，这就是仁爱，在对人的了解中，蕴含着对人的爱护，这两者不仅不矛盾，反而互相促进呀，为什么樊迟到最后也不明白呢！

原文 樊迟退，见子夏曰："乡也吾见于夫子而问知，子曰：'举直错诸枉，能使枉者直。'何谓也？"子夏曰："富哉言乎！舜有天下，选于众，举皋陶，不仁者远矣。汤有天下，选于众，举伊尹，不仁者远矣。"

今译 樊迟退了出来，见到子夏说："刚才我见到老师，问什么是智，他说：'选拔正直的人，罢黜邪恶的人，这样就能使邪者归正。'这是什么意思？"子夏说："这话说得多么深刻啊！舜得了天下，在众人中挑选人才，将皋陶选拔出来，不仁的人就被疏远了。汤得了天下，在众人中挑选人才，选拔出伊尹来，不仁的人就被疏远了。"

张居正讲评 乡也，譬如说前者一般。富是所包者广。昔樊迟未达仁智之旨，夫子既告以举直错诸枉，能使枉者直矣，迟向未喻所以能使枉者直之理。退而见子夏，乃问说："乡者吾见夫子而问智，夫子告以举直错诸枉，能使枉者直，此言何谓也？"子夏笃信圣人者，就叹说："富哉，夫子之言！其所包者广矣，岂止言智而已乎？昔者舜有天下，选于众人之中而得皋陶，乃举而任之为士师，由是天下之人感皋陶之见举，而耻己之不与也，遂皆化为仁，而不仁者若见其远去而无迹矣。汤有天下，选于众人之中而得伊尹，乃举而任之为阿衡。由是天下之人感伊尹之见举，而耻己之不与也，亦皆化为仁，而不仁者若见其远去而无迹矣。"夫举皋陶、伊尹者，是举直错诸枉，智之事也；人皆化而为仁，则能使枉者直，仁之功也。即舜、汤之事，以征夫子之言，信乎仁、智兼举而无遗矣，是岂专为智而发哉？昔禹称帝尧亦曰："知人则哲，能官人、安民则惠，黎民怀之。"可见仁智乃人君之全德，而知人、爱人，又王道之大端。圣贤相与讲明者，不过此理。欲学二帝三王者，当知所从事矣。

张居正讲评译释 樊迟不明白仁和智的意思，孔子已经告诉他选拔正直的人，罢黜邪恶的人，这样就能使邪者归正，但他仍然不理解。樊迟退出来之后，遇到了子夏，就问子夏："刚才我见到老师，问他什么是智，老师告诉我'选拔正直的人，罢黜邪恶的人，这样就能使邪者归正'，这是什么意思呢？"子夏历来对孔子的话深信不疑，就叹息说："老师这话说得多么深刻啊！这话里包含了很多东西呀，何止是智呢？舜得了天下，在众人中将皋陶选拔出来，任用他为执掌禁令刑狱的官员，于是天下人看到伊尹被重用，为自己的不足感到羞愧，就也变得仁德，不仁的人就消失了。汤得了天下，在众人中选拔出伊尹来，任命为宰相。于是天下人看到伊尹被重用，为自己的不足感到羞愧，就也变得仁德，不仁的人就消失了。"重用皋陶、伊尹，就是罢黜邪恶的人，使邪者归正，这是智慧的行为呀；所有人都变得仁德，这就能使奸邪的人变得正直，这就是仁爱的功效。通过舜和汤的事迹，来验证孔子的话，这就能让人相信仁爱和智慧可以互相促进呀，孔子的话又怎么只是专门谈论智呢？禹称赞尧时也说道："能够辨别他人就是智慧，智慧的人能够选取人才给他们适当官职，能够让百姓安康就是智慧，黎民百姓怀念这样的人。"由此可见，仁和智是君主美好的品德，而能够辨别、爱惜他人，也是作为君主最重要的品质。圣贤们所说的也就是这个道理。想要学习二帝三王，应该知道如何做到这些。

原文 子贡问友。子曰："忠告而善道之，不可则止，无自辱焉。"

今译 子贡问怎样对待朋友。孔子说："诚恳地劝告他，恰当地开导他，如果不听也就算了，不要自取其辱。"

张居正讲评 忠告是见人有过，尽心以告戒之。善道之是委曲开导。子贡问处友之道，孔子告之说："友所以辅仁者也，若见人有过，而不尽心以告语之，则己之情有隐；忠告而非善道，则人之意不投，皆非善处友者也。故凡过失当规者，务用一点相爱的实心以告劝之，而又心平气和，委曲开导，不径直以取忤，如此，则在我之心无不尽矣。至于听不听，则在彼也。若其蔽锢执迷，终不肯从，则当见几知止，无徒以数见疏，而自取辱焉。"盖朋友以义合者也。合则言，不合则止，乃理之当然者。处友者知此，交岂有不全者乎？

张居正讲评译释 子贡问怎样对待朋友，孔子回答说："朋友就是能帮自己追求仁的人。见到朋友有过错，而不诚恳地劝告，这样他就难以认识到自己的错误；没有用合适的方法劝告，那么就不能让人接受，这二者都不是好的交友方法。在朋友产生过错的时候，一定要诚恳地、心平气和地、委婉地开导他，而不要只是粗暴地批评，这样，自己就是尽心尽力了。至于听不听劝告，就在对方了。如果他执迷不悟，不肯改正错误，自己就应该及时停止，不要因为劝告次数过多，使朋友疏远自己，从而自取其辱。"朋友，就是志同道合的人。和自己志同道合时就去规劝，志不同道不合就及时停止，这是理所应当的事。这样怎么会结交不到品德完备的朋友呢？

原文 曾子曰："君子以文会友，以友辅仁。"

今译 曾子说："君子以文章学问来结交朋友，依靠朋友来帮助自己培养仁德。"

张居正讲评 文是《诗》《书》、六艺之文。友是朋友。辅是相助的意思。仁是心之全德。曾子说："君子之学，所以求仁也，苟无朋友以辅助之，固不足以有成。然使会友而不以文，则群居终日，言不及义，亦不足以辅仁矣。故君子之会友也必以文，或相与读天下之书，以考圣贤之成法，或相与论古今之事，以识事理之当然，庶乎日有所讲明，不徒为会聚而已。于是乃以友而辅仁，过失赖其相规，德业赖其相劝，取彼之善，助我之善，务使吾德之修，因之而益进焉，庶乎相与以有成，不徒为虚文而已。"夫以士人之力学，尚必资于友如此，若夫人君资臣下以纳诲辅德，尤莫有要焉者。使能听之专而行之力，则其益当何如哉！

张居正讲评译释 曾子说："君子求学是为了追求仁，如果没有朋友的帮助，就难以取得成就。如果只结交朋友却不学习文章学问，即使整天在一起，也只能讨论一些没意义的事，对追求仁没有任何帮助。所以君子一定以文章学问来结交朋友，或者在一起读书，研究圣贤制定的法令制度，或者在一起谈论古今之事，来辨事明理，这样每天都能有所进步，而不只是朋友之间的聚会。君子依靠朋友来帮助自己培养仁德,依靠朋友的规劝来改正自己的过失,依靠朋友的帮助来成就德业,通过学习朋友优秀的地方,来帮助自己变得更加优秀,让自己品德的修养有所提高,朋友之间就要这样相互促进,而不只是学习一些空洞的文字。"人的读书学习,尚且一定要得到朋友的协助,君主治理国家,就更需要臣子进献善言,来帮助提高自己的品德。如果君主能够真诚地听从劝告,努力地提高自己的品德,那将会取得怎样的收获呢!

注释:

[1] 讱:出言缓慢谨慎。

[2] 棘子成:卫国大夫。

[3] 驷不及舌:指话一说出口,就收不回来了。驷,拉一辆车的四匹马。

[4] 鞟(kuò):去掉毛的皮,即革。

[5] 有若:即有子。

[6] 彻:西周奴隶主国家的一种田税制度,交十分之一的田税。

[7] 二:抽取十分之二的税。

[8] 祇:亦作"祗"。

[9] 宿诺:未及时兑现的诺言。

[10] 偃:仰面倒下,放倒。

论语卷六

子路第十三

原文 子路问政。子曰："先之劳之。"请益。曰："无倦。"

今译 子路问怎样管理政事。孔子说："做在老百姓之前，使百姓勤劳。"子路请求再多讲一点。孔子说："不要懈怠。"

张居正讲评 先是倡率的意思。劳是以身勤劳其事。倦是厌怠。子路问为政之方，孔子告之说："为政有本，不宜徒责于人，惟当反求诸己。以兴民行，毋徒以言语教导之而已，必也以身先之。如欲民亲其亲，则先之以孝；欲民长其长，则先之以弟；欲民之忠，则先之以不欺；欲民之信，则先之以用情。件件都从己身上做个样子与他看，则民自有所观感兴起，而教无不行矣。以作民事，毋徒以政令驱使之而已，必也以身劳之。如欲民勤于耕，则春省以补其不足；欲民勤于敛，则秋省以助其不给。或劝课其树蓄，或巡行其阡陌，件件都亲自与百姓每料理，则民竞相劝勉，而事无不举矣。为政之道，不外此二端而已。"子路自负其兼人之勇，以为政亦多术，恐不止于先之劳之二者而已，故复请增益焉。孔子以勇者喜于有为而不能持久，故又告之说："为政不在多言，前说已尽，无可益也。但天下之事，勤始者多，克终者少，子惟于此二者，持之有常，勿生倦怠。民行虽已兴矣，所以率先之者愈加；民事虽已举矣，所以勤劳之者愈力，则教思无穷容保无疆，为政之能事毕矣。二者之外，更何所益乎？"然先劳无倦，不止居官任职者为然，人君之治天下，非躬行不足以率人，非久道不足以成化，尤当于此深加之意也。

张居正讲评译释 子路问怎样管理政事。孔子告诉他说："管理政事有根本的方法，不能只指责别人，而是应该多反思自己。在改善百姓的行为、品德时，不能只通过言语教导他们，一定要先用实际行动来给他们做表率。如果想要百姓孝敬父母，就应该自己先做到孝敬父母；如果想要百姓尊敬兄长，就应该自己先做到尊敬顺从兄长；想要百姓忠心，自己就不能欺骗别人；想要百姓讲诚信，就应该自己先用真心对待百姓。像这样在每一件事上都给百姓做好表率，百姓看到后自然会心生感触，这样自然能够对百姓实行教化。让民众从事农业生产时，不要只是用命令驱使他们，自己一定要参与劳作，引导他们辛勤劳作。想让百姓辛勤劳作，就在春季视察耕作情况，补助那些种子、耕力不足的百姓；如果想让百姓辛勤地收割粮食，就在秋季视察收获情况，周济歉收的百姓。鼓励百姓多植树，视察百姓耕作情况的时候，每一件事都要亲自给百姓们做好安排，这样百姓就会互相劝勉，就能处理好政事了了。治理政事的方法，不过就是这两种方法罢了。"子路自以为勇猛过人，他认为处理政事也有很多方法，不是只有这两种，所以请孔子再传授一些。孔子认为勇猛的人喜欢办事却难以坚持下去，所以又告诉他说："治理政事不在于多说，这些之前已经都告诉你了，没有什么可说的了。天下间的事，在开始勤劳的人多，坚持到最后的人很少，你只用在这两方面坚持下去，不要懈怠就行了。百姓变得勤劳之后，治理者就要变得更加勤劳；农业兴盛之后，管理者也要变得更加努力，这样才不会错过最好的教育时机，才能一直爱护百姓，政事也就可以处理好了。除了这两件事，还能有什么更好的方法呢？"不只是官员应该做到这些，君主治理天下，如果没有带头做表率，就难以统率百姓，如果不能坚持下去，就难以完成教化，所以君主更应该注意这些深意啊。

原文 仲弓为季氏宰，问政。子曰："先有司[1]，赦小过，举贤才。"曰："焉知贤才而举之？"子曰："举尔所知。尔所不知，人其舍诸？"

今译 仲弓做了季氏的家臣，问孔子怎样管理政事。孔子说："先让手下负责具体事务的官吏各司其职，赦免他们的小过错，选拔贤才来任职。"仲弓说："如何来辨别是贤才而将其选拔出来呢？孔子说："选拔你所了解的。至于你不了解的，别人难道还会埋没他们吗？"

张居正讲评 季氏是鲁大夫。宰是邑长。有司是众职。赦是宽宥。昔者仲弓为季氏属邑之宰，问政于孔子。孔子告之说："宰兼众职，若不分任于先，何以责成于后？故必先授其任于有司，使各专其辨理，而后考其成功，则己不劳而事毕举矣。人有大过，固不可不惩，若小小差失一概苛责，则法太密而人无所容，故必有小过而宽宥之，则刑不滥而人心悦矣。至于贤才不举，则众务必至于废弛，故凡贤而有德、才而有能者，必举而用之，则有司皆得其人而政益修矣，这便是为政之道。"仲弓又问说："先有司可能也，赦小过可能也，若夫贤才之伏无尽，我岂能以一人之智，尽知天下贤才而举之乎？"孔子说："贤才之在世也，汝虽不能尽知，然岂一无所知者乎？汝虽有所不知，然人岂无知之者乎？汝但于汝之所知者，举而用之，则人见其诚心荐贤，莫不感动。凡汝之所不知者，亦皆将举之矣，其孰肯终舍之哉。"盖秉彝、好德，人心所同，举其所知者于己，而付其所不知者于人，自可无遗贤之患矣。若必自己尽知而尽举之，何其示人之不广耶！即此观之，圣贤用心之大小可见矣。大抵夫子所言，皆为政之大体，虽古先帝王致治之盛，亦不外此。故狱慎罔兼，先有司也；眚灾肆赦，赦小过也；翕受旁招，举贤才也。三者之中，举贤为尤要，能举贤才，则政平讼理。凡先有司，赦小过，皆举之矣。所以说，治天下者在得人，诚君道之首务也！

张居正讲评译释 仲弓做了季氏的家臣，向孔子请教怎么管理政事。孔子告诉他说："作为家臣，有很多工作要做，如果不提前分配好任务，如何才能督促别人完成呢？所以应该先把各项任务分配给不同的官员，让他们去办理，之后考查他们的处理结果，这样自己不用劳碌事情就能完成了。一个人犯了大错，固然不能够纵容，但是如果犯了小错就被重罚，就是过于严苛而缺少宽容，所以一定要宽容那些小的过错，这样刑罚就不会被滥用，别人也会心悦诚服。如果贤才没有被重用，各方面的事务就一定会被荒废，所以只要发现有品德、有才能的贤才，就一定要重用他们，这样各个职位都有合适的人才去担任，政务就能得到很好的治理，这些就是管理政事的方法。"仲弓又问："我能够给手下的官员分配好任务，能宽容他们的小错，但是贤才很多，我一个人怎么能辨别全天下的贤才并将他们选拔出来呢？"孔子回答说："你虽然不能了解世上所有的贤才，但又怎么会一无所知呢？你虽然有不知道的贤才，但是别人怎么会也不知道呢？你只用选拔任用那些你知道的贤才就行了，别人看到你诚心举荐贤才，一定会心生感动。那些你不知道的贤才，别人也都会推荐给你，谁肯将贤才舍弃不用呢？"因为执持正道、追求美好的品德，这是人们共同的心愿。举荐自己了解的贤才，通过别人了解自己不知道的贤才，这样就自然不会遗漏了。如果只任用自己了解的贤才，这样就过于狭隘了呀！由此就能看出圣人心地的开阔呀。孔子说的，都是治理政事时最重要的道理，古代贤明的帝王将国家治理得安定清平，依据的也是这些方法。所以处理政务时，要将其分配给各自负责的官员；惩罚因过失而造成灾害的官员时，要宽容他们的小过错；选拔任用官员时，要广泛举荐贤才。这三者当中，举荐贤才尤其重要，能任用贤才，就能政治清明，断案公平。将政务分配给各个官员，赦免他们的小错，都要在任用了贤才之后才行啊。所以说治理天下在于任用贤才，这确实是君主首要的任务啊！

原文 子路曰："卫君待子而为政，子将奚先？"子曰："必也正名乎！"子路曰："有是哉，子之迂[2]也！奚其正？"子曰："野哉，由也！君子于其所不知，盖阙如也。"

今译 子路说："卫国国君在等待您去治理国家，您打算先从哪些事情做起呢？"孔子说："首先必须正名分！"子路说："有这样做的吗？您想的太不合时宜了。这名怎么正呢？"孔子说："仲由，你怎么如此粗野啊！君子对于自己不知道的事情，总是采取存疑的态度的。"

张居正讲评 卫君是出公，名辄。昔卫灵公逐其世子蒯聩，出奔于晋。灵公卒，立蒯聩之子辄为君。其后蒯聩欲返国，辄拒而不纳，凡宗庙祭祀，与夫出政施令于国，都只称灵公为父，不认蒯聩，是统嗣不明，名实乖乱甚矣。此时孔子自楚反乎卫，子路方仕于卫，因问于孔子说："卫君慕夫子之道德久矣，今见夫子之来，必且虚己隆礼，以待子而为政。不知子之为政，其所设施者，以何为先乎？"夫子答之说："君臣、父子，人之大伦，未有彝伦不叙，而可以为国者。今卫君乃不以其父为父，而以其祖为父，彝伦斁而名实爽矣。若使我行政于卫，必也先正其名，使君臣父子之间，伦理昭然，名实不紊，此乃政事之根本，有国者之急务也。"子路识见未能到此，乃不深思其意，率尔妄言说："有是哉，夫子之迂阔而不达于时务也。夫为政者，惟取今日可以安国治民者而急图之可也。至于父子称谓之间，乃是小节，何关于国之治乱、事之得失，而必以正名为先乎？"子路之言，粗野甚矣，故孔子直责之说："野哉仲由，何其识见之鄙陋，而言词之粗俗也。夫君子于事理有不通晓处，则姑阙其疑，以俟考问。今汝于我之言有所未知，不妨从容辩问，乃率尔妄对，直以为非，不亦野哉！"夫子盖将详示子路以正名之说，故先折其粗心浮气如此。

张居正讲评译释 卫灵公将儿子蒯聩驱逐出卫国，蒯聩逃到了晋国。卫灵公死后，蒯聩的儿子姬辄继位为君。姬辄继位后，蒯聩想返回卫国，但是姬辄拒绝他回国，在宗庙祭祀和发布国家政令的时候，都只称卫灵公是自己的父亲，而不认蒯聩，这是继承顺序混乱，名分不正呀！孔子从楚国回到鲁国时，路过了卫国，子路刚好在卫国做官，就问孔子说："卫国国君仰慕老师你很长时间了，现在看到你来了，一定会态度真诚、礼仪隆重地请您治理国家。不知道老师你要是治理国家的话，会先从哪些事做起呢？"孔子回答说："君臣父子是最重要的人伦关系。伦理关系混乱，一定难治理好国家，如今卫国国君不认自己的父亲，反而把祖父当作父亲，伦理混乱，名分不正啊。如果让我在卫国治理国家，一定会先正名分，让君臣父子之间的关系明明白白，显而易见。端正名分，是处理政事的根本，是治理国家时最紧迫的任务。"子路不明白这些，没有深入思考孔子的意思，就轻率地说："有这样做的吗？老师您这是拘泥固执、不识时务呀。治理国家，一定要先做到国家安定、百姓安康才行。至于父子之间的称呼，这是小事，怎么会关系到国家的太平动乱和事物的得失呢，为什么要先正名分呢？"子路的话十分粗野，所以孔子直接斥责他说："你怎么如此粗野啊，怎么见识如此短浅，言语如此粗俗啊！君子对自己不理解的事，一定会保留疑惑，等待考察询问。现在你不明白我说的话，可以慢慢地询问，你却轻率地认为我说的话不正确，怎么如此粗野啊！"孔子打算详细地给子路讲解为什么要先正名分，所以先这样批评他的粗心、轻浮。

原文 "名不正，则言不顺；言不顺，则事不成；事不成，则礼乐不兴；礼乐不兴，则刑罚不中；刑罚不中，则民无所措手足。"

今译 "名分不正，说起话来就不顺当合理，说话不顺当合理，事情就办不成；事情办不成，礼乐也就不能兴盛；礼乐不能兴盛，刑罚的执行就不会得当；刑罚不得当，就会使老百姓无所适从。"

张居正讲评 事得其序便是礼。物得其和便是乐。措是安置的意思。孔子告子路说："吾之所以欲先正名者，岂故为是之迂哉！盖以为政之道，必名分先正，而后百凡施为皆有条理。若使名有不正，非君臣而强为君臣，非父子而强为父子，则发号施令，称谓之间必然有碍而言不顺矣。言不顺，则名实乖错，言行相违，所为之事如何得成？事不成，则动皆苟且，必然无序而不和，礼乐如何可兴？礼乐不兴，则法度乖张，小人得以幸免，君子反罹于罪，刑罚如何可中？刑罚不中，则民莫知所趋避，而无安身之地，何所措其手足？夫以名之不正，其弊遂至于此。可见大纲一紊，万目瓦裂，而国非其国矣。为政者，乌得不以正名为先乎？"

张居正讲评译释 孔子告诉子路说："我之所以想先端正名分，怎么是因为迂腐固执呢！因为治理国家的时候，一定要先正名分，之后做任何事都能有条有理。假如名分不正，不是君臣而强行认作君臣，不是父子而强行当作父子，这样发号施令的时候，在称谓上一定不顺当合理。说话不顺当合理，名不副实，言行不一，事情怎么能处理好呢？事情处理不好，行动就会敷衍马虎，无序混乱，礼乐怎么能兴盛呢？礼乐不兴盛，人们的行为就会违反法度，小人免于受罚，君子反而遭受罪责，刑罚怎么能得当呢？刑罚不得当，百姓就不知道应该如何做，而没有容身的地方，又怎么能规范自己的行为呢？名分不正会产生这样大的弊端。由此可见，一事毁坏，万事都会崩裂，国家就不能成为国家啊。治理国家的人，怎么能不先正名分呢？"

原文 "故君子名之必可言也，言之必可行也。君子于其言，无所苟而已矣。"

今译 "所以君子一定要能够说得明白定下的名分，说出来一定能够行得通。君子对于自己的言行，是从不马马虎虎对待的。"

张居正讲评 孔子又告子路说："名一不正，则言不顺，事不成，其流弊有不可胜言者。是以君子之于名也，必其称谓之间，皆当其实而无爽，而后以为名，若不可言者，则不敢以为名也。其于言也，必其出诸口者，皆可见之行而无窒，而后以为言。若不可行者，则不敢以为言也。夫名必可言，则名正而言顺；言必可行，则言顺而事成；而礼乐兴、而刑罚中，皆在是矣。所以君子为政，凡于言之称名者，务求当其实，无所苟且，盖以是耳。盖一事得，则其余皆得；一事苟，则其余皆苟。吾之欲先正名者，意正为此，子乃反以为迂，岂知治体者哉！"

张居正讲评译释 孔子接着又告诉子路说："名分一旦不正，说话就不能顺当合理，事情也就办不成，这会造成很大的弊端啊。所以君子在制定名分时，对人的称谓要符合事实，这样才能算是名分，如果称谓不顺当合理，就不能作为名分。在说话的时候，说出来的话一定要能行得通，这样才能算说得明白。如果说出来的话行不通，就不能算是说得明白。名分一定要能说明白，这样才算是名正言顺；说出来一定要能行得通，这样才能说话办事顺利；办事顺利之后才能礼乐兴盛、刑罚适当，这些都是这个道理呀。所以君子治理国家，在言行、名分上，一定要符合实际，不能苟且马虎，都是这个道理。一件事情办好了之后，其余的事情就都能办好；一件事办不好，其他的事也难以办好。我之所以想要先端正名分，就是这个意思，你却认为我迂腐固执，你不明白治理国家的关键呀！"

原文 樊迟请学稼。子曰："吾不如老农。"请学为圃。曰："吾不如老圃。"樊迟出。子曰："小人哉，樊须也！"

今译 樊迟向孔子请教如何种庄稼。孔子说："我不如老农。"樊迟又请教如何种菜。孔子说："我不如老菜农。"樊迟退了出来。孔子说："樊迟真是个普通的下等人！"

张居正讲评 稼是稼穑，播种五谷之事。圃是园圃，种蔬菜之事。小人是识见狭小之人。昔樊迟以务本力农，乃治生之常道，故请问于孔子，欲学为播种稼穑之事。孔子说："稼穑之事，惟年老的农夫知道，吾不如老农。子欲学稼，问之于老农可也。"樊迟以种植园圃之事，比之稼穑为易，故又请学为圃。孔子说："园圃之事，惟年老种圃的人知道，吾不如老圃。子欲学圃，问之于老圃可也。"夫樊迟再问，而夫子再拒如此，是不足之意概可见矣。及其既出，又责之说："小人哉樊须也。"盖天下有大人之事，有小人之事，修身齐家以治国平天下，大人之事也，务农种圃以自食其力，小人之事也。樊迟游于圣门，乃不务学为大人，而留心于农圃之事，何其识见之浅小，而志意之卑陋哉！故夫子以小人责之，盖将勉之以大人之学也。

张居正讲评译释 樊迟认为农事生产是治理国家的根本，就向孔子请教，想要学习种庄稼。孔子说："种庄稼这件事，上了年纪的农夫最清楚，我不如老农。你想学习种庄稼，请教老农就行了。"樊迟认为种菜比种庄稼容易，就又向孔子请教。孔子说："种菜的事，上了年纪的菜农最清楚，我不如老菜农。你想学习种菜，请教老菜农就行。"樊迟第二次问，孔子再次这样回答他，这能看出孔子对樊迟不满意啊。等到樊迟退出去以后，孔子又责备他说："樊迟真是个普通的下等人呀！"因为有身份高贵的人该做的事，有身份卑微的人该做的事，修身齐家以治国平天下，这是身份高贵的君子该做的事，种庄稼、种菜凭自己的劳动养活自己，这是卑微的普通人该做的事。樊迟在孔子门下求学，却不学习如何成为君子，而关注种庄稼、种菜的事，真是见识短浅、志向卑微啊！所以孔子责备他是一个平庸的人，也是勉励他学习君子应该学的知识啊！

原文 "上好礼，则民莫敢不敬；上好义，则民莫敢不服；上好信，则民莫敢不用情。夫如是，则四方之民襁负其子而至矣，焉用稼？"

今译 "在上位的人只要重视礼，老百姓就没有人敢怠慢你；在上位的人只要重视义，老百姓就不敢不服从；在上位的人只要重视信，老百姓就不敢不用真心来对待你。要是做到这样，四方的老百姓就会背着自己的小孩来投奔，哪里用得着自己去种庄稼呢？"

张居正讲评 情是情实。襁负其子，是以布裹小儿于背，而负之以行也。孔子因樊迟之问稼圃，既以小人责之，此又以大人之事晓之，说道："小人劳力，大人劳心；劳力者居下而听令于上，劳心者修己以倡率于下，此天下之大义也。如使为上者，能好礼，而动容周旋皆中其节，则民之得于观瞻者，自将俨然畏之，谁敢不敬乎？能好义，而设施措置皆合其宜，则民之得于承顺者，自将帖然守之，谁敢不服乎？能好信，而以实心实意待人，则至诚动物，而民亦以实心实意应之，谁敢不以其情实归上者乎？能如是，则四方之民闻风向化，皆将襁负其子而至矣。民归既众，则皆任土作贡，以奉其上。上虽安享其奉而不为泰也，又安用身亲为稼穑之事哉！"此所谓大人之事也。樊迟不此之务，而顾请为稼圃，何其陋哉！夫周公陈《无逸》以告成王，要先知稼穑之艰难，而樊迟请学稼，孔子乃鄙之为小人者。盖人君深居九重，小民疾苦常患不得上闻，故周公惓惓以此为言。若学者所志，当以大人自期，又不宜屑屑于农圃之事，周孔之言，大各有所当也。

张居正讲评译释 因为樊迟询问种庄稼种菜的事，孔子既用普通人来责备他，又教导他君子应该怎么做，说："普通人从事体力劳动，君子从事脑力劳动；从事体力劳动的人听从上级的命令，从事脑力劳动的人领导地位低下的人，这是天下间最基本的道理。假如身份高贵的人能爱好礼仪，待人接物都符合礼节，百姓看到之后，自然也会变得庄重严肃，会有谁敢不恭敬呢？如果能重视义，恰当合适地做出安排布置，百姓看到之后自然会紧跟着遵守道义，会有谁敢不服从吗？如果上位者能讲究诚信，诚信待人，感化万物，百姓也会诚心回应，谁敢不用真心对待上位者呢？如果能做到这样，天下的百姓自然会背着自己的孩子前来归顺。百姓归服之后，就会拿出自己的财物来侍奉上司。在上位者安心接受百姓的供奉就行了，又怎么需要自己亲自去种庄稼呢！"这就是君子应该做的事啊！樊迟不明白这些，请教孔子种庄稼种菜的事，是多么鄙陋啊！周公用《无逸》来告诫成王，要知道百姓种地耕作的艰难，樊迟请教孔子种庄稼的方法，孔子却批评他为粗鄙的小人。这是因为君主生活在深宫中，不明白百姓的疾苦，所以周公经常用《无逸》来教导成王。而求学者树立志向的时候，应该用君子来要求自己，不应该在农田耕作这些事上过多用心。周公和孔子的教导，各自适合不同的情况啊！

原文 子曰："诵《诗》三百，授之以政，不达；使于四方，不能专对；虽多，亦奚以为？"

今译 孔子说："把《诗》三百篇背得很熟，让他处理政务，却不会办事；让他当外交使节，却不能独立交涉；读得虽多，又有什么用呢？"

张居正讲评 诵是读。诗三百是《诗经》三百篇。授之以政，是与之以位，而使其行政。达是通晓。使于四方，是将君之命，出使于他国。专对，是自以己意应对诸侯，不烦指授也。奚字解做何字。以是用。为是语词。孔子说："《诗》之为经也，本乎人情，该乎物理，可以验风俗之美恶，政治之得失，故读之者，必达于政。且其言温厚和平而不激亢，多所讽喻而不直率，故读之者必长于言。若有人焉读《诗》三百篇，可谓多矣。乃授之以政务，而漫不知所设施；出使于四方，而不能自为应对，则是徒有记诵之勤，全无心得之意，读诗虽多，有何用处？亦与不读者同矣。所以说虽多亦奚以为？"盖穷经必先明理，明理方能适用，若不能明理，不过记问口耳之学而已，何足贵哉！然不止三百篇为然，大凡经书所载，莫非经世之典，修齐治平之理备在其中，读者须逐一体验而推行之，乃为有益。不然则是求多闻而不能建事，学古训而不能有获，虽多而无用矣！善学者，可不知所究心乎？

张居正讲评译释 孔子说："《诗经》之所以能成为经，是因为它表达的是人的真实感情，具备了事物的根本道理，可以验证风俗的美恶和政治的得失，熟读了之后，一定能通达政事。况且《诗经》里的语言温厚平和而不偏激，在讽喻的时候委婉含蓄而不直率，读了之后一定能增强语言能力。如果有人把《诗经》中的三百篇都背得很熟练，这说明读得很多呀。但如果让他处理政务，他却迷茫而不知道如何办事；让他出使外国，他却不能独立交涉，这就是白白地付出努力去背诵，却没有任何收获，即使读了很多诗，又有什么用呢？这和没有读过的人一样，所以说读得虽多，又有什么用呢？"所以钻研经籍一定要先明白事理，明白事理才能做出适当的决策，如果不能够明白事理，经书读得再多也不过是学了一些没有实际作用的学问罢了，有什么值得尊崇的！不只读《诗经》时是这样，凡是经书里记载的内容，大都是经世致用的经典，包含有修身齐家治国平天下的方法，读经的人应该一件一件地考察领会并亲身实践，才能有收获。不然的话，即使知道得很多，却不会办事。学习古训却没有收获，即使知道很多也没有用啊！善于学习的人能不知道用心研究事理吗？

原文 子曰："其身正，不令而行；其身不正，虽令不从。"

今译 孔子说："自身正了，即使不发布命令，老百姓也会去干；自身不正，即使发布命令，老百姓也不会服从。"

张居正讲评 令是教戒。孔子说："上之导下，以身不以言。若使伦理无不尽，言动无不谨，淫声美色不以乱其聪明，便嬖谀佞不以惑其心志，则身正矣。由是民皆感化，虽不待教令以驱使之，而自然迁善敏德，无敢有违背者。若其身不正，伦理不能尽，言动不能谨，声色乱其聪明，便佞惑其心志，则民心不服，虽教令谆切，使之为善，亦有不从者矣。"盖上之一身，下所视效，不能正己，焉能正人？所以《大学》论齐治均平，皆以修身为本，即是此意。有天下国家者，可不求端于身哉？

张居正讲评译释 孔子说："上级教导下属，需要以身作则而不是言语上的命令。如果一个人清楚地知道人与人相处的各种道德准则，说话时小心严谨，淫声美色也不能使其迷惑，巴结奉承也不会让他动摇，这就是自身端正。如果领导者自身端正，那么百姓就都会受到感化，即使没有命令，百姓们自然也会改过向善，提高自身的品德，不会违背道德。如果领导者自身不正，违背道德伦理，言行不谨慎，容易被美色迷惑，轻易地被奸佞动摇心志，这样百姓自然不会服从，即使领导者恳切地发布命令让百姓做好事，他们也不会服从。"因为上级是下属效仿的对象，上级自身尚且不端正，又怎么去教导下属呢？《大学》里把修身当作齐家治国平天下的前提，就是这个原因。国家的君主能不追求自身的端正吗？

原文 子曰："鲁卫之政，兄弟也。"

今译 孔子说："鲁国与卫国的政事，就像兄弟一样。"

张居正讲评 孔子说："鲁乃周公之后，卫乃康叔之后，本是兄弟之国。以今日观之，两国之政，也正是兄弟一般。以鲁，则三家僭窃而公室微；以卫，则不父其父而祢其祖。纪纲同一陵替，法度同一纵弛，何其衰乱之适相类也？"盖夫子思拨二国之乱以反之治，而时不我用，心不能挽，故徒付之慨叹如此。

张居正讲评译释 孔子说："鲁国是周公的后人，卫国是康叔的后人，这两个国家原本就是兄弟。今天看来，这两个国家的政事也像兄弟一样。鲁国因为孟孙氏、叔孙氏、季孙氏三家的僭越而王室衰败；卫国国君姬辄则不认自己的父亲反而将祖父称作父亲。这两个国家的纲纪和法度是一样的废弛，为什么它们衰乱的情形这么相似呢？"孔子思考这两个国家动乱的原因，想要让它们回到太平盛世，但是不被重用，难以挽救衰败，所以只能这样感慨叹息。

原文 子谓卫公子荆[3]："善居室。始有，曰：'苟合矣。'少有，曰：'苟完矣。'富有，曰：'苟美矣。'"

今译 孔子谈到卫国的公子荆时说："他善于管理经济，居家理财。刚开始有一点，就说：'差不多够了。'稍微多一些时，又说：'差不多完备了。'当富足一些时，又说：'差不多算完美了。'"

张居正讲评 公子荆是卫大夫。居室是处家。合是聚合。完是齐备。美是精美。三个苟字是聊且粗略的意思。孔子说："人之嗜欲无涯，则其贪求无厌。若卫公子荆之处家，可谓善矣。盖公子荆先贫后富。方其贫时，居处服食之类，草草初具而已。在他人处此，必将求其尽有而后为快也。彼则曰：吾今已苟且聚合矣。推其心，使其止于始有，则亦以是为足而不复望矣。既而渐渐少有，在他人处此，必将求其尽备而后为快也。彼则曰：吾今已苟且完备矣！推其心，使其止于少有，则亦以是为足而不复求矣。其后饶裕充足，虽到富有的时节，然未必至于精美，彼则曰：吾今已苟且精美矣。推其心，盖不啻尽美极备而无以复加矣！是则由合而完，由完而美，可见其随处而安，而无贪求之想。合曰苟合，完曰苟完，美曰苟美，可见其所欲有节，而无尽美之心。公子荆之居室如此，亦贤矣哉。"大抵人之处世，莫病于贪求，莫贵于知足。然所谓知足者，谓其当下便足，非谓有所期限而止也。若有所期限，则亦不免予求矣。子荆当始有之时，不莫少有；当少有之时，不求富有，随时便足，无事营求。非其心清欲寡，不以外物累其中者，讵能之乎？故孔子贤之，谓其近于道也。

张居正讲评译释 孔子说："人的嗜好与欲望过多，就会贪得无厌。卫国的公子荆在管理家庭的时候，做得就很好呀。公子荆在刚开始的时候很贫穷，后来才变得富裕。他在贫穷的时候，在居住和饭食方面，非常的简单。如果别人在这种情况下，一定会想要变得富有。他却说：我现在差不多已经够了呀。刚开始有一点富有的时候，他心里就已经满足而不再继续求取了。之后渐渐多了一些，如果换作别人，一定会追求齐全完备。他却说：我现在已经差不多完备了呀！再稍微有一点富有的时候，他心里就已经满足，而不再继续求取了。等到了富裕充足却还不算完美的时候，他却说：我如今已经完美了呀。他心里感到自己的生活无比完美了呀！从公子荆觉得够到觉得完备，由觉得完备到觉得完美能看出他安于所处的各种境遇，没有过分的贪求。从他认为自己的钱财差不多够、差不多完备、差不多完美能看出他的节制，不贪求钱财上达到完美。公子荆这样操持家务，很贤德啊！"人活在世上，没有比贪心更大的缺点，没有比知足更可贵的品质。这里所说的知足，是说为当前感到满足，而不是说到达一定目标后再满足。如果在心里给自己制订了目标，那就难免想着一定要实现。子荆在刚开始有一点的时候，不想着再多一点；在稍微多一些的时候，不追求富足，每时每刻都感到满足，从不主动去谋求财物。如果不是清心寡欲，不会被外物影响的人，谁能做到这样？所以孔子认为他很贤德，说他已经接近道了。

原文 子适卫，冉有仆。子曰："庶矣哉！"冉有曰："既庶矣，又何加焉？"曰："富之。"曰："既富矣，又何加焉？"曰："教之。"

今译 孔子到卫国去，冉有为他驾车。孔子说："人口真多啊！"冉有说："人口已经很多了，应该采取什么措施呢？"孔子说："让他们富裕起来。"冉有说："富裕起来以后，再该做什么呢？"孔子说："对他们进行教化。"

张居正讲评 适字解做往字。卫是卫国。冉有是孔子弟子。仆是御车。庶是众多的意思。昔者孔子周流四方，行到卫，时冉有为孔子御车而行。孔子看见那百姓之众多，因叹说："众矣哉此卫国之民也。"冉有问说："有国者，固欲民之蕃庶，然不知既庶之后，又何道以加之？"孔子告之说："庶而不富，则生养不遂，终必离散，安能长保其庶乎？必也制为田里，薄其赋敛，使百姓每丰衣足食，无贫乏之患，则庶者长庶，而可以为充实之国矣。这是王者厚生之政，所当加于既庶之后者也。"冉有又问说："有国者，固欲民之富足。然不知既富之后，又何道以加之？"孔子又告之说："富而不教，则饱暖逸居，乖争易起，安能长保其富乎？必也设为学校，教之礼义，使百姓每孝亲敬长，兴仁让之俗，则富不徒富，而可以为有道之国矣。这是王者正德之政，所当加于既富之后者也。"圣贤一问答之间，而王道之规模、施为之次第，皆具于此，岂非万世之法程哉？

张居正讲评译释　孔子周游列国，到了卫国的时候，冉有为他驾车。孔子看到有很多百姓，就说："卫国的人口真多啊。"冉有问道："管理国家的人都想要人口多起来，但是不知道人口多了之后，应该如何管理呢？"孔子回答说："人口众多却不富裕，百姓就难以生存下去，最后一定会离开，怎么能长期保持人口众多呢？一定要给百姓们分配好田地，轻徭薄赋，让他们丰衣足食，不用担心生活贫困，这样人口就能一直多下去，国家也会变得富裕。这是治国者让百姓富裕的措施，应该在人口多了之后实施。"冉有又问说："管理国家的人自然是想要百姓富裕。但是不知道百姓富裕了之后，应该怎么做呢？"孔子又回答说："富裕了之后不实施教化，百姓在食饱衣暖后就容易产生纷争，这样怎么能长期保持富裕呢？一定要设立学校，教导礼义，让百姓们知道孝敬父母、尊敬长辈，形成仁德礼让的社会风气，这样国家就不只是富裕，而能够成为政治清明的国家了。这是治国者端正百姓德行的政务，应该在百姓富裕之后实施。"圣贤的问答之间，就已经包含了君主治理天下的方法和实施的次序，这难道不应该被万世效法吗？

原文　子曰："苟有用我者，期月[4]而已可也，三年有成。"

今译　孔子说："如果有人任用我来治理国家，一年便可初见成效，三年就能卓有成效。"

张居正讲评　期月是周一年之月。可是治理可观。成是治功成就。昔孔子怀匡世之志，抱经纶之具，而不得试，故感而叹说："当今之世，无用我者耳。诚使有人委我以国政而用我焉，虽至于周一年之月而已，将见弊者革，废者兴，纪纲法度渐次就理，皆有可观者矣。若至于三年之久，则化行俗美，礼备乐和，民生以厚，民德以新，而治功成矣。"惜乎不得少试，而使其徒托诸空言也。

张居正讲评译释　孔子有挽救世道的志向和治理国家的才能，却得不到重用，所以感慨地说："如今，没有重用我的人。如果有人任用我来治理国家，只用一年，我就能革除弊病，使国家兴盛，让国家的纲纪法度变得有理有序，让人们初步看到治理的成效。三年之后，我就能实施教化，改善社会习俗，使百姓生活富裕，品德提升，让人们能看到显著的治理效果。"可惜孔子没有被重用，只能通过言论来表达自己的志向了。

原文 子曰："'善人为邦百年，亦可以胜残去杀矣。'诚哉是言也！"

今译 孔子说："'善人治理国家，经过一百年，就可以消除残暴，废除刑法杀戮了。'这话真对呀！"

张居正讲评 善人是天资仁厚的人。胜残是化残暴之人。去杀是不用刑戮。孔子说："古语有云：善人治国，累代相继，至于百年之久，则世德积累，和气薰蒸，亦可以化残暴之人，使之同归于善，不用刑杀而天下自治矣。古语如此，诚哉是言，信有此理也。"盖凡民之心，有善无恶，其所以放僻邪侈而陷于刑辟者，岂无仁义之良哉？惟上之人无以感之耳。善人为政，虽未必德业全备、礼乐修明，只以其一念醇厚之心，积之而化，便可使刑措不用，但须先后相承，迟以岁月耳。若夫圣人之治天下，何待百年，其效亦岂止此而已哉。

张居正讲评译释 孔子说："古人说：心地仁厚的人治理国家，经过一百年，就能积累深厚的功德，使国家一片和气，也能将性格残暴的人感化，让他们变得善良，不用刑罚杀戮就可以治理好天下。古人说得真对，就是这个道理呀！"百姓的心性都是只有善，没有恶的，他们之所以为非作歹受到刑罚，怎么会是因为不讲仁义呢？只是上位者没有教导感化他们罢了。心地仁厚的人治理国家，虽然不一定都能做到树立德行、建立功业、阐明礼乐，但只要善良的品德积累了下来，就能教化百姓，废除刑罚杀戮，只是这个治理过程一定要前后一致地保持一段时间。如果是圣人治理天下，就不需要等一百年这么长的时间，取得的效果也远比这些要好。

原文 子曰："如有王者，必世[5]而后仁。"

今译 孔子说："如果有王者兴起，也一定要经过三十年才能实现仁政。"

张居正讲评 王者是圣人受命而兴。以君王天下者，三十年为一世。仁是教化浃洽。孔子说："善人为邦百年，仅可以胜残去杀，不过小康之国而已。若乃至治之世，仁恩渗漉，教化浃洽，举天下之大，如人一身，血气周流，无不贯彻，才叫做仁。今明主不作，民之不被其泽久矣。如有圣人受命而起，欲纳天下于同仁之域，恐亦未可遽期其效。必是积之以渐，仁心仁政，涵育熏陶，至于三十年之久。然后深仁厚泽，浃于肌肤，沦于骨髓，天下之人皆涵濡于德化之内，而相忘于熙皞之天也。夫岂一时可致者哉？"此可见非王道不足以成至治，非悠久不足以行王道。盖惟唐虞之万邦时雍，成周之宇宙太和，可以语此。愿治者当知所从事矣。

张居正讲评译释 孔子说："心地仁厚的人治理国家一百年，能够使残暴的人感化向善，从而废除刑罚杀戮，但这只不过是中等的国家罢了。安定昌盛、教化大行的时世，治理国家的人给予百姓仁爱恩德，让他们普遍受到教育感化，把天下的治理当作调理一个人的身体，只有血气流动能够贯穿全身，才能叫作仁政。如今没有圣明的君主，百姓已经很长时间没有感受到恩泽了。如果圣人受命治理国家，想在天下实行仁政，也不会短时间就有效果。一定要渐渐地积累，用仁心仁政培育百姓，三十年之后，深厚的仁爱和恩惠才能被广泛给予百姓，让他们普遍受到仁政的感化，过上和乐自得的生活。这怎是短时间就能达到的呢？"由此可见，如果不是圣人就难以施行仁政，如果时间过短就难以实施圣人的教化。所以只有尧舜和成周时期的太平盛世，才能够称得上是实现了仁政。希望治理天下的帝王能知道如何去做呀。

原文 子曰："苟正其身矣，于从政乎何有？不能正其身，如正人何？"

今译 孔子说："如果端正了自身的行为，管理政事还有什么困难呢？如果不能端正自身的行为，怎么能使别人端正呢？"

张居正讲评 从政是为大夫而从事于政治。孔子说："为政所以正人也，而其本在于正身。苟能居仁由义，动遵礼法，先自正其身矣，则上行下效，捷于影响，其于从政而正人也，何难之有？若立身行己，一有未善，不能自正其身，则表仪不端，焉能率下，其如正人何哉？"

张居正讲评译释 孔子说："从事政治就是使人的行为端正，端正别人的根本在于端正自身。假如一个人能内心存仁，行事循义，遵守礼法，使自身端正，那么就会被别人效仿，很容易影响引导别人，他在管理政事端正他人的时候有什么困难呢？如果从事政治的人自身不端正，仪表不端正，那么怎么能作为表率，领导别人，使别人端正呢？"

原文 冉子退朝。子曰："何晏[6]也？"对曰："有政。"子曰："其事也。如有政，虽不吾以，吾其与闻之。"

今译 冉有退朝回来。孔子说:"为什么回来得这么晚呀?"冉有回答说:"有政事。"孔子说:"只是一般的事务吧。如果是政务,虽然国君不用我了,我也会知道的。"

张居正讲评 朝是鲁大夫季氏私家之朝。晏是晚。政是国政。事是家事。以是用。古者大夫虽致仕,犹得与闻国政。昔者冉子为季氏宰,朝于季氏而退,来见孔子。孔子问说:"今日何退朝之晚也?"冉子对说:"适有国政,相与商议,所以来迟。"孔子说:"此必是季氏私家之事耳,非国政也。若是国政,则我旧日曾为大夫,虽已致仕不用,于礼犹得与闻之。今既不闻,则非鲁国之政明矣。"是时季氏专鲁,其于国政,盖有不与同列议于公朝,而独与家臣谋于私室者。故夫子佯为不知而言,所以正名分,抑季氏,而教冉子之意深矣。

张居正讲评译释 冉有给季氏做家臣,从季氏那儿退朝回来,前来拜见孔子。孔子问他:"今天为什么回来这么晚呀?"冉有回答说:"刚好有国政需要商量,所以回来晚了。"孔子说:"这一定是季氏家的私事,不是国政。如果是国政,我曾经做过大夫,虽然现在已经辞官,但还是会知道的。现在我既然没听说,这就不是国家的政务呀。"当时季氏在鲁国把持朝政,他不在朝堂上同其他大臣商议政事,而是和家臣在自己家里谋划。所以孔子假装说不知道有国政,是为了端正名分,批评季氏,并且有教育冉有的深意啊。

原文 定公问:"一言而可以兴邦,有诸?"孔子对曰:"言不可以若是,其几也。人之言曰:'为君难,为臣不易。'如知为君之难也,不几乎一言而兴邦乎?"

今译 鲁定公问:"一句话就可以使国家兴盛,有这样的话吗?"孔子回答说:"不可能有这样的话,但有近似这样的话。有人说过:'做君主很难,做臣子也是很不容易的。'如果知道做君主很难,这不也近似一句话可以使国家兴盛吗?"

张居正讲评 定公是鲁君。几是期必的意思。鲁定公问于孔子说:"为治有要,不在多言,紧要的只一句言语,便可以兴起国家,果有之乎?"孔子对说:"兴邦,大功也。一言之微,未便可若是而必期其效。然亦有之。今时人有句话说道:'为君难,为臣不易。'夫人君势分崇高,威福由己,若无难为者,殊不知君之一身,上焉天命去留所系,下焉人心向背所关。一念不谨,或贻四海之忧；一日不谨，或致无穷之患，为君岂不难乎？人臣职守有常，随分自尽。若可易为者，殊不知臣之事君，上焉辅之以凝承天命，下焉辅之以固结人心。致君之道少亏，则有瘝官之咎；泽民之方未备，则有旷职之愆，为臣亦岂易乎？时人之言如此！人君惟不知其难，固无望于兴邦耳。诚使真知为君之难，而兢业以图之。处己，则不敢有一念之或肆；治民，则不敢有一事之或忽。由是以倡率臣工，皆务勤修职业，以共尽克艰之责。如此，将见君德日以清明，政事日以修治，上而天命于是乎眷佑，下而人心于是乎爱戴，国家之兴，端可必矣。然则为君难一言，不几乎为兴邦之明训乎？吾君有志于兴邦，亦于斯言加之意而已！"

张居正讲评译释 鲁定公问孔子："治理国家的关键，不在于话多，那么有一句就能使国家兴盛起来的话吗？"孔子回答说："使国家兴盛，需要下很大的功夫啊！一句话很难达到这样的效果。但是也有近似这样的话，有人说过：'做君主很难，做臣子也是很不容易的。'君主身份高贵，任赏任罚，自己一人说了算，好像没什么难的。却不知道君主一个人既关系到天命的选择，又关系到人心的向背。一个想法不严谨，或许就会让天下人受到困扰；一时不谨慎，或许就会招致无穷的灾祸，做君主难道不难吗？臣子有固定的职责，按照自己的本分做事就行，好像很容易。却不知道臣子侍奉君主的时候，既要帮助君主承担天命，又要辅佐君主团结民心。侍奉君主稍微有一点过失，就有旷废官职的责任；如果不能给百姓带来恩泽，就有旷废职守的过失，做臣子怎么容易呢？人们说的是这个意思啊！君主不知道困难，国家就难以兴盛。假如君主真的感到了困难，兢兢业业地治理国家。修养自身时不敢有任何放肆的想法；治理百姓时不敢有任何的疏忽。君主通过自己这样的行为来引导臣民勤勉工作，共同完成困难的任务。这样，君主的品德就会日渐清明，政事的处理就会日渐恰当，既能得到上天的眷顾，也能受到百姓的爱戴，国家一定会兴盛呀。所以做君主难这句话，难道不是能使国家兴盛的训诫吗？您既然立志想要振兴国家，也应该注意一下这句话呀！"

原文 曰："一言而丧邦，有诸？"孔子对曰："言不可以若是，其几也。人之言曰：'予无乐乎为君，唯其言而莫予违也。'如其善而莫之违也，不亦善乎？如不善而莫之违也，不几乎一言而丧邦乎？"

今译 鲁定公说："一句话就能使国家灭亡，有这样的话吗？"孔子回答说："不可能有这样的话,但有近似这样的话,人们说过。'我做君主没什么可高兴的,我所高兴的只是我的话是没有人能违背的。'若是他的话说得好又没有人违背,不是很好吗?若是他的话说得不对而又没有人违背,不就近似于一句话能使国家灭亡吗?"

张居正讲评 定公又问说:"一言兴邦,既闻之矣。若说一句言语便可以丧亡其国者,亦有之乎?"孔子对说:"丧邦,大祸也。一言之间,便未可若是而必期其祸。然亦有之。今时人有言说道:'我不是喜乐为君,只是为君时随我所言,臣下都遵奉而行,无敢违背,此乃其所乐也。'时人之言如此。自今言之,君令臣从,固无敢有违者,然也看君之所言何如。如其所言而善,有益于生民,有利于社稷,那臣下每都依着行,不敢违背,则生民必受其福,社稷必得其安,岂不是好事?如其所言不善,有害于生民,有损于社稷,也都要臣下每依着行,不敢违背,则生民必受其祸,社稷必为之危,而国不可以为国矣。然则唯言莫违之一言,岂不可期于丧邦乎?"夫邦之兴亡,非细故也,而皆始于一言。《大学》所谓"一人定国,一言偾事",意亦如此。人君审其所以兴,鉴其所以亡,则可以永保天命而长守其社稷矣。

张居正讲评译释 鲁定公又问:"一句话能使国家强盛,我已经知道了。一句话就能使国家灭亡,也有这样的话吗?"孔子回答说:"使国家灭亡,这是很大的灾祸呀。一句话很难必然让一个国家灭亡。但也有接近这样的话,有人说过:'我做君主没什么可高兴的,所高兴的只是我的命令大臣们都要听从,没有人能违背。'这就是当时人们的话。现在说来,君主的命令臣子固然要听从,而不能违背,但是也要看君主说的是什么。如果君主说得对,对百姓、对国家有好处,臣下自然要听从命令,不能违背,这样百姓能够感受到福祉,国家也能安定,这不是好事吗?如果君主说得不对,对百姓、对国家有害,臣下却不敢违背,那么百姓一定会遭受灾祸,国家也一定会发生危险,就难以维持下去了。所以'我说的话没有人敢违背'这句话,不就能使国家灭亡吗?"国家的衰败,不是因为那些琐碎的小事,而是从这句话开始的呀。《大学》里说的"国君说错一句话,就可能会让事情失败;国君谨慎处理,就可以让国家安定"也就是这个意思。君主仔细观察一个国家兴盛的原因,审察一个国家灭亡的原因,就能够保持国家的长治久安呀。

原文 叶公[7]问政。子曰:"近者悦[8],远者来。"

今译 叶公问怎样管理政事。孔子说:"使近处的人高兴,使远处的人来归附。"

张居正讲评 叶公是楚大夫。叶公问政于孔子。孔子说:"为政之道,在得民心。若能使民之近者被其泽而喜悦,远者闻其风而来归,则为政之道得矣。然人心至愚而神,苟非有实心实政足以感人,而欲以欢虞小术违道干誉,则四境之内且不能服,况其远者乎?"此盖夫子言外之意也。

张居正讲评译释 叶公问孔子怎么管理政事,孔子说:"管理政事的方法在于得民心。如果能让近处的百姓感受到恩惠而高兴,使远方的百姓听到自己的名声前来归附,那么就是好的管理政事的方法呀。百姓虽然愚钝,但是也会变得非常聪明。如果管理者实施的政令没有让百姓感受到实惠,只想用小恩小惠来骗取名声,那么自己周围的百姓尚且不会信服,更何况远处的百姓呢?"这也是孔子的言外之意呀。

原文 子夏为莒父[9]宰,问政。子曰:"无欲速,无见小利。欲速,则不达;见小利,则大事不成。"

今译 子夏当了莒父的邑宰,问孔子怎样办理政事,孔子说:"不要求快,不要贪求小利。求快反而达不到目的;贪求小利就做不成大事。"

张居正讲评 莒父是鲁邑。速是急速。小利是小小便益。达是通达。昔者子夏为莒父邑宰,问政于孔子。孔子说:"为政之弊有二,躁急之人,方为其事而遽责其效,这是欲速之弊。子之为政,必须推行有渐,不可欲速以求目前之效。浅狭之人,狃于浅近而昧于远大,这是见小之弊。子之为政,必须志量广大,不可见些小事功便以为得计。何也?盖政以能达为贵,然必有渐而后可以达也。若欲速,则求治太急而无次第,欲其通达,反不能达矣,此所以不可欲速也。政以大成为期,所志者大,则小者有所弗顾也。若见小利,则其心已足而无远图。所得者小,而所失者大矣。此所以不可见小利也。"盖子夏素有近小利之病,故孔子以此教之,其实为政之道,不外于此矣。

张居正讲评译释 昔日子夏当了莒父的邑宰,问孔子怎样办理政事,孔子说:"处理政事时容易遇到两个弊端。急躁的人刚开始办事就要立刻看到成效,这是性急图快的弊端。你办理政事的时候,一定要稳步推行,不能急切地要求取得成效。见识短浅的人,贪图小利而没有长远的目光,这是目光短浅的弊端。你处理政事的时候,一定要有远大的志向,不可以因为很小的收获就自我满足。为什么这么说呢？因为处理政事的重要之处在于取得成效，但是一定要逐步推进才能取得成效。如果性急图快，就会因为过于急切而不循序渐进，反而不能取得成效，这就是为什么不能性急图快。处理政事时要想着取得大成就，志向远大，就不会顾及琐碎的小事。如果满足于蝇头小利而没有远大的追求，就是因小失大。这就是为什么不能贪图小利呀。"因为子夏一直有目光狭小的缺点，所以孔子这么教导他。其实处理政事的方法，也不过就是这些。

原文 叶公语孔子曰："吾党有直躬者，其父攘羊，而子证之。"孔子曰："吾党之直者异于是。父为子隐，子为父隐，直在其中矣。"

今译 叶公告诉孔子说："我的家乡有个正直的人，他的父亲偷了人家的羊，他告发了父亲。"孔子说："我们家乡正直的人和你说的是不一样的，父亲替儿子隐瞒，儿子替父亲隐瞒，这样做，正直就在里边了。"

张居正讲评 党是乡党。直躬是直身而行者。攘是窃盗。证是证明。昔楚大夫叶公与孔子说道："吾乡党之中，有直身而行，无所私曲的人。其父盗人之羊，而己为之子，乃从而证明其事。夫父子至亲，尚且不能隐，则其直可知矣。"孔子说："我乡党中亦有直身而行者，与此不同。子有过也，而父为之隐，不使闻之于人；父有过也，而子为之隐，不使闻之于人。夫父子相隐，虽不得为直，然于天理为顺，于人情为安，迹虽枉而理则直，虽不求为直，而直自在其中矣。若父子相证，则于天理、人情两有所乖，岂得为直乎！"此可见道不远于人情，事必求夫当理。矫情以沽誉，立异以为高，流俗之所慕，而圣人之所不取也。后世论道与论人者，宜以孔子之言为准。

张居正讲评译释 楚国大夫叶公对孔子说："我家乡有一个正直无私的人，他的父亲偷了人家的羊，他作为儿子证实了这件事。父子之间的关系如此亲密，他尚且没有替父亲隐瞒，这就能看出他的正直呀。"孔子说："我家乡也有正直的人，不过和你说的不一样。儿子犯了错误，父亲替他隐瞒，不让别人知道；父亲犯了错误，儿子替他隐瞒，不让别人知道。父亲和儿子互相隐瞒，虽然算不上正直，但顺应天理，合于人情，行为虽然歪曲，但在道理上正直合理，虽然没有追求正直，但是已经符合正直的要求了呀。如果父亲和儿子互相举报，就既违背了天理，又不符合人情，怎么能是正直呢！"由此可以看出，道不能远离人情，做事必须要符合天理。违背常情来求取名誉，标新立异来显示自己的高明，世俗的人仰慕这些，而圣人则不认可这种做法。后世在评判事理和人物时，应该把孔子的话当作准则。

原文 樊迟问仁。子曰："居处恭，执事敬，与人忠。虽之夷狄，不可弃也。"

今译 樊迟问怎样做才是仁。孔子说："平时在家里规规矩矩，办事严肃认真，待人忠厚诚实。即使是到了落后的地方，也不可背弃。"

张居正讲评 仁是心之德。恭是敬之见于外者。敬是恭之主于中者。忠是尽心而不欺。之字解做往字。弃是舍去的意思。樊迟问说："如何可以为仁？"孔子告之说："仁具于心，本体事而无所不在。故为仁之道，须随事而检束其心。大凡日用之间，不是闲居，即是应事，不是应事，便是接人。若此心一有不存，即失其本然之理，而不足以为仁矣。故必静而居处，便要俨然恭庄，而不敢惰慢，则心存于居处之时矣；动而应事，便要肃然敬谨，而不敢怠忽，则心存于执事之时矣；以至与人相处，又要忠实而不敢欺诈，则心存于与人之时矣。然又不可少有间断，必须以此三者拳拳服膺，而无须臾之违。不但安常处顺之时为然，虽到那夷狄患难之中，居处也是这般样恭，执事也是这般样敬，与人也是这般样忠，确然固守而不可弃失。则此心无往不存，将至于全体不息，而浑然天理之周流矣，岂非为仁之道乎？"

张居正讲评译释 樊迟问孔子："怎么做才算是仁呢？"孔子回答说："仁在心中，体现在每一件事上。所以追求仁的时候，应该在每一件事上都反省约束自己。平时生活中，不是闲居，就是办事，不是办事，就是接待他人。如果有一点不小心，就会违背天理，不能达到仁了呀。在日常生活中，保持端庄恭敬，不能有任何怠慢，这样就是在闲居时保持规矩；在办事的时候，严肃谨慎，不能有任何疏忽，这就是办事认真；在和别人相处的时候，诚恳待人，从不欺瞒，这就是待人忠厚。求仁者必须要衷心地信服这三个方面，不能有任何违背，不但在平稳、顺利的境遇下遵守，即使到了落后的地方，遭受了灾难，也要在居处上规规矩矩，办事时严肃认真，待人时忠厚诚实，一点也不违背这些要求。这样将仁一直保持下去，并且贯穿在自己的所有行为中，这不就是做到仁的方法吗？"

原文 子贡问曰："何如斯可谓之士矣？"子曰："行己有耻，使于四方，不辱君命，可谓士矣。"曰："敢问其次。"曰："宗族称孝焉，乡党称弟焉。"曰："敢问其次。"曰："言必信，行必果，硁硁然，小人哉！抑亦可以为次矣。"曰："今之从政者何如？"子曰："噫！斗筲之人，何足算也。"

今译 子贡问道："怎样才可以叫士？"孔子说："自己在做事时有知耻之心，出使外国各方，能够完成君主交付的使命，便可以叫作士了。"子贡说："请问次一等的士。"孔子说："宗族中的人称赞他孝顺父母，乡亲们称赞他尊敬兄长。"子贡说："请问再次一等的士。"孔子说："说到一定做到，做事一定坚持到底，不问是非地固执己见，这虽然是固执的小人，但还算是再次一等的士了。"子贡说："现在的执政者，您觉得怎么样？"孔子说："哎！都是器量狭小的人，他们怎么能排得上呢？"

张居正讲评 耻是羞耻。硁硁是小石之坚确者。小人是局量浅狭的人，非为恶之小人也。斗筲是器名，所容不多。何足算是说不足数。昔子贡问于孔子说："民生有四，士为之首，士之名亦难称矣。必何如，然后可以谓之士乎？"孔子说："节行乃立身之本，才略为用世之具。若于行己之间，以道义为大闲，凡非义之事，皆羞耻而不为，是大本已立矣。及其奉君命而出使于四方，则又能应对诸侯，随机达变，不至辱了君命，是其志既有所不为，而其才又足以有为，若此者，始可以谓之士也。"子贡又问说："全才不容以多得，取人不可以求备，亦有次于此而可以称为士者乎？"孔子说："士固以才行相兼为贵，然与其行之不足，宁可才之不足。若有人焉，善事其亲，而宗族皆称其为孝；善事其长，而乡党皆称其为弟；此其才虽有不足，而大本不失，亦可以为次一等之士矣。"子贡又问说："人之品类不同，一节非无可取，又有下此一等而可称为士者乎？"孔子说："人之言行，本不可以意必。然与其失之放恣，宁可失之固执。若有人焉，所言者，不择理之是非而必期于信；所行者，不问事之可否而必期于果，是乃识量浅狭，硁硁然坚固拘小之人也。此其本末虽无足观，而亦不害其为自守之固，抑亦可以为又一等之士矣。"子贡又问说："今之从政而为大夫者何如，亦有可取者乎？"夫子叹息而鄙之说道："此辈乃猥琐之徒，譬如斗筲小器，所容无几，何足置之谈论哉？"此可见论士以才行为准，而取人以实行为先。苟有其行，则虽硁硁之小人，尤为圣门之所不弃，不然，则市井无行之徒虽有小才，不可以称为士矣。有用人之责者，宜致辨于斯！

张居正讲评译释 子贡问孔子说："百姓被分为士、农、工、商四类，士是排在第一位的，士的称号很难获得呀。怎么做才能被称作士呢？"孔子说：

368

"节制自己的言行是为人的根本，才能是经世致用的工具。如果在自己做事的时候，把道和义当作自己基本的行为准则，凡是不符合道义的事，就因为感到羞耻而不去做，这就是有了作为士的基础。在奉命出使别国的时候，能够在面对诸侯的时候随机应变，不辱使命。像这样有所为，有所不为才能被称作士。"子贡又问："全才不容易得到，对人也不能求全责备，有次一等的士吗？"孔子说："德才兼备的士固然很可贵，但是与其一个人品行不端，那么宁可他才能不足。如果有人孝敬地侍奉父母，族人都认为他孝顺；恭敬地对待兄长，家乡人都认为他尊敬兄长，这样的人即使才能不足，但是做人的根本没有丢失，可以被称作次一等的士。"子贡又问："人的品类不一样，次一等的士并不是没有，但是有没有再次一点的士？"孔子说："人不能固执己见，但是与其一个人放纵任性，那么宁可他固执。如果有人对说的话不辨是非全部都要做到；对做的事不管是否可行一定要得到结果，这就是气量狭小、固执浅薄的人呀。这样的人在做人上虽然不值得被赞赏，但是也不妨碍他保持自己的操守，或许能被称作再次一点的士。"子贡又问："现在执政的官员们怎么样呢，有能被称作士的吗？"孔子叹息着说："这些都是庸俗鄙陋的人，就像一斗二升的竹器一样，没有什么容量，有什么值得谈论的？"由此可见，评价士时要以才能品德为标准，选择人要先依据品行。如果一个人品行端正，那么即使他是固执浅薄的普通人，也不会被孔子抛弃，不然，那些品行恶劣的人即使有很高的才能，也不会被称作士。君主在选择任用人才的时候，应该分辨好这些呀！

原文 子曰："不得中行而与之，必也狂狷乎！狂者进取，狷者有所不为也。"

今译 孔子说："我找不到奉行中庸之道的人和他交往，只能和狂者、狷者交往了！狂者敢作敢为，狷者洁身自好，不肯做坏事。"

张居正讲评 中行是资质既高，学力又到，无过不及，中道而行者。与是传授。狂是有志的人。狷是有守的人。进取是进而取法乎上。有所不为，是不为非礼之事。孔子说："道以中庸为至。若得那无过不及，中道而行之士，以传授之，固吾之所深愿者。但中庸之道，民之鲜能已久，斯人不可得而见之矣。然道不可终无所寄，下此而求其可教者，必也狂与狷乎？夫狂者志大而略于事，狷者孤介而违于俗，皆性禀之失中者，而吾反有取焉，何也？盖天下有一种谨厚的人，其行己检饬，而不见其过差，其处人和易，而动谐于流俗，恰似个中行的模样。然其识趣凡近，而无向上之志；行履卑陋，而鲜特立之操，这等的人，未可以进于道也。惟夫狂者，进而取法于上，动以远大自期，虽其行有所不逮，而迈往之志，则有骎骎乎不可以限量者。狷者，自爱其身，非礼之事断然不为，虽其知有所未及，而能守之节，则有皎皎乎不可以少缁者，吾于是因其志节，而激励裁抑之。狂者使之践履笃实，以充其进取之志，狷者使之恢弘通达，以扩其不为之节。则今日之狂狷，固他日之中行也，传道之托，庶几其有望乎！若夫谨厚拘挛之士，非吾之所愿与者矣。"按，孔子所谓中行，即《洪范》所谓平康正直。狂、狷，即《洪范》所谓高明沉潜之人也。中行之士不可以易得，故不得不有取于狂狷，平康之世不可以常见，故不得不用刚柔以克治之。圣人之教人，与帝王之治世，其道一而已。有君师治教之责者，宜留意焉。

张居正讲评译释 孔子说："中庸是最高的道。能够得到既没有过头又没有不足，一直顺着中正之道前进的士，传授给他们知识，这固然是我的愿望。但是百姓中很少有奉行中庸之道的人了，我找不到这样的人呀。但是道不能没人托付，降低标准寻找那些能教导的人，一定要选那些狂妄的人和孤傲的人吗？狂妄的人志向远大却不干实事，孤傲的人耿直方正却与常人不合，这些人的性格都不符合中庸之道，我为什么还要选他们呢？有一种人忠厚谨慎，他们知道约束自己，不让自己犯错；待人平和，能同人们和谐相处，就像符合中庸之道一样。但是这种人品位低下、志向短浅，办事简单粗鄙，缺乏独立的品德操守，难以追求道。只有那些狂妄的人，目光远大，虽然行为上有不合适的地方，但是他们的前途不可限量。那些孤傲的人爱惜自己的名誉，一定不会做出违背礼仪的事，虽然他们可能知识不足，但是能保持品节不受到任何影响，我是因为他们的志向和品节才愿意培养教育他们的。我会使狂妄的人变得踏实忠厚，帮助他们追求志向；使孤傲的人变得恢宏通达，增加他们的学识。这样现在狂妄孤傲的人也会变得中正平和，符合中庸之道，我的道就有希望寄托下去了呀！像那些拘束谨厚却目光短浅的人，不是我想传授的人。"孔子所说的中正之道，就是《洪范》里所说的平康正直，狂妄孤傲者就是《洪范》里说的明智而又深藏不露的人。完全符合中庸之道的人很难得，所以不得不用那些狂妄孤傲的人；太平盛世也不常见，所以不得不通过治理来实现。圣人教导弟子和帝王治理天下，方法是一致的。治理天下、实施教化的人应该注意这些。

原文 子曰:"南人有言曰:'人而无恒,不可以作巫医。'善夫!""不恒其德,或承之羞。"子曰:"不占而已矣。"

今译 孔子说:"南方人有句话说:'人如果没有恒心,就不能做巫医。'这句话说得真好啊!"《周易·恒卦》中有这样的话:"人不能长久地保存自己的德行,免不了要遭受耻辱的。"孔子说:"这句话是说,没有恒心的人就用不着去占卜了。"

张居正讲评 南人是南国之人。恒是常久。巫是巫祝,祀鬼的人。医是行医的人。承是进。占是占卜。孔子说:"南国之人,有常言说道:'凡人之处己处人,皆当有恒久之心。若使人而无恒,处事则或作或辍,而有始无终;处人则一反一覆,而多变难测。这等的人,虽巫医贱役亦不可以为。'盖巫所以交鬼神,不恒,则诚意不足,而神必不享;医所以寄死生,不恒,则术业不精,而医必不效,南人之言如此。此虽常言,实有至理,不亦善乎!然不独南人有此言,《易经》中《恒卦》九三爻辞也说道:人而不恒其德,则内省多疚,而外侮将至,人皆得以羞辱进之矣。"孔子既引此辞,又说道:"《大易》之戒,明显如此,人但不曾玩其占而已矣。苟玩其占,岂不惕然省悟哉?"此可见天下无难为之事,而人贵有专一之心。君子恒其德,则可以为圣贤?圣人久其道,则可以化天下。若以卤莽灭裂之心,而尝试漫为天下之事,是百为而百不成者也。

张居正讲评译释 孔子说:"南方人经常说:'做人要有恒心,如果一个人没有恒心,办事就会时作时歇、不能持久,从而有始无终;和人交往时就会反复不定,变化难测。这样的人,即使是巫师、医生这样普通的工作也做不好。'因为巫师需要同鬼神交流,没有恒心,就缺乏诚意,神灵就不会享用祭祀;医生关系到病人的生死,没有恒心,就难以精通自己的专业,对人的医治就不能取得成效,所以南方人才这么说。这些话虽然很普通,但确实很有道理,说得不是很好吗!不只是南方人这么说,《周易·恒卦》中也说:人如果不能长久地保存自己的德行,不仅自己会感到愧疚,而且会遭受他人的羞辱呀。"孔子引用了这些话之后又说:"《周易》里有如此明显的训诫,那些缺乏恒心的人只是没有占卜过罢了。假如占卜过,怎么不会警醒悔悟呢。"由此可见天下没有难办的事,人贵在有恒心。君子长久地保持自己的品德,就能够成为圣贤;圣人长久地保持自己的学问,就能够使天下感化。如果为人草率粗疏,办事不肯坚持,那么做什么事都难取得成功。

原文 子曰："君子和而不同，小人同而不和。"

今译 孔子说："君子讲究和谐而不同流合污，小人只求完全一致，而不讲求和谐。"

张居正讲评 和是以道相济，而心无乖戾。同是以私相徇，而务为雷同。孔子说："君子、小人，心术不同，故其处人亦异。君子之心公，其与人也，同寅协恭，而绝无乖戾之心。既不挟势以相倾，亦不争利以相害，何其和也。然虽与人和，而不与人同。事当持正，则执朝廷之法，而不可屈挠，理有未当，则守圣贤之道，而不肯迁就。固未尝不问是非而雷同无别也。小人之心私，其与人也，曲意徇物，而每怀阿比之意。屈法以合己之党，背道以顺人之情，何其同也。然外若相同，而内实不和。势之所在，则挟势以相倾；利之所在，则争利以相害。固未尝一德一心，而和衷相与也。"此可见和之与同，迹同而心异。公则为和，私则为同，此君子、小人之攸分，而世道污隆之所系。欲进退人才者，所宜慎辨于斯也。

张居正讲评译释 孔子说："君子和小人内心的想法不一样，所以他们和别人相处时也不一样。君子内心公正无私，在同别人相处的时候恭敬谨慎，没有任何的乖悖违戾。既不凭借权势压迫别人，又不因为争夺利益去陷害别人，君子的做法是多么和谐呀。君子虽然和别人和谐相处，但是却不和别人同流合污。应该保持公正的时候，就坚持朝廷的法度，不肯屈服；遇到不合理的事情时，就遵守圣贤的教诲，不肯迎合迁就。这自然和那些不辨是非就同别人保持一致的小人不一样呀。小人内心偏私，他们同别人相处是为了获取好处，经常想着同他人勾结。小人在同他人相处的时候，会放宽刑法来迎合自己的党羽，违背道义来照顾别人的情面，小人的行为是多么一致呀。只是看起来好像是保持一致，其实是没有讲求和谐。小人有了威势的时候就凭借权势压迫别人；遇到利益的时候就为了谋求利益而互相迫害。他们从来不会同心协力，为一个共同目标而努力。"由此可见，和谐和同流合污表面上看起来相同，但其实是不一样的。出于公心就是和谐，出于私心就是同流合污，这是君子和小人的区别，这关系到世道的盛衰。君主在录取或罢免官员的时候，应该慎重地分辨好这些呀。

原文 子贡问曰："乡人皆好之，何如？"子曰："未可也。""乡人皆恶之，何如？"子曰："未可也。不如乡人之善者好之，其不善者恶之。"

今译 子贡问道:"全乡人都喜欢、赞扬他,这个人怎么样?"孔子说:"还不能肯定。"子贡又说:"全乡的人都厌恶、憎恨他,这个人怎么样?"孔子说:"也还不能肯定。最好的人是一乡的好人称赞他,一乡的坏人都讨厌他。"

张居正讲评 子贡问于孔子说:"公道每出于众论。今有人焉,一乡之人都道他好,果可以为贤乎?"夫子答说:"一乡未必尽善人也,而皆好此人,安知其非同流合污者乎?未可便信其为贤也。"子贡又问说:"正人多忤于流俗。今有人焉,一乡之人都憎恶他,抑可以为贤乎?"夫子答说:"一乡未必尽不善人也,而皆恶此人,安知其非诡世戾俗者乎?亦未可便信其为贤也。盖好恶之公,不在于同,而善恶之分,各以其类,与其以乡人皆好为贤,不如只以乡人之善者好之之为得也;与其以乡人皆恶为贤,不如只以乡人之不善者恶之之为得也。盖善者循乎天理,今从而好之,是必喜其与己同也。不善者狃于私欲,今从而恶之,是必嫉其与己异也。既能取信于君子,又不苟同于小人,其为贤也,复何疑哉?"此可见观人之法,徒取其同,则群情各有所蔽;各稽其类,则实行自不能掩。欲辨官论才者,尤当以圣言为准可也。

张居正讲评译释 子贡问孔子说:"公道来自众人的评论。如果有一个人,全乡人都称赞他好,这样的人真的是贤人吗?"孔子回答说:"一个乡里不一定都是好人,人人都称赞他,怎么知道他没有和那些坏人同流合污?不能认为他是贤人呀。"子贡又问:"正直的人都不愿意和俗人同流合污。如果有一个人,全乡人都憎恶他,他能算是贤人吗?"孔子回答说:"一个乡里不一定都是坏人,所有人都厌恶他,怎么知道他不是品行不端的骗子呢?也不能认为他是贤人呀。喜爱或厌恶一个人,不在于所有人都一样,而对一个人好和坏的判断,依据的是自己的好坏,与其把全乡人都称赞的人当作贤人,不如只把受到好人称赞的人当作贤人;与其把全乡人都厌恶的人当作贤人,不如只把受到坏人讨厌的人当作贤人。好人遵循天理,得到人们的称赞之后,一定会因为别人和自己一样而高兴。坏人贪图私利,在受到别人的厌恶之后,一定会因为别人和自己不同而怨恨。一个人既能被君子信任又不和小人同流合污,这样才能算是贤人,你还有什么疑问吗?"由此就能看出应该如何观察一个人,如果只选择人们共同喜爱或厌恶的人,难免会受到民意的遮蔽;分别进行核查的话,一个人实际的品行自然就难以遮掩。想要评判官员和人才,就更应该把圣人的话当作标准。

原文 子曰:"君子易事而难说也。说之不以道,不说也;及其使人也,器之。小人难事而易说也。说之虽不以道,说也;及其使人也,求备焉。"

今译 孔子说:"为君子办事很容易,但很难取得他的喜欢。不按正道讨他喜欢,他是不会喜欢的;但是,当他使用人的时候,却总是量才施用。为小人办事很难,但要取得他的喜欢很容易,不按正道去讨他喜欢,他还是喜欢的;但是等他使用人时,却是求全责备。"

张居正讲评 事是服事。说是喜悦。器之是随才器使。求备是求全责备。孔子说:"君子之人,易于服事,却难取其喜悦,何也?盖君子之心,公而恕者也。公,则好尚必以其正,人或以非理之事悦之,如声色货利之物,阿徇逢迎之事,彼必拒之而不为之说,是说之不亦难乎?恕,则用舍各适其宜,故虽持己方严,而及其使人之际,则又随材任能,惟器是适,虽一才一艺者,皆得以进而效用于君子之前,其事之也不亦易乎?所以说君子易事而难说也。若夫小人,则难于服事,而反易以取说,何也?盖小人之心,私而刻者也。私,则好尚不以其正,惟谄谀之是甘、慢游之是好。人以声色货利之物,阿徇逢迎之事,一投其心,彼即欣然而从之矣,是说之不亦易乎?刻,则用舍不适其宜,故虽易与亲狎,而及其使人之际,则又责望无已,取必太深,不录其所长,而惟攻其所短,必求其全备而后已,其事之也不亦难乎?所以说小人难事而易说也。"要之君子悦人之顺理,小人悦人之顺己;君子则爱惜人才,故人乐为之用;小人则轻弃人才,故正人日远而邪人日亲。天理人欲之间,每相反而已矣,用人者可不辨哉?

张居正讲评译释 孔子说:"为君子办事很容易,但很难取得他的欢心,这是为什么呢?因为君子内心公允且宽容。内心公允,则爱好一定会依据正道,如果别人不按正道讨他喜欢,用钱财、美色等去迎合他,他一定会严词拒绝而不会感到高兴,取得君子的欢心不是很难吗?心怀宽容,就能做出合适的取舍,即使对自己的要求很严格,而在使用别人的时候,又能够量才施用,即使才能平庸的人,在君子那里也能被充分地任用,为君子办事不是很容易吗?所以说为君子办事很容易,但很难取得他的欢心。对于小人,就很难为他们办事,反而很容易取得他们的喜欢,为什么呢?因为小人的内心偏私刻薄。内心偏私,那么喜好就不会依据正道,只喜欢谄媚的话和放荡的行为。人们用钱财、美色去迎合他,投其所好,他立刻就会顺从,讨他的欢喜不是很容易吗?内心刻薄,就不能做出合适的取舍,虽然很容易亲近他,但是他在用人的时候，会对人期望很高，要求很多，不重视别人的优点，而只是求全责备，盯着别人的缺点不放，给他办事难道不困难吗？所以说很难为小人办事，反而很容易取得他们的欢心。"总之，君子喜欢别人做事遵循正道，小人喜欢别人顺从自己；君子爱惜人才，所以人才很乐意被使用；小人则轻视人才，所以正直的人渐渐远离，而奸邪的人渐渐亲近他们。君子和小人在天理和人欲方面总是相反，需要任用人才的帝王能不慎重分辨吗？

原文　子曰："君子泰而不骄，小人骄而不泰。"

今译　孔子说："君子安静坦然而不傲慢无礼，小人傲慢无礼而不安静坦然。"

张居正讲评　泰是安舒自得的模样。骄是矜高放肆的模样。孔子说："君子，小人，其存心不同，故其气象亦自有辨。君子以道德润身，是以内和而外平，心广而体胖。但见其安舒自得而已，何尝矜己傲物，而或涉于骄乎？小人以才势自恃，是以志得而意满，心高而气盛。但见其矜夸自足而已，何尝从容不迫，而有所谓泰乎？"盖泰若有似于骄，而有道之气象与逞欲者自殊；骄若有似于泰，而负势之气习，与循理者迥别。欲知君子小人之分，观诸此而已矣。

张居正讲评译释　孔子说："君子和小人内心的想法不一样，所以他们的气概也有差别。君子用道德来提升自己，所以内心平和、气概宽广、体态安详，人们只能能够看到他们安然自得的样子，什么时候有过傲慢自负或者骄纵狂妄呢？小人则凭借自己的才能权势，志得意满，心高气盛，人们只能够看到他们骄傲自夸、自我满足的样子，他们怎么能做到从容不迫、安静泰然呢？"安静坦然看起来像傲慢无礼，但品德高尚的人和傲慢逞能的人自然是有很大差别的；傲慢无礼看起来像安静坦然，然而倚仗权势和倚仗道理是有很大差别的。想要知道君子和小人的差别，看这些就够了呀。

原文　子曰："刚、毅、木、讷，近仁。"

今译　孔子说："刚强、果敢、朴实、谨言，这四种品德接近于仁。"

张居正讲评　刚是强劲。毅是坚忍。木是质朴。讷是迟钝。孔子说："仁为心德，本人人所固有者。但资禀柔懦而委靡者，不胜其物欲之私；文饰而口辨者，每蹈于外驰之失，其去仁也远矣。若夫刚者，强劲而不挠；毅者，坚忍而不馁；木者，质朴而无华；讷者，迟钝而不佞。这四样资质，虽未可便以为仁，而实与仁相近。何也？刚毅，则不屈于物欲，欲之分数少，自然理之分数多矣。木讷，则不至于外驰。心不驰于外，自然能存于内矣，岂不与仁相近乎？有是质者，若能加以自强不息之学，则天理易于纯全，且将与仁为一矣，岂止于近而已哉！不然亦徒有是美质，而终不足以为仁，良可惜也。"

张居正讲评译释 孔子说："仁是一个人内心的品德，原本是每个人都具备的。但是天性懦弱、意志消沉的人，难以战胜自己内心的私欲；口舌便利、善于伪装的人，经常在向外驰求时迷失自我，这些人离仁很远呀。至于那些刚强的人，强劲不屈；坚毅的人，坚韧不拔；朴实的人，质朴无华；谨言的人，反应迟钝却不巧言谄媚。这四种品质，虽然不一定能到达仁的要求，但已经接近于仁了。为什么呢？刚毅，就不会屈服于私欲，私欲少了之后，自然就能遵循天理。木讷，就不至于向外驰求，自然能够保存自己内心的品德操守，这不是接近仁吗？拥有这些品质的人，如果能勤奋学习，自强不息，那么就很容易做到遵循天理，和仁保持一致，岂止是接近仁呢！不然的话也是白白拥有美好的品质，最终也难以实现仁，这非常可惜呀。"

原文 子路问曰："何如斯可谓之士矣？"子曰："切切偲偲[10]，怡怡[11]如也，可谓士矣。朋友切切偲偲，兄弟怡怡。"

今译 子路问孔子："怎样才可以称作士呢？"孔子说："互相督促勉励，和睦共处，就可以称士了。朋友之间互相督促勉励，兄弟之间和睦共处。"

张居正讲评 切切是情意恳到的意思。偲偲是告戒详勉的意思。怡怡是容貌和悦的意思。昔子路问于孔子说："士者，人之美称，然必何如而后可以谓之士乎？"孔子说："士之质性，贵于中和。若于行己接人之时，或径情直行，或率意妄言，或过于严厉而使人难亲，皆非所以为士也。必也切切焉情意恳到，而竭诚以相与，偲偲焉告戒详勉，而尽言以相正，又且怡怡焉容貌温和，而蔼然其可亲，斯则恩义兼笃，刚柔不偏，非涵养之有素者不能也，可谓士矣。然是三者，又不可混于所施，于处朋友，则当切切偲偲以尽箴规之道；处兄弟，则当怡怡以敦天性之爱。盖朋友以义合者也，以义合者则可以善相责，苟以施之兄弟，其能免于贼恩之祸耶？兄弟以恩合者也，以恩合者，则宜以情相好，苟以施之朋友，其能免于善柔之损耶？"此可见天下有一定之道，而无一定之用，虽知其道，而不善用之，尤为德之累也，兼体而时出之，斯善矣。

张居正讲评译释 子路问孔子说："士，是美好的称谓，怎样才能被称作士呢？"孔子说："士可贵的地方在于中正平和的品质。如果一个人在立身行事、处事待人的时候，任性妄为、肆意妄言，或者过于严厉让人难以接近，这都不是士呀。一定要情真意切，诚恳待人，和朋友互相督促勉励，相互促进，与人相处时容貌温和，和蔼可亲，如果没有很高的修养，就不能做到恩义兼顾，刚柔并济，只有做到了这些，才能被称作士呀。然而这些也不能不分对象，胡乱施予别人，如果和朋友相处，就应该相互敬重，互相勉励规劝；和兄弟相处，就应该和颜悦色，显示兄弟之间的情义。朋友相交是因为志同道合，就可以互相劝勉从善，如果也这样对待兄弟，怎么能不破坏兄弟间应有的恩情呢？兄弟之间是因为恩情才在一起，应该互相亲近，如果这样对待朋友，怎么会不互相奉承呢？"由此可见，道理是固定不变的，但是这些道理的适用情况却不是固定的，即使知道这个道理，却不能善用它，这也会影响到品德呀。既能明白最根本的道，又能在合适的时候使用，这才是正确的做法呀。

原文 子曰："善人教民七年，亦可以即戎矣。"

今译 孔子说："善人教导百姓七年，也可以让他们去当兵作战了。"

张居正讲评 即戎是用之为兵。孔子说："善人之道，笃实无伪。故其教民也，存之内者，皆实心，而能使其情意之流通；发之外者，皆实政，而能使其纲纪之振举。或教之以孝弟忠信之行，使之知尊君亲上之义；或教之以务农讲武之法，使之知攻杀击刺之方。积而至于七年之久，亦可以使之披坚执锐，而从事于戎伍之间矣。"谓之亦可者，是仅可而有所未尽之辞，若夫圣人在上，以善教民，自将无敌于天下，岂但可以即戎，而又何待于七年哉？

张居正讲评译释 孔子说："品德高尚的人忠诚老实，毫不虚伪。所以他们在教导百姓时内心真诚，能够将情意传达给百姓；施行的都是切实的政令，能够振兴国家的朝政。或者教导百姓孝弟忠信，让他们知道尊敬君主、亲近长辈；或者教导百姓务农习武，让他们知道如何上阵杀敌。教导百姓七年之后，就也可以让他们身披铠甲，手持利剑，去当兵作战了呀。"孔子说的"也可"是只能够的意思，更深层的意思是如果有圣人教导百姓，国家自然能够天下无敌，又岂止是让百姓能够当兵作战，而又怎么需要七年的时间呢！

原文　子曰："以不教民战，是谓弃之。"

今译　孔子说："如果不对老百姓进行作战训练，这就叫抛弃他们。"

张居正讲评　孔子说："兵者，死地；战者，危事。若平素不曾教民，则民不知尊君亲上之义、攻杀击刺之方。一旦驱之于战，适足以杀其躯而已，非弃其民而何？"此两章，总是见兵不可以不慎之意。盖天下虽安，忘战则危，所以古之帝王，常于太平之日，不忘儆戒之心。讲武事，除戎器，以备不虞，盖为此也。

张居正讲评译释　孔子说："打仗是生死攸关的事，战争是危险的事。如果平时没有对百姓进行过教导，百姓就不知道如何尊敬君主、亲近长辈和上阵杀敌。一旦让他们去打仗，只不过是害他们罢了，这不叫抛弃他们叫什么？"这两章总的是说对待战争不能不慎重。虽然天下太平，但如果忘记了战备就一定会产生危机，所以古时候的帝王在太平时期，也不忘记警惕戒备，通过教导百姓作战和整顿军备来防备难以预料的危急，就是这个原因呀。

注释：

[1]有司：官吏。古代设官分职，各有专司，所以称为"有司"。

[2]迁：拘泥固执。

[3]公子荆：春秋时期卫国的大夫。

[4]期月：一整年。

[5]世：三十年。

[6]晏：晚。

[7]叶公：沈诸梁，芈姓，沈尹氏，名诸梁，字子高，春秋末期楚国军事家、政治家，约生于公元前550年。因其被楚昭王封到古叶邑（今河南省平顶山市叶县叶邑镇）为尹，故史称叶公。

[8]悦：亦作"说"。

[9]莒父：鲁国的一个城邑，在今山东省莒县境内。

[10]切切偲偲：亦作"切切节节"。相互敬重，切磋勉励。

[11]怡怡：容貌和悦。

宪问第十四

原文 宪[1]问耻。子曰："邦有道，谷；邦无道，谷，耻也。"

今译 原宪问孔子什么是羞耻。孔子说："国家政治清明，可以做官拿俸禄；国家治理无方，做官拿俸禄，就是羞耻。"

张居正讲评 宪，孔子弟子，姓原，名宪。耻是羞耻。谷是居官的俸禄。原宪问孔子说："人不可以无耻。不知何者为可耻之事？"孔子告之说："人之可耻者，莫过于无能而苟禄。如若邦家有道，明君在上，言听计从，正君子有为之时也，乃不能有所建明，只空吃着俸禄。至若邦家无道，上无明君，言不听而计不从，虽卷而怀之可也，乃犹腼颜居位，只空吃着俸禄。夫君子居其位，则必尽其职，称其职，乃可食其禄。今世治而不能有为，世乱而不能引退，乃徒窃位以素餐，贪得而苟禄，则其志行之卑陋甚矣，人之可耻，孰大于是乎？"按，原宪为人狷介，其于邦无道，谷之可耻，盖已知之，至于际时行道，或短于设施之才，故夫子兼举以告之，乃因其所已能，而勉其所未至也。

张居正讲评译释 原宪问孔子："人不能没有羞耻心，不知道什么是让人感到羞耻的事呢？"孔子回答说："没有比一个人没有能力却领取俸禄更加可耻的事。如国家政治清明，君主贤明，愿意采纳臣子的意见，这本应该是臣子有作为的时候，却不能取得建树，只能白白领取俸禄。如国家治理无方，君主昏庸，不愿意听从臣子意见，这时候本应该辞官隐退，却依然厚颜无耻地赖在官位上，拿着俸禄。君子在一个位置上，就一定在尽职办事后才领取俸禄。如果一个人在政治清明时不能有所作为，在政治混乱时不能辞官隐退，只是赖在官位上白白领取俸禄，这样的想法和行为十分平庸浅陋呀，有比这更让人感到羞耻的事吗？"原宪为人清高孤傲，他知道在国家治理无方时做官拿俸禄是可耻的行为，但是在政治清明的时候，他缺乏治理的才能，所以孔子才这么告诫他，这是根据他的优点，来勉励他改善自己的不足。

原文 "克、伐、怨、欲不行焉，可以为仁矣？"子曰："可以为难矣，仁则吾不知也。"

今译 原宪又问："好胜、自夸、怨恨、贪欲都没有的人，可以称得上做到仁德了吗？"孔子说："可以说是难能可贵了，能否算作仁德，那我就不知道了。"

张居正讲评 原宪又问说："人心至虚，物欲蔽之。好胜者谓之克，自矜者谓之伐，忿恨者谓之怨，贪求者谓之欲，有一于此，皆为心累。若能于此四者，皆制之而不行焉，则人欲既遏，天理自存，斯可以为仁矣？"孔子说："克、伐、怨、欲，皆人情之易动者。今能制之而不行，是其力足以胜私，刚足以克欲，斯亦可以为难矣。若遂以为仁，则吾不知也。"盖仁者纯乎天理，自无四者之累。今乃曰不行，则不过强制其情，暂时不发而已。譬之草根不除，终当复生；火种不灭，终当复燃。倘操持少懈，宁无潜滋暗长，而不自觉者乎。是未可便谓之仁也。要之原宪之问，徒知制其流。夫子之答，是欲澄其源。惟能致力于本原，则天理渐以浑全，私欲自然退听矣，此求仁者所当知！

张居正讲评译释 原宪又问："人的心中不着一物，很容易被物欲蒙蔽。争强好胜叫作克，盲目自大叫作伐，心生愤恨叫作怨，贪得无厌叫作欲，一个人有这当中任何一个缺点，都会影响自己内心。如果把这四种缺点全部克制去除掉，遏制了欲望，天理自然就能得到保持，这样可以称得上仁吗？"孔子说："好胜、自夸、怨恨、贪欲都是人们容易触犯的缺点，能够克制去除这些缺点，就是战胜了自己的私欲，这已经很难能可贵了。但如果认为这就是仁，那我就不知道了。"仁德的人能完全遵循天理，自然不会受到这四种私欲的影响。如今没有这些私欲，只不过是通过强行克制，暂时不会产生罢了。就像不除掉草根，草还会重新生长出来，火种不灭，火最终还会重新燃起一样。假如对自己的把持有一点儿松懈，这些私欲就会暗中滋长，自己也难以察觉。所以这不一定能算作仁德呀。原宪所说的只是限制私欲的发展，孔子的回答是想要从源头上杜绝私欲。只要能在源头上努力，就能保持天理的纯洁完整，私欲自然就会消退，追求仁德的人应该知道这些呀！

原文 子曰："士而怀居[2]，不足以为士矣。"

今译 孔子说："士如果留恋家庭的安逸生活，就称不上士了。"

张居正讲评 怀是思念。居是意所便安处。孔子说："士志于道，则居无求安焉，何也？其所志者大，故不暇为燕安计也。苟于意所便安处，即恋恋不能舍，或怀于宫室器用之美，或怀于声色货利之私。则心为形役，而志以物损，处富贵必淫，处贫贱必移，卑陋甚矣，恶足为士乎？"

张居正讲评译释 孔子说："士立志于追求道，所以不会追求安逸的生活，因为他们志向远大，没有时间顾及生活上的情况。如果一个人过上了安逸的生活后就恋恋不舍，或者沉醉于房屋器物的美好，或者沉迷于音乐、女色、货物、财利等私欲，那么他的心志就会受到影响，志向就会受损，在生活富裕时一定会放纵欲望，在生活贫困时一定会动摇心志，这样的人十分鄙陋呀，怎么能被称作士呢？"

原文 子曰："邦有道，危言危行；邦无道，危行言孙。"

今译 孔子说："国家政治清明，要正言正行，正直地做人；国家政治混乱，要正直地做人，但是说话却要随和谨慎。"

张居正讲评 危是高峻的意思。孙是卑顺的意思。孔子说："君子处世，其言行固当一出于正，不可少贬以徇人，然也须要看时势何如。如君明臣良，公道大行，此固邦家有道之时也。则当高峻其言，明是非，辨邪正，而侃然正论之不屈，高峻其行，慎取与，洁去就，而挺然劲气之不回。盖道与时合，无所顾忌，故言与行俱高而无害也。若夫君骄臣谄，公道不明，此邦家无道之时也，当此之时，其行固当仍旧高峻，不可少屈以失己之常，言则不妨于卑顺，不可太直以取人之祸。盖道与时违，不得不为此委曲以避害耳。"此可见行无时而不危，君子守身之节也；言有时而可孙，君子保身之智也，然有国者而使人孙言以苟容，岂国之福也哉！

张居正讲评译释 孔子说："君子的言行固然应该公正无私，不能降低自己的品格屈从他人，但也要看一下当时的形势怎么样。如果君主贤明，大臣忠诚，正道盛行，这是国家政治清明的时刻呀。这时候应该说话正直，明辨是非善恶，保持刚正严肃的言论；应该行为正直，在取舍上小心谨慎，在去留时保持自身的高洁，始终维持挺拔特立的气概。因为政治清明，不用有所顾忌，所以言行正直也不会遇到危险。如果君主昏庸，大臣谄媚，正道不行，这是国家混乱的时候，在这种情况下，行为固然依旧要保持正直，不能有任何屈服，而说话时则要委婉谨慎，不能太过于刚直而引起灾祸。这是因为时势不符合正道，所以不得不这么委曲求全，躲避危害罢了。"由此可见，在行为上时刻正直高洁，这是君子应该保持的品节；说话时在有的情况下可以委婉谨慎，这是君子保全自身的明智做法。如果君主使人们谨慎说话才能够生存，这怎么是国家的福气呢！

原文 子曰："有德者必有言，有言者不必有德；仁者必有勇，勇者不必有仁。"

今译 孔子说："有道德的人一定有言论，有言论的人不一定有道德；仁义之人一定勇敢，但是勇敢之人不一定就有仁德。"

张居正讲评 孔子说："人有存诸中的是根本，有发诸外的是枝叶。即其所存，固可以知其所发，据其所发，则未可信其所存。如行道而有得于心者谓之德。有德者虽不尚夫言，然和顺积中，而英华发外，敷之议论，必然顺理成章而可听，是言乃德之符也，若夫有言者则未必其有德，盖言一也，有君子之言，有色庄之言，若但听其言而取之，则君子色庄，何从而辨别之乎？故未可遽信其为有德也。心德浑全之谓仁，仁者虽不期于勇，然心无私曲，则正气常伸，其临事之际，自然见义必为而有勇，是勇乃仁之发也。若夫有勇者，则未必其有仁，盖勇一也，有义理之勇，有血气之勇，若但从其勇而观之，则义理血气何从而辨别之乎？故未可遽信其有仁也。"此可见，德可以兼言，言不可以兼德；仁可以兼勇，勇不可以兼仁。自修者固当知所以务本，而观人者亦乌可徒取其末哉！

张居正讲评译释 孔子说："一个人的品德是根本，表现在外部的言行是枝叶。从一个人的内心，就可以知道他所表现出来的言行，根据一个人的言行，则不能知道他的内心。追求道时的收获就是道德。有道德的人虽然不喜欢说话，但是和善温顺的性格形成之后，美好的品格一定会表现出来，在说话的时候，一定会顺理成章，说的话就是品德的表现呀。那些说话正直的人就未必有道德，因为说出来的话有的正直，也有的看似正直，实则虚伪，如果只根据一个人说的话来判断他，那么怎么辨别他是不是伪君子呢？所以不能因为一个人的言论就认为他有品德呀。品德纯洁完备就可以被称作仁德，仁德的人虽然没有追求勇猛，但是他们心中没有私欲，正气长存，在遇到问题的时候，自然会见义勇为，这种勇敢是因为仁德而产生的。那些勇猛的人，就不一定仁德，因为他们的勇敢有的是见义勇为，而有的是好勇逞强，如果只是用勇敢来评价一个人，那怎么分辨他是见义勇为还是好勇逞强呢？所以不能认为勇敢的人有仁德呀。"由此可见，有道德可以表示一个人说话正直，说话正直却不表示有道德；仁德的人一定勇敢，勇敢的人则不一定仁德。自身修习的时候应该知道如何从根本上努力，观察别人的时候也不能只关注他的细枝末节呀！

原文 南宫适问于孔子曰："羿善射，奡[3]荡舟，俱不得其死。然禹、稷[4]躬稼而有天下。"夫子不答。南宫适出。子曰："君子哉若人！尚德哉若人！"

今译 南宫适问孔子："后羿善于射箭，奡善于水战，结果都不得好死。大禹和后稷亲自种植庄稼，却都得到了天下。"孔子没有回答。南宫适出去之后，孔子说："这个人真是君子啊！这个人真尊重道德！"

张居正讲评 南宫适即南容。羿是有穷国之君。奡是羿臣寒浞之子。荡舟是陆地行舟。南宫适问于孔子说："羿善于射，奡能陆地行舟，以力言之，天下无有能过之者矣。然一则为其臣寒浞所杀，一则为夏后少康所诛，皆不得正命而死。禹平水土，稷播百谷，身亲稼穑之事，以势言之，亦甚微矣。然禹则亲受舜禅而有天下，稷之后，至周武王亦有天下。夫以强，则羿奡之亡也如彼；以弱，则禹稷之兴也如此。其得失之故，果安在哉？"南宫适之问，托意甚深，且或有感而发。夫子于此，盖有难于言者，故默然不答，但俟其既出而叹美之说道："自世俗尚力而不尚德，此君子所以不可见，而知德者鲜也。今观适之所言，进禹稷而退羿奡，贵道德而贱权力，则其人品之高，心术之正，可知矣。君子哉其此人乎，尚德哉其此人乎。"再言以赞美之，盖深有味乎其言，且以寓慨世之意也。

张居正讲评译释 南宫适问孔子说："后羿善于射箭，奡能在陆地上行舟，从力量上来看，天下没有人能超过他们。然而他们一个被大臣寒浞杀害，一个被夏后氏的少康杀掉，都没有好的结局。大禹治理洪水，后稷传播百谷，亲身参与农业生产，从权势上来看，非常微小呀。但是禹接受了舜的禅让拥有了天下，稷的后人周武王也取得了天下。后羿和奡这样强壮却不得好死，禹和后稷这样微弱却能变得如此强盛。这当中的得失究竟在于什么地方呢？"南宫适的询问，寓意深远，并且是有感而发。孔子也很难回答这个问题，所以才沉默不语。等南宫适出去了之后，孔子称赞他说："一般的俗人只崇尚力量而不追求道德，所以很难见到君子，有品德的人也很少。现在看到南宫适推崇禹稷而贬低羿奡，重视道德而轻视权力，就知道他品德高尚、为人正直呀。这个人真是君子啊！这个人真尊重道德！"孔子连着两句话称赞南宫适，这是深刻地认同他说的话，并且有感慨时世的意思呀。

原文 子曰："君子而不仁者有矣夫，未有小人而仁者也。"

今译 孔子说："君子中偶有人做出不道德的事情，而小人中不会有人做出仁德的事来。"

张居正讲评 孔子说："仁者，心之德。心存则仁存，心放则仁失。然存之甚难，失之甚易。如君子之心纯乎天理，固宜无不仁也。然毫忽之间心不在焉，则人欲有时而窃发，天理有时而间断，间断即非仁矣。所以君子而不仁者尚有之也。若夫小人，则放僻邪侈之心滋，行险侥幸之机熟，纵有天理萌动之时，亦不胜其物欲攻取之累矣，岂有小人而仁者哉？"夫人而不仁，不可以为人，则小人固当为戒。然以君子而尚有不仁焉，则操存省察之功，盖不可一时而少懈矣！

张居正讲评译释 孔子说："仁，是人内心的品德。心中有道德，仁德就存在；内心放纵，就会失去仁德。保存仁德很难，失去仁德却很容易。君子完全遵循天理，无时无刻不保存仁德，如果稍微有所松懈，个人的私欲就会悄悄产生，从而难以遵循天理，就会做出不仁德的事来。所以君子也会做出不仁德的事。至于小人，他们肆意妄为、为非作歹，总是抱着侥幸心理冒险求利，纵然有时候想要追求仁德，也难以克服对物欲的求取，怎么会做出仁德的事来呢？"如果缺乏仁德，就不能算是一个人，人们应该警诫自己不要成为小人。君子偶尔也会做出不仁德的事，所以对自己品德的保持，对自己的反省审查，一刻也不能松懈呀！

原文 子曰："爱之，能勿劳乎？忠焉，能勿诲乎？"

今译 孔子说："爱他，能不为他操劳吗？忠于他，能不给他劝告吗？"

张居正讲评 劳是劳苦之事。诲是规谏之言。孔子说："天下有甚切之情，则有必至之事。父母之于子，有以姑息为爱而骄之者矣，骄则将纵其为恶以取祸败，此乃所以害之，非所以爱之也。若慈亲之于子也，爱之也切，则其为虑也远。或苦其心志，或劳其筋骨，禁其骄奢淫佚之为，而责之以忧勤惕厉之事。盖其心诚望之以为圣为贤，故自不肯以姑息豢养而误之。是劳之者，正所以成其爱，爱之能勿劳乎？臣之于君，有以承顺为忠，而谀之者矣。谀则将陷君于有过，以致覆亡，此乃所以戕之，非所以忠之也。若忠臣之事君也，其敬之也至，则其为谋也周。或陈说古今，或讥评时事，不避夫拂意犯颜之罪，而务竭其纳诲辅德之忱。盖其心诚望其君以为尧为舜，故自不忍以缄默取容事之。是诲之者，正所以忠之也，忠焉能勿诲乎？"夫知爱之必劳，则为子者不可以惮劳，惮劳，非所以自爱也。知忠之必诲，则为君者不可以拒诲，拒诲，非所以劝忠也。君臣父子之间，贵乎各尽其道而已。

张居正讲评译释 孔子说："如果感情过于深切，就会有一些必然发生的事。有的父母把纵容子女当作爱，从而娇惯他们，纵容他们的恶行，从而引起灾祸，这是害他们而不是爱他们。慈爱的父母关爱自己的子女，就替他们长远考虑。或者让他们内心痛苦，或者使他筋骨劳累，禁止他们骄奢淫逸的行为，要求他们勤劳谨慎。这是因为父母真诚地希望子女成为圣人贤人，所以不愿意放纵耽误他们。使子女劳累，正是因为爱他们呀，爱他们，能不让他们操劳吗？有的臣子把顺从君主当作忠诚，从而奉承讨好君主。奉承君主就会使他犯错，导致国家的灭亡，这是杀害君主的行为，而不是忠诚的表现。忠臣侍奉君主时，无比恭敬，替君主考虑得十分周全。或者给君主论述古今，或者评论时事，不害怕违背其意愿受到怪罪，尽心尽力地进献善言，辅佐君主。因为忠诚的臣子希望自己的君主能够像尧舜一样贤明，所以不愿意在侍奉君主的时候取悦他。给他劝诫，是因为忠心呀，忠于他，能不给他劝告吗？"既然知道父母爱子女就要使他们劳累，那么作为子女就不能怕苦怕累，怕苦怕累就不是爱护自己呀。知道忠于他就要给他劝诫，那么作为君主就不能拒绝别人的劝谏，拒绝别人的劝谏，就不是让别人忠于自己。君臣父子之间，可贵的地方在于各自尽到本分罢了。

原文 子曰："为命[5]，裨谌[6]草创之，世叔[7]讨论之，行人[8]子羽[9]修饰之，东里[10]子产润色之。"

今译 孔子说："郑国制定的公文，都是由裨谌起草的，世叔审议之后，交由负责外交的子羽修改，最后由子产修饰定稿。"

张居正讲评 命是词命。裨谌、世叔、子羽、子产，都是郑大夫。草创是造为草稿。讨是寻究。论是讲论。行人是奉使的官。修饰是增损其词。东里是子产所居之地。润色是加以文采。孔子说："郑以小国，而介乎晋楚大国之间，其势甚危。然能内抚百姓，外和诸侯，使国家安宁，而强大莫之敢侵者，则以贤才众多，而用之又各当其任故也。试举一事言之。如词命，乃有国之要务，况以小国之事大国，全赖以讲信修睦，解纷息争，则尤其要者。郑国之为词命也，以裨谌善谋，则使之创为草稿，而立其大意；然一人之识见未可以遽定也，世叔博通典故，则使之寻求故事，而以义理论断之；然虽经评驳，未必多寡适中也，又使行人子羽修饰之，而加以笔削焉；然虽经裁割，未必辞藻可观也，又使东里子产润色之，而加以文采焉。一词命而成于四贤之手，此所以详审精密，而应对诸侯，鲜有败事也。"即词命一事，而其他可知矣。众贤毕集而各效其长，郑之能国也宜哉。然四子之贤，亦自有不可及者。观其同心共济，略无猜嫌，此不以为矜所长，彼不以为形所短，仿佛虞廷师师相让之风，非同有体国之诚意，忘己之公心者，其能若是乎？真可为人臣事君之法矣。

张居正讲评译释 孔子说："郑作为小国，夹在晋和楚两个大国之间，形势非常危急。然而郑国对内能安抚百姓，对外和诸侯和睦相处，国家和睦，没有敌人敢入侵，这是因为贤才众多，又能任用得当呀。在这里试着举一个例子来说明，制定公文，这是一个国家很重要的事，更何况小国同大国的交流时，全依靠讲究信用和睦邻修好，来解决纷争，所以，对于小国来说制定公文就尤为重要。郑国制定公文的时候，因为裨谌擅长谋略，就让他起草稿，制定要点；但是不能因为一个人的看法就草率地做出决定，世叔通晓典故，让他选择合适的例子配合义理进行论证；虽然经得起论证，但是在语气的浅重上未必合适，所以要再经过负责外交的子羽进行删改、修饰；虽然经过了修改，却未必有文采，所以再让子产进行加工润色，让公文看起来文采华丽。一篇公文经过了四位贤臣才被完成，所以才能审查详细，在面对诸侯的时候也很少有失误呀。"通过制定公文这一件事就能知道别的事了呀。把贤能者齐聚起来，各自展示自己的特长，郑国能做到的其他国家应该也能做到。这四位贤者也有自己不擅长的方面。他们之间齐心协力，没有猜忌，既不炫耀自己的优点也不嘲讽别人的缺点，就像尧舜时期人们相互学习、礼让一样，如果没有体念国家的诚心和舍弃私欲的公心，谁能做到这些呢？这完全能作为臣子侍奉君主的方法呀。

原文 或问子产。子曰："惠人也。"

今译 有人问孔子子产这个人怎样。孔子回答："是个施与恩惠的人。"

张居正讲评 子产是郑大夫，名公孙侨，执郑国之政二十余年，当时以为贤，故或人问于孔子说："子产之为人何如？"孔子说："子产听郑国之政，德泽浃洽于国人，乃惠爱之人也。"按，子产为相，政尚威严，芟除强梗，又铸刑书以禁民之非，其迹近于寡恩。然其心切于爱民，修法度而使人知所守，严禁令而使人不陷于罪辟。三年之后，国人皆歌颂之，终子产之身，郑国大治强于诸侯，盖其实爱之及于民者深矣，故孔子以惠人称之。及子产死，孔子又为之垂涕曰："古之遗爱也。"

张居正讲评译释 子产是郑国的大夫，名叫公孙侨，在郑国执政了二十多年，被当时的人们称赞为贤臣，有人问孔子说："子产这个人怎么样？"孔子回答说："子产处理郑国的政事，恩泽普遍惠及到了百姓，他是个仁爱的人呀。"子产做宰相的时候，推崇政令威严，除掉了那些飞扬跋扈、为非作歹的人，又颁布重刑禁止百姓做坏事，他的行为接近于刻薄少恩。但是他真心爱护百姓，制定法度使百姓知道遵守法律，严格推行禁令使百姓不会犯错。几年之后，郑国人都歌颂、赞美他。在子产活着的时候，郑国局势安定，经济繁荣，强过那些大的诸侯国，这是因为他真心爱护百姓呀，所以孔子称赞他仁爱。到了子产死的时候，孔子又为他痛哭流涕说："他是古代圣贤的继承人啊。"

原文 问子西[11]。曰："彼哉！彼哉！"

今译 又问起子西。孔子回答："他呀！他呀！"

张居正讲评 子西是楚平王之庶长子，名申。平王卒，令尹子常以其贤，欲立之，子西不许，竟立嫡长子壬为王，又能改修其政，以定楚国，当时称之，故或人又问说："子西之为人何如？"孔子无所可否，但应之说："彼哉！彼哉！"外之之辞也。按，楚僭称王号，凭陵周室。孔子作《春秋》，嘉桓文之功，贬楚之王号，而称子，盖以夷礼外之，子西虽贤，不过僭窃之臣耳，故曰："彼哉！彼哉！"盖置贤否于不足论也。

张居正讲评译释 子西是楚平王的庶长子，人称公子申。楚平王死了之后，令尹子常因为子西很贤明，想立他为国君。子西不答应，立嫡长子壬为国君，又整顿楚国的政治，使国家安定，当时人们都称赞他，所以有人又问孔子："子西这个人怎么样？"孔子既不称赞也不批评，只是回答说："他这个人呀！"孔子这是非常疏远的话。楚国原本是三等诸侯子爵，却僭称王的称呼，侵犯周天子的权威。孔子在编写《春秋》时，称赞齐桓公、晋文公的功业，贬低楚国的王号，称呼楚国国君为小子，用对待蛮夷的礼仪疏远楚国。子西虽然贤明，也不过是僭窃的臣子罢了，所以孔子说："他这个人呀！他这个人呀！"这是因为子西是否贤明不值得谈论啊。

原文 问管仲。曰："人也。夺伯氏[12]骈邑三百，饭疏食，没齿[13]无怨言。"

今译 又问起管仲。孔子说："他是个人才。他曾剥夺伯氏骈邑三百户，导致伯氏只能吃粗茶淡饭，直到老死也毫无怨言。"

张居正讲评 管仲是齐大夫管夷吾，相桓公霸诸侯，一匡天下。人也是说此人也。伯氏，亦齐大夫。骈是伯氏所封之邑，有三百户，盖大邑也。疏食是粗饭。没齿是终身。或人又问："管仲之为人何如？"孔子说："此人也，其功足以服人者也。昔齐大夫伯氏有罪，桓公夺其所封之骈邑三百户，以封管仲。伯氏后来穷约，饭食粗饭，以至终身，曾无怨言。夫夺人之有，人之所不堪也；夺之而致其穷约终身，尤人之所不堪也。乃伯氏安焉。终不以为怨，苟非有以深服其心，岂能如此？观此而管仲之功可知矣，是则管仲之为人也！"按，子产、子西、管仲三人，皆春秋之名臣，然当时议论犹有未定，子产以法严而掩其德爱，管仲以器小而昧其大功，子西以能让千乘之国而盗一时之名，非夫子一言以定其人品，则万世之公论几不白矣。此人之所以为难知，而论人者当以圣言为准也。

张居正讲评译释 有人又问："管仲这个人怎么样呢？"孔子回答说："这个人的功绩足以让人信服呀。齐国大夫伯氏犯了罪，齐桓公就剥夺了他三百户骈邑，封给了管仲。伯氏后来生活困苦，粗茶淡饭，直到老死也没有任何怨言。掠夺了别人的东西，别人肯定会难以接受；掠夺了别人之后导致别人一生贫困，更加让人难以接受呀。伯氏却安心地接受了，没有任何怨言，如果不是信服管仲，怎么能这样呢？看到这些就可以知道管仲的功绩和为人了呀！"子产、子西、管仲三人都是春秋时期的名臣，然而当时人们对他们的评价还不准确，人们因为子产的刑法严峻而看不到他的仁德宽爱，因为管仲的器量狭小就忽略了他的丰功伟业，因为子西推让了国君的位置，就认为他骗取名声，如果不是孔子对他们做出了评价，那么后世就很难对他们做出准确的评价呀。认清一个人如此困难，评价别人的时候一定要把圣人的话当作标准呀。

原文 子曰："贫而无怨难，富而无骄易。"

今译 孔子说:"贫穷而没有怨恨是很难做到的,富贵而不骄傲是容易做到的。"

张居正讲评 孔子说:"贫者多怨尤之心,富者多骄肆之失,此乃人情之常。若处贫而能安于义命,无所怨尤,斯善处贫者也。处富而能收敛谦抑,不为骄肆,斯善处富者也。然贫为逆境,非心无愧怍,而真有所得者,必不堪其忧,故贫而无怨,实乃人之所难。富为顺境,但稍知义理,而守其常分者,便可以自制,故富而无骄,犹为人之所易。知无怨之难,则人固当勉其难;知无骄之易,则人又岂可忽其易哉?"

张居正讲评译释 孔子说:"贫困的人大多会心生怨恨,富裕的人经常骄纵放肆,这是人之常情。如果一个人在生活贫困时能够安于天命,毫无怨言,这就是正确地对待贫困。在生活富裕时能收敛谦逊,不骄纵放肆,这是正确地对待富贵。生活贫困是处于逆境,如果不是内心没有愧疚、拥有坚定信念的人,一定难以忍受这种生活,所以贫穷而没有怨恨是人们很难做到的。富裕是处于顺境,这时候只要稍微知道些天理道义,安于本分,就能够节制自己,所以富贵而不骄傲是人们很容易做到的。知道在贫困时很难没有怨恨,那么人自然应该要勉励自己克服困难;知道在富裕时很容易做到不骄傲,那么人们又怎么能因此而疏忽呢?"

原文 子曰:"孟公绰[14]为赵、魏老则优,不可以为滕、薛大夫。"

今译 孔子说:"假如孟公绰做晋国赵氏、魏氏的家臣,能力绰绰有余;但是不可能做滕、薛这样小国的大夫。"

张居正讲评 孟公绰是鲁大夫。赵、魏,都是晋之世卿,最称大家者也。老是家臣之长。优是有余。滕、薛,都是小国。大夫是任国政之官。孔子说:"人之材器,各有所宜,用人者,必当因材而器使之。如孟公绰为人廉静寡欲,而才干则短,本宜于简,而不宜于繁者也。若使他做世家之长,就是赵、魏之大家,他也为之而有余。何也?家老之职,惟在端谨以领率群僚而已,公绰之廉静寡欲,固自优于此也。若使他做大夫,就是滕、薛小国,亦所不可。何也?大夫任一国之政,非有理繁治剧之才者不能,公绰短于才,则固不足以办此矣。夫一孟公绰也,以为家老,则赵、魏且优,况小于赵、魏者乎!以为大夫,则滕、薛且不可,况大于滕、薛者乎!"可见人各有能有不能,任当其才,皆可以奏功;用违其器,适足以偾事。图治者,可不知人而善任之哉？

张居正讲评译释 孔子说："人的才能不同，适用的方面也不一样，用人的时候，应该因材施用。比如孟公绰为人品德高尚，性格平和，没有私欲，但是才能不足，适合一些简单的工作，不适合那些繁杂的工作。如果让他做家臣总管，即使是为赵、魏这样大家族效力，他在能力上也绰绰有余。为什么呢？家臣总管的职务，只用端正谨慎地给其他家臣做表率就行了，以孟公绰的为人，自然很轻易就能胜任这个职务。如果让他做大夫，即使是滕、薛这样小国的大夫，他也做不了。为什么呢？大夫要管理国家的政事，如果没有处理繁乱事务的能力，就很难处理复杂的政务，孟公绰才能不足，自然难以胜任这个职务。孟公绰做家臣总管的话，能胜任赵氏、魏氏这样的大家族的总管，更何况比赵氏、魏氏小的家族呢！做大夫的话，难以担任滕、薛这样的小国的大夫，更何况比滕、薛大的国家呢！"由此可见，人各有所能，也各有不足，根据他的才能进行任用，就能取得功效；违反他的能力进行使用，就会坏事。想要励精图治的君主，能不知人善任吗？

原文 子路问成人[15]。子曰："若臧武仲[16]之知，公绰之不欲，卞庄子[17]之勇，冉求之艺，文之以礼乐，亦可以为成人矣。"

今译 子路问孔子怎样做一个完美之人。孔子说："如果具有臧武仲的睿智，孟公绰的清心寡欲，卞庄子的勇敢，冉求的多才多艺，再用礼乐加以修饰，这就是德才兼备的完人了。"

张居正讲评 成人是完全成就的人。臧武仲是鲁大夫，名纥。公绰即前章孟公绰。不欲是廉洁无欲。卞庄子是卞邑大夫，力能刺虎。冉求是孔子门人冉有。艺是多才能。子路问于孔子说："人以一身参于三才，必何如然后可以为全人，而立于天地之间乎？"孔子说："人之资禀，庸常者多，高明者少，或虽有高明之资，而不学不知道，往往蔽于气禀之疵，而局于偏长之目，此世所以无全人也。若是臧武仲之智识精明、孟公绰之廉静寡欲、卞庄子之勇敢有为、冉求之多才多艺，其资禀才性固已有大过人者矣。又能各就其所长者，而节之以礼，去其过中失正之病，和之以乐，消其气禀驳杂之疵。则智足以穷理，而不流于苛察；廉足以养心，而不失于矫厉；勇足以力行，而不蔽于血气；艺足以泛应，而不伤于便巧，譬之美玉而又加之以砻琢，良金而又益之以磨炼，斯可以为成人矣。"惜乎四子之未能也，盖子路忠信勇敢，有兼人之才，所少者学问之功耳，故夫子以此勉之。

张居正讲评译释 子路问孔子说："一个人拥有多种才能，怎样才能成为天地间最完美的人？"孔子说："天性愚钝的人多，天资聪颖的人少，有的人虽然有很高的天分，却不知道学习，往往被自己性格上的缺陷所拖累，把自己局限在某一个方面，所以世上没有完美的人呀。如果一个人具有臧武仲的睿智、孟公绰的清心寡欲、卞庄子的勇敢、冉求的多才多艺，他的才能禀赋就超过了一般人呀。如果还能做到用礼节端正自己各方面的长处，除掉其中不符合中庸的地方；用乐曲使自己变得平和温顺，消除自己的私心杂念，这样的话，聪明才智能帮他探明事理，而不会变得精明刻薄；清正廉洁能帮他涵养心志，而不会变得矫揉造作；勇猛果断能够帮他付诸实践，而不会被血气之勇所蒙蔽；才艺能够帮他恰当地交际应酬，不让他受到欺骗，这就好像美玉经过仔细的加工，优质的金属经过细致的锤炼，这样的人就能变得完美呀。"可是没有人能全部做到这四个方面呀。子路为人忠厚诚信，勇敢果断，有过人的才能，他缺乏的只是在学问上的努力，所以孔子这样勉励他。

原文 曰："今之成人者何必然？见利思义，见危授命，久要不忘平生之言，亦可以为成人矣。"

今译 孔子接着说："现今的完人何必一定要这样呢？见到财利便先想到义，遇到危难肯于献出生命，处于长期贫困也不忘平日的诺言，这样也可以成为一个完美之人。"

张居正讲评 曰字还是孔子说。危是危难。授命是舍了性命。久要是旧约。平生是平日。孔子既答子路之问，又说道："吾所谓成人者，自人道之备者言之也。若夫今之所谓成人者，亦何必如此？但能见利思义，而临财无苟得；见危授命，而临难无苟免；与人有约，虽经历岁月之久，而亦不忘其平日之言。有是忠信之实如此，则虽才智礼乐有所未备，而大本不亏，亦可以为成人矣。"此又因子路之所可能者，而告之也。

张居正讲评译释 孔子回答了子路的问题后接着说："刚才说的完美的人，是古代圣贤说的呀。现今的人何必一定要这样呢？只要能做到见到财利便先想到义，不获取不当的钱财；遇到危难肯于献出生命，在困难面前不退缩；和人有约定，即使过了很长时间也不忘记自己的诺言。像这样为人忠厚诚信，即使在才智礼乐上有所不足，也不会影响做人的根本，也能够成为一个完美的人。"又因为子路能够做到这些,所以孔子这样教导勉励他。

原文 子问公叔文子[18]于公明贾[19]曰:"信乎?夫子不言,不笑,不取乎?"公明贾对曰:"以告者过也。夫子时然后言,人不厌其言;乐然后笑,人不厌其笑;义然后取,人不厌其取。"子曰:"其然,岂其然乎?"

今译 孔子向公明贾询问公叔文子:"听说这个先生不说,不笑,不取钱财,是真的吗?"公明贾回答说:"这是传话的那个人传错了。先生他该说的时候才说,因此人们不讨厌他的言语;高兴的时候才笑,因此人们不厌恶他的笑;合乎道义的钱财他才取,因此人们不讨厌他的获取。"孔子说:"原来是这样啊,真的是这样吗?"

张居正讲评 公叔文子是卫大夫公孙拔。公明贾是卫人。厌是苦其多而恶之的意思。昔卫大夫公叔文子是个简默廉洁的人,故当时以不言不笑不取称之。夫子闻而疑焉,乃问于卫人公明贾说:"人说汝夫子平日,通不说话,不喜笑,又一毫无取于人,信有之乎?"公明贾对说:"言、笑、取、予,乃吾人处己接物之常,岂有全然不言不笑不取者?此殆告者之过也!盖多言的人,则人厌其言,吾夫子非不言也,但时可以,言而后言,言不妄发,发必当理,是以人不厌其言,而遂谓之不言也。苟笑的人,则人厌其笑,吾夫子非不笑也,但乐得其正而后笑,一颦一笑,不轻与人,是以人不厌其笑,而遂谓之不笑也。妄取的人,则人厌其取,吾夫子非不取也,但义所当得而后取,苟非其义,即却而不受,是以人不厌其取,而遂谓之不取也。岂诚不言不笑不取乎?"夫时人之论文子,固为不情之言,而公明贾至以时中称之,尤为过情之誉。故夫子疑而诘之,说道:"汝谓汝夫子时言、乐笑、义取,其果然乎?然此非义理充溢于中而得时措之宜者不能,汝夫子岂真能然乎?"夫不直言其非,而但致其疑信之词如此,圣人与人为善之心,含洪忠厚之道也!

张居正讲评译释 卫国大夫公叔文子为人简默廉洁,所以当时人们称他不说不笑。孔子听了之后感到困惑,就问卫人公明贾说:"人们都说公叔文子平时不说不笑,还不拿别人的钱财,这是真的吗?"公明贾回答说:"说、笑、取、给,都是很正常的行为,怎么能有人完全不说不笑不从别人那里获取物品呢?这是传话的人传错了呀!人们厌烦的是那些话多的人,先生不是不说话,只是在该说的时候才说,从不妄言,说出的话一定都有道理,人们不讨厌他说话,于是就说他平时不说话。人们讨厌那些经常乱笑的人,我们先生不是不笑，只是在恰当的时候才笑，他从不轻易对人笑，人们不讨厌他笑，就说他不笑。人们讨厌的是那些乱拿别人东西的人，我们先生不是不拿别人的东西，只是在合适的时候才拿，如果不符合道义，就不会接受别人的物品，人们不厌烦他拿东西，就说他不拿别人的东西。他怎么会真的不说不笑不从别人那里获取物品呢？"当时人们对公叔文子的评价固然不符合实情，而公明贾认为公叔文子立身行事完全恰当，这也是过于称赞他了。所以孔子追问道："你所说的你们先生的时言、乐笑、义取都是真的吗？如果没有完全明白中庸的道理，不能采取合适的措施，是做不到这些的，你们先生真的能吗？"孔子没有直接说他说得不对，而只是这样表达了自己的疑问。圣人内心包容博厚，想的都是帮助别人变得优秀呀！

原文 子曰："臧武仲以防[20]求为后于鲁，虽曰不要[21]君，吾不信也。"

今译 孔子说："臧武仲凭借他的封地，请求鲁君在鲁国为他立后，虽然有人说他并不是要挟君主，但是我不相信。"

张居正讲评 臧武仲是鲁大夫臧孙纥。防是武仲所封之邑。要是有挟而求。武仲得罪于鲁，出奔于邾，既而自邾归防，使人请立臧氏之后于鲁，而后去。孔子即其事而诛其心，说道："臧武仲既以得罪出奔，虽欲请后，只宜使人陈词于鲁，以听处分，不当又入防以请。推其心，以为若不得请，则将据邑以叛矣，是盖挟不逞之心而劫之以不得不从之势，虽曰不要君，吾不信也。"夫人臣之罪，莫大于要君，武仲之所以敢为此者，亦以鲁君失政故耳。使鲁之纪纲正，法度举，彼武仲者，其敢蹈不轨之诛乎？图治者，宜慎鉴于斯。

张居正讲评译释 臧武仲在鲁国获了罪，逃到了邾国，又从邾国回到了自己的封地——防邑，向鲁君提要求，立自己后人为卿大夫，这样自己才会离开防邑。孔子根据这种行为指责臧武仲的用心说："臧武仲既然已经获罪逃走了，想请求立后，只用派使者向鲁君提出来，之后等待结果就行，不应该回到自己的封邑向鲁君提出要求。根据他的想法，如果要求没有得到满足，他就会在封邑叛乱呀，这是要挟鲁君一定得答应自己的条件，虽然有人说他不是要挟君主，但是我不相信。"作为臣子，没有比要挟君主更大的罪责，臧武仲之所以敢这么做，也是因为鲁君没有处理好政事啊。假使鲁国纲纪端正、法度严明，像臧武仲这种人怎么敢行为不轨呢？想要励精图治的君主，应该从这里得到借鉴呀。

原文 子曰："晋文公谲而不正，齐桓公正而不谲。"

今译 孔子说："晋文公不但奸诈还不正派，齐桓公不但正直还不奸诈。"

张居正讲评 晋文公名重耳。齐桓公名小白。谲，是诡谲，与正相反。孔子说："齐桓、晋文相继为诸侯之长。当时虽称为二霸，然文非桓比也。盖文公为人专尚诈力，不由正道，是谲而不正者。桓公则犹知正道，不尚诈谋，是正而不谲者。即如伐楚一事，文公欲解宋围，乃伐曹卫以致楚，欲与楚战，又复曹卫以携楚，不能声罪致讨，只以阴谋取胜而已。若桓公伐楚，则以王祭不供而声其罪，又退师召陵而许其盟，名正言顺，举动光明，此桓之所以优于文也。"二公他事，亦多类此，其优劣判然矣。然夫子亦就二公之事论之耳，推其心，则皆假借仁义，同归于谲而已，其于王者之道，岂可同日而语哉。

张居正讲评译释 孔子说："齐桓公、晋文公相继做了诸侯的霸主。他们两个虽然都称霸了，但是晋文公比不上齐桓公呀。晋文公为人阴险奸诈，不正派，是狡猾不正直的人。齐桓公则为人正派，不奸诈，是正直不狡猾的人。就像讨伐楚国一事来说，晋文公想救被楚国保卫的宋国，就攻打曹国、卫国，把曹、卫的土地分给宋国，使楚国放弃宋国回救曹、卫，宋国的围困被解除了之后，晋文公又归还了曹、卫，和楚国重归于好，晋文公没有声明楚国的罪责，去讨伐楚国，只是用阴谋诡计取得了胜利罢了。齐桓公讨伐楚国的时候，是指责楚国没有供应周王祭祀的用品，又退兵到召陵并且答应和楚国结盟，这种做法光明正大，名正言顺，所以齐桓公要强于晋文公呀。"这两个人其他方面的事，也都和这件事类似，他们谁优谁劣一下就看出来了。然而孔子也只是按照事物本身的性质来评定这两个人的是非得失，从他们二人的想法上来看，都是假借仁义来实施阴谋诡计，怎么能和真正的王者之道相提并论呢！

原文 子路曰："桓公杀公子纠[22]，召忽[23]死之，管仲不死。"曰："未仁乎？"子曰："桓公九合诸侯，不以兵车，管仲之力也。如其仁，如其仁。"

今译 子路说："齐桓公杀了公子纠，召忽自杀而死，但管仲并没有自杀。"接着又说："管仲还不能称为仁人吧？"孔子说："齐桓公多次召集诸侯，不用武力，这都是管仲的功劳。这就是他的仁德，这就是他的仁德。"

张居正讲评 公子纠是齐桓公之弟。齐有襄公之乱，桓公出奔于莒，召忽、管仲奉子纠奔鲁，以与桓公争立。桓公既返国，使鲁杀子纠，而缚管、召以与齐。召忽死之，管仲请囚。既至，桓公释其缚，用以为相。九字，《春秋传》作纠，是督率的意思。子路问说："桓公使鲁杀公子纠，召忽致命而死，于义得矣。彼管仲者，同为子纠之臣，乃独不死，而反臣事桓公，盖忘君事仇，忍心害理之人也，岂得为仁乎？"孔子说："稽古者当论其世，论人者勿求其全。彼桓公当王室微弱，夷狄交侵之时，乃能纠合列国诸侯，攘夷狄以尊周室。且又不假兵车之力、杀伐之威，只是仗大义以率之，昭大信以一之，而诸侯莫不服从，若是者，皆管仲辅相之力也。使桓公不得管仲，则王室日卑，夷狄益横，其祸将有不可胜言者矣。夫仁者以济人利物为心，今观管仲之功，其大如此，则世之言仁者，孰有如管仲者乎？孰有如管仲者乎？殆未可以不死子纠之一节而遂病之也。"按，齐世家，桓公兄也，子纠弟也，以弟夺兄，于义已悖。是以忽之于纠，虽有可死之义，而仲之于桓，亦无不可仕之理，况实有可称之功彰彰如是乎。圣人权衡而折衷之，其义精矣。

张居正讲评译释 子路问："齐桓公让鲁国杀死公子纠，召忽自杀而死，很有情义啊。管仲同样是公子纠的臣子，却没有死，反而效忠了齐桓公，这是忘记君主，效忠仇敌，残忍无情，违背天理，怎么能称为仁人呢？"孔子说："考察古事时应该考虑到当时的情况，评价人物时不能苛求完美。齐桓公时期周王室衰弱，蛮夷入侵，齐国能联合各国诸侯，驱逐蛮夷，尊奉王室，又没有经过征战杀伐，只需要申明大义，就能号令诸侯，这些都是管仲辅佐的功劳呀。假如齐桓公没有管仲，那么周王室就会日渐衰微，蛮夷就会日渐强大，会产生很大的灾祸呀。仁德的人把救助别人，对世事有益当作自己的责任，管仲的功劳如此大，世上那些被认为仁德的人，谁能比得上管仲呢？谁能比得上管仲呢？不能因为管仲没有跟子纠一起死就拿这件事来批评他呀。"在齐桓公家里，齐桓公是兄长，子纠是弟弟，弟弟争夺兄长的位置，本来就不符合道义。所以召忽为子纠自杀，符合道义，而管仲效忠齐桓公，也没什么不对的，更何况管仲取得了这么大的功劳。圣人能够权衡利弊，调和不同的意见，是因为对天理人情有很深刻的理解呀！

原文 子贡曰："管仲非仁者与？桓公杀公子纠，不能死，又相之。"子曰："管仲相桓公，霸诸侯，一匡天下，民到于今受其赐。微管仲，吾其被发左衽[24]矣。岂若匹夫匹妇之为谅也，自经于沟渎[25]而莫之知也。"

今译 子贡说:"管仲不算是仁者吧?齐桓公杀了公子纠,他没有以身殉主,反而做了齐桓公的宰相。"孔子说:"管仲辅佐桓公,让他称霸于诸侯,匡正了天下,到现在百姓还享受着他的恩惠。倘若没有管仲,或许我们已沦为夷狄,披散着头发,衣襟朝左面开了。他哪里能像普通百姓那样恪守小节小义,在沟渎中自杀而不为人所知呢?"

张居正讲评 霸诸侯是为诸侯之长。匡是正。微字解做无字。衽是衣衿。被发左衽是夷狄之俗。谅是小信。自经是自缢。昔子贡问于孔子说:"管仲之为人,其非仁者欤?当桓公杀公子纠之时,仲为子纠之臣,义当有死无二。彼不能死,则亦已矣,乃又事桓公而为之相,其忘君事仇,忍心害理如此,是岂仁者之所为乎?"孔子答说:"子徒知管仲之过,而不知管仲之功。自周之东迁,王室微弱,夷狄纵横,天下日入于乱矣。幸而有管仲者,辅相桓公为诸侯之长,攘夷狄以尊周室,天下之乱于是乎一正。非特当时赖之,至于今,吾民犹得以享安宁之福者,皆仲之赐也。使无管仲,则中华之地将沦为夷狄,吾其被发左衽矣,尚有今日衣冠文物之盛哉?夫管仲之功如此,则其不死,亦何不可之有?岂若匹夫匹妇所见浅狭,守一己之小信,而忘终身之远图,意气感激,即自缢于沟渎之中,而竟无闻于天下后世者哉!"是可见豪杰之士将建不世之大功,则不拘拘于一身之小节。然此不可以常理论、常情测也,彼管仲之可以无死,贤如由、赐尚或疑之,非圣人孰能定其论哉。

张居正讲评译释 子贡问孔子说:"管仲不算是仁者吧?齐桓公杀公子纠的时候,依据道义管仲应该以身殉主,他不仅没有死,反而侍奉齐桓公做了宰相,背弃君主,侍奉仇敌,违背天理,这怎么是仁者的行为呢?"孔子回答说:"你只看到了管仲的过错,没有看到管仲的功劳。自从周的都城东迁以后,王室衰败,蛮夷强横,天下一天比一天混乱。幸好管仲辅佐齐桓公成为诸侯的盟主,驱逐蛮夷尊奉王室,天下得到了稳定。不只当时依靠管仲,到现在百姓生活安定,也是管仲的功劳。假如没有管仲,我们中原就会沦为夷狄,人们就要披散着头发,衣襟朝左面开了,怎么会有今天礼仪、制度的兴盛呢?管仲取得了这么大的功劳,当初没有选择死掉又有什么不可以呢?怎么能因为见识的短浅,拘泥于小事上的诚信,就忘记了自己一生的远大抱负呢?因为自己任性、偏执的感激和报恩,就舍弃自己的生命,而不被后人了解呢!"由此可见,那些建功立业的英雄豪杰,不必拘泥于自身的小节。这些不能用常理来评价、论断呀,管仲可以不舍弃生命,对一个贤者是表示推崇还是提出质疑,如果不是孔子这样的圣人，谁能做出准确的论断呢！

原文 公叔文子之臣大夫僎[26]与文子同升诸公。子闻之，曰："可以为'文'矣。"

今译 公叔文子的家臣大夫僎与公叔文子一同升任国家重臣。孔子听闻这个消息后，说道："（公叔死后）可以给他'文'的谥号了。"

张居正讲评 公叔文子是卫大夫公孙拔，其后谥为贞惠文子。公是公朝。昔卫之大夫有名僎者，先为公叔文子家臣，文子因其贤，遂荐之于君，而与己为同僚。夫子闻此事而称美之，说道："谥法'文'之一字，最为美称，非其平生有才德行美者，不足以当之。今公叔之得谥为文，我固不知其他，然只就这一件观之，是即可为文矣。夫知贤而能荐，明也；拔之家臣之贱，而升之公朝之间，公也；惟知为国用贤，不嫌名位之逼，忠也。一事而三善备焉，谥之曰文，夫何愧乎？"按，臧文仲不荐柳下惠，则夫子讥其为窃位，公叔文子荐家臣僎，则夫子称其可为文。是可见，荐贤为国，乃人臣之盛节，以人事君者，所当知也。

张居正讲评译释 卫国的大夫僎先前是公叔文子的家臣，文子看到他很贤德，就把他举荐给了国君，和自己成为同僚。孔子听了这件事后就赞美公叔文子说："谥号中'文'是最美好的，如果一个人在生前没有美好的品德，就不能获得这个称号。如今看来，公叔文子死后可以给他'文'的谥号，我固然不知道他在其他事上怎么样，但是从这一件事看来，就能给他'文'的谥号呀。举荐贤才，很明智呀；提拔家臣入朝做官，很公正呀；只知道为国家举荐贤才，不害怕影响自己的名声，很忠心呀。从这一件事能看出他三个优点，给他'文'的谥号，有什么不应该呢？"臧文仲不举荐柳下惠，孔子讥讽他贪权恋位，公叔文子举荐家臣僎，孔子称赞他可以得到"文"的谥号。由此可见，为国家举荐贤才，是一个臣子美好的品德，侍奉君主的臣子应该明白这个道理呀。

原文 子言卫灵公之无道也。康子曰："夫如是，奚而不丧？"孔子曰："仲叔圉[27]治宾客，祝鮀治宗庙，王孙贾治军旅，夫如是，奚其丧！"

今译 孔子谈到卫灵公的昏庸无道，季康子说："既然这样，为什么他没有亡国呢？"孔子回答："他有仲叔圉负责外交，有祝鮀掌管祭祀，王孙贾统率军队，拥有如此的人才，怎么会亡国呢？"

张居正讲评　康子是鲁大夫季康子。昔孔子在鲁，曾谈及卫灵公无道之事。盖其彝伦不叙，纲纪不张，在当时诸侯中最为失德，故夫子言之。季康子因问说："人君有道则兴，无道则亡。卫灵公既无道如此，何故能终保其位，而不至于丧亡乎？"孔子答说："灵公虽是无道，然却有件好处，他平生最善用人。如仲叔圉长于言语者也，则用之以接待宾客，应对诸侯；祝鮀熟于礼文者也，则用之管宗庙祭祀之事；王孙贾长于武事者也，则用之以治军旅，居将帅之任。夫治宾客得其人，则朝聘往来，无失礼于邻国，而不至启衅召祸矣。治宗庙得其人，则祀事精虔，神人胥悦，而人心有所系属矣。治军旅得其人，则缓急有备，而敌国不敢窥矣。这三件，乃国之大事，皆择人以任之，而用之又各当其才，此所以内外咸理，而国家可保也。灵公虽无道，何由便至于丧亡哉？"夫卫灵以无道之君，得人而任之，尚可以保国，况于有道之世，得天下之贤才而善用之乎？所以说君子在朝，则天下必治，人主为社稷计者，宜知急亲贤之为务矣。

张居正讲评译释　孔子在鲁国时，曾经说过卫灵公昏庸无道。因为卫灵公不顾伦理次序，不端正国家纲纪，是当时诸侯中品德最低下的，所以孔子说他昏庸无道。季康子问道："君主贤明国家才会兴盛，君主昏庸国家就会灭亡。既然卫灵公如此昏庸，他为什么还能保持君位，没有亡国呢？"孔子回答说："卫灵公虽然昏庸无道，但是有知人善任的优点。比如仲叔圉擅长与人交流，就让他接待使臣，应对诸侯；祝鮀熟悉礼节仪式，就让他负责宗庙祭祀的事务；王孙贾擅长处理军队事务，就让他作为将帅管理军队。有合适的人接待使臣，朝见天子或应对诸侯的时候就不会失礼，自然不会引发嫌隙，挑起争端。有合适的人祭祀宗庙，祭祀的礼节就会准确恰当，神明和百姓都会感到高兴，自然就会得到民心。有合适的人管理军队，舒缓和急切的事情都能有所应对，敌国自然不敢窥视。这些是国家的三件大事，都应该选择合适的人才任用，才能够合理地处置国家内外的事务，保全国家。卫灵公虽然昏庸无道，但做到了这三个方面，国家会因何灭亡呢？"卫灵公昏庸无道，尚且能通过知人善任保全国家，更何况贤明的君主在政治清明时期，得到全天下的贤才去任用呢？所以说有贤德的君子在朝廷做官，天下一定能得到治理。关心江山社稷的君主，一定要知道把亲近贤臣当作自己的首要任务。

原文 子曰："其言之不怍[28]，则为之也难。"

今译 孔子说："一个人总是说大话而不觉得惭愧，那么他实践这些话一定非常困难。"

张居正讲评 怍是惭愧。孔子说："凡人放言易，力行难。故躬行君子，每切其言而不敢易。若或轻肆大言，高自称许，略无惭愧之心，这等的人，考其所行，必不能相顾，徒妄言以欺人耳。其为之也，不亦难乎？"所以君子贵夫实胜，而听言者又当观其行也。

张居正讲评译释 孔子说："人说大话容易，但是实践这些话却很难。所以言出必行的君子从不敢说大话。如果一个人自高自大，说起大话来一点也不感到羞愧，这样的人，考察他的行为，一定和说的不一致，只不过是说大话欺骗别人罢了。实践起来，能不困难吗？"君子可贵的地方在于谨言慎行，言出必行。所以在听了一个人的言论之后还要看他的实际行动。

原文 陈成子[29]弑简公[30]。孔子沐浴而朝，告于哀公曰："陈恒弑其君，请讨之。"公曰："告夫三子[31]！"孔子曰："以吾从大夫之后，不敢不告也。君曰'告夫三子'者！"

今译 陈成子杀了齐简公。孔子斋戒沐浴后去朝见鲁哀公，说道："陈恒把他的君王杀了，请出兵讨伐他。"哀公说："你去禀告那三位大夫吧。"孔子退朝后说道："由于我以前也做过大夫，因而不敢不去禀告这样重大的事件。然而君主却说'你去禀告那三位大夫吧'！"

张居正讲评 陈成子是齐大夫陈恒。简公是齐君，名壬。讨是兴兵以讨其罪。三子是鲁三家，孟孙氏、叔孙氏、季孙氏。孔子尝为大夫，时已致仕，故谦言从大夫之后。昔齐大夫陈成子，平日厚施于国，以邀人心，有篡齐之意。简公恶之，使其臣阚止图之，成子遂杀阚止而弑简公。此时孔子虽已致仕居家，犹沐浴斋戒而朝，告于鲁哀公说道："陈恒不道，上弑其君，此人伦之大变，天理所不容，人人得而诛之者，请君兴兵以讨之。"当时鲁国政事都是孟孙、叔孙、季孙三家专擅，哀公不得自由，乃答说："你去与三子计议何如？"孔子出而说道："弑君之贼，法所必讨。我今虽不在位，然尝从大夫之后。此等大事，不敢不以告闻，亦以行吾义而已。君乃不能自命，而使我曰告夫三子者，何耶？"夫子此言，所以伤其君者至矣。

张居正讲评译释 齐国大夫陈成子平时用丰厚的财物来收买人心，有篡权夺位的意图。齐简公很厌恶他，让大臣阚止除掉他，陈成子就杀了阚止和齐简公。这时候孔子虽然已经辞官在家，但仍然沐浴斋戒，朝见鲁哀公，告诉他说："陈成子大逆不道，弑杀君主，这是天理难容的大罪，所有的人都可以杀死他，请您派兵讨伐他。"当时鲁国的政务都由孟孙、叔孙、季孙三家把持，鲁哀公不能做决定，就告诉孔子说："你去和他们三个商量一下怎么办吧？"孔子退朝后说道："对于杀害君主的乱臣贼子，依照礼法一定要讨伐他。如今我虽然没有了官位，但是自从做过大夫之后，遇到这样的大事，我不敢不告诉君主，这是我作为臣子的义务罢了。但是君主却不能自己做决定，让我去禀告那三位大夫，这是为什么呢？"孔子这么说，是为君主感到悲伤呀。

原文 之三子告，不可。孔子曰："以吾从大夫之后，不敢不告也。"

今译 于是孔子去往季孙、叔孙、孟孙这三位大夫处禀告，这三人都不愿出兵。孔子说："由于我以前做过大夫，所以不敢不禀告这样重大的事件啊！"

张居正讲评 之字解做往字。孔子奉君命而往三子之家，告以讨贼之义。彼三子者素有无君之心，实与陈氏声势相倚，故阻其谋以为不可。意以齐强鲁弱，势不相敌，且他国的事，与我何与？盖与逆臣为党，故以讨贼为非也。夫子乃应之说道："弑君乃齐之大变，讨贼实鲁之大义。吾之所以来告者，以吾从大夫之后，不敢不告也。三子以为不可，又独何心哉？"夫子此言，所以伤其臣者至矣。按，此章所记齐简公、鲁哀公，皆衰世昏庸之君，不足道者。然亦可见人主独揽乾纲，深防祸本，不可使威福下移，而奸邪有僭逾之渐；不可使事权去己，而纪纲有陵替之忧，然后君臣相安，而国家永保矣，图治者尚鉴于兹。

张居正讲评译释 孔子接受国君的命令去季孙、叔孙、孟孙这三位大夫处禀告，请求派兵讨伐陈成子。这三个人心中一直没有君主，和陈成子遥相呼应，互为支援，所以拒绝孔子的提议。他们三个认为齐国强大，鲁国弱小，鲁国在力量上难以对抗齐国，再说别国的事和鲁国有什么关系？更何况他们三个和逆臣勾结，所以他们拒绝去讨伐陈成子。孔子就回应他们说："齐国发生了大臣弑杀君主这样重大的变故，讨伐逆贼是我们鲁国的正义之举。我之所以来禀告，是因为我之前做过大夫，不能不禀告这样重大的事件。你们三个不赞同去讨伐，有什么居心呢？"孔子这么说，是为这些大臣的行为感到难过呀。这一章记载的齐简公、鲁哀公都是昏庸的君主，不值得议论。但是也能够看出君主要自己掌握国家权力，从源头上防止灾祸的产生，不能损害自己的威信，让奸邪的乱臣贼子有僭越的倾向；不能放弃自己的权力，导致纲纪废弛的忧患，做到这些之后君臣之间才能和谐相处，国家也能永保太平。励精图治的君主应该把这些当作鉴戒呀。

原文 子路问事君。子曰："勿欺也，而犯之。"

今译 子路询问应该怎样侍奉君主。孔子说："不要欺骗他，但为了进谏，要敢于冒犯他。"

张居正讲评 犯是犯颜谏诤。子路问说："人臣事君之道当何如？"孔子告之说："臣之于君，有匡弼之责。君有过，必当尽言以谏诤。虽至于冒犯威严，亦有不容自已者。然须本之以忠君爱国的诚心，不可有一毫欺罔之念。由是以进言于君，虽侃侃焉危言谠论，犯颜色甘罪谴而不顾，而其一念忠爱之诚，实有溢于言词之外者，如是而后可以谓之纯臣也已。若外沽强谏之名，而内无纳诲之实意；徒避不言之责，而故为不切之虚谈，是欺也，非忠也。臣而欺君，其罪可胜诛乎！"盖子路刚直敢言，不患其不能犯，患其无忠爱之诚耳，故孔子以是勉之。然勿欺在于臣，而纳谏系于君。大舜舍己从人，闻一善言，即从之若决江河。惟求有裨于君德，有利于国家耳，何必问其心之诚与不诚乎？此又在上者所当知也。

张居正讲评译释 子路问："臣子应该怎样侍奉君主？"孔子回答说："臣子有匡正君主的责任。君主犯了错，臣子一定要尽言劝谏，即使冒犯君主使其恼怒，也不能放弃。但是臣子要诚心地忠君爱国，不能对君主有任何欺骗。直言规劝，即使触怒君主也不退缩，忠君爱国的诚心不是只局限在言语上，这样才能被称作忠纯笃实之臣。如果只为博得尽言直谏的名声，而不是真心想让君主改正错误；只是为了逃避不说话的责任，就说一些不切实际的空话，这是欺君而不是忠君。臣子欺骗君主，这样的罪行应该被诛杀啊！"子路刚直敢言，孔子不担心他不能尽言直谏，只担心他不是诚心地忠君爱国，所以才这样勉励他。然而不欺骗君主在于臣子，接受臣子谏言却在于君主。舜放弃自己的成见，服从大家的公论，听到别人好的谏言，从中获得的力量就像决了口的江河，汹涌澎湃，无人能挡。只要臣子的谏言对君主的德行有裨益，对国家有利，何必管他是不是诚心呢？这也是君主应该知道的。

原文 子曰:"君子上达,小人下达。"

今译 孔子说:"君子向上通达仁义,小人向下通达财利。"

张居正讲评 达是通透的意思。孔子说:"君子之所以为君子,小人之所以为小人,始焉不过一念之少殊,终焉遂至趋向之迥绝,何以言之?天理本自高明也。君子凡有所为,都只循着天理而行,故其心志清明,义理昭著,所知者日以精深,所行者日以纯熟,渐至于为圣为贤,而造位乎天德。譬之登山者,一步高似一步,将日进于高明矣,岂非上达者乎?人欲本自污下也。小人凡有所为,都是一团私欲,故其志气昏昧,物欲牵引,良心则日以丧失,邪行则日以恣肆,渐至于为愚为不肖,而与禽兽不远。譬之凿井者,一步低似一步,将日流于污下而已,岂非下达者乎?欲脱凡近以游高明者,当知所择矣。"

张居正讲评译释 孔子说:"君子之所以成为君子,小人之所以是小人,刚开始不过是内心想法上的一点差异,最终两个人却变得迥然不同。为什么这么说呢?天理原本就非常高明,君子的所作所为都完全遵循天理,所以他们能心志清明、明辨义利,见识上逐渐高深精妙,办事时也逐渐精巧熟练,慢慢地就能成为圣贤,实现仁道。就好像登山时一样,一步一步地往高处走,慢慢就能到达高明的境地,这难道不是向上通达仁义吗?人的私欲原本就很鄙陋呀。小人的所作所为都源自自己的私欲,所以他们愚昧糊涂,被物欲所控制,品德日渐丧失,行为日渐放肆,渐渐变得愚蠢且品行不端,和禽兽差不多。就好像挖井时一样,一点一点地往低处挖,慢慢就会变得低下、鄙陋,这难道不是向下通达私欲吗?一个人想要脱离低俗鄙陋而变得高明,应该知道如何选择呀。"

原文 子曰:"古之学者为己,今之学者为人。"

今译 孔子说:"古时的人求学是为了提高自身的学问修养,如今的人求学是为了给别人看。"

张居正讲评 为己是欲得之于己。为人是欲见知于人。孔子说:"古今人所学之事虽同,而其用心则异。古之学者,其从事若与今同也。然学问思辨,只为道未明也,而孜孜焉以明其道,饬躬励行,只为德未立也,而孜孜焉以进其德,所知者性分之固有,所为者职分之当然,惟求尽其在我而已,所以说古之学者为己。今之学者,其从事若与古同也。然学问思辨,未必其明道者如何,而汲汲欲求知于人;饬躬励行,未必其进德者如何,而汲汲欲求知于世,惟恐人之不知而已,所以说今之学者为人。为己者虽专于务内,而有诸中者形诸外，其终自至于成物。为人者虽心在务外，而虚誉隆者实德病，其终并至于丧己。学者不可不知省也。"

张居正讲评译释　孔子说："古人和今人虽然都学习，但是他们的目的不一样。古人在求学和思考的时候看起来和今人一样，但他们求学思考是因为知道自己知识不足，所以才努力求学来获取知识；规范自己的思想言行，是因为他们知道自己道德修养不足，努力提高自己的品德，他们知道的都是自己天性中原本就存在的知识，所做的也是自己应该做的职责，他们求学为的只是自身罢了，所以说古人求学是为了提高自身的学问修养。今人在求学和思考时，看起来和古人相同。但是他们在求学思考时，不是因为想获得知识，而是努力让别人知道自己；在规范自己的思想言行时，不是为了提高品德，而是想要获取名声，唯恐别人不知道自己，所以说如今人们求学是为了给别人看。为自己求学的人虽然专注于提升自己，但是学到的知识一定会表现出来，最后也会取得成就。为了获得名声而求学的人虽然专注于外部事物，但虚假不实的名声越大，自身的品德就越有问题，最后一定会害了自己。所以求学的人不能不知道反省自己呀。"

原文　蘧伯玉[32]使人于孔子。孔子与之坐而问焉，曰："夫子何为？"对曰："夫子欲寡其过而未能也。"使者出。子曰："使乎！使乎！"

今译　蘧伯玉派遣使者去拜访孔子。孔子让他坐下，随后问道："先生最近在做什么？"使者答道："先生想要减少自己的过错，却还没能做到。"使者告辞后，孔子说："好一位使者！好一位使者啊！"

张居正讲评　蘧伯玉是卫之贤大夫，名瑗。使是差人。昔孔子尝至卫，主于卫大夫蘧伯玉之家，既而反鲁，伯玉差人来问候孔子。孔子敬其主以及其使，特命之坐而问之，说道："尔夫子近日在家干些甚事？"使者对说："人不能无过，而贵于能寡。我主人之心时常战战兢兢，省事克己，欲其言皆顺理而寡尤，行皆合宜而寡悔。但人欲难于净尽，天理难于纯全，恒以为学问功疏，未免于有过。此则我主人之所为也。"使者之言虽愈自卑约，而伯玉好学力行之美，自有难掩者，盖亦善为说辞者矣。故夫子于其既出而称之说道："斯人也，其真可谓使者乎，其真可谓使者乎！"重言而叹美之，盖亦以彰蘧伯玉之贤也。大抵天下之义理无穷，人心之出入无定，故寡过未能，非使者为伯玉谦词，力真实语也！尧、舜、禹之授受，以为人心惟危，道心惟微，成汤之检身若不及，文王之望道而未之见。古之圣贤，未有不以此存心而成德者，善学者宜加意焉。

张居正讲评译释 孔子在卫国的时候，住在卫国大夫蘧伯玉家里，回到鲁国之后，蘧伯玉派使者来问候孔子。孔子为蘧伯玉的招待和遣使问候表示感谢，特意让使者坐下，问道："你们先生最近在家做些什么呢？"使者回答说："人不会不犯错，可贵的地方在于少犯错。我们先生经常小心谨慎地反省自己，想要自己言行适当合理少犯错。但是人很难完全除尽自己的私欲，难以完全遵循天理，先生因为学问不够，难免会犯错。这就是我们先生最近做的事呀。"使者这么说虽然有些低估了蘧伯玉，但是也难以掩盖蘧伯玉勤奋学习、躬行实践的美德，这个使者善于辞令呀。所以在使者告辞后，孔子称赞他说："这个人真是一位好使者呀！真是一位好使者呀！"孔子反复地赞美这位使者，也是来彰显蘧伯玉的贤德呀。天下义理无穷，人心不定，难以减少过错不是使者的谦辞，而是真实的情况呀！尧、舜、禹在传承天下时，用"人心居高思危，道心微妙居中"来谆谆嘱咐，代代相传，汤反省自身就像自己有很多不足一样，文王看到了道之后却仍然像没见到一样严格要求自己。古时候的圣贤没有不这么做还能成就品德的，想要好好求学的人应该注意这些呀！

原文 曾子曰："君子思不出其位。"

今译 曾子说："君子思量问题，从来不逾越自己的职责范围。"

张居正讲评 位是职位。这一句是《易经》中间《艮卦》的象辞。曾子尝称述之说道："凡人之居位，虽有大小之不同，莫不各有当尽之职。若舍其尊卑本职，而出位妄想，则在己为旷职，而于人为侵官矣。君子则身之所居在是，心之所思亦在是，凡夙夜之所图虑者，惟求以尽其本分所当为之事。如居乎仓库之位，则思以审会计，明出纳，而尽乎理财之职；如居乎军旅之任，则思以勤训练，饬军令，以尽乎诘戎之职，初未尝越位而有所思也。如是，则众职毕举，而庶务咸理矣！"

张居正讲评译释 曾子曾经说："人的职位，虽然有大小上的不同，但都应该尽到本分。如果舍弃自己的本职工作，为了不切实际的想法而逾越本分，对自己来说是旷废职守，对他人来说就是侵犯职权呀。君子处于一个职位上，就只思考自己职责范围内的事，每天关心的都只是尽到本分，做好自己应该做的事。如果在管理仓库的职位上，就想着监督财务，审查财务的支出和收入，尽到管理财务的职责；如果要管理军队，就勤加训练，整顿军纪，尽到整顿军务的职责，不能逾越自己的职责。像这样，所有人都尽到了本分，各种事务就都能有很好的处理呀！"

原文 子曰："君子耻其言而过其行。"

今译 孔子说："君子以自己说的话多而实际做的事少为耻。"

张居正讲评 耻是羞耻。孔子说："人之言行贵于相顾。若喜为高论，轻肆大言，而考其所行未能如是，则为言过其行。究其归，不过便佞小人而已，故君子耻之。以是为耻，则勉不足而谨有余者，自不容不至矣。"

张居正讲评译释 孔子说："人可贵的地方在于言行一致。如果一个人喜欢高谈阔论，放肆妄言，却做不到这些事，这就是说话多而实际做事少。经过仔细探查就会发现这不过是一个奸邪的小人罢了，所以君子为此感到羞耻。把这当作耻辱，就会勉励自己改正这些缺点，在说话时小心谨慎，自然不会言过其行。"

原文 子曰："君子道者三，我无能焉：仁者不忧，知者不惑，勇者不惧。"子贡曰："夫子自道也。"

今译 孔子说："君子之道的三个方面，我都没有达到：有仁德的人不会忧愁，聪明的人不会迷惑，勇敢的人无所畏惧。"子贡说："这正是老师自己的准则。"

张居正讲评 忧是忧虑。惑是疑惑。惧是恐惧。自道是自家说自家的事，言道其实也。昔孔子以至圣之德，而常怀望道未见之心，说道："君子之道有三件，反之于我，一件也不能。三者何？曰仁、曰智、曰勇是也。仁则心德浑全，而私欲净尽，凡穷通得丧，皆不足以累其心，故不忧；智则心体虚明，而思虑详审，凡是非邪正，皆不足以蔽其心，故不惑；勇则浩然之气至大至刚，以之决大疑，任大事，自勇往直前，而无足以动其心，故不惧。此三者，皆君子之全德，而我之所未能者也。"夫孔子道全德备，其于三者，皆已各造其极而时出之，岂复有所未能者乎？故子贡闻其言而叹说："此乃夫子自言其实有者如是耳。"而乃以为未能，盖圣不自圣之心也，大抵圣人深见义理之无穷，其自视常以为不足，故圣而益圣。有志于希圣者，当知所惕励矣。

张居正讲评译释 孔子拥有高尚的道德品质，仍然像没有见到道一样，说道："君子之道有三个方面，我一个方面也没有达到。哪三个方面呢？

仁、智、勇呀！仁德的人品德完备，没有私欲，贫穷和发达都不会使其焦虑，所以不会忧愁；聪明的人内心通透明澈，思虑周全，是非正邪都不能将其蒙蔽，所以不会犯迷糊；勇敢的人充满浩然正气，在决大疑、办大事的时候能勇往直前，不会动摇，所以无所畏惧。这三个方面，都是君子应该具备的品德，而我做不到呀。"孔子道德完备，他在这三个方面都已经达到了极致，怎么会有做不到的地方呢？所以子贡听了后感叹说："这是老师自我谦虚的话，其实他已经是做到了呀。"孔子认为自己没有做到这些方面，根本没有把自己看作圣人。圣人明白义理无穷无尽，经常认为自己做得不够好，所以才会更加贤明。立志成为圣人的人，应该知道如何激励自己呀！

原文　子贡方人[33]。子曰："赐也贤乎哉？夫我则不暇。"

今译　子贡平常很喜欢议论别人。孔子说："赐啊！你自己就那么贤德吗？我就没那么多的闲工夫去议论别人。"

张居正讲评　方是比方。子贡平日好比方人物而较其短长。此虽穷理之一事，然专务为此，则心驰于外，而自治之功疏矣，故孔子反言以警之说："赐也其贤乎哉？盖惟贤者，自家学问工夫极其精密，乃可以其余力而较量他人。若我则以义理无穷，工夫未到，日孜孜焉惟以进德修业，迁善改过为事，方自治之不暇，而何暇于方人哉。"夫方人之事，在圣人犹以为未暇，况学者乎？孔子言此，其所以警子贡者，至深切矣。

张居正讲评译释　子贡平时喜欢议论、比较别人。这虽然是探究事理的一个方面，但如果过于专注，心思就会有所偏差，难以修养自身的德行，所以孔子警示他说："你自己就那么贤德吗？只有贤德的人，自己在学问品德上达到了顶点，才能去评价别人。我知道义理无穷无尽，自己的学问还不足，每天只能在增进道德、建立功业、改过向善这些事上努力，修养自身尚且没有时间，哪还有时间去议论别人呀。"圣人况且没有时间去议论别人，更何况求学者呢？孔子这么说，是对子贡的警示呀。

原文　子曰："不患人之不己知，患其不能也。"

今译　孔子说："不担心别人不了解自己，只担心自己没有能力。"

张居正讲评　孔子说："人之处世，常患名誉不彰，人不知己，然此不足患也。惟夫学焉而未能明其理，行焉而未能践其实，此则在己本无可知之具，反之吾心而有歉者，正学者所当患也。今乃不以此为患，而徒患人之不知，何哉？"

张居正讲评译释 孔子说："人们在与人交往的时候总担心自己名声不大，别人不知道自己，但是这并不需要担心。学习的时候没有探明事理，办事的时候不能亲身实践，这是自己能力不足，心里为自己感到愧疚，这才是求学者应该担心的事。现在人们不担心这些，而只是担心别人不知道自己，这是为什么呢？"

原文 子曰："不逆诈[34]，不亿[35]不信，抑亦先觉者，是贤乎？"

今译 孔子说："不预先怀疑别人欺诈，不凭空想象别人不诚实，但却能够及早觉察欺诈与不诚实，这样的人或许就是贤者了吧？"

张居正讲评 逆是事未来而逆料的意思。亿是事未形而意度的意思。诈是欺诈。不信是不实。抑是反语词。先觉是无心而自然知觉。孔子说："人之于己，未必有欺诈之事也，而先意以料之，叫做逆诈。人之于己，未必有不信之心也，而先意以猜之，叫做亿，不信。这等样有心防人，固有幸而中者，亦有诬而枉者，非诚心率物之道也。然虽不为逆亿，而人或得以欺之，则又忠厚太过，甘受人瞒，亦不足为贤也。惟于人之诈者，不必先意以迎之，于人之不信者，亦不先意以度之，而其诈与不信者之情伪，自能先知之，而不为所眩，斯则虚以应物，知能通微。譬之明镜，虽未尝有心以索照，而人之美恶妍媸，自无遁形，是乃可谓之贤也已。"盖多疑生于不明，而明者自无所疑，逆诈、亿、不信，皆由不明故耳。至明之人，物至即知，孰得而欺之乎？然非有居敬穷理之功，讲学亲贤之助，则此心虚灵之体，未免为物所蔽。欲以坐照天下，亦未易能也。此又事心者所当知。

张居正讲评译释 孔子说："别人对自己未必有欺诈的想法，自己却事先怀疑别人，这就是逆诈。别人对自己未必不诚信，自己却事先猜疑别人，这就是亿和不信。像这样存心提防别人，固然有幸能猜中，但也会冤枉别人，不是诚恳待人的方法。虽然不预先怀疑别人，却被别人欺骗，这又是太过于忠厚，甘心被人欺瞒，也不能算是贤者。只有不预先怀疑别人欺诈，不凭空想象别人不诚实，自己还能预先察觉到欺诈与不诚实，从而不被迷惑，这样才是内心能清楚地感受外部事物，能通晓、洞察细微的事物。就像明镜一样，虽然没有存心查看一个人的行迹，但是他的善恶美丑，自然无处隐藏，这样的人才能算是贤人呀！"多疑是由于不明智，聪明的人自然不会有疑问。预先怀疑别人欺诈，凭空猜测别人不诚信，这都是因为不明智呀。聪明的人在事情发生之后立刻就能探明事理，谁能够欺骗他呢？如果没有努力保持谨慎敬重的态度，探究事物的道理，没有学识和亲友、贤者的帮助，就难免会受到私欲的蒙蔽。想要探明天下事理，也不是一件容易的事呀。这也是用心待人者应该了解的道理。

原文 微生亩[36]谓孔子曰："丘何为是栖栖[37]者与？无乃为佞乎？"孔子曰："非敢为佞也，疾固也。"

今译 微生亩对孔子说："孔丘，你为什么要这样到处奔波去游说呢？不外乎是凭借口才和花言巧语来骗人吧？"孔子说："我可不敢做这种事，只是痛恨那些冥顽不化的人。"

张居正讲评 微生亩是当时的隐士，盖年高有德之人也。栖栖是依依不舍的意思。佞是便佞。疾是恶。固是执一不通的意思。昔孔子周流列国，欲行其道，而人皆不能用之。有隐士微生亩者，讥之说道："孔丘，我只见你今日之齐，明日之鲁，人不见知，则亦可以已矣。何故这等栖栖然依恋不舍欤？夫世之佞人，则务为口给，以希世取宠。你今所为，无乃为佞以求用于世乎？"孔子答说："君子立身行己，自有法度，丘岂敢为佞人之事？但以世道污浊，挽回在人，而康济民物，当有所寄。若是守拘滞之见，以隐为高，昧变通之宜，果于忘世，则执一不通的事，又我之所恶者也。其所以栖栖然而不能忘情于斯世，盖以此耳，岂敢为佞哉？"盖微生亩是齿德俱尊的人，但其所见偏执，故圣人对之礼恭而言直如此，其警之亦深矣。

张居正讲评译释 孔子周游列国，想要施展自己的抱负，但是没人重用他。鲁国有一个隐士叫作微生亩，嘲讽孔子说："孔丘，我看你今日到齐国，明天到鲁国，既然别人不待见你，你就可以放弃了呀。何必这样忙忙碌碌、依依不舍呢？世上那些巧言谄媚的人，只会通过口舌上的便利来哗众取宠。你现在的作为，不就是通过花言巧语来骗得重用吗？"孔子回答说："君子为人处世，自然会遵循一定法度，我怎么敢做那些巧言谄媚的事呢？只不过世道污浊，需要有人来挽回世道，而安民济世这样的大事，同样应该有人来托付。如果拘泥于成见，把归隐当作高明，而不知道变通，丝毫不顾当前的民生疾苦，这就是固执己见、不知变通呀，我非常厌恶这样的人。我之所以忙忙碌不安，不能忘却世情，就是这个原因，怎么敢巧言谄媚呢？"微生亩是年高德重的长者，但是他见识偏执、冥顽不灵，所以孔子在礼待他的同时又直言相劝。由此可见孔子对他的劝诫也很深切呀！

原文　子曰："骥[38]，不称其力，称其德也。"

今译　孔子说："所谓好马，并非称赞它的力量，而是称赞它的德行。"

张居正讲评　骥是良马之名。德指马之调习驯良说。孔子说："君子之所以见称于世者，不徒以其有可用之才，以其有可贵之德也。譬如马中有骥，其所以见称于世者，不徒以其有驰骤之力，以其有驯良之德也。盖马之任重致远者存乎力，然使虽有力，而不免于蹄啮，难于控御，则亦凡品而已，何得为骥乎？人虽有才，而苟无其德，是亦小人而已，何得为君子乎？故人不可徒恃其才而不修其德，观人者，论其才而又当考其德也。"

张居正讲评译释　孔子说："君子之所以被世人称赞，不只是因为他们有才能，也是因为他们品德高尚呀。就好像良马一样，之所以被人们称赞，不只是因为它们有疾驰奔腾的能力，也是因为它们有温驯善良的品德呀。能负载沉重、行达远方的马匹虽然力量强大，但难免会伤害到人，很难被人控制、驾驭，这就也是普通的马匹罢了，怎么能成为宝马呢？一个人有很高的才能，但如果品德低下，那也只是小人罢了，怎么能成为君子呢？所以人不能因为自己才能出众就不培养自己的品德，考察一个人的时候，既要看他的才能，又要考察他的德行呀。"

原文　或曰："以德报怨，何如？"子曰："何以报德？以直报怨，以德报德。"

今译　有人问："用恩德来回报仇怨，怎么样？"孔子答道："那该用什么来回报恩德呢？以正直来回报仇怨，以恩德来回报恩德。"

张居正讲评　或人问于孔子说："人惟恩怨之心太明，故忠厚风日薄。若于人之有仇怨于我者，我皆忘其怨，而惟以恩德报之，何如？"孔子说："酬恩报怨，也是人道之常；称物平施，乃为事理之当。人之有怨于我者，既以德报之，则人之有德于我者，又将何以报之乎？此于情理乖谬甚矣。必也于人之有怨于我者，我则不计其怨，而爱憎取舍，一惟以直道处之。使其人之可爱可取欤，我固不以其私怨而昧其与善之公心；使其人之当恶当弃也，我亦不避私嫌而废夫除恶之公典，这是以直报怨。若于人之有德于我者，则必以德酬之，大而捐躯以图报，小而一饭之不忘。虽其中有委曲用情，屈法从厚者，若于直道有背，而揆之天理人情，固亦未为过也，这是以德报德。如是而施报之间，庶为得其平乎。"夫观或人之言，非不近厚，而反不得其平；圣人之论，既得其平，而亦未尝不厚。诚权衡万事者之准也！

张居正讲评译释 有人问孔子说："由于人们对于恩惠和仇恨的界限分得过于清楚，所以忠厚的风气才逐渐浅薄。如果有人得罪了我，我忘记仇怨，用恩德去回报他，怎么样？"孔子说："回报别人对自己的恩德或仇怨，这是人之常情；根据物品的多少，做到施予均衡，也是理所应当。如果用恩德回报别人对自己的仇怨，那么用什么来回报别人的恩德呢？这在情理上很荒谬啊。如果别人对自己有仇怨，自己则不计前嫌，用正直来回报别人。假如这个人值得尊敬和赞扬，就不因为自己的私怨而忽视他的善良和公正；假如这个人应该被厌恶和抛弃，我也不会为了避嫌而不对其进行惩处，这就是以正直来回报仇怨。如果别人对自己有恩德，就一定用恩德来回报他，大恩就以命相报，一饭的小恩也要念念不忘。在回报恩德的过程中也会有迁就恩人而放宽刑罚的事情发生，如果因此违背了正道，通过天理人情来纠正错误，也就不算错了呀，这就是以恩德来回报恩德。用这种方法回报仇怨和恩德，差不多就符合情理了吧。"这个人说的话，并非不宽厚，而是不符合情理；圣人的话既符合情理又真诚宽厚，实在应该作为君主权衡万事的准则啊！

原文 子曰："莫我知也夫！"子贡曰："何为其莫知子也？"子曰："不怨天，不尤人。下学而上达，知我者其天乎！"

今译 孔子说："没人能理解我呀！"子贡说："为什么说没人能理解您呢？"孔子说："我从不抱怨天，也不责怪人，而是从地下一步步认真地学起，以求向上能够通达于天理，估计只有上天能够理解我了！"

张居正讲评 义理有本末精粗，从下面学起，才到得上面，所以说下学上达。昔孔子道高德厚，不求人知，当时亦罕有知之者，故发叹说："今之人，其莫我知也夫。"子贡问说："夫子之道德高厚如此，何故人都不知夫子？"孔子答说："人之学问，惟是高世绝俗，与众不同，乃可以致人之知，若我则无是也。如穷通得丧，系于天者，我虽不得于天，未尝怨天；用舍予夺，系于人者，我虽不合于人，未尝尤人，只是反己自修，循序渐进。如义理有本末精粗，我只在下面这一层着实用工，使功深力到，将上面这一层渐次通达。譬如登山的，只由卑以至高；如行路的，必自近以及远。这不过职分之当为，进修之常事，无以甚异于人，何足以致人之知哉？惟是心存为己，仰不愧天，或者上天于冥冥之中能知我耳，所以说知我者其天乎！"盖甚言其必不见知于人也。夫圣人尽性至命，与天合一，其独得之妙，真有人不能知而天独知之者，然下学上达之一言，乃万世学者之准则。人于可知可能者，逐一讲求，则于难知难能者，自然通透，固不当躐等而进，亦不可畏难而止也。有志圣学者，宜究心焉。

张居正讲评译释 孔子学问深厚，品德高尚，从不追求名声，而当时也很少有人理解孔子，所以孔子感叹说："现在没人能理解我呀。"子贡问："您的品德如此高尚，为什么没人理解您呢？"孔子回答说："人的学问只有高超卓越、与众不同才能被人们知道，我的学问不是这样呀。人的贵贱得失都取决于上天，我虽然没有获得富贵，也从不抱怨上天；一个人能否被重用，取决于别人，我虽然没有被任用，也从不抱怨他人，只是反省自身，循序渐进地提升自己。学问有本有末，有深有浅，我只是从最浅显的地方开始用功进取，努力到一定程度的时候，就进入到更高的层次。就像登山一样，一定要由低到高，像赶路一样，由近到远。这些不过是职分内应该做得很普通的事，和别人做的没有什么不同，有什么值得被人了解的呢？我只是专注于提高自己的品德，做到不愧对上天罢了，也许在冥冥之中上天能够理解我吧，也只有上天能够理解我呀！"孔子在这里多次提到了自己一定不被人理解。圣人的天性能够和上天保持和谐统一，确实难以被人们理解，而只有上天能够理解，但是孔子从下面一步步认真地学起，以求向上能够通达于天理的做法，是后世学者应该遵循的准则呀。人们在能知道、能做到的地方，一件一件地修习研究之后，自然也就能明白那些难知难办的地方。人固然不应该越级前进，但是也不能畏缩不前呀。立志学习孔子的人，应该潜心研究孔子的话。

原文 公伯寮[39]愬[40]子路于季孙。子服景伯[41]以告，曰："夫子固有惑志于公伯寮，吾力犹能肆诸市朝。"

今译 公伯寮在季孙面前诬告子路，后来子服景伯就将这件事情告知孔子，还说："季孙先生对子路已经有了疑心，而我的力量还足以用来杀掉公伯寮，并且将他陈尸街头。"

张居正讲评 公伯寮是鲁人。愬是谗谮。子服景伯,是鲁大夫子服何。夫子指季孙说。杀人而陈其尸叫做肆。昔子路方仕于鲁,为季氏宰。鲁人有公伯寮者,乃谗愬之于季孙,而季孙信之。子服景伯心怀不平,因以其事告于孔子说:"季孙之于子路,固因公伯寮之言而有疑心矣。谗邪害正,法不可容。以吾之力,犹能诛伯寮,而陈其尸于市朝,以明子路之诬而报其怨。夫子以为何如?"

张居正讲评译释 子路在鲁国做季氏的家臣,有一个叫公伯寮的鲁人,在季孙面前诬告子路,而季孙相信了。子服景伯为子路感到不平,就把这件事告诉孔子说:"因为公伯寮的诬陷,季孙对子路已经有了疑心呀。诬陷忠良,是法理难容的事。凭我的力量,还能诛杀公伯寮,将他陈尸街头,来证明子路的冤屈,为子路报仇。老师您觉得怎么样呢?"

原文 子曰:"道之将行也与,命也;道之将废也与,命也。公伯寮其如命何?"

今译 孔子说:"大道如果可以得到实施的话,那是命运;大道如果将会被废除的话,那也是命运。公伯寮能把命运怎样呢?"

张居正讲评 孔子因子服景伯欲诛公伯寮,乃以理晓之说道:"士君子之心,非不欲行其道于天下,而道之或行或废,实有非人所能为者,使其道之将行欤,则动见遇合,事事如意,是乃命之通也,固非人之所能使。使其道之将废欤,则动见阻滞,事事违心,是乃命之穷也,亦非人之所能厄。夫道之兴废,皆由于命如此,今仲由之或用或舍,固自有命存焉,使其命该亨通,虽有谗言何畏?若使谗说得行,则亦命之穷耳,于公伯寮何尤乎?吾子固不必深憾而欲诛之矣。"夫圣人于得失利害之际,唯义是安,本不待决之于命而后泰然也,其言命者,特以晓景伯,安子路,而警伯寮耳,然所谓不怨天,不尤人者,即此亦可见其一端矣。

张居正讲评译释 因为子服景伯想要诛杀公伯寮,所以孔子开导他说:"君子并非不想施展自己的抱负和主张,只是自己确实决定不了抱负是被实行还是被荒废,假如自己的抱负能得到实施,主张被采用,每一件事都顺心如意,这是命运通顺,这些不是单凭人的努力就能做到的。假使自己的主张即将被废除,不再被采用,每一件事都不符合心意,这是命运坎坷,也不是人力能够改变的。大道的施行或者废除,都是命中注定,现在子路被任用或舍弃,自然也是命中注定呀，假如他命运通畅，即使被诬陷，又有什么值得畏惧的呢？假如他因为谗言而被舍弃，就是命运坎坷呀，跟公伯寮又有什么关系呢？你们不必怨恨公伯寮并且想要诛杀他呀。"圣人对待利害得失时，只依据道义，不需要考虑命运是否畅通，他之所以谈论命运，是为了开导子服景伯，安抚子路，警示公伯寮。而由此也能够看出孔子不怨天尤人的人生态度呀。

原文 子曰："贤者辟世，其次辟地，其次辟色，其次辟言。"

今译 孔子说："对于贤者来说，避开乱世是为上，其次就是避开乱地，再次是要避开傲色，再次是避开恶言。"

张居正讲评 孔子说："贤者之心，未尝不欲有为于天下，然时不可为，则不得不高蹈远举，避而去之。故有见世之无道，即隐居不仕，而引身以避世者矣，其次有见此邦无道，去而之他邦者，谓之避地，其次有见君之礼貌既衰而去者，谓之避色，其次有因君之议论不合而去者，谓之避言。此皆不降其志，不辱其身者也，世有此人，世道之衰可知矣。"

张居正讲评译释 孔子说："没有不想要取得成就的贤才，但是如果难以施展抱负，就不得不隐居避世。所以贤者看到时势混乱，就辞官归隐，避开乱世；稍微次一点儿的贤者看到国家混乱，就逃到别的地方，这是避开乱地；次一点儿的贤者在看到君主态度傲慢之后离开，这是避开傲色；再次一点儿的贤者在看到君主言语恶劣之后离去，这就是避开恶言。这些都是志向坚定、品格高尚的人。而遇到这些人，也就说明世道混乱了呀。"

原文 子曰："作者[42]七人矣。"

今译 孔子说："有七个人已经像这样做了。"

张居正讲评 作是隐遁。孔子说："当时之君子，不见用于世，作而隐遁者，有七人矣。"七人，今不知其姓名，夫子叹之，盖深为世道虑也。

张居正讲评译释 孔子说："君子不被重用，就隐居避世，有七个人已经这么做了呀。"如今已经不知道这七个人的姓名了。孔子的感慨，是为世道的混乱感到忧虑呀。

原文 子路宿于石门[43]。晨门[44]曰："奚自？"子路曰："自孔氏。"曰："是知其不可而为之者与？"

今译 子路在石门夜宿。守城门的人问他："你是从哪来的？"子路说："从孔氏那儿来的。"守门人说："你说的孔子就是明知行不通却硬要去做的那个人吗？"

张居正讲评 石门是地名。晨门是管门启闭的官，盖贤而隐于下位者。奚字解做何字。自是从。昔子路相从孔子周流四方，晚宿于石门。时有守门官问说："汝从何来？"子路说："我从孔氏而来。"晨门说："我闻君子相时而动，邦有道则仕，邦无道则隐。彼孔氏者，既已知时事之不可为，即卷而怀之可也。乃犹皇皇焉奔走四方，必欲有为于天下，其亦不智甚矣。子之所从者，得非此人乎？"盖讥孔子之不隐也。夫晨门之言，盖亦士君子进退之常。但圣人道高德大，视天下无不可为之时，特时君不能用耳，此又非晨门之所知也！

张居正讲评译释 子路跟着孔子周游列国，晚上在石门借宿。守城门的官员问他说："你是从哪里来的？"子路回答说："我从孔子那里来。"守城的官员说："我听说君子观察时机，针对具体情况采取行动，在国家稳定的时候出来做官，在国家混乱时辞官归隐。你所说的孔子，既然知道时势混乱，难以有所作为，辞退归隐就行了。他却辛苦地四处奔走，想要有所作为，这非常不理智呀。你跟随的莫非就是这个人？"守城官这么说，是讽刺孔子不隐退。他的话也是君子出仕做官或辞官归隐时的常理。只是孔子道德高尚，在他看来，任何时期都能有所作为，只是当时君主不能重用他罢了。这些道理不是守城官所能理解的啊！

原文 子击磬于卫，有荷[45]蒉[46]而过孔氏之门者，曰："有心哉，击磬乎！"

今译 孔子在卫国击磬的时候，有一个挑着草筐的人正好从孔子门前经过，说："这个击磬的人有心思呐。"

张居正讲评 荷字解做担字。蒉是草器。昔孔子处春秋衰乱之世，而其康济天下之心，有不能一日忘者。时在卫国，偶然击磬以寓其忧世之心。适有一隐士，担着草器行过孔子之门，闻磬声而知之，说道："有心哉，斯人之击磬乎？"盖人心哀乐之感，每托之乐音以宣其意。夫子忧世之志，寓于磬声之中，隐士贤者，故能审音而识其心也。

张居正讲评译释 孔子处在春秋时期的乱世中，一天也没有忘记安世济民的抱负。他在卫国的时候,有时通过击磬来抒发自己对时事的忧虑。恰好有一位挑着草筐的隐士,在孔子击磬的时候从孔子门前经过,听了磬声就明白了孔子的抱负,说道:"这个击磬的人有心思呐。"这是因为人经常通过音乐来寄托自己内心的欢喜或哀伤。孔子把对时事的忧愁寄托在了磬声中,所以这个隐士能够在听到磬声后明白孔子的心思。

原文 既而曰:"鄙哉,硁硁[47]乎!莫己知也,斯己而已矣。'深则厉,浅则揭。[48]'"

今译 过了一段时间又说:"太鄙塞了,硁硁的磬声中透着固执!没有谁能够真正了解自己,就专守着自己的志向算了。(正如《诗经》上所说)河深的话就穿着衣裳过,河浅的话就提起衣裳过。"

张居正讲评 硁硁是小石之坚确者。"深则厉"二句,是《卫风·匏有苦叶》之诗,带衣涉水叫做厉,褰衣涉水叫做揭。昔荷蒉者闻孔子之击磬,既叹其为有心,乃又讥之说道:"斯人也,鄙哉,硁硁乎,何其专确固执,而不达夫时宜也。夫君子相时而动,智者见几而作。今世莫我知,道与时违,则亦惟洁身以去乱而已,何为周流四方,可止而不止乎?观诸《卫风》之诗说道:'凡徒步涉水者,遇着水深的去处,则穿着下体之衣而过之;遇着水浅的去处,则揭起下体之衣而过之。'"夫涉水者,必视其水之深浅以为厉揭;则君子处世,当视其时之治乱以为进退。今斯人也,世不见知,犹栖栖然而不止,是深不知厉,浅不知揭矣,岂不鄙哉其硁硁乎?荷蒉之讥孔子如此,是不知圣人之心者矣。

张居正讲评译释 这位隐士听了孔子击磬之后,既感叹孔子有心思,又讥讽说:"这个人太鄙塞了,硁硁的磬声中透着他的固执,他处理问题不会因时制宜呀。君子会观察时机,针对具体情况采取行动,聪明的人发现一点苗头就立刻采取应对措施。如今既然没有人能了解自己,主张不被采用,那么你保持自身的高洁,远离乱世就行了,为什么要不停地四处流浪呢?《诗经·卫风》里有一句诗里说:'河深的话就穿着衣裳过,河浅的话就提起衣裳过。'"过河的时候,根据水的深浅选择穿衣过河还是提衣过河;君子立身处世,也应当根据国家的形势决定是出仕还是归隐。现在孔子这个人,不被人理解,还坚守自己的志向,这就是在水深的时候不知道穿衣过河,在水浅的时候不知道提衣过河,这不是固执鄙塞吗?隐士这样讥讽孔子,是不了解孔子呀。

原文　子曰："果哉！末之难矣。"

今译　孔子说："果真如此，那也就没什么难处了。"

张居正讲评　孔子闻荷蒉之言而叹，说："观斯人之言，何其果于忘世哉。夫君子之欲行其道于天下，非以为利也，将以救世也。若只要洁其一身，委而去之，亦有何难？然则荷蒉者之果，我非不能为，直不忍为耳。"盖圣人心同天地，天地不以时之闭塞而废生物之心，圣人不以时之衰乱而忘行道之志。诚上畏天命，下悲人穷，非得已也！彼荷蒉之流，何足知之！

张居正讲评译释　孔子听了这个隐士的感叹之后说道："看这个人说的话，就知道他真的忘世归隐了呀。君子想要施展自己的抱负，不是为了个人利益，更是为了挽救这个世界呀。如果只想保持自己的高洁，而归隐离去，这又有什么困难呢？既然他能归隐，那我又有什么不能的呢，只是不忍心这么做呀。"因为圣人的内心像天地一样广阔博爱，天地不会因为时世的混乱就荒废生灵万物，圣人也不会因为时世的混乱就抛弃自己的抱负。因为孔子敬畏上天，为百姓的疾苦感到哀伤，所以他才在乱世中坚守自己的抱负，这都是迫不得已的事啊！像那些所谓的隐士，怎么能理解孔子呢！

原文　子张曰："《书》云：'高宗[49]谅阴[50]，三年不言。'何谓也？"子曰："何必高宗，古之人皆然。君薨，百官总己[51]以听于冢宰三年。"

今译　子张说："《尚书》上说：'殷高宗住在凶庐守灵，三年都不谈政事。'说的是什么意思？"孔子说："不只高宗，古人都是如此。一旦国君驾崩了，朝廷百官则总揽各自的职务听命于冢宰，直到满三年为止。"

张居正讲评　《书》是《商书·说命》篇。高宗是商王武丁。谅阴字，当作梁暗，是天子居丧之处。总己是总摄己职。冢宰是宰臣之长。昔子张问于孔子说："《商书·说命》篇说，商王高宗武丁居其父小乙之丧，三年不亲政事，不发言语。夫人君一日万几，若三年不言，则臣下何所禀令乎？不识此书之旨果何谓也？"孔子说："亲丧乃人子之大变，哀慕乃人子之至情。三年不言，何必高宗为然，自古为君的都是如此。考之古礼，君薨，则嗣君居庐守丧，不亲政事，不发号令；百官各总摄己职，以听处分于冢宰，如此者三年。夫既有冢宰可托，则嗣君虽三年不言，何忧国之乱哉？然托孤寄命，国家大事，必有忠贞不二心之臣，而后可使百官总己以听。苟非其人，又不若嗣君躬亲听览，以守先业之为大孝。故古今异时，宜此礼之不行于后世也。"

张居正讲评译释 子张问孔子说:"《尚书》里说,商王武丁为父亲小乙守丧的时候,三年不管理政事,不说话。作为君主,每天有很多政事需要处理,如果三年不说话,那么大臣们怎么接受命令呢?我不知道书里说的话是什么意思呀。"孔子回答说:"父母去世对儿女来说是最大的变故,哀伤思慕是儿女正常的感情展现。三年不说话的不只是武丁,古时候的君主都是这样。古时候的礼仪规定,君主去世后,新君需要守丧三年,在这期间不能处理政务和发布政令;朝廷的官员们则负责各自的职责,听从冢宰的命令。既然将政务托付给了冢宰,那么即使新君主三年不说话,国家又怎么会发生混乱呢?但是将新君托付出去是国家的大事,一定要托付给忠贞不贰的大臣,这样才能让百官听从命令处理好各自的职责。如果没有这样的大臣,就不如让新君亲自去处理政务,把守护先人的事业当作孝。古今的情形不一样,这个礼仪在现在已经不适合了。"

原文 子曰:"上好礼,则民易使也。"

今译 孔子说:"如果居上位的人喜好礼节,那么老百姓也就更加容易役使。"

张居正讲评 礼是尊卑上下的礼节。孔子说:"有国者常患民之难使,然民之难使,由其不知礼耳。盖礼所以别尊卑,辨上下,其节文度数之间至严至肃。若为上的心诚好之,修之于身,而视听言动必以礼,达之于政,而教训正俗必以礼,则等威辨而纪纲振,那百姓每都安分循理,而无敢抗违。不假刑驱势迫,而趋事赴工之恐后矣,岂不易使乎?若上之人,先自畏拘检而乐简傲,则下皆化之,而僭逾凌迫,固其所也!岂民之难治哉?"所以说礼达而分定,有天下者所宜深念也!

张居正讲评译释 孔子说:"国家的君主经常担心百姓很难控制,而百姓之所以难以控制,是由于不知道礼仪呀。礼仪能用来分辨地位的高低贵贱,它的规章制度非常严格。如果居于上位的人真心喜好礼节,一言一行都严格地遵循礼仪,处理政事时也都依据礼仪。像这样使国家的法纪得到整顿,百姓自然就会安分守法,不敢违背朝廷的法令。不需要通过严刑峻法来役使,百姓们自然会争先恐后地为国家办事呀,这样役使他们不是很容易吗?如果居上位的人自己不遵循礼仪,为人放荡傲慢,下面的人自然会受到错误的影响,做出僭越违法的事,这些都是有原因的呀!怎么能怪百姓难以役使呢?"所以说礼仪得到实施了之后,身份的高低贵贱就能确定了,君主应该牢记这些呀!

原文 子路问君子。子曰:"修己以敬。"曰:"如斯而已乎?"曰:"修己以安人。"曰:"如斯而已乎?"曰:"修己以安百姓。修己以安百姓,尧舜其犹病诸!"

今译 子路问怎样才能成为君子。孔子说:"以严肃认真的态度来修养自身。"子路又问:"像这样做就够了吗?"孔子说:"通过修养自身来安抚他人。"子路又问:"那么像这样做就够了吗?"孔子说:"通过修养自身来安定百姓。通过修养自身来安定百姓,恐怕连尧和舜自身都存在缺点而不能做到呢!"

张居正讲评 病是有歉于心的意思。子路问说:"人必何如而后可以为君子?"孔子告之说:"人之为学,不外乎一心而已。能庄敬,则此心惕励,而日进于高明;才安肆,则此心放逸,而日流于污下。必须静而存养,动而省察,使戒惧恐慎之心无时而少懈,则身无不修,而德无不成矣。君子之所以为君子者,以此而已。"子路问说:"君子之道大矣,乃止于如此而已乎?"盖以为未足也。孔子说:"这敬不但可以成身,乃人己合一之理。诚能敬以修己,而至于充积之盛,则己正物格,此感彼通。虽推之而至于安人者,亦不外是矣。"子路又问说:"君子之道大矣,乃止于如此而已乎?"盖犹以为未足也。孔子说:"至敬不但可以安人,乃天下为公之理。诚能敬以修己,而至于充积之盛,则处无不当,感无不通。虽极之而至于安百姓者,亦不外是矣。夫功用至于安百姓,岂易能哉。虽尧舜至圣,以钦明温恭之德,致时雍风动之休,而当时之民亦难保其无一夫之不获,在尧舜之心,犹有歉然不能自宁者矣。夫观尧舜且以为病,则修己以敬,岂不足以尽君子乎?"按,修己以敬,乃千圣相传之要,而尧舜犹病,实圣人无穷之心。人君诚能法尧舜之敬以修身,而推尧舜之心以图治,何患德不符于二帝,而世不跻于唐虞哉!

张居正讲评译释 子路问孔子:"怎么才能成为君子呢?"孔子告诉他说:"人做学问,不过就是修养自身罢了。如果能做到庄重恭敬,内心谨慎,就能日渐明智;内心只要有一点安乐放纵,就会日渐变得低下、鄙陋。一定要修身养性,反省自己,丝毫不放松心中的谨慎,这样就一定能提高自己的道德修养。君子之所以能成为君子,也都是这个原因。"子路又问:"君子之道博大精深呀,做到这些就够了吗?"子路认为做到这些还不够。孔子说:"自身的庄重恭敬不仅能安抚别人,更是天下的公理。如果能完全做到自身恭敬,就能通顺恰当地处理任何事情。安抚天下百姓的时候，也需要这样做。但百姓不是这么容易就能安抚的，即使是尧舜这样温和恭敬的圣人，将天下治理得太平和睦，也不能保证当时的百姓全都得到安抚，尧舜心中也会为此感到愧疚，难以安心。尧和舜都担心自己有缺点而做不到严肃恭敬，做到这些怎么会不能成为君子呢？"保持自身的恭敬是圣人们传承下来的要旨，尧和舜尚且担心自己有缺点，说明了圣人对自身品德的追求永无止境呀。君主如果能真心像尧舜一样保持自身的恭敬，像尧舜一样治理天下，又怎么需要担心品德比不上他们两个，又怎么需要担心国家不会强盛呢！

原文 原壤[52]夷俟[53]。子曰："幼而不孙弟，长而无述焉，老而不死，是为贼！"以杖叩其胫[54]。

今译 原壤叉开双腿坐着等待孔子。孔子说："年少的时候不知兄弟间的礼节，长大以后也没有什么能够传给别人的，年纪老了还不想死，这样就是对别人的伤害。"说完孔子就用拐杖敲了敲他的小腿。

张居正讲评 原壤是孔子的故人，平素从老氏之教，放荡于礼法者。夷是蹲踞。俟是待。叩是击。胫是足骨。昔原壤见孔子之来，而蹲踞以待之，其疏放不检如此。孔子责之说道："礼法乃检身之要，傲惰为恶德之尤。汝自年幼时，则任情傲物，而不知逊弟之道。及至长大，则蹉跎岁月，而无一善状之可称。今又老而不死，徒败常乱俗，为风化之蠹而已，非害人之贼而何？"孔子既责之，而以所曳之杖微击其胫，若使勿蹲踞然。圣人于败坏礼教之人，深恶而痛责之如此！

张居正讲评译释 原壤看到孔子过来，就叉开双腿坐着等待孔子，放肆到了这种地步。孔子责备他说："礼法是检点自身时最重要的依据，傲慢懒惰是最恶劣的品德。你在年轻的时候就任性傲慢，不知道兄弟间的礼节。长大了之后就浪费光阴，没有做任何好事。现在年纪老了还不死，只知道伤风败俗，你不是危害别人的贼人还能是什么呢？"孔子责备了他之后又用拐杖轻轻敲了敲他的小腿，不让他叉开双腿坐在那儿。孔子对这些败坏礼仪教化的人，就是这样地深恶痛绝啊！

原文 阙党[55]童子将命[56]。或问之曰："益者与？"子曰："吾见其居于位也，见其与先生并行也；非求益者也，欲速成者也。"

今译 阙党有个少年负责在宾主相见的礼节中替人传话。有人问起他,说:"他是想让自己上进的后生吗?"孔子说:"我看到他站在成年人才应该站的位置上,又看到他跟前辈长者并肩行走;可知他并不是追求上进的人,而是急于求成的人。"

张居正讲评 阙党是地名。将命是传宾主之言。益是进益。昔阙党之中,有童子者来学于孔子。孔子使之答应宾客,而传往来之命。或人问于孔子说:"传命亦非易事也。此童子必学有进益,故夫子使之为此,以宠异之欤?"孔子答说:"在礼,童子当隅坐随行。今此童子,吾见其居于长者之位,而不循夫隅坐之礼,见其与先生并行,而不循夫随行之礼。夫为童子而不安其分如此,是乃进修无渐,积德无基,非求益者也,但欲凌节躐等,而速进于成人之列耳。故我使之给使令之役,观少长之序,而习揖逊之容,所以折其少年英锐之气,而令其目就于规矩法度之中也,岂宠而异之哉?"由是观之,可见圣门之教,虽以敏求为先。亦以躐等为戒。盖躐等,则欲速而不达;循序,则日益而不知,所以夫子亦自云下学而上达,为此故耳。学者,宜知所从事焉!

张居正讲评译释 阙党这个地方有一个少年来孔子这里学习,孔子让他在宾主相见的礼节中替人传话。有人问孔子说:"替人传话不是容易的事呀。这个少年一定很上进,所以你才会让他做这些事,来表示对他的宠爱吗?"孔子回答说:"依据礼仪,年轻人应该坐在客人旁边,跟在客人后面。我却看到他没有遵守礼仪,而是坐在长辈的位置上,没有遵循坐在旁边的礼仪,跟前辈并肩行走,没有遵循随行的礼仪。我认为他没有安分守己,没有循序渐进地培养自己的品德,所以他不是追求上进的人,只是逾越等级急于求成罢了。所以我让他替人传话,是想让他看一下长幼的次序,学习一下谦让的礼仪,折一下他年少轻狂的气焰,让他看见礼仪法度,这怎么是宠爱他呢?"由此可以看出,孔子虽然很看重学生的聪明机敏,但也时刻警戒他们不要逾越等级。因为逾越等级,会因为性急求快反而不能达到目的;循序渐进,就能在不知不觉间提高自己,所以孔子说自己从浅显的地方开始学起,逐渐向上发展。求学者应该知道如何做呀!

注释：

[1] 宪：原宪，字子思，宋国（今河南省商丘市）人。孔子的弟子，"孔门七十二贤"之一。

[2] 怀居：留恋安逸；怀念故居。

[3] 羿：上古人名，相传力大，并能陆地行舟。

[4] 稷：后稷，姬姓，名弃，黄帝玄孙，帝喾嫡长子，母姜嫄，尧舜时期掌管农业之官，周朝始祖。

[5] 命：国家的政令。

[6] 裨谌：人名，郑国的大夫。

[7] 世叔：即子太叔，名游吉，郑国的大夫。子产死后，继子产为郑国宰相。

[8] 行人：官名，掌管朝觐聘问，即外交事务。

[9] 子羽：郑国大夫公孙挥的字。

[10] 东里：地名，郑国大夫子产居住的地方。

[11] 子西：公子申，字子西，楚平王的庶长子，楚昭王的异母兄。

[12] 伯氏：齐国大夫。

[13] 没齿：老年，死后。

[14] 孟公绰：鲁国大夫。

[15] 成人：完美无缺的人。

[16] 臧武仲：即臧孙纥（hé），又称臧孙、臧纥，谥号武，臧文仲之孙，臧宣叔之子。鲁国大夫，封邑在防（今山东费县东北）。

[17] 卞庄子：春秋时期鲁国大夫，著名勇士，食邑于卞，谥"庄"。

[18] 公叔文子：名拔，或作发，谥"文"，故称公叔文子，乃卫献公之孙，又称公孙拔。

[19] 公明贾：卫人，姓公明，名贾。

[20] 防：春秋时期鲁国防邑，旧址在今山东费县费城镇东北方城镇驻地北两公里处。

[21] 要：威胁。

[22] 公子纠：春秋时齐国人。齐襄公之弟，齐桓公之兄，母为鲁女。

[23] 召忽：春秋时齐国人，与管仲同事襄公子纠。

[24]被发左衽：头发披散不束，衣襟向左掩。古代指中原地区以外少数民族的装束。亦借指中原地区的人受少数民族统治。

[25]沟渎：比喻困厄之境。

[26]僎：卫国大夫，公叔文子的家臣。

[27]仲叔圉（yǔ）：即孔文子。他与后面提到的祝鮀、王孙贾都是卫国的大夫。

[28]怍：羞愧。

[29]陈成子：即陈恒，齐国大夫，又叫田成子。他以大斗借出、小斗收进的方法受到百姓拥护。公元前481年，他杀死齐简公，夺取了政权。

[30]简公：齐简公，姓姜名壬。公元前484—前481年在位。

[31]三子：指季孙、孟孙、叔孙三家。

[32]蘧伯玉：蘧（qú）瑗（yuàn），字伯玉，谥成子。春秋时期卫国（现河南卫辉）大夫。封"先贤"，奉祀于孔庙东庑第一位。

[33]方人：讥评他人。

[34]逆诈：事先即猜疑别人存心欺诈。

[35]亿：臆测，预料。

[36]微生亩：姓微生，名亩，春秋时鲁国的隐士。

[37]栖栖：忙碌不安。

[38]骥：骏马，良马。

[39]公伯寮：公伯氏，名寮（《史记·仲尼弟子列传》作"僚"，一作"缭"），字子周。春秋末年鲁国人，与子路同做季氏的家臣。

[40]愬（sù）：同"诉"，告发，诽谤。

[41]子服景伯：即子服何，春秋时期鲁国的大夫。

[42]作者：这样做的人。

[43]石门：地名，鲁国都城的外门。

[44]晨门：早上看守城门的人。

[45]荷：背，扛，挑。

[46]蒉：草编的筐子。

[47]硁硁：击磬的声音。

[48]深则厉，浅则揭：这是《诗经·邶风·匏有苦叶》中的诗句。深则厉是穿着衣服涉水过河；浅则揭是提起衣襟涉水过河。

[49]高宗：商王武丁。

[50]谅阴：居丧时所住的房子。

[51]总己：总摄己职。

[52]原壤：姓原，名壤，春秋时期鲁国人，是孔子的老相识。他是个在孔子看来不重礼仪，碌碌无为，不懂事的人。

[53]夷俟：伸两足箕踞而坐。古人视作倨傲无礼之态。

[54]胫：小腿。

[55]阙党：地名，指"阙里"。

[56]将命：传达命令。

卫灵公第十五

原文 卫灵公问陈[1]于孔子。孔子对曰："俎豆之事，则尝闻之矣；军旅之事，未之学也。"明日遂行。

今译 卫灵公向孔子询问有关军队列阵作战的方法。孔子回答说："祭祀礼仪方面的事情，我还听说过；用兵打仗的事，我从来没有学过。"第二天，孔子便离开了卫国。

张居正讲评 陈是军师行伍之列。俎豆是礼器。昔卫灵公好勇而无道，故以战阵之事问于孔子。孔子对说："吾自幼学礼，凡俎豆礼文之事，陈设祭飨之仪，盖尝闻其说矣；若夫军旅之事，则固未之学也。既未尝学，则岂敢妄对乎？"夫以孔子之圣，文事武备，孰非其所优为者？但灵公所问，乃军师行伍之列，攻杀击刺之方，此不过武夫战士之事耳，岂足以尽圣人之蕴乎？舍其大而究其小，其不足与有为可知矣。故孔子不对，而明日遂行。所谓见几而作，可以速则速者也。

张居正讲评译释 卫灵公好逞勇武并且昏庸无道，向孔子请教有关军队列阵作战的方法。孔子回答说："我从小学习礼仪，凡是祭祀礼仪上的事，我都听说过；用兵打仗的事，我没有学过，既然没有学过，怎么敢轻易回答呢？"以孔子这样的圣明，文治和军备都已达到了理想的要求，哪一件能不擅长呢？只是卫灵公问的是打仗杀敌的方法，这不过是武夫的事情罢了，怎么能完全展现圣人高深的才智呢？卫灵公舍弃重要的文德教化，而追求进攻杀人的方法，由此可以看出他难以取得作为呀。所以孔子没有回答他，第二天便离开了卫国。这就是所说的发现一点苗头就立刻采取措施，能尽快解决就尽快解决呀。

原文 在陈绝粮，从者病，莫能兴[2]。子路愠见曰："君子亦有穷乎？"

子曰："君子固穷，小人穷斯滥矣。"

今译 （孔子一行）在陈国断了粮食，随从的人都饿病了，没有人能够从床上爬起来。子路很不高兴地来见孔子，说道："君子也有穷得毫无办法的时候吗？"孔子说："君子虽然穷困，但还是能够坚持。小人一遇到穷困就无所不为了。"

张居正讲评 兴是起。愠是含怒的意思。滥是泛滥，言人之放溢为非，如水之泛滥而不止也。孔子既不对灵公之问，遂去卫适陈。至于陈国，粮食断绝，从者皆饥饿而病，莫能兴起。子路当此穷困之时，不胜愠怒之意，见于颜色，问说："君子之人，宜乎为天所佑，为人所助，不当得穷者也，乃亦有时而穷困若此乎？"孔子说："穷通得丧，系乎所遇。有不在我者，君子安能自必乎？盖亦有穷时也，但君子处穷，则能固守其穷，确然以义命自安，而其志不少移夺；若小人一遇困穷，则自放于礼法之外，而无所不至矣。然则今日之穷，但当固守，而不至于滥焉可矣，何必怨尤乎哉？"夫观圣贤之所遭如此，则春秋之世可知矣。

张居正讲评译释 孔子没有回答卫灵公的问题，离开卫国去了陈国。在陈国断了粮食，随从的人都饿病了，没有人能够从床上爬起来。子路在这种穷困的情况下很不高兴地问孔子："君子应该被上天保佑，受到人们的帮助，不应该生活贫困呀，君子也会像这样穷困吗？"孔子回答说："贫穷还是富贵，全在于自己的际遇。既然命中没有富贵，又怎么能去强求呢？君子也有穷困的时候，只是君子在穷困时期依然能够坚持下去，坚定地保持自己的品性；而小人在生活贫困时会放纵自己，无所不为呀。所以即使现在陷入穷困的境地，也应该坚守自己的品德，不能放纵作恶呀，为什么要怨天尤人呢？"孔子这样的圣贤竟然遭遇到了如此穷困的生活，春秋时期社会的混乱情况就可想而知了。

原文 子曰："赐也，女以予为多学而识之者与？"对曰："然，非与？"曰："非也，予一以贯之。"

今译 孔子说："赐啊，你以为我是学得多了才一一记住的吗？"子贡回答道："是啊！难道不是这样吗？"孔子说："不是的，我是用一个根本的东西将它们贯通起来的。"

张居正讲评 识字解做记字。贯是通。子贡之学，多而能识，而于道之本原处，尚未能悟，故孔子呼其名而告之说："赐也，汝见我于天下事物之理，无所不知，岂以我为件件穷究，事事学习而记识于心，故能如此乎？"子贡对说："事物之理，不学则不能知。夫子之多知，故必由于多学也。"既而又忽疑说："事物之理无穷，夫子虽好学，亦岂能一一而周知？"意者别有简易切要之方，无事于多学而识之者欤？盖子贡学将有得，故方信而忽疑也。孔子乃晓之说："我非多学而识者也。盖天下义理，虽散见于事物之中，而实统具于吾心。吾惟涵养此心，使虚灵之体不为物欲所蔽，则事至而明觉，物来而顺应，自然触处洞然，无所疑惑。譬之镜体清明，则虽妍媸万状，自照见之而无遗；权衡平审，则虽轻重万殊，自称量之而不爽。盖一以贯之者也。若欲一一多学而识之，则事理无穷，而闻见有限，用力愈劳，而去道愈远矣，岂吾之所为学者哉？"按，一贯之旨，师尧舜以来相传心法，非子贡学将有得，孔子亦未遽以语之也。学圣人者，宜究心焉！

张居正讲评译释 子贡学了很多，记住了很多知识，但是还不能领悟最根本的道，所以孔子喊着他的名字教导他说："子贡呀，你认为我对天下的事理无所不知，是因为我学得多了记得多吗？"子贡回答说："没有经过学习就不能明白事物的道理。您知识这么丰富，一定是由于学得多呀。"之后又有疑惑说："老师虽然勤奋好学，但是道理无穷无尽，你又怎么能一一弄明白呢？"子贡是认为或许还有别的更简单的方法去学习义理，不需要经过广泛的学习吗？子贡的学问即将有收获，所以才会在刚刚明白一件道理之后就又产生疑惑。孔子教导他说："我不是因为学得多才懂得多呀。天下间的道理虽然分散在每一件具体的事中，而在我心中已经贯通起来了。我只需要修养自身，让自己不受物欲的蒙蔽，就能在遇到事情时明白背后的义理，依照天理行事，这样自然能够洞察一切道理，没有任何疑惑。就好像明镜一样，不管是丑是美，都能清晰地显现出来；就好像称量的器皿一样，不管是轻是重，都能准确地称量出来。这就是用一个基本的道理将所有的事理贯通起来呀。如果想通过多学来明白事物的道理，那么道理无穷无尽，而自己的见识有限，即使自己努力学习，也会越来越偏离道，这怎么会是我学习的方法呢？"用一个根本的道理将所有事理贯通起来，这是尧舜传承下来的学习方法，如果不是子贡的求学取得了收获，孔子也不会对他说这些。想要向圣人学习，应该潜下心来研究道啊！

原文 子曰："由，知德者鲜矣。"

今译 孔子说："由啊，懂得德的人太少了。"

张居正讲评 孔子呼子路之名而告之说："义理之得于心者谓之德，非实有是德者，不能知其意味之真也。若人而至于知德，则性分之乐，充然自足。倘来之遇，何所加损。凡小而是非毁誉，大而用舍行藏，极而死生祸福，皆无足以动其中矣！顾今之人，能知德者几何人哉！"夫子此言，盖为子路愠见而发，所以深警之，使其勉进于德也。

张居正讲评译释 孔子喊着子路的名字告诉他说："心中明白义理叫作懂得德，如果不是真的懂德，就不能真的明白事物的道理呀。如果一个人懂得德，就会怡然自足，即使遭遇意外也不会受到影响。小到受到诽谤或称赞，大到被重用或舍弃，甚至是面临死生祸福，都不会动摇呀！现在有几个人懂得德呀！"孔子这么说，是因为看到子路在穷困时面色恼怒，所以才给他一些训诫，勉励他提高品德呀。

原文 子曰："无为而治者，其舜也与？夫何为哉？恭己正南面而已矣。"

今译 孔子说："能够无所作为而治理天下的人，大概只有舜吧？他做了什么呢？只是庄严端正地坐在朝廷的王位上罢了。"

张居正讲评 孔子说："自古帝王以盛德而致至治者多矣。然或开创而前无所承，则不能无经始之劳；或主圣而臣莫能及，则不能得任人之逸，是皆未免于有为也！若夫躬修玄默，密运化机，不待有所作为，而天下自治者，其惟虞舜之为君也欤？盖舜之前有尧，凡经纶开创之事，尧固已先为之。舜承其后，不过遵守成法而已，下又得禹、稷、契、皋陶、伯益诸臣，以为之辅。凡亮工熙载之事，诸臣皆已代为之，舜居其上，不过询事考成而已。以今考之，舜果何所为哉？但见其垂衣拱手，端居南面，穆穆然著其敬德之容而已。"而当其时，庶绩咸熙，万邦自宁，后世称极治者，必归之有虞焉。所以说无为而治者，惟舜为然也，然无为者，有虞之治，而无逸者，圣人之心。故书之称舜，不曰无怠无荒，则曰兢兢业业，一日二日万几。盖无逸者，正所以成其无为也，不然，而肆然民上，漫不经心，何以有从欲风动之治哉？善法舜者，尚于其敬德任贤求之。

张居正讲评译释 孔子说："自古以来有很多品德高尚的帝王将天下治理得很好。有的帝王是自己开创事业，难以避免经营事业的辛劳；有的君主非常贤明，而大臣们能力不足，君主就难以在任用好大臣后过上安逸的生活，这些情况下，君主都要有所作为呀！至于能够清静无为而使天下得到治理的人，大概只有舜了吧？因为舜前面的君主是尧，尧已经开创好了功业，舜只用遵守尧制定好的规章制度就行了。舜又有禹、稷、契、皋陶、伯益这些贤能的大臣来辅佐，有这些大臣替他去弘扬功业，舜只需要庄严端正地坐在朝廷的王位上，等待事情的解决就行了，依据现在的考察，舜做了什么呢？他只是正衣拱手，坐在君位，穆然端正仪容而已。"舜在位时，百业兴旺，国家安定，是后世一致赞扬的太平盛世，所以说只有舜能做到无为而治。舜治理国家时没有作为，但是他从不放纵自己。所以书上提到舜时，不是称赞他不怠慢松懈，就是称赞他在处理事务时小心谨慎。不放纵自己，所以才能做到无为而治呀，不然，无所顾忌地居于高位，不把百姓的疾苦放在心上，这怎么能治理好百姓呢？善于学习舜的人，应该学习他对品德的追求和对贤才的任用。

原文 子张问行。子曰："言忠信，行笃敬，虽蛮貊之邦，行矣。言不忠信，行不笃敬，虽州里，行乎哉？"

今译 子张问如何才能使自己到处都能通达。孔子说："说话要忠诚守信，行事要忠厚恭敬，即使到了蛮夷之地，这样做也可以行得通。但是如果说话不忠诚守信，行事不忠厚恭敬，那么就是在本乡本土，能行得通吗？"

张居正讲评 行是所行通利。二千五百家为州，二十五家为里。子张问于孔子说："人必何如，然后能使己之所行，无往而不通利乎！"孔子说："至诚乃能感人，君子求诸在己，如使所言者忠诚信实，而绝无虚诞之辞；所行者笃厚敬谨，而不为浅躁之行。似这等诚实无伪的人，自然见者敬爱，闻者向慕，虽南蛮北貊之邦，亦将通行而无碍矣，而况其近者乎！若使言不忠信，而徒务口给以御人；行不笃敬，而徒为饰貌以相与。似这等虚诈不实的人，必然动则招尤，言则启侮，虽州里乡党之近，亦将阻碍而难行矣，而况其远者乎！行之利与不利，惟视其心之诚与不诚而已！"

张居正讲评译释 子张问孔子说："人怎么做才能让自己到任何地方都能通达呢？"孔子说："只有真诚才能让人感动，君子要先做到自己应该做的事，在说话时要忠诚守信，没有虚假夸张；行事时忠厚恭敬，不轻浮急躁。像这样忠厚诚信的人，自然会受到人们的敬爱和仰慕，即使到了蛮夷之地，也能畅通无阻，更何况在家乡周围呢！如果说话不忠诚守信，只是口头上答应别人却不付出行动；行事不忠厚恭敬，只在表面上做出一副恭敬的样貌。像这样虚伪狡诈的人，一定会办事时招致怨恨，说话时受到侮辱，即使是在本乡周围，也会受到阻碍，寸步难行呀，更何况到很远的地方呢！办事能不能通达，关键是看为人是否忠诚呀！"

原文 "立则见其参于前也，在舆则见其倚于衡也，夫然后行。"子张书诸绅[3]。

今译 "站着，就好像看到'忠信笃敬'这几个字显现在面前，坐车，就好像看到这几个字刻在车辕前的横木上，这样才能使自己到处行得通。"子张把这些话写在腰间的衣带上。

张居正讲评 参是参对。倚是倚靠。车轭叫做衡。绅是大带之垂者。孔子又告子张说："感人以诚，固无有不动者。然这存诚工夫，不可少有间断。少有间断，则虚伪杂之，亦终不可行也。必须念念在此，而无顷刻之间断。端立，则见忠信笃敬之理，参对在我面前，在舆，则见忠信笃敬之理，倚靠在那衡上，这等样念兹在兹，无少间断，然后所言者，句句都是忠信，所行者，事事都是笃敬，而州里蛮貊皆可行也。"盖子张务外，而不能有恒，故夫子勉之如此，于是子张即以夫子之言，书写于大带之上，盖欲常接于目而警于心，亦可谓能佩服圣人之教矣。按，此章之言，不独学者切己之事，在人君尤宜致谨，人君一言失，则天下议之；一行失，则天下背之，甚则怨之詈之，非细故也。诚能忠信笃敬，则所谓至诚与天地参者，亦不外此，而况于人乎，所以说王道本于诚意。

张居正讲评译释 孔子接着又告诉子张："真诚待人，固然能让人感动。但是这种真诚不能有任何间断，一旦有间断，就会掺杂进虚伪，最后就会难以通达呀。必须时刻保持真诚，不能有片刻的间断。站着，就好像看到'忠信笃敬'这几个字显现在面前，坐车，就好像看到这几个字刻在车辕前的横木上，这样时刻惦念，没有间断，然后说的话，每句都忠信，所做的事，每件都诚敬，才能使自己到处畅通无阻呀。"因为子张做学问时难以潜心研究，缺乏恒心，所以孔子这样勉励他。于是子张把孔子的话写在衣带上，想要牢记在心里，这也是对孔子的教诲感到信服呀。这一章所说的道理，不只求学者需要密切关注，君主也应该时刻铭记，君主说错了一句话，就会招致天下人的议论；做错了一件事，就会招致天下人的反对，甚至是怨恨责骂，这不是小事呀。如果完全做到了忠信笃敬，就能使自己和天地保持一致，更不用说和人相处时畅通无阻了，所以说治理天下的根本在于真诚。

原文 子曰:"直哉史鱼[4]!邦有道,如矢;邦无道,如矢。君子哉蘧伯玉!邦有道,则仕;邦无道,则可卷而怀之。"

今译 孔子说:"史鱼真是刚直啊!国家政治清明,他的言行像箭一样直;国家政治黑暗,他的言行也像箭一样直。蘧伯玉也真是一位君子啊!国家政治清明,他就出来为官;国家政治黑暗,他就将自己的主张藏在心里(辞退官职)。"

张居正讲评 史鱼、蘧伯玉都是卫大夫。矢是箭。如矢言其正直如射的箭一般。卷是收。怀字解做藏字。昔者,孔子周流四方,往来过卫,尝识其大夫史鱼、蘧伯玉,而知其贤,故称美之说道:"直矣哉,史鱼之为人也!盖人固有自守以正,而时异世殊,或不能不委曲以随俗者,未足以为直也!惟夫史鱼,当邦家有道,可以危言危行之时,彼之忠谠刚正,无所回护,固挺然如矢之直矣,及邦家无道,方当危行言逊之时,彼之忠谠刚正,无所委徇,亦挺然如矢之直焉。时有变迁,而守无屈挠,是乃忠鲠性成,有死无二者也,所以说直哉史鱼。"又称美蘧伯玉说道:"君子哉蘧伯玉之为人也。盖人德有未成,则其进退出处之间,必有不能适当其可者,未足为君子也。今观蘧伯玉,当邦家有道,正君子道长之时也,彼则居位行志,出而见用于世;及邦家无道,乃君子道消之时也,彼则从容引去,卷而怀之焉。随时进退,各适其宜,盖庶几于圣贤之大道者也。所以说君子哉蘧伯玉。"夫以卫之小国而得此二贤,亦可谓有人矣。惜乎灵公无道,而不能用也,是故惟圣主为能容直臣,惟治朝为能用君子。有世道之责者,当知所辨矣!

张居正讲评译释 孔子周游列国,在经过卫国时,认识了卫国大夫史鱼和蘧伯玉,知道他们很贤明,就称赞他们说:"史鱼真是刚直啊!人固然都知道要保持刚直,但是时势不同,有的人不得不委曲求全,流于世俗,不能算是刚直呀!只有史鱼,在国家政治清明时忠诚刚正,说话没有任何顾忌,言行像箭一样直,在政治黑暗时依然忠诚刚正,无所顾忌,言行也像箭一样直呀。时势不同,但是他刚正的坚守不会屈服,这就是至死不变的忠诚耿直,所以说史鱼真是刚直啊。"孔子接着称赞蘧伯玉说:"蘧伯玉真是一位君子呀。人的品德不完备,在进退取舍就不能做出正确合适的选择,就不能算是君子。现在看蘧伯玉,在国家政治清明,君子能得到重用时,蘧伯玉就出来做官,施展自己的抱负;当政治黑暗,君子不被重用时,他就从容地离开,辞去官职。他根据时势的不同做出合适的决定,基本上符合圣贤的要求呀。所以说蘧伯玉真是一位君子呀。"卫作为小国，竟然能得到两位贤臣，可以说是人才济济呀。可惜卫灵公昏庸无道，不能重用他们。所以说只有圣明的君主才能容纳正直的大臣，只有政治清明的朝代才能重用君子。需要匡扶世道的君主，应该知道如何辨别刚直的大臣和贤明的君子呀！

原文 子曰："可与言而不与之言，失人；不可与言而与之言，失言。知者不失人，亦不失言。"

今译 孔子说："可以同他交谈，却不去交谈，这样就失掉了朋友；不可以同他交谈却去交谈，这样就是说错了话。有智慧的人既不失去朋友，又不说错话。"

张居正讲评 孔子说："人之识见，有浅深不同，而我之语默，贵施当其可。彼人有造诣精深，事理通达，这是可与言的人，却乃缄默而不与之言，是在彼有受言之地，而在我无知人之明，将这样好人不识得，岂不是失了人？若其人昏愚无识，或造诣未到，这是不可与言的人，却乃不择而与之言，在彼则不能听受，在我则徒为强聒。可惜好言语轻发了，岂不是失了言？惟夫明知之人，藻鉴素精，权衡素审，一语一默，咸适其宜。遇着可与言的人，即与之言，既不至于失人；遇着不可与言的人，即不与之言，亦不至于失言，此其所以可法也。"盖君子一言以为知，一言以为不知，知与不知，只在一言之间，言之不可不慎如此。

张居正讲评译释 孔子说："人的见识有深有浅，和朋友交往时要根据对方的情况合适地交谈。如果对方学问高深，通达事理，应该和他交谈，却不去交谈，这就是有交谈的机会而自己没有识人之明，这岂不是错失掉了值得交往的朋友？如果对方昏庸无知、学问浅薄，这就是不能交谈的人，而自己却去说一些他理解不了的话，向他唠叨不止，高深的话轻易说出，这岂不是说错了话？只有明智的人能够辨别对方学问的深浅，恰当地决定是否同他交谈。遇到能交谈的人，就同其交谈，而不至于失去朋友；遇到不能交谈的人，就不同其交谈，这样就不会说错话，人们应该向这样的人学习呀。"君子说话时，一句话能使人称他聪明，一句话也能使人称他不明智，明智与否，都只在于一句话啊，所以说话的时候不能不慎重呀。

原文 子曰："志士仁人，无求生以害仁，有杀身以成仁。"

今译 孔子说:"志士仁人,决不会因贪生怕死而损害仁德,他们宁愿牺牲自己的性命来成全仁德。"

张居正讲评 合乎天理而当于人心者,谓之仁。孔子说:"好生恶死,人之常情。然有事关纲常之重,而适遭其穷者,又不得避死而偷生也。故有志之士与夫成德之人,其处纲常伦理之间,惟求以合乎天理,当乎人心,以成就吾之仁而已。使其身可以无死,而于仁又无所害,固不必轻生以犯难矣。若身虽可免而大节有亏,则为志士仁人者,决不肯偷生苟免以害吾之仁,宁可杀身授命以成吾之仁。"盖生固可欲,而仁之可欲有甚于生,故生有所不为也;死固可恶,而不仁之可恶有甚于死,故死有所不避也。然死生之义亦大矣,自非上为君亲之难而身系纲常之重,宁肯决死生于一旦哉?欲成其仁者,又当揆之以义可也!

张居正讲评译释 孔子说:"贪生怕死是人之常情。但是有时候事关纲常伦理,在陷入了困境时就不能苟且偷生。所以志士仁人在面对纲常伦理时,只求符合天理,顺应人心,以此来成就自己的仁德。假如既可以保全生命,又不损害仁德,这自然不必轻易舍弃生命呀。假如自身能得以保存而在品德上有亏损,那么仁人志士绝对不会因为苟且偷生而损害仁德,他们宁愿舍弃生命也要成全仁德。"生命固然可贵,而仁德比生命更加可贵,所以仁人志士不会为了生命而舍弃仁德;死固然可恶,而不仁德比死更加可恶,所以不会为了躲避死亡而舍弃仁德。但是死和生也是大事,如果不是君主、父母遇到了危难,以及面对的事情关系到纲常伦理,怎么能草率地做出生死的抉择呢?想要成就仁德的人,也应该根据事情的不同做出合适的选择才行啊!

原文 子贡问为仁。子曰:"工欲善其事,必先利其器。居是邦也,事其大夫之贤者,友其士之仁者。"

今译 子贡问怎样实行仁德。孔子说:"工匠想把活做好,必须首先使他的工具锋利。住在这个国家,就要敬奉这个国家大夫中的贤者,与那里有仁德的士人结交。"

张居正讲评 子贡问于孔子说:"人之为学,必如何而后可以全其本心之德乎?"孔子说:"为仁之功,固当决之于己;为仁之资,亦必有取于人。譬如百工技艺之人,将欲精善其所为之事,必先磨利其所用之器,器利而后事可精也。曲艺必有所资如此,况于为仁者乎?是以君子处于一邦之中,于大夫之贤者，则当执弟子之礼而事之，接其言论风采，以消吾之鄙吝；考其德行政事，以励吾之进修。如此，则为吾之标准者有其人，自然此心收敛谨肃，而不敢放肆矣！士之仁者，则当执交游之礼而友之。德业则相劝，以日进于仁；过失则相规，以日远于不仁，如此则为吾之夹持者有其人，自然此心观感兴起，而不敢怠惰矣。为仁之道，孰有加于此哉？"然学者资师友以成其仁，人君赖贤臣以成其德，其道一也，所以古之帝王，左右前后，莫非正人，侍御仆从，皆得进谏，无非所以防此心之放逸耳，明主宜从事焉！

张居正讲评译释 子贡问孔子说："人在求学的时候怎么才能做到仁德呢？"孔子说："追求仁德，固然应该取决于自己的努力，也必然需要得到别人的帮助。就像工匠想要把活做好，就需要先使自己的工具锋利，工具锋利之后工作就能做好了呀。工匠工作时尚且需要工具的帮助，更何况追求仁德呢？君子住在一个国家，就应该恭敬地对待这个国家大夫中的贤者，学习他们的言谈举止，弥补自己的狭隘鄙塞；观察他们的道德品行和行政方法，激励自己努力进取。自己有这些榜样来学习，自然能做到谨慎恭敬，不敢轻率任性啊！遇到仁德的士人，就应当和他们结交，成为朋友。在追求仁德时互相帮助，逐渐达到仁；产生过失时相互规劝，逐渐远离残暴不仁，这样和朋友相互帮助、相互促进，自然会奋发向上，不敢懒惰怠慢呀。有比这更好的追求仁德的方法吗？"求学者需要得到师长、友人的帮助才能成就仁德，君主需要得到贤臣的辅佐才能建立德业，这是同一个道理呀。所以古代帝王的周围都是正直的大臣，侍卫、仆人都能直言进谏，为的就是防止自己放纵逸乐。贤明的君主应该知道向别人学习啊！

原文 颜渊问为邦。子曰："行夏之时，乘殷之辂[5]，服周之冕，乐则《韶》舞，放郑声，远佞人。郑声淫，佞人殆。"

今译 颜渊问怎样治理国家。孔子说："用夏代的历法，乘商代的车子，戴周代的帽子，奏《韶》乐，舍弃郑国的乐曲，疏远能言善辩的小人。（因为）郑国的乐曲浮靡不正派，能言善辩的小人太危险。"

张居正讲评 时是时令。辂是大车。冕是朝、祭服之冠。《韶》是舜乐。郑声是郑国之音。佞人是卑谄辩给之人。昔颜渊有志于用世，因问为邦之道于孔子。孔子答之说："治莫善于法古，道尤贵于用中。自昔帝王之兴，必改正朔。周正建子，盖取天开于子之义；商正建丑，盖取地辟于丑之义；夏时建寅，盖取人生于寅之义。然治历明时，本以为民，则夏以寅月为岁首，于人事切矣！故欲改正朔者，当行夏之时。大辂之制，其来久矣，后世饰以金玉，则过侈而易败，惟殷之辂，但以木为之，朴素浑坚，既可经久，而贵贱之间，等威又辨，此质而得中者也。故乘辂之制，有取于殷焉。冠冕之服，始于黄帝，而文采未著。惟周之冕，华不为靡，费不及奢，盖文而得中者也。故服冕之制，有取于周焉。帝王之兴，皆有乐舞，以象成功。历代作者非一，而尽善尽美，则莫有过于舜之《韶》乐者，故乐当用《韶》舞焉。至于郑国之声，则禁绝之，勿使其接于耳，便佞之人，则斥远之，勿使其近于前。何也？盖郑声邪僻淫佚，听之使人心志淫荡，故不可不放也；佞人变乱是非，近之足以覆人邦家，故不可不远也。"夫既酌三代之礼，而法其所当法，又严害治之防，而戒其所当戒，则治国之道大备于此矣。颜子有王佐之才，故孔子以是告之。至于郑声、佞人，实万世之明戒。盖有治则有乱，世之治也，以礼乐法度维持之而不足，其乱也，以声色佞幸败坏之而有余，是以尧舜犹畏孔壬，成汤不迩声色，诚所以绝祸本而塞乱源也！《书经》上说："不役耳目，百度维贞。"保治者宜留意焉！

张居正讲评译释 颜渊立志要被重用，所以向孔子请教治理天下的方法。孔子回答他说："治理天下最好去学习古人，政治主张贵在符合中庸。古时候一个朝代兴起之后，一定会颁布新的历法。周历把夏历十一月当作岁首，取的是老鼠咬开天地的传说；商历把夏历十二月当作岁首，取的是牛耕种大地的说法；夏历的正月取的是人类出生在寅时的说法。制定历法，阐明天时的变化，原本就是为百姓服务的，夏历把寅月当作岁首，和人的关系最为密切呀！所以在颁布新历法时，应该以夏历为准。车舆制度由来已久了呀，后世用金玉装饰车马，非常奢侈腐败，只有殷商时期，马车只使用木头制作，朴素坚固，既耐用又能清楚地显示等级的差别，这就是最恰当的材质呀。所以要学习殷商的车舆制度。服饰制度起源于黄帝时期，当时的衣物不追求华贵艳丽。只有周朝的服饰，华丽却不奢靡，光洁却不侈靡，非常符合礼仪制度。所以要学习周朝的服饰制度。国家兴盛的时候，都有音乐、舞蹈来表现兴旺的气象。历朝历代有很多人创作音乐、舞蹈，而只有舜时的《韶》乐才能算是尽善尽美，所以在音乐上应该演奏《韶》乐。应该禁止演奏郑国的乐曲，不让它靠近我们耳边，远离奸佞的小人，不能让他们出现在我们眼前。为什么呢？因为郑国的音乐怪僻淫邪，听了之后会让人变得心神荡漾，所以不能不禁止；奸佞小人经常搬弄是非，离他们过近的话会危害到国家、家庭，所以不能不远离他们呀。"既能够适当地学习夏、商、周三代的礼仪、历法，又能严格地防范戒备那些对治理国家有妨害的因素，治理国家的方法大致上就是这些啊。颜渊有辅佐帝王的才能，所以孔子这么教导他。至于郑国的音乐和奸佞的小人，这是历朝历代都要戒备的。一个国家有太平盛世，就会有动乱衰败，国家的太平只是通过礼乐法度来维持是不够的，靡靡之音和奸佞小人完全能导致国家动乱，尧舜畏惧奸佞小人，成汤不接近淫声和女色，这是为了远离导致国家混乱的根源呀！《书经》上说："不被耳朵和眼睛等感官欲望所役使，百事的处理就会适当。"治理国家的人应该留心注意呀！

原文　子曰："人无远虑，必有近忧。"

今译　孔子说："人没有长远的考虑，一定会有眼前的忧患。"

张居正讲评　孔子说："天下之事变无常，而夫人之思虑贵审。故智者能销患于未萌，弭祸于未形者，惟其有远虑也。若只安享于目前，而于身所不到处，通不去照管，苟且于一时，而于后来的事变，通不去想善。这等无远虑的人，其计事不审，防患必疏，自谓天下之事，无复可忧，而不知大可忧者，固已伏于至近之地，几席之下，将有不测之虞，旦夕之间，或起意外之变矣。是故圣帝明王，身不下堂陛，而虑周四海之外，事不离日用，而计安万年之久，正有见于此也。"

张居正讲评译释　孔子说："天下间的事情变化无常，人可贵的地方在于能深思熟虑。只有深谋远虑的智者能够在灾祸还没有发生时就将其消除。如果一个人只关注眼前的事，没有长远的打算，苟且一时，对以后要发生的事不做任何规划，这就是目光短浅。这样的人遇事考虑不周，防备不足，自认为没有什么事值得忧虑，却不知大祸将近，不测将至，意外很快就会发生了呀。正因为这些，所以圣明的帝王虽然人在皇宫内，考虑的却是天下大事，使用的是普通的物品，做出的却是安定后世的决策。"

原文　子曰："已矣乎！吾未见好德如好色者也。"

今译　孔子说："完了！我从没见过像爱好美色那样爱好美德的人。"

张居正讲评　已矣乎是绝望之词。孔子说："秉彝好德，人之良心。人固未有不好德者，然须见而好，好而乐，如好好色一般，方是心诚好德。乃今之人，见德者，未必能好，好德者，未必能乐。或外亲而内疏，或阳慕而阴忌，求其能如好色之诚者。已矣乎，吾终不得见其人矣。"孔子此言，所以激励天下，欲其移好色之心以好德也。

张居正讲评译释 孔子说："执持常道、爱好美德是一个人非常优秀的品质。人固然都喜好美德，但必须像爱好美色一样爱好美德，才能算是诚心好德。如今的人看见美德却不一定喜欢，喜欢美德却不一定乐于追求，或者表面追求而内心疏远，或者表面仰慕而背地里憎恨，真希望有人能像爱好美色一样诚心爱好美德呀。完了，现在我见不到这样的人了呀。"孔子这么说，是为了激励人们，让他们像爱好美色一样去爱好美德。

原文 子曰："臧文仲其窃位者与？知柳下惠之贤而不与立也。"

今译 孔子说："臧文仲是一个占据官位不做事的人吧？他明明知道柳下惠是个贤人，却不举荐他一起做官。"

张居正讲评 臧文仲是鲁大夫。柳下惠是鲁之贤人。窃位是无德而居乎其位，如偷盗的一般。孔子说："人臣居乎其位，当求无愧于心，若鲁大夫臧文仲者，其盗窃官位而据之者欤？何也？盖朝廷官位，以待才贤。是以君子居其位，不但自己尽心供职，以求称其位，又当荐引天下贤才，以布列于有位，而后谓之忠。彼臧文仲者，明知柳下惠是个贤人，便当荐之于君，以为国家之用可也，却不能汲引荐拔，与己并立于公朝，而使之终身困厄于下位。夫不知其贤犹可诱也，既知其贤而故弃之，推其心，盖惟恐贤者进用，夺了他这位子一般，是以嫉贤妒能之私，为持禄固宠之计，非窃位而何？"夫人臣蔽贤而不举，则为窃位，使人臣举之而君不能用，岂不亦有负于大君之任哉？

张居正讲评译释 孔子说："作为臣子，应该做到无愧于心。鲁国大夫臧文仲是占据着官位不做事的人吧？为什么这么说他呢？因为朝廷的官位是为有才能、有品德的人准备的。君子处在官位上，不但自己尽心办事，尽到自己的职责，还举荐天下的贤才，让他们入朝做官，这样的人才能算是忠臣。臧文仲这个人明明知道柳下惠是一个贤才，就应该向君主举荐他，让他能被任用，但臧文仲却没有举荐柳下惠做官，导致他终生地位低下，生活窘迫。如果臧文仲不知道柳下惠有才能就算了，既然知道柳下惠贤能仍然不举荐他，而只是担心有才能的人获得重用后会夺了自己的官位，这就是妒忌贤能，把持官位，这不是占据官位不做事还能是什么呢？"作为大臣，不举荐贤人就是占着官位不办事，假如臣子举荐了贤人而君主没有任用，这不就辜负了臣子的举荐吗？

原文 子曰："躬自厚而薄责于人，则远怨矣。"

今译 孔子说："多责备自己而少责备别人，那么就可以避免招致怨恨了。"

张居正讲评 躬字解做身字。躬自厚，是责己者厚。孔子说："常人之情。责己则昏，责人则明，此怨之所由生也。诚能厚于责己，而薄于责人，如道有未尽，只就自家身上点检，而于人则每存恕心，初不强其所未能；如行有不得，只就自家身上反求，而于人则曲为包容，初不责其所不及。夫责己厚，则其身益修；责人薄，则于人无忤。如是，人将爱敬之恐后矣，怨其有不远者哉？"此修己待人之法，古帝王检身若不及，与人不求备，正此意也。

张居正讲评译释 孔子说："人通常看不到自己的错误，却能明白清楚地指出别人的缺点，因此招致别人的怨恨。人应该多反思自己，少责备别人，如果事情没做好，就多检查自己的错误，要多宽容别人，不强人所难；如果做事没有结果，就多反省自己，多包容别人的错误，少责罚别人。多责备自己，自己的品德就能逐渐提高；少责备别人，就不会遭到别人的抵触。做到这些，别人就会争先恐后地尊敬爱戴自己了呀，自己不就远离怨恨了吗？"这就是提高自己善待他人的方法。正由于这个道理，古时候的帝王在遇到问题后先反省自己，而不是去责备别人。

原文 子曰："不曰'如之何，如之何'者，吾末如之何也已矣。"

今译 孔子说："遇事从来不说'怎么办，怎么办'的人，我对他也不知道怎么办才好。"

张居正讲评 如之何，如之何，是熟思而审处之辞。末如之何，是无奈他何的意思。孔子说："人之于事，必须思之审，而后处之当。若于临事之际，不仔细思量反覆裁度，说此事当如何处置，此事当如何处置，却只任意妄为，率尔酬应，似这等的人，于利害是非，全无美计，虽与之言，彼亦不知，任之以事，必至偾事。我将奈之何哉？"于此见天下之事，必虑善而后动，斯动罔弗臧，计定而后举，斯举无弗当，亦谋国者所当知也！

张居正讲评译释 孔子说："人遇到问题之后一定要深思熟虑，这样才能做出恰当的处置。如果一个人在办事的时候不反复思考应该如何去做，而只是任意妄为、轻率应对，这样的人，是非对错，完全没有好的计策，即使告诉了他应该怎么办，他也仍然不管不顾，让这种人去办事，一定会坏事的。我应该拿这种人怎么办才好呀？"由此可见，办事时经过仔细考虑之后再采取行动，这样就没有办不好的事，制定好计策之后再行动，就不会有不恰当的举动，这也是治理国家的人应该知道的呀！

原文 子曰："群居终日，言不及义，好行小慧，难矣哉！"

今译 孔子说："整天聚在一起，谈话丝毫达不到道义的标准，专门好卖弄小聪明，这种人还真是难教导啊！"

张居正讲评 小慧是私智。孔子说："君子之取友，本以为讲学辅仁之资也。夫苟群聚而居，至于终日之久，所言者全不及于义理，而惟以游谈谑浪为亲，所行者全不关乎德业，而惟以小事聪明为好，夫然则放辟邪侈之心滋，行险侥幸之机熟。不惟无以切磋而相成，且将同归于污下而有损矣。欲以入德而免患，岂不难矣哉？"

张居正讲评译释 孔子说："君子结交朋友，为的是相互促进，共同追求仁德。如果几个人整天聚集在一起，谈话却丝毫达不到道义的标准，只是闲谈戏谑，做的事说的话也和德行功业没有任何关系，只是喜欢卖弄小聪明，就会变得为非作歹、冒险求利，不仅不能相互学习，相互促进，反而会同流合污，变得品德低下。想让这种人提高品德，怎么会不难呢？"

原文 子曰："君子义以为质，礼以行之，孙以出之，信以成之。君子哉！"

今译 孔子说："君子以道义作为根本，用礼法加以推行，用谦逊的言辞去表达，用诚实的态度去完成。这就是真正的君子啊！"

张居正讲评 质是质干。孙是谦逊。孔子说："人之处事，难于尽善。若既不失事理之宜，而又兼备众善之美，则惟君子能之。盖君子知事无定形，而有定理，故凡应事接物，以义为之质干，其是非可否，一惟视事理之当然者而处之，盖有不可以势夺，不可以利回者，其心有定见如此，然未尝径情而直行也；又行之以礼，而周旋曲折，灿然有品节之文焉，未尝自是而轻物也；又出之以逊，而谦卑退让，蔼然有和顺之美焉，且自始至终，全是一片真切诚实的心，以贯彻于应事接物之间，而绝无一毫虚伪矫饰之意，这是信以成之。"夫以义为质，则固已得事理之当矣，而又备众善之美，以此处天下之事，将何往而不宜哉？盖非成德之君子未易及也。然此必学问深而涵养熟者，然后能之。有经世宰物之责者，当知所从事矣。

张居正讲评译释 孔子说："人办事的时候，很难做到完美。只有君子能做到既符合义理，又使各方面都达到完美。君子知道事情没有固定的行迹，有的是确定的道理，所以在办事的时候，以道义为根本的准则，根据事理来决定事情的是非对错，能否可行，不因为威势或利益而动摇改变，心中有明确的见解，不凭主观意愿径直行事；用礼法来推行事情的解决，为人品行高洁，从不自以为是，自高自大；用谦逊的言辞去表达自己的想法，谦卑礼让，和善温顺，在处理问题时，自始至终态度诚恳，没有任何虚伪掩饰，这是用诚恳的态度去解决问题。"把道义作为解决问题的根本，本来就已经非常符合事理了，又使各方面都达到了完美，这样办事，有什么事做不好呢？如果不是品德完备的君子，怎么轻易做到这些呢。只有学问高深、涵养深厚的君子才能做到呀。有治理国家的职责的人，应该知道该怎么做。

原文 子曰："君子病无能焉，不病人之不己知也。"

今译 孔子说："君子只怕自己没有才能，不怕别人不了解自己。"

张居正讲评 病字解做患字。孔子说："今之学者为人，故每以人不己知为患。君子学以为己，其所患者惟在道不加进，德不加修，碌碌焉一无所能而已。若身有道德之实，而人莫我知，于我本无所损，于人果何足尤？故君子不以为患焉。"此可见自修之道，当务实而毋务名矣。

张居正讲评译释 孔子说："如今人们学习是为了让别人知道自己，所以担心别人不了解自己。而君子学习是为了提升自己，担心的是自己的才能品德得不到提高，从而碌碌无为。如果有真才实学，即使别人不知道自己，对自己也没有什么损失，又有什么可担心的呢？所以君子不担心这些。"由此可见，人在修养自身时应该追求才能品德而不是追求虚名。

原文 子曰："君子疾没世而名不称焉。"

今译 孔子说："君子担心死后没有好的名声为人所称道。"

张居正讲评 疾是疾恶。没世是终身。孔子说："君子学以为己，固无意于求名，然实德有诸己，则名誉自彰，是名所以表其实者也。若从少到老，至于没世的时候，而其声名终不见称于人，则其无一善之实可知。这等的人，虚过了一生，与草木同腐焉耳，岂非君子之所恶者哉？"然则君子之所恶，非恶其无名也，恶其无实也。修己者当知所勉矣。

张居正讲评译释　孔子说："君子求学是为了提升自己，固然没有考虑去获得名声，但是一个人有了品德之后，自然会声名远扬，他的名声就是他的实际情况呀。如果一个人从年轻到年长，甚至在去世之后都没有被人称赞的好名声，就可以知道这个人没做过一件好事。这样的人，浪费了自己的一生，最后和草木一同腐烂消失，什么都没有留下，这难道不是君子厌恶的事吗？"君子厌恶的不是没有名声，而是没有实际的能力、品德。想要提高自身修养的人应该知道如何勉励自己呀。

原文　子曰："君子求诸己，小人求诸人。"

今译　孔子说："君子求之于自己，小人求之于别人。"

张居正讲评　孔子说："君子小人，人品不同，用心自异。君子以为己为心，故凡事皆反求诸己，如爱人不亲，则反求其仁，礼人不答，则反求其敬。即其省身之念，只恐阙失在己，而点检不容不详，何尝过望于人乎？小人则专以为人为心，故凡事惟责备于人，己不仁而责人之我亲，己无礼而责人之我敬，即其尤人之念，只见得阙失在人，而所求不遂不止，何尝内省诸己乎？"夫求诸己者，己无不失，而其德自足以感人；求诸人者，人未必从，而其弊徒足以丧己。观于君子小人之分，而立心可不慎哉？

张居正讲评译释　孔子说："君子和小人的人品不同，内心的想法自然有很大的差异。君子心里想的是提高自己，所以在遇到问题后反过来追究自己，如果别人不亲近自己，就反省自己，让自己更加仁德，如果别人不回应自己，就反思自己，让自己更加恭敬。君子在遇到问题后反思自己，只恐怕错误在自己身上，对自己的反省不够细致，怎么会对别人要求过高呢？小人想的是要求别人，所以在遇到问题之后就责备他人，自己不仁义却去责备他人，让别人亲近自己，自己没有礼数，反而去责备别人，让别人尊敬自己。小人在遇到问题后责备别人，只能看到别人的过错，对别人提出很多要求，又怎么会反省自己呢？"从自身找原因的人，自己很少犯错，他的品德完全能使人信服；从别人身上找原因的人，别人不会服从，他的缺点完全会损害自己。观察君子和小人的区别，一个人在培养心志时岂能不慎重呢？

原文 子曰:"君子矜而不争,群而不党。"

今译 孔子说:"君子庄重自持而不与别人争执,和以处众而没有偏向。"

张居正讲评 庄以持己叫做矜。不争是无乖戾的意思。和以处众叫做群。不党是无偏向的意思。孔子说:"大凡处己严毅的人,易至于乖戾,惟君子之持己也,视听言动,无一事不在礼法之中,可谓矜矣。然其矜也,乃以理自律,而非以气陵人也,何尝矫世戾俗以至于争乎?凡处人和易的人,多流于阿党。惟君子之处众也,家国天下,无一人不在包容之内,可谓群矣。然其群也,乃以道相与,而非以情相徇也,何尝同流合污以至于党乎?"夫持己莫善于矜,而不争乃所以节矜之过。处众莫善于群,而不党乃所以制和之流。古之帝王,检身克己,而未尝忿嫉求备于人;容民蓄众,而不废旌淑别慝之典。其善处人己之间,亦用此道而已矣。

张居正讲评译释 孔子说:"对自己要求严格的人,容易变得性情乖僻,只有君子的言行举止能完全符合礼仪法度,能称得上是庄重严谨。然而君子的庄重严谨是用义理来规范自己,而不是用气势来压迫别人,怎么会欺骗世人和别人发生争执呢?平易谦和的人容易结党营私,只有君子在与人相处时,心中想的是家国天下,能与人和睦相处。君子与人和睦相处,是依据道义来交往,而不是因为个人感情相互包庇,怎么会和别人同流合污、结党营私呢?"修养自身时最重要的是庄重严谨,不和别人争论是为了克制自己,不使自己过于严厉。和人交往时最重要的就是能和睦相处,不结党营私是为了制止自己和别人同流合污。古时候的帝王反省约束自己,从不对人求全责备;宽容地对待百姓,不废弃惩恶扬善的规章制度。他们在修养自身和与人相处时,也是这样呀。

原文 子曰:"君子不以言举人,不以人废言。"

今译 孔子说:"君子不凭借一个人说的话来举荐他,也不因为一个人不好而不采纳他的好话。"

张居正讲评 孔子说:"君子听言贵审,取善贵弘。其言虽有可取,而其人或未可信,则君子亦惟取其言而已,至于其中之所存,则有不可以言尽者。敷奏而必试以功,听言而必观其行,何尝因言而遂举其人乎?盖天下真才难辨,使以言举人,则饰言以求进者众矣,而可若是之易乎?其人虽无足取,而其言或有可采,则君子亦姑置其人而已,至于其言之当理,则有不可以人弃者。狂夫或有可择，刍荛亦所当询。何尝因人而遂废其言乎？盖善之所在无方，使以人废言，则喜言之攸伏者多矣，而可若是之隘乎？"夫用人审，既不至于失人，取善弘，又不至于失言，可以见君子至公之心矣。尧舜静言是惩，迩言必察，正此意也。

张居正讲评译释 孔子说："君子可贵的地方在于能仔细判断一个人话的真假，能够选择他好的方面。如果一个人说得很对，为人却不可信，那么君子就会只采纳他说的意见，至于他的为人到底如何，就很难弄明白呀。向君主举荐一个人的时候一定会根据他的能力和功绩，听了他的言论之后一定要观察他的行动，怎么能凭借一个人说的话就举荐他呢？因为人才很难辨别，如果因为说的话就举荐他，就会有很多人通过花言巧语来谋求获得重用，这不就是轻信吗？如果一个人不值得重用，但是他的意见却可以被采纳，君子就会只舍弃这个人，而不会因为这个人不好就不采纳他的意见。狂妄无知的人也会有可取的地方，割草打柴的人也能被请教。怎么能因为一个人不好就否定他的言论呢？每个人都有优点，如果因为人品不好就否定他的话，那么就会错过很多正确的意见呀，这不就是狭隘吗？"用人时仔细审查，就不会误用小人，大方地采纳别人的优点，就不会错过有道理的意见，由此可以看出君子内心的公正呀。正因为这些，尧舜才慎重仔细地判断他人的意见呀。

原文 子贡问曰："有一言而可以终身行之者乎？"子曰："其恕乎！己所不欲，勿施于人。"

今译 子贡问道："有没有一个字可以终身奉行呢？"孔子说："那就是'恕'吧！自己不愿意的，不要强加给别人。"

张居正讲评 一言是一字。子贡问于孔子说："学者必务知要，今有一言之约，可以终身行之而无弊者乎？"孔子教之说："道虽不尽于一言，而实不外于一心。欲求终身可行之理，其惟恕之一言乎？盖人己虽殊，其心则一。使把自己心上所不欲的事却去施以及人，这便不是恕了。所谓恕者，以己度人，而知人之心不异于我，即不以己所不欲者，加之于人。如不欲上之无礼于我，则亦不以此施之于下，不欲下之不忠于我，则亦不以此施之于上。斯则视人如己，而知之无不明；以己及人，而处之无不当。不论远近亲疏，富贵贫贱，只是这个道理推将去，将随所处而皆宜矣。然则欲求终身可行，宁有外于恕之一言者哉？"按，此恕字与《大学》"絜矩"二字之义相同。盖平天下之道，亦不过与民同其好恶而已。推心之用，其大如此，不但学者之事也。

张居正讲评译释　子贡问孔子说："求学者应该追求重要的道理中，有没有一个字可以终身奉行呢？"孔子教导他说："道虽然不能用一句话来概括，但实际上不过就是内心的一个品德罢了。想要寻求终身奉行的道理，大概只有'恕'一个字吧？因为人们之间的差别虽然很大，但是内心对品德的追求却是一致的。假如强迫别人做自己不想做的事，这就不是恕。这里所说的恕，是替别人考虑，知道别人的想法和自己一样，就不把自己不想做的事强加给他人。如果不想上级对待自己无礼，自己就不能这么对待下属，如果不想下属对自己不忠心，自己就也不这样对待上级。像看待自己一样看待他人，就能清楚明白地看清他人；拿自己的心思来衡量别人，就能融洽地和别人相处。不论亲疏远近，贫富贵贱，用这种方法和他们相处，都能恰当合适呀。既然想要终身奉行，有比恕更好的一个字吗？"这里的恕和《大学》里"审己度人，替人着想"的意思相近。治理天下的方法，不过就是和百姓的好恶保持一致罢了。真诚待人有这么重要的作用，不只是求学者应该追求的道理呀。

原文　子曰："吾之于人也，谁毁谁誉？如有所誉者，其有所试矣。斯民也，三代之所以直道而行也。"

今译　孔子说："我对于别人，诋毁过谁？称赞过谁？假如有所称赞的，那一定是曾经考验过他的。夏商周三代的人都是这样做的，所以三代能一直走在正道上。"

张居正讲评　毁是毁谤。誉是夸奖。试是验。直道即公道。孔子说："天下本有是非之公，而人多徇于好恶之私。吾之于人也，恶者固未尝不称之以示戒，然但指其恶之实迹而言之耳。若将人没有的事，而肆为诬谤，便是作意去毁人，非公恶矣。吾于谁而有毁乎？善者固未尝不扬之以示劝，然亦据其善之实事而言之耳。若将人本无的事，而过为夸许，便是作意去誉人，非公好矣，吾于谁而有誉乎？然毁誉固皆不可有，而誉犹不失夫与人为善之公。故我之于人，容或有誉之少过者，亦必试验其人，志向不凡，进修有序，即今日之所造，虽未必尽如吾言，料他日之有成，决可以不负所许者，然后从而誉之耳。夫誉且不敢轻易，而况于毁乎？然我之所以无此毁誉者，何哉？盖以天理之在人心，不以古今而有异者也。今之世虽非三代之世，而今之民所以善其善，恶其恶，一无所私曲者，固即三代直道之民也。民心不异于古如此，我安得枉其是非之实，而妄有毁誉哉？"孔子此言，盖深为世道虑，而欲挽之于三代之隆也。要之，公道在人，以之命德讨罪、褒善贬恶者，都是此理。使在上者持此以操赏罚之权，则天下以劝以惩，而公道大行；在下者持此以定是非之论，则天下以荣以辱，而公道大明，尚何古道之不可复哉？

张居正讲评译释 孔子说："是非对错原本自有公论，但是人们经常因为自己的好恶而徇私或诋毁别人。我固然将不称赞恶人，作为对他们的警戒，但这只是针对他们做的恶事来说的。如果别人没有做坏事，自己去恶意诋毁别人，这就是不公正的批评。我诋毁过谁呢？我固然会赞扬好人，来勉励他们，但这也是根据他们做的好事来说的。如果他没有做好事，我夸大其词去赞赏他，这就不是公正的赞扬，我过分称赞过谁呢？诋毁和过分称赞别人都是不可取的，但是称赞别人也算是帮助别人做善事的公正之举。所以我对别人的赞扬有时候会稍微夸大了一些，但也一定是曾经考验过他，知道他志向远大，努力进取，即使他现在的成就没有像我称赞的那样大，但未来一定不会辜负我对他的赞许，能够对得起我的赞誉。既然不能轻易赞扬一个人，更何况诋毁批评呢？我为什么能做到不诋毁、不赞誉别人呢？因为天理在于人心，不会因为古今时代的不同而有差别。如今虽然不是夏、商、周这三个朝代，但是如今百姓们喜欢善良，厌恶邪恶，没有私心杂念，仍然和夏、商、周时正直的百姓一样啊。百姓和古时候没有差别，我又怎么能不顾是非地去诋毁或者过分赞扬他人呢？"孔子的话，是深切地为当时的世道感到忧虑，想要挽回夏商周时的太平盛世呀。总而言之，公道在于人心，惩恶扬善时依据的都是这个方法。如果上位者用公理来赏善罚恶，那么百姓的善恶就能得到鼓励和惩罚，公道一定会得到兴盛；下位者用公理来判断是非，就能明白什么是光荣和耻辱，公道一定会得到宣扬，都做到了这些还怎么需要担心恢复不了古时候的社会风气呢？

原文 子曰："吾犹及史之阙文[6]也。有马者借人乘之，今亡矣夫！"

今译 孔子说："我还能看到史书上存疑空缺的地方。有马的人，能把马借给别人骑，而现在就没有这种人了。"

张居正讲评 孔子说："观人心可以知世道。向当我生之初，去古虽远，然质朴真率之意，犹有存者。如作史者，或闻见未真，考据未确，即阙其文，而以疑传疑，未尝执己见以自是焉。有马者，或彼此相假，有无相通，即借诸人而忘物忘我，未尝挟所有以自私焉。这等风俗，犹为近古，今则不然矣。"执己自用，不顾是非之实，能知史文之当阙者何人哉？悭吝自私，全无公利之意，能以马借人者何人哉？盖人心日漓，而风俗日薄矣，有世道之虑者，岂不可慨也哉！

张居正讲评译释 孔子说："通过观察人心就能明白世道如何。在我刚出生的时候，虽然离古代也已经很远了，但是质朴真率的社会风气还存在。比如写史书的人，对一件事没有考察清楚，就将有疑问的地方空出来，让后人继续研究，而没有自以为是，坚持自己的看法。有马的人，能将马借给别人，互通有无，能够大方地将自己的东西借给别人，没有自私自利。这样的风俗在之前还有，现在就没有了呀。"现在的人自以为是，不顾是非，怎么能知道在写史书时应该将有疑问的地方空出来呢？如今的人吝啬自私，没有任何帮助别人的想法，怎么会有人能将马借给别人呢？现在人心不古、世风日下呀，关心世道的人怎么能不心生感慨呢！

原文 子曰："巧言乱德。小不忍则乱大谋。"

今译 孔子说："花言巧语就败坏人的德行。小事情不容忍，就会毁坏大事情。"

张居正讲评 孔子说："凡持正论者，多尚实不尚文。惟那舌辩巧言的人，以是为非，以非为是，以贤为不肖，以不肖为贤。听其言，虽若有理，而实不出于天下之公。一或误听之，则真伪混淆，而聪明为其所眩，是非倒置，而心志为其所移，适足以乱德而已。至若谋大事者，必有忍乃有济，使或小有不忍，而任情动气，当断不断，而以妇人之姑息为仁，不当断而断，而以匹夫之果敢为勇。如此，则牵于私爱，或以优柔而养奸；激于小忿，或以轻躁而速祸，适足以乱大谋而已。"然则人之听言处事，可不戒其意向之偏，而约之义理之正哉？

张居正讲评译释 孔子说："正直的人都崇尚真实，不喜欢空话。那些巧言善辩的人，搬弄是非，不辨善恶。他们说的话貌似有理，实际上不符合公论。一旦误听误信，就会被迷惑，从而颠倒是非，动摇心志，败坏德行。那些要做大事的人，一定要学会容忍才能办大事，假如在小事上不容忍，而任性妄为；在应该决断的时候不决断，像妇人那样无原则地宽容；在不能果断的地方果断，逞匹夫之勇。这样，要么会被自己的私心影响，优柔寡断，姑息养奸；要么会被小事激怒，急躁轻进，招致灾祸，从而影响到大事。"所以，人在听人说话和替人办事时，能不戒除自己的偏见，用公理正义来约束自己吗？

原文 子曰："众恶之，必察焉；众好之，必察焉。"

译文 孔子说："如果大家都厌恶他，那么我一定要考察一下；如果大家都喜欢他，我也一定要考察一下。"

张居正讲评 察是审察。孔子说："好善恶恶，虽人之公心，而同声附和之言，亦有未必尽实者。有人于此，众口一词，都说他是个不好的人，其所恶宜若公矣。然其中宁无特立独行，而不合于流俗者乎？还好仔细审察，必真见其可恶而后恶之可也。有人于此，众口一词，都说他是个好人，其所好宜若公矣。然其中宁无同流合污，而取悦于流俗者乎？还要仔细审察，必真见其可好而后好之可也。"盖天下有众论，有公论，众论未必尽出于公，公论未必尽出于众，能于此而加察焉，则朋党比周之人，不得以眩吾之明，而孤立无与之士，咸得见知于上矣。此用人者所当知。

张居正讲评译释 孔子说："虽然人们都喜爱善良，厌恶邪恶，但是人们相同的看法，也有可能不符合事实。如果大家众口一词地说某一个人不好，人们的厌恶好像符合公理一样。但会不会是因为这个人特立独行，不和世俗同流合污呢？这还需要仔细考察，一定要真的发现这是个坏人才能厌恶他呀。如果大家众口一词地说一个人是好人，人们的喜好就像符合公理一样。但会不会是因为这个人和世俗同流合污，取悦大家呢？这也需要仔细考察，一定要真的发现这是个好人才能去喜欢他。"天下既有众论、又有公论，众论未必是公论，公论也未必是众论，如果能够仔细分辨公论和众论，就不会受到结党营私的人的迷惑，也能发现那些特立独行、品德高洁的人呀。用人的人应该知道这些呀。

原文 子曰："人能弘道，非道弘人。"

今译 孔子说："人能够使道义发扬光大，不是道义使人发扬光大。"

张居正讲评 弘是廓大的意思。孔子说："有此人，则有此道。道固不外于人，然人心有觉，而道体无为，故率其性分之所固有者，廓而大之，以修身齐家治国平天下，极之而至于参天地，赞化育，都是这个道理发挥出来，所以说人能弘道也。若道，则寓于形气之中，而泯乎见闻之迹，不得人以推行之，则虽有修齐治平之能，参赞弥纶之妙，亦无由而自见矣，道岂能以弘人乎哉？"夫人能弘道，则道所当自尽，非道弘人，则人不可自诿矣。然弘之一字，其义甚大。理有一之未备，不叫做弘。化有一之未达，不叫做弘，故语修己必尽性至命，语功业必际天蟠地，斯足以尽弘字之义也！体道者可不勉哉？

张居正讲评译释 孔子说："有了人之后就有了道义。道固然不会离开人，但是人能逐渐变得透彻明白，而道自己不会发展变化，所以人将自身的道义发扬光大，来修身齐家治国平天下，甚至帮助天地培育生命，依据的都是这个道理，所以说人能使道发扬光大。道在形气之中，很难看到它的踪迹，如果没有人来推动发扬道，即使道有修身齐家治国平天下的能力和谋划治理的妙用，自己也难以显现出来，所以道怎么能使人发扬光大呢？"人能弘扬道义，所以人应该努力追求道，不是道义使人发扬光大，所以人不能推卸自己的责任。弘是宽广的意思，义理有一点不完备，教化有一点没有传达，就不能叫作弘，所以说人在修养自身时要达到极致，建立的功业要遍布天地，这才能完全表现"弘"字的意思呀！所以追求道义的人能不勉励自己吗？

原文 子曰："过而不改，是谓过矣。"

今译 孔子说："有了过错而不改正，这才真叫错了。"

张居正讲评 过是过差。孔子说："人之学问工夫，未到精密的去处，其日用之间，岂能无一言之差，一事之失？但知道是自己的不是，随即改了，则可复于无过矣。若遂非文过，惮于悛改，则无心之差，反成有心之失，一时之误，遂贻终身之尤，其过将日积而不及改矣，可不戒哉？"于此见人固以无过为难，而尤以改过为贵。故大舜有予违汝弼之戒，成汤有改过不吝之勇，万世称圣帝明王者必归焉！自治者当以为法。

张居正讲评译释 孔子说："一个人的学问如果还没有达到高深精妙的境地，那么在日常生活中怎么能不犯任何错误？只要能认识到自己的错误并及时改正，就能变得没有缺点呀。如果掩饰自己的过失，害怕改错，那么无意间犯下的错误就变成真正的过失，一时的失误就会变成终身的错误，身上的错误就会积累下去，来不及改正呀，所以能不警惕戒备吗？"由此可见不犯错固然很困难，但是知错能改更加可贵呀。舜勉励大臣向自己进谏，汤知错就改，所以才能成为受到万世称颂的贤明君主呀！人在修养自身品德时应该向他们学习。

原文 子曰："吾尝终日不食，终夜不寝，以思，无益，不如学也。"

今译 孔子说："我曾经整天不吃饭，彻夜不睡觉，去左思右想，结果没有任何收益，还不如去学习为好。"

张居正讲评　思是思量。益是补益。孔子说："我于天下之理，以为不思则不能得。固尝终日不吃饮食，终夜不去睡卧，于以研究事物之理，探索性命之精，将谓道可以思而得也。然毕竟枉费了精神，而于道实无所得，何益之有？诚不若好古敏求，着实去用工，以从事于致知力行之学，久之，工夫纯熟，义理自然贯通矣，其视徒思而无得者，岂不大相远哉？所以说不如学也。"然孔子此言特以警夫徒思而不学者耳，其实学与思二者功夫相因，阙一不可，善学者，当知有合一之功焉。

张居正讲评译释　孔子说："我认为不思考就不能明白天下间的道理。曾经整天不吃饭，彻夜不睡觉，去钻研事物的道理，探索生命的奥妙，以为能够通过思考来求得道呀。但只是浪费了精力，却一无所获，有什么收益呢？还不如努力学习知识，并且亲身去行动实践，来验证学到的知识，这样时间长了之后自然就能学问纯熟，将义理融会贯通呀，这不比没有任何收益的思考要好得多吗？所以说思考不如学习呀。"孔子这么说只是用来警示那些只思考不学习的人，其实学习和思考二者相互依附，缺一不可，善于学习的人应该知道做到思考和学习的统一啊。

原文　子曰："君子谋道不谋食。耕也，馁[7]在其中矣；学也，禄在其中矣。君子忧道不忧贫。"

今译　孔子说："君子只谋求道而不谋求衣食。耕田，也常要饿肚子；学习，可以得到俸禄。君子只担心道不能行而不担心贫穷。"

张居正讲评　谋是图谋。馁是饥馁。孔子说："人之所以终日营营而不息者，都只是谋图口食，干求利禄而已。乃若君子之人，其所图惟于念虑者，只在求得乎道焉耳。至于口食之求，则有所不暇计者，盖食之得与不得，不系于谋与不谋，如农夫耕田，本为谋食而求免于饥，然或遇着年岁荒歉，五谷不登，则无所得食而饥馁在其中矣。君子为学，本为谋道，固无心于禄，然学成而见用于时，则居官食俸，而禄自在其中矣。夫求者未必得，而得者不必求。则人亦何用孳孳以谋食为哉？是以君子之心，惟忧不得乎道，无以成性而成身，不忧无禄而贫，而欲假此以求禄而致富也。"君子立心之纯有如此，人臣推此心以事君，敬事而后食，先劳而后禄，斯可以为纯臣矣。

张居正讲评译释　孔子说："那些整天忙忙碌碌的人，为的只是谋求衣食利禄罢了。君子每天考虑求取的只是道，没有时间去求取衣食呀，因为能不能得到食物和求不求取没有关系，就像农夫耕田本来是为了谋求食物免于饥饿，但是遇到灾荒，粮食没有收成，就也要忍饥挨饿。君子求学为的是谋求道，固然没有心思求取俸禄，但是在学有所成后，就能身居高位，自然会得到俸禄呀。求取的东西未必能得到，得到的东西未必需要求取，人为什么还要忙忙碌碌地去求取食物呢？所以君子只担心道得不到施行，难以提高自身修养，而不担心得不到俸禄，生活贫困，他们从来不想着假借学习来骗得俸禄达到富贵呀。"君子内心如此纯洁真诚，臣子侍奉君主时如果像这样先付出劳动，努力办事，然后再获得衣食俸禄，就能够成为忠纯笃实的大臣。

原文 子曰："知及之，仁不能守之；虽得之，必失之。知及之，仁能守之，不庄以莅之，则民不敬。知及之，仁能守之，庄以莅之，动之不以礼，未善也。"

今译 孔子说："凭借聪明才智得到的东西，用仁德却无法保持住；即使得到，也一定会丧失。凭借聪明才智得到的东西，能用仁德保持住，但不用严肃的态度来治理百姓，百姓就会不敬。凭借聪明才智得到的东西，能用仁德保持住，又能用严肃的态度来治理百姓，但动员百姓时不依照礼仪的要求，那也还是不完善的。"

张居正讲评 容貌端严叫做庄。莅字解做临字。动是鼓舞作兴的意思。孔子说："天下道理无穷，而君子之学，必求其尽善而后已。固有资质明敏，学问功深，于修己治人的道理，已是见到这分际了，即拳拳服膺而勿失之可也，却乃持守弗坚，以至于私欲混杂，有始无终，则向者所得终亦必亡而已，虽知之何益乎？此有其智者，不可不体之以仁也。若夫智既及之，仁又能守之，则其德已全矣。乃于临民处事之际，容貌或有未端，不能庄以莅之，则自亵其居尊之体，而无威可畏，适以启民之慢而已，此有其德者，又不可不谨其容也。至若智及之，仁能守之，又能庄以莅之，斯则内外交修，宜无可议矣。然于化民动众之间，条教法令之设，犹有未能合天理之节文，约人情于中正者，则细行弗矜，终累大德，虽能使民敬，而不能使民化，亦岂足为尽善全美乎？"是务其大者，亦不可不谨于小也。此可见，道合内外，兼本末，有一边，不可缺一边，而德愈全，则责愈备；进一步，更当深一步。体道之功，庸可以自足乎哉！

张居正讲评译释 孔子说:"天下间的道理无穷无尽,君子在求学的时候一定要达到尽善尽美。一个人原本就天资聪颖,学问高深,懂得了很多提高自己、治理百姓的道理,已经到这种地步了,只要牢牢保持住不再丢失就行,却没有坚定地把持下去,以至于产生了私欲,有始无终,这样的话,已经学到的道理最后一定会完全丧失掉,虽然聪明,但又有什么用呢?所以聪明的人也不能不用仁德来保持自己得到的道呀。如果能凭借聪明才智得到道,又能用仁德来保持住,这样在自身品德上就很完备。如果不能用庄重严肃的态度对待百姓,自身不庄重,百姓就不会畏惧,这样治理百姓时就会很困难,所以有仁德的人还要保持庄重严肃。如果能凭借聪明才智得到道,能用仁德来保持,又能庄重严肃地治理百姓,这样内外兼修,应该没有什么过失了。但如果在教化百姓时,礼仪法令不能符合天理人情,那么在细节上不注意,一定会影响大节,即使能让百姓态度恭敬,也不能使他们受到感化,这怎么能算是尽善尽美呢?"所以说办大事的人,不能不在小节上小心谨慎呀。由此可见,在追求道时应该内外兼备,本末兼顾,任何一处都不能缺少,品德越完备,责任就越大,就越应该注意;有了一点进步之后,更应该想着继续进步。追求道时,怎么能自我满足呢!

原文 子曰:"君子不可小知,而可大受也;小人不可大受,而可小知也。"

今译 孔子说:"君子不能让他们做那些小事,但可以委以重任;小人不能让他们承担重大的使命,但可以让他们做那些小事。"

张居正讲评 知是我知其人。受是彼所承受。孔子说:"君子小人,人品不同,材器自异。君子所务者大,而不屑于小。若只把小事看他,则一才一艺或非所长,未足以知其为人也。惟看他担当大事的去处,其德器凝重,投之至大而不惊;材识宏深,纳之至繁而不乱。以安国家,以定社稷,皆其力量之所优为者,观于此而后君子之所蕴可知也已。至于小人,器量浅狭,识见卑陋,譬之杯勺之器,岂能与鼎鼐并容?朴樕之才,无以胜栋梁之任,托之天下国家的大事,彼必不能堪也。然略其大而取其小,则智或足以效一官,能或足以办一事,未必一无所长焉,观此,则虽小人亦有不可尽弃也已。"夫君子小人,才各有能有不能,则辨别固不可不精;而用各有适有不适,则任使尤不可不当矣,但大受之器厚重而难窥,小知之才便捷而易见,自非端好尚、识治体，则断断大臣或以无他技而见疏，碌碌庸人或以小有才而取宠，而蠹国偾事，有不可胜言者矣。欲鉴别人才者，必先有穷理正心之功焉。

张居正讲评译释　孔子说："君子和普通人人品不同，才能上也有差异。君子追求的是大事，不屑于做那些琐碎的小事。如果只让他们做那些小事，他们有可能不擅长某一个技能，这就很难展示出他们的能力。他们在担当重任的时候，品德完备，遇到大的困难也不会担心害怕；才能高超，遇到繁杂的事务也不会混乱。安定国家，治理天下，这都是君子擅长做的事，通过这些事才能看出君子的能力。至于普通人，他们就好像杯子和勺子一样器量狭小，见识短浅，怎么能和鼎鼐相比呢？普通人才能平庸，难以担当重任，难以托付国家大事。如果让他们做一些小事，他们的智力或许可以担任一个官职，才能或许足以完成一件事，也不是没有任何长处，由此可见即使是普通人也有可取之处，不能完全将他们抛弃呀。"君子和普通人各有所长，不能不慎重仔细地分辨；他们也各有适用的地方，所以任用他们的时候也不能不慎重呀。但是那些才能高超的人很难被发现，才能较低的人则很容易被发现，如果君主不能端正自己的认识，提高自身品德，有能力的大臣就会因为没有浅显易见的能力而被疏远，而平庸的小人则会因为低微的才能得到宠信，这样对国家就会有很大的危害呀。想要辨别人才，一定要先努力端正自己的心态，提高自己的修养呀。

原文　子曰："民之于仁也，甚于水火。水火，吾见蹈而死者矣，未见蹈仁而死者也。"

今译　孔子说："百姓对于仁德的需要，比对于水火的需要更迫切。我见过有人跳到水火中而死，却没见过实行仁德而死的。"

张居正讲评　足所践履叫做蹈。孔子说："人之生理，莫切于仁，而养生之物，莫切于水火。然水火还是外物，没了水火，不过饥渴困苦，害及其身而已。若没了这仁，则本心丧失，虽有此身，亦无以自立矣。仁之切于人也，岂不尤甚于水火乎？况水火虽能养人，亦或有时而杀人。如蹈水而为水所溺，蹈火而为火所焚，吾尝见其有死者矣。仁则天之尊爵，人之安宅，得之者荣，全之者寿，何尝见有蹈仁而死者哉？"夫仁至切于人，而又无害于人，人亦何惮而不为乎？孔子此言，所以勉人之为仁者至矣！

张居正讲评译释　孔子说："做人最重要的就是仁德，保养生命最重要的就是水火。但是水和火还只是外物，没有水火，不过就是饥渴困苦，对身体有损害罢了。如果没有了仁，就会丧失本心，即使活着，也没有办法做人了呀。对人来说，仁德不是比水火更重要吗？更何况水和火虽然能保养生命，但有时候也会杀害生命。我看到过有人被水淹死，有人被火烧死。仁德是上天最尊崇的东西，是人安家定国的根本，得到仁就能得到荣耀，保全仁德就能长寿无疆，什么时候见过有人因为仁德而死的？"仁德对人如此重要，又不会对人造成损害，人为什么不愿意追求仁德呢？孔子这么说，是为了勉励人们追求仁呀！

原文 子曰："当仁，不让于师。"

今译 孔子说："面对着仁德，即使是老师，也不必谦让。"

张居正讲评 当是担当。仁是心之全德。孔子说："人之为学，凡道理所当尽，职业所当修者，必须直任于己，勇往以图之，不宜因循退托，而逊让于人。莫说凡人不必逊让，便是弟子之于师，他事固无所不让，至于担当为仁的去处，亦有不容让者。"盖仁者吾所自有而自为之，非夺诸彼而先之也，何让之有？故有颜子之请事，然后能克己而复礼；有曾子之弘毅，然后能任重而道远，此真足担当乎仁者也。况人君体仁以长人，将为天地立心，为生民立命，为万世开太平，又何让乎哉？

张居正讲评译释 孔子说："人在学习时，对于应该学习的道理和应该做的工作，必须坦然接受，勇往直前地前去追求，不能拖延后退，不能向别人谦让。不要说不必向一般人谦让，即使是面对老师，别的事都能谦让，而追求仁德这件事，也不能谦让。"因为仁是自己拥有自己追求的，又不是从别人那里夺取的，有什么可谦让的呢？所以颜回能约束自己，恢复古时候的礼仪；曾子有远大的抱负，能经历长期的奋斗，这才是真正的有担当的仁者呀。更何况君主实行仁爱之道，能够使百姓安心，能够为天地立心，为生民立命，为万世开太平，又为什么要谦让呢？

原文 子曰："君子贞[8]而不谅[9]。"

今译 孔子说："君子固守正道，而不拘泥于小信。"

张居正讲评 孔子说："人固贵于持守之定，然守一也，有见理明确而守之不易者，叫做贞。有偏执己见而居之不移者，叫做谅。夫人察理不精，而体道不熟，鲜有不以谅为贞者。君子则审时措之宜，以端其贞一之守。"凡大而经纶显设，小而酬酢云为，义当行，则勇往直前；义当止，则特立不变。精明果确，惟归于至当而已，初未尝不顾是非，不达权变，言必于信，行必于果，而硁硁然执一己之小信也。盖贞若有似于谅，然任理而无所适莫，不可谓之谅也。谅若有似于贞，然任己而不知变通，反有害乎贞矣。贞而不谅，此君子之所以异乎人，而疑似之间，学者可不深辨乎？

张居正讲评译释 孔子说："人可贵的地方在于能保持操守，在保持操守时能明白事理，坚定不移，就叫作固守正道。有的人固执己见，不知变通，这叫作拘于小信。那些不明事理、品德低下的人，经常把拘于小信当作固守正道。君子则能审时度势，固守正道。"不管是治理国家的大事，还是交际应酬上的小事，只要是根据道义应该做的，就勇往直前；根据道义应该停止的，就保持不变。君子办事就是这样精确果断，合适恰当呀，从来没有不顾是非、不知变通地盲目坚持，固执地拘泥于自己的小节。固守正道看似和拘泥小信一样，然而在义理上却大不相同，不能把它当作是拘泥小信呀。拘泥小信看起来和固守正道一样，而它固执己见不知变通，会损害对正道的固守。坚守正道而不拘于小信，这是君子和一般人不一样的地方。这二者如此相似，求学者能不仔细分辨吗？

原文 子曰："事君，敬其事而后其食。"

今译 孔子说："侍奉君主，要认真办事而把领取俸禄的事放在后面。"

张居正讲评 事是职分之所当为。食是居官的俸禄。孔子说："人臣之事君，职任虽有大小不同，莫不各有所司之事。若禄以劝功，则系乎上者，使才任其事，而即有得禄之心；或先治其事，而随有计禄之念，皆非忠也。必须一心敬谨，办理所管的事务。如有官守者，则兢兢焉思以尽其职；有言责者，则兢兢焉思以效其忠。惟求职业之无忝，委托之不负而已。至于所食之常禄，则不必以是为先，而汲汲以图之也。盖人臣志存立功，事专报主，虽死生患难，有不暇计，而况爵禄能入其心乎？"知此义者，斯可谓之纯臣矣！

张居正讲评译释 孔子说："臣子侍奉君主，虽然职位不同，但都有各自的责任。如果臣子建立功业是为了获得俸禄，那么君主让他办事时，他想的就会是如何获得俸禄；或者在办事之后就想要获得俸禄，这都不是忠诚。臣子必须要恭敬谨慎地处理好自己分内的职责，如果有官职，就踏踏实实地完成自己的工作；如果有进谏的责任，就兢兢业业地规劝君主。臣子应该追求的是不辱使命，不辜负君主的托付，而不必匆匆忙忙地求取俸禄呀。臣子要尽到自己的责任，立志建立功业，报效君主，即使是生死的灾难，也无暇顾及，更何况领取俸禄这件事呢？"知道这个道理的人才能算是忠纯笃实的大臣呀！

原文　子曰："有教无类。"

今译　孔子说："教育人不要区分等类。"

张居正讲评　类是等类。孔子说："人性虽同，而气禀或异。其中有智的，有愚的，有贤的，有不肖的，种种不齐。然君子之心，惟欲使人人皆复于善而后已。"智的，愚的，贤的，不肖的，都是一般样教训化导他，何尝分别等类，而有所拣择于其间哉？盖天地无弃物，圣人无弃人，故尧舜之世，比屋可封；文武之民，遍为尔德，亦有教无类之一验也！

张居正讲评译释　孔子说："人的天性虽然一样，但是资质会有差别。有聪明的人，有愚钝的人，有贤德的人，有不肖的人，各不相同。然而君子想的是让这些人都变得更好。"聪明的人，愚钝的人，贤德的人，不肖的人，都同样地教导他们，为什么要区分等类，在里面挑拣呢？天地不放弃任何一个事物，圣人不会放弃任何人，所以尧舜时期每家都有可受封爵的德行；周文王、周武王时期的百姓都有高尚的品德，这些都是因为圣人能平等地教育每一位百姓呀！

原文　子曰："道不同，不相为谋。"

今译　孔子说："主张不同，不互相谋议。"

张居正讲评　谋是谋议。孔子说："人必道同而后其心同，心同而后可与谋议。若各人行的道路不同，则心术异趣，意见相反，与之商量计议，必乖违而阻隔矣，是岂可相与为谋哉？"凡图议国事，与讲明学术者，皆不可以不慎也。

张居正讲评译释　孔子说："人只有主张相同了，内心才能保持一致，内心保持一致了才能够互相谋议。如果几个人的主张不同，志向兴趣都不一样，意见也相反，商量谋划的时候一定会互相反对阻挠，这怎么能一起谋议呢？"想要治理国家和研究学问的人，都不能不慎重呀！

原文　子曰："辞达而已矣。"

今译 孔子说:"言辞只要能表达意思就行了。"

张居正讲评 辞是词命之类。孔子说:"凡宣上达下,与夫聘问酬答之类,皆必有赖于文辞,然古之为辞者,但以其意有所在,无以相通,不能不发之而为言;言之无文,行之不远,不能不修饰而为辞。是辞也者,惟取其达吾之意而已,意尽而止,何必为虚谈浮辞,而以富丽为工哉?"盖是时周末文胜,真意日漓,故孔子言此以救其弊也。

张居正讲评译释 孔子说:"人们在上宣下达,应对问答的时候都需要依赖言辞,而古人使用言辞是因为人们交流时想法表达不出来,不能相互理解,所以不得不用语言说出来;文章没有文采,不能长远地流传,所以不得不用言辞来修饰。所以言辞只需要能表达意思就行了,意思讲完就停止,何必用华丽不实的文采来修饰呢?"因为孔子所在的周朝末年,人们过于追求文采而忽视了真情实感,所以孔子说这些来挽救当时的社会弊病。

原文 师冕见,及阶,子曰:"阶也。"及席,子曰:"席也。"皆坐,子告之曰:"某在斯,某在斯。"师冕出。子张问曰:"与师言之道与?"子曰:"然,固相师之道也。"

今译 乐师冕来见孔子,走到台阶边沿,孔子说:"这儿是台阶。"走到座席旁边,孔子说:"这是座席。"等大家都坐下来之后,孔子告诉他说:"某某坐在这里,某某坐在这里。"师冕走了以后,子张就问孔子:"这就是与乐师讲话的方法吗?"孔子说:"是的,这就是帮助乐师的方法。"

张居正讲评 师是掌乐之官。冕是乐师之名,盖瞽目人也。古时乐师多用瞽者,以其听专能审音也。昔乐师名冕者,来见孔子,孔子出而迎之。方其至阶,则告之说:"这是阶。"使之知而升也。行到坐席边,则告之说:"这是席。"使之知而坐也。及众皆坐定,又历举在坐之人以告之说:"某人在此,某人在此。"使之知同坐者姓名,便于酬对也。当时及门之徒,于夫子一言一动,无不用心省察。故师冕既出,而子张问说:"师冕一瞽目之人,而夫子待之委曲周详如此,其所与之言者,岂亦有道存于其间欤?"夫子告之说:"然。古者瞽必有相,随事而告诏之,使不迷于所从。我之所言,固相师之道也。"要之圣人矜不成人之情动于中,故扶持教导之宜详于外,乃其盛德之至,自然而然。岂作意而为之哉?而其范围曲成,欲使天下无一物不得其所之心,于此亦可见矣。

张居正讲评译释　有一个名叫冕的盲人乐师来见孔子，孔子出来迎接他。走到台阶边的时候，孔子说："这是台阶。"让他知道应该往上走。走到座席边的时候，告诉他说："这是座席。"让他知道坐在哪儿。等到众人都坐好后，就向他介绍大家说："某某坐在这里，某某坐在这里。"让他知道大家的姓名，方便交流。当时孔子的弟子对孔子的行为举动观察得非常仔细。所以乐师冕走了以后，子张问道："他就是一个盲人，您这么周全地对待他，和他说的话都是符合道的吗？"孔子回答说："对呀，古人一定会给盲人以帮助，遇到事情一定会详细地告知他们，让他们知道应该怎么做。我刚才的言行举止，就是同乐师相处的方法呀。"总之，圣人发自内心地同情身体有残疾的人，所以细心地帮助他们，这是品德高尚的圣人很自然的行为，岂能是特意作秀呢？由此也能够看出圣人参照天地变化规律，成就培育天下万物，让所有事物都能各得其所的远大抱负呀。

注释：

[1] 陈：陈列，陈兵。

[2] 兴：起身，起来。

[3] 绅：古代士大夫束腰的大带子。

[4] 史鱼：春秋时卫国（都于濮阳西南）的大夫。名鮀，字子鱼，也称史鳅。卫灵公时任祝史：负责卫国对社稷神的祭祀，故称祝鮀。

[5] 辂：古代的一种大车。

[6] 阙文：存疑的文字。

[7] 馁：饥饿。

[8] 贞：坚定，有操守。

[9] 谅：诚信，此处指小信。

季氏第十六

原文 季氏将伐颛臾。冉有、季路见于孔子，曰："季氏将有事于颛臾。"孔子曰："求！无乃尔是过与？夫颛臾，昔者先王以为东蒙[1]主，且在邦域之中矣，是社稷之臣也。何以伐为？"

今译 季氏将要攻打颛臾。冉有、子路去见孔子说："季氏快要攻打颛臾了。"孔子说："冉求！这难道不是你的过错吗？从前是周天子让颛臾国的国君主持东蒙山的祭祀的，而且其国土已经在鲁国疆域之内，是鲁国的臣属啊。为什么还要攻打它呢？"

张居正讲评 季氏是鲁大夫。颛臾是鲁附庸之国，盖伏羲氏之后裔也。东蒙是山名，在鲁境内。社稷譬如说公家。昔鲁三家强横，四分公室，季氏取其二，孟孙、叔孙各有其一。独颛臾附庸之国，尚为公臣。季氏又欲举兵伐之，取以自益。时冉有、季路仕于季氏，来见孔子说："季氏将有征伐之事于颛臾。"盖此事二子与谋，其心亦有不安者，故告于孔子，以微探其可否也。孔子以二子虽同仕季氏，而冉求为之聚敛，尤为用事，故独呼其名而责之说："此事无乃是尔之过失欤？夫伐人必因其衅，兵出不可无名，今颛臾之为国，乃昔者周先王封之于东蒙山下，使主其祭。苗裔传于太皞，茅土受之天朝，是不可伐也，且在我封疆之内，原非敌国外患者比，是不必伐也。况附庸于鲁，又是公家之臣，而不在季氏管辖之内，尤非所当伐也。不可伐而伐之，则不仁；不必伐而伐之，则不智；不当伐而伐之，则悖礼而犯义。然则季氏之伐之也，何为者哉？"夫子言此，所以罪季氏之不臣，而斥冉有之党恶者深矣。

张居正讲评译释 春秋时期鲁国季孙氏、孟孙氏、叔孙氏三个家族势力强大，鲁国被他们三个瓜分，季孙氏占有了一半，孟孙、叔孙共同占有另外一半。只有附属国颛臾还依附于鲁国国君。季孙氏想举兵讨伐颛臾，将其占领。此时冉有和子路是季氏的家臣，来见孔子说："季氏快要攻打颛臾了。"这件事冉求和子路二人也参与了谋划，心中感到不安，所以来请教孔子，试探一下能否可行。因为他们两个都在为季氏做事，而冉求在帮助季氏聚敛财物上更加尽力，所以孔子单独喊着他的名字责备说："冉求啊，这难道不是你的过错吗？一定要在别人挑衅了之后才能出兵讨伐，行军打仗也不能师出无名，颛臾国从前是周天子分封在东蒙，让它的国君主持东蒙山的祭祀的。它的百姓是伏羲的后世子孙，他的国家是周天子分封的，所以不能去讨伐呀，更何况颛臾在我们鲁国的疆土之内，不是敌国外患，不必讨伐呀。况且颛臾依附于鲁国，它的国君是鲁国的大臣，不在季氏的管辖范围内，更加不能讨伐呀。不能讨伐却一定要去讨伐，这就是不仁；不必讨伐却一定要去讨伐，这就是不明智；不应该讨伐却一定要去讨伐，就违背了情理道义。既然这样，季氏为什么还要去讨伐呢？"孔子这么说，是深刻地责备季氏不守臣道，斥责冉有结党作恶呀。

原文 冉有曰："夫子欲之，吾二臣者皆不欲也。"孔子曰："求！周任[2]有言曰：'陈力就列，不能者止。'危而不持，颠而不扶，则将焉用彼相矣？且尔言过矣，虎兕[3]出于柙，龟玉毁于椟中，是谁之过与？"

今译 冉有说："是季孙大夫想去攻打，我们两个人都不愿意。"孔子说："冉求！周任有句话说：'尽自己的力量去担负你的职务，实在做不好就辞职不干。'有了危险不去扶助，摔倒了不去搀扶，那还用辅助的人干什么呢？而且你说的话也是错的，比如老虎、犀牛从笼子里跑出来，龟甲、玉器在匣子里毁坏了，这是谁的过错呢？"

张居正讲评 夫子指季氏说。周任是古之良史。陈字解做布字。列是位。相是导引瞽目的人。兕是野牛。柙是关兽的栏槛。龟是占卜的宝龟。椟是柜。冉有因夫子责其伐颛臾之非，遂为自解之词，说道："颛臾之伐，乃出于季氏之意，非我二臣所愿欲也。"夫既身与其事，而又归咎于人，冉求之文过饰非，其罪愈大矣。故夫子又呼其名而折之说："这事你如何推得？昔周任有言说道：'为人臣者，能展布其力，则可就其位。若有事不能赞襄，有过不能匡救，而力不得展，便当知止引去，不宜现颜居乎其位。'譬如瞽目的人，全赖那相者为之扶持，而后能免于颠危，苟倾危而不能持，颠仆而不能扶，则何用彼相者为哉？今汝为季氏之臣，伐颛臾之事，若果不欲，便当谏，谏不听，便当去；乃既不能谏，又不能去，徒现颜居位，坐视季氏之有过而不为扶持，亦将焉用汝为哉？且你推说这事情不干你事，此言差矣。比如虎兕猛兽，若不在栏槛中，走了；龟玉重宝，若不在箱柜中，坏了，固不干典守者之事。若虎兕已入于栏内，而致令走出；龟玉已收在柜中，而致令毁坏，此非典守者之责而谁欤？今汝既为季氏之臣，居中用事，就如典守器物的人一般，乃任其妄为胡做，不为匡救，到这时节，却推说不是我的意思，其罪将谁诿欤？"夫子欲冉有服罪而改图，故切责之如此。

张居正讲评译释 冉求听到孔子责备他讨伐颛臾不对，就自我辩解说："讨伐颛臾是季氏的意思，仲由我们两个不想这么做呀。"参与了这件事，又把责任推卸给别人，冉有这是在掩饰自己的过错，这样错误就更大了。所以孔子又直呼其名地责备说："这件事你怎能推卸责任呢？周任有一句话说：'作为臣子，能施展自己的力量，就要尽到自己的职责。如果遇到问题不能提供帮助，有过失不能规劝，像这样不能尽到自己的责任，就应该辞官离去，不应该继续留下做官。'比如盲人需要别人的帮助扶持才能避免摔倒，如果不能在他要摔倒时搀扶他，那还要这个助手做什么呢？如今你作为季氏的家臣，如果不想去讨伐颛臾，就应该直言劝谏，他不听劝谏，你就应该离开；现在你既没有劝谏，还没有离开，白白地霸占着官位，看着季氏犯了错却不帮他改正，你还有什么用呢？况且你推脱说这事跟你没有关系，这话非常不对呀。如果猛虎、犀牛原本就不在牢笼中，现在跑了；玉器、宝物不在箱子里，现在毁坏了，这自然跟看守者没关系。如果猛虎、犀牛已经被关在牢笼中，却逃了出来；玉器、宝物在箱子里毁坏了，这不是看守者的责任还能是谁的责任呢？现在你既然是季氏的家臣，为他出力办事，就好像看守宝物的人一样，却任由他胡作非为而不去劝阻，现在却推脱说不是你的责任，那么还能是谁的责任呢？"孔子想要冉求认识并改正自己的错误，所以这样严厉地责备了他。

原文 冉有曰："今夫颛臾，固而近于费。今不取，后世必为子孙忧。"孔子曰："求！君子疾夫舍曰欲之而必为之辞。丘也闻有国有家者，不患寡而患不均，不患贫而患不安。盖均无贫，和无寡，安无倾。"

今译 冉有说："现在颛臾城墙坚固，而且离费邑很近。现在不把它夺取过来，将来必定会成为子孙的忧患。"孔子说："冉求！君子痛恨那种嘴上不肯实说自己想要那样，而又一定要强词夺理找出理由来为之辩护的做法。我听说，对于拥有诸侯和大夫的人，不怕贫穷而怕财富不均，不怕人口稀少而怕不安定。由于财富分配平均了，也就不会觉得贫穷，百姓和睦了也就不会觉得人口稀少，社会安定了，也就不会觉得有颠覆的危险了。"

张居正讲评 费是季氏的私邑。昔冉有因夫子反覆折之，理屈词寡，又设词支吾说道："季氏之欲取颛臾，非有他也，只为颛臾的城郭完固，而又近于己之费邑耳，固则在彼有难克之势。近，则在我有侵凌之虞。若夫今不取，后世子孙必有受其害者，此所以不得不伐也。"冉有此言，不惟自解，且欲为季氏遮饰矣。故孔子又呼其名而责之说："君子最恶那心里贪图利欲，却乃舍之不言，别为饰词以欺人的人。今季氏之伐颛臾，明是贪其土地人民之利，你却替他遮饰，说是为后世子孙忧，岂非君子之所深恶哉？且丘也尝闻，有国而为诸侯，有家而为大夫者，不患人民寡少，而患上下之分，不得均平；不患财用贫乏，而患上下离心，不能相安。盖贫由于不均，若上下之分，既均平了，则君有君之入，臣有臣之入，各享其所当得，而彼此皆足，何贫之有？寡生于不和，若上下均平，既和睦了，则诸侯治其国，大夫治其家，各分其所当理，而不须增益，何寡之有？如此，则君之心安于上，而不疑其臣；臣之心安于下，而不疑其君。君臣相安，则衅孽不萌，祸乱不作，而自无倾覆之患矣。由此观之，有国家者，贫与寡不足患，而不均不和所当患也。汝为季氏谋，乃不务其所当务，而患其所不必患，岂计之得者哉？"

张居正讲评译释 因为孔子的批评，冉有已经理屈词穷了，但还支支吾吾地推脱说："季氏想讨伐颛臾，没别的原因，只是因为颛臾的城墙坚固，又离季氏的封地费邑很近，因为其城墙坚固，所以很难被攻克，又因为其离自己的封地很近，担心被他入侵。现在不攻占颛臾，自己的后世子孙一定会被他侵害，所以不得不去讨伐呀。"冉有这么说，不只是为自己辩解，还想为季氏掩饰。所以孔子再次直呼其名地批评他说："冉求呀，君子最讨厌那些嘴上说自己没有贪欲，实际上内心贪婪的人。现在季氏讨伐颛臾，明明是贪图其百姓和土地，你却替季氏掩饰，说是为子孙后世解忧，这难道不是君子所厌恶的人吗？我听说诸侯和大夫不担心自己的百姓少，只担心分配得不均匀；不担心缺少财物，只担心上下不和，不能和谐相处。贫困是因为分配不均匀，如果分配均匀了，国君有国君的收入，大臣有大臣的收入，大家各自得到自己应该得到的财物，就都会满足了，怎么会有贫困呢？人口稀少是因为上下不和，如果上下和睦，那么诸侯在治理国家，大夫在管理家庭的时候，都做好自己应该做的事，就能相处融洽，又怎么会缺乏百姓呢？这样，君主就能安心，而不会怀疑大臣；大臣也能安心，而不会质疑君主。君臣之间相处和睦，就不会发生祸乱，自然不用担心国家灭亡。由此看来，对于君主诸侯来说，贫乏不值得忧虑，分配不均匀和相处不和睦才是应该担心的事呀。你为季氏做家臣，却不帮他做应该做的事，反而担心一些不该担心的事，这怎么合适呢？"

原文 "夫如是，故远人不服，则修文德以来之。既来之，则安之。今由与求也，相夫子，远人不服，而不能来也。邦分崩离析，而不能守也；而谋动干戈于邦内，吾恐季孙之忧，不在颛臾，而在萧墙之内也。"

今译 "因为这样，所以如果远方的人还不归服，就用文明教化招徕他们。如果已经归服了，就要让他们安心住下去。现在，仲由和冉求你们两人共同辅佐季氏，远方的人不归服，而不能招徕他们；国内民心离散，你们又不能保全，反而策动国内使用武力。我只怕季孙的忧患不在颛臾，而在自己朝廷内部吧。"

张居正讲评 这夫子也指季氏说。是时鲁国公室四分，家臣屡叛。所以说邦分崩离析。萧墙是门内的屏墙，言其近也。孔子说："为国之道，内治既修，外患自息。若能均而无贫，和而无寡，安而无倾，则不但近者悦之，虽远方之人，亦将向风慕义而来服矣。设有不服，亦不必勤兵于远，但当布教化，明政刑，益修吾之文德以怀来之。及其来归，则顺其情，因其俗，抚绥爱养，以保安之。这是柔远能迩、安定国家的大道理。今由与求也，同为季氏之辅，全无匡弼之忠。外则远人不服，既不能修文德以来之，内则国势分崩，又不能修内治以守之，而乃谋动干戈于邦内，贪远利而忽近防，上下离心，内变将作，吾恐季孙之忧，不在颛臾，而在萧墙之内矣，可不戒哉？"按，夫子此章，反覆论辩，虽明正门人长恶之罪，实阴折季氏不臣之心，所以强公室、杜私门者，意独至矣。

张居正讲评译释 孔子接着说："治理国家在于处理好国内的政治，平息外部的祸患。如果能均匀地分配财富，使百姓富裕，让百姓和睦相处，增加国家的人口，保持国家的安定而不遭受混乱，这样不但自己的百姓会高兴地接受管理，远方的百姓也会前来归服呀。如果远方的百姓没有前来归服，也不用出兵征伐，只用实施教化，明确法令，用礼乐教化去感化他们。当他们前来归附后，就顺应他们的风俗民情来进行管理，保证他们生活的安定。这就是使远方的百姓归服，让国家得到安定的方法。仲由、冉求你们两个作为季氏的家臣，没有任何匡正辅佐他的忠心，既不能实施礼仪教化使远方的百姓归服，又不能使国家得到治理，让国家免于灾乱，反而导致国家内部发生祸乱，官员贪图远利，忽视防备眼前的灾祸，君臣上下互相猜忌。国家马上就要产生大的动乱了，我只怕季氏的忧患不在颛臾，而在自己朝廷的内部呀，所以你们能不谨慎戒备吗？"孔子这一章反复论辩，虽然表面是为了指正弟子的错误，实际上是批评季氏不守臣道，更有加强朝廷权力，遏制大夫势力的想法呀。

原文 孔子曰："天下有道，则礼乐征伐自天子出；天下无道，则礼乐征伐自诸侯出。自诸侯出，盖十世希不失矣；自大夫出，五世希不失矣；陪臣执国命，三世希不失矣。"

今译 孔子说："天下政治清明，制作礼乐和出兵打仗都由天子做主决定；天下政治黑暗，制作礼乐和出兵打仗的大事则由诸侯做主决定。由诸侯做主决定，大概经过十代很少有不垮台的；由大夫做主决定，经过五代很少有不垮台的；国家政权由大夫的家臣掌握，经过三代很少有不垮台的。"

张居正讲评 希字解做少字。陪臣即家臣。国命是国之命令。孔子说："天下，势而已。势在上则治，势在下则乱。礼乐征伐，乃人君御世之大柄。天下有道，君尊臣卑，体统不紊，则礼乐征伐之权，都自天子而出，礼出于天子所制，乐出于天子所作。诸侯有罪者，天子乃命将而征伐之，为臣下者，不过奉行其命而已。谁敢有变礼乐专征伐者乎？惟是天下无道，君弱臣强，下陵上替，于是礼乐征伐之权，不出自天子，而出自诸侯矣。夫上下之分明，然后民志定，而不敢相逾越。若诸侯既可以僭天子，则大夫亦可以僭诸侯。故政自诸侯出，则大夫必起而夺之，大约不过十世，鲜有不失其柄者也。大夫既可以僭诸侯，则陪臣亦可以僭大夫。故政自大夫出，则陪臣必起而夺之，大约不过五世，鲜有不失其柄者也。以陪臣之微，而操执国命，则悖逆愈甚，丧亡愈速，大约不过三世，鲜有不失其柄者矣。"考春秋之时，五伯迭兴，世主屡盟，是政自诸侯出矣；六卿专晋，三家分鲁，是政自大夫出矣；阳虎作乱，囚逐其主，是陪臣执国命矣。周天子徒拥虚名，政教号令不及于天下久矣。夫子言此，盖伤之也。然则人君威福之权，岂可使一日不在朝廷之上哉？

张居正讲评译释 孔子说："天下的治理与否全在于权势呀。权力在君主手中国家就能得到治理，在臣子手中国家就会动乱。礼乐征伐是君主治理天下最重要的手段。天下政治清明，君尊臣卑，体制不混乱，制作礼乐和出兵打仗都由天子做主决定，礼是由天子制定的，乐是由天子作的。诸侯犯了罪，天子下命令去讨伐，臣子只能奉命行事，有谁敢私自制定礼乐、出兵打仗呢？只有政治黑暗的时候，君弱臣强，在下者凌驾于上，在上者废弛无所作为，于是礼乐征伐就由大臣决定，而不再取决于天子了呀。君臣上下等级分明，百姓才能保持安定，而不敢逾越等级。如果诸侯可以僭越天子，那么大夫也可以僭越诸侯。如果政令由诸侯制定，那么大夫一定会起身争夺，十代之内，很少有不失去权柄的诸侯。大夫既然能够僭越诸侯，那么家臣就也能僭越大夫。如果政令由大夫制定，那么家臣一定会起身争夺，五代之内，很少有不失去权柄的大夫。家臣势力微弱，在制定政令时会有很多人反抗，不超过三代，很少有不失去权柄的。"春秋时期，五个霸主接连出现，交替主持天下的盟会，这就是政令出自诸侯呀；范氏、中行氏、知氏、韩氏、赵氏、魏氏六卿在晋国专政，季孙氏、孟孙氏、叔孙氏瓜分鲁国，这是政令出自大夫呀；阳虎作乱，囚禁少主季孙氏，这是家臣执掌国家政令呀。周天子有名无实，政教号令有很长时间不被人奉行了。孔子这么说，是为此感到伤心呀。所以说君主能不时刻掌握国家权力吗？

原文 "天下有道，则政不在大夫。天下有道，则庶人不议。"

今译 "天下政治清明，则国家政权就不会落在大夫手中。天下政治清明，老百姓就不会随便议论国家政治了。"

张居正讲评 这是承上章说："天下无道，而僭乱纷纷并起者，只因朝廷之上，政失其御而已。若天下有道，乾纲振举，凡政教号令，件件都在人君掌握之中，为大夫者，虽佐理赞襄于下，然主张裁夺都请命于上，而非其所得专也，上下相维，体统不紊，有道之世固如此。然天下大权，固当归之上，而上之御下，又不可徒恃其势之足以服人也，必有以服其心而后可。故天下有道，则朝政清明，凡用舍举措，事事都合乎天理，当乎人心，就是那庶民百姓，也都安其政令，服其教化，无有非议之言矣，议且不敢，而况敢有僭乱者乎？"然天下有公议，有私议，公议可畏也，私议不可徇也。在上者，惟自反其所为，果有背于道理，有拂乎人心，则虽匹夫匹妇之言，犹有不可忽者焉。若使其所为，一出于大公至正，而在下者，敢为私议以沮挠摇惑之，是坏法乱纪之民，刑戮之所必加也，何徇之有？此又在上者所当知。

张居正讲评译释 孔子在这里接着上一章说："天下昏乱，犯上作乱的事兴起，这只是因为国家的权力没有掌握在君主手中。如果政治清明，局势稳定，国家的权力都掌握在君主手中，大夫虽然辅佐君主治理天下，但要依据君主的命令，不能私自做主，君臣之间相处融洽，等级秩序没有混乱，这就是政治清明之世。在政治清明，君主掌握国家权力的时候，君主对待臣下也不能以势压人，一定要通过情理让人信服。所以在政治清明的时候，国家的管理措施都符合天理，顺应民心，百姓们都会遵守政令，接受教化，不会对国家的政治提出议论，又怎么会反抗作乱呢？"但是议论有公开的议论和私下的议论，公开的议论应该注意反思，私下的议论却不能顺从。在上位的人，要反省自己，如果真的有违反天理、违背民意的行为，即使是一般人的批评议论，也要注意改正呀。如果上位者的行为公正无私，而下面的人依然批评阻挠，这就是违法乱纪的小人，一定要用刑罚去惩罚他们，有什么需要包容的呢？这也是上位者应该明白的道理。

原文 孔子曰："禄[4]之去公室五世矣，政逮于大夫四世矣，故夫三桓之子孙微矣。"

今译 孔子说："鲁国失去国家政权已经有五代了，政权落到大夫季氏之手已经四代了，所以鲁桓公的三房子孙也衰微了。"

张居正讲评 禄是国之赋税。公室指鲁国说。逮是及。三桓是仲孙、叔孙、季孙三家。这三家都是鲁桓公的子孙，故叫做三桓。孔子说："天下之势，有盛必有衰，而国之大柄，下陵则上替。今以鲁事观之，自文公薨，公子遂杀了子赤，立宣公为君，自是君失其政，而国之赋税，始不入于公室。历成公、襄公、昭公、定公，凡五世矣，公室衰而政权始下移于大夫。自季武子专国政以来，历悼子、平子、桓子，凡四世矣。夫政自大夫出，五世希不失者。今鲁之大夫专政，已及四世，以数计之，也是他当衰的时候了。故今三桓之子孙，都微弱而不振，固理势之必然者也。"不久，桓子果为家臣阳虎所执，孔子之言，于是乎验矣。夫政逮于大夫，宜大夫之强也，而三桓以微。可见名分不可以僭逾，大权不可以窃据，而以僭逆得之者，终当以僭逆失之耳。《书》曰：臣之有作威作福，害于而家，凶于而国。诚万世人臣之永鉴也！

张居正讲评译释 孔子说："天下的形势，有兴盛就有衰败。在国家权力上，在上者无所作为，在下者就会凌驾于上。从鲁国的情况来看，自从鲁文公去世之后，公子遂杀了子赤，立宣公为君，从此鲁君失去了国家权力，而国家的赋税就没有交给朝廷了。经历了宣公、成公、襄公、昭公、定公五世之后，国家的权力就到了大夫的手里。自从季武子专政以来，一共经历了武子、悼子、平子、桓子四世。国家权力在大夫手中，没有超过五世的。如今鲁国已经由大夫专政四世了，算起来也到衰败的时候了。如今孟氏、叔孙氏和季氏的后代子孙都微弱不振，这也是理所应该呀。"不久之后，季桓子果然被家臣阳虎囚禁，孔子的话应验了呀。权力既然落到了大夫手中，大夫的权势就应该更加强大呀，但是仲孙、叔孙、季孙却衰落了。由此可见，作为臣子，不能逾越等级名分，不能僭越国家权力，那些通过僭越谋逆获得权势的人，也必将因为僭越谋逆而失去权势。《尚书》里说：大臣窃取滥用国家权力，既危害自己的家庭，又会导致国家的覆灭。这真的值得历朝历代的臣子作为鉴戒呀！

原文 孔子曰："益者三友，损者三友。友直，友谅，友多闻，益矣。友便辟[5]，友善柔，友便佞，损矣。"

今译 孔子说："有益的交友有三种，有害的交友也有三种。同正直的人交友，同诚实的人交友，同见多识广的人交友，这是有益的。同谄媚逢迎的人交友，同两面三刀的人交友，同花言巧语的人交友，这是有害的。"

张居正讲评 谅是信实。便是习熟的意思。孔子说："人之成德，必资于友，而交友贵知所择。有益于我的朋友，有三样，有损于我的朋友，也有三样。所谓三益者：一样是心直口快、无所回护的人；一样是信实不欺、表里如一的人；一样是博古通今、多闻广记的人。与直者为友，则可以攻我之过失，而日进于善矣；与谅者为友，则可以消吾之邪妄，而日进于诚矣；与多闻为友，则可以广吾之识见，而日进于明矣，岂不有益于我乎？所以说益者三友。所谓三损者：一样是威仪习熟、修饰外貌的人；一样是软熟柔媚、阿意奉承的人；一样是便佞口给、舌辩能言的人。与便僻为友，则无闻过之益，久之将日驰于浮荡矣；与善柔为友，则无长善之益，久之将日流于污下矣；与便佞为友，则无多闻之益，久之将日沦于寡陋矣，岂不有损于我乎？所以说损者三友。"人能审择所从，于益友则亲近之，于损友则斥远之，何患乎德之无成也哉？然友之为道，通乎上下，况君德成败，乃天下治忽所关，尤不可以不谨。故曰与正人居，所闻者正言，所见者正行，亦所谓益友也；与不正人居，声色狗马之是娱，阿谀逢迎以为悦，亦所谓损友也。养德者可不辨哉？

张居正讲评译释 孔子说："人在修养品德的时候，一定需要朋友的帮助，而结交朋友时贵在知道如何选择。有益的交友有三种，有害的交友也有三种。对自己有益的朋友有三种：一种是心直口快、正直无私的人；一种是诚实不欺、表里如一的人；一种是博古通今、见多识广的人。同正直的人交朋友，能改正自己的错误，逐渐变得完善；和诚实的人交朋友，就能消除自己的邪妄，逐渐变得诚实；和见多识广的人做朋友，就能增长自己的见识，逐渐变得明智，这不就是对自己有帮助吗？所以说这是三种对自己有益的朋友。对自己有害的朋友有三种：一种是两面三刀、虚伪狡诈的人；一种是谄媚逢迎、阿谀奉承的人；一种是花言巧语、巧舌善辩的人。和谄媚奉承的人做朋友，就难以发现自己的过错，时间长了就会变得轻浮放荡；和两面三刀的人交朋友，就难以完善自己，时间久了就会变得低俗卑下；和花言巧语的人做朋友，就难以听闻有益的知识，时间长了就会变得孤陋寡闻，这不是对自己有损害吗？所以说这三种是有害的朋友。"如果一个人能知道如何选择朋友，亲近那些对自己有益的朋友，远离那些有害的朋友，怎么需要担心难以培养品德呢？结交朋友关系到自己品德的高低，况且君主的德行，关系到天下的治理与忽怠，更加不能不谨慎呀。所以每天和正直的人生活在一起，听正直的话，看正直的事，这就是有益的朋友；和不正直的人生活在一起，纵欲淫乐，阿谀奉承，这就是有害的朋友。想要修养自身的人能不仔细辨别吗？

原文 孔子曰："益者三乐，损者三乐。乐节礼乐，乐道人之善，乐多贤友，益矣。乐骄乐，乐佚游，乐宴乐，损矣。"

今译 孔子说："有益的喜好有三种，有害的喜好也有三种。以礼乐调节自己为喜好，以称道他人的好处为喜好，以广交贤良的朋友为喜好，这是有益的。以骄横傲慢为喜好，以游荡无度为喜好，以饮宴享受为喜好，这是有害的。"

张居正讲评 乐是喜好。节是审辨。孔子说："凡人意有所适，则喜好生焉，然所好不同，而损益或异。举其要者言之，喜好而有益于我的，有三件，喜好而有损于我的，也有三件。所谓好之而有益者：一是好审辨那礼之制度与乐之声容，而求其中卫和乐之则；一是见人有嘉言善行，便喜谈而乐道之；一是好广交那直谅多闻的好朋友。夫乐节礼乐，则外之可以治身，内之可以养心，而中和之德成矣；乐道人之善，则在人得为善之劝，在己有乐取之心，而人己同归于善矣；乐多贤友，则习与正人居，所闻者皆正言，所见者皆正行，而相规相劝之助多矣，岂不有益于我乎？所以说益者三乐。所谓好之而有损者：一是好骄惰淫荡，而任情于纵侈之事；一是好安佚邀游，而婾取乎一时之快；一是好宴饮戏耍，而沉酣于杯酒之中。夫好骄乐，则侈肆而不知节，将日入于放荡矣；好佚游，则惰慢而恶闻善，将日流于怠荒矣；好宴乐，如淫溺而狎小人，久将与之俱化矣，岂不有损于我乎？所以说损者三乐。"此三益者，学者好之，则为端人正士；人君好之，则为明君圣主，可不勉哉？此三损者，学者好之，则足以败德亡身；人君好之，则足以丧家亡国，可不戒哉？孔子此言，其警人之意切矣。

张居正讲评译释 孔子说："人都会有所喜好，喜好不同，对自己的损害和益处也有差异。总的来说，对自己有益的喜好有三种，对自己有害的喜好也有三种。对自己有益的喜好有三种：一种是用礼乐来调节自己，让自己达到中正平和；一种是赞扬别人的优点；一种是结交正直善良、见多识广的朋友。喜欢礼仪音乐，就能修养自己的身心，达到中正平和；喜欢称赞别人的优点，自己就能和别人一起取得进步；喜欢结交贤才，就能知道如何成为正直优秀的人，自己也会得到别人的规劝帮助，这不是对自己有益吗？所以说这三件是对自己有益的喜好。对自己有害的喜好有三种：一种是喜欢骄纵傲慢、任性妄为；一种是游荡无度，只知道嬉戏玩乐；一种是喜欢宴饮享受，沉迷于酒色之中。骄纵傲慢，就会肆意妄为，不知礼节，逐渐变得轻率放荡；游荡无度，就会懒惰傲慢，不思进取，逐渐变得行为放荡；宴饮纵乐，就会变得和俗人一样沉迷于酒色，这难道不是对自己有害吗？所以说这三件是对自己有害的事。"求学者有了这三种有益的喜好，就能成为正人君子；君主有了这三种有益的喜好，就能成为圣主明君，人们能不勉励自己吗？求学者有了这三种有害的喜好，就会损害自己的品德；君主有了这三种有害的喜好，就会导致国家灭亡，人们能不戒备吗？孔子这么说，是深切地警诫世人呀。

原文 孔子曰："侍于君子有三愆[6]：言未及之而言谓之躁，言及之而不言谓之隐，未见颜色而言谓之瞽。"

今译 孔子说："侍奉在君子旁陪他说话，要注意避免犯三种过失：还没有问到你的时候就说话，这叫急躁；已经问到你的时候你却不说，这叫隐瞒；不看君子的脸色而贸然说话，这叫没长眼睛。"

张居正讲评 侍是侍立。君子是有德有位者之通称。愆是过失。躁是躁急。隐是隐默。瞽是无目的人。孔子说："凡卑幼者，侍立于尊长之前，其言语应对，有三件过失，不可不知也。盖人之语默，贵于当可，有问即对，无问即默，可也。若君子之言问未及于我，而我乃率尔妄言，不知谦谨，这是粗心浮气的人，所以叫做躁，是一失也；如言问已及于我，而我乃缄默无言，不吐情实，这是机深内重的人，所以叫做隐，是二失也；如或时虽可言，又要观其颜色，察其意向，然后应对不差，乃未见其颜色意向所在，只管任意肆言，这就与无目的人一般，所以叫做瞽，是三失也。"此皆心失其养，故语默失宜，招尤致辱，皆由于此。学者可不加养心之功，以为慎言之地哉？

张居正讲评译释 孔子说："身份卑微的人在尊长面前，同尊长交谈时，应该注意避免三种过失。说话还是沉默，贵在根据情况做出恰当选择，问到你的时候就回答，没问的时候沉默就行了。如果没有问到你，你却轻率应对，而不知道谦逊谨慎，这叫作轻浮急躁，是一种过失呀；如果问到了你，你却沉默不语，不如实应答，这就是心机深重，叫作隐瞒实情，是第二种过失；有时候在说话时先要察言观色，然后再做出应答，如果不看脸色而贸然应答，就像没长眼睛一样，这就叫作不长眼睛，是第三种过失。"这些都是品德修养不足，所以说话不恰当，并且因此而招致羞辱。求学者能不努力修养自己的品德，并且谨言慎行吗？

原文 孔子曰："君子有三戒：少之时，血气未定，戒之在色；及其壮也，血气方刚，戒之在斗；及其老也，血气既衰，戒之在得。"

今译 孔子说："君子有三种事情应该引以为戒：年少时，血气还未稳定，要戒除对女色的贪恋；等到身体成熟了，血气正值旺盛，要戒除与人争斗；等到身体衰老的时候，血气已经衰弱了，要戒除贪得无厌。"

张居正讲评 色是女色。斗是争斗。得是贪得。孔子说："君子检束身心，固无所不致其戒慎，而其切要者，则有三件。方年少之时，血气未定，精神未完，其所当戒者，则在于女色。盖房帷之好，易以溺人，而年少之人，又易动于欲，此而不谨，则必有纵欲戕生之事。以此致疾而伐其性命者有之，以此败德而丧其国家者有之，故少之时，所当戒者，一也。到壮盛的时节，血气方刚，其所当戒者，则在于争斗。盖好刚使气，最人之凶德，而壮年之人，易动于气，此而不谨，则必有好勇斗狠之事，小或以一朝之忿而亡其身，大或以穷兵黩武而亡其国，故壮之时，所当戒者，又其一也。及其老也，血气既衰，精神亦倦，其所当戒者，则在于贪得，盖人当少壮之时，类能勉强自守，以要名誉，比其衰老，则日暮途穷，前无希望，而身家之念重矣。此而不谨，则必多孳孳为利之图。缙绅大夫，以晚节不终，而丧其平生者有之；有土之君，以耄荒多欲，而财匮民离者有之，故既老之所当戒者，又其一也。"盖人之嗜欲，每随血气以为盛衰，惟能以义理养其心，则志气为主，而血气每听命焉，故孔子随时而设戒如此。其实自天子以至于庶人，从少至老，皆当以三者为戒也，修己者可不警哉？

张居正讲评译释 孔子说："君子能约束自己，在做任何事时都能谨慎戒备，但是最应该戒备的事有三件。年少时，血气还没有稳定，精神还不充足，应该禁戒的是女色。因为男女的情爱容易让人沉溺，而且年轻人又容易动情，一不小心，就会因为纵欲过度而危害到性命。有人因为女色而产生疾病并失去生命，有人因为女色而败坏品德并危害国家，所以这是年少时应当禁戒的一件事。到壮年的时候，血气方刚，应该禁戒的是争斗。因为争强好胜是一个人最大的恶行，而人到壮年容易动怒，一不小心，就会发生好勇斗狠的事，小的会因为一时的愤恨而失去生命，大的会因为穷兵黩武而使国家灭亡，所以这是壮年时应该禁戒的一件事。年老的时候，血气变得衰弱，精神也会疲倦，应该禁戒的就是贪得无厌，因为年轻和壮年时期，能为了名誉而抑制自己的贪欲，当年老之后，没有了未来的希望，就会更加重视自己和家庭。一不小心，就会发生唯利是图的事。朝廷的官员因为贪心而晚节不保，毁了自己的一生；国家的君主因为贪得无厌而耗尽国家的钱财，导致百姓的背弃，所以这是年老之后应该禁戒的一件事。"因为人的嗜好和欲望会因为年龄的变化而产生盛衰，只要能用义理来修养自己，那么就能意志坚定，不会受到个人情欲的影响，所以孔子像这样随时保持警戒。从天子到普通百姓，从小到老，都应该戒备这三种情况呀。修养自身时能不警惕戒备吗？

原文 孔子曰："君子有三畏：畏天命，畏大人，畏圣人之言。小人不知天命而不畏也，狎大人，侮圣人之言。"

今译 孔子说："君子有三件敬畏的事情：敬畏天命，敬畏地位高贵的人，敬畏圣人的话。小人不懂得天命，因而也无所畏惧，不尊重地位高贵的人，轻侮圣人的言论。"

张居正讲评 畏是畏惮的意思。天命是天所赋于人之正理。大人是有德有位之人。圣人之言是简册中所载圣人的言语。狎是亵狎。侮是戏玩。孔子说："君子小人不同，只在敬肆之间而已。君子之心，恐恐然常存敬畏而不敢忽者，有三件事。三畏维何？彼天以民彝物则之理，付畀于人，这叫做天命。君子存心养性，惟恐不能全尽天理，孤负其付畀之重，故一言一动，亦必戒谨恐惧，常如上帝鉴临一般，此其所畏者一也；至若有德有位的大人，他是能全尽天理的人，君子则尊崇其德位，而致敬尽礼，不敢少有怠慢之意，此其所畏者二也；圣人之言载在简册，句句是修身齐家治国平天下的大道理，君子则佩服其谟训，而诵说向慕，不敢少有违背之失，此其所畏者三也。这三件，都是立身行己切要的工夫，故君子常存敬畏而不敢忽焉。若夫小人冥顽无知，全不晓得义理为何物，恣情纵欲，无所不为，何知有天命之足畏乎？惟其不畏天命，故于有德位的大人，也不知其当尊，反狎视而慢待之。于圣人的言语，也不知当法，反非毁而戏玩之。"盖小人不务修身成己，甘心暴弃，故无所忌惮如此，此所以得罪于天地，得罪于圣贤，而终蹈于济恶不才之归也。然此三畏，分之虽有三事，总之只是敬天而已。盖人之所以勉于为善而不敢为恶者，只因有个天理的念头在心，所以凡事点检，不敢妄为，若天理之心不存，则骄淫放逸，将何所不至乎？故尧舜兢业，周文小心，惟一敬耳。有志于事心之学者，不可不知。

张居正讲评译释 孔子说："君子和小人的不同只在于是否心存敬畏。君子有三件保持敬畏不敢忽视的事。哪三件呢？上天托付给人的人伦物理就是天命。君子修身养性，只担心不能穷尽天理，辜负了上天的托付，所以一言一行都小心谨慎，就像天帝在附近一样，这是第一种敬畏；那些品德高尚的人能完全穷尽天理人伦，君子对他们表示尊崇礼敬，不敢有任何怠慢，这是第二件敬畏；圣人的话被记录在书简上，句句都是修身齐家治国平天下的大道理，君子佩服敬仰圣人的教诲，不敢有任何违背，这是第三种敬畏。这三件都是为人处世最重要的事，所以君子一直保持着敬畏之心而不敢有任何忽视怠慢。那些小人冥顽无知，不知道什么是道义物理，肆意妄为，无恶不作，怎么知道敬畏天命呢？因为他们不敬畏天命，所以不知道尊敬品德高尚的圣人，反而轻视怠慢他们。他们不知道学习圣人的教诲，反而戏耍讥笑。"因为小人不修养自身，甘心自暴自弃，所以才会这样无所顾忌，这就是他们被天地、圣贤怪罪，最终陷入万恶之地的原因呀。这三种敬畏分开是三件事，总的来说只有敬畏上天这一件罢了。人之所以勉励自己行善去恶，只是因为心中有天理，所以做事谨慎，不敢轻易妄为，如果心中没有天理，就会骄淫放荡，会有什么不去做的呢？尧舜兢兢业业，周文王小心谨慎，只是因为他们敬畏上天啊。立志用心求学的人，不能不知道这些。

原文 孔子曰："生而知之者，上也；学而知之者，次也；困而学之，又其次也；困而不学，民斯为下矣。"

今译 孔子说："生下来就知道的人，是上等人；经过学习以后才知道的人，是次一等的人；遇到困惑再去学习的人，是又次一等的人；遇到困惑还不学习的人，是最下等的人。"

张居正讲评 困是室塞不通的意思。孔子说："人之资质，各有不同，有生来天性聪明，不待学习，自然知此道理的。这是清明在躬、志气如神的圣人，乃上等资质也。有生来未能便知，必待讲求习学，然后知此道理的。这样的人，禀天地清纯之气虽多，而未免少有渣滓之累，乃次一等资质也。又有始不知学，直待言动有差，困穷拂郁，然后愤悱激发而务学的，这是气质浊多清少，驳多粹少，必须着实费力，始得开明，盖又其次也。若到困穷拂郁的时节，犹安于蒙昧，不知务学以求通，这等昏愚蠢浊的人，虽圣贤与居，亦不能化，终归于凡庸而已，所以说民斯为下矣。"

张居正讲评译释 孔子说："人的资质各不相同，有人天资聪颖，没有经过学习，就能明白事理。这是内心清净，气如神明的圣人，是上等的资质。有的人生来不知道理，需要经过学习之后才能明白事物的道理，这样的人，虽然承受了很多天地正气，却难免有杂质，是次一等的资质。还有人刚开始不知道学习，在遇到了困惑之后开始发愤学习，这样的人气质上的污浊多于纯粹，必须经过努力学习才能变得开明，这是又次一等的人。如果一个人到了穷困潦倒的时候，仍然安于现状，不知道学习变通，这样的人即使和圣贤住在一起也不能开化，最后依然是平凡普通罢了，所以说这种人是最下等的人。"

原文 孔子曰："君子有九思：视思明，听思聪，色思温，貌思恭，言思忠，事思敬，疑思问，忿思难，见得思义。"

今译 孔子说："君子有九种要思考的事情：看的时候，要思考是否看清楚了，听的时候，要思考是否听明白了，（待人接物的时候，）要考虑自己的脸色是否温和，容貌是否谦恭，说话的时候，要思考是否忠诚，做事的时候，要思考是否认真，遇到疑问要思考怎样向别人请教，发怒的时候，要考虑后果会怎样，看见名利的时候，要考虑是否符合道义。"

张居正讲评 孔子说："人之一身，自视听言动以至于待人接物，莫不各有当然的道理，但常人之情，粗疏卤莽，不思其理，故动有过差，而无以成德、成身。惟君子之人，自治详审，事事留心，约而言之，其所思者凡有九件。所谓九者：目之于视，则思视远惟明，而不为乱色所蔽；耳之于听，则思听德惟聪，而不为奸声所壅；颜色则思温和，而暴戾之不形；容貌则思恭谨，而惰慢之不设；发言则思心口如一，忠实而不欺；行事则思举动万全，敬慎而无失；心中有疑，则思问之于师，辨之于友，以解其疑惑；与人忿争，则思不忍一朝之怒，或至于亡身及亲而蹈于患难；至于临财之际，又必思其义之当得与否，如义所不当得，虽万钟不受，一介不取矣。"君子于此九者，随事而致其思如此，此所以持己接物之间，事事都合乎理，而非常人之可及也。然此九思者，其本在心，若能存养此心，使之湛然虚明，澄然宁静，则应事接物，自然当理。不然，本原之地，妄念夹杂，虽有所思，安能胜其物交之引哉？此正心诚意所以为修身之本也。

张居正讲评译释 孔子说："人从视听言动到待人接物，都有各自一定的道理，但是一般人粗心鲁莽，不知道思考其中的道理，所以行动时总会有差错，不能成就自身的品德。只有君子能详细地反思自己，处处留心，大致来说，君子思考的有九件事。这九件事是说：看的时候，要考虑是否看清楚了，不能被乱象迷惑；听的时候，要考虑是否听明白了，不能被奸邪的声音蒙蔽；与人相处时脸色要温和而不暴戾；容貌要谦恭而不傲慢；说话要诚实不欺；办事要思虑周全，小心谨慎；遇到困惑，要考虑请教师长亲友；和人争论时要考虑到如果不忍耐，就会危害到自己和亲人；看到财利时，要考虑是否符合道义，如果不符合，不管财物有多少都不能接受啊。"君子能够像这样随时思考这九件事，所以他们在待人接物时能恰当合理，这不是一般人能比得上呀。而这九种思考的根本还在于自己的内心，如果能保持内心的清澈明亮，那么在待人接物时自然会符合事理。不然的话，内心杂念丛生，即使有思考，又怎么能战胜私欲呢？所以说正心诚意才是修养自身的根本呀。

原文 孔子曰："见善如不及，见不善如探汤。吾见其人矣，吾闻其语矣。"

今译 孔子说："看到善良的行为，就好像自己达不到一样；看到不好的行为，就好像把手伸进开水中一样赶快避开。我见到过这样的人，也听到过这样的话。"

张居正讲评 孔子说："古语有云：见人有善，则欣慕爱乐之，如有所追而不及的一般，惟恐己之善不与之齐也。见人有不善，则深恶痛绝之，如以手探热汤的一般，惟恐彼之不善有浼乎己也。这样好善恶恶、极其诚实的君子，吾见今有此人矣，吾闻古有此语矣。"盖在当时如颜、曾、冉、闵之徒，皆足以及之，故夫子闻其语而又见其人也。

张居正讲评译释 孔子说："古人说过：看到别人善良的行为，就仰慕喜爱，好像自己达不到一样，唯恐自己的善良比不上别人。看见别人不好的行为，就深恶痛绝，好像把手伸进开水中一样赶快避开，唯恐别人不好的行为影响到自己。我见到过像这样好善恶恶、诚实无私的君子，也听说过古人说过这样的话。"因为当时像颜回、曾子、冉有、闵子骞等人，都能做到这些，所以孔子听说过又见过这样的人。

原文 "隐居以求其志，行义以达其道。吾闻其语矣，未见其人也。"

今译 "隐退闲居以保全自己的志向，依照仁义而贯彻自己的主张。我听到过这样的话，却没有见到过这样的人。"

张居正讲评 孔子说："古语又云：士方未遇而隐居之时，则立志卓然不苟，把将来经纶的事业，都一一讲求豫养，而备道于一身；及遭际而行义之日，则不肯小用其道，将平日抱负的才略，都一一设施展布，而不肯负其所学。这样出处合宜、体用全备的大人，吾但闻古有此语矣，未见今有此人也。"盖此必伊尹、太公之流，乃足以当之，故夫子以未见其人为叹，其所感者深矣。

张居正讲评译释 孔子说："古人还说：士在还没有获得重用的时候，就树立了远大的志向，把将来要完成的事业，提前做了规划准备，提前准备好治世方法；在获得重用、施展抱负的时候，不肯将自己的能力用在小事情上，而是在大事上施展自己的才能抱负，不辜负自己的学识。像这样能恰当地选择闲居还是做官，并且品德完备的圣人，我只听古人说过，却没有见过呀。"因为只有伊尹、太公才能算是这样的人，所以孔子才因没有见到这样的人而感叹，他这是感触很深呀。

原文 "齐景公有马千驷，死之日，民无德而称焉。伯夷、叔齐饿于首阳之下，民到于今称之。[7]"

今译 "齐景公有四千匹马，他死的时候，百姓认为他没有什么德行可以称颂。伯夷、叔齐饿死在首阳山下，百姓们至今还在称颂他们。"

张居正讲评 马四匹为驷。千驷是四千匹也。伯夷、叔齐是孤竹君之二子。孔子说："世人多慕富贵而羞贫贱，不知富贵不足慕，贫贱不足羞也，只在人之自立何如耳。昔者齐景公以诸侯之尊享一国之奉，畜马至有千驷之多，可谓富厚之极矣。然而功业不著于时，德泽不施于众，身死之后，百姓通不思念他。考其平生，没有一善之可称，是其生为虚生，死为徒死而已，虽富贵何益乎？至若伯夷、叔齐兄弟二人，一匹夫耳。他以武王伐纣为不义，耻食周粟，逃之首阳山下，采薇而食，卒以饿死，可谓贫困之极矣。然而风节著于当时，名闻施于后世，直到于今，人还称颂他，是其身虽亡，而名则不朽矣。虽贫困何损乎？"于此见，富而无德，虽王侯不见称于时，贫而自立，虽匹夫亦可传于世，然岂独景公、夷、齐为然？自古君天下为天子者多矣，《书》《传》所载二帝三王及汉、唐、宋英君明主，可传于后世者，亦不过十数君而已，其余皆湮灭无闻，而孔、颜以匹夫为百世之师，其他闾巷韦布之贱，以道德行谊闻于世者尤不可胜数也，然则人可徒恃其势位而不修德哉？

张居正讲评译释 孔子说："世人都羡慕富贵而羞于贫贱，却不知道富贵不值得羡慕，贫贱不值得羞愧呀，关键在于人们如何自处罢了。齐景公作为一国诸侯，享受一个国家的供奉，身份尊贵，养的马有四千匹之多，可以说是极其富裕呀。但是他没有取得功业，没有给百姓实施恩泽，死后没有百姓怀念他。他一生没有一件可以称赞的好事，白活了一生，死也没任何意义，这样的人即使富裕显贵又有什么用呢？伯夷、叔齐兄弟两人很普通呀，他们认为武王伐纣不符合道义，为吃周朝的粮食感到羞耻，就逃到了首阳山下，采薇充饥，最后被饿死了，可以说是十分贫困呀。但是他们的风格气节在当时非常有名，并且传到了后世，直到今天，人们还称赞他们，他们虽然已经死了，但是他们的名声永垂不朽呀，贫困对他们的品节又有什么损害呢？"由此可见，富裕却没有品德，即使是国王诸侯也难以获得称赞，贫困却能保持自己品行的高洁，即使是普通人也会被后世称颂，岂止齐景公、伯夷、叔齐是这样呢？自古以来，天子有很多呀，而史书里记载的二帝三王和汉、唐、宋各朝的英明帝王，也不过几个人罢了，其他的都籍籍无名。而孔子、颜回虽然是普通人，却能成为万世师表,其他的道德高尚而声名卓著的普通人就更多了呀。所以人们能只依靠权势却不修养品德吗？

原文 陈亢[8]问于伯鱼曰："子亦有异闻乎？"对曰："未也。尝独立,鲤趋而过庭,曰:'学《诗》乎？'对曰:'未也。''不学《诗》,无以言。'鲤退而学《诗》。"

今译 陈亢问伯鱼："你在老师那里听到过特别的教诲吗？"伯鱼回答："没有啊。有一次他独自站在堂上,我快步从庭里走过。他说:'学《诗》了吗？'我回答说:'没有。'他说:'不学《诗》,就不懂得怎样说话。'于是我回去就学《诗》了。"

张居正讲评 陈亢是孔子弟子。鲤是孔子之子,字伯鱼。昔陈亢受学于孔子,不知圣人立教之公,妄以私意窥度圣人,谓必阴厚其子,因问于伯鱼说："情莫亲于父子,教莫切于家庭,子为夫子之子,亦有传授心法,独得于所闻,而不同于群弟子者乎？"伯鱼对说："我未尝有所异闻也。曾有一日,夫子闲居独立,我趋走而过于庭前,这时更没他人在旁,使有异教,正当于此时传授矣。夫子只问说:'汝曾学《诗》否乎？'我对说:'未曾学《诗》。'夫子因教说:'《诗》之为教,温柔敦厚,学之则心气和平,而事理通达,必然长于言语。若不学《诗》,则无以养其心气,而达于事理,欲言语应对之皆善,岂可得乎？'鲤于是受教而退,始学夫《诗》。凡《国风》《雅》《颂》,无不究其旨焉。"

张居正讲评译释 陈亢在孔子门下求学,不知道圣人教育学生公正无私,而私自去揣测孔子,认为孔子对自己儿子有私心,就问孔鲤说："没有比父子更亲密的关系,没有比家人更关切的教育,你是老师的儿子,有过什么不同于其他弟子的特殊教育吗？"孔鲤回答说："我没有听过别的教诲呀。有一次夫子独自站在那里,我从他身边快速走过,这时没有别人,假如有特殊的教导,应该就是在这个时候传授。夫子只是问:'你学过《诗》了吗？'我回答说:'没有学过。'他告诉我说:'《诗》里的教诲,温柔笃厚,学了之后能够心气平和,通达事理,一定对说话有帮助。如果不学《诗》,就不能修养身心,通达事理,怎么能学会如何说话呢？'我于是就回去学习《诗》。并且对《诗》里的所有诗篇都做了仔细地探究呀。"

原文 "他日,又独立,鲤趋而过庭,曰:'学《礼》乎？'对曰:'未也。'不学《礼》，无以立。'鲤退而学礼。闻斯二者。"陈亢退而喜曰："问一得三，闻《诗》，闻《礼》，又闻君子之远其子也。"

今译 "又有一天，他又独自站在堂上，我快步从庭里走过。他说：'学《礼》了吗？'我回答：'没有。'他说：'不学《礼》，就不懂得怎样立身处世。'于是我就回去就学《礼》。我就听到过这两句话。"陈亢回去高兴地说："我提一个问题，得到三方面的收获，听到了关于学《诗》的道理，听到了关于学《礼》的道理，又听到了君子不偏爱自己儿子的道理。"

张居正讲评 二者指《诗》《礼》而言。远只是不私厚的意思。伯鱼又告陈亢说："他日，夫子又尝闲居独立，我复趋走而过于庭前。这时也没他人在旁，使有异教，亦可于此时传授矣。乃夫子却又只问说：'汝曾学《礼》否乎？'我对说：'未曾学《礼》。'夫子因教我说：'《礼》之为教，恭俭庄敬，学之，则品节详明，而德性坚定，必卓然有以自立；若不去学《礼》，则无以习其节文，而养其德性，欲自立于规矩准绳之中，岂可得乎？'鲤于是受教而退，始学夫《礼》。凡礼仪威仪，无不习其事焉。我之所闻于夫子者，一是学《诗》，一是学《礼》，惟此二者而已。夫《诗》《礼》之教，固夫子之所常言者，我之所闻，亦群弟子之所共闻也，何尝有异闻乎？"于是陈亢闻言而退，深自喜幸说："问一得一，乃理之常。今我所问者，异闻之一事耳，而乃有三事之得。闻学《诗》之可以言，一也；闻学《礼》之可以立，二也；又闻君子之教其子，与门弟子一般，全无偏私之意，三也。一问之间，有得三之益，岂非可喜者哉？"夫圣人之心，至虚至公，其教子也，固未尝徇私而独有所传，亦非因避嫌而概无所异，惟随其资禀学力所至，可与言《诗》，则教之以《诗》，可与言《礼》，则教之以《礼》焉耳，岂得容心于其间哉？陈亢始则疑其有私，终则喜其为远，不惟不知圣人待子之心，且不知圣人教人之法，陋亦甚矣！

张居正讲评译释 孔鲤又告诉陈亢说："又有一天，夫子又独自一人站在那里，我又快步从他身边走过。这时也没有别人，假如有特殊的教导，应该就在这个时候传授。但夫子却又只是问我：'你学过《仪礼》吗？'我回答说：'没有学过。'夫子就教导我说：'《仪礼》的教导恭敬庄重，学了之后就能明白礼仪品节，并且让你心志坚定，品行高洁；如果不学习《仪礼》就无法学习礼仪制度，不能修养自己的品德，甚至想自己重新树立一个规矩，这怎么能行呢？'于是我就回去学习《仪礼》。对其中的礼仪制度，无一不细致地学习呀。

我从夫子那里听到的，一是学习《诗》，一是学习《仪礼》，只有这两件罢了。关于《诗》《仪礼》的教诲，这是夫子经常说的，我听到的，也是所有弟子都能听到的，怎么会有特殊的教诲呢？"陈亢听了之后离开了，回去后很高兴地说："正常情况下问一件事能够明白一件事。今天我只问了孔子是否对孔鲤有特别的教导这一件事，却得到了三点收益。听说了学习《诗》能提高语言能力，这是其一；听说了学习《仪礼》能够立身处世，这是其二；又知道了君子像教育别的弟子一样教育自己的儿子，没有任何偏私，这是其三。一个提问得到了三点收益，这难道不应该高兴吗？"圣人公正无私，在教育自己儿子的时候，既不因为偏私而单独传授，又不因为避嫌而和其他人一样教导，只是根据他的能力进行培养，能给他讲《诗经》时就让他学习《诗经》，能给他讲《仪礼》时就让他学习《仪礼》，这当中怎么会有私心呢？陈亢刚开始时怀疑孔子有私心，最终因为孔子不偏爱自己的儿子而高兴，这不只是不明白圣人对待自己儿子的想法，还是不明白圣人教育弟子的方法，陈亢这个人也非常浅陋啊！

原文 邦君之妻，君称之曰夫人，夫人自称曰小童；邦人称之曰君夫人；称诸异邦曰寡小君；异邦人称之亦曰君夫人。

今译 国君的妻子，国君称她为夫人，夫人自称为小童；国人称她为君夫人；对他国人她自称为寡小君；他国人也称她为君夫人。

张居正讲评 邦君之妻是诸侯的正妻。寡是谦言寡德的意思。孔子尝引古礼说道："一家之中，男正位乎外，女正位乎内，自有一定的名分，况邦君之妻，尤非常人比者，其称谓之间，岂可苟焉而已哉？故邦君称他，叫做夫人，言其与己敌体也。夫人在君前自称，叫做小童，谦言幼无知识，不敢与君敌体也。国中的人称他，叫做君夫人，言其相君以主内治者也。称之于邻国，谦做寡小君，言其寡德，而忝为小君以治内者也。邻国的人称他，也叫君夫人，以其为一国之主母，尊称之词，与本国同也。"夫以邦君之妻，一称谓之间，截然不紊如此，名实之际，可不谨哉？

张居正讲评译释 孔子曾经引用古礼说："一个家庭里，男主外，女主内，自然都有确定好的名分，况且国君的妻子，更不是一般人能比的，对她的称呼怎么能随便呢？所以国君称她夫人，表示二人地位相同。夫人在国君面前自称小童，谦虚地表示自己年幼无知，不敢和国君地位相同。国人称呼她为君夫人，意思是她帮助国君管理家庭。她对邻国人自称为寡小君，意思是品德不足，只能勉强作为小君治理家庭。邻国人也称呼她为君夫人，因为她作为一个国家的王后，要像称呼本国王后一样称呼她。"对国君妻子的称呼就要这样有条有理，所以在名声和实际之间能不小心谨慎吗？

注释：

[1] 东蒙：山东省蒙山的别称。因在鲁东，故名。

[2] 周任：周时大夫。一说为古之良吏。其人正直无私，疾恶务去。

[3] 兕：古书上所说的雌犀牛。

[4] 禄：国家的赋税。

[5] 便辟：指谄媚逢迎之人。

[6] 愆：过失，过错。

[7] 有版本于后接"其斯之谓与？"。

[8] 陈亢：字子元，一字子禽，又名原亢，孔子的弟子。

论语卷八

阳货第十七

原文 阳货[1]欲见孔子，孔子不见，归孔子豚[2]。孔子时其亡也，而往拜之，遇诸途。

今译 阳货想见孔子，孔子不见，他便赠送了孔子一只蒸熟的小猪（想要孔子去拜见他）。孔子打听到阳货不在家时，便往阳货家拜谢，两人却在半路遇见了。

张居正讲评 阳货名虎，是季氏家臣，尝囚季桓子而专国政者。因孔子是鲁国人望，欲其来见己。孔子以货是乱臣，义不往见。阳货乃馈送孔子以蒸豚。孔子以货既加礼于己，不得不往拜以谢之，而其本心实不欲相见。于是趁他不在家的时节，乃一往拜之。盖虽不废乎报施之礼，而亦终不亏其不见恶人之义也。乃不期与之相遇于途中。

张居正讲评译释 阳虎是季氏的家臣，曾经囚禁了季桓子把持鲁国的国政。因为孔子在鲁国很有名望，阳虎想见孔子，孔子则认为阳虎是乱臣贼子，不愿意见他。阳虎就赠送给了孔子一只蒸熟的小猪。因为阳虎赠送了礼物给自己，孔子不得不前去拜访致谢，但心里实在不愿意见阳虎，就趁阳虎不在家的时候去拜访。这样既不违背致谢的礼仪，也不违背不和恶人相见的道义。但是两人在半路上相遇了。

原文 谓孔子曰："来！予与尔言。"曰："怀其宝而迷其邦，可谓仁乎？"曰："不可。""好从事而亟[3]失时，可谓智[4]乎？"曰："不可。""日月逝矣，岁不我与。"孔子曰："诺；吾将仕矣。"

今译 阳货对孔子说："来，我有话跟你说。"（孔子走过去。）阳货说："把自己的治国本领隐藏起来而听任自己国家的衰败和混乱，这可以叫作仁吗？"（孔子）说："不可以。""喜欢做官却屡屡错过当官的机会，这可以说是智吗？"（孔子）说："不可以。""时间一天天过去了，它是不等人的！"孔子说："好吧，我打算去做官了。"

张居正讲评 怀宝是比人有道德，如怀藏着重宝一般。亟字解做数字。阳货遇见孔子，迎而谓之说："来，我与你说话。凡人有道德则当摅其所蕴，以济时艰。如有重宝，当售之与人，不可私也。苟徒藏怀其宝而坐视国之迷乱，不为拯救，可以谓之仁乎？"孔子说："仁者心存于救世，怀宝迷邦，不可谓之仁也。"阳货又问："人之好有为者，则当乘时而出，以设施于当世。苟徒好从事，而每每坐失事机之会，可以谓之智乎？"孔子说："智者熟察乎事机，好从事而亟失时，不可谓之智也。"阳货又说："日月如流，一往不返，人之年岁日增，而不为我少留。及今不仕，更待何时？"孔子应之说："及时行道，实士君子之本心，吾将出而仕矣。"阳货所言，皆讥讽孔子的意思。不知夫子抱拯溺亨屯之志，本未尝怀宝失时，而亦非不欲仕也，但不仕于货耳。故直据理答之，不复与辩。盖圣人之待恶人，不激不随如此。

张居正讲评译释 阳虎遇见孔子之后，对孔子说："来，我有话跟你说。有品德的人就应该施展自己的抱负，拯救艰难的时势。就应该像宝物一样被卖给别人，而不能自己私藏起来。把自己的治国本领隐藏起来而对自己国家的衰败和混乱坐视不管，不去拯救，这可以叫作仁吗？"孔子说："仁德的人心里想的是拯救世道，拥有才能却坐视国家的衰败，不能叫作仁。"阳虎又问："喜欢做官，就要把握机会出来治理国家。如果喜好做官，却多次错过做官的机会，这能叫作明智吗？"孔子说："明智的人能够把握好机会，喜欢做官却错失良机，不能说是明智呀。"阳虎又说："时间就像流水，过去了就不会回来了，人的年龄也不会停留。现在不做官，要等到什么时候呢？"孔子回答说："及时施展自己的抱负，这是君子应该做的事，我打算去做官了。"阳虎的话，都是对孔子的嘲讽。他不知道孔子怀有拯救天下的抱负，既没有坐视国家的衰败，也不是不想做官，他只是不愿意给阳虎做官罢了。所以孔子根据义理回复阳虎，不和他争论。圣人面对阳虎这样的恶人，也能这样做到既不生气反对也不随意附和。

原文 子曰："性相近也，习相远也。"

今译 孔子说："人的本性是相近的，只是由于后天的习染不同才相互有了差别。"

张居正讲评　孔子说:"天之生人,本同一性。虽气有清浊,质有纯驳,然本其有生之初而言,同一天地之精,五行之秀。其清而纯者,固可以为善;其浊而驳者,未必生成是恶人。彼此相去,未为大差,固相近也。及到形生神发之后,德性以情欲而迁,气质以渐染而变。习于善的,便为圣为贤;习于恶的,便为愚为不肖。于是善恶相去,或相什伯,或相千万,而人品始大相远矣。"夫以人之善恶,系于习而不系于性如此。则变化气质之功,乃人之所当自勉者也,岂可徒诿诸性而已哉?

张居正讲评译释　孔子说:"人出生的时候,本性是相近的。虽然气质上有清纯和混浊的不同,但在刚出生时,都汇集了天地间的精华和阴阳五行间的灵气。那些清明纯洁的人,自然能成为好人;那些污浊不纯的人,未必就会变成坏人。他们彼此之间的差别没有那么大,在本性上是相近的呀。等到身体和心理发育之后,品性、德行会根据情欲的变化而变化,个性品格也会受到周围环境的感染而变化。向好人学习,就能成为圣贤;向坏人学习,就会变得愚钝不成器。这样好人和坏人的品性之间就会有很大的差别了呀。"人的善良或邪恶,关键在于后天的学习而不是天性。所以人应该勉励自己通过努力学习改善自己,怎么能把责任推脱给天性呢?

原文　子曰:"惟[5]上知与下愚不移。"

今译　孔子说:"只有上等的智者与下等的愚者是改变不了的。"

张居正讲评　这是承上章说。"人之初生,其性固为相近,然有一等气极其清,质极粹而为上知者;有一等气极其浊,质极其驳而为下愚者。世间惟这两样人,美恶一定,非习之所能移。其在上知,是天生成的善人,虽与不善人居,不能诱之使为不善也。其在下愚,是天生成不善的人,虽与善人居,亦不能化之使为善也。善恶系于性而不系于习者,惟这两样人为然。"世间极智之人,固不常有;极愚之人,亦不多见。惟半清半浊,可善可恶者最多。此变化气习之功,在中人所不能容已也。然尧舜犹谨微危之几,汤武不废反身之学,虽圣人不敢以上智自恃如此。桀纣恃其才智,荒淫暴虐,拒谏饰非,卒与下愚同辙,岂不悖哉?故曰:"气质之用小,学问之功大。"

张居正讲评译释　孔子接着上面说:"人刚出生时,在本性上固然相似,但是有一种是气质清明、品质纯洁的上等智者;有一种是气质混浊、品质驳杂的下等愚人。只有这两种人的善恶是一经注定的,不是通过学习能改变的。那些上等的智者，是天生的好人，即使不和好人生活在一起，也不会受到误导做坏事。那些下等的愚者，是天生的恶人，即使和好人生活在一起，也不能受到感化成为好人。只有这两种人的善良或邪恶取决于天性而不是后天学习。"世界上极其聪明的智者固然不常有，极其愚钝的人也不多见，最多的是半清半浊、可善可恶的人。通过学习提高自己的品行，这对于中等资质的人来说是永远不能停止的呀。尧舜这样的圣人依然小心谨慎，商汤周武王这样的明主尚且不忘反思自己，即使是圣人也不敢因为上等的资质而任意妄为。夏桀商纣依仗着自己的才智，荒淫暴虐，不听劝谏，掩饰过错，最后的结局和下等的愚人一样，这难道不昏庸愚钝吗？所以有人说："天性的作用很小，后天学习的作用很大。"

原文 子之武城[6]，闻弦歌之声。夫子莞尔而笑，曰："割鸡焉用牛刀？"子游对曰："昔者偃也闻诸夫子曰：'君子学道则爱人，小人学道则易使也。'"子曰："二三子，偃之言是也，前言戏之耳。"

今译 孔子到武城县，听见弹奏弦乐、诵唱歌诗的声音。孔子微笑着说："杀鸡何必用宰牛的刀呢？"子游回答说："以前我听先生说过，君子学习了礼乐就会对百姓有仁爱之心，而小人学习了礼乐就容易使唤。"孔子说："学生们，言偃说得对。我刚才说的话（那句割鸡焉用牛刀），只是开个玩笑而已！"

张居正讲评 武城是邑名，在今山东兖州府地方。莞尔是小笑的模样。偃是子游的名。君子是有位的人，小人是细民。昔孔子行到武城县中，听得处处琴瑟歌咏之声。盖是时子游为武城宰，方以礼乐为教，故邑人皆弦歌也。夫子见当时皆不能用礼乐为治，而子游独能行之，故骤闻而深喜之。遂莞尔而笑说："言偃所治者小邑，何必用此礼乐之大道？譬如杀鸡者，何必用此屠牛之大刀乎？"子游不知夫子之意，乃对说："昔者尝闻夫子说道，道本切于身心，人能学之，则各有所益。如在上的君子，治人者也，若使学道而有得，则能养其民胞物与之心，而推以爱人，是君子不可以不学道也！在下的小人，治于人者也，若使学道而有得，则能明乎贵贱尊卑之分，而易于驱使，是小人不可以不学道也。夫子此言，偃尝佩服之久矣。今日武城虽小，安敢鄙其民而不教之以礼乐乎？"夫子因子游未喻其意，遂呼门人而告之说："二三子听之，言偃之言诚为当理，我前割鸡不用牛刀之言，特戏之耳。岂真谓小邑不可以大道治之哉？"盖深嘉子游之笃信，又以解门人之惑也！

张居正讲评译释 孔子到武城县，听到各处都有弹奏弦乐、诵唱歌诗的声音。当时子游是武城宰，重视礼乐教化，所以武城的百姓都弹奏弦乐、诵唱歌诗。当时人们都不能用礼乐治理国家，只有子游能这么做，所以孔子见了之后很高兴，就微笑着说："你治理的是一个小县城，何必用礼乐这么重要的方法来治理呢？就如杀鸡何必用宰牛的刀呢？"子游不明白孔子的意思，回答说："我曾经听夫子说过，礼乐之道关系到人的品德，人学了之后，都会有收益。在上位治理百姓的君子学了之后，就能培养自己兼爱的品格，关爱百姓，所以君子不能不学习礼乐之道呀！在下位的普通人，要接受治理，他们学习礼乐之道之后，就能明白尊卑贵贱的分别，从而方便上位者的治理，所以普通百姓不能不学习礼乐之道呀。夫子的这些话，我牢记并遵循很久了。现在武城虽然是一个小地方，我怎么敢轻视这里的百姓，而不教导他们礼乐呢？"因为子游不明白自己的意思，孔子招呼其他弟子告诉他们说："你们听好了，子游的话是对的，我刚才说的那句杀鸡何必用牛刀只是开玩笑罢了。怎么会真的认为小县城不能用礼乐之道来治理呢？"这是既赞扬了子游的忠信，又解答了弟子们的疑惑呀！

原文 公山弗扰[7]以费畔，召，子欲往。子路不说，曰："末之也已，何必公山氏之之也？"子曰："夫召我者，而岂徒哉！如有用我者，吾其为东周乎？"

今译 公山弗扰占据费城反叛，来召孔子，孔子准备应召前去。子路不高兴地说："没有地方去就算了，为什么一定要去公山弗扰那里呢？"孔子说："他来召我，难道只是一句空话吗？如果有人用我，我就要在东方复兴周礼，建立一个东方的西周。"

张居正讲评 公山弗扰是鲁大夫季氏之家臣，为费邑宰。末之之字解做往字。昔鲁自文公以来，季氏世执国政，公室衰弱，君反受制于臣，如此者，四世矣。至季桓子之时，有公山弗扰者与阳虎共执桓子，遂据费邑以叛。因使人聘召孔子。孔子尝愤宗国之陵替，疾季氏之不臣，而思以匡之久矣。今幸其家臣内叛，衅起私门，倘因其可乘之隙，而运吾转移之术，则亦振鲁兴周之一机也，故因其来召而遂欲往应之。乃子路不达孔子之意，艴然不悦，说："夫子之齐之鲁，道既不行，身无所往，亦可以止矣。何必又往应公山之召，而徒取失身之辱乎？"是不知公山弗扰之叛，乃叛季氏，非叛鲁也，孔子之欲往，非为公山弗扰，乃为鲁也。故不得已而晓之说："今世莫我知，无能召我而用之者。今公山弗扰特来召我，斯其意岂徒然哉？谅必有以用我也。当此之时，如有委我以国，授我以政，而能用我者，我必将修纪纲之废坠，正名分之陵夷，举文武周公之治，而整顿于今日，使秉礼之宗国，复西京之旧俗，而鲁其为东周矣乎？"孔子自表其用世之志，以晓子路如此。而其拨乱反正之微权，转移化导之妙用，则有未易窥者。然考之《春秋传》，公山弗扰与季氏战，兵败奔齐，而孔子亦竟未应其召。道之将废，而鲁之终于不振也！可慨也夫！

张居正讲评译释 自鲁文公以来，季氏世代把持鲁国国政，朝廷衰弱，君主反而受到大臣控制，像这样持续了四世。到了季桓子的时候，公山弗扰和阳虎一起控制了季桓子，占据了费邑进行谋反。公山弗扰派人召见孔子。孔子为鲁国的衰败感到愤慨，为季氏不守臣道感到气愤，想要改变这个状况很久了。现在有幸季氏的家臣叛乱，挑起了家门事端，假如能够把握好这个时机，施展自己的主张，这或许是振兴鲁国、振兴周室的一个机会，所以公山弗扰派人召见之后，孔子就打算前去。而子路不明白孔子的意思，为此感到不高兴，说道："夫子在齐国、鲁国都没能施展自己的抱负，既然没人重用，那就这样算了吧。为什么接受公山弗扰的召见，去自取其辱呢？"子路这么说是不明白公山弗扰反叛的是季氏而不是鲁国，不知道孔子接受召见，为的不是公山弗扰，而是鲁国呀。所以孔子告诉他说："如今世上没有人了解我，也没有人能重用我。现在公山弗扰特意来召我前去，怎么会白白召见呢？一定是要重用我呀。在这个时期如果他能重用我，让我处理国家的政事，我一定能整顿纲纪，端正名分，让现在的鲁国恢复到文王、武王、周公时的太平盛世，使现在的社会恢复西周时的礼仪风俗，这样东周不就能在鲁国重新振兴吗？"孔子这是表明自己治理天下的抱负，来教导子路呀。但是他使混乱恢复正常的计谋，使国家恢复礼治的作用，难以被人们轻易发现。通过考察春秋时期的历史就能知道，公山弗扰在和季氏的战争中失败了，逃到了齐国，孔子最后也没能得到召见和任用。孔子的主张没能施展，鲁国最终也难以振兴呀！真让人感慨呀！

原文 子张问仁于孔子。孔子曰："能行五者于天下为仁矣。""请问之。"曰："恭、宽、信、敏、惠。恭则不侮，宽则得众，信则人任焉，敏则有功，惠则足以使人。"

今译 子张问孔子如何成为一个仁人。孔子说:"能够处处实行五种品德,就是仁人了。"子张问:"请问是哪五种?"孔子说:"庄重、宽厚、诚实、勤敏、慈惠。庄重就不致遭受侮辱,宽厚就会得到众人的拥护,诚实就能够得到别人的任用,勤敏就会提到工作效率,慈惠就能使唤人。"

张居正讲评 侮是侮慢。任是倚仗的意思。子张问为仁的道理于孔子。孔子教之说:"仁道虽大,不外于心。心德之要,凡有五件。若能于此五者,体验扩充于身心之间,推行运用于天下之大,则其心公平,其理周遍,天德全而仁在是矣。"子张因请问其目,孔子说:"所谓五者,一是恭敬,二是宽容,三是信实,四是勤敏,五是惠爱。其名虽异,都是心德之所散见,缺一不可言仁者。然五者亦人所同,其有感必通的。诚能恭以持己,则在下的人自然畏惮、尊仰而无敢侮慢矣。宽以容众,则在下的人自然心悦诚服而归附于我矣。言行一于诚信,则人都依靠着我而无所疑贰矣。行事勤敏快当,则所为无不成就而动必有功矣。恤人饥寒,悯人劳苦而恩惠及人,则感吾之恩者莫不尽心竭力,乐为我用矣,又岂有不足以使人乎?"五者之效如此,汝能兼体而力行之,则天德流通,物我无间,而仁之体用皆备矣,可不勉哉?

张居正讲评译释 子张问孔子如何做到仁,孔子教导他说:"仁的道理虽然很大,但不过就在人的心中罢了。人有五种重要的品德,如果能保持这五种品德,处处实行,那么就能做到公正无私,明辨事理,品德完备,就能成为仁人了。"子张就问是哪五种品德,孔子说:"这五种品德就是庄重、宽厚、诚实、勤敏、慈惠。它们的叫法不同,但都是内心品德的一部分,缺一就不可称为仁人。并且这五种品德也是所有人都具备,都能感受到的。如果能保持庄重,自然能够得到别人的敬仰而不会招致侮辱。宽容别人,就能得到别人的信服和拥护。讲求诚信,就能得到别人的信任。办事勤快,就能提高效率,取得成就。体恤怜悯别人的困苦,给别人实施恩惠,别人就会心存感激,尽心尽力地为自己办事,又怎么会役使不了别人呢?"这五种品德能够取得这样显著的效果,要是能身体力行地做到这五个方面,就能够使自己品德完备,达到天人合一的境界,就能够做到仁了呀。所以能不勉励自己向这方面努力吗?

原文 佛肸[8]召,子欲往。子路曰:"昔者由也闻诸夫子曰:'亲于其身为不善者,君子不入也。'佛肸以中牟[9]畔,子之往也,如之何?"子曰:"然,有是言也,不曰坚乎,磨而不磷[10];不曰白乎,涅[11]而不缁[12]。吾岂匏瓜[13]也哉？焉能系而不食？"

今译 佛肸召孔子去，孔子打算前往。子路说："从前我听先生说过：'亲自做坏事的人那里，君子是不去的。'现在佛肸盘踞中牟反叛，你却要去，这如何解释呢？"孔子说："是的，我是说过这样的话。不是说有最坚硬的东西磨也磨不薄；不是说有最洁白的东西染也染不黑。我难道是个苦味的葫芦吗？怎么能只挂在那里不让人食用呢？"

张居正讲评 佛肸是晋大夫赵简子之家臣，时为中牟宰。磷是薄。涅是染皂之物。缁是黑色。匏是大匏，味苦而不可食者。时晋室微弱，政在大夫。赵简子与范中行相攻，其家臣有佛肸者因据中牟以畔。一日，佛肸使人来召孔子，孔子即欲应其召而往见之。盖亦欲应公山弗扰之意也。子路不达而阻之说："昔者我闻夫子有言：'凡人有悖理乱常，亲身为不善者，君子不入其党，惟恐其浼己故也。'今佛肸据中牟以畔，正是亲为不善的人，君子当远避之不暇，而夫子乃欲往应其召，是辱身而党恶也。何自背于昔日之言乎？"孔子晓之说："汝谓身为不善，君子不入。此言诚然，我诚有此言也。然人固有可浼者，有不可浼者。譬之于物，凡可磨而薄者，必其坚之未至者也。独不曰，天下有至坚厚者，虽磨之，安能使之损而为薄乎？凡可染而黑者，必其白之未至者也。独不曰天下有至坚白者，虽染之，安能使之变而为黑乎？夫物有一定之质，尚不可变，我之志操坚白自处固已审矣，彼虽不善，焉能浼我乎哉？且君子之学，贵适于用，我岂若彼匏瓜者哉？嗒然徒而悬系，而不见食于人，则亦弃物而已！何益于世哉？然则，佛肸之召，我固当有变通之微权，而君子不入之说，有不可以概论者矣。"按，孔子前于公山之召，则以东周自期，此于佛肸之召，则以坚白自信，盖圣人道大德宏，故能化物而不为物所化。若使坚白不足而自诫于磨涅，则己且不免于辱，何以能转移一世乎？君子处世，审己而动可也！

张居正讲评译释 春秋时期晋国国君的权势微弱，朝政被大夫把持。赵简子与范中行互相争斗，他的家臣佛肸盘踞中牟反叛。一天，佛肸派人来召见孔子，孔子准备接受他的召见。这与回应公山弗扰的意思相同。子路不明白孔子的想法，阻止孔子说："昔日我听夫子说过：'一个人做了违背天理的坏事后，君子就不和他结交，唯恐污染自己的美德呀。'现在佛肸占据着中牟叛乱，正是做坏事的人，君子应该远离他们，夫子你却想要接受他的召见，这是辱没自己，同恶人结党呀。为什么自己背弃自己说过的话呢？"孔子告诉他说："你说君子不结交做坏事的人，这很正确，我是说过这样的话。但是有人会被玷污，有人不会被玷污。就像那些能够磨薄的物品，一定是因为自身不坚固呀。怎么不想想那些最坚固的物品能被磨薄吗？能够被染黑的，一定不是最洁白的东西。怎么不想想那些最洁白的东西能被染黑吗？物品的品质尚且不会被改变，我的志向是多么的纯洁坚固呀，虽然佛肸没有做好事，但我怎么会被他污染呢？况且君子的学问，贵在能被使用，我怎么能像匏瓜一样呢？只是被悬挂着，却不让人食用，这就是被抛弃的东西呀！有什么对世界有益的呢？然而，佛肸的召见，我确实有变通的权谋，但君子不入的说法，不可以一概而论啊。"之前孔子在面对公山弗扰召见时，认为自己能够使鲁国恢复到周朝的盛世，这里面对佛肸的召见时，认为自己高洁坚定，这是因为圣人品德高尚，学问高深，所以能够感化外物而不受外物影响。如果一个人没有足够的坚定、洁白，就尝试接受磨炼，自己尚且难以避免屈辱，又如何能拯救时世呢？君子为人处世，在行动之前要看清楚自己才行啊！

原文 子曰："由也，女闻六言六蔽矣乎？"对曰："未也。""居！吾语女。好仁不好学，其蔽也愚；好知不好学，其蔽也荡；好信不好学，其蔽也贼；好直不好学，其蔽也绞；好勇不好学，其蔽也乱；好刚不好学，其蔽也狂。"

今译 孔子说："仲由，你听说过六种品德和六种弊病了吗？"子路回答："没有。"孔子说："坐下，我告诉你。爱好仁德却不爱好学问，它的弊病是容易受人坑害和愚弄；爱好聪明智慧却不爱好学问，它的弊病是行为放荡；爱好诚信却不爱好学问，它的弊病是危害亲人；爱好直率却不爱好学问，它的弊病是说话尖刻；爱好勇敢却不爱好学问，它的弊病是捣乱闯祸；爱好刚强却不爱好学问，它的弊病就是狂妄自大。"

张居正讲评 有所遮掩叫做蔽。荡是放荡。贼是伤害于物。绞是急迫的意思。昔子路负直谅刚勇之资，而少学问陶镕之力。故孔子呼其名而问之，说："人之偏于所向者，有一件好处，便有一样遮蔽。总之有六言，而六蔽随之。汝曾闻之否乎？"子路时方侍坐，遂起而对说："由未之闻也。"孔子说："汝复坐，我当一一告汝。盖天下之事，莫不有理，人必好学穷理，而后所行为无蔽。不然，则虽才质之美，制行之高，亦将有所遮蔽，而无以成其德矣。如仁主于爱，本美德也，而所以用其爱者，有理存焉。若但知爱人之为美，而不好学以明其理，则心为爱所蔽，将至于可陷可罔，而人己俱丧矣，岂不流而为愚乎？智主于知，亦美德也，而所以通其智者，有理存焉。若但知多智之为美，而不好学以明其理，则心为智所蔽，将至于穷高极远，而无所归着矣，岂不流而为荡乎？有言必信，亦美德也，而所以成其信者，有理存焉。若但知信实之为美，而不好学以明其理，则心为信所蔽，将至于期必固执，而伤害于物矣，岂不流而为贼乎？直而无隐，亦美德也，而所以行其直者，有理存焉。若但知直道之为美，而不好学以明其理，则心为直所蔽，将至于径情急迫，而无复含弘之度矣，岂不流而为绞乎？遇事勇敢，亦美德也，而所以奋其勇者，有理存焉，若但以勇敢为尚，而不好学以明其理，则心为勇所蔽，必将恃其血气之强，肆行而无忌矣，岂不流于乱乎？刚强不屈，亦美德也，而所以全其刚者，有理存焉，若但以刚强为尚，而不好学以明其理，则心为刚所蔽，必将逞其轻世之志，放旷而不羁矣，岂不流于狂乎？"夫仁、智、信、直、勇、刚六者，美行也；愚、荡、贼、绞、乱、狂六者，恶名也。人惟足已而不学，见理之不明，遂使美者化而为恶，而况其生质之不美者乎？于此见气质之用小，学问之功大。是以古之帝王不恃其有聪明绝异之资，而必以讲学穷理为急，诚恐其流于过中失正而不自知也。

张居正讲评译释　子路认为自己刚直勇敢，就不通过学习知识来提升自己。所以孔子直呼其名地问他说："人过于侧重某一方面的话，会有一个优点，又会有一个弊端。总之，有六种品德就会有六种弊端，你听说过这话吗？"子路当时坐在旁边，站起来回答说："没有听过。"孔子说："你坐下，我一件一件告诉你。天下间的事都有各自的道理，人只有勤奋好学，明辨事理，才能不犯错误。不然的话，即使材质优秀、品行高洁，也会受到蒙蔽，难以提高品德呀。如果十分喜爱仁德，并且这种喜爱符合义理，那么这就是美德呀。如果只是喜爱仁德，却不通过努力学习来使自己明辨事理，就会被这种喜爱所蒙蔽，陷入迷茫困惑，既损害了别人又伤害了自己，这不是很愚钝吗？喜爱聪明才智，并且是依据义理的喜爱，就是一种美德呀。如果只是喜爱聪明才智，却不通过学习使自己明辨事理，就会受到这种聪明的蒙蔽，好高骛远，岂不是会变得放荡而无所依靠？根据义理讲求诚信，这也是一种美德。如果只知道讲求诚信，却不通过学习来明辨事理，就会被这种诚信所禁锢，变得固执己见，岂不是会被别人利用，伤害自己？符合义理的正直无私也是一种美德，如果只知道正直无私，却不通过学习使自己明辨事理，就会被这种直率所影响，从而变得性情急躁、缺乏包容，岂不是会变得尖酸刻薄？符合道义的见义勇为也是一种美德，但如果只崇尚勇敢，而不通过学习使自己明辨事理，就会被这种勇敢所连累，变得好勇逞强，横行无忌，岂不是会捣乱闯祸？坚持义理的刚正不屈也是一种美德，如果只是追求刚正，却不通过学习使自己明辨事理，就会受到这种刚正的影响，变得自高自大，岂不是会胆大妄为吗？"仁爱、聪明、诚信、正直、勇敢、刚毅是六种美德；愚笨、不守诚信、伤害别人、尖酸刻薄、捣乱闯祸、胆大妄为是六种恶行。人自己不学习，不明理，就会使美德变成恶行，更何况那些天生品德就不美好的人呢？由此可见天性的作用很小，后天学习的作用很大。所以古代圣明的帝王从不依仗自己的天性，而是把追求学问、明辨事理当作最急迫的任务，唯恐不能发现自己不当的行为。

原文 子曰："小子何莫学夫《诗》？《诗》，可以兴，可以观，可以群，可以怨。迩之事父，远之事君；多识于鸟兽草木之名。"

今译 孔子说："学生们为什么不学习《诗》呢？学《诗》可以激发志气，可以观察天地万物及人间兴衰得失，可以使人同众人和睦相处，可以使人懂得消除怨恨。近可以用来侍奉父母，远可以用来服侍君王。还可以多知道一些鸟兽草木的名字。"

张居正讲评 兴是兴起。观是观感。群是群聚。怨是怨恨。孔子呼门弟子而教之，说："《诗》之为教，有益于人甚大。尔小子何不于《诗》而学之乎？盖《诗》之所言，有善有恶。学之，则善者可以为劝，恶者可以为惩。而吾心好恶之机将有勃然不能自已者，故可以兴。《诗》之所载，有美有刺。学之，则美者可以考见其得；刺者可以考见其失，而吾身行事之实，将有惕然因之感动者，故可以观。其叙述情好于和乐之中，不失庄敬之节。学之，则可以处群，虽和而不至于流矣。其发抒悲怨于责望之下，犹存乎忠厚之情，学之，则可以处怨，虽怨而不至于怒矣。近而家庭之间，所以事父的道理；远而朝廷之上，所以事君的道理，莫不备载于中，学之，则可以为忠臣孝子，而大伦克尽矣。且其情景所发，或因鸟兽以起兴，或托草木以寓言，其中称名不一，取类至繁。学之，则可以多识鸟兽草木之名，而小物亦察矣。夫《诗》之有益于人如此，尔小子岂可以不学乎哉？"然诗之为教，不但学者所当诵习也，《关雎》《麟趾》为风化之原，《凫鹥》《既醉》乃太平之福。《天保》以上，所以治内，《采薇》以下，所以治外，王道莫备于斯矣，为人主者，亦不可以不究心焉。

张居正讲评译释 孔子招呼弟子们教导说:"学习《诗经》对人有很大的益处。你们为什么不学习呢?《诗经》里面讲的有善有恶,学了之后,《诗经》里好的地方能给人劝勉,坏的地方能给人惩戒。而自己受到这些惩戒和劝勉的影响,就能扬善去恶,所以说学习了《诗经》之后能够激励自己。《诗经》里有赞美有讽刺,学了之后,可以从被赞美的地方发现别人的优点在哪儿,可以从被讽刺的地方看到别人过失在哪儿,自己在办事的时候,就会在这些地方谨慎小心,所以说通过学习《诗经》可以观察兴衰得失。《诗经》的叙述语言中正平和、庄重恭敬。人们学了之后,与人交往时既能同别人和谐相处,又能不和俗人同流合污,在责备别人时,依然能保持着忠诚宽厚。人们在学习了《诗经》之后,就能够消除怨恨,即使引起了怨恨,也不至于动怒。近到家庭内部侍奉父母的道理,远到在朝廷侍奉君主的道理,《诗经》里都有包含,人们学了之后,就能成为忠臣孝子,尽到天理人伦。况且《诗经》里有的是借鸟兽来借物比喻,有的是通过草木来表达自己的想法,其中提到的鸟兽草木名称不一,种类繁多。学了之后,就能够认识很多鸟兽草木,能够辨察细微的事物。《诗经》对人有这么大的好处,你们怎么能不学呢?"不只是求学的人需要学习《诗经》,《关雎》《麟趾》是实施风俗教化的开始,《凫鹥》《既醉》表达的是太平盛世神灵的赐福,《天保》以上的内容可以治理国内事务,《采薇》以下的部分,可以处理同别国的关系。治理天下的道理都包含在《诗经》里面了,作为君主,也不能不用心研究啊。

原文 子谓伯鱼曰:"女为《周南》《召南》矣乎?人而不为《周南》《召南》,其犹正墙面而立也与?"

今译 孔子对伯鱼说:"你学习过《周南》《召南》了吗?一个人如果不学习《周南》《召南》,那就像面对墙壁站立吧?"

张居正讲评 为是习学。《周南》《召南》是《诗经·国风》之首篇。昔周文王与其后妃俱有圣德,修身、齐家以令于国中,又使周公治陕以西,召公治陕以东。由是风化自北而南,远被于江汉之域,故诗人咏歌其事。《周南》之诗,自《关雎》以下,言文王后妃闺门之化行于南国也。《召南》之诗,自《鹊巢》以下,言南国诸侯夫人与大夫之妻皆被文王后妃之化而成德也。孔子教其子伯鱼说:"汝尝学夫《周南》《召南》之诗矣乎?盖《周南》《召南》两篇所言皆修身、齐家之事，于人伦日用，最为切要。学者须把这两篇诗，讲诵玩味，身体力行，乃为有益。人若不学《周南》《召南》，则无以正性情，笃伦理。身且不知修，家且不知齐矣，安望其能经邦而济世，化民而移俗哉？譬如正对着墙面站立的一般，咫尺之地，隔碍障蔽，一物无所见，一步不可行矣，况其远者乎？"甚哉，二南之切于人，不可以不学也。然《大学》说："自天子以至于庶人，壹是皆以修身为本。"人君一身，乃万国之仪刑，未有不修身齐家，而可以治国平天下者。则二南之诗，岂独为学者之所当习哉？

张居正讲评译释 周文王和他的后妃都有贤明的品德，能够修身、齐家，治理国内的百姓，又让周公治理陕地以西，让召公治理陕地以东。于是周的风俗教化从北传到了南，远到长江、汉水这些地方，所以当时的诗人就歌颂他们的功绩。《周南》里《关雎》以后，讲的就都是文王后妃们在宫廷的教化传播到南方的情况。《召南》里《鹊巢》之后，讲的是南方的诸侯大夫的夫人受到文王后妃的感化而养成美德的情况。孔子教导儿子孔鲤说："你学过《周南》《召南》吗？《周南》《召南》里讲的都是修身、齐家的事，对日常的人伦关系非常重要。求学的人应该仔细学习、体会这两个诗集，并且亲身实践，这样才能有所收益。如果不学习《周南》《召南》，就难以端正性情、明辨伦理。一个人不知道修身齐家，又怎么指望他能治理国家、教化百姓呢？就像正对着墙壁站立一样，受到墙壁的阻碍遮蔽后，咫尺外的物品也都看不见，一步路也难以前行，更何况往远处看，向远处走呢？"这话说得对呀，《周南》《召南》对人很重要，不能不学习呀。但是《大学》里也说了："从天子到普通百姓，都应该把修身当作做人的根本。"君主是天下人效仿的对象，没有人不修身齐家，就能治国平天下。所以《周南》《召南》岂止是读书人应该学习的呢？

原文 子曰："礼云礼云，玉帛云乎哉？乐云乐云，钟鼓云乎哉？"

今译 孔子说："礼呀礼呀，只是说的玉帛之类的礼器吗？乐呀乐呀，只是说的钟鼓之类的乐器吗？"

张居正讲评 孔子见世之用礼乐者，专事其末，而不知探其本也。故发此论说道："先王制礼以交神、人，恰上下，固未有不用夫玉帛者，然必先有个恭敬、诚恳的意思存之于中，然后用玉帛以将之。若无是敬，则虽玉帛交错，不过虚文而已。然则，所谓礼云礼云者，岂徒玉帛云乎哉？先王作乐以养民德，导民和，固未有不用夫钟鼓者，然必先有个欣喜欢爱的意思蕴之于心，而后用钟鼓以宣之。若无是和，则虽钟鼓铿锵，不过虚器而已。然则所谓乐云乐云者，岂徒钟鼓云乎哉？"盖先王以礼乐教天下，皆本之和敬之实德，而发之于仪文节奏之间，后世徒事于文，而不求其本，故孔子叹之如此！

张居正讲评译释 孔子看到世人在实施礼仪时，只追求细枝末节，而不探求礼的根本，所以议论说："先王制定礼仪来帮助神灵和人的交流，协调上司和下属之间的关系，固然没有不需要玉帛的地方，但是一定要先内心恭敬诚恳，然后再用玉帛表现出来。如果内心不恭敬诚恳，即便使用了大量精美的玉帛，也不过是没有意义的形式罢了。所以，礼怎么能只是说玉帛等礼器呢？先王制作乐曲是用来培养百姓的品德，让百姓们和谐相处，固然没有不用钟鼓的地方，但是一定要在心中感到欢喜快乐之后，再用钟鼓来表达。如果内心没有感到平和欢快，即使钟鼓声铿锵有力，也不过是没有意义的器物罢了。所以，礼怎么能只是钟鼓等乐器呢？"先王通过礼乐教化天下，内心首先达到平和恭敬，然后才通过仪式乐器表达出来。而后世只知道追求仪式，从不探求礼的根本，所以孔子才发出了这样的感慨。

原文 子曰："色厉而内荏，譬诸小人，其犹穿窬之盗也与？"

今译 孔子说："外表严厉而内心怯懦，以小人做比喻，就像是挖洞跳墙的小偷吧？"

张居正讲评 厉是威严。荏是柔弱。穿窬是剜墙凿壁为窃盗之事者。孔子说："人必表里相符，然后可谓之君子。今有人焉，观其外貌，则威严猛厉，似乎确然有守，毅然有为的人，而内实懦弱，见利而动，见害而惧，全无执持刚果的意思。这等的人中实多欲，而貌与心违，譬之小人，就如盗窃一般。黑夜里剜墙凿壁偷了人家财物，外面却假装个良善的模样，惟恐人知，岂不可耻之甚哉？"孔子深恶作伪之人，故儆之如此。

张居正讲评译释 孔子说："只有表里如一的人才能被称作君子。如今有的人，外表严厉，看起来像是意志坚定、奋发有为，而实际上内心怯弱，只有看到了利益才会行动，看到对自己有害就退缩，没有任何刚毅果断的气概。这样的人心中充满了私欲，却在外表上装饰自己，能把他们比作盗窃财物的小人，晚上偷了别人家的财物，却伪装成善良的模样，唯恐别人知道自己的恶行，这不是非常可耻吗？"孔子非常厌恶那些虚伪的人，所以这样批评他们。

原文　子曰："乡原[14]，德之贼也。"

今译　孔子说："没有道德修养的伪君子，就是败坏道德的小人。"

张居正讲评　原字当作"愿悫"的愿字，是谨厚的意思。乡原是乡俗中一样软滑的人。人都称他为谨厚，所以叫做乡愿。贼字解作害字。孔子说："人之有德者为君子，悖德者为小人，不难辨也。惟有一般人，名为乡愿者，居之似忠信，而非忠信，行之似廉洁而非廉洁，其自处柔佞而不肯立异，其待人软熟而惟求取悦，是以人人都道他好。这样人似德非德而反乱乎德，乃德之害也。"盖行合乎道之中，事出乎理之正，这才叫做德，今乡原不顾道理之是非，只图流俗之喜悦。人见他以此得人心，取声誉，便都慕效他，以是为德，而不复知有大中至正之道。其惑人心，坏风俗，岂不甚乎？所以说乡原德之贼也。

张居正讲评译释　孔子说："品德高尚的人是君子，品德低下的人是小人，这不难分辨。只有不分是非、人云亦云的好好先生最难分辨，这种人看似忠信、廉洁，实际上既不忠信又不廉洁，他们在与人相处时善于巧言谄媚，不肯提出不同的看法，只想着取悦别人，所以所有人都称赞他好。这样的人看似有德而实际无德，是败坏道德的小人呀。"行为处事符合事理才能叫作有品德，而这种好好先生不顾是非，只想着迎合取悦别人。别人看到他这样收获民心、名誉，以为这么做是有道德修养，就都仰慕效仿他，而不再追求公正无私了。这不是严重地蛊惑人心、破坏风俗吗？所以说一味取悦别人的好好先生就是败坏道德的小人。

原文　子曰："道听而途说，德之弃也。"

今译　孔子说："在路上听到传言就到处去传播，这是为道德所唾弃的。"

张居正讲评　道、途都是人行的路。孔子说："人之实心为学者，于凡天下道理，或得之师友之所传受，或考诸典籍之所记载，就便存之于心，身体而力行之，以求实德于己，方为有益。若有所闻而不体会于心，只把来放在口中谈论讲说，这是入耳出口之学。譬如道路上听了一句言语，就在途路上与人说了。如此，则虽闻善言，不过以资口说而已，何能有诸己哉？所以说德之弃也。"

张居正讲评译释　孔子说："真心求学的人，对于天下间的道理，或者是老师朋友传授的，或者是史书典籍里记载的，都牢记在心里，并且亲身践行，来追求切实的德行，这才是有收获。如果不仔细体会听到的道理，只谈论而没有付诸实践，这就是没有实用的学问。就好像在路上听到一句传言，就立刻在途中告诉别人。这样的话，即使听到了正确的道理，也只是随口说说罢了，怎么会对自己有用呢？所以说这是被有品德的人抛弃的行为。"

原文 子曰："鄙夫可与事君也与哉？其未得之也，患得之。既得之，患失之。苟患失之，无所不至矣。"

今译 孔子说："可以和一个卑鄙陋劣的人一起侍奉君主吗？他在没有得到官位的时候，总担心得不到。已经得到了，又怕失去它。如果他怕失去官职，那他就什么事都会干得出来了。"

张居正讲评 鄙夫是庸恶陋劣之人。患是忧患。孔子说："为人臣者，必有忘身之诚，而后可以语事君之义。有一等鄙夫，其资性庸恶，全无忠义之心，识趣陋劣，又乏刚正之节，若此人者，岂可使之立于朝廷之上而与之事君也与哉？何也？盖所贵于事君者，惟知有君而不知有身也。乃鄙夫之心止知有富贵权利而已，方其权位之未得，则千方百计徼幸营求，汲汲然惟恐其不能得之也。及其权位之既得，则千方百计系恋保守，兢兢然惟恐其或失之也。夫事君而一有患失之心，则凡可以阿意求容，要结固宠者，将何事不可为乎？小则卑污苟贱，丧其羞恶之良；大则攘夺凭陵，陷于悖逆之恶，皆生于此患失之一念而已。以此人而事君，其害可胜言哉？"然君臣之义本无所逃，而忠君爱国之臣，亦鲜不以得君为念者，但忠臣志在得君，鄙夫志在得禄。忠臣得君，志在任事，鄙夫得君，志在窃权。心术之公私少异，而人品之忠奸顿殊，明主不可不察也！

张居正讲评译释 孔子说："作为臣子，一定要保持内心的真诚，然后才能侍奉君主。有一种卑鄙陋劣的人，品行低下，没有任何忠义之心，见识鄙陋，还缺乏刚正的气节，像这样的人，怎么能让他来到朝廷做官，和他一起共事呢？为什么这么说呢？因为臣子侍奉君主的可贵之处在于一切为君主着想，忘记自己的利益。但是鄙陋的人心里只想着权力富贵，在没有得到权力地位的时候，就千方百计、想方设法地谋取，唯恐得不到。得到了权位之后，就千方百计地保守，战战兢兢的，唯恐丢失。臣子侍奉君主时一旦对权位患得患失，就会奉承谄媚、结党营私。小到一些卑鄙肮脏、丧尽天良的事；大到一些欺凌他人、谋权篡位的事，都产生于对权位的贪求。这种人去侍奉君主，产生的危害岂能是说得清的？"得到君主的信任原本就符合君臣之义，忠君爱国的臣子都想得到信任，但是忠臣的目的在于获得重用，而小人的目的在于获得权力、俸禄。忠臣获得信任的目的在于办实事，而小人获得信任的目的在于窃取权势。在心术上很小的公私差别，在人品上就有很明显的忠奸差异了。作为圣贤的君主，不能不仔细探察呀！

原文 子曰："古者，民有三疾。今也，或是之亡也。古之狂也肆，今之狂也荡；古之矜也廉，今之矜也忿戾；古之愚也直，今之愚也诈而已矣。"

今译 孔子说："古代人有三种毛病，现在恐怕连这三种毛病也都不是原来的样子了。古代的狂人不过是肆意直言，而现在的狂人却是放荡不羁了；古代骄傲的人只不过是有些难以接近，而现在那些骄傲的人却是凶恶蛮横了；古代愚笨的人只不过有些直率，而现在愚笨的人却是欺诈啊。"

张居正讲评 疾字解做病字。凡人气失其平，则致病，故人之气质有偏者，亦谓之病。亡字与有无的无字同。狂是志愿太高的人。肆是不拘小节。荡是放荡。矜是持守太严的人，即狷者也。廉是棱角峭厉。忿戾是忿争乖戾，愚是昏昧不明的人。直是值戆。诈是虚诈。孔子叹说："人之气禀中和者少，偏驳者多。一有偏驳，则行有疵病而谓之疾。然古之时，风气淳厚，其间虽有三样资禀偏驳、过中失正的人，然皆质任自然，本真犹未甚凿也。今则淳者日入于漓，厚者日趋于薄，不但气禀中和者绝不复见，就是那三样病痛的人，或者也没有了。盖古之人，有志愿太高，锐意进取的，这是狂之疾。然其狂也，不过志大言大，不拘小节，肆焉耳矣。若今之所谓狂者，则不顾礼义之大闲，纵放于规矩之外，而流于荡矣。古之人有赋性狷介，持守太严的，这是矜之疾。然其矜也，不过立崖岸，有棱角，示人以观亲，廉焉耳矣。若今之所谓矜者，则逞其刚狠之气，动至与人乖忤，而流于忿戾矣。古之人，有资识鲁钝，暗昧不明的，这是愚之疾。然其愚也，不过任性率真，径行自遂，直焉耳矣。若今之所谓愚者，则反用机关，挟私妄作，而流于诈矣。"夫狂而肆焉，矜而廉焉，愚而直焉，此虽气质之偏，而本真未丧。若加以学问磨砻之功，其病犹可瘳也。至于肆变而荡，廉变而忿戾，直变而诈，则习与性成，将并其疾之本然俱失之矣，欲复乎善，岂不难哉？所以说，古者民有三疾，今也或是之亡也。夫子此言，盖深叹时习之偷，而望人以学问变化之功者至矣。

张居正讲评译释 孔子感叹说："性情平和的人少，性格偏执的人多。一且为人偏颇，行为就会出现过失。古时候民风淳厚，人们虽然有三种因为偏颇而产生的毛病，但都质朴自然，天性没有受到影响。如今这些淳厚的品质日渐稀薄，不只见不到性格中正平和的人，即使这三种毛病也都不是原来的样子了。古时有的人志向高远、锐意进取，有时候会太过于狂妄。但是他们的狂妄不过是因为志向远大、言辞夸张、不拘小节、肆意直言罢了。而如今狂妄的人，不顾礼仪道义，放荡不羁。古时候有的人性格孤傲，品性高洁，过于矜持。但是他们的矜持不过是过于自负，锋芒太盛，让人难以接近罢了。现在矜持的人刚愎自用，一味地对人动怒，无理取闹。古时候有的人资质愚钝、不明事理，过于愚笨。但是他们的愚笨不过是因为性格直率罢了。如今愚笨的人反而心机深重、心怀私念，只知道欺诈妄为。"狂妄而肆意直言，矜持而难以接近，愚笨而直率，这些性格虽然有些偏激，但没有失去本性的纯真。经过学习磨炼，这些缺点就能得到改善。至于狂妄而放荡不羁，矜持而不可理喻，直率而欺诈妄为，这是长期自然养成的习惯，本身的天性已经丧失了，想要恢复善良，能不困难吗？所以说，古人的三种毛病，现在都已经不是原来的样子了。孔子这么说，是为当时民风的衰退而感慨，希望人们通过学习改善自己的性格呀。

原文 子曰："恶紫之夺朱也，恶郑声之乱雅乐也，恶利口之覆邦家者。"

今译 孔子说："我厌恶紫色取代了红色；我厌恶郑国的乐曲扰乱了典雅的乐曲；我厌恶用强嘴利舌颠覆国家的事情。"

张居正讲评 朱是正色。紫是间色。郑声是郑国之音。雅是正。利口是巧言辨给之人。覆是颠覆。孔子说："天下之理，有正则有邪，而邪每足以害正。如色以朱为正，自紫色一出，其艳丽足以悦人之目，于是，人皆贵紫而不贵朱，而朱色之美反为所夺，故所恶于紫者，为其能夺朱也。乐以雅为正，自郑声一出，其淫哇足以悦人之耳，于是人皆听郑声而不听雅乐，而雅音之善，反为所乱，故所恶于郑声者，为其能乱雅乐也。至若事理之是非，人品之贤不肖，本自有一定之论，乃有一种利口的人，把是的说做非，非的说做是，贤的说做不肖，不肖的说做贤，其巧言辩给足以惑乱人意，耸动听闻，人主不察而误信之，必至于举动错乱，用舍倒置，正人远去，小人得志，而邦家之颠覆不难矣。然则，利口之所以可恶者，岂非以其能覆邦家也哉？"故孔子此言，其意专恶利口之人，借紫与郑声为喻耳。从古至今，邪佞小人谗害正直，倾覆国家者不可悉数，如费无忌、江充之流，虽父子兄弟、骨肉至亲亦被其陷害，况臣下乎？是以，大舜疾谗说殄行。《大学》说："屏诸四夷，不与同中国。"盖畏其流祸之惨毒，故深恶而痛绝之也。人君之听言，可不戒哉？可不畏哉？

张居正讲评译释 孔子说："天下的道理有正有邪，而邪恶经常影响到正义。红色是最纯正的颜色，紫色出现了之后就凭借着色彩的艳丽吸引了别人的注意，于是人们都看重紫色而不看重红色，红色的美好从而就被紫色掠夺了，所以我厌恶紫色取代了红色。典雅的音乐最为纯正，但是郑国的音乐出现了之后，其淫邪的乐舞就会吸引人们的耳目，于是人们就都舍弃了典雅的音乐，美好的典雅的音乐就这样被郑国的音乐扰乱了，所以我厌恶郑国的乐曲扰乱了典雅的乐曲。道理上的是非和人品上的善恶，本来就有确定的结论，然而有一种巧言善辩的人，搬弄是非善恶，混乱贤能和不肖，他的巧言善辩使别人产生困惑，危言耸听，如果君主不小心听信了这样的人，一定会做出错误的决定，导致正直的君子离开，而奸佞的小人得到重用，国家很快就会灭亡。所以，那些让人厌恶的奸佞小人岂不是会使国家灭亡吗？"孔子这么说，是用紫色和郑国的音乐来比喻巧言善辩的小人啊。从古到今，陷害忠良、颠覆国家的奸佞小人不可胜数，像费无忌、江充这样的人，即使是父子兄弟也受到了他们的陷害，更何况臣子下属呢？所以舜非常厌恶臣子的谗言恶行。《大学》里说："有仁德的人，会放逐嫉贤妒能的人，把他们驱逐到四夷之地，不与他们同在一个国家。"这是因为奸佞小人对国家有很大的祸害，所以仁德的人才会对他们深恶痛绝。既然这样，君主在接受劝谏的时候，能不小心谨慎、心存敬畏吗？

原文 子曰："予欲无言。"子贡曰："子如不言，则小子何述焉？"子曰："天何言哉？四时行焉，百物生焉，天何言哉？"

今译 孔子说："我不想再说话了。"子贡问："您如果不说话，那么我们这些学生还能传述什么呢？"孔子说："老天说过什么吗？四季照常运行，百物照常生长，老天说过什么呢？"

张居正讲评 述是传述。昔孔门学者，多求圣人之道于言语之间，而不知体认于身心之实。故孔子警之说道："天下之道，以有言而明，亦以多言而晦。我自今以后，要默然无言矣。"子贡正以言语观圣人者，即疑而问之说："天下道理，全赖夫子讲明，然后门弟子得以传述。若夫子不言，则门人小子何所闻而传述之乎？"孔子晓之说："子谓道必以有言而后传，独不观诸天乎？今夫天，冲漠无朕，何尝有言哉？但见其流行而为四时，则春、夏、秋、冬，往来代谢，而未尝止息也。发生而为百物，则飞、潜、动、植，因物赋形，而无所限量也。是天虽不言，而其所以行，所以生，则冥冥者实主之。盖造化之机缄，固已毕露于覆载之间矣，亦何俟于言哉？观天道以无言而显，则我之教人，固亦无俟于言矣。"盖圣人一动一静，莫非妙道精义之发，正与天道不言而成化一般，学者熟察而默识之，自有心领而神会者，岂待求之于言语之间乎？故孔子前既以无行不与之教示门人，此又以天道不言之妙喻子贡，其开示学者，可谓切矣。

张居正讲评译释　昔日在孔子门下求学的人大多从孔子的言语间学习圣人之道，却不知道体察孔子的内心想法和实际行为。所以孔子警告他们说："天下间的道理，有的因为说得多而变得清晰明白，也有的会因为说得多而更加迷惑。我从今以后要沉默不语了呀。"子贡也是通过言语观察孔子的，于是就询问说："天下的道理都依靠老师您讲清楚，然后我们弟子们才能够学习传述。如果您不说，那我们这些学生还学习传述什么呢？"孔子告诉他说："你说道理在我讲了之后你们才能传述，你们怎么不看看老天呢？老天空寂无形，何曾说过什么？春、夏、秋、冬四时正常的更替从来没有停止过，百物正常的生长从来没有受到过影响。天虽然什么也不说，但是它的运行变化遵循一定的规则。天地间创造孕育的道理已经通过这些清晰地显现出来了呀，怎么需要说出来呢？上天要告诉人们的道理不需要说就能展现出来，那么我教导弟子，自然也不需要说出来呀。"圣人的任何行为都包含了精深微妙的义理，这和上天什么都不说就进行了教化是一样的，求学者经过仔细地观察，自然能心领神会，怎么需要经过言语的讲述呢？所以孔子既告诉弟子们自己将不再给他们讲述道理，又用上天不说话的妙处来开导子贡，孔子对弟子们的教导真是恰当准确啊。

原文　孺悲[15]欲见孔子，孔子辞以疾。将命者出户，取瑟而歌，使之闻之。

今译　孺悲很想见孔子，孔子以有病为托词不见他。传话的人刚一出门，（孔子）便取来瑟边弹边唱，故意让孺悲听到。

张居正讲评　孺悲是鲁人，尝学士丧礼于孔子。一日来求见孔子。想当时必有得罪处，故孔子不欲与之相见，而托言有疾以辞之。然既辞以疾矣，又恐其不悟，乃俟传命者方出户，即取瑟而弦歌之，使孺悲闻而知其非疾焉。夫孔子于孺悲之见，本非疾也，而辞以疾绝之也。既辞以疾矣，又使之知其非疾，警之也。使孺悲苟能省其过而迁于善焉，圣人亦岂终绝之乎？此所谓不屑之教诲也。

张居正讲评译释 孺悲是鲁国人，曾经跟着孔子学习士丧礼。有一天孺悲想求见孔子，但是因为他曾经得罪过孔子，孔子不想见他，就以有病为由推脱不见。孔子还担心孺悲不明白自己的意思，就在传话的人刚出门后取来瑟边弹边唱，故意让孺悲知道自己没有生病。孔子不和孺悲见面，原本就不是因为疾病，只是以有病为由推辞。既然以有病为由推辞，又让他知道自己没有生病，这是对他的警示呀。假如孺悲能反省自己改过向善，圣人怎么会一直不理他呢？这就是所说的不屑于教诲一个人，本身也是对他的一种教诲。

原文 宰我问："三年之丧，期已久矣。君子三年不为礼，礼必坏；三年不为乐，乐必崩。旧谷既没，新谷既升，钻燧改火，期可已矣。"子曰："食夫稻，衣夫锦，于女安乎？"曰："安。""女安则为之！夫君子之居丧，食旨不甘，闻乐不乐，居处不安，故不为也。今女安，则为之。"宰我出。子曰："予之不仁也！子生三年，然后免于父母之怀。夫三年之丧，天下之通丧也。予也有三年之爱于其父母乎？"

今译 宰我问道："父母死了，服丧三年，时间也太长了。君子有三年不去学习礼仪，礼仪必然败坏；三年不去练习音乐，音乐就会荒废。陈谷吃完，新谷登，钻燧取火的木头又经过了一个轮回，有一年的时间也就可以了。"孔子说："（父母死了才一年的时间，）你就吃起了珍贵的白米饭，穿起了高级的花缎衣，你心安吗？"宰我说："我心安。"孔子说："你心安，那你就那样去做吧！君子守丧期间，吃美味不觉得香甜，听音乐不觉得快乐，住在家里不觉得舒服，所以才不会那样做。如今你既然觉得心安，你就那样去做吧！"宰我出之后，孔子说："宰我真是不仁呀！儿女生下来，到三岁时才能离开父母的怀抱。给父母服丧三年，天下人都是这样做的。而宰我对他的父母没有三年之爱吗？"

张居正讲评 宰我是孔子弟子，名予。周一岁为期。燧是钻火之木。古人钻木取火，四时各有所宜。春取榆柳之火，夏取枣杏之火，夏季取桑柘之火，秋取柞楢之火，冬取槐檀之火，故叫做钻燧改火。已是止。怀是抱。宰我问于孔子说："古礼，人子居父母之丧，必以三年为制。以予观之，礼贵通变，但持丧一年亦已久矣，何必三年？盖君子三年在衰绖之中，不去习礼，则仪节疏旷，而礼必坏矣；三年在哀戚之中，不去习乐，则音律废弛，而乐必崩矣。以虚文而妨实学，何益之有哉？若以期年而言，谷之旧者既没，新者又登，而物候为之一变；钻木取火，木既更而火亦改，而天运为之一周，人子哀痛之情至是亦已尽矣，丧不可以止乎？"夫短丧非宰我之本意，但有疑于古礼之难行，因设此问耳。孔子诘之说："三年之丧，食必蔬食，衣必衰麻，礼也。你说期年可止，则自期年之后，便当舍蔬素而食稻，释衰麻而衣锦，于汝心能自安乎？"宰我不察而直应之说："安。"则昧其本心之良矣！孔子遂责之说："凡人有所不为，只为心上不安耳。汝既安于食稻衣锦，则期年之丧，任汝为之矣！夫礼因人情而生者也，君子居父母之丧，哀痛迫切，口食旨味而不以为甘，耳闻音乐而不以为乐，身之居处，卧苫枕块，而不即安，正惟其有有所不忍，故不肯为食稻衣锦之事也。今汝既以食稻衣锦为安，则期年之丧，何不可为乎？"孔子此言，所以绝之者至矣。及宰我既出，孔子又惧其真以为可安而遂行之也，乃复深探其本而斥之说："人未有不爱其亲者，宰予何其爱亲之薄而不仁也。夫父母之丧，所以必三年者，正以子生三年，然后能免于父母之怀抱，故丧必以三年为期，以少尽其报称之情耳。自天子至于庶人，无一人不本于父母，则无一人不有此丧服，是三年之丧，乃天下之通丧也。予亦人子也，宁独无三年之恩爱于其父母乎？今乃谓亲丧可短，则何其薄亲之甚哉！"孔子此言，欲宰我闻之，反求而得其本心也。夫子于父母，终身慕之，岂谓三年之丧足以尽其心乎？盖先王因人情而为之节文，使贤者可以俯而就，不肖者得以企而及耳。宰予不求先王制礼之意，而徒欲任情以为礼，故孔子责之如此，盖以垂教万世也！

张居正讲评译释　宰我问孔子说："古礼规定，父母去世后子女要守丧三年。但是在我看来，礼仪可贵的地方在于能适时变通，守丧一年就已经很久了，为什么要三年呢？君子在三年守丧期间，不去学习礼仪，礼仪就会败坏；三年都在悲伤中，不去练习音乐，音乐就会荒废。因为这些虚文缛节妨碍了真实的学问，有什么好处呢？在一年中，陈谷既然已经吃完，新谷又已经登场，这是物候正常的变化；钻木取火，木头和火在一年中也经历了轮回变化，子女的哀痛在一年之后也已经消失了，难道不能停止守丧吗？"宰我的本意并不是要缩短守丧的时间，只是对古礼在现在难以实行有疑问，所以才这么提了出来。孔子诘问他说："守丧三年，吃蔬菜，穿麻衣，这是礼。你说守丧一年就行了，那么一年之后你就舍弃粗食吃起了珍贵的白米饭，舍弃麻衣穿起了高级的花缎衣，你心安吗？"宰我没有思考就直接回答说："我心安。"他这是违背天性的回答呀！孔子就责备他说："人们不做某些事，只是因为做了之后内心不安呀。你既然能安心地吃白米饭，穿花缎衣，那么你就可以只守丧一年呀！礼节因人情而产生，君子对待父母的去世，非常哀痛，吃着美味却尝不到甘甜，听着音乐却听不到欢乐，睡草席，枕土块也感到不安心，正是因为有不忍心所以不肯穿缎衣吃白米。今天你认为吃白米穿缎衣是心安的，那么守丧一年，有什么不可以的呢？"孔子这么说，是对宰我感到非常的失望呀。等到宰我出门之后，孔子又担心他真的这么做，就严厉地斥责说："没有不爱父母的人，宰我为什么不爱自己的父母呢？真是不仁呀。父母去世之后一定要守丧三年，因为子女出生三年之后才能离开父母的怀抱，所以守丧的期限是三年，来稍微报答一下父母的恩情。从天子到普通人，没有一个人的生命不是来自父母，没有一个人不这么为父母守丧，所以守丧三年，是天下人共同的做法。宰我也是儿子，他对父母就没有三年之爱吗？现在他说守丧的时间可以缩短，他对父母的情义是多么的稀薄呀！"孔子这么说，是想要宰我听到之后能明白自己的意思。子女对父母都是终生仰慕，守丧三年怎么能完全表达自己的心意呢？先王根据天理人情制定了这样的礼仪，使贤德的人能轻易做到，平庸的人经过努力也能够做到。宰我不理解先王制定礼仪的本意，只是把恣意任性当作礼仪，所以孔子才这么责备他，孔子这也是为了教育后世呀！

原文 子曰："饱食终日，无所用心，难矣哉！不有博[16]奕[17]者乎？为之，犹贤乎已。"

今译 孔子说："整天吃饱了饭，什么心思也不用，（想成为贤人）真是太难了！不是还有下棋的游戏吗？干这个也比闲着好！"

张居正讲评 博是局戏。奕是围棋。贤是胜。已是止。孔子说："吾人日用之间，莫不各有当为之事，必知所用心而后能有成也。设使终日之间，优游放旷，惟知餍饱饮食而已，于凡义理所当讲求，职业所当修举者，一无所用其心。如此之人，神昏志惰，把光阴都虚度了，一事无成，百事皆废，欲以入德而成人，岂不难哉？不有居戏围棋而博奕者乎？这等的人虽所为非正，然其心未尝无事也，较之悠悠荡荡，全然无所用心者，岂不犹为胜乎？"孔子此言，非以博奕为可为，特甚言无所用心之不可耳。盖人之一心常运用斯常精明，是以尧舜兢业，大禹孜孜，文王日昃不遑暇食。古之圣人岂好为是焦劳哉？诚以心易放而难收，一念不谨，则庶事隳而天工旷，其关系治乱，非细故也。明主宜深省于斯！

张居正讲评译释 孔子说："人们在日常生活中都有要做的事，这些事要用心才能做好。如果一个人整天游手好闲，吃饱后什么事都不做，不用心去探求义理，提高职业修养，这样的人昏庸懒惰，虚度光阴，最后什么事也做不好，想成为德才兼备的君子，不是很难吗？不是还有弈棋和围棋的游戏吗？玩耍嬉戏的人虽然没有做正事，但是他们没有闲下来，比着那些悠悠荡荡，什么事也不想的人，不是要好很多吗？"孔子这么说，不是鼓励人们嬉戏玩耍，只是说人们不能什么事也不想，什么事也不做。人们只有多想多做才能保持聪明智慧，所以尧舜兢兢业业，禹孜孜不倦，文王在下午还没有时间吃饭。古时候的圣人是喜欢劳累忙碌吗？实在是因为人心易于放纵，而难于收拾，稍微有一点不谨慎，就会荒废职责，这关系到社会的稳定和动乱，不是小事呀。圣明的君主应该深刻地反省自己啊！

原文 子路曰："君子尚勇乎？"子曰："君子义以为上。君子有勇而无义为乱，小人有勇而无义为盗。"

今译 子路问道："君子崇尚勇敢吗？"孔子回答说："君子以道义作为至高无上的品德。君子崇尚勇敢而没有道义，最后就会陷入捣乱背叛的境地。小人崇尚勇敢而没有道义，最后就会成为盗贼。"

张居正讲评 尚是崇尚。昔子路好勇，故问于孔子说："君子为人，亦尚刚勇否乎？"孔子教之说："君子之人惟以义为上而已。盖义者，事物之权衡，立身之主宰，是以君子尚之。义所当为则必为，义所不当为则不为。虽万钟千驷，有弗能诱；虽刀锯鼎镬，有所弗避，乃天下之大勇也。至于血气之勇，岂君子之所尚者乎？盖以血气为勇，非勇也，使在位的君子徒知有勇，而无义以裁制之，则必将倚其强梁，逆理犯分，或无故而自启衅端，或任情而妄生暴横，不至于悖乱不止矣！使在下的小人，徒知有勇，而无义以裁制之，则必将逞其凶狠，放荡为非，小而攘窃奸宄，大而贼杀剽夺，不流于盗贼不止矣。是人之大小尊卑虽不同，苟不义而勇，无一可者也，然则，勇何足尚乎哉?"孔子因子路好勇而无所取裁,故深救其失如此。

张居正讲评译释 子路崇尚勇猛,所以问孔子:"君子崇尚勇敢吗?"孔子回答说:"君子把道义当作最高的品德。因为义能权衡事物的利弊,保持一个人的操守,所以君子崇尚它。根据道义应该做的事一定要做,根据道义不能做的事坚决不做。即使遇到高官厚禄,也不会受到诱惑;即使遇到残酷的刑罚,也不会躲避,这才是君子崇尚的天下间最大的勇敢。至于感情冲动产生的勇气,怎么会是君子崇尚的勇敢呢?因为感情冲动而产生的勇气,不是真正的勇敢,假如位高权重的君子只知道勇猛,而没有根据道义来规范自己的行为,就会凭借着自己的强横,违背事理道义,或者无缘无故挑起事端,或者狂妄任性、横行无忌,这样一定会引起祸乱啊!假如地位低下的小人只知道勇敢,而不通过道义来规范自己,就一定会凭借自己的凶狠,惹是生非,小到偷盗诈骗,大到杀戮掠夺,一定会变成无恶不作的盗贼。虽然人的尊卑贵贱不同,但是都不能有不符合道义的勇猛,既然这样,勇猛又有什么好崇尚的呢?"因为子路崇尚勇猛而且不知道用义约束自己,所以孔子这样挽救他的过失。

原文 子贡曰:"君子亦有恶乎?"子曰:"有恶。恶称人之恶者,恶居下流而讪上者,恶勇而无礼者,恶果敢而窒者。"曰:"赐也亦有恶乎?""恶徼以为知者,恶不孙以为勇者,恶讦[18]以为直者。"

今译 子贡问孔子说:"君子也有憎恨的事吗?"孔子回答说:"有憎恨的事。憎恨宣扬别人坏处的人;憎恨居下位而毁谤在上位的人;憎恨勇敢却不懂礼节的人;憎恨固执却不通事理的人。"孔子又说:"赐呀,你也有憎恨的事吗?"子贡说:"(我)憎恨抄袭别人的知识而作为自己的知识的人;憎恨把不谦虚当作勇敢的人;憎恨揭发别人隐私而自以为直率的人。"

张居正讲评 下流是在下卑贱之人。讪是谤毁。窒是室塞不通。徼是伺察。讦是攻发人之阴私。子贡问于孔子说:"君子于人无所不爱,岂亦有所恶者乎?"孔子教之说:"好恶,人之同情,君子岂无所恶乎?其所恶者有四:其一,恶那样刻薄的人,专喜称扬人之过恶,全无仁厚之意者。其一,恶那样忿戾的人,身居污下之地而谤讪君上,非毁尊长,无忠敬之心者。其一,恶那样疆梁的人,好刚使气,徒恃其勇而不知礼让,至于犯上而作乱者。其一,恶那样执拗的人,临事果敢,率意妄为而不顾义理,往往窒塞而不通者。凡此,皆人心所公恶,故君子恶之也。"孔子因问子贡说:"汝赐也亦有所恶乎？"子贡对说："赐之恶恶者有三：其一，恶那样苛刻的人，本无照物之明，乃窃窃焉伺察人之动静，而自以为智耳。其一，恶那样刚愎的人，本无兼人之勇，徒悻悻然凌人傲物，而自以为勇者。其一，恶那样褊急的人，本无正直之心，专好攻讦人之阴私，而自以为直者。赐之所恶，如此而已。"由此观之，圣贤所恶，虽有不同，而以忠顺长厚之道望天下，其意则一而已。盖天下之患，常始于轻薄恣睢之徒，横议凭陵，而纪纲风俗，遂因之以大坏。明主知其然，故务崇浑厚以塞排诋之端，揽权纲以消悖慢戾之气，故谗慝无所容，而凶人自伏也。审治体者宜辨之！

张居正讲评译释 子贡问孔子："君子关爱所有人，他们也会有憎恶的人吗？"孔子教导他说："喜好和憎恶，是人们共同的感情，君子怎么会没有憎恨的事呢？君子憎恶四种人：一种是那种刻薄的人，这种人喜欢宣扬别人的过错，没有任何宽容的品德。一种是那种蛮横无理的人，这种人喜欢诽谤上司、污蔑尊长，没有任何忠诚恭敬的品质。一种是那些强横的人，这种人刚愎自用、任意妄为，只知道依仗自己的勇猛而不知道谦虚礼让，甚至会做出犯上作乱的事。还有一种是那些固执的人，这种人办事果断，但率意任性，做事经常不符合事理。这些是人们共同厌恶的人，所以君子也憎恶他们。"孔子接着问子贡："你有憎恶的人吗？"子贡回答说："我厌恶三种人：一种是那种苛刻的人，这种人本没有什么知识，窃取了别人的成绩，反而认为自己很聪明。一种是那种刚愎自用的人，这种人本来就没有勇气，反而心高气傲，欺压别人，以为自己很勇猛。一种是那些偏私的人，这样的人原本就不正直，喜欢揭发别人的隐私，却认为自己为人正直。这就是我厌恶的人。"由此看来，圣贤们厌恶的人虽然有所不同，但他们希望天下人忠厚谦逊的想法是一致的。天下间的祸患经常产生于轻薄放荡者的恣意议论、猖獗狂妄，国家的纲常法纪、社会民俗也因此而遭到破坏。圣明的君主明白这个道理，所以推崇忠诚宽厚来抑制排斥诋毁，收揽朝政大权来消除大臣的狂悖懒惰，让邪恶奸佞之人无处容身，使凶狠的小人也得到惩罚。想要提高自身品德的人应该注意这些呀！

原文 子曰："唯女子与小人为难养也，近之则不孙，远之则怨。"

今译 孔子说："只有女子和小人是难以相处的，亲近他们，他们就会无礼；疏远他们，他们就会怨恨。"

张居正讲评 小人是仆隶下人。近是狎昵的意思。远是疏斥的意思。孔子说：" 天下的人，惟有妇人女子与仆隶下人最难畜养。何以言之？常情于这两样人，不是过于用恩，狎昵而近之，便是过于用严，疏斥而远之。若是昵近他，他便狎恩恃爱，不知恭逊之礼，是近之不可也；若是疏远他，他便失其所望，易生怨恨之心，是远之不可也，此其所以难养也。诚能庄以莅之，慈以畜之，则既有以消其怙恃之心，又有以弭其愤恨之意，何怨与不逊之足患乎？"

张居正讲评译释 孔子说：" 天下只有妇女和小人最难相处。为什么这么说呢？通常情况下，对于这两种人，要么是给他们的恩惠过多，过于亲近他们，要么是对他们过于严厉，疏远他们。如果亲近他们，他们就凭借着宠爱，不知道谦逊恭敬，所以不能亲近他们；如果疏远他们，他们就会感到失望，心生怨恨，所以不能疏远他们，这就是和他们难以相处的原因。如果能庄重慈爱地对待他们，和他们相处，就能消除他们的恃宠而骄，又能消除他们的失望怨恨，又怎么用担心他们怨恨和无礼呢？"

原文 子曰："年四十而见恶焉，其终也已。"

今译 孔子说："到了四十岁的时候还被人所憎恶，他这一生也就完了。"

张居正讲评 孔子说："人年四十，乃是成德之时。前此，而年力富强，正好加勉。过此，则神志衰怠，少能精进矣。若于此时，而犹有过恶见憎恶于人，则善之未迁者，终不及迁，过之未改者，终不及改，亦终于此而已，可不惜哉？"这是孔子勉人及时进修的意思，人能以此自警于心，虽欲一时不汲汲学问，以求日新其德业，不可得矣。

张居正讲评译释 孔子说："四十岁，是一个人品德完备的时候。四十之前，年富力强，正好能勉励自己，四十岁之后，神志就会衰退，很难取得进步了。如果在四十岁的时候还被人们所憎恶，就来不及完善自己，改正自己的错误了，他的一生也就这样了，能不可惜吗？"孔子这是在勉励人们及时提高自己的修养。人们如果能这样警示自己，就不会想着在当前放松自己，而把修养自身放在以后了。

注释：

[1]阳货：阳虎，姬姓，阳氏，名虎，一名货。春秋后期鲁国人，季孙氏家臣。他以季孙家臣之身，毫无雄厚家底与政治背景，却能够跻身鲁国卿大夫行列，从而指

挥三桓，执政鲁国，开鲁国"陪臣执国政"的先河。他是不折不扣的治国之奇才、丧国之诡才，春秋历史上的大反派。

[2]豚：小猪。

[3]亟：屡次，多次。

[4]智：亦作知。

[5]惟：亦作唯。

[6]武城：鲁国的一个小城，当时子游是武城宰。

[7]公山弗扰：公山不狃，是春秋时期鲁国人，复姓公山，名不狃（也作弗扰、不扰），字子泄。公山不狃和阳虎同时，都是鲁国当政者季桓子的家臣。季桓子非常器重公山不狃，派他担任季氏的私邑——费邑（费县）的邑宰。

[8]佛肸：人名，春秋末年晋大夫范氏、中行氏的家臣，为中牟的县宰。

[9]中牟：地名，在晋国，约在今河北邢台与邯郸之间。

[10]磷（lín）：薄；损伤。

[11]涅（niè）：矿物名，古人用来作为黑色染料。

[12]淄（zī）：通"缁"，黑色。

[13]匏瓜：葫芦的变种，俗称"瓢葫芦"。古时有甜、苦两种，苦的不能吃，但晾干后，可以用作浮水工具，或剖开制成瓢。

[14]乡原：亦作乡愿。不分是非、人云亦云的好好先生。

[15]孺悲：鲁国人，鲁哀公曾派他向孔子学礼。

[16]博：玩耍，嬉戏。

[17]奕：通"弈"，围棋。

[18]讦：攻击或揭发别人的短处。

微子第十八

原文 微子[1]去之，箕子[2]为之奴，比干[3]谏而死。孔子曰："殷有三仁焉。"

今译 微子离开了纣王，箕子做了他的囚徒奴隶，比干因直言敢谏而被杀死了。孔子说："殷朝有三位仁人啊！"

张居正讲评 微子是纣之庶兄，箕子、比干是纣叔父。当理而无私心叫做仁。昔纣为无道，其国将亡。微子进谏不听，恐一旦被祸，绝了商家宗祀，遂引身而去之。箕子谏纣不听，被纣囚系为奴，因佯狂而受辱。比干直言极谏，犯纣之怒，被纣杀之，剖其心以死。此三人者同为纣之亲臣，而或去，或不去，或以死，行各不同。孔子从而断之说："殷有三仁焉。"盖论人者不当泥其迹而当原其心。三人者就其迹而观之，虽有不同，原其心而论之，则其忧君爱国之忠，至诚恻怛之意，一而已也。其去者欲存宗祀，非忘君也；奴者欲忍死以有待，非惧祸也；死者欲正言而悟主，非沽名也。所以说，殷有三仁焉。盖自孔子之论定，而三子之心，始白于天下后世矣。大抵人臣之义，莫不愿世平主圣，服休宠而保荣名者，不得已而逃遁、而囚辱、而杀身，则所遇之不幸耳。向使纣有纳谏之美，而三仁者得效其进谏之忠，相与救过图存，则商祀未宜遽绝也。乃拒谏饰非，淫威以逞，卒之三仁去而殷国墟，岂不可为永鉴哉？

张居正讲评译释 纣王昏庸无道，国家马上就要灭亡了。微子进谏，纣王没有听从，微子担心国家灭亡后殷商的宗祀断绝，就离开了。箕子劝谏纣王，纣王没有听从，他被纣王降为奴隶，因披发装疯受到侮辱。比干直言劝谏，惹怒了纣王，他被纣王杀害，剖心而死。这三个人都是纣王的亲人、大臣，或者离开，或者留下，或者被杀害，结果各不相同。孔子根据他们的事迹果断地说："殷朝有三位仁人呀！"评论别人不能拘泥于他们的行为，而应当探察他们的想法、目的。虽然这三个人的行为不同，但是他们忧君爱国的忠心是一致的。离开的人是为了保全宗祀，不是抛弃君主；成为奴隶的人是为了待机而动，不是畏惧灾祸；死的人是为了让君主醒悟，不是为了骗取名誉。所以说，殷朝有三位仁人。自从孔子做出了定论后，这三个人的做法才被天下人理解。通常臣子们都希望世事太平、君主圣明，都想得到君主的信任，获得荣耀。微子、箕子、比干不得已而逃走、受到囚禁、被杀害，这是非常不幸的事。假如纣王有接纳谏言的美德，微子、箕子、比干三人的劝谏能取得效果，君臣一起救亡图存，商朝就不会那么快灭亡。纣王却拒绝接受劝谏，掩饰自己的过错，滥用威严去残害忠良。失去了这三位仁人的殷商很快就灭亡了，这难道不值得后世鉴戒吗？

原文 柳下惠[4]为士师[5]，三黜。人曰："子未可以去乎？"曰："直道而事人，焉往而不三黜？枉道而事人，何必去父母之邦？"

今译 柳下惠当典狱官的时候，曾被多次降职或罢免。有人说："你不可以离开鲁国吗？"他说："按正道侍奉君主，到哪里不会屡遭罢斥呢？如果不按正道侍奉君主，为什么一定要离开鲁国呢？"

张居正讲评 柳下惠是鲁之贤人。士师是掌刑狱之官。三黜是屡遭罢斥。父母之邦指鲁国说。昔柳下惠为鲁士师之官，屡被退黜。人或有讽之者说："子屡摈不用如此，尚未可以去而之他国乎？"言其道不合则当去也。柳下惠恭说："我之所以屡被罢黜者，只因我直道而行，不能屈己以随人耳。今世之人，谁不悦佞而恶直？若我守定这正直之道以事人，则到处为人所恶，何所往而不被其退黜？若我肯阿意曲从，枉己以事人，则到处为人所喜，只在我鲁国亦自安其位了，又何必远去父母之邦乎？"柳下惠以此解或人之言，盖自信其直道而行，不以三黜为辱也。要之，衰世昏乱，故正直见忤于时，惟治朝清明，斯君子得行其志，是以有道之君子秉公持正者，必崇奖而保护之，倾险邪媚者，必防闲而斥远之，则众正之路开，而群枉之门杜矣。

张居正讲评译释 柳下惠在鲁国当典狱官的时候，多次被降职或罢免。有人讥讽他说："像你这样被多次罢免，难道不能离开鲁国去其他国家吗？"这个人的意思是主张不被采纳就应该离开。柳下惠恭敬地回答说："我之所以多次遭到罢免，是因为我按正道侍奉君主，不肯迎合他人。如今谁不喜欢奸佞厌恶正直？如果我按正道侍奉君主，到哪里都会被厌恶的，到哪儿不会屡遭罢斥呢？如果我迎合取悦别人，到哪里都会被人们喜欢的，在我们鲁国也能保持官位的稳固，何必离开呢？"柳下惠这么回答别人，是因为他坚持直道而行，不把多次遭到罢黜当作耻辱。总之，世道混乱，正直是违背时局的，只有清明盛世，君子才能施展自己的抱负。所以君主一定要嘉奖保护那些正直公正的君子，远离防范那些阴险谄媚的小人，这样才能广开正道，杜绝奸邪。

原文 齐景公待孔子曰："若季氏，则吾不能；以季、孟之间待之。"曰："吾老矣，不能用也。"孔子行。

今译 齐景公讲到对待孔子的礼仪时说："像鲁君对待季氏那样，我做不到；我用介于季氏和孟氏之间的待遇来对待他。"又说："我老了，不能用他了。"孔子（知道后，）便离开了齐国。

张居正讲评 昔孔子适齐。齐景公素知孔子之贤，因与其臣商量待孔子的礼节，说道："鲁有三卿，季氏最贵，鲁君待之极隆。我今要把鲁君待季氏的礼待孔子，似乎过厚，则我有所不能。若把鲁君待孟氏的礼待他，于礼又简，有所不得。就中斟酌，当以季、孟之间待之，固不至如季氏之隆，亦不至如孟氏之简，庶几其可乎？但惜我年已衰老，不能用其道矣。"夫孔子至齐。本为行道，既不能用其道，而徒拟议于礼节之间，则亦虚拘焉耳。故孔子行盖不合则去，一重道之义也。

张居正讲评译释 孔子去了齐国。齐景公知道孔子的贤德，和大臣们商量接待孔子的礼节，说道："鲁国有三位大臣，季氏地位最尊贵，鲁君对他的礼仪很隆重。如果用鲁君对待季氏的礼仪对待孔子，似乎太过隆重了，我做不到。如果用鲁君对待孟氏的礼仪对待孔子，又太简单了，不能这样做。从中斟酌一下，用介于季氏和孟氏之间的待遇来对待他，固然没有对待季氏那样隆重，也不像对待孟氏那样简单，这样差不多行了吧？可惜我已经老了，不能重用他了呀！"孔子去齐国，为的是施展抱负，齐景公不能采用孔子的主张，只是拘泥于虚文缛节，只知道用礼仪笼络别人。不符合自己的主张就离开，孔子看重的是道义啊！

原文 齐人归女乐，季桓子受之，三日不朝，孔子行。

今译 齐国人送了一些歌姬舞女给鲁国，季桓子接受了，三天不上朝。孔子于是离开了。

张居正讲评 季桓子是鲁大夫，名斯。鲁定公时，孔子为司寇，三月而鲁国大治。齐人惧其为霸，因设计选好女子八十人，皆衣文衣，乘文马，舞康乐，以馈送鲁君，欲以惑乱其心，阻坏其政。鲁君果中其计，与同季桓子再三游观，悦而受之。于是荒于声色，怠于政事，三日不复视朝。则其简贤弃礼，不足与有为可知，故孔子行。盖礼貌衰则去，一见几之明也。合前章而观，景公知好贤矣，而耄倦于勤，好之而不能用；定公能用之矣，而中荒于欲，用之而不能终，无怪乎二国之不振也！

张居正讲评译释 鲁定公时，孔子是鲁国的司寇，只用了三个月时间就让鲁国得到了很好的治理。齐国害怕鲁国因此而强大，就选了八十个衣着华丽、能歌善舞的女子送给鲁君，想要迷惑鲁君，破坏鲁国的朝政。鲁君果然中了齐国的奸计，高兴地接受了，经常和季桓子一起观看游玩。于是沉迷于声色，怠慢朝政，连着三天不上朝。由此可以看出鲁定公怠慢贤才，荒废礼仪，难以有所作为，所以孔子离开了。看到鲁定公的礼貌衰减就离开，孔子这是以小观大，十分明智的行为啊。和上一章一起来看，齐景公喜好贤才，却懒惰松懈，只是喜好却不能重用；鲁定公能任用贤者，却因为淫欲而怠慢朝政，难以坚持重用，难怪这两个国家不能兴盛啊！

原文 楚狂接舆[6]歌而过孔子曰："凤兮凤兮！何德之衰？往者不可谏，来者犹可追。已而已而！今之从政者殆而！"孔子下，欲与之言。趋而辟之，不得与之言。

今译 楚国的狂人接舆唱着歌从孔子的车旁走过，他唱道："凤凰呀，凤凰呀，为什么你的德运这么衰弱呢？过去的已经无法挽回，未来的还可以挽救。算了吧，算了吧。今天的执政者是危险极了！"孔子下车想和他谈谈，他却跑着避开，孔子没能和他谈话。

张居正讲评 接舆是楚之狂士。昔周之衰，贤人隐遁。接舆盖亦佯狂以避世者。殆字解做危字。下是下车。辟是躲避。昔孔子周流，至于楚地，楚之狂人接舆者，只中唱歌而行过孔子之车前说："凤兮，凤兮，何德之衰？说凤凰是灵鸟，能审时知世，有道则见，无道则隐，所以为稀有之祥瑞。如今是甚么时候，乃出见于世，是何其德之衰而不知自重耶！然既往之事，虽不可谏止，从今以后，尚可以改图，趁此之际，可以止而隐去矣。我观今之出仕而从政者，非惟不能建功，且将至于取祸，亦岌岌乎危殆而难保矣，于此不止，是安得谓之智乎？"接舆之意，盖以凤鸟比孔子，而讥其不能全身以远害也，然以避世为高，而不以救时为急，则其趋向之偏甚矣。孔子时在车中闻其歌词，知其为贤人，故下车来，欲与之讲明君臣之大义，出处之微权。而接舆自以为是，不肯接谈，遂趋走避匿，孔子竟不得与之言焉。盖圣人抱拯溺亨屯之具，而又上畏天命，下悲人穷，是以周流列国，虽不一遇，而其心终不能一日忘天下也。彼接舆之徒，果于忘世，往而不返，何足以语此哉？

张居正讲评译释 孔子游历到楚国，楚国的狂人唱着歌从孔子的车旁走过，他唱道："凤凰呀，凤凰呀，为什么你的德运这么衰弱呢？都说是凤凰是灵鸟，能审时度势，社会兴盛就出现，社会衰败就归隐，所以成了很稀有的祥瑞。现在是什么时候，凤凰现世，德运是多么衰弱而不知道自重啊！过去已经发生的事已经难以挽回，没有发生的事还能够挽救，趁现在赶紧离开隐去吧。我看现在出仕做官的人，不但不能建功立业，反而会招致祸端、难以自保啊，现在不离开，怎么能算是明智呢？"接舆把孔子比作凤凰，讥讽孔子不能保全自己远离祸患，但是接舆只把避世归隐当作高明，没有挽救时世的责任感，这个人十分偏私啊。孔子在车里听到接舆唱歌，知道他是个贤德的人，所以下车想和他谈谈，想和他讲明君臣之间的大义和自己没有选择归隐的原因。但是接舆自以为是，不肯和孔子交谈，跑着离开了，孔子没能和他进行交谈。孔子有解救危难的抱负，敬畏天命，怜悯世人，所以才周游列国，虽然一直没有受到重视，但没有一天忘记挽救时世的责任。像接舆这种人，不管世事的艰难，选择远去归隐，一去不回，有什么值得和他谈论这些的呢？

原文 长沮、桀溺[7]耦[8]而耕。孔子过之，使子路问津[9]焉。长沮曰："夫执舆者为谁？"子路曰："为孔丘。"曰："是鲁孔丘与？"曰："是也。"曰："是知津矣。"

今译 长沮、桀溺在一起耕田，孔子路过，让子路去询问渡口在哪里。长沮问子路："那位拿着缰绳的人是谁？"子路回答："是孔丘。"长沮说："是鲁国的孔丘吗？"子路说："是的。"长沮说："他恐怕早已知道渡口的位置了。"

张居正讲评 长沮、桀溺都是人姓名，盖亦贤而隐者也。二人相并为耦。津是河边渡口。执舆是执辔在车。昔孔子自楚反蔡，子路御车而行。适遇隐士二人。一个叫做长沮，一个叫做桀溺。两人并耕于野。孔子经过其地，将欲渡河，不知渡口所在，因使子路下车而问于长沮。长沮问说："那坐在车上执辔的是谁？"子路对说："是孔丘。"长沮素知孔子之名，因问说："是鲁国之孔丘与？"子路对说："是也。"长沮遂拒之说："问者不知，知者不问。既是鲁之孔丘，他游遍天下，无一处而不处，于津渡所在，必已知之久矣，又何必问于我哉？"其意盖讥孔子周流而不止也。

张居正讲评译释 孔子离开楚国前往蔡国，子路为孔子驾车。路上遇到两位隐士，一个叫作长沮，一个叫作桀溺，这两人在一起耕田。孔子从他们旁边经过，想要过河却不知道渡口在哪儿，就让子路下车向长沮询问。长沮问子路："坐在车上拿着缰绳的人是谁？"子路回答："是孔丘。"长沮知道孔子，就问："是鲁国的孔丘吗？"子路回答说："是的。"长沮就拒绝指路，说道："问的人肯定不知道，知道的人肯定不会询问。既然是鲁国的孔丘，他周游天下，什么地方都去过，肯定知道渡口在哪儿呀，又何必来问我呢？"长沮这是在讥讽孔子不停地在列国周游。

原文 问于桀溺。桀溺曰："子为谁？"曰："为仲由。"曰："是鲁孔丘之徒与？"对曰："然。"曰："滔滔者天下皆是也，而谁以易之？且而与其从辟人之士也，岂若从辟世之士哉？"耰[10]而不辍。

今译 子路再去问桀溺。桀溺说："你是谁？"子路回答："我是仲由。"桀溺说："你是鲁国孔丘的门徒吗？"子路回答："是的。"桀溺说："像洪水一样的坏事到处都是，你们同谁去改变它呢？而且你与其跟着（孔丘那种）逃避人的人，为什么不跟着我们这些逃避社会的人呢？"说完，仍旧不停地在田里干农活。

张居正讲评 滔滔是流而不反之意。易是变易。于此不合，去而之他国，叫做避人之士。高蹈远举，与世相违，叫做避世之士。耰是田器，所以扒土覆种者。辍是止。子路问津于长沮，长沮不肯告。因又问于桀溺，桀溺问说："你是谁？"子路说："我是仲由。"桀溺素闻孔子弟子有仲由者，因问说："是鲁国孔丘之徒与？"子路对说："然。"桀溺遂责之说："人贵识时，我看如今的世道，愈趋愈下，如流水滔滔，不可复反。举一世而皆然，其乱极矣，若要易乱为治，易危就安，将谁与转移之乎？今汝之师，今日之齐，明日之楚，不合于此，又求合于彼，是乃避人之士，亦徒劳而已。你与其从着那避人之士，奔走而无成，岂若从我辟世之士，离尘远俗，优游而自乐哉？"语毕，遂自治其田事，耰而不止，亦不告以津处。其拒之也深矣！

张居正讲评译释 子路向长沮问路，长沮不肯说，就又去问桀溺，桀溺问他说："你是谁？"子路说："我是仲由。"桀溺知道孔子有一个弟子叫作仲由，就问道："是鲁国孔丘的弟子仲由吗？"子路回答说："是的。"桀溺就斥责说："人贵在识时务，我看现在的世道日渐衰败，就像滔滔流水一样难以回到从前了。整个世道十分混乱啊，想要使混乱的世道变得太平安定，你们同谁一起去改变呢？你们老师孔子今日到齐国，明天到楚国，在这里不被重用，就想去别的地方获得重用，他是逃避他人的人，但这样也是徒劳啊。你与其跟着孔丘逃避他人，来回奔波而难以取得成效，为什么不跟着我们这些逃避社会的人，远离世俗，过悠然自得的生活呢？"桀溺说完，就自己不停地在田里耕作，不告诉子路渡口在哪儿。桀溺也拒绝给孔子指路啊！

原文 子路行以告。夫子怃然[11]曰："鸟兽不可与同群，吾非斯人之徒与而谁与？天下有道，丘不与易也。"

今译 子路回来后把长沮、桀溺说的话报告给孔子。孔子失望地说："人与飞禽走兽是不能合群共处的，如果不同世上之人打交道，又与谁打交道呢？如果天下太平，我就不会与你们一道来从事改革了。"

张居正讲评 怃然是怅然叹息的意思。子路问津于长沮、桀溺而不见答，反被其讥讽，于是还以二人之言告于孔子。孔子惜其不喻己意，乃怃然叹息说："彼谓辟人不如辟世，则必高飞远举，不在人间方可耳。殊不知人生天地间，鸟兽既是异类，不可与之同群。若斯人者，固与我并生并育，同一气类，吾不与之为群而谁与哉？既与之为群，则不可绝人逃世以为洁矣。他说天下无道，谁与易之？不知我之所以周流不息，正为天下无道，故欲出而变易之也。若使天下有道，世已治，民已安，则固无用我之变易，而我岂乐于多事哉？彼二子者，其亦不谅我之心矣！"盖天生圣贤本为世道计。故古之圣人，民饥则曰己饥，民溺则曰己溺。一夫不获，则曰己辜。其忧时悯世，非但其心之不容已，亦其责之不可辞耳，使如沮、溺之言，则安危理乱邈不相关，生民将何所托命乎？有世道之责者，宜加意焉！

张居正讲评译释 子路向长沮、桀溺询问渡口的位置却没有得到回答，反而被他们讥讽，就把他们两人的话告诉了孔子。因为长沮、桀溺不明白自己的抱负，孔子失望地说："他们说逃避人不如逃避社会，那么逃避社会就一定要远离人间才行啊。他们不知道人和鸟兽不是同类，不能合群共处。世人和我一起出生，一起长大，我不和世人相处同谁相处呢？既然要和世人相处，就不能把逃避社会当作高洁啊。他们说天下混乱，谁能来挽救时世？却不知道我之所以一直周游列国，正是因为天下混乱，我想要改变这个混乱的局面啊。假如天下太平，时世安定，百姓安康，就不需要我来改变了，我怎么会没事找事来回奔波呢？他们两人不理解我的良苦用心啊！"圣贤为的是时世太平，所以古时候的圣人把百姓的疾苦当作自己的疾苦，认为有一个人没有过上安定的生活，就是自己的责任。他们忧时悯世，不但严格要求自己，也把这些当作自己难以推辞的责任，如果像长沮、桀溺说的那样，对时世的安危视而不见，那么要把百姓托付给谁呢？有责任挽救世道的人，更加应该注意这些啊！

原文 子路从而后，遇丈人，以杖荷蓧[12]。子路问曰："子见夫子乎？"丈人曰："四体不勤，五谷不分，孰为夫子？"植其杖而芸[13]。子路拱而立。止子路宿，杀鸡为黍而食之，见其二子焉。

今译 子路跟随孔子出行，落在了孔子后面，遇到一位用拐杖挑着除草工具的老丈。子路问道："你看到我的老师了吗？"老头说："你不辛勤劳作，分辨不了五谷，谁是你的夫子？"说完，便扶着拐杖去除草。子路拱着手恭敬地站在一旁。老人留子路在家中住宿，还杀鸡做米饭给子路吃，又叫他的两个儿子出来与子路见面。

张居正讲评 丈人是老人。蓧是竹器。去草叫做芸。昔孔子周流四方，子路随，而偶相失在后，于田间遇一老人，以竹杖挑着竹器。子路问说："你曾见我师夫子否？"丈人不对而直责之说："汝于四体，则不知勤劳耕作以自食其力；于五谷，也不能分辨其孰为稻，孰为黍稷，孰为麦菽。舍其农业而从师远游，却来问汝夫子于我，我知谁是你的夫子？"遂植立其杖，而自于田间芸草，更不答他。子路闻丈人之言，知其为贤人也，遂端然起敬，拱手而立。丈人见子路改容相待，亦为之感动，遂留子路宿于其家，杀鸡造饭以管待之，又令其二子出见，叙长幼之礼焉。盖春秋之时，天下无道，贤人隐遁，而孔氏之徒独周游四方，欲以行道济时，故动而见沮如此，可以观世矣！

张居正讲评译释 子路跟随孔子周游列国，落在后面走丢了，在田间碰到了一个用拐杖挑着竹器的老人。子路问道："你看到我的老师了吗？"老人不回答，斥责子路说："你不勤劳地耕作，不知道自食其力；不认识五谷，不知道什么是稻子，什么是黍稷，什么是麦菽。你舍弃农业耕作跟着你的老师远游，现在来问我你老师去哪儿了，我怎么知道谁是你的老师？"说完就拄着拐杖在田里除草，也不回答子路的问题。子路听了老人的话后，知道这是一位贤人，就拱着手恭敬地站在一边。老人见子路这样礼待自己，非常感动，就留子路在家中住宿，杀鸡做饭款待他，又叫两个儿子出来与子路见面，表达长幼尊卑的礼仪。春秋时期，天下混乱，贤人归隐，只有孔子和弟子在列国周游，想要施展抱负，挽救时世，但他们的行动却不被人们理解。由此也能看出春秋时期社会的动乱啊！

原文 明日，子路行以告。子曰："隐者也。"使子路反见之。至，则行矣。子路曰："不仕无义，长幼之节，不可废也；君臣之义，如之何其废之？欲洁其身，而乱大伦。君子之仕也，行其义也。道之不行，已知之矣。"

今译 第二天，子路赶上了孔子，把这件事告诉了他。孔子说："这是个隐士啊。"让子路回去再看看他。子路到了那里，老丈人已经走了。子路说："不做官是不对的，既然知道长幼之间的礼仪不能废弃，那么君臣之间的大义怎能废弃呢？想要自身清白，却破坏了君臣之间应有的大义。君子做官，只是为了自己应尽的责任，至于道义的行不通，早就知道了。"

张居正讲评 子路遇丈人之明日，前行追及孔子。把丈人责己之言，相待之礼，一一告知。孔子说："观此人的言语行事，乃贤而隐遁者也。惜其不明出处之大道耳。"因使子路复回见之，欲晓然告以君臣之义。及至其家，而丈人已先出，不得相遇矣。子路乃就夫子之意，说道："君臣之义无所逃于天地之间。人臣事君，义所当然也。若不仕，则是无君臣之义矣。夫君臣、长幼并列于五伦，而君臣为尤大。丈人昨使其二子出见，是于长幼之节，既知其不可废矣，至于君臣之大义，却如何其独废之耶？今汝以隐为高，不过欲全生避世，归洁其身而已。不知一身虽洁，而君臣之义，从此遂废，实有乱乎人之大伦矣，大伦岂可乱者乎？故君子之出而事君，岂是要图富贵？盖欲行此君臣之义耳！若夫衰世难挽，明君难遇，道之不行，我岂不知？但恐废义而乱伦，有不忍恝然者耳。丈人何其见之固哉。大抵接舆、沮、溺、丈人之徒，皆明于保身，而昧于行义，故往往是己见而非圣人。不自知其陷于一偏，害义而伤伦也！"是以，夫子每惓惓接引，各因其明以通其蔽，所以扶世教而正人心者，意独至哉！

张居正讲评译释 子路在遇到老人后的第二天，赶上了孔子，把老人责备自己的话和对自己的款待，都告诉了孔子。孔子说："看这个人说话做事，像是一个归隐起来的贤人。可惜他不明白要根据大义来决定出仕还是归隐。"孔子让子路回去再看看他，想要用君臣之义开导他。子路到了那里之后，老人已经走了，就没能见到他。子路根据孔子的意思自己说道："人活在天地之间，就难以躲避君臣之义。臣子侍奉君主，这是理所应当的事。如果不做官，就不符合君臣之义。君臣、长幼同属于五种人伦关系，其中最重要的是君臣关系。老人昨天让两个儿子和我相见，符合长幼有序的礼仪，他既然知道礼仪不能被荒废，为什么要单独抛弃君臣之间的大义呢？现在这个老人把归隐当作高明的行为，不过是想要保持自身的高洁罢了。他不知道这么做虽然能保全了自己高洁的品质，却荒废了君臣之义，破坏的是伦常大道呀，怎么能这样舍大取小呢？君子出仕做官，侍奉君主，怎么是为了荣华富贵呢？为的是君臣之义啊！如今时世衰败，难以遇到贤明的君主，不能施展自己的抱负，我岂能不知道这些？只是担心违背了君臣大义，破坏了伦常大道，所以不忍心漠然归隐。这个老人的看法太片面了。接舆、长沮、桀溺这些人，只知道明哲保身，而不知道遵守道义，所以总是固执己见，不认可圣人的做法。却不知道自己过于偏颇，已经危害到道义和妨碍到教化了呀！"因此，孔子每次遇到这样的人都深切地开导他们，想让他们能明白事理。所以说只有孔子在努力地扶正教化、端正人心呀！

原文 逸民：伯夷、叔齐、虞仲、夷逸、朱张、柳下惠、少连。子曰："不降其志，不辱其身，伯夷、叔齐与？"谓柳下惠、少连："降志辱身矣，言中伦，行中虑，其斯而已矣。"谓虞仲、夷逸："隐居放言，身中清，废中权。""我则异于是，无可无不可。"

今译 被遗落的人才有：伯夷、叔齐、虞仲、夷逸、朱张、柳下惠、少连。孔子说："不降低自己的意志，不辱没自己的身份，这是伯夷、叔齐吧！"说柳下惠、少连："被迫降低自己的意志，辱没自己的身份了，但他们的言语合乎伦理，行为合乎人心，那也不过如此罢了。"又说虞仲、夷逸："过着隐居的生活，说话放肆直率，行为廉洁，能够放弃官位保全自身，这合乎权变的道理。""我却和这些人不同，没有什么可以做的，也没有什么不可以做的。"

张居正讲评 逸民是隐逸高尚的人。虞仲即周太王次子，仲雍与泰伯同窜荆蛮者。伦是义理之次第。虑是思虑。记者说：古时隐逸高尚之士，可以考见者七人，如伯夷、叔齐、虞仲、夷逸、朱张、柳下惠、少连是也。然七人者，志节虽同，而制行则异。孔子一一而评品之说："立志高而不肯少有贬屈；持身洁而不肯少有污染，其伯夷、叔齐与！观他非其君不事，非其民不使，不立恶人之朝，不与恶人言，峻节清风，何凛凛也。若夫柳下惠、少连，则和同混俗，于人无忤。虽降屈其志，卑辱其身，有弗惜者，其出言则和乎伦理，行事必当乎人心，以之处世，如斯而已矣，不为过高绝俗之行也。至于虞仲、夷逸则行不必其中虑，而隐居以自适；言不必其中伦，而放言以自废矣，然虽隐居独善，而洁身不污，合乎道之清；虽放言自废，而韬晦得宜，合乎道之权。盖与矫异之士，害义伤教者不同矣。然此七人者，其行虽洁，其志虽高，而未免有执一之病也。在夷、齐、虞仲、夷逸，则以绝世离俗为可，而以和光同尘为不可；在柳下惠、少连则以和光同尘为可，而以绝世离俗为不可。各是其是，各非其非，都先有个主意在，其见偏矣！若我则异于是，可仕，则仕；可止，则止，用之斯行，舍之斯藏。因时制宜，不胶于一定，固无所谓可，亦无所谓不可也，此吾所以异于逸民与。"要之，七人之心有所倚，故止成其一节之高，圣人之心无所倚，故优入于时中之妙。所以说，观乎圣人，则见贤人，凡行己处世者，当知所取法矣！

张居正讲评译释 有人记录说：古时候隐逸高尚的人有七位，分别是伯夷、叔齐、虞仲、夷逸、朱张、柳下惠、少连。这七个人的志向品节一样，而行为不同。孔子分别点评他们说："志向高远，不动摇自己的心志；持身高洁，不辱没自己的身份，大概就是伯夷、叔齐吧！他们两个人，不是自己的君主就不侍奉，不是自己的百姓就不使用，不和恶人同朝做官，不和恶人说话交谈，他们两个高风亮节、正气凛然。柳下惠、少连两人则是和别人保持一致，不触犯别人。即使委屈辱没自己，也不在乎，他们两人说话一定是符合伦理，做事一定会顺应人心，在为人处世时毫不清高孤傲。虞仲、夷逸则不考虑行为是否合适，直接选择了归隐；说话也不再依据伦理，而是放言议论。但是他们虽然隐居独处，也依然保持自身高洁的品行，不辱没自己，使自己的行为符合正道；虽然放纵自己的言论，但也知道收敛自己，让自己的言语符合常理。这和那些故意标新立异，违反伦理教化的人不一样啊。这七个人虽然品行高洁、志向高远，但未免过于偏执啊。伯夷、叔齐、虞仲、夷逸认为应该远离世俗，不能和俗人相处；柳下惠、少连则认为应该同人们和谐相处，不能归隐离开。他们都认为自己正确，别人错误，看法都非常偏颇！我则和他们不一样，能出仕做官就做官，不能做官就离开，用我的时候我就施展自己的抱负，不用我的时候我就隐藏自己。根据时机的不同，我会采取不同的措施，没有什么事一定要做，也没有什么事一定不能做，这就是我和这些隐士不同的地方。"总之，这七位隐士心里有所依仗，所以才只能在某一方面取得成就，而圣人心里不必有任何依仗，所以能根据时机的不同选择合适的措施。通过观察圣人，就能明白如何做一个贤人，人们在为人处世时应该知道向谁去学习呀！

原文 太师挚[14]适齐，亚饭干[15]适楚，三饭缭适蔡，四饭缺适秦，鼓方叔[16]入于河，播鼗[17]武入于汉，少师[18]阳、击磬襄[19]入于海。

今译 太师挚到齐国去了，亚饭干到楚国去了，三饭缭到蔡国去了，四饭缺到秦国去了，打鼓的方叔到了黄河边，摇小鼓的武到了汉水边，少师阳和击磬的襄到了海边。

张居正讲评 太师是乐官之长。古时国君每食，必作乐以侑食，故有亚饭、三饭、四饭之名。少师是乐官之佐。鼓、播鼗、击磬都是掌乐器的官。齐、楚、蔡、秦、河、汉、海都是地名。鲁自三家僭乱，歌雍舞佾，私家日盛，而公室反微，音乐废缺。宗庙之祭，至不能备八佾之舞，于是典乐之官，皆失其职，散而之四方。有掌乐的太师名挚者，去而适齐，掌亚饭之乐名干者，去而之楚。掌三饭之乐名缭者，去而之蔡。掌四饭之乐名缺者，去而之秦。掌三鼓的官名方叔者，去而入居于河内，掌播摇鼗鼓的官名武者，去而入居于汉中，为乐官之佐名阳与掌击磬的官名襄者，去而入居于海岛。夫礼乐所以为国者也，鲁失其政，下陵上替，礼坏乐崩，至使瞽师乐官皆不能守其职，而纷然四散。是尚可以为国乎？记者言此，盖伤鲁之衰也！

张居正讲评译释 孟氏、叔孙氏和季氏三家把持了鲁国的朝政之后，私人的舞乐变得非常兴盛，而王室的舞乐反而衰败，礼乐制度被荒废了。国家在宗庙祭祀的时候甚至不能提供八佾舞，于是乐官们都失去了官职，纷纷离开了。乐官之长太师挚到齐国去了，第二次奏乐的乐师干到楚国去了，第三次奏乐的乐师缭到蔡国去了，第四次奏乐的乐师缺到秦国去了，打鼓的方叔到了黄河边，摇小鼓的武到了汉水边，少师阳和击磬的襄到了一个海岛上。礼乐制度是一个国家的根本，鲁国政治混乱，君主无能，臣子谋逆，礼乐荒废，导致这些乐官们失去了官位，四处分散离开了，还能算是一个国家吗？记录这些，是为鲁国的衰败感到哀伤呀！

原文 周公谓鲁公曰:"君子不施其亲,不使大臣怨乎不以。故旧无大故,则不弃也。无求备于一人。"

今译 周公对鲁公说:"君子不疏远他的亲属,不使大臣们埋怨不用他们。旧友老臣没有严重过失就不要抛弃他们,不要对某个人求全责备。"

张居正讲评 鲁公是周公之子伯禽也。施字当作弛字,是废弃的意思。以是用。昔鲁公伯禽受封之国,周公训戒之说道:"立国以忠厚为本。忠厚之道在乎亲亲、任贤、录旧、用人而已。盖亲,乃王家一体而分者,苟恩义不笃,则亲亲之道废矣,必也亲之欲其贵,爱之欲其富,使至亲不至于遗弃可也!大臣,国之所系以为安危者,苟大臣有怨,则任贤之礼薄矣,必也推心以厚其托,久任以展其才,不使大臣怨我之不见信用,可也!故旧之家皆先世之有功德于民者,苟弃其子孙,则念旧之意衰矣!必也官其贤者,其不贤者亦使之不失其禄,非有恶逆大故,则不弃也。人之才具各有短长,在于因材而器使之,苟责备于一人,则用才之路狭矣。必也因能授任,不强其所不能,无求全责备于一人焉!此四者皆君子之事,忠厚之道也。汝之就封,可不勉而行之,以培植国家之根本哉?"按,周家以忠厚立国,故周公训其子治鲁之道,亦不外此。其后周祚八百,而鲁亦与周并传绵远,岂非德泽浃洽之深哉?此为国者所当法也!

张居正讲评译释 伯禽代周公受封鲁国时,周公告诫他说:"忠厚是立国的根本。忠厚在于亲近自己的亲族,具体来说就是任用贤人、关心旧友、容忍别人这些。族人和自己是从同一个家庭里分散出去的,如果恩义不纯,就会疏远自己的亲人。亲近他们就一定要使他们尊贵,关爱他们就一定要使他们富裕,你不能疏远自己的亲属啊!大臣关系到国家的安危,如果臣子心里有怨言,就说明君主对他们的礼遇不够,一定要推心置腹地厚待他们,让他们能够施展自己的才能,心中没有怨言才行啊!旧友老臣的先世对百姓都有很大的功德,如果抛弃了他们的子孙,就是不念旧情啊!一定要让他们当中有贤德的人出来做官,让那些没有贤德的人也能得到养护,只要没有严重的过失,就不要抛弃他们。人的才能有高有低,重要的在于能根据才能去使用他们,如果对别人求全责备,就难以获得人才呀。一定要因材施用,不勉强让别人做能力之外的事,不对别人求全责备才行啊!这四个方面都是君子应该做到的忠诚宽厚的行为啊。如今你接受分封,怎么能不努力地去稳固国家的根本呢?"周朝用忠厚来建立国家,所以周公也这么教导儿子。周朝延续了八百年,鲁国也得到长时间的传承，这难道不是因为他们的恩德普遍惠及百姓吗？这是治理国家的人应该学习的地方啊！

原文 周有八士：伯达、伯适、仲突、仲忽、叔夜、叔夏、季随、季騧。

今译 周代有八个德才兼备的人：伯达、伯适，仲突、仲忽、叔夜、叔夏、季随、季騧。

张居正讲评 伯、仲、叔、季是兄弟次序。记者说：贤才之生，关于气运。昔周室盛时，文武之德泽涵育者深，天地之精英蕴蓄者久，于时灵秀所钟，贤才备出，其中最奇异者，兄弟八人同出一母，而又皆双生。其头一胎生二子，叫做伯达、伯适；第二胎生二子，叫做仲突、仲忽；第三胎生二子，叫做叔夜、叔夏；第四胎生二子，叫做季随、季騧。此八士者产于一母，萃于一门，而又皆有过人之德，出众之才。多而且贤，真乃是盛世之瑞，邦家之光。其关系一代气运，岂偶然哉？考之尧、舜之时，有八元八恺；成周则有八士，盖天将祚帝王以太平之业，则必有多贤应运而生，一气数之自然耳。顾天能生才而不能用才，举而用之，责在人主。是以，史称舜举十六相而天下治。《诗》云："济济多士，文王以宁。"言其能用之也！

张居正讲评译释 有人记录说：贤才关系到国家的气运。周朝兴盛时，在文治和武功上都有很高的成就，蓄积了很深厚的天地灵气，于是山川秀美，贤才辈出，最为奇特的是有一位母亲生了八个儿子，并且每胎都是双胞胎。第一胎的两个儿子叫作伯达、伯适；第二胎的两个儿子叫作仲突、仲忽；第三胎的两个儿子叫作叔夜、叔夏；第四胎的两个儿子叫作季随、季騧。这八个人出生自同一个母亲，在同一个家庭，又都有过人的才能和出众的品德。兄弟众多并且都很贤德，这真的是盛世的征兆，国家的光荣。能出现这样的事跟国家的气运有很大的关系，这岂能是偶然的现象呢？尧舜时期有八元八恺共十六位贤能人士；周朝有八位德才兼备的贤人，这是因为上天要把太平盛世赐给当时的帝王，所以一定会出现很多贤才，这是自然的气运啊。如果上天降生了许多贤才，这些贤才却没有得到重用，这就是君主的责任。所以，尧舜任用了八元八恺这十六位贤人，天下得到了治理。《诗经》里说："朝中充满优秀卓越的人才，这是文王能治理百姓，使天下安宁的原因。"意思就是文王能重用贤才啊！

注释：

[1] 微子：名启，殷纣王的同母兄弟，见纣王无道，劝他不听，遂离开纣王。

[2] 箕子：殷纣王的叔父。他去劝纣王，见纣王不听，便披发装疯，被降为奴隶。

[3] 比干：殷纣王的叔父，屡次强谏，激怒纣王而被杀。

[4] 柳下惠：原名展获，字子禽（一字季），谥号惠，后人尊称其为"柳下惠"或"和圣柳下惠"。周朝诸侯国鲁国柳下邑（今山东平阴孝直镇展洼村）人，曾担任鲁国大夫，后隐遁，鲁孝公之子公子展的后裔。

[5] 士师：亦作"士史"。古代执掌禁令刑狱的官名。

[6] 接舆：春秋时期楚国著名隐士。

[7] 长沮、桀溺：指两个在水洼里劳动的高大魁梧的人。长、桀，都形容高大；桀通"杰"。沮，低湿的洼地。溺，指浸在水洼中。

[8] 耦：两人并肩耕作。

[9] 津：渡口。

[10] 耰：农具名。形如大木榔头，用来捣碎土块，平整土地。

[11] 怃然：怅然失意。

[12] 筱：竹器。

[13] 芸：古同"耘"，除草。

[14] 太师挚：太亦作大。太师是鲁国乐官之长，挚是人名。

[15] 亚饭干：古代天子和诸侯吃饭要奏乐。亚饭是第二次吃饭时奏乐的乐师，"三饭""四饭"依此类推。"干""缭""缺"是乐师的名字。

[16] 鼓方叔：击鼓的乐师，名方叔。

[17] 播鼗（táo）：播是摇的意思。鼗，即拨浪鼓，长柄，两旁系有小槌。

[18] 少师：乐官名，副乐师。

[19] 击磬襄：击磬的乐师，名襄。

论语卷九

子张第十九

原文 子张曰:"士见危致命,见得思义,祭思敬,丧思哀,其可已矣。"

今译 子张说:"读书人看见危险时能够献出自己的生命;看见有利可得时能够考虑是否符合义的要求;祭祀时能够想到是否严肃恭敬;居丧时能够考虑到自己是否哀伤悲痛,这样就可以了。"

张居正讲评 子张说:"论人当观其大节。倘大节有亏,则其余不足观矣。若使今之为士者,能见危难则委致其命,以赴公家之急,而不求苟免;见财利则必义之当得与否,而不为苟得;于祭则思敬以追远,而致其如在之诚;居丧则思哀以慎终,而极其思慕之笃。士能如此,则外著光明磊落之行,内存仁孝诚敬之心,大节无亏,其可谓士也已矣!"然此固修己之大闲,盖亦取人之要法。人君诚得是人而用之,以之当大任,托大事,何不宜哉?外此,而求其才艺之美,智巧之优,抑末也已。

张居正讲评译释 子张说:"判断一个人要看他的品节。如果品节上有问题,那么其余的就没必要看了。假如现在的读书人在国家有危险时能够献出自己的生命,不躲避危难;看见有利可得时能够考虑是否符合义的要求,不贪图不应当得到的财利;祭祀时能够想到是否严肃恭敬,用上他最大的诚意;居丧时能够考虑到自己是否哀伤悲痛,用上他最深刻的思慕,如果能做到这些,就能够看出他们行为光明磊落,内心仁孝恭敬,在品节上没有问题,就能算是读书人呀!"这些既是自身修行的规范,也是评价别人的方法。君主如果能够得到这样的读书人,并且重用他们,岂不是会有很大的收益?有了这些品节之后,再要求他们提高才艺、智慧就行了。

原文 子张曰:"执德不弘,信道不笃,焉能为有?焉能为亡?"

今译 子张说:"实行德而不能发扬光大,信仰道而不忠实坚定,(这样的人）有他不算多，没有他也不算少。"

张居正讲评 执是执守。弘是廓大。笃是坚确的意思。子张说："理得诸心谓之德，德有诸己，贵于能执，而执之又贵于扩充。若或器量浅狭，容受不多，才有片善寸长，便侈然自以为足，不复加扩充之功，这是执德不弘，理所当然谓之道，道有所闻，贵于能信，而信之，尤贵于坚定。若或意念纷纭，把持不定，才遇事交物诱，便茫然失其所守，不复有的确之见，这是信道不笃。夫执德不弘，久则将并其所执者而失之矣；信道不笃，久则将并其所信者而亡之矣。"此等之人虽终身为学，毕竟无成，在世间，有之不为多，无之不为少，一凡庸人等耳，何足贵乎？所以说，焉能为有？焉能为亡？言不足为有无也。

张居正讲评译释 子张说："内心明理就是有品德。人贵在能保持品德，保持品德又贵在能将其发扬光大。如果一个人器量狭小、见识短浅，稍微有所收获就自我满足，不再继续提高自己，这就是不能使品德发扬光大。确切的道理就是道，道贵在被人信服，而信仰道贵在忠实坚定。如果意志不坚定，遇到诱惑之后就茫然无措，不能坚持自己的看法，这就是信仰不坚定。实行德而不能发扬光大，时间长了之后就会失去原本的美德；信仰道而不忠实坚定，时间长了就会失去原本的信仰。"这样的人即使终身学习也难以取得成就，世上有他们不多，没他们不少，是可有可无的俗人罢了，有什么值得珍惜的地方呢？所以说焉能为有？焉能为亡？这是说不值得注意这种人的有无多少。

原文 子夏之门人问交于子张。子张曰："子夏云何？"对曰："子夏曰：'可者与之，其不可者拒之。'"子张曰："异乎吾所闻：君子尊贤而容众，嘉善而矜不能。我之大贤与，于人何所不容？我之不贤与，人将拒我，如之何其拒人也？"

今译 子夏的学生向子张请教怎样结交朋友。子张说："子夏是怎样说的呢？"那个学生回答："子夏说：'可以结交的就和他结交，不可以结交的就拒绝他。'"子张说："我所听到的和这些不一样：君子既尊重贤人，又能接纳普通人；能够赞美善人，又能同情能力不够的人。如果我是大贤人，那么我对别人有什么不能容纳的呢？如果我是不贤的人，那么别人就会拒绝我，我又怎么能去拒绝别人呢？"

张居正讲评 拒是拒绝。矜是怜悯。昔子夏、子张都是圣门高弟，而两人规模不同。子夏笃信谨守，子张才高意广，故其所见亦各有异。一日子夏的门人问交友之道于子张。子张说："你师子夏如何说？"门人对说："我师子夏说道：凡人直说多闻，有益于我的，方可与他相交。若那便辟柔佞，无益于我的人，却宜拒绝之，不可与他相交。"子夏之论交如此。子张说："子夏此言与我平日所闻全然不同。吾闻君子之人，心存大同，而与物无忤。于人之才德出众者，则从而尊敬之，至于庸常的众人，亦含容而不遽厌弃；于人之有善而可取者，则从而嘉尚之，至于一无所能的人，亦矜怜而不忍斥绝。可者固在所与，而不可者亦无所拒，君子之交当如此也。且反己而观之，我果大贤欤？则于人何所不容？固自不宜拒人。我若不贤欤，则人将拒我，而我何暇于拒人也？"子夏之言，何其示人之不广乎！要之，子夏之论严择交之道矣，而乏待物之洪。子张之论，得待物之洪矣，而非择交之道。惟夫以主善为师之心辨贤否，以含弘光大之度待天下，则自无迫狭与泛滥之弊矣！此非但取友，亦用人者所当知也。

张居正讲评译释 子夏和子张都是孔子门下学问高深的弟子，但是两个人的气概性格不同。子夏为人谨慎、信仰笃厚，子张才学高深、志向远大，所以他们对同一件事的看法不同。有一天子夏的学生向子张请教怎样结交朋友。子张问："你们老师子夏是怎么说的？"那个学生回答说："我们老师说：如果是正直信实、学识广博的人，对自己有帮助，就能和他结交。如果是奸佞邪恶的小人，对自己没有帮助，就拒绝他，不能同他结交。"这是子夏对交友的看法。子张说："子夏和我的看法不一样。我听说君子为人公正、态度随和，不会抵触别人。他们既尊重贤人，又能接纳普通人；能够赞美善人，又能同情能力不够的人。遇到可以结交的人固然要同其结交，遇到那些不能结交的人也不会拒绝他们，君子应该这样交朋友啊。况且反过来看，自己就是贤人吗？有什么不能容纳别人的呢？不应该去拒绝别人啊。如果自己不贤，那么别人就会拒绝自己，自己又怎么能拒绝别人呢？"在别人看来，子夏的心胸过于狭隘呀！总之，子夏所说的交友方法过于严厉，缺乏宽容之心，子张待人宽宏大量，却不符合交友之道。只有把善良当作标准去判断别人是否贤德，用包容博厚的气魄去对待他人，就自然不会有心胸狭窄或交友泛滥的弊端呀！不只是结交朋友，任用别人的时候也应该知道这些啊。

原文 子夏曰："虽小道，必有可观者焉，致远恐泥[1]，是以君子不为也。"

今译 子夏说："虽然是些小的技艺，也一定有可取的地方，但用它来达到远大的目标就不行了，所以君子不会这样做的。"

张居正讲评 小道如农圃医卜之属。泥是窒塞不通的意思。子夏说："理无往而不在，故虽日用事为之常，百工技艺之末这等的小术，亦皆道之所寓，以之济民生而资世用，未必无可观者焉。然其体之所包涵者浅，用之所利济者微，就一事一物而用之可也，若要推而极之，以达于天下国家之远，则必有窒碍而难通者矣。是以君子之人，以天下国家为己责，而所志者远，以修齐治平为己事，而所务者大，于此区区之小道，自有所不屑为也，学者可不知所用心也哉？"盖道虽不道于细微，而学贵知所当务，故孔子不以多能为圣，尧、舜不以百亩为忧。用心于大，自不暇及于其小耳。有志于帝王之大经、大法者，宜审图之。

张居正讲评译释 子夏说："理无处不在，所以日常的小事和百工的小技艺里都包含有义理，根据这些义理来解决生活中的小事，未必没有可取的地方。但是它们包含的道理很短浅，能取得的作用很小，在小事上或许有作用，如果把它们用在治理国家的大事上，就一定行不通。所以立志修身齐家治国平天下的君子任务重大，是不屑于采用这些小技巧的，求学者能不明白要向什么方向努力吗？"这些小事中虽然也包含有道，但是在求学时应该知道如何努力，孔子不把多才多艺当作圣明，尧舜不为田地上的小事忧虑。他们在大事上用心，自然没有时间顾及这些小事呀。想要学习帝王治理天下的人，应该仔细考虑这些。

原文 子夏曰："日知其所亡，月无忘其所能，可谓好学也已矣。"

今译 子夏说："每天学到一些过去不知道的知识，每月都能不忘记已经掌握的东西，这样就可以称得上好学了。"

张居正讲评 亡字与有无的无字同。所亡是未知的道理。所能是已得的道理。子夏说："人之为学，未得则患其有因循之心，而不知所以求之；既得则患其有遗忘之病，而不知所以守之。虽曰为学，不过入耳出口，玩时愒日而已，安得谓之好学乎？必须于每日之间，将那未知的道理，今日讲求一件，明日讲求一件，务使所知所闻者与日而俱进焉。然又恐其久而遗忘也，必于每月之间将这已得了的道理，时加温习，随事体验，尊其所闻，行其所知，拳拳服膺而弗失之焉，似这等用功，方是真能好学的人。"盖能知其所无，则既有知新之益，无亡其所能，则又加温故之功，日积月累，无时间断。非真知义理之可悦，事以远大自期者，能如是乎？所以说，可谓好学也已矣。人能如是，则所知日进于高明，所行日就于光大，而为圣为贤不难矣！可不勉哉？

张居正讲评译释 子夏说："人们在没有学到知识的时候过于拖拉，不知道应该如何学习；学到知识后又经常将其遗忘，不知道如何牢记。虽说一直在学习，不过是边学边忘，荒废时日罢了。怎么才能算是好学呢？必须每天学到一些过去不知道的知识，今天学一件，明天学一件，让学到的知识与日俱增。这样还要担心时间长了知识被遗忘，一定要每月温习已经学到的知识，时刻牢记，随时体验，尊重听到的，行动知道的，恳切地不遗忘它们，像这样努力学习，才能算是真正的好学。"能学到新知识，知道新知识的益处，不遗忘已经掌握的知识，又时常温习，日积月累，从不间断。如果不是真的明白知识的美好，并且志向远大的人，谁能做到这些？所以说，这样可以称得上是好学了。如果能做到这些，知识就会日渐丰富，行为就会日渐端正，想要成为圣人贤人也就不难了呀！所以说求学者能不这样勉励自己吗？

原文 子夏曰："博学而笃志，切问而近思，仁在其中矣。"

今译 子夏说："广泛地学习而坚守自己的志趣，对与切身有关的实际问题提出疑问并去思考，仁德就在其中了。"

张居正讲评 子夏说："学莫先于求仁，而仁非由于外至。诚能博学于文，而多闻以广其识，使此心无一理之不明；笃信乎道，而坚心以要其成，使此心无一息之少懈；有所问辨，必关切义理，而不徒为浮泛之谈；有所思惟，必体贴身心，而不徒为汗漫之想。此四者皆学问思辨之事，虽未尝力行而为仁，然仁只是此心之理而已。今能从事于学，而有精实切近之功，则此心有所收敛，天理即此而存，妄念不得纷驰，人欲何由而肆？不期仁而仁自在其中矣。"于此见求仁之道，不外于存心，存心之功，不外于务学，学在是，则心在是，心在是，则仁在是矣，有志于仁者可不勉哉？

张居正讲评译释 子夏说："求学要先求仁，但是仁不是向外求得的。要通过广泛地学习，增长自己的见识，使自己明白事理；要树立坚定的志向，并为之不懈努力；要多问多思考，不说废话；要专注地思考切身相关的事，不胡思乱想。这四点都是和学问思辨有关的事，如果做到了，即使没有刻意去追求，就已经具备仁德了呀，仁只是心中的天理而已。一个人在追求学问时能做到广泛学习、踏实努力，那么就能收敛自己，遵循天理，驱除杂念，怎么会产生私欲呢？不用追求就已经具备仁德了呀。"由此可见，追求仁德的方法不过就是用心求取，用心追求不过就是努力学习，努力学习之后，就知道用心求取，用心求取了之后，自然就具备仁德了呀。立志追求仁德的人能不这么勉励自己吗？

原文 子夏曰："百工居肆[2]以成其事，君子学以致其道。"

今译 子夏说："各行各业的工匠住在作坊里完成他们的工作，君子通过学习来获得他们追求的真理。"

张居正讲评 肆是工匠造作的公所。致是造到极处的意思。子夏说："天下事，居之必有定所，然后术业可专；为之必有成法，然后功效可集。彼百工造作的人，要成就他一件手艺，必须住在那官府造作的处所，无别样事务相妨，尽力尽巧，用以专攻其事，然后成得那一般技艺。如梓匠则成其建屋之事，轮舆则成其造车之事，所以说百工居肆以成其事。君子之学道也，就如百工学艺的一般，必须终日修习，只在这学问上，志向更无分夺，工夫更无休歇，有一件道理未知，必孜孜然求以知之，有一件道理未行，必孜孜然求以行之，务使万理皆明，万善皆备，而道之具于我者，无不有以诣其极焉，此方是君子真实学道之全功也。"若徒慕为学之名，而外夺于纷华之诱，或作或辍，有始无终。纵然从事于学，毕竟何所成就哉？是反百工之不如矣。

张居正讲评译释 子夏说："人们办事时一定有自己固定的处所，这样才能专注于自己的工作；一定要形成自己固定的工作方法，这样才能取得好的效果。各行各业的工匠要完成自己的工作，就一定要住在作坊里，没有别的事务影响他们，这样他们才能尽心尽力地专注于自己的工作，提高自己的技艺。比如木工专注于建造房屋的工作，造车的工人专注于造车的工作，所以说各行各业的工匠要在作坊里完成他们的工作。君子追求真理就像工匠学习技艺一样，一定要终日学习知识才行，志向不能有任何动摇，功夫不能有任何间断，对未知的知识要努力求取，对没有做到的事要努力达到，一定要弄明白所有道理，完整彻底地去追求真理，这才是君子在追求真理时应该付出的努力。"如果求学的人只是追求名声，就会受到外界的影响和诱惑，一会儿努力一会儿放弃，不能坚持下去。这样的人纵然从事学问，能取得什么成就呢？反而不如那些专心致志的工匠们。

原文 子夏曰:"小人之过也必文。"

今译 子夏说:"小人犯了过错一定会加以掩饰。"

张居正讲评 文是文饰。子夏说:"人之处事,安能一一尽善?也有一时防检少疏,不觉差错了的,这叫做过。惟能知其过而速改之,则固可复于无过,此君子修德迁善之事也!若夫小人之有过也则不然,分明意向差了,却仍多方回护,求以掩其差;分明举动错了,却仍巧计弥缝,求以掩其错。"盖其心中全是私欲蒙蔽,护短自是,不肯认错,反将无心差失都做了有心罪恶,所谓耻过作非,心劳而日拙也。小人所以徇欲忘返,卒至于败德亡身者,皆由于此。可不戒哉?

张居正讲评译释 子夏说:"谁做事能尽善尽美呢?都会因为一时的不谨慎,不知不觉就犯了过错,这就是过。只要能认识到自己的过错,马上改正,就可以重新变为无过,这就是行善积德的君子呀!小人犯错之后就不是这样,明明意图错了,反而尽力维护,掩盖自己的差池;分明行动错了,却设法掩饰,掩盖自己的错误。"小人受到私欲的蒙蔽,自以为是,不肯承认自己的错误,反而使无意间的过失变成了故意犯下的错误,这就是人们所说的用错误掩饰错误,即使费尽心机也没任何作用。小人之所以受到私欲的蒙蔽难以改正错误,最后毁了自己,也都是这个原因。人们能不以此为戒吗?

原文 子夏曰:"君子有三变:望之俨然,即之也温,听其言也厉。"

今译 子夏说:"君子有三种变化:远看他的容貌庄严可畏,接近他又温和可亲,听他说话语言严厉不苟。"

张居正讲评 俨然是庄严的模样。即是就。温是和。厉是刚正。子夏说:"君子盛德积中,而发见当可。其容貌词气,夫人得于接见之顷者,有三样变态,不可以一端尽也。远而望之,则见其衣冠正,瞻视尊,俨然有威之可畏焉,俨然如此,若示人以不可近矣。及近而就之,则又见其温良乐易,蔼然和气之可亲也,其温如此,若可得而狎之矣。及听其言论,则又词严义正,是是非非,确有定执,初无一毫委曲迁就之意,听之使人悚然而可敬也。"始而俨然,中而温焉,既而厉焉,一接见之间而容貌词气屡变而不可测如此,所以说君子有三变。然君子岂有意而为之者哉?盖其德备中和,动容出辞,无非盛德所发,而人之得于瞻仰听闻,见其变动不拘若此耳,君子何心哉?

张居正讲评译释 子夏说:"君子能通过容貌仪态展现自己高深的品德。

在别人眼中，他有三种变化，而他高深的品德不能从某一个方面完全展现出来。远看他的时候，就能看到他衣帽端正，容貌庄严可畏，好像让人难以接近一样。当接近他的时候，就能看出他温和可亲，就像可以亲近一样。当听他说话的时候，就是义正词严，是非皆有定夺，说话严厉不苟，让人听了之后肃然起敬。"刚开始时容貌庄严可畏，中间又温和可亲，然后又严厉不苟，在接近他的过程中容貌仪态就发生了这样的变化，所以说君子有三种变化。但君子岂能是有意做出这些变化的呢？庄严的容貌和严厉的言辞都是品德高尚的表现，所以人们才能看到君子在容貌仪态变化上的自然不拘，这怎么会是有意做出的呢？

原文 子夏曰："君子信而后劳其民；未信，则以为厉[3]己也，信而后谏；未信，则以为谤己也。"

今译 子夏说："君子必须取得信任之后才去役使百姓，否则百姓就会以为是在折磨他们；（对待君主，）必须先取得他的信任，然后才去进谏，否则，（君主）就会以为你在诽谤他。"

张居正讲评 厉字解作病字。子夏说："君子事上使下，皆必诚意交孚而后其事可行。如劳民动众之事，本非民所乐为者，必其平日爱民之意至诚恻怛，民已相信了，然后不得已而至于劳民，则民亦谅其心之出于不得已，而踊跃以趋事矣。信未信于民而遽劳之，事虽当为而人心不悦，不以为伤财，则以为虐下而病己矣，事何由而成乎？谏诤违拂之言，本非君所乐听者，必其平日爱君之意至诚恳切，君已见信了，然后不得已而形之谏诤，则君亦谅其心之出于忠爱，而虚心以听纳矣。若未信于上，而遽谏之，则意虽效忠，而上心不悦，不以为讪上，则以为卖直而谤己矣，言何从而入乎？"此可见君子欲有为于天下，非积诚以感动之，未有能济者也！然此特就事君使民者言之耳。若夫下之事上，趋事赴功，乃其常分，君之于臣，听言纳谏，乃为至明，上下各务自尽可也。

张居正讲评译释 子夏说："君子在侍奉君主和管理百姓时，都要诚心诚意，然后才能行事。百姓本来就不喜欢劳民动众的事，一定要在平时真诚地关爱他们，得到他们的信任，然后在不得已役使百姓的时候，才会得到百姓对他出于不得已的体谅，他们才会踊跃参与。如果没有得到百姓的信任就去役使他们，即使有正当的理由也不会得到理解，百姓会认为这是在浪费财力，折磨他们，事情怎么会成功呢？君主本来就不喜欢臣子们违逆谏诤，一定要在平时就诚恳地忠于君主，得到君主的信任，然后在不得已谏诤的时候才会被接受。臣子忠于君主，君主才会虚心接受谏言，如果没有得到君主的信任就直言劝谏，即使自己是一片忠心，也会导致君主的不悦，君主就会认为这是在通过讥讽自己骗取名声，怎么会听从谏言呢？"由此可见，君子如果想在世间有所作为，如果态度不诚恳，就得不到别人的信任，就难以有所作为呀！但是这只是根据侍奉君主和役使百姓这两件事来说的。如果是下属对待上级，原本就应该尽心尽力，如果君主能接纳臣子的谏言，就是十分贤明，他们各自尽到本分就行了。

原文 子夏曰："大德不逾闲，小德出入可也。"

今译 子夏说："大节上不能逾越界限，小节上有些出入是可以的。"

张居正讲评 大德、小德譬如说大节、小节。闲是栏，所以限其出入者。子夏说："人之为学，贵识其大，若能于立身行己大关节处，如君臣父子之间，进退出处之际，一一皆尽其道，而不越乎规矩之外，则大本立矣。至于小小节目，如动静语默，事物细微，或少有出入，未尽合理，亦无害也。若不务先立乎其大，而徒拘拘为小廉曲谨之行，亦奚足贵哉？"然不矜细行，终累大德，大者固所当谨，而小者亦岂可不慎哉？子夏此言，用以观人则可，用人律己则不可也！

张居正讲评译释 子夏说："人在追求学问时贵在能明白事情的大小轻重，如果能在君臣父子关系和进退取舍这些大节上遵守常理，不逾越规矩，就是树立了根本的品节。至于那些动静语默上的小节，事物细小，可以稍微有些出入，即使有一些不合理的地方也没有什么坏处。如果没有立下大节，而只是拘泥于小事上的廉洁谨慎，这有什么值得重视的地方吗？"但是在小事上不严谨，最终会影响到一个人根本的品德，在大节上固然应该小心谨慎，而在小事上岂能放松警惕呢？子夏的话可以用来要求别人，不能用来规范自己呀！

原文 子游曰："子夏之门人小子，当洒扫应对进退，则可矣，抑末也。本之则无，如之何？"子夏闻之，曰："噫！言游过矣！君子之道，孰先传焉？孰后倦焉？譬诸草木，区以别矣。君子之道，焉可诬也？有始有卒者，其惟圣人乎？"

今译 子游说:"子夏的学生,让他们做一些打扫、接待客人的事还可以,但是这种事不过是些末节小事罢了。他们并没有学到学术的基础,这怎么行呢?"子夏听了这话,反驳道:"唉!子游错了!君子所要掌握的那些基本道理,哪一项应该先传授,哪一项应该后讲述?犹如草木,都是分类区别的。君子之道怎么能随意歪曲呢?能够按次序有始有终地教授学生知识,大概只有圣人吧!"

张居正讲评 洒扫应对进退都是小学之事。噫是叹息之声。倦是厌倦。区是类。诬是罔。卒字解做终字。昔子夏以笃实为学,故教人先从下学用功。子游不知其意而讥之说:"道有本有末,人之学道不可徒事其末而忘其本。今子夏之门人小子观其洒扫应对进退之间,其威仪习熟,容节周详,则信乎其可矣。然特小学之事,道之一节而已,律之以根本之学,如《大学》诚意、正心之事,则全未有得,如之何其可哉!"子夏闻其言而叹之说:"言游以我之门人务末而遗本,恰似我不肯把至道传他们的一般,此言差矣。盖君子以大公无我之心,而施之为曲成不遗之教,何尝有意说某一样道理是浅近的,可以为先而传之;某一样道理是高深的,可以为后而倦教?定要立这等次第,但以学者所造,其分量自有浅深,譬诸草木之有大小一般,其区类判然有别,不得不分个先后,各因其材而施之耳。若不量其造诣之浅深,工夫之生熟,概以高远的道理教他,则是语之以所不能知,导之以所不能行,徒为诬之而已,焉有君子教人而可以诬罔后学如此也?若夫自洒扫应对,以至于诚意、正心,彻首彻尾,本末一贯,全不假进修次序,这惟是聪明睿智天纵的圣人,生知安行之能事也!今此门人小子岂能便到得圣人地位?安得不先教以小学乎?子游讥我失教,其言信为过矣!"盖人有定体,教有成法,古人八岁入小学,十五而后入大学,其次第自应如此。宋儒程子说,自洒扫应对上,便可到圣人事。然非穷理之至,精义入神,何以知圣人事,从洒扫应对中来?有志于成始成终之学者,不可无深造之功焉!

张居正讲评译释 子夏把忠厚朴实当作学问,所以教育学生时先让他们在小事上用功学习。子游不明白子夏的用意就讥讽他说:"道理有根本也有细枝末节,人们在求道时不能只学习那些细枝末节而丢弃根本。我看子夏的学生在打扫卫生、接待客人时仪态威严,细致周到,做得非常好。但是这些都是细枝末节的小事罢了,如果用《大学》里诚意、正心这些最根本的学问去考察他们,就会发现他们什么知识都没有,这怎么行呢!"子夏听了子游的话后叹息说："子游认为我的学生舍本逐末，就好像我没有把最好的知识传授给他们一样，这话不对呀。君子大公无私，对别人的教导帮助没有任何遗漏，什么时候说过某个道理过于短浅，应该先教；某个道理过于深奥，需要后教？如果一定要有次序，就应该根据求学者资质的高低，像草木一样给他们区分一下大小的次序，然后根据他们的才能进行相应的教导。如果不根据其学问的深浅和能力的大小，一概把高深的知识教导给他们，告诉他们一些暂时难以明白的道理，让他们做一些暂时难以完成的任务，这就是在歪曲君子的本意呀，君子的学问怎么能这样随意去歪曲呢？从打扫卫生、接待客人的小事，到诚意、正心这样的大学问，全部都不按次序去学习，大概只有天生睿智的圣人能这样吧！我门下的弟子怎么能有圣人这样的资质呢？怎么能不先从细微的学问上教导他们呢？子游讥讽我教学有问题，这话不对呀！"人有固定的体式，教学有一定的方法，古人八岁接受初级教育，十五岁之后接受高级教育，求学的顺序就应该是这样。宋代大儒程颐说，从打扫卫生、接待客人这样的小事开始学起，就能够达到圣人的境地。如果不是对义理的理解非常深刻，怎么知道圣人也是从打扫卫生、接待客人这样的小事做起呢？立志终身求学的人，不能不努力地深入钻研呀！

原文 子夏曰："仕而优则学，学而优则仕。"

今译 子夏说："做官的人如果还有余力，那么就应该多读书学习；如果读书学习的人还有余力，那么就可以去当官。"

张居正讲评 优是有余力的意思。子夏说："凡人为学，则以藏修为主；出仕则以尽职为忠。事固各有所专，然学所以求此理，而不仕则学为无用；仕所以行此理而不学，则仕为无本，乃相须以为用者也。故凡出仕而在位者，当夙夜匪懈，先尽其居官之事，待职业修举有余力之时，却也不可闲过了光阴，仍须从事于学，以讲明义理，考究古今。则聪明日启，智虑日精，所以资其仕者，不益深乎？未仕而为学者，当朝夕黾勉，先进其务学之事，待涵养纯熟，有余力之时，却不可虚负了所学，必须出仕从政，以致君泽民，行道济时。则抱负既宏，设施亦大，所以验其学者，不益广乎？"要之，仕学固不可偏废，而学尤终身受用之地，盖义理无穷，若不时时讲究，则临民治事之际，未免有差。此念始终典于学，古之贤臣所以惓惓为君告也。

张居正讲评译释 子夏说："人们在求学时，就应该把努力学习当作最主要的任务；出来做官时，就应该尽职尽责。事情固然有各需要专注的，但是学习是为了明理，如果不做官，学得的义理就不能发挥作用；如果做官行义理却不学习，那么做官就没有根本，这两者需要相互促进呀。所以有官职的人应该日夜努力做好自己职责内的事，在有余力的时候，也不能虚度光阴，仍然要多读书学习，来探明义理，考察古今之事。这样就能变得越来越明智，做事就能越来越周全了，不是对做官也有很大的帮助吗？没有做官的求学者，应该时刻勉励自己多读书学习，在知识完备、学有余力的时候，不能辜负自己的学问，一定要出仕做官，侍奉君主，服务百姓，拯救时世，施行仁道。这就能提高自己的胸襟抱负，不是对验证自己的学问也有很大益处吗？"重要的是做官和求学之间固然不能有偏废，但学习更能使自己终身受益，因为义理无穷无尽，如果不时刻学习，那么在办事的时候难免会出现差错。所以古代贤德的大臣经常告诫君主要时刻不忘学习。

原文　子游曰："丧致乎哀而止。"

今译　子游说："丧事只要做到充分的悲哀也就可以了。"

张居正讲评　致字解做极字。子游说："方今之世，文胜质衰。居丧者徒尚仪文之末节，而少哀戚之真情。以吾观之，人子执亲之丧，只须极尽乎哀而止，何以文饰为哉？盖哀恸有余，则真情已竭，虽礼文不足，何伤乎？"考之《礼记》，子游平素究心于丧礼，非脱略于仪文者。此言盖为救时而发，即夫子"丧，与其易也，宁戚"之意也！

张居正讲评译释　子游说："如今文饰繁盛，而质朴衰败。守丧的人只是追求礼仪形式这些细枝末节，而缺少哀伤的真情实感。在我看来，儿女为父母守丧，只需要充分哀伤就可以了，何必要那些礼仪形式呢？因为只要竭尽真情地表达自己的哀痛，即使在礼仪上有缺陷，又有什么影响呢？"从《礼记》上能看出，子游平时潜心研究丧礼，并不是不遵守礼仪。他这只是为了挽救当时社会的弊病而发出的感慨，也和孔子所说的礼仪与其隆重，不如节俭，丧事与其和易，不如悲戚是一个意思呀！

原文　子游曰："吾友张也为难能也，然而未仁。"

今译　子游说："我的朋友子张可以说是难能可贵的，然而还没有做到仁。"

张居正讲评　张是子张。子游说："吾友子张之为人也，才高意广，人所不能为者，彼却为之，是难能也。然少诚实恻怛之意，未免心驰于外，而天理之所存者寡矣，其于仁则未也。"盖仁者本心之德，实理具备，无假于外。人惟依着真心、本等做去，则事皆着己务内，乃是为仁，何必为所难能哉？是以圣门教人专以求仁为本，而以徇外为戒也。

张居正讲评译释　子游说："我的朋友子张才能高超、志向远大，能够做到别人做不到的事，这是很难能可贵的事呀。但是他缺乏诚恳谨慎的态度，难免会受到外部事物的影响，从而对天理的追求有所不足，还没有做到仁。"仁是内心的品德，只要具备真实的品德，不必假借外物就能实现仁。人们只要内心诚恳谨慎，遇事多反思自己，向自身探求，就能达到仁，这怎么是难以做到的事呢？所以孔子教育学生时把追求仁德当作根本，训诫他们不可向外索求。

原文　曾子曰："堂堂乎张也，难与并为仁矣。"

今译　曾子说："子张为人仪表堂堂，但难以同他一起做到仁。"

张居正讲评　堂堂是容貌之盛。曾子说："朋友所以辅仁，故必有诚笃之资，专用心于内者，彼此讲习切磋，然后可相助以进于善。乃若堂堂乎吾友子张也，惟致饰于威仪，修整其容貌而已，其驰心于务外自高如此，以之为己，则无操存涵养之功；以之为人，则无箴规观感之助，人固不能辅他为仁，他也不能辅人之仁，所以说难与并为仁矣！"曾子此言，盖救子张之失，欲其用心于内也！

张居正讲评译释　曾子说："朋友应该能帮助自己实现仁，所以结交的朋友一定要诚恳笃实，能用心提高自己，和这样的人相互切磋学习，才能互相帮助，一起进步。像我仪表堂堂的朋友子张，他的威仪只体现在外表罢了，却自高自大，心思不在当下，对自己难以保持操守、提高品德；对他人难以相互规劝、互相促进，别人固然没办法帮助他实现仁，他也难以帮助别人做到仁，所以说很难同他一起达到仁呀！"曾子这么说，是为了挽救子张的过失，想要他努力反省自身呀！

原文　曾子曰："吾闻诸夫子：人未有自致者也，必也亲丧乎！"

今译　曾子说："我听老师说过：平常，人没有自己充分发挥感情的时候。即使有，那也一定是在其父母去世的时候吧！"

张居正讲评　致是推至其极的意思。曾子说："吾尝闻夫子有言：常人之情于凡应事接物之际，真切恳到处少，苟且忽略处多，未有能自尽其心，推之以至其极者也。求其能自尽者，必也于父母之丧乎？"盖子于父母，本天性之至亲，而况居丧之时，又人道之大变，惟是这个时候，其哀痛迫切之诚，发于至情而不容已，乃能内尽其心，无一毫之勉强，外尽其礼，无一毫之欠缺也。使于此而不尽其心，恶乎尽其心哉？于此见人心之良，随处发见，而最真切者莫过于亲丧之时，能识其端而推广之，则此心无一念之不真，伦理无一件之不厚，而仁不可胜用矣。此曾子所以有感于圣人之言也。

张居正讲评译释 曾子说："我听老师说过：平时人们在接人处事时，真情实感少，大都在敷衍应付，很难充分表现自己真挚的情感。如果有能充分表现的情况的话，一定是在其父母去世的时候吧！"父母原本就是子女最亲近的人，更何况对子女来说，父母去世是最重大的变故，只有这个时候，子女才会发自真心地悲痛欲绝，内心流露的情感真挚自然，没有任何虚假勉强的地方，做出的行为完全符合礼仪的规范，没有任何欠缺不足的地方。假如一个人在这种情况下还没有发挥自己的真实情感，他的内心岂不是恶劣至极？由此可见，人性的善随时都能表现出来，而最真切的就是父母去世的时候了。如果能把这种真情实感推广到其他事上，就能发自真心地遵守礼仪规范，遵循天理人伦，就能做到仁了呀。这些都是曾子从孔子的教诲中得到的感悟。

原文 曾子曰："吾闻诸夫子：孟庄子[4]之孝也，其他可能也，其不改父之臣与父之政，是难能也。"

今译 曾子说："我听老师说过：对于孟庄子的孝，别人都可以做到，但是他继续信任其父亲的僚属，保持父亲的政治措施不变，就不是一般人能做到的。"

张居正讲评 孟庄子名速，是鲁大夫，当时人皆称其有孝行。曾子说："我闻诸夫子说：孟庄子之孝也，其他生事尽礼，死事尽哀，虽足为孝，然犹可能也，惟是那不改父之臣与父之政这两件，乃是人所难能。"盖庄子之父献子贤而相鲁，其所用之臣乃贤臣，所行之政乃善政，固皆可以不改。但献子既殁，庄子得以自专，苟非卓然欲继父志而为善，则其臣与政必有与己相违拂者，焉能不改乎？庄子则以亲之心为心，略无适己自便之意。其于臣也，父用之，吾亦承而用之；其于政也，父行之，吾亦踵而行之，终身遵守，无少更变。是盖志在立身行道，世济其美，以显亲扬名，乃孝之大者。非但不忍死其亲而已，岂人所易及者哉？所以说难能也！

张居正讲评译释 曾子说："我听老师说：孟庄子的孝是在父母活着时竭尽礼仪，在父母去世时竭尽哀思，虽然能算是孝，但别人也都可以做到这些。但是他继续信任父亲的僚属，保持父亲的政治措施不变，就不是一般人能做到的。"因为孟庄子的父亲孟献子非常贤德，是鲁国的宰相，任用的大臣都是贤臣，实行的政令都是善政，这些固然不必更改。但是孟献子去世之后，孟庄子可以自己重新制定政令，如果他不是真心想要继承父亲的善政，那么他怎么会不更改父亲的僚属和政治措施呢？孟庄子把父亲的意志当作自己的意志，没有任何适己自便的想法。父亲任用的僚属，他也能接着任用；父亲的政治措施，他也能接着实施，并终身遵守，没有任何更改。这是因为他志在通过施展父亲的抱负和继承父亲的美德，来宣扬父亲的名声，这是大孝。而不只是像普通人那样不忍心看到父母去世罢了。这怎么是一般人能轻易做到呢？所以说人们很难做到这些啊！

原文 孟氏使阳肤[5]为士师，问于曾子。曾子曰："上失其道，民散久矣。如得其情，则哀矜而勿喜。"

今译 孟氏任命阳肤做法官，阳肤向曾子请教。曾子说："在上位的人如果不依据法律办事，那么百姓早就离心离德了。如果你能弄清他们的情况，就应该同情、可怜他们，不要自鸣得意、沾沾自喜。"

张居正讲评 阳肤是曾子弟子。士师是掌刑狱之官。散是离散。哀矜是哀怜的意思。昔鲁大夫孟氏使阳肤为士师之官，着他断理刑狱，阳肤因问治狱之道于曾子。曾子告之说："刑狱之设，所以防民之奸，表率之而不从，教诏之而不入，乃用法以威之，非得已也。今也在上的人德教不修，既不足为民表仪；刑政无度，又无以示民趋避，将长民的道理都失了，以致百姓每情意乖离，无所维系，相率入于不善。若所当然，而不知陷于大戮也。其来非一日矣，尔为士师，当念犯法虽在于民，而所以致之则由于上。治狱之时，如或讯得其情，虽其行私干纪，信为有罪，而犹必哀怜之，矜悯之，视之有若无辜，而加恻隐之意焉。莫谓情伪微暧，而我能得其隐情，便欣然自喜其明察也。如此则用法必平，民可无冤，而士师之责任为无忝矣。"

张居正讲评译释 鲁国大夫孟氏任命阳肤做典狱官，让他管理刑狱，阳肤就向曾子请教管理刑狱的方法。曾子告诉他说："设立刑狱是为了防范那些奸诈的小人，如果他们不听从教化、政令，就用法律去规范他们，这也是不得已的事。如今在上位的人德行不够，不能给百姓做表率；制定的政令不规范，不能引导百姓，将作为官员应该具备的品质都丢失了，以至于百姓离心离德，成为乱民。如果根据这些去管理刑狱，百姓就会受到残酷的惩罚。这种状况持续很长时间了，你作为典狱官，应该知道违反法律虽然是百姓的过错，但却是上位者导致他们犯错的。管理刑狱的时候，如果发现他们真的做出了违法乱纪的事，确实有罪，也要同情、可怜他们，就像对待无辜者一样，对他们保持恻隐之心，不能有虚情假意，也不要因为发现了他们隐瞒的罪责，就自鸣得意、沾沾自喜。只有这样才能够公平执法，才不会冤枉百姓，辜负自己的职责。"

原文 子贡曰："纣之不善，不如是之甚也。是以君子恶居下流，天下之恶皆归焉。"

今译 子贡说："商代纣王的暴虐行径，并不像传说中的那么厉害。所以君子不愿居于下流，使天下的一切坏名声都汇聚到自己身上。"

张居正讲评 下流是地形卑下，为众流所归的去处。子贡说："古今言荒淫暴虐，一切不善之事，皆以商纣为称首，其实纣之不善，亦不至如是此之甚也。只因他是个无道之君，恶名彰著，古今言人之为恶者，皆举而归之于纣，譬如地势洼下的去处，众水都流在里面的一般，盖其自处然也。是以君子常自警省，不肯一置其身于下流不善之地。"盖一自处于不善，则人遂从而指名之，凡天下不好的事都归于其身，不是他做的事，也说是他做的了。故纣以一时之凶德，而被千载之恶名，遗臭无穷，终莫能洗，岂非万世之明戒哉？古语说：从善如登，从恶如崩。甚言上达之难，而下流之易也。自修者诚能朝乾夕惕，不以小善为无益而不为，不以小恶为无伤而不去，则日进于高明，而尧、舜亦可几及也。

张居正讲评译释 子贡说："古往今来，人们谈论到荒淫暴虐等坏事时，都以纣王为首，其实纣王的荒淫无道并没有传说中那么厉害。只是因为他是一个臭名昭著的无道昏君，所以人们谈论他时把坏事都归到了他身上，就像流水都会汇集在地势低下的地方一样，这是他自己造成的结果呀。所以君子经常反省自己，不愿意把自己置于下流的境地。"因为人一旦居于下流，别人就会指名道姓地批评他，把所有的坏事都汇集到他的身上，不是他做的坏事，也会被说成他做的。所以纣王因为一时的品德败坏，就背负了千载骂名，遗臭万年，最终也难以洗脱,这难道不值得人们万世警戒吗?古人说过:学习好的就像攀登高山一样困难,学习坏的就像山崩一样容易。说的就是学好很难,变坏很容易啊。如果一个人整天勤奋谨慎,没有任何疏忽懈怠,能做到不以善小而不为,不以恶小而不改,就能越来越聪明睿智,最后差不多也能达到尧舜这些圣人的境地。

原文 子贡曰:"君子之过也,如日月之食焉;过也,人皆见之;更也,人皆仰之。"

今译 子贡说:"君子的过错就像日食月食,在他犯错的时候,每个人都看得见;而他改正过错后,每个人都仰望他。"

张居正讲评 更字解做改字。子贡说:"过者,人之所不能无,故虽以君子之人,防检少疏,也有一时差错。但常人有过惟恐人知,所以遂成其过。君子有过即自认说,这是我差错了,明白昭示于人,绝无一毫遮饰,譬如日月之食一般,一分一秒人皆得而见之,不可得而掩也。既自认以为过差,随即就改,以复于无过。譬如日月亏而复圆,光明皎洁,人皆翕然仰之,不可得而议也。"盖日月以贞明为体,故虽暂食而无损于明,君子以迁善为心,故因有过而益新其德,若小人之遂非文过,只见其日流于卑暗而已,安望其能自新也哉?然过而使人见,更而使人仰,此其修德于昭昭者耳!若夫幽独之中,隐微之际,遏绝妄念,培养善端,此则君子慎独之功,修之于人所不见者也!欲立身于无过之地者,宜于此加谨焉!

张居正讲评译释 子贡说:"人都会犯错,即使是君子,稍微疏于防范,也会犯下过错。普通人犯错后害怕别人知道而进行遮掩,就变成了更大的过错。君子犯了错后会明白地向别人承认错误,没有任何隐瞒,就像日食月食一样,一分一秒都会被人看见,不能被掩饰。君子知道了自己的过错后,会立刻改正,变回没有错误。就像日月重新变圆一样,光明皎洁,受到的是人们的仰望而不是批评议论呀。"日月能固守其运行规律,所以即使暂时亏损也不会影响自身的光明,君子知道改过向善,所以即使犯了过错也能重新提高自身品德。如果像小人那样掩饰错误,就只能逐渐变得低下鄙陋,怎能改过自新呢?犯了错之后能让人知道,改正了错误之后让人敬仰,这是君子修行品德时的光明磊落呀!在独处能够遏制自己的妄念,培养自己的善言善行,这就是君子谨慎不苟地在别人看不到的地方修养自身呀!想要保持自身不犯错误,应该在这些地方上小心谨慎呀!

原文 卫公孙朝[6]问于子贡曰:"仲尼焉学?"子贡曰:"文武之道,未坠于地,在人。贤者识其大者,不贤者识其小者。莫不有文武之道焉。夫子焉不学?而亦何常师之有?"

今译 卫国的公孙朝问子贡:"孔子的学问是从哪学来的?"子贡回答说:"周文王、武王的道,并没有失传,而是散布到了人间。贤能的人则可以了解它的大部分,不贤的人只能抓住一些微小的细节。任何地方都有文武之道。我的老师在哪不能学呢?为什么偏要由一个老师专门传授呢?"

张居正讲评 公孙朝是卫大夫。识是记。卫大夫公孙朝问于子贡说:"汝夫子仲尼于天下事理无大无小,莫不周知,果何所从学而能然耶?"子贡晓之说:"道之灿然者,莫备于文武。其一代谟训功烈,礼乐文章之类,虽去今已远,然未至坠落于地,固尚在人也。世有贤而出众的人,其识见宏远,则能记其纲领之大;有不贤而平常的人,其识见浅近,亦能记其节目之小,是人之贤否虽不齐,而识大识小,莫不有文武之道存焉。文武之道既无所不在,夫子之学亦何所不周,如贤者识其大,夫子则于贤者而学其大,不贤者识其小,夫子则于不贤者而学其小。盖随处访求,无往而非学也,无往而非学,则亦无往而非师也,而又何常师之有?岂如他人之学有定在,师有常主者哉?"夫孔子以生知之圣,犹且学无常师如此,诚以义理无穷,而取善贵广也!况人君以一身而膺天下国家之寄,尤当以务学为急,故高宗则逊志时敏,成王则日就月将,所以称殷周之盛王也。

张居正讲评译释 卫国大夫公孙朝问子贡说:"你们老师孔子对天下的道理,不管是大是小,都知道得很清楚,他是从什么地方学到这些呢?"子贡回答说:"最辉煌的文化是在周文王、周武王时期。虽然离现在很长时间了,但当时的谋略训诲、礼乐文章并没有失传,还散落在人间。世上有才能出众的贤人,他们见识远大,能够了解到其中的大部分;有才能平庸的常人,他们见识短浅,但也能了解到其中一些微小的细节。人们的才能高低不同,见识不同,但都了解一些文武之道。文武之道既然无处不在,我老师的学问怎么会不完备呢,他跟着贤德的人学习其中大的方面,跟着才能平庸的人学习其中的细节,他随时随地、时时刻刻都在学习,随时学习则能把任何人都当作老师,又怎么需要一个专门的老师呢?怎么需要像别人一样向固定的老师学习固定的知识呢?"孔子作为天生睿智的圣人,依然像这样把所有有学问、长处的人当作老师,实在是因为义理无穷无尽,要多方面学习别人的长处呀!更何况君主肩负治理天下的重任,更应该把追求学问当作最急迫的任务,所以商王武丁时刻策励自己要谦虚好学,周成王每天都通过学习获得进步,被称作商朝、周朝圣明的君王呀。

原文 叔孙武叔[7]语大夫于朝曰:"子贡贤于仲尼。"子服景伯以告子贡。子贡曰:"譬之宫墙,赐之墙也及肩,窥见室家之好。夫子之墙数仞,不得其门而入,不见宗庙之美,百官之富。得其门者或寡矣。夫子之云,不亦宜乎?"

今译 叔孙武叔在朝廷上对官员们说:"子贡比他的老师仲尼还要贤德。"子服景伯将这番话转告于子贡。子贡说:"假如拿院子的围墙做比喻,我家的围墙与肩同高,谁都能够看见屋内的美好。老师家的围墙却有几丈之高,如果找不到门进去,就无法看见宗庙内的富丽堂皇,以及屋内的多姿多彩。想必能够找着门的人并不多。所以,叔孙武叔说的这句话,不也是很自然的吗?"

张居正讲评 叔孙武叔、子服景伯都是鲁大夫。七尺为仞。后面夫子指武叔说。昔孔子道德高深,时人不能窥测。一日,叔孙武叔在朝中对众大夫说:"人皆称孔子是圣人,以我观于子贡,其聪明才辩还过于仲尼,仲尼殆不及也!"时子服景伯适闻此言,因告于子贡。子贡说:"人惟见道而后可以言道。武叔以赐为贤,由于所见者浅也。以赐之道,上比于夫子,其高卑悬绝,譬如宫墙一般。赐也造诣未深、识见有限,比之于墙,不过及肩而已,其墙既卑,故人不必入其门也,但从外面窥之,于凡室家所有,一器一物之好,举目便看见了,是赐之道浅狭而易见如此。若吾夫子,道德尊崇,地位峻绝,比之于墙,其高数仞者也,其墙既高,若不得其门而入,则其中宗庙气象之美,百官威仪之富,何由而见之乎?是夫子之道,深广而难窥如此。今之人不过宫墙外望而已,能得其门而入者几何人哉?若武叔者,正不得其门而入者也。他于圣道之美富,本不曾见是何等模样,则谓我贤于仲尼,亦何足怪乎?盖由其识见之未深,故其拟议之欠当耳。"子贡以是而晓景伯,所以尊孔子鄙武叔者,可谓至矣!

张居正讲评译释 有一天,叔孙武叔在朝廷上对官员们说:"人们都称赞孔子是圣人,在我看来,子贡的聪明才智胜过孔子,孔子比不上子贡呀!"子服景伯听到这话后,告诉了子贡。子贡说:"人们只有在见到道后才能谈论道。

叔孙武叔说我比老师贤德，是因为他见识短浅呀。我的学问和老师比起来，高低的差别就像是宫墙一样。我知识不足、见识短浅，就像是与肩同高的围墙一样，既然围墙低下，人们不必进入屋门，从外面就能完全看到院内的景物，我的学问就这么浅显易见。而老师的道德高深，地位尊贵，就像是几丈高的宫墙一样，既然宫墙很高，人们不走进去，怎么能看到宗庙内的富丽堂皇，以及屋内的百官威严仪态呢？老师的学问，就是这么高深难测啊。如今人们只不过是在宫墙外面观看罢了，有几个人能够找到大门进入宫墙内呢？叔孙武叔就是找不到门的人呀。他根本看不到圣人学问的高深美妙，就说我比夫子贤德，这有什么值得奇怪的呢？这是因为他见识短浅，所以说的话不妥当啊！"子贡这么给子服景伯解释，对孔子的尊崇和对叔孙武叔的批评都十分到位呀！

原文 叔孙武叔毁仲尼。子贡曰："无以为也！仲尼不可毁也。他人之贤者，丘陵也，犹可逾也；仲尼，日月也，无得而逾焉。人虽欲自绝，其何伤于日月乎？多见其不知量也。"

今译 叔孙武叔毁谤仲尼。子贡说："不要这样做！这样做没有任何意义。仲尼是毁谤不了的。别人的贤德就像山丘，可以超越过去；仲尼的贤德好比太阳和月亮，是无法超越的。虽然有人想要自绝于日月，但那样做对太阳和月亮又有什么损害呢？只能说明他不自量力而已。"

张居正讲评 土坡高者叫做丘。冈阜大者叫做陵。逾是逾起。量是分量。叔孙武叔前说仲尼不及子贡，至是乃从而毁谤之，其诬圣之罪愈大矣。子贡晓之说："尔无用此毁谤为也。盖仲尼之圣非他人可比，不可得而毁也。何者？他人之贤者，虽异于人，然所造未至，就如丘陵一般，自平地下看着虽高，其高终是有限，犹可得而逾越也。若仲尼之道，冠绝群伦，高视千古，就如日月一般，悬象著明，与天地同运，无一物不在其照临之下，谁得而逾越之乎？纵有不肖的人，欲自弃于圣人之教，横肆非毁，而圣人之道高德厚，岂彼浮言妄议所能污蔑？如日月之明，万古常新，非人所得而毁伤也。尔今之毁仲尼，正如要伤日月，只见其不揣自己的分量。于圣凡高下，懵然无辨，一天下间妄人而已，何足校哉？"按，子贡前以宫墙喻圣道，此又以日月为喻，所以尊孔子而晓武叔者，其词愈峻而意愈切矣！

张居正讲评译释 叔孙武叔说孔子比不上子贡，是在毁谤孔子，这是污蔑圣人的大罪。子贡对他说道："你不用这么毁谤他。因为他的贤德不是别人能比的，也没人能毁谤他。为什么呢？别的贤者，虽然和一般人不一样，但是学识未到，就像丘陵一样，从低处看着虽然很高，但终究能够超越过去。夫子的贤德，天下无双，千古卓绝，就像日月一样光明常在，天地间没有任何事物不在他的临照下，谁能超越他呢？纵然有人想要抛弃圣人的教化，毁谤圣人，但是圣人高深的品德怎么会受到这些浮言妄议的影响呢？万古常新的日月，是不会受到人的毁伤的，你如今想要毁谤夫子，就像要毁伤日月一样，不自量力。你就是一个对圣贤平凡、高低分辨不清的狂妄无知的人罢了，有什么值得向你解释的呢？"子贡之前用宫墙来比喻孔子的学问，现在又用日月来比喻孔子，是为了尊崇孔子和教导叔孙武叔，子贡的话越严厉，越说明他尊敬孔子呀！

原文 陈子禽谓子贡曰："子为恭也，仲尼岂贤于子乎？"子贡曰："君子一言以为知，一言以为不知，言不可不慎也。夫子之不可及也，犹天之不可阶而升也。"

今译 陈子禽对子贡说："您对仲尼非常谦恭，难道他真的比你更贤良吗？"子贡回答："君子只需要一句话就可以表现出他的才智，也可以表现出他的愚蠢，所以说话不可以不谨慎。夫子高不可及，就像青天是不能顺着阶梯爬上去一样。"

张居正讲评 陈子禽即陈亢。恭是推逊的意思。阶是梯。昔陈子禽虽学于孔子，而莫能窥其道之高大。一日乃谓子贡说："师不必贤于弟子，今汝推尊仲尼，极其恭敬，岂以仲尼之贤有过于子乎？"子贡以其轻于议圣，因斥其失言之非说："言语之发，不可不谨，一句言语说的是，人便以为智；一句言语说的不是，人便以为不智。知与不知，但系于一言之微。如此，可不谨哉？今汝谓仲尼不贤于我，其失言甚矣。知者固如是乎？夫人有可及有不可及，若吾夫子，圣由天高，道冠群伦，人虽欲企而及之，而化不可为，有非思勉之可至。殆如天之高高在上，所可仰者轻清之象而已，岂有阶梯之具可攀跻而上升者乎？知登天之难，则知希圣之不易矣。子乃以我为贤，真日囿于天之中而不知其高者也，何其惑之甚哉！"

张居正讲评译释 陈子禽虽然在孔子门下学习，但是没能发现孔子学问中高深的地方。有一天他对子贡说："老师不一定就比弟子贤明，你对仲尼非常谦恭，难道他真的比你更贤良吗？"因为陈子禽轻视孔子，所以子贡斥责他说：" 说话不能不谨慎，说对一句话，人们就会认为他很明智；说错一句话，人们就会认为他愚蠢。明智还是愚蠢，只取决于一句话。所以说话时能不谨慎吗？你说老师没有我贤德，就非常不对呀。明智的人怎么会这么说呢？有的人能赶得上，而有的人赶不上，我们老师是天生睿智、独一无二的圣人，别人虽然很想追赶他，但却做不到，这不是想做就能做到的事。就像高高在上的青天，只能够仰望罢了，怎么会有阶梯能攀爬上去呢？知道登天难，就知道赶上圣人也不容易呀。你认为老师没有我贤德，真是看到了天上的太阳却不知道太阳的高远，真是愚蠢啊！"

原文 "夫子之得邦家者，所谓立之斯立，道之斯行，绥之斯来，动之斯和。其生也荣，其死也哀，如之何其可及也？"

今译 "如果夫子能够得国而为诸侯，或者得到采邑而为卿大夫，那么正如人们所说那样，教导百姓，百姓就能够接受教育；引导百姓，百姓就会跟着行动；安抚百姓，百姓就成群归顺；鼓动百姓，百姓就会齐心协力，团结前进。夫子生得光荣，死了可惜。我怎能赶得上他呢？"

张居正讲评 立是植其生。道是引导。绥是安。动是鼓舞的意思。四个斯字，言其随感而应，见效之速也。荣是尊荣。承上文说："夫子之所以不可及者，盖有非常之道德，自有非常之事功，惟其穷而在下，故无由见其设施耳。使其得邦家而治之，其感人动物之效，岂小小哉？正所谓民生未遂，为之分田制里以扶植其生，那百姓每即耕食凿饮，并立于生养之中矣；民行未兴，为之建学明伦以倡导于善，那百姓每即遵道遵路，率由于教化之内矣；民居有未安，一抚绥之，使之得所，那百姓每即闻风向化，群然而来归矣；民俗有未化，一鼓舞之，使之自断，那百姓每即兴仁兴让，蔼然相亲睦矣。其在生之时，人皆欢欣爱戴，莫不尊亲，而极其荣显。既没之后，人皆悲伤思慕，如丧考妣，而极其哀诚。其德化感人之速，而入人之深如此，就如天道发育万物，以生以长，曾莫测其所以然也。如之何其可及也哉？"子禽不知而妄议之，陋亦甚矣。按，古帝王致治之盛莫如尧舜，尧舜之治以时雍风动为极。而孔子之化，以绥来动和为成，于此见圣神功用其感通变化之机，一而已矣。故史臣赞尧之德曰如天，舜曰协帝。而子贡推尊孔子则曰犹天之不可阶而升，诚见其道之同也！有君师治教之责者，不可不深探其本焉！

张居正讲评译释 子贡接着说："之所以难赶得上老师，是因为他有远超常人的高贵品德，自然也有远超常人的事业和功绩，只是因为他身份卑微，没有得到重用，所以难以施展自己的抱负。假如让他去治理国家，他在教化百姓、感化万物上岂能只取得小小的成就？就像人们说的那样，百姓在生活上有困难，就给他们分配田地，改善他们的生活状况，迅速让百姓安居乐业，能够生活下去；百姓的行为不规范，就给他们建立学校，倡导他们改过向善，迅速使百姓接受教化，遵循礼仪规范；百姓的生活不安定，就安抚他们，让他们生活安定，使百姓迅速地成群结队前来归附；百姓的习俗没有改善，就引导他们消除恶习，立刻在百姓中兴起仁德礼让、和睦相处的社会风气。老师在世的时候，人们都爱戴他，像尊敬父母一样尊敬他。他去世之后，人们都真诚地感到悲伤哀痛，就像失去了父母了一样。他的品德教化能迅速深刻地使人受到感化，就像上天培育万物，促进万物的生长一样，一般人难以发现其背后的本质呀。别人怎么能赶得上他呢？"陈子禽不知道这些就狂妄地评论孔子，十分无知啊。古今帝王在治理天下上都比不上尧舜，尧舜治理天下时天下太平、百姓响应。而孔子施展教化时，把百姓归服、社会和睦当作成功，由此可见，圣人在治理天下上的感悟是一致的呀。所以史官们称赞说尧的品德像天一样高深，舜的品德像尧一样高深。而子贡推崇孔子说他高不可及，就像青天一样不能顺着阶梯爬上去，这就能看出孔子和尧舜在道的成就上是相同的呀！治理天下、实施教化的君主，不能不深入探究圣人治理天下的根本方法啊！

注释：

[1]泥：不通达，行不通，留滞，拘泥。

[2]肆：作坊，店铺，市集。

[3]厉：虐害，欺压。

[4]孟庄子：鲁国大夫仲孙速。

[5]阳肤：曾子的弟子。

[6]公孙朝：卫国的大夫。

[7]叔孙武叔：鲁国的大夫。

尧曰第二十

原文 尧曰："咨[1]！尔舜！天之历数在尔躬，允执其中。四海困穷，天禄永终。"舜亦以命禹。

今译 尧让位给舜的时候说："啧啧！你这位舜！上天的大命已经落在你的身上了，今后要诚实地保持中道。假如你违背了这个道理，让天下的百姓陷于穷困，那么上天赐给你的禄位就会永远终止。"当舜让位于大禹时，也说了相同的话。

张居正讲评 咨是嗟叹声。历数是帝王相承的次序，如岁时节气先后一般，故谓之历数。允是信。天禄即天位。这是记者历叙帝王之道，以见孔门授受都只是这个道理，首举帝尧将禅位于舜而戒命之说："咨！尔舜，自古帝王代兴，莫非天之所命。如今天命在汝，将帝王相传的历数付托于汝舜之身矣。夫天以天下命汝，汝必能安天下之民，然后可以克享天心。而其道无他也，天下之事虽自有万机，莫不各有个自然恰好的道理，这叫做中。必是此心廓然大公，无为守正，事至物来，皆因其本然之理，顺而应之，各当其可。兢兢持守，不使一有偏倚，而或流于过与不及之差，则民心悦，而天位可常保矣！苟或不能执中，则政乖民乱，将使四海之人危困穷苦，心生怨叛，而人君所受于天之禄位，亦永绝而不可复享矣，可不戒哉？"其后帝舜禅位于禹也，就把帝尧这几句说话丁宁而告语之。凡执中之训，永终之戒，一如尧之所命，无异词也。夫尧、舜、禹相授受，独举中之一字为言，盖即《洪范》所谓建用皇极者也！自非好恶不作，偏党反侧不形，鲜有能允执此道者。唐虞夏后致治之盛，皆由此一言基之。岂非万世君道之标准哉？

张居正讲评译释 记录者记载的这些都是帝王之道，孔子平时教授学生的就是这些，首先记录的是尧让位给舜时说的话，尧告诫说："舜啊，自古以来的帝王，都来自天命。如今天命已经落在你的身上了，帝王之位也应该托付给你了。上天既然把天下交给了你，你一定能够治理好天下的百姓，顺应上天的意志。虽然不同的事有不同的道理，但是顺应天命的方法没有别的，只是保持中庸之道罢了。你一定要做到公正无私，在事情发生的时候，遵循最根本的道理，顺应它们各自的情况去解决它们。你要小心翼翼地保持自己的公正无私，不让自己有所偏颇，不使自己过分或者不足，这样才能使百姓高兴，才能够长久地保持帝王之位呀！如果不能保持中庸之道，就会导致政治混乱，使百姓陷入艰苦困难的境地，从而心生怨恨，这样君主就会永远失去帝王之位，所以说能不戒备吗？"之后舜在将帝位禅让给禹的时候，也把这几句话告诉了禹，其中关于保持中庸的训诫，更是一字没改。尧、舜、禹在相互传承时，都是只强调了中庸之道，这就是《洪范》里说的君王处理政事要保持中道啊！如果不能放下了自身的好恶、偏私，很少有人能够做到中庸。尧舜禹时政治清明，都是因为中庸之道啊。这难道不应该成为万世尊奉的标准吗？

原文 曰："予小子履[2]，敢用玄牡[3]，敢昭告于皇皇后帝：有罪不敢赦。帝臣不蔽，简在帝心。朕躬有罪，无以万方；万方有罪，罪在朕躬。"

今译 商汤说："我履谨用黑色公牛当祭品，向伟大的天帝祈祷：对于有罪的之人我不敢擅自赦免。天帝的臣仆我也不敢掩蔽，都由您的心来监察。假如我自己有罪，不要牵连天下万方，由我本人来承担；假如天下万方有罪，就让我一个人来承担。"

张居正讲评 履是汤之名。玄牡是黑色的牛。皇是大，皇皇后帝即皇天后土。蔽是隐蔽。简字解作阅字，是一一监察的意思。这一节是记成汤受命之事。汤既放桀，作书以告诸侯，因述其初时请命于天说："我小子履，敢用玄牡之牲，敢昭告于皇天后土之神：今夏王无道，得罪于天，乃天讨所必加，我当明正其罪而不敢赦。其贤人君子为上天所眷命者，这都是帝臣，我当显扬于朝而不敢隐。盖凡此有罪有德的人，都一一简在上帝之心，或诛或赏，我惟奉顺天意而已，岂得容私于其间乎？使我受天之托，所为或有不公不正，不能替天得道，这是我自家的罪过，于万方小民有何干涉？我当甘受上天之罚。若万方小民有的犯法，却是我统御乖方，表率无状所到，其罪实在于朕之一身，不可逭也。"盖人君以奉天子民为责，故汤于命讨之典，则听命于天，于下民之罪，则引咎于己，乃真知为君之难者。其视三圣之允执厥中，殆异代同符矣！

张居正讲评译释 这一节记录的是成汤接受天命的事。汤放逐桀之后，告诉诸侯们自己最初向上天请命时的情形，说道："我小心谨慎地用黑色公牛当祭品，向伟大的天帝祈祷：现在夏王昏庸无道，得罪了上天，上天一定会讨伐他，我应该明确地指出他的罪责，不敢擅自赦免他。贤人君子都是天帝的臣仆，我不敢掩蔽他们，应该让他们入朝为官。对那些有罪或者有德的人，天帝知道应该惩罚他们还是应该奖励他们，我只是遵命上天的意志罢了，怎么敢有私心呢？假如我受到上天的托付，行为却不公平公正，不能替天行道，这就是我的罪责，跟天下百姓有什么关系呢？我甘愿接受上天的惩罚。如果天下百姓有罪，这就是我治理无方，没有做好表率，是我一个人的罪责，不能逃避啊。"君主应该把供奉上天、教化百姓当作自己的职责，所以商汤听从上天的命令讨伐昏君，把百姓的罪责归在自己身上，这是因为他知道作为君主的难处。尧舜禹的言行举止不偏不倚，遵循中正之道，商汤和他们的朝代不同，但是行为是一致的呀！

原文 周有大赉[4]，善人是富。"虽有周亲，不如仁人。百姓有过，在予一人。"

今译 周朝建立之后，大封诸侯，使善良的人都富贵起来。国君周武王说："我至亲虽多，但不如有仁德的人多。百姓有罪，责任应该由我一人承担。"

张居正讲评 大赉是大施恩惠。周亲是至亲。这是记武王受命之事。武王初克商而有天下，他务未遑，首先散财发粟，以赈穷恤困，而大施恩泽于四方，又于其中拣那为善的人，特加优赉，不但补助其不足，尤使之丰给而有余也。其赏善之公如此！始初誓师说："商纣至亲虽多，忠良者少，不如我周家臣子，个个是仁厚有德之人，贤而可恃也。我今既获仁德之助，若不往正商罪，则百姓每嗟怨日甚，把罪过都归于我之一身矣！"其责己之厚如此。夫利则公之于下，过则引之于己，则武王伐纣之举，无非为除暴安民计耳，岂有一毫自私自利之心哉？

张居正讲评译释 这里记载的是周武王承受天命的事。武王讨伐纣王，取得了天下后，没有做别的事，先散发钱财，赈济贫困的百姓，广施恩泽，又奖励善良的人，不但补助了他们的不足，而且使他们都富裕了起来。他对好人好事的奖励就是这么公允。武王在最开始誓师时说："纣王虽然有很多亲人，但是忠臣很少，不如我的大臣们，他们都是仁德宽厚，值得依靠的贤人呀。我既然得到仁德之人的帮助，如果不端正自己、改正错误，就会引起百姓的怨恨，这就是我的罪责呀！"武王对自己的要求就是这么严格。他把财利分给天下人，把罪责归结到自己身上，而他讨伐纣王的行为不过是为了铲除暴君、安定百姓罢了，哪里有一丝一毫自私自利的想法呢？

原文 谨权量，审法度，修废官，四方之政行焉。兴灭国，继绝世，举逸民，天下之民归心焉。所重：民、食、丧、祭。

今译 认真检验并审定度量衡器，修复已废除的法制，全国的政令就会畅通无阻。恢复被灭亡的国家，承续已经断绝的家族，提拔被遗忘的人才，天下百姓就会心悦诚服。治理国家必须重视四件事：人民、食物、丧礼、祭祀。

张居正讲评 权是秤。量是斗斛。武王既定天下，见得商家旧政都坏乱了，乃扫除其积弊，从新整顿之。于权量，则谨定其规则，而轻重大小无复参差；于法度，则审酌于时宜，而礼乐刑政无复混淆；于官制，则修举其废坠，而百司庶府无复旷闲。由是法纪所颁，在在遵守，而四方之政无有壅遏而不行者矣。至于前代帝王之后，国土已灭者，则兴之，使复有其国；世系已绝者，则续之，使不失其祀；贤人废弃在下者，则举用之，使野无遗贤。由是德意所感，人人欣戴，而天下之民，无不倾心而归服者矣。至其加意民事所最慎重者，则有三件：曰食，曰丧，曰祭。盖食以养生，丧以送死，祭以追远，乃人道之大经。故制为田里，以厚民生；定为丧葬、祭祀之礼，以教民者，所以重王业之本，风化之原者，又如此。由武王所行之政而观，其德泽周遍，既有以团结一代之人心，政教修明，又有以恢张一代之治体。所以能建中于民，而副上天宠绥之命，有由然矣，谓非上接尧、舜、禹、汤之统者哉？

张居正讲评译释 武王平定天下之后，商朝的政治制度都完全败坏了，武王就扫除积弊，重新整顿了政务。认真检验并审定度量衡器，使轻重大小不再有差错；重新整治礼仪法度，使礼乐政治不再混乱；修复荒废的官制，使官府衙门不再有空缺闲逸。于是政令颁布之后，人人遵守，在全国畅通无阻。扶持前代帝王的后人，恢复他们的国家；承续已经断绝的家族，恢复他们的祭祀；提拔任用被遗忘的贤人，使他们不会被遗漏。于是使得百姓敬仰爱戴，并且心悦诚服地前来归附。周武王知道治理百姓应该重视三件事：食物、丧礼、祭祀。因为食物用来保持生存，丧礼用来送别死者，祭祀用来追忆先人，这些都是最重要的人伦之道。所以他给百姓分配田地，使百姓能生活富裕；制定丧葬祭祀的礼仪，教导百姓孝敬父母长辈，通过这些来稳固国家的基业和增强对百姓的教化。从武王对天下的治理来看，恩泽惠及百姓，就能够使百姓团结一致，国家政治清明，就能使国家繁荣昌盛。武王能顺应上天的意志，公允地对待百姓，也都是这些原因。能说他没有得到尧、舜、禹、汤的传承吗？

原文 宽则得众，信则民任焉，敏则有功，公则说。

今译 宽厚能够得到众人的拥护，诚实能够得到百姓的信任，勤敏能够取得功绩，公平能够使百姓高兴。

张居正讲评 任是依靠的意思。记者历叙尧、舜、禹、汤、武之事，因总结之说：帝王御世，虽因时立政，各有不同，而保民致治之大端，总之只有四件，曰宽、信、敏、公而已。盖人君以天下为度，若专尚严急，则人无所容，而下有怨畔之心。若为宽以御众，而胸襟广大，如天地之量一般，则包涵遍覆，众庶皆仰其恩泽，而莫不尊亲矣。君道以至诚为本，若虚文无实，则人无适从，而下有疑贰之心。惟能信以布令，而始终惟一，如四时之运一般，则实政实心，下民皆有所倚仗，而莫不归附矣。人君总理万机，一或怠缓，则易以废事，惟能励精图治，而孜孜汲汲，宵旰常若不遑，则纪纲法度件件修举，而事功于是乎有成矣。人君宰治万国，一或偏私，则无以服人，惟能大公顺应，而荡荡平平，好恶有所不作，则赏罚举措事事合宜，而人心于是乎悦服矣，凡此四者，皆人君治天下之要术。自尧舜禹汤武，交修而并用之，所以成唐虞三代之盛也。然要其致治之本，则皆不外乎一中之传，盖道具于心则为中，措诸政事则为宽、信、敏、公，亦如《洪范》皇极以立本，三德以致用，故刚柔正直，而建极之化始全，宽、信、敏、公，而执中之道斯备，其义一也。有志于帝王之治者，宜究心焉！

张居正讲评译释 记录者详细地记载了尧、舜、禹、汤、武的事迹，总结说：帝王治理天下，虽然时代不同，制定的政令也各不相同，但是安民治世的方法，大体来说只有宽厚、诚实、勤敏、公平四种。君主应该有包容天下的气度，如果过于严苛急躁，难以宽容别人，就会使下属心生怨恨。如果能宽容地对待别人，心胸像天地一样宽阔，能包容别人的缺点，就会获得人们的敬仰爱戴。为君之道要以诚为本，如果君主为人不诚实，别人就无所适从，臣下也会心生猜忌。如果君主能始终诚实地发布政令，用切实的政令来展现自己的真心实意，百姓就能有所依靠，就会前来归附。君主日理万机，一旦有所懈怠，就会旷废职务，只有励精图治，日夜勤勉，没有时间做坏事，才能整顿纲纪法度，取得成就。君主治理天下，一旦有所偏私，就难以使人信服，只有大公无私，消除自身的好恶，才能在赏善罚恶上合适恰当，使人心悦诚服。这四件都是君主治理天下最重要的方法。从尧舜禹到商汤、文王、武王，用的都是这四种方法，所以才形成了太平盛世呀。但是治理天下最根本的方法还是中庸之道，中庸之道在处理具体政务时就是宽厚、诚实、勤敏、公平。就像《洪范》中说的那样，君主要把大中至正之道作为立国的根本，把正直、刚毅、柔克当作治理天下的具体方法。所以做到了正直、刚毅、柔克和宽厚、诚实、勤敏、公平，也就能实现中庸之道，它们之间是统一的呀。想要实现太平盛世的帝王应该深入研究这些呀！

原文 子张问于孔子曰："何如斯可以从政矣？"子曰："尊五美，屏四恶，斯可以从政矣。"子张曰："何谓五美？"子曰："君子惠而不费，劳而不怨，欲而不贪，泰而不骄，威而不猛。"

今译 子张问孔子："怎样才可以治理政事呢？"孔子回答："具备五种美德，排除四种恶政，就可以治理政事了。"子张再问："五种美德是什么？"孔子解释道："君子要给百姓以好处，而自己却无所耗费；让百姓劳动，而不使他们怨恨；要追求仁义，而不贪图财利；庄重而不骄傲；威严而不暴力。"

张居正讲评 尊是崇尚。屏是屏绝。泰是安舒。猛是刚厉的意思。子张问于孔子说："君子出而用世，当何作为，斯可以居位而为政乎？"孔子告之说："治道不止一端，惟在审所取舍而已。凡政之美而有益于治者，有五件，汝必尊敬而奉行之；政之恶而有害于治者，有四件，汝必惩艾而屏绝之。夫善政行则百姓蒙其福，恶政去则百姓远于害。取舍当而治道可举矣，于从政何有哉？"子张因问说："何谓五美？"孔子举其目而告之说："凡施惠于人者未免有所费，君子则不必捐己之所有，而人自然蒙其利于无穷。夫于下既有所益，而于上又无所损，此所以为美者一也；劳民之力者多致民之怨，君子虽有役以劳民，而人皆乐于趋事，未尝见其怨焉。夫既以劳民之力而又能得民之心，此所以为美者二也；常人心有所欲易至于贪，君子虽亦有所欲，然于己有所得，于人无所求，欲而不贪，此所以为美者三也；常人志意舒泰易至于骄，君子虽若泰然自得，却无一毫矜肆之意，泰而不骄，此所以为美者四也；常人以威临民易至于猛，君子虽若有威可畏，却不至于暴厉而使人难堪，威而不猛，此所以为美者五也。"

张居正讲评译释 子张问孔子说:"君子出仕做官,怎么做才能处理好政事呢?"孔子告诉他说:"处理政事不只是一种方法,只在于如何判断取舍罢了。有五种美德对处理政事有帮助,你一定要恭敬地遵守它们;有四种恶政会危害到治理,你一定要警惕、杜绝它们。实行善政百姓就能获得福祉,远离恶政百姓就能远离祸患。取舍得当就能处理好政事,这有什么难的呢?"子张听了后问道:"五种美德是什么?"孔子详细地给他解释说:"通常给别人好处自己就会有所耗费,而君子不必耗费自己的物品就能使别人获益无穷,别人获得了好处,而自己也没什么损失,这是第一种美德;通常动用民力会招致百姓的怨恨,而君子虽然动用了民力,百姓却乐于听从驱使,不会心生怨恨,既动用了民力又获得了民心,这是第二种美德;通常人们容易心生贪欲,而君子虽然也有所求,但是他们只追求提高自身的品德,不贪图别人的财物,追求仁德而没有贪欲,这是第三种美德;通常人们容易志得意满、骄傲自大,而君子虽然在生活中安适自得,却不会骄矜放纵,态度安详舒泰却不骄傲,这是第四种美德;通常人们对待别人容易过于严苛,而君子虽然严厉,却不会使人难堪,威严而不暴戾,这是第五种美德。"

原文 子张曰:"何谓惠而不费?"子曰:"因民之所利而利之,斯不亦惠而不费乎?择可劳而劳之,又谁怨?欲仁而得仁,又焉贪?君子无众寡,无小大,无敢慢,斯不亦泰而不骄乎?君子正其衣冠,尊其瞻视,俨然人望而畏之,斯不亦威而不猛乎?"

今译 子张又问孔子:"怎样才能给百姓好处,而自己却无所耗费?"孔子回答:"让百姓去做对他们有益的事情,这样他们不就得到利益而自己却无所耗费吗?选择可以让百姓劳动的时间,以及合适的条件、地点,他们又会有谁来怨恨呢?自己追求仁德,便得到了仁德,又有什么可贪求呢?无论人多人少,势力是大是小,君子都不应该怠慢,这难道不是庄重而不骄傲吗?君子衣冠整齐,目不斜视,使人望而生畏,这难道不是威严而不凶猛吗?"

张居正讲评 子张闻五美之目,而未知其实,因问说:"惠则必费,如何叫做惠而不费?"孔子乃备举其事而告之说:"凡施惠而捐己之财,这便费了。君子因天下之利,利天下之民。如田里树畜,但就百姓本等的生理与之区画而已,本非分我所有以与民,岂非惠而不费乎?劳民而不量其力,民就怨了。君子用民之力，不夺民之时，如城池、仓库，但择国家紧要的工程，间一驱使之而已，固不肯泛兴工役以劳民，其谁得而怨之乎？欲其所不当欲，斯谓之贪。君子心之所欲，惟在于仁，而仁本固有，欲之即至，自然合乎天理之正，即乎人心之安，这是近取诸身，无慕乎外者，谁得而议其贪乎？安舒的人，其志意多疏放，故失之骄。君子不论人之众寡，事之小大，一惟兢兢业业，临之以敬慎，而不敢有慢易之心，这是宽裕之中，常自检束，非有心于简傲也。此岂非泰而不骄乎？威严的人，其气象多粗厉，故失之猛。君子衣冠整肃，瞻视端庄。俨然恭己于上，而人之望其容色者莫不敬畏。这是临御之体，自然尊重，非有意于作威也，此岂非威而不猛乎？"这五件施之于民，则为善政；修之于身，则为令德，所谓五美之当尊者如此！

张居正讲评译释 子张听了五种美德之后，不明白具体的做法，就问道："给别人恩惠自己一定会有耗费，怎么才能做到给百姓好处，自己却没有耗费？"孔子就列举出实际情况回答说："通过捐献自己的财物给别人恩惠，这样一定有所耗费。君子则是用天下间的财物给天下的百姓以恩惠，比如田地、树木、牲畜等，君子只是根据百姓的生活状况把这些东西合理地分配给他们罢了，把这些不属于自己的物品分配给百姓，难道不是给百姓好处，而自己却无所耗费吗？不根据百姓的能力役使他们，就会使他们心生怨恨。君子使用民力时，不会影响他们的农业生产，如果要兴建土木，只是选择一些比较紧要的工程，间隔着使用百姓罢了，不肯广泛地兴建土木去劳累百姓，这样百姓怎么会心生怨恨呢？追求不应该追求的东西，就是贪心。君子心里追求的只是仁德，而仁德是一个人原本就具备的品质，追求之后就能得到，是完全符合天理、顺应人心的行为，谁会说这种只求仁德、不慕财利的人贪心呢？安逸舒适的人，大都意志松散，容易放纵自己，所以有骄纵的过失。君子办事时，不论人多人少、事大事小，都兢兢业业、小心谨慎，不敢有任何怠慢，这就是在安适时也能约束自己，不让自己变得狂妄傲慢。这难道不是庄重而不骄傲吗？严苛的人，大都粗暴严厉，所以会过于凶狠。君子则衣冠整洁、仪态端庄、恭敬严肃，别人看到之后都会心生敬畏。这是治理国家者应该具备的仪容体态，是自然而然的表现，不是有意要树立威严，这难道不是威严而不暴戾吗？"用这五种美德对待百姓，就是美好的政治；用来提高自己，就是高尚的品德，这就是应该被重视的五种美德呀！

原文 子张曰："何谓四恶？"子曰："不教而杀谓之虐；不戒视成谓之暴；慢令致期谓之贼；犹之与人也，出纳之吝谓之有司[5]。"

今译 子张又问："什么叫作四种恶政呢？"孔子回答："不经教育，便加以处死叫作虐；不加告诫便要求成绩叫作暴；不加监督，而突然限期叫作贼；同样是给人以财物，却出手吝啬，叫作小气。"

张居正讲评 虐是残酷。暴是急躁。贼是伤害。犹之，譬如说一般样的。子张又问说："何事谓之四恶？"孔子告之说："为人上者欲民为善，须要时常教导，知其不从，乃可加刑。若平素不能教民，使知善之当为，恶之当去，一旦有罪便加之以刑杀，是其用刑残酷，全无恻隐之心，这叫做虐；欲民趋事，须要预先戒饬，使知警省，乃可责成，若常时不加戒饬，令其着实奉行，渐次整理，一旦省视，骤然责其效，是其举动躁急，殊无宽裕之体，这叫做暴；有所征求于民，必先期出令，而后民知所从，若稽慢诏令，故意耽延，却乃刻定日期，严限追并，则势有难于卒办，刑必至于妄加，是其伤人害物有不可胜言者，不谓之贼而何？至若有功当赏，即断然赏之，而人始蒙其惠。若迟回顾惜，一般样地与了人，而于出纳之际，却乃欲与不与，悭吝而不决，则虽以与人，而人亦不怀其惠，此乃有司为人守财，不得自专者之所为，为人上者岂宜如此？凡此四者，为政之所当屏也，汝其戒哉！"按，《论语》一书，孔子告问政者多矣，而美恶并陈，法戒具备，未有如此章之明切者。故记者列此以继帝王之治，见圣人修身立政之道，一而已矣！

张居正讲评译释 子张又问说："什么是四种恶政呢？"孔子解释说："上位者想要百姓改过向善，就要经常教导他们，知道了他们不听从教导，才能够对他们动用刑罚，如果平时没有教导他们，让他们知道行善去恶，而是犯了错就要将他们处死，像这样刑罚残酷，没有怜悯之心，就叫作残暴；想要百姓有作为，就要劝诫他们，让他们知道警悟自省，这样才能使他们取得成就，如果平时不劝诫他们，不逐渐引导他们，使他们知道遵守指挥，就要求他们立刻取得成就，像这样过于急躁，缺乏宽容，就叫作急暴；想要对百姓有所要求，一定要先发出指令，限定完成日期，这样百姓才知道抓紧时间完成任务，如果故意延迟怠慢，不做出指示，却严格限制任务时间，导致事情没有如期完成，使他们受到严厉的惩罚，像这样去残害百姓，不是祸害百姓是什么呢？如果别人取得了功绩，就要果断地奖赏他，这样他才会承受恩惠，心怀感激。如果吝惜财物，不舍得给别人重赏，即使勉强赏赐了别人，也不会得到感激，这是为人守财的小官小吏的行为，上位者怎么能这样做呢？这四点是处理政事时应该摒弃的地方，你也应该警惕呀！"《论语》一书中，孔子多次回答别人如何处理政事，但是都没有这一章的回答清楚明确，美恶并陈，法戒具备。所以记录者在帝王之治后面将这次的问答记录了下来，由此可见，圣人们修养自身、处理政事的方法是一致的呀！

原文 子曰："不知命，无以为君子也；不知礼，无以立也；不知言，无以知人也。"

今译 孔子说："不懂得命运，就不能成为君子；不懂得礼仪，就不能立足于社会；不懂得分辨言语是非，就不能真正地了解他人。"

张居正讲评 孔子说："君子修身处世，其道固不止一端，然其要只在于天人物我之理，见得分明而已。盖人之有生，吉凶祸福，皆有一定之命，必知命，乃能安分循理而为君子也。若不知命，则见害必避，见利必趋，行险侥幸，将无所不为，而陷于小人之归矣，其何以为君子乎？此命之不可不知也。礼为持身之具，故必知礼，乃能检摄威仪而有以自立。若不知礼，则进退周旋，茫无准则，耳目手足惶惑失措，欲德性坚定而卓然自立，难矣！此礼之不可不知也。人心之动，因言以宣，故必知其言之美恶，斯人品之高下，可概而知也。若不知言，则众言淆乱，漫无折衷，得失无由而分，邪正无由而辨，人不可得而知之矣，此言之不可不知也。知此三者，则天人物我之理洞察无遗，而君子修身处世之道备矣。"按，《大学》一书，首先致知，《中庸》一书，要在明善，而《论语》一书则以三知终焉。诚以天下之理必知之明，而后能行之至，尧、舜、禹相授受，其大指亦不过曰惟精惟一而已。有志于圣道者，可不以讲学明理为急务哉？

张居正讲评译释 孔子说："君子修身处世的方法固然不止一种，但是重要的地方只在于能够清楚地明白天理人伦罢了。人的吉凶祸福都有定数，只有懂得天命，才能成为安分循理的君子。如果不懂得命运，就会趋利避害，冒险求利，成为无恶不作的小人，怎么能成为君子呢？所以不能不懂命运。礼仪是立身之本，只有懂礼才能规范自己的仪容举止。如果不懂得礼仪，就会在行动时茫然无知、惊慌失措，很难保持自己的品德，从而难以在社会上立足呀！所以不能不懂礼仪。人心的动摇是从语言开始的，知道一个人言语的是非，就大概能知道他人品的高低。如果不知道分辨言语的是非，受到语言的迷惑，就难以分辨别人的是非善恶，就不能真正了解他人，所以不能不懂得分辨言语的是非。知道这三点，就能清楚细致地明白天理人伦，就能具备君子的修身之道了。"《大学》里首先讲的是致知，《中庸》里重点讲的是明善，《论语》里则用知名、知礼、知言来做结尾。因为只有清楚地知道了天理人伦，才能恰当地处理好每一件事，尧、舜、禹互相传授的要旨也不过是用功精深、用心专一罢了。立志于追求圣人之道的人，能不把讲学明理当作自己最迫切的任务吗？

注释：

[1] 咨：嗟叹声。

[2] 履：商汤的名字。

[3] 玄牡：黑色公牛。

[4] 赉：恩惠，赏赐。

[5] 有司：古管事者之称，职务卑微。这里指小气。

编后记

张居正，字叔大，号太岳，初名张白圭，生于湖广江陵县（今湖北省荆州市），故又称"张江陵"。明朝政治家、改革家、万历内阁首辅，辅佐万历皇帝朱翊钧进行了"万历新政"，又称"张居正改革"。

张居正生于嘉靖四年（1525年），自小聪颖过人，十二岁时参加童试，得荆州知府李士翱赏识，十六岁时中举人，二十三岁时中进士后授翰林院庶吉士。嘉靖二十八年（1549年），授翰林院编修。嘉靖三十三年（1554年），因病休假三年，返回江陵。嘉靖三十六年（1557年），回翰林院供职。嘉靖四十五年（1566年），明世宗去世，任吏部左侍郎兼东阁大学士，后于隆庆元年（1567年）改任礼部尚书、武英殿大学士。隆庆六年（1572年），明穆宗去世，年幼的明神宗继位，张居正任内阁首辅，主持裁决一切军政大事，后实行了一系列改革措施。万历十年（1582年）六月二十日病逝，享年五十八岁，谥文忠。

张居正在担任万历首辅的同时，还身兼帝师之职，希望能够将万历皇帝培养成为贤明君主，张居正同翰林院众多讲官一起为年幼的万历皇帝量身定制了《四书直解》等讲稿。张居正的《四书直解》继承朱熹《四书集注》脉络，是专为万历皇帝量身定做的宫内读本。而万历皇帝即位时只有十岁，因此，讲稿用明代白话文写成，便于万历皇帝阅读和理解，因此形成了独特的注释风格，全文语言通俗易懂，因此被称为"明代白话文教材"，是一部包含修身、用人、治国理念的著作，同时也包含了张居正等众多讲官对历代王朝兴衰经验教训的总结，对后世产生了深远的影响。

本书选取了《四书直解》中的"论语直解"部分，为便于读者加深对《论语》的理解，增加了《论语》原文翻译、张居正讲评译释。本书以《重刻辩真内府原板张阁老经筵四书直解》（署"中极殿大学士泰岳张居正辑著"，明天启元年闽建书林易斋詹亮刻本）为底本进行校勘。本书"论语原文""张居正讲评原文"为保持刻本原貌，对刻本中的习惯用字、通假字等均加以保留，仅对刻本中明显的编校错误进行了必要的订正，请读者注意辨识，勿产生误解。

编者